KB175944

톨스토이(1828~1910)

톨스토이 박물관 내부

톨스토이와 부인 소피아

집필 중인 톨스토이

쟁기질 하는 톨스토이

톨스토이 무덤

영화 〈안나 까레니나〉 포스터 클라렌스 브라운 감독, 그레타 가르보·프레드릭 마치 주연, 1935.

영화 〈안나 까레니나〉 포스터 줄리앙 뒤비비에 감독, 비비안 리·랄프 리처드슨 주연, 1948.

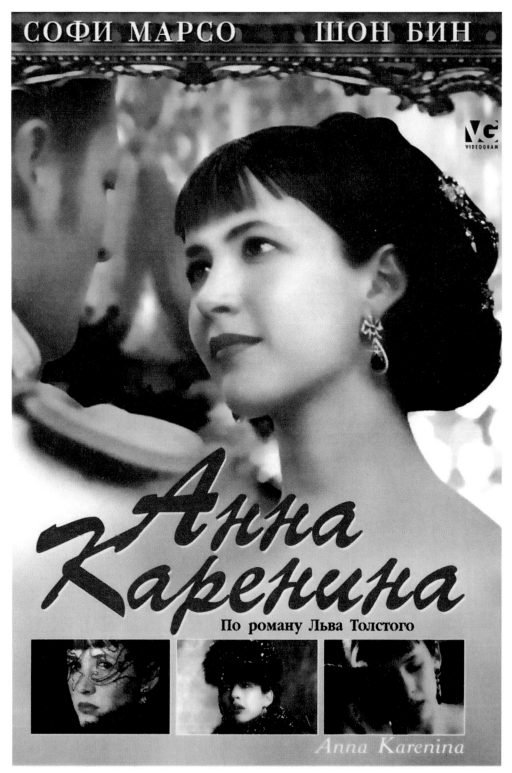

영화 〈안나 까레니나〉 포스터 버나드 로즈 감독, 소피 마르소·숀 빈 주연, 1997.

영화 〈안나 까레니나〉 포스터 조 라이트 감독, 키이라 나이들리·주드 로·애런 존슨 주연, 2012.

디자인 : 동서랑 미술팀

안나 까레니나 I II

차례

안나 까레니나 I

안나 까레니나 II

주요인물

안나(아르까지예브나 까레니나) 까레닌의 젊고 아름다운 아내. 브론스끼와 불미스럽지만 격렬한 사랑에 빠지는 여인.

까레닌(알렉세이 알렉산드로비치) 뻬쩨르부르그의 유명한 관료 정치가. 형식적이고 냉정한 정신의 소유자이나 안나의 외도로 감정의 격랑을 겪는다.

세료쥐아 까레닌 부부의 외아들.

브론스끼(알렉세이 끼릴로비치) 안나의 애인. 돈 많은 미남 귀족 청년 장교. 사교계와 연대의 총아.

오블론스끼(스쩨빤 아르까지치) 안나의 오빠. 사교계의 통칭은 스찌바. 향락적이나 근본은 선량하고 사교성 있는 자유주의적 귀족.

돌리(다리야 알렉산드로브나) 오블론스끼의 아내. 쉬체르바스끼 공작의 맏딸. 다섯 아이를 기르며 남편의 방탕함에 고심한다.

레빈(꼰스딴찐 드미뜨리예비치) 농민과 함께 노동을 즐기는 부유한 지주귀족. 성실하고 순박하나 외골수 기질이 있고, 끼찌를 사랑하여 아내로 삼는다.

끼찌(까쩨리나 알렉산드로브나) 쉬체르바스끼 공작의 막내딸. 브론스끼와의 사랑으로 상처를 입지만 꼰스딴찐 레빈의 사랑으로 다시 소생한다.

쉬체르바스끼 모스끄바의 귀족.

꼬즈느이쉐프(세르게이 이바노비치) 레빈의 이부형(異父兄). 유명한 저술가.

니꼴라이 레빈(이바노비치) 꼰스딴찐 레빈의 친형. 막대한 유산을 탕진하고, 궁핍과 병으로 허덕이는 인생의 패배자.

마리야 니꼴라예브나 니꼴라이 레빈의 정부(情婦).

베뜨시 뜨베르스까야 공작부인. 브론스끼의 사촌 누이. 뻬쩨르부르그 사교계의 중심인물.

리지야 이바노브나 까레닌의 정신적인 여자 친구.

바르바라 안나의 숙모. 노처녀.

바레니까 쉬딸리 부인의 양녀. 끼찌의 친구.

아가피야 미하일로브나 레빈의 가정부.

야쉬빈 브론스끼의 친구인 장교.

스비야쥐스끼 지방귀족. 레빈의 친구.

원수 갚는 것이 내게 있으니
내가 갚으리라

로마서 12 : 19

제1편

1

행복한 가정은 고만고만하지만, 불행한 가정은 그 불행의 모양이 저마다 다르다.

오블론스끼 집안에 한바탕 소동이 벌어지고 있었다. 아내는 남편이 가정교사였던 프랑스 아가씨와 부적절한 관계를 맺어온 걸 알고, 남편에게 더는 한집에서 같이 살 수 없다고 선언했다. 이러한 상태가 사흘째 계속되자 부부는 물론 가족이나 일꾼들까지도 더할 수 없는 괴로움을 느끼고 있었다. 모두들 저마다 이렇게 함께 산들 아무 의미도 없으며, 차라리 한 여인숙에서 우연히 같이 묵게 된 사람들이 그들보다 훨씬 더 친숙하리라 생각했다. 아내는 방에 틀어박혀 얼굴도 내밀지 않았고, 남편은 이틀째 집에 들어오지 않았다. 아이들은 고삐풀린 망아지처럼 온 집안을 뛰어다녔다. 영국인 가정교사는 가정부와 말다툼을 하고 나서 친구에게 새 일자리를 찾아 달라는 편지를 썼다. 요리사는 이미 어제 식사 시간에 맞춰 자취를 감춰 버렸고, 가정부와 마부까지도 그만두겠다며 급료를 계산해 달라고 했다.

부부싸움이 벌어진 지 사흘째 되던 날, 오블론스끼 공작(사교계에서 흔히 스찌바로 불리는)은 여느 날과 다름없이 아침 8시에 아내 침실이 아닌 자기 서재 모로코가죽 소파에서 잠을 깼다. 그는 다시 한잠 더 자려는 듯, 떡 벌어진 몸집을 탄력 좋은 소파 위에서 돌려 반대쪽으로 누운 뒤, 베개를 꽉 껴안고 얼굴을 파묻었다. 그러다 갑자기 벌떡 일어나 앉아 눈을 떴다.

'그래, 그래, 그게 어떤 꿈이었지?' 그는 꿈을 더듬으며 생각했다. '어떤 꿈이었더라? 옳지! 알라빈이 다름쉬타트에서 오찬을 베풀고 있었지. 아니 다름쉬타트가 아니라 왠지 미국 같은 데였어. 그렇지, 그런데 꿈속에서는 다름쉬타트가 미국에 있었어. 그래, 알라빈이 유리 탁자 위에 음식을 내오자, 탁자가 〈내 마음의 보물〉을 노래 부르기 시작했어. 아니, 〈내 마음의 보물〉이 아니라 뭔가

훨씬 더 훌륭한 노래였어. 그리고 그 탁자 위에 앙증맞은 양주병들이 있었는데 그건 모두 여자로 변했어.'

오블론스끼는 차례차례 기억을 끄집어냈다. 그의 두 눈은 즐겁게 빛나기 시작했다. 그는 싱글벙글 웃으면서 생각에 잠겼다. '좋았지, 정말 좋았어. 그 밖에도 온통 신기한 일투성이었어. 하지만 말로 표현할 수 있는 것도 아닌 데다, 눈을 뜨고 나니 전혀 생각나지 않는군.'

그는 두꺼운 모직 커튼 벌어진 틈으로 새어드는 햇살을 보면서, 소파 밑으로 가볍게 늘어뜨린 두 발로 아내가 지난해 생일선물로 손수 지어준 금빛 모로코가죽 실내화를 더듬어 찾았다. 그리고 9년 동안의 오랜 버릇처럼 앉은 채로, 침실에 자리옷이 늘 걸려 있는 쪽으로 손을 뻗쳤다. 그제야 비로소 자기가 아내의 침실이 아닌 서재에서 잤다는 것을 깨닫고, 이어서 그 이유까지 떠올렸다. 순간 그의 얼굴에서 웃음기가 사라졌다. 그는 이마를 찌푸렸다.

'아아! 이런······.' 그는 이미 일어나 버린 온갖 일들을 생각해 내며 탄식했다. 아내와의 말다툼, 꼼짝 못하게 된 절망적인 자신의 처지, 그리고 무엇보다도 괴로운 자기의 과실이 다시금 하나하나 떠올랐다.

'그래! 그녀는 용서하지 않을 거야, 용서할 리가 없지. 더욱 끔찍한 건 모든 게 다 내탓이고, 내가 원인이지만, 나한테는 아무 잘못도 없다는 거야. 그게 가장 큰 문제지. 아아!'

그는 말다툼하면서 자기에게 가장 괴로웠던 순간을 되새기며 절망적인 신음 소리를 냈다. 무엇보다노 불쾌했던 것은, 그가 즐겁고 흐뭇한 마음으로 아내에게 선물할 큼직한 배 하나를 손에 들고 극장에서 돌아와 보니, 응접실에 아내가 없다는 것을 깨달은 첫 순간이었다. 놀랍게도 서재에도 보이지 않았다. 마침내 침실에서, 모든 것을 폭로한 그 불행의 편지를 손에 든 아내를 발견했다.

언제나 안절부절못하고 사소한 집안일로 안달복달하는 아둔한 여자라고만 여겨 왔던 돌리가, 편지를 움켜쥔 채 꼼짝도 않고 앉아 공포와 절망, 분노가 뒤섞인 얼굴로 그를 노려보고 있었다.

"이게 뭐예요? 이게?" 그녀는 편지를 가리키면서 캐물었다. 그때를 회상할 때마다 오블론스끼는 흔히 있는 일이지만, 사건 자체보다 아내의 말에 대한 자신의 태도 때문에 괴로웠다.

그 순간 그에게, 부끄러운 범죄 증거를 갑자기 들킨 사람에게서 흔히 나타나는 것과 똑같은 현상이 일어났다. 그는 자기의 과실이 폭로됐을 때, 아내 앞에서 그의 처지에 알맞은 얼굴을 꾸며 내지 못했다. 부인하고 화를 내고 변명하고 용서를 빌고, 그러지도 못하면 차라리 태연한 얼굴 그대로 있든지, 이러한 것들이 그가 실제로 취한 태도보다는 한결 나았을 것이다! 대신 그의 얼굴은 무의식적으로('뇌신경의 반사작용'이라고, 남달리 생리학을 좋아하는 오블론스끼는 풀이했다) 갑자기 평소의 선량하고 어리석어 보이는 미소를 띠고 말았다.

그는 이 어리석은 미소만큼은 스스로도 용서할 수 없었다. 그 미소를 보자 돌리는 마치 육체에 심한 통증이라도 느낀 것처럼 몸을 부르르 떨며, 타고난 괄괄한 성정으로 한바탕 악담을 퍼붓고는 방에서 뛰쳐나가 버렸다. 그 뒤로 그녀는 남편을 보려고도 하지 않았다.

'이게 다 그 얼빠진 미소 때문이야.' 오블론스끼는 생각했다.

"그러나 어떻게 하면 좋단 말인가, 어찌해야 한단 말인가?" 그는 절망적으로 중얼거렸지만 아무런 해답도 찾아내지 못했다.

2

오블론스끼는 자기 자신에 대해서는 솔직한 사람이었다. 그는 자신을 속이면서까지 자기 행위를 후회하고 있다고 생각할 수는 없었다. 서른네 살 미남이며 반하기 쉬운 기질인 이 사내가, 다섯 아이와 이미 죽은 두 아이의 어미이자, 나이도 자기보다 겨우 한 살 어린 아내에게 관심을 잃었다고 해서 새삼스럽게 그것을 뉘우칠 리도 없었다. 그는 다만 아내 눈을 좀 더 솜씨 있게 속이지 못한 것만을 후회했다. 그러나 상황의 심각성은 충분히 느끼고 있었으며, 아내와 아이들, 또 자신까지도 안타깝게 여겼다. 만약 그 편지가 그녀에게 그토록 큰 상처가 될 줄 알았더라면 아마 자기 죄를 더욱 철저히 숨겼을 것이다. 그는 그런 문제를 한번도 깊이 생각해 본 적 없었지만, 그저 막연히 아내가 그의 부정을 진작 알아차리고도 모른 체하는 것이려니 생각했다. 그는 심지어 그녀처럼 늙고 여위어 아름다움도 잃고 딱히 사람들의 눈을 끌 만한 데도 없이 평범한, 그저 선량한 가정주부에 불과한 여자는 당연히 관대해야 한다고 여기고 있었다. 그런데 사실은 전혀 반대였다.

"아아, 큰일이야! 아아! 어쩌지!" 오블론스끼는 혼잣말을 되풀이했지만 아무런 묘안도 떠오르지 않았다. '이 일이 있기 전까지는 모든 것이 얼마나 순조로 웠던가? 우리는 그 얼마나 즐겁게 살아왔는가! 그녀는 아이들에게 만족하며 행복했고, 난 어떤 일에도 간섭하지 않고 아이들 일이나 집안일 모두 그녀가 원하는 대로 맡겨 두었어. 확실히 상대가 가정교사라는 게 문제가 컸어! 애당 초 제 집 가정교사를 쫓아다닌다는 것 자체가 어쩐지 저속하고 진부한 데가 있어. 그렇지만 그 가정교사는 정말이지!(그는 롤랑 양의 여우 같은 눈과 미소 를 생생히 떠올렸다) 그래도 그녀가 우리 집에 있는 동안은 나도 손끝 하나 대 지 않았다고. 무엇보다 나빴던 것은 그녀가 이미…… 아아, 마치 모든 일이 계 획적으로 그런 것 같지 않은가! 아아! 도대체 어떻게 하면 좋단 말인가?'

정답은 없었다. 가장 복잡하고 풀기 어려운 문제들에 대하여 인생이 주는 일반적인 해답 이외에는. 그 답은 이렇다. 사람은 그날그날의 요구를 좇아 살 아야 한다. 말하자면 나를 잊어버려야만 한다. 그러나 잠을 자고 꿈을 꾸며 모 든 것을 잊는다는 것은 적어도 밤이 되기까지는 바랄 수 없다. 이제 양주병 여 인들이 불렀던 노래로는 되돌아갈 수도 없다. 그렇다면 인생이라는 꿈에 몰두 할 수밖에 없지 않은가.

'머지않아 어떻게든 되겠지.' 오블론스끼는 혼잣말을 하며 벌떡 일어나, 하늘 빛 명주로 안을 댄 잿빛 자리옷을 걸쳐 입고 허리끈을 아무렇게나 맸다. 그는 떡 벌어진 가슴에 한껏 공기를 들이마시고, 살찐 몸뚱이를 거뜬히 받치는 앙 가발이 걸음으로 언제나처럼 힘차게 창기로 디기기, 키튼을 걷어 올리고 요란 스럽게 벨을 울렸다. 벨소리에 뒤이어 오랫동안 시중들어 온 하인 마뜨베이가 옷과 장화와 전보를 가지고 곧장 들어왔다. 마뜨베이를 뒤따라 면도 도구를 든 이발사도 들어왔다.

"관청에서 서류가 도착했나?" 오블론스끼는 전보를 받아들고 거울 앞에 앉 으면서 물었다.

"책상 위에 있습니다." 마뜨베이는 동정심과 호기심 어린 눈초리로 주인을 흘깃흘깃 보며 대답했다. 그리고 잠시 기다렸다가 능청스런 웃음을 띠며 덧붙 였다.

"마차 대여소에서 사람이 왔었습니다."

오블론스끼는 대답 없이 그저 거울 속의 마뜨베이를 보았다. 거울 속에서 마주친 그 시선으로 그들이 서로 얼마만큼 잘 이해하고 있는지 알 수 있었다.

오블론스끼의 눈은 마치 '넌 어째서 그따위 소릴 하느냐? 상황을 모르는 것도 아니면서' 하고 다잡고 드는 것만 같았다.

마뜨베이는 두 손을 재킷 호주머니에 찔러 넣고 한쪽 발을 옆으로 편하게 내디디며, 말없이 겨우 알아차릴 정도의 미소를 띤 채 선량한 얼굴빛으로 주인을 바라보았다.

"일요일에 오라고 일러 보냈습니다. 그전에 또 찾아온들 주인어른을 성가시게 할 뿐이니, 쓸데없이 헛걸음하지 말라고 말입니다." 그는 미리 생각해 두었던 듯한 말을 늘어놓았다.

오블론스끼는 마뜨베이가 익살을 떨어 주의를 끌어보려 한 것임을 알아챘다. 그는 전보 겉봉을 찢어, 언제나 그렇듯이 오자투성이인 문장을 감으로 고쳐 가며 죽 읽었다. 그의 얼굴이 갑자기 환해졌다.

"마뜨베이, 누이 안나가 내일 온다는군!"

그는 곱슬곱슬하고 긴 구레나룻 사이의 분홍빛 면도 자국을 다듬던 이발사의 윤기 있는 두툼한 손을 잠깐 멈추게 하고 말했다.

"거 참 잘됐군요." 마뜨베이 또한 주인과 마찬가지로 이 방문의 의미를 잘 알고 있다는 투로 대답했다. 즉 오블론스끼의 귀여운 누이 안나라면 부부의 화해에 힘써 줄 것이 틀림없었다.

"혼자신가요, 아니면 바깥어른도 함께신가요?" 마뜨베이가 물었다.

오블론스끼는 마침 이발사가 콧수염을 다듬고 있어서 말을 할 수 없었기 때문에 손가락 하나를 들어 보였다. 거울 속의 마뜨베이가 고개를 끄덕였다.

"혼자시군요. 그럼 2층 방을 준비할까요?"

"집사람한테 어디가 좋을지 여쭤 봐."

"마님께요?" 마뜨베이는 어쩐지 미심쩍은 얼굴로 되물었다.

"응, 말씀드려. 이 전보도 가져가서 전하고, 시키는 대로 해."

'아하, 맘을 한번 떠보려는 게로군 그래?' 마뜨베이는 짐작이 갔지만 그저 이렇게 말했다.

"알았습니다."

마뜨베이가 느릿한 걸음으로 장화를 삐걱거리며 전보를 들고 방으로 돌아왔을 때, 오블론스끼는 벌써 세수하고 머리도 빗고 옷을 갈아입으려던 참이었다. 이발사는 이미 떠났다.

"마님께선 이제 나가실 거라고, 그렇게 전하라는 분부이십니다. 말씀하신 용건에 대해서는 주인어른 맘대로 하시랍니다."

그는 눈으로만 웃으면서 이렇게 말하더니, 두 손을 호주머니에 넣고 고개를 옆으로 살짝 기울여 주인을 바라보았다.

오블론스끼는 한동안 말이 없었다. 이윽고 그의 잘생긴 얼굴에 선량하면서도 조금 안쓰러워 보이는 미소가 떠올랐다.

"이것 참 난감하군, 마뜨베이." 그는 머리를 흔들면서 말했다.

"괜찮습니다, 주인어른. 다 잘될 겁니다."

"잘될 거라고?"

"네, 그렇습니다."

"그렇게 생각하나? 아, 누가 왔군." 문밖에서 옷자락이 스치는 소리를 듣고 오블론스끼가 말했다.

"저예요." 야무지고 경쾌한 여자 목소리가 들리면서 유모 마뜨료나 필리모노브나의 근엄한 얼굴이 문 뒤에서 나타났다.

"그래, 뭐야, 마뜨료나?" 오블론스끼는 그녀가 있는 쪽으로 다가가며 물었다. 이번 부부싸움의 잘못은 모두 그에게 있고 본인 또한 그렇게 느끼고 있지만, 그럼에도 집안 사람들 거의 모두, 심지어 아내 돌리의 측근인 유모마저도 그의 편이었다.

"무슨 일이야?" 그는 침울한 표정으로 물었다.

"나리, 마님께 가셔서 한 번 더 용서를 비세요. 틀림없이 하느님이 도와주실 겁니다. 마님께선 보고 있기 안타까울 만큼 괴로워하고 계십니다. 게다가 집안도 하나에서 열까지 온통 엉망진창이에요. 주인어른, 자제분들을 가엾게 여기셔야 합니다. 나리, 제발 용서를 비세요. 달리 방도가 없습니다. 지는 게 이기는 거라고……."

"하지만 아내는 받아 주지 않을 걸……."

"그래도 나리께서 할 수 있는 일은 다 하셔야 해요. 하느님은 자비로우십니다. 하느님께 기도하세요. 주인어른, 부디 그렇게 해 주세요."

"아, 알았으니 그만 가 봐." 오블론스끼는 갑자기 얼굴을 붉히며 말했다. "자, 옷이나 갈아입어 볼까." 그는 마뜨베이 쪽으로 돌아서서 자리옷을 홱 벗어 던졌다.

마뜨베이는 아까부터 눈에도 보이지 않는 먼지를 후후 불어 내면서 주인의 셔츠를 말 멍에처럼 받들고 있다가, 자못 만족스러운 얼굴로 잘 다듬어진 주인의 몸에 그것을 걸쳐 주었다.

3

옷을 다 갈아입은 오블론스끼는 몸에 향수를 뿌리고 셔츠 소매 끝을 당겨 바로잡고 나서, 익숙한 동작으로 여기저기 달린 호주머니에 담배며 지갑이며, 성냥, 곁사슬과 조그만 장식품이 달린 회중시계를 챙겨 넣었고 손수건을 한번 털었다. 그는 그 불행한 사건에도 불구하고, 자신의 청결하고 향긋하고 건강하고 활력 넘치는 모습을 자각하며 걸음걸이도 가볍게 식당으로 향했다. 거기에는 관청에서 온 서류며 편지가 벌써 커피와 함께 그를 기다리고 있었다.

그는 편지를 읽었다. 그 가운데 한 통은 몹시 불쾌한 내용이었다. 아내 영지에 있는 숲을 사려는 상인이 보낸 것이었다. 이 숲은 어차피 처분해야 했지만, 아내와 화해하기 전에는 그런 용건을 꺼낼 수 없었다. 무엇보다 불쾌한 것은, 이 때문에 아내와의 화해 문제에 금전상의 이해가 얽히게 되는 것이다. 자기가 그런 이해관계에 좌우되어 숲을 팔기 위해 아내와 화해를 모색할지도 모른다는 생각이 들자 몹시 굴욕적이었다.

편지를 다 읽은 오블론스끼는 사무소에서 온 서류들을 끌어당겨 재빨리 두 건의 자료를 훑어보고 굵은 연필로 두서너 군데 표시를 한 뒤, 옆으로 밀쳐놓고 커피잔을 들었다. 그는 커피를 마시면서 갓 발행된 조간신문을 펼쳐 읽기 시작했다.

오블론스끼는 과격하지 않은 다수가 지지하는 자유주의를 옹호하는 신문을 구독했다. 과학이니 예술이니 정치니 하는 것에는 별다른 흥미도 없는 주제에, 이 온갖 문제들에 대해서도 다수파, 즉 그 신문이 지지하는 견해를 굳게 견지하고 있었으며, 다만 대다수가 그 의견을 바꿀 때만 자기도 견해를 바꾸었다. 아니 그가 생각을 바꾸는 것이 아니라 의견 자체가 모르는 사이에 자연히 그의 안에서 변하는 것이다.

오블론스끼는 정치적 지론이든 견해든 스스로 선택하지 않는다. 오히려 그러한 주장이나 주의가 자연히 그에게 다가온다. 그것은 마치 그가 모자나 프록코트의 모양새를 따지지 않고 남들이 입는 그대로 따라 입는 것과 같은 이

치었다. 그처럼 상류사회에서 생활하며 통상적인 사색활동이 발달할 정도로 성숙한 사람이 어떤 견해를 갖는다는 것은, 자기 모자를 가져야 하는 것과 똑같이 필요불가결한 것이었다. 또한 그가 주위에 보수적인 경향을 지닌 사람이 많음에도 굳이 자유주의를 지지하는 이유가 있다면, 그것은 그가 자유주의적 경향이 보다 합리적이라고 인정했기 때문이 아니라, 단지 그것이 그의 생활양식과 한결 더 어울렸기 때문이다.

자유주의파 사람들은 러시아에 제대로 되는 일이 하나도 없다고 말했다. 실제로 오블론스끼는 빚만 많고 돈은 넉넉하지 못했다. 자유주의파 사람들은 현행 결혼제도가 시대에 뒤떨어지므로 단연코 개혁해야 한다고 설파했다. 사실 가정생활은 오블론스끼에게 이렇다 할 만족도 주지 못했고 오히려 그의 기질과는 아주 딴판인 허위와 기만을 강요했다. 또한 자유주의파 사람들은 종교가 단순히 국민의 야만성을 규제하기 위한 재갈일 뿐이라고 주장했다. 아니 그렇게 암시했다. 실제로 오블론스끼는 두 발이 쑤셔서 짧은 기도시간조차 견뎌 낼 수 없었고, 이승의 생활이 이토록 즐거운데 구태여 저승에 대한 두렵고 과장된 말을 늘어놓을 필요가 있는지 이해할 수 없었다. 유쾌한 익살을 좋아하는 그는 이따금 "기왕 조상을 자랑하려면 류리끄*¹에서 만족하지도 말고 인류의 시조인 원숭이를 부인해서도 안 된다"며, 점잖은 사람들을 난처하게 만들기도 했다.

결국 자유주의적 경향은 오블론스끼의 습성이 되었다. 그는 식후의 담배를 즐길 때처럼, 자유주의 신문을 읽으면 뇌리에 엷은 안개가 피어오르는 듯한 느낌이 좋았다. 그가 방금 읽은 사설에는 요즘 급진주의가 모든 보수적 요소를 위협한다든가, 정부는 모름지기 혁명세력이라는 괴물을 탄압하기 위해 적절한 수단을 마련해야 한다는 따위의 절규를 떠벌리고 있었다. 하지만 그것은 어림없는 소리이며, 오히려 '우리 견해에 따르면 진정한 위험은 그런 가상적인 혁명세력의 괴물이 아니라, 진보를 저해하는 끈질긴 인습이다'라고 역설했다. 다음으로 그는 재정에 관한 논설을 읽었다. 거기에서는 벤담이나 밀을 언급하면서 당국의 머리 위에 풍자의 화살을 퍼붓고 있었다. 그는 그 특유의 민활한 판단으로 모든 독설의 의미, 즉 누가 누구의 어떤 점을 꼬집고 있는지를 모두

---

*1 러시아 건국의 조상이라 일컬어지는 전설적인 인물.

이해했다. 그리고 그 점이 언제나처럼 그에게 어떤 만족을 가져다주었다. 그러나 오늘은 이 만족감도 마뜨료나의 충고나 가정불화에 대한 생각으로 흐려졌다. 그는 또한 보이스트 백작이 풍문대로 비스바덴으로 떠났다는 기사와 앞으로는 백발이 없어질 것이라는 광고며, 경마차(輕馬車)의 매각광고와 젊은 부인의 구직광고를 읽었다. 하지만 이러한 기사들도 이전처럼 아이러니한 만족을 주지 못했다.

신문을 다 읽고 두 잔째 커피를 마시고 버터 바른 빵을 먹고 난 뒤, 그는 자리에서 일어나 조끼에 떨어진 빵부스러기를 떨어내고 넓은 가슴을 쭉 펴며 즐거운 듯이 빙긋 웃었다. 그의 마음속에 이렇다 할 유쾌한 어떤 일이 있어서가 아니라, 소화가 잘된 생리적 쾌감이 즐거운 미소를 유발한 것이다.

그런데 이 즐거운 미소는 곧 그에게 모든 것을 상기시켰고, 그는 다시 생각에 잠겼다.

문밖에서 두 아이의 목소리(오블론스끼는 막내아들 그리쉬아와 맏딸 따냐의 목소리임을 알아차렸다)가 들려왔다. 아이들이 무언가를 옮기다가 떨어뜨린 모양이었다.

"그러니깐 내가 뭐랬어, 지붕 위엔 손님을 태우면 안 된다고 했잖아." 계집아이가 영어로 소리쳤다. "자, 주워!"

'모든 것이 엉망이구나.' 오블론스끼는 생각했다. '아이들끼리 제멋대로 뛰어다니게 두다니.' 그는 문 쪽으로 다가가면서 아이들을 불렀다. 두 아이는 기차놀이를 하던 상자를 내던지고 아버지한테로 뛰어왔다. 귀염둥이 맏딸은 세차게 달려와 그에게 덥석 안겨 깔깔 웃어대면서, 그의 구레나룻에서 풍기는 익숙한 향수 내음을 즐기며 언제나처럼 그의 목에 매달렸다. 그리고 구부정하게 앞으로 굽힌 자세 때문에, 상냥하게 웃음 짓고 있던 아버지의 붉어진 얼굴에 키스하고는, 목을 끌어안은 손을 풀고 놀던 곳으로 달려가려 했다. 그러자 아버지가 그녀를 붙잡았다.

"엄마는 뭘 하고 계시지?" 그는 딸의 매끈하고 부드러운 목덜미를 어루만지며 물었다. 그리고 인사하는 아들한테 "안녕" 하고 웃는 얼굴로 말했다.

그는 자기가 딸보다 아들을 그다지 귀여워하지 않는다는 것을 인식하고 있었기에 언제나 의식적으로 공평하려고 애썼다. 그러나 아들도 그것을 알고 있었으므로 아버지의 어색한 미소에 미소로 응답하려 하지 않았다.

“엄마요? 일어나셨어요.” 계집아이가 대답했다.

오블론스끼는 한숨을 내쉬었다. ‘그렇다는 건 또 밤새 한잠도 자지 않았다는 게로군’ 하고 생각했다.

“그래, 엄마는 기분이 좋던?”

딸아이는 부모가 다툰 것도, 어머니가 기분이 좋을 리 없다는 것도, 아버지가 그것을 모를 턱이 없는데 이처럼 별일 없다는 듯이 예사롭게 묻는 게, 사실 그런 척할 뿐이라는 것도 다 알고 있었다. 그녀는 그 때문에 얼굴을 붉혔다. 그러자 아버지도 곧 그것을 알아채고 똑같이 붉어졌다.

“몰라요.” 그녀가 말했다.

“엄마는 공부하지 않아도 좋으니까, 미스 훌리하고 할머니 댁에 바람이나 쐬러 갔다 오라고 말씀하셨어요.”

“그럼 다녀오려무나, 따냐. 오오 참, 잠깐 기다려.” 그는 여전히 딸을 붙잡고 그 부드러운 손을 어루만지면서 말했다.

그는 어제 벽난로 위에 올려 뒀던 과자 상자를 꺼내, 그 속에서 딸이 좋아하는 초콜릿과 과자를 하나씩 골라 주었다.

“그리쉬아한테?” 계집아이는 초콜릿을 가리키면서 말했다.

“그렇지, 그렇지.” 그는 다시 한 번 딸의 조그만 어깨를 어루만지고 머리털이 난 가장자리와 목덜미에 키스한 다음 그녀를 놔줬다.

“마차 채비가 다 됐습니다.” 마뜨베이가 와서 알렸다. “그리고 여자 진정인이 한 분 계십니다.” 그는 이렇게 덧붙었다.

“오래 기다렸나?” 오블론스끼가 물었다.

“반시간쯤 됐습니다.”

“손님이 찾아오면 즉시 알리라고 몇 번을 말해야 알아듣겠나!”

“그렇지만 나리, 커피만이라도 제대로 드셔야 하지 않겠습니까.” 오히려 동료처럼 큰소리치는 마뜨베이의 말투에, 오블론스끼는 도저히 화를 낼 수도 없었다.

“그럼 빨리 들어오시게 해!” 그는 홧김에 눈살을 찌푸리며 말했다.

이등대위 미망인 깔리니나의 진정 내용은 억지트집인데다 도무지 종잡을 수 없었다. 그러나 오블론스끼는 몸에 밴 습관에 따라 그녀를 자리에 앉힌 다음, 주의 깊게 그녀의 말을 끝까지 귀 기울여 듣고 나서, 누구를 찾아가 어떻게 이야기해야 좋을지 상세히 조언해 주었다. 심지어 큼직하고 유려하며 알아보기 쉬운 필체로 그녀를 도와줄 만한 사람한테 보여줄 소개장도 써 주었다. 이등대위 미망인을 돌려보낸 다음, 오블론스끼는 모자를 들고 잊은 것이 없나 이모저모 생각하며 자리에서 일어섰다. 잊고 싶은 아내와의 일 외에는 아무것도 잊은 것이 없었다.

'아아, 그렇지!' 그는 고개를 떨구었다. 잘생긴 얼굴에 수심이 떠올랐다. '가 봐야 할까, 가지 않는 게 좋을까?' 그는 자문했다. 그러자 마음의 소리는 가지 않는 게 좋다고 속삭였다. 가 봐야 거짓말밖에 하지 못한다. 그들의 관계를 조정하고 바로잡는 일은 불가능하다. 왜냐하면 그녀를 다시 매력 있고 사랑스러운 여성으로 만드는 일도, 자기를 사랑할 여력도 없는 노인으로 만드는 것도 불가능하기 때문이다. 지금으로선 거짓말 이외에 아무것도 기대할 수 없었다. 더욱이 위선이니 거짓이니 하는 것은 그의 기질과 전혀 상반되는 것이었다.

"그렇지만 언젠가는 얼굴을 마주 해야만 하겠지. 언제까지 이대로 지낼 수도 없으니." 오블론스끼는 어떻게든 자신에게 용기를 북돋으려고 애쓰며 중얼거렸다.

그는 가슴을 쭉 펴고 담배를 꺼내 불을 붙여 두어 모금 뻐끔뻐끔 빨고 나서 꽁초를 진주조개 재떨이에 내던지고는, 빠른 걸음으로 음침한 응접실을 지나 아내의 침실로 통하는 문을 열었다.

4

다리야 알렉산드로브나(보통은 애칭 돌리로 불린다)는 블라우스 차림에, 한때는 칠칠하고 풍성했지만 지금은 숱이 성겨서 볼품없어진 머리칼을 땋아 뒷머리에 핀으로 고정한 모습이었다. 얼굴이 야위고 안색이 나쁜 탓에 유난히 도드라져 보이는 큰 눈을 겁에 질린 것처럼 크게 뜨고, 온 방 안에 흩어져 있는 물건들에 둘러싸여 장롱 앞에서 무언가를 꺼내려 하고 있었다. 남편의 발소리가 들리자 그녀는 손을 멈추고 문을 바라보면서, 냉엄하고 경멸하는 표정을 지으려 부질없는 애를 썼다. 그녀는 자기가 그를 두려워하고 있으며 눈앞에 닥친 남편과의 대면을 겁내고 있다는 것을 느꼈다. 그녀는 지금도, 지난 사흘 동안 벌써 수차례나 시도했던 일, 즉 아이들과 자기 물건을 골라 친정으로 가버리려 한 일을 여전히 결행할 수가 없었다. 그러나 이번에는 먼젓번과 마찬가지로 도저히 이대로 넘어갈 수는 없었다. 무슨 짓을 해서라도 남편에게 벌을 주고 모욕을 안겨 자기가 받았던 고통의 만분의 일이라도 되돌려 주겠다고 맹세했다. 그녀는 지금도 입으로는 남편을 떠날 거라고 말하지만, 그것이 불가능한 일임을 잘 알고 있었다. 그를 남편으로 인정하고 사랑하던 타성으로부터 손쉽게 벗어날 수 없었기 때문이다. 더구나 현재 자기 집에서도 다섯 아이의 뒷바라지를 간신히 하고 있는데, 그 애들을 모두 친정으로 데리고 갔다가는 한층 더 나쁜 결과가 나올 터였다. 그렇지 않아도 지난 사흘 동안, 막내둥이는 상한 수프를 먹고 배앓이를 하는가 하면, 나머지 아이들도 어제는 온종일 밥 한 끼 제대로 먹지 못한 형편이었다. 그녀는 도저히 떠날 수 없다는 것을 깨달았지만, 그래도 자신을 속이고 여전히 옷가지를 헤집으며 집을 나갈 것 같이 행동할 수밖에 없었다.

남편을 보자 그녀는 무언가를 찾는 것처럼 장롱 서랍 안에 손을 넣고 있다가, 그가 그녀 가까이 바짝 다가와서야 비로소 돌아보았다. 그러나 단호하고 의연한 표정을 지으려고 했던 그녀의 얼굴은 그저 당황과 고뇌를 드러낼 뿐이었다.

"돌리!" 그가 조용한 목소리로 조심스럽게 불렀다. 그는 목을 움츠려서 가엾고 고분고분한 모습을 보이려 했지만 여전히 생기와 건강으로 빛나고 있었다.

그녀는 그런 그의 모습을 머리에서 발끝까지 재빨리 훑어보았다. '아아, 이이는 행복감으로 충만해 있구나! 그런데 나는 어떻지?……' 그녀는 생각했다. '게다가 이 진저리나는 친절은 또 뭐람. 세상 사람들은 그의 친절을 좋아하고 칭찬하지만 난 이이의 친절이 싱그러워.' 그녀의 입은 단호히 굳어졌고, 분노로 창백해진 얼굴의 오른쪽 볼 근육이 바르르 경련을 일으켰다.

"무슨 볼일이라도 있으세요?" 그녀는 가슴속에서 쥐어짜내는 듯한 목소리로 재빨리 물었다. "돌리!" 그가 떨리는 목소리로 거듭 말했다. "오늘 안나가 올 거야."

"그게 나와 무슨 상관이죠? 난 어차피 만나지 못해요!" 그녀는 외쳤다.

"그러면 안 되잖아, 돌리……."

"나가세요, 나가주세요, 나가요!" 그녀는 그에게 눈길도 주지 않고 소리쳤다. 이 외침은 마치 육체적인 고통에서 터져 나오는 것처럼 들렸다.

오블론스끼는 머릿속으로만 아내에 대해 생각하던 동안은 태연했고, 마뜨베이의 말대로 만사가 원만하게 수습되리라는 희망을 걸고 있었다. 안온한 마음으로 신문을 읽고 커피를 마실 수 있었다. 그러나 일단 그녀의 고통으로 얼룩진 측은한 얼굴을 보고 다 체념한 듯한 절망적인 목소리를 듣자, 그만 숨이 막히고 목이 메었다. 그의 눈에는 눈물이 글썽거렸다.

"아아, 내가 무슨 짓을 저지른 거지! 돌리! 제발…… 부탁이야……." 그는 울음이 복받쳐 올라 더는 말을 이을 수 없었다.

그녀는 장롱 서랍을 거칠게 닫고 그를 힐끗 보았다.

"돌리, 내가 무슨 말을 할 수 있겠어? ……그저 용서를 빌 뿐이야. 제발 용서해줘……. 좀 생각해 봐, 9년이나 되는 결혼생활을 봐서 한순간의, 정말 한순간의 실수를……."

그녀는 눈을 내리깔고 귀를 기울이며, 마치 어떻게든 자기의 오해를 풀어주길 간절히 바라는 듯한 모습으로 남편의 말을 기다리고 있었다.

"한순간의 바람기를……."

그는 말을 이어가려 했으나, 이 말을 듣자마자 그녀는 또다시 육체적인 고통에 시달리는 것처럼 입술을 앙다물었다. 오른쪽 볼 근육이 실룩거렸다.

"나가요, 여기서 당장 나가요!" 그녀는 창자를 도려내는 듯한 날카로운 소리로 외쳤다. "그따위 바람기니 추잡한 관계니 하는 얘긴 내 앞에서 두 번 다시 꺼내지 말아요!"

그녀는 자기가 먼저 나가려고 했으나 갑자기 비틀거리는 바람에 의자 등받이를 붙잡고 몸을 기댔다. 남편의 얼굴이 일그러지고 입술은 부풀고 두 눈에는 눈물이 그렁그렁 맺혔다.

"돌리!" 어느새 그는 흐느끼고 있었다.

"부탁이야, 아이들 생각도 좀 해줘. 그것들한테는 아무런 죄도 없잖아. 허물은 나한테 있어. 날 벌하고, 죗값을 치르게 해줘. 내가 할 수 있는 일이라면 무슨 짓이든 하겠어! 내가 나빴어, 말할 수 없을 만큼 내가 잘못했어! 그렇지만, 돌리, 제발 날 용서해 줘!"

그녀는 앉았다. 그녀의 거칠고 가쁜 숨소리를 듣고 있자니 그는 그녀가 참을 수 없이 가여웠다. 그녀는 몇 번이고 말을 꺼내려 했지만 소리가 나오지 않았다. 그는 가만히 기다렸다.

"당신은 아이들을 가끔 데리고 놀아주기만 하면 된다고 생각하지만, 난 늘 신경 쓰고 있기 때문에 알아요. 이젠 그것도 다 틀려 버렸어요." 이 말은 그녀가 지난 사흘 동안 몇 번이고 수없이 마음속으로 되뇌던 구절 중 하나였다.

어쨌든 아내가 '당신'이라고 불러 주었기 때문에, 그는 고마운 마음에 그녀를 쳐다보며 손을 잡으려고 몸을 움직였으나, 그녀는 혐오의 빛을 띠면서 몸을 뺐다.

"나는 아이들을 항상 생각하고 있어요. 그러니 그 애들을 위해서라면 무슨 일이라도 할 작정이에요. 그렇지만 어떻게 해야 아이들을 위하는 건지는 나도 몰라요. 제 아비한테서 떼놓아야 할지, 아니면 그냥 이대로 방탕한 아비 슬하에 내버려 둬야 할지……. 그래요, 방탕한 아비말이어요. 자, 어디 한번 말씀해 보세요. 그런…… 그런 일이 있었는데, 우리가 어떻게 함께 살 수 있죠? 그것이 가능하기나 한가요? 말씀해 보세요, 그것이 정말 가능한 일인지를!" 그녀는 언성을 높이며 되풀이했다. "내 남편이, 내 아이들 아버지가, 아이들 가정교사와 불륜을 저지른 뒤에도……."

"그럼, 어떻게 하란 말이야? 어떻게?" 그는 하염없이 고개를 아래로 떨어뜨리고, 처량한 목소리로 자기가 무슨 말을 하는지조차 모르고 지껄였다.

"난 당신이 싫어요, 더럽고 혐오스러워 싫단 말이에요!" 그녀는 더욱더 열을 올리면서 외쳤다. "당신의 눈물은 무의미해요! 당신은 한번도 날 사랑한 적이 없어요. 당신에겐 심장도 품위도 없어요! 당신은 비열하고 추잡한 타인이에요. 그래요, 생판 남이에요!" 그녀는 자신이 듣기에도 두려운 이 '타인'이라는 말을 고통과 분노를 담아 쏘아 댔다.

그는 무심코 그녀를 쳐다보았다. 그녀의 얼굴에 떠오른 표독스러운 분노에 깜짝 놀라 움찔했다. 그는 아내에 대한 자기의 연민이 도리어 그녀를 자극한다는 것을 알지 못했다. 그녀가 그에게서 본 것은 그녀에 대한 동정이지 사랑은 아니었던 것이다. '그녀는 나를 증오하고 있어. 절대 용서하지 않을 거야.' 그는 생각했다.

"큰일이군, 큰일이야!" 그가 중얼거렸다.

이때 갑자기 옆방에서 아이가 울기 시작했다. 아마 넘어진 모양이었다. 돌리는 가만히 귀를 기울였다. 문득 그녀의 얼굴빛이 부드러워졌다.

그녀는 마치 자기가 어디에 있는지, 무엇을 해야 할지 모르는 사람처럼 잠시 넋을 놓고 있었으나, 이내 자리를 박차고 일어나 문 쪽으로 달려갔다.

'역시 아내는 내 아이들을 사랑하고 있지 않은가.' 그는 아이 울음소리에 그

녀의 얼굴빛이 변하는 것을 보고 이렇게 생각했다. '내 아이를……. 그런데 어떻게 나를 미워할 수 있지?'

"돌리, 한마디만 더." 그는 그녀의 뒤를 쫓으며 말했다.

"당신이 나를 따라온다면 사람들을 부르겠어요. 아이들도 부를 거예요! 당신이 비열한 사람이라고 모두에게 알리겠어요! 난 오늘 떠날 거예요. 당신은 여기서 당신 정부와 살면 되겠네요!"

그녀는 매몰차게 문을 쾅 닫고 나가 버렸다.

오블론스끼는 한숨을 내쉬며 얼굴을 닦고 조용한 걸음걸이로 방에서 나가려고 했다. '마뜨베이 녀석은 원만히 수습될 거라더니 이게 무슨 꼴이야? 전혀 가망조차 안 보이잖아. 아, 아아, 정말 최악이야! 게다가 그녀의 그 품위 없이 떠들어 대는 꼬락서니란.' 그는 그녀가 외친 비열한 사람이니 정부니 하고 지껄였던 말을 생각하면서 혼잣말을 했다. '어쩌면 하녀들도 들었을는지 몰라! 이 무슨 꼴불견이람.' 오블론스끼는 잠시 우두커니 서 있다가, 눈시울을 훔치고 긴 한숨을 몰아쉬며 가슴을 펴고 방을 나섰다.

마침 금요일이라 식당에선 독일인 시계공이 시계태엽을 감고 있었다. 오블론스끼는 언젠가 이 꼼꼼한 대머리 시계공을 보고 '저 독일인은 한평생 시계태엽을 감도록 자기도 태엽에 감겨 있다'고 했는데, 지금도 그 농담을 생각하며 빙그레 웃었다. 오블론스끼는 재치있는 익살을 좋아했다. '아마 원만히 수습될 거라고? 그건 그렇고 재미있는 말이군. 원만히 수습된다는 건.' 그는 생각했다. '언젠가 써먹어야겠어.'

"마뜨베이!" 그는 큰소리로 불렀다. "마리야와 둘이 안나가 쓸 방을 잘 꾸며놔." 그는 마뜨베이에게 명령했다.

"알겠습니다."

오블론스끼는 모피 외투를 입고 현관의 층계로 걸어나갔다.

"식사는 밖에서 하십니까?" 배웅 나온 마뜨베이가 물었다.

"어떻게 될지 몰라. 참, 우선 쓸 돈이나 받아 둬." 오블론스끼는 지갑에서 10루블 지폐를 꺼내면서 말했다. "이거면 충분하겠나?"

"넉넉하거나 모자라거나 어떻게든 맞춰 봐야죠." 마뜨베이는 마차 문을 닫고 층계 쪽으로 물러서며 대답했다.

그사이에 아이를 달래고 있던 돌리는 마차 소리로 그가 나간 것을 알고 다시 침실로 돌아왔다. 방에서 한 발짝만 나서도 가사에 쫓기는 그녀에게 침실은 유일한 은신처였다. 지금만 해도 그녀가 아이 방으로 간 그 짧은 시간에, 벌써 영국인 가정교사와 마뜨료나는 돌리가 아니고서는 대답할 수 없는 시급한 질문을 수없이 꺼내 놓았다. 산책하러 나갈 때 아이들한테 무엇을 입혀야 하는지? 우유를 먹여도 좋은지? 다른 요리사를 부르지 않아도 괜찮은지?

"아아, 귀찮아, 나를 좀 내버려 둬!"

그녀는 침실로 돌아와 남편과 이야기하던 바로 그 자리에 앉아, 뼈만 남은 손가락에서 반지가 빠질락말락 하는 앙상한 두 손을 불끈 움켜쥐고 방금 나눴던 대화를 처음부터 끝까지 하나하나 되새기기 시작했다.

'그가 나갔어! 그런데 그 여자하고는 어떻게 끝장을 냈을까?' 그녀는 생각했다. '설마 아직도 만나고 있을까? 어째서 그것을 물어보지 않았지? 아니야, 아니야, 더 이상 같이 살 순 없어. 설사 이대로 한집에 산다 해도 우린 이제 남이야. 영원히 남이야!' 그녀는 다시 끔찍하게 들리는 이 말에 특별한 의미를 담아 되풀이했다. '그렇지만 난 얼마나 사랑했던가. 아아, 얼마나 그일 사랑했던가…… 정말 사랑했어! 하지만 지금은 더 이상 그일 사랑하지 않는단 말인가? 이전보다도 훨씬 더 사랑하는 건 아닐까? 무엇보다 끔찍한 것은…….' 그녀의 생각은 마뜨료나가 문으로 얼굴을 디밀면서 중단되고 말았다.

"오라버니를 부르러 보내 주셨으면 좋겠어요." 그녀가 말했다.

"오라버니라면 식사 준비를 할 수 있습니다. 안 그럼 또 어제처럼 6시가 되도록 자제분들이 아무것도 잡숫지 못하게 되니까요."

"그래, 알았어. 지금 가서 일러 놓을게. 그나저나 신선한 우유는 가지러 보냈나?"

그리하여 돌리는 일상의 집안일에 몰두하며, 잠시나마 자신의 슬픔도 그 속에 묻어두었다.

5

오블론스끼는 재주가 뛰어나 공부는 잘했지만 게으르고 장난을 좋아했기 때문에 졸업할 때 성적은 꼴찌에 가까웠다. 그는 생활이 방종하고 관등도 낮고 나이도 많지 않았는데, 모스끄바 한 관청의 장으로서 명예롭고 봉급도 많은 지위를 차지하고 있었다. 이 자리는 관청이 예속된 한 내각의 요직에 있는 누이 안나의 남편 알렉세이 알렉산드로비치 까레닌의 도움으로 얻었다. 그러나 만약 까레닌이 자기 처남을 이 자리에 임명하지 않았더라도, 오블론스끼는 다른 수많은 형제며 누이, 친척, 종형제, 숙부니 숙모니 하는 사람들을 통해 이 정도의 지위나 연봉이 6천 루블은 되는 비슷한 다른 직업 정도는 쉽게 얻었을 것이다. 아내의 막대한 재산에도 불구하고, 방탕하고 헤픈 생활 때문에 가계가 어려운 그에게는 꼭 필요한 돈이었다.

모스끄바와 뻬쩨르부르그의 저명인사 절반은 오블론스끼의 친척이나 친구들이었다. 그가 태어나고 성장한 계층은 이 세상의 유력자들, 또는 유력하게 된 사람들이었다. 국가요직의 3분의 1은 아버지의 친구들로, 어렸을 때부터 그를 알아 왔다. 다른 3분의 1은 그와 막역한 사이였고, 나머지 3분의 1은 가까운 지인들이었다. 즉 지위니 부동산 대차권이니 이권이니 하는 지상의 부를 분배하는 자들이 모두 그의 친구들이므로 그를 홀대할 리 없었다. 오블론스끼는 유리한 지위를 얻기 위해 굳이 애쓸 필요도 없었다. 그저 남의 부탁을 거절한다든지 남을 질투한다든지, 입씨름을 하거나 화를 내지만 않으면 괜찮았다. 더욱이 타고난 품성이 선량한 그에게 그런 행동은 인연이 없었다. 그러니까 만약 그에게 원하는 만큼의 봉급을 받을 수 있는 지위를 줄 수 없다고 말하면, 그는 자기가 딱히 과도한 것을 바라지도 않았기 때문에 그저 농담이라고 여겼을 것이다. 그는 단지 동년배의 사람들이 얻는 만큼만 원할 뿐이었고, 또 그런 정도의 일은 누구에게도 뒤지지 않고 해낼 수 있었다.

오블론스끼가 모두에게 사랑받는 까닭은 비단 그의 선량하고 쾌활한 성격과 거짓 없는 성실함 때문만은 아니었다. 단정하고 말쑥한 용모, 빛나는 눈동자, 검은 눈썹과 머리칼, 희고 혈색 좋은 얼굴은 만나는 사람마다 친밀하고 유쾌한 기분이 들게 하는 어떤 생리적 작용이 있었다. "오오! 스찌바! 오블론스끼! 반갑네!" 그를 만나면 누구나 항상 즐거운 미소를 지으며 말했다. 설사 이따금 그와 이야기해도 별다를 것 없다고 느껴도, 이튿날 또 그 이튿날이면 사람들은 그와의 만남을 언제나 다름없이 기뻐했다.

모스끄바 한 관청에서 3년째 기관장을 맡고 있는 오블론스끼는 동료, 부하, 상관들은 물론 그와 만났던 모든 사람으로부터 사랑과 존경을 받고 있었다. 이처럼 직장에서 모두에게 존경받는 첫째 요인은, 사람들에게 지극히 관대했기 때문이다. 이는 그가 자기 결점을 의식하고 있다는 점에서 비롯된 것이다.

둘째는 그의 완벽한 자유주의 때문이다. 신문을 읽고 안 것이 아니라 그의 핏줄 속에 흐르는 타고난 것이었다. 상대의 재산과 신분의 귀천 여하를 막론하고 누구에게나 평등하고 공평한 자세를 잃지 않는 선천적인 자유주의에 있다. 셋째, 이것이 가장 중요한데, 그가 종사하는 직무에 대한 완전한 무관심 때문에, 그 결과 그는 결코 열중하거나 과실을 범하는 일이 없었다.

근무지에 도착한 오블론스끼는 조신하게 따라오는 수위에게 서류 가방을 들게 하고, 자기의 자그마한 집무실에 들러 제복으로 갈아입고 사무실로 들어갔다. 서기와 사무관들이 모두 일어나 쾌활하고 공손하게 인사했다. 오블론스끼는 언제나처럼 발걸음을 재촉하여 자기 자리로 가서 동료와 악수를 하고 자리에 앉았다. 그리고 예의에 어긋나지 않을 정도로 두서너 마디 농담과 잡담을 하고는 업무를 시작했다. 업무의 쾌적한 진행에 필요한 자유롭고 솔직한 태도와 냉랭한 공식적 태도의 경계선을 오블론스끼만큼 정확하게 찾아내는 사람은 없었다. 이 관청에 있는 모든 사람과 마찬가지로 비서관이 쾌활하고 공손하게 서류를 가지고 다가와, 오블론스끼에게 영향받은 친근하고 자유로운 어조로 이야기했다.

"뻰자 현청에서 조회 보고가 왔습니다. 이것인데요, 어떠신지……."

"겨우 보내왔군." 오블론스끼는 손가락으로 서류를 짚으면서 말했다.

"그럼, 여러분……." 이렇게 회의가 시작됐다.

'저자들은 알까?' 그는 정색하고 고개를 기울인 자세로 보고를 들으며 생각했다. '자기들의 상관이 불과 반시간 전에는 혼뜨검이 난 어린애처럼 풀 죽어 있었다는 것을!' 그는 왠지 머쓱하여 보고를 쫓는 눈에 웃음이 피어올랐다.

회의는 휴식 없이 꼬박 2시까지 쉬지 않고 진행되며, 2시부터 점심시간이었다.

그런데 아직 2시도 채 못 되어, 갑자기 사무실의 큰 유리문이 열리더니 누군가가 들어왔다. 황제의 초상화 아래, 혹은 정의표(正義標)*² 맞은편에 앉아 있던 직원들은 모두 기분 전환 대상이 나타난 것을 기뻐하며 문 쪽을 바라보았다. 그러나 문간에 서 있던 수위가 곧 그자를 내쫓고 유리문을 닫아 버렸다.

보고서 낭독이 끝나자, 오블론스끼는 일어나 기지개를 켰다. 시대의 자유로

---

*2 제정 러시아의 관청 책상 위에 놓았던 삼각기둥 문진(文鎭)으로 공정준수(公正遵守)라 씌어 있다.

운 기풍에 경의를 표하며 사무실에서 담배를 꺼내 들고는 자기 집무실로 갔다. 그의 두 보좌관인 선임 관리 니끼찐과 시종 그리네비치도 그를 뒤따랐다.

"오후에 충분히 끝나겠지?" 오블론스끼가 말했다.

"그야 물론이죠." 니끼찐이 응답했다.

"그런데 그 포민이란 자는 여간 보통내기가 아닌가 봅니다." 그리네비치가 회의에서 거론한 사건과 관계된 한 사람에 대해서 말했다.

오블론스끼는 그리네비치의 말에 얼굴을 찌푸려 섣부른 판단은 그만두라고 암시했을 뿐, 어떻다는 답변은 하지 않았다.

"금방 들어오려던 사람은 누구였나?" 그는 수위에게 물었다.

"누군진 잘 모르지만, 각하, 제가 잠깐 한눈판 새에 승낙도 없이 들어와서는, 각하를 좀 뵙겠다나요. 그래서 직원들이 나오신 뒤에 뵈라고 하긴 했는데……."

"어디 있지?"

"아마 현관홀일 겁니다. 아까까지는 거기에…… 아, 저분입니다." 수위가 양피모자도 벗지 않고 닳아빠진 돌층계를 가볍게 빨리 뛰어올라오는, 곱슬곱슬한 턱수염에 체격이 건장하고 어깨가 딱 벌어진 사내를 가리켰다. 계단 밑에 모여 있던 사람 가운데 서류 가방을 옆구리에 낀 호리호리한 관리가, 뛰어올라가는 사내의 발을 마땅찮게 보더니, 의심쩍은 눈빛으로 오블론스끼를 올려다보았다.

오블론스끼는 층계 위에 서 있었다. 수놓인 제복 깃 위에서 선량하게 빛나던 그의 얼굴이, 뛰어올라오는 사내가 누구인지 알아차리자 더욱더 빛나기 시작했다.

"그럼 그렇지! 레빈, 잘 왔네!" 그는 가까이 다가오는 레빈을 보고 친숙하면서도 놀리는 듯한 미소를 머금었다. "잘도 이런 소굴까지 나를 찾아왔군." 그는 악수만으로는 성이 차지 않는지 친구에게 키스하면서 말했다.

"언제 왔나?"

"지금 막 도착했어. 자네가 하도 보고 싶어서 말이야." 레빈은 수줍은 듯 불안한 듯, 침착하지 못한 얼굴로 주위를 돌아보았다.

"하여간, 내 방으로 가지." 친구의 자존심 강하고 곧잘 노하는 내성적인 성격을 잘 알고 있는 오블론스끼는 그의 손을 잡고, 마치 위험 지역을 안내하듯이 앞장서서 그를 이끌었다.

오블론스끼는 거의 모든 지기와 허물없는 사이였다. 환갑노인이나 스무 살 풋내기, 배우나 장관, 상인이나 시종무관과도 너나들이하는 사이가 되어 버리므로, 그들 중에는 사회계급의 양 극단에 속한 사람들도 많았다. 자기들이 오블론스끼를 통해 무언가를 공유하고 있다는 점을 알면 아마 깜짝 놀랄 것이다. 그는 샴페인을 같이 한 잔 기울이기만 하면 누구와도 친구가 됐다. 게다가 그는 누구하고나 샴페인을 마셨기 때문에, 부하 직원들이 있는 자리에서—그는 농담삼아 자기 친구들을 대부분 '너'라고 불렀는데—조금 부끄러운 '너'와 마주치기도 했다. 하지만 이 경우에도 그는 특유의 재치로 부하들의 불편함을 교묘하게 중화시켰다. 레빈은 그런 부끄러운 '너'는 아니었다. 그러나 오블론스끼는 타고난 감각으로, 레빈이 부하 직원들 앞에서 자신과의 친밀함을 나타내기 어려울 거라고 생각하여 서둘러 그를 집무실로 데려갔다.

레빈은 오블론스끼와 거의 같은 연배로, 둘은 그저 샴페인만 나누는 '너' 사이가 아니었다. 레빈은 아주 어렸을 때부터 그의 동지이자 친구였다. 그들은 성격도 취미도 서로 달랐지만, 청소년기에 사귄 친구들답게 서로 사랑하고 있었다. 그러나 한편으로는 서로 다른 활동 범위를 선택한 사람들이 흔히 그렇듯, 그들도 이성으로는 상대의 세계를 인정하면서도 내심 그것을 경멸하고 있었다. 그들은 서로 자신이 선택한 인생만이 참된 삶이고 친구의 인생은 한낱 환상에 지나지 않다고 생각했다. 오블론스끼는 레빈을 볼 때마다 놀리는 듯한 조소를 억누를 수가 없었다. 그는 레빈이 시골에서 모스끄바로 나올 때마다 벌써 여러 차례 만났다. 레빈이 시골에서 무슨 일을 한다는 것은 알았지만, 대체 무엇을 하는지는 확실히 알지 못했고 또 관심도 없었다. 모스끄바로 나올 때 레빈은 언제나 흥분해 있고 성급하여 조금 답답한 감이 있으며, 또 그 답답함에 본인도 화를 내는 기색이었다. 그리고 대개 매사에 전혀 예기치 못한 새로운 의외의 견해를 가지고 있었다. 오블론스끼는 이 점을 비웃으면서도 마음에 들어 했다. 그와 마찬가지로 레빈도 속으로는 친구의 도시적 생활양식과 무의미하게 여겨지는 그의 업무를 경멸하고 비웃었다. 그러나 두 사람의 차이는 일상생활에서 오블론스끼가 자신 있고 온후하게 웃는 데 반하여, 레빈은 자신도 없고 걸핏하면 화를 낸다는 점이었다.

"오래전부터 자넬 기다렸지." 오블론스끼는 집무실로 들어가자마자 마치 위험 구역을 벗어났다는 듯이 레빈의 손을 놓았다. "자넬 만나 정말, 정말 반가워." 그는 계속했다. "그래, 자네는 어떤가? 여전한가? 언제 왔어?"

레빈은 오블론스끼의 두 보좌관의 얼굴과 특히 매무새가 단정한 그리네비치의 우아한 손을 묵묵히 바라보고 있었다. 하얗고 긴 손가락, 길고 누르스름하며 끝이 굽은 손톱, 소맷부리에 달린 크고 번쩍거리는 커프스단추는 그의 주의력을 온통 독점하고 사고의 자유마저 앗아갔다. 오블론스끼는 곧 그것을 알아채고 빙그레 웃었다.

"아아, 그렇지, 소개하겠네. 동료인 필립 이바노비치 니끼찐과 미하일 스따니슬라비치 그리네비치일세." 그리고 레빈을 가리키며 말했다. "지방의회 의원으로 새로운 인재, 한 손으로 5뿌뜨*3나 들어 올리는 운동가이자 목축가이며 수렵가이기도 한 내 친구 꼰스딴찐 드미뜨리예비치 레빈이야. 세르게이 이바노비치 꼬즈느이쉐프의 아우지."

"정말 반갑습니다." 선임 니끼찐이 말했다.

"형님이신 세르게이 이바노비치 씨와는 안면이 있습니다." 그리네비치가 긴 손톱이 달린 호리호리한 손을 내밀었다.

레빈은 얼굴을 찌푸리며 싱겁게 악수를 하고 곧 오블론스끼를 돌아보았다. 그는 러시아 전역에 널리 알려진 저술가인 이부형(異父兄)을 대단히 존경하고는 있었지만, 남들이 자기를 꼰스딴찐 레빈이 아닌 저명한 꼬즈느이쉐프의 아우로 대하는 것은 참을 수 없었다.

"아니야, 난 더 이상 지방의회 의원이 아니야. 그 녀석들하고 대판 싸웠거든. 이젠 의회에 나가지 않기로 했어." 그는 오블론스끼를 향해 말했다.

"벌써 말인가!" 오블론스끼는 웃으며 말했다. "그런데 어째서, 뭐 때문에?"

"이야기가 길어, 언젠가 얘기하지." 레빈은 이렇게 말했지만, 이내 그 사연을 늘어놓기 시작했다. "그럼, 간단히 얘기하자면 말이지. 애당초 지방의회의 자치활동 같은 건 있지도 않았고 또 있을 수도 없다고 확신했기 때문이야." 그는 마치 지금 막 누군가에게 모욕이라도 당한 듯한 말투로 지껄였다.

"한편으로 말하면 의회란 일개 장난감이고, 의원들은 의회놀이를 하고 있을 뿐이야. 하지만 난 장난감을 가지고 놀기엔 나이가 너무 많거나, 아니면 너무 젊거든. 또 한편으로(그는 이 부분에서 말을 더듬었다) 그것은 지방 악당들

---

*3 약 80kg, 1뿌뜨는 약 40파운드에 해당함.

의 돈벌이 수단에 불과하단 말이야. 옛날에는 감독청이나 법원이 그랬는데, 이제는 지방의회가 그 꼴이야. 그것도 뇌물수수가 아니라 놀면서 월급만 챙겨가는 식이라니까." 그는 마치 동석한 누군가가 자기 의견을 반박이라도 한 것처럼 열을 내며 말했다.

"오호라! 그럼 자네는 또 한 단계 진화한 모양이로군, 이번에는 보수파란 말이지?" 오블론스끼가 논평했다. "어쨌든, 그 얘긴 나중에 하지."

"그래, 다음에. 한데 난 자네를 꼭 좀 만날 일이 있어서 왔네." 레빈은 그리네비치의 손을 아니꼽게 쏘아보면서 말했다.

오블론스끼는 겨우 알아챌 정도로 미소를 지었다.

"그건 그렇고, 자넨 앞으로 유럽식 옷은 두 번 다시 입지 않겠다더니 이거 어떻게 된 일이야?" 그는 얼른 보아도 프랑스 재단사가 지은 듯한 레빈의 새 옷을 찬찬히 보며 말했다. "그렇군! 알겠어, 그 의견도 진화한 게로군."

레빈의 얼굴이 화끈 달아오르며 붉어졌다. 보통 어른들처럼 얼굴을 자기도 모르게 살며시 붉히는 정도가 아니라, 아이들이 수줍어하는 자신을 인식하고 그 때문에 한층 더 부끄러워져서 점점 새빨개지다가 마침내는 울음이라도 터뜨릴 듯이 붉어졌다. 이런 지적이고 사내다운 얼굴이 그렇게 아이처럼 변하는 것은 너무나도 이상했기 때문에, 오블론스끼는 무심코 시선을 돌렸다.

"그럼 어디서 만날까? 자네한테도 아주 중요한 일이야." 레빈이 말했다.

오블론스끼는 잠깐 생각했다.

"이렇게 하지, 구린에 가서 식사하며 얘기해. 3시까진 한가하니까."

"아냐." 레빈은 조금 생각하다가 대답했다. "또 가 봐야 할 데가 있어."

"그래, 그럼 저녁을 같이 하지."

"저녁? 뭐 특별한 용건은 아니야. 그저 두어 마디 물어보면 그만이야. 그다음에 천천히 얘기나 좀."

"그럼, 지금 그 두어 마디를 해 봐, 다른 얘긴 저녁 먹으면서 하더라도."

"그럼 말하겠네." 레빈은 말했다. "딱히 특별한 건 아니야." 그의 얼굴은 수줍음을 억누르려고 안간힘을 쓴 탓에 갑자기 화난 표정이 되었다. "쉬체르바스끼 집안 사람들은 어떻게 지내시나? 모두 무고하신가?"

레빈이 처제 끼찌를 연모하고 있음을 벌써 오래전부터 알고 있던 오블론스끼는 엷게 미소 지으며 눈을 빛냈다.

"자네의 질문은 두 개뿐이지만 난 두 마디로는 대답할 수 없어. 왜냐하면……잠깐 실례하겠네……."

비서관이 들어왔다. 그는 편안함 속에 정중함이 배어 있는 태도였지만, 실무 지식은 자기가 상사보다 뛰어나다는 비서들 특유의 은근한 우월감을 띠고 있었다. 그는 서류를 가지고 오블론스끼한테 다가가 질문하는 척하며 어떤 사건을 설명하기 시작했다. 오블론스끼는 끝까지 듣지도 않고, 한 손으로 부드럽게 비서관의 소맷부리를 눌렀다.

"아니, 내가 얘기한 그대로 해." 그는 미소로 자신의 질책을 누그러뜨리며, 그 사건에 대해서는 잘 알고 있다고 간단히 설명하고 서류를 디밀며 말했다. "이 대로 계속 진행하게, 알겠나? 자하르 니까찌치."

비서관은 여우에 홀린 듯한 얼굴로 나갔다. 레빈은 오블론스끼가 비서관과 이야기하는 동안에 완전히 진정을 되찾고는 의자 등받이에 두 팔꿈치를 대고 서 있었다. 그의 얼굴에는 비아냥거리는 표정이 떠올라 있었다.

"모르겠군, 모르겠어." 그는 말했다.

"뭘 모르겠다는 거야?" 여전히 싱글벙글 웃는 얼굴로 담배를 꺼내며 오블론스끼가 물었다. 그는 레빈이 또 이상한 말을 꺼낼 거라고 예측했다.

"자네들이 하는 일을 이해할 수 없어." 레빈은 어깨를 으쓱하며 말했다.

"자넨 잘도 이런 일을 고분고분하게 하고 있군 그래?"

"무슨 뜻이야?"

"그야 딱히 일이랄 것도 없지 않은가."

"자네는 그렇게 생각할지 모르지만 우리는 일에 파묻혀 있어."

"일이 아니라 서류에 말이지. 하기야 자네에겐 딱 맞을지도 모르겠군." 레빈이 덧붙였다.

"그러니까 자네는 나에게 뭔가 모자란 데가 있다고 생각하는 거로군?"

"그럴지도 몰라." 레빈이 말했다. "그러나 역시 난 자네 그 거물 같은 태도에 감복하고 있고, 내게 이렇게 훌륭한 친구가 있다는 것을 자랑스럽게 생각해. 그런데 자네, 아직 내 질문엔 답하지 않았어." 그는 오블론스끼의 눈을 똑바로 쳐다보았다.

"알았네, 알았어. 조금만 기다려 봐, 자네도 곧 그렇게 될 테니까. 아무튼 까라진스끼군(郡)에 3천 제샤찌나*⁴의 땅이 있고, 또 그런 멋진 근육과 열두 살 소년에게서나 볼 수 있는 싱싱한 젊음이 있다는 것은 분명히 좋은 일이야. 그러나 결국 자네도 언젠가는 우리와 똑같아지게 되어 있어. 참, 자네가 아까 물었던 거 말이야. 다들 별고는 없어. 하지만 자네가 그렇게 오랫동안 얼굴을 비추지 않은 건 정말 유감이야."

"무슨 일 있었나?" 레빈은 깜짝 놀라며 물었다.

"아니, 별일 아냐." 오블론스끼가 대답했다. "천천히 얘기하지. 그런데 자네는 도대체 무슨 일로 왔나?"

"아, 그 얘기도 나중에 천천히 할게." 또다시 귓불까지 빨개지면서 레빈은 대답했다.

"그래, 좋아. 알겠어." 오블론스끼가 말했다. "그건 그렇고, 실은 말이야, 자네를 집으로 초대하고 싶지만 안사람이 몸이 좀 좋지 않아서 말이지. 그러니 이렇게 하세, 만약 자네가 쉬체르바스끼 사람들을 만나고 싶다면 동물원에 가봐. 요즘 그들은 4시에서 5시까지는 으레 그곳에 있어. 끼찌가 거기서 스케이트를 타거든. 자네도 그곳으로 가 보게나. 나도 나중에 들를 테니까, 어디 가서 같이 저녁이나 듭세."

"그게 좋겠군, 그럼 나중에 보세."

"이봐, 또 언제나처럼 깜빡 잊거나 갑자기 시골로 가 버리진 말게!" 오블론스끼가 웃으면서 외쳤다.

"걱정 마, 틀림없어."

레빈은 이미 문 앞까지 걸어 나온 뒤에야 비로소 오블론스끼의 동료들한테 깜빡 잊고 인사하지 않았음을 깨달았지만 그대로 방을 나왔다.

"지금 그분은 굉장한 정력가인 모양이군요." 레빈이 나가자 그리네비치가 말했다.

"아무렴." 오블론스끼는 고개를 끄덕였다. "저런 행운아가 또 없지! 까라진스끼군에 3천 제샤찌나의 땅도 있겠다, 전도양양하겠다, 게다가 또 얼마나 활기가 넘치느냐 이거야! 우리하곤 비교되지 않아."

"각하께서도 그런 말씀을 하실 때가 있습니까?"

---

*4 지적 단위. 1제샤찌나는 우리나라의 3305평에 해당함.

"말도 말게, 정말 초라하고 비루할 뿐이야." 오블론스끼는 무거운 한숨을 내쉬며 말했다.

6

오블론스끼가 레빈에게 대체 모스끄바에 무엇 때문에 왔느냐고 물었을 때, 레빈은 홍당무처럼 빨개졌고, 그 때문에 제풀에 화를 냈다. 왜냐하면 비록 오직 한 가지 목적으로 왔다고는 하지만, 그에게 "자네 처제한테 구혼하러 왔어"라고 대답할 수 없었기 때문이다.

레빈가(家)와 쉬체르바스끼가(家)는 모두 모스끄바의 옛 귀족 집안으로 늘 가깝고 정다운 사이였다. 이 관계는 레빈의 학생시절에 한층 더 두터워졌다. 그는 돌리와 끼찌의 오라버니인 젊은 쉬체르바스끼 공작과 입시 준비는 물론 대학까지 함께 들어갔다. 당시 레빈은 쉬체르바스끼가에 수시로 드나들었고 그 집안을 사랑했다. 이렇게 말하면 조금 이상하게 들릴지도 모르지만, 꼰스딴찐 레빈은 바로 그 집과 가족, 특히 쉬체르바스끼가 여인들을 사랑했다. 레빈은 어머니에 관한 기억이 없었고, 게다가 한 분뿐인 누이와는 워낙 나이 차이가 났다. 그는 부모의 죽음으로 잃어버렸던 교양 있고 명예로운 옛 귀족 가문의 분위기를 쉬체르바스끼가에서 처음 보았던 것이다. 그에게 이 집 가족들, 특히 여성들은 어떤 신비롭고 시적인 베일로 가려진 것처럼 여겨졌다. 그는 그들한테서 티끌만한 결점도 찾아볼 수 없었을 뿐만 아니라, 그들을 감싸는 신비한 베일 속에 가장 숭고한 감정과 완벽함이 있으리라 상상했다. 어째서 이 집의 세 아가씨는 격일로 프랑스어와 영어로 얘기하는가, 왜 그녀들은 정해진 시간에 교대로 피아노를 연주하여, 두 남학생이 공부하는 위층의 오라버니 방까지 그 선율이 들리게 하는가, 무엇 때문에 프랑스 문학이며 음악이며, 회화며 무용을 가르치는 교사들이 드나드는가, 어째서 세 아가씨가 일정한 시각에 제각기 다른 공단 외투(돌리는 롱코트, 나딸리는 반코트, 끼찌는 빨간 양말로 감싼 맵시 있는 두 다리가 훤히 드러날 만큼 아주 짧은 코트)를 입고 리농 양과 함께 뜨베르스꼬이 가로수길로 마차를 모는가, 또 뭣 때문에 그녀들은 모자에 금빛 휘장을 단 하인을 거느리고 뜨베르스꼬이 가로수길을 거닐어야만 하는가. 그녀들의 신비한 세계에서 벌어지는 이 모든 일과 그 밖의 대부분이 그에게는 전혀 이해되지 않았다. 그러나 거기에서 일어나는 모든 일이 아름답다는 사실은 알고 있었기에, 그는 이러한 일들의 신비로움에 매혹되었다.

대학시절에 그는 맏딸인 돌리한테 열을 올리고 있었으나, 그녀는 이내 오블론스끼한테 시집가고 말았다. 그다음 그는 둘째를 사랑하게 되었다. 그는 어쩐지 자매 중 한 사람을 사랑해야만 할 것 같았지만 실제로 누구를 선택하지는 못했다. 그러나 나딸리도 사교계에 나가자마자 외교관 리보프와 결혼해버렸다. 레빈이 대학을 졸업했을 무렵 끼찌는 그저 어린아이였다. 그 뒤 오래잖아 해군에 입대했던 젊은 쉬체르바스끼 공작이 발트해에서 뜻밖의 죽음을 맞았기 때문에, 레빈과 쉬체르바스끼 집안의 관계는 오블론스끼와의 우의가 있었음에도 차츰 소원해졌다. 그런데 올해 초겨울, 시골에서 1년 만에 모스끄바로 나와 쉬체르바스끼 집안 사람들을 보았을 때, 그는 자기가 세 자매 가운데 누구와 사랑에 빠질 운명이었는지를 깨달았다.

집안 좋고 남 못지않은 재산도 있는 서른둘의 그가 쉬체르바스끼 공작 영애한테 구혼하기보다 쉬운 일은 아마 세상에 없을 듯 보였다. 아니, 어느 모로 보나 그는 곧 훌륭한 배필로 인정받았을 것이다. 그러나 한창 사랑에 빠져 있는 레빈에게 끼찌는 모든 면에서 완전하고, 이 세상에서 가장 거룩한 존재인 양 여겨졌다. 이에 반해 자신은 저속하고 저열한 인간이므로, 주위 사람들은 물론 그녀조차 자기를 그녀의 남편감으로 절대 인정하지 않을 거라고 생각하는 지경까지 와 있었다.

그는 끼찌를 만나기 위해 모스끄바의 사교계에 발을 들이고 거의 날마다 그녀를 만나며 꿈결 같은 두 달을 보내다가, 갑자기 결혼은 불가능하다고 단정하고 시골로 떠나 버렸다.

레빈이 그렇게 확신하게 된 근거는, 상대편 부모 눈에 자기는 아름다운 끼찌에게 도저히 어울리지 않는 부족한 배필이며, 끼찌 또한 자기를 사랑할 수 없을 거라고 여겼기 때문이다. 부모 처지에서 그는 사회적으로 일정한 경력도 아무런 지위도 없는 사내였던 것이다. 그의 친구 중 어떤 이는 벌써 대령이 되었고, 시종무관, 교수, 은행장, 철도청장, 아니면 오블론스끼처럼 한 관청의 장이 되었다. 그러나 그는 그저(그는 남의 눈에 자기가 어떻게 비칠지 아주 잘 알고 있었다) 목축이며 사냥이며 건축을 업으로 하는 일개 지주였다. 말하자면 무능하여 아무것도 이루지 못하는, 세상 사람들의 눈에 하등 쓸모없는 인간들과 똑같은 사내에 불과했다.

하물며 그처럼 신비하고 아름다운 끼찌가 스스로도 인정하는 추남을, 무엇보다 이렇게 단순하고 특출한 것 하나 없는 평범한 사내를 사랑할 리 없었다. 더구나 이제까지 그는 끼찌를 대할 때, 오빠 친구로서 어른이 아이를 대하는 태도였기 때문에, 그것이 이 사랑에서 새로운 걸림돌로 여겨졌다. 자기처럼 못생기고 선량한 인간은 친구로서 사랑받을 수 있을 뿐이었다. 자신이 끼찌를 사랑하는 정도로 그녀에게 사랑받으려면, 잘생기고 무엇보다 비범한 인간이라야 한다고 그는 생각하고 있었다.

그는 여자들이 흔히 못생기고 평범한 사내를 사랑한다는 이야기를 듣긴 했지만 믿지 않았다. 자기 경험으로 미루어 볼 때 그는 아름답고 신비로운 특별한 여자만을 사랑할 수 있었기 때문이다.

그러나 시골에서 혼자 두 달을 지내면서 그는 그것이 청춘기에 몇 번 경험했던 그런 풋사랑과는 전혀 다르며, 이 감정 때문에 그는 잠시도 평온할 수 없다는 것을 알았다. 그녀가 그의 아내가 될지 안 될지를 해결하지 않고는 한시도 살 수 없었다. 또한 그의 절망은 단지 그의 상상에 불과할 뿐, 그가 거절당하리라는 근거는 어디에도 없다고 확신했다. 그리하여 그는 이번에 구혼해서 승낙을 얻으면 곧장 결혼해야겠다는 군은 결심으로 모스끄바에 왔던 것이다. 그러나 만일……, 그는 거절당하면 자신이 어떻게 될까 하는 문제는 생각하고 싶지도 않았다.

7

아침 기차로 모스끄바에 도착한 레빈은 이부형 꼬즈느이쉐프 집에 짐을 풀었다. 그는 옷을 갈아입고 곧장 형의 서재로 들어갔다. 이번에 상경한 이유를 털어놓고 그의 의견을 들을 요량이었으나, 공교롭게도 형은 혼자가 아니었다. 지극히 중요한 철학 문제에 대한 서로의 오해를 풀기 위해 일부러 하리꼬프에서 왔다는 저명한 철학 교수가 함께 있었다. 일찍이 이 교수는 유물론자들에 맞서 격렬한 논쟁을 벌였다. 꼬즈느이쉐프는 흥미를 느끼고 논쟁을 지켜보다가, 교수의 최근 논문까지 읽고는 바로 반박글을 써 보냈다. 그는 유물론자들에게 너무 지나치게 양보했다며 교수를 힐책했다. 그러자 교수가 당장 해명하기 위해 달려왔던 것이다. 그들의 논의 주제는 최근 논란이 되는 문제에 대한 것이었다. 인간 행위에서 정신적 현상과 생리적 현상 사이에 경계가 있는가, 그렇다면 어디에 있는가?

꼬즈느이쉐프는 누구에게나 보이는 상냥하고 담담한 미소로 동생을 맞았고, 교수에게 소개하고는 다시 얘기를 이었다.

이마가 좁고 왜소하며 누런 얼굴에 안경 낀 교수는 인사를 하기 위해 잠깐 얘기를 그쳤다가, 이내 레빈에게는 주의를 기울이지 않고 연설을 계속했다. 레빈은 교수가 돌아갈 때까지 기다릴 생각으로 자리에 앉았으나, 어느새 그들의 얘기에 빠져들기 시작했다.

대학에서 자연과학을 공부한 레빈은 지금 화제에 오른 내용과 같은 글을 잡지에 실린 논문에서 가끔 보았고, 친숙한 박물학 원리의 발전으로서 흥미를 느끼며 읽은 기억이 있었다. 그러나 그런 동물로서 인류의 기원이나 반사 작용, 생물학이나 사회학 등에 대한 과학적 결론을, 최근 들어 점점 더 자주 머릿속에 떠오르는 삶과 죽음의 문제들과 결부시켜 생각한 적은 한 번도 없었다.

그는 형과 교수의 담론을 들으면서, 그들이 과학적인 문제를 영적인 것과 연관지어 여러 차례나 이 문제들에 거의 접근할 뻔했음을 알아챘다. 그러나 그들은 매번 가장 중대한 문제에 가까이 접근하고도 곧 부랴부랴 뒷걸음쳐서는, 또다시 엄밀한 구분이니 유보니 인용이니, 암시니 권위의 인증(引證)이니 하는 세계로 점점 파고들었다. 따라서 그로서는 그들의 얘기를 따라가기조차 쉽지 않았다.

"난 받아들일 수 없습니다." 꼬즈느이쉐프는 언제나처럼 또렷하고 정확한 표현과 우아한 어조로 말했다.

"외부세계에 대한 우리의 개념이 모두 인상(印象)에서 나온다는 케이스의 이론에는 절대 동의할 수 없습니다. 이를테면 '존재'라는 가장 근본적인 관념은 감각을 통해 얻은 것이 아니지 않습니까. 왜냐하면 그러한 관념을 전달할 특수한 기관은 존재하지 않으니까요."

"그렇죠. 그러나 그들, 부르스트나 크나우스트나 쁘리빠소프는 틀림없이 이렇게 답변하겠지요. 존재 의식은 모든 감각의 결합으로 생기며, 따라서 존재 의식도 감각의 산물이라고 말입니다. 부르스트는 심지어 감각이 없다면 존재의 개념도 없다고 단언한다니까요."

"내 생각은 정반대입니다." 꼬즈느이쉐프가 막 얘기를 시작하려고 했다.

그러나 그들이 모처럼 가장 중요한 대목까지 접근했다가 또다시 멀어지는 듯 보였으므로, 레빈은 교수에게 질문하기로 마음먹었다.

"그렇다면, 만약 감각이 사라지고 육체가 사멸해버리면 이제는 그 어떤 존재도 있을 수 없게 되는 겁니까?" 그가 질문했다.

그러자 교수는 몹시 못마땅한 얼굴로 마치 그 말참견 때문에 정신적인 고통을 느끼기나 한 듯이, 철학자라기보다는 오히려 예인선의 인부에 가까운 이 이상한 질문자를 돌아보았다. 그러더니 꼬즈느이쉐프에게 시선을 돌리며 어떻게 답하면 좋겠냐는 표정을 지어 보였다. 그러나 꼬즈느이쉐프는 교수처럼 정색하고 열을 올리며 이야기할 만큼 일률적이지 않았고, 교수에게 대응하면서 동시에 그러한 질문이 나오게 된 단순하고 자연스러운 견해도 이해할 정도의 여유가 있었으므로, 빙긋 웃으며 이렇게 말했다.

"우리는 그러한 문제를 해결할 권리가 없어……."

"판단 재료가 부족하니까요." 교수도 맞장구를 치며 논증을 계속했다. "아니, 내 말은 만일 쁘리빠소프가 언명했듯이, 감각이 인상을 기초로 삼는다면 우리는 이 두 관념을 엄밀히 구별해야만 한다는 겁니다."

레빈은 더 들으려고도 하지 않고, 그저 교수가 떠나기만을 기다렸다.

8

교수가 떠나자 형은 동생을 돌아보았다.

"잘 왔다. 그래, 오래 있을 거냐? 농장은 어때?"

레빈은 형이 농장 경영 따위엔 조금도 흥미가 없으며, 이 질문은 인사치레에 지나지 않음을 알고 있었기에, 그저 밀의 팔림새와 재정 상태에 대해서만 조금 대답해 주었다.

레빈은 형에게 결혼 계획을 밝히고 그의 조언을 듣고 싶었으며, 그러기로 굳은 결심까지 했었다. 그러나 막상 형과 만나 교수와의 담론을 듣고, 형이 지금도 무의식적인 보호자 같은 말투로 농장 경영에 대해 묻자(어머니가 남긴 소유지는 아직 분배되지 않아 레빈이 두 사람 몫을 다 관리하고 있었다) 어쩐지 형에게 결혼 결심에 대한 이야기를 꺼낼 수 없었다. 형은 이 문제를 그가 바라는 시각으로 보지 않을 것 같았다.

"그래 요즘 형편은 어떠냐, 너희 지방의회는?" 꼬즈느이쉐프는 지방의회에 대단한 흥미를 보이며 큰 의의를 부여하고 있었다.

"솔직히 말하면, 잘 몰라······."

"어째서? 넌 의원이잖아?"

"아니, 이젠 아냐. 사퇴했어." 레빈은 대답했다. "이젠 회의에도 나가지 않아."

"그럴 수가!" 꼬즈느이쉐프는 눈살을 찌푸리며 중얼거렸다.

레빈은 변명삼아 고향의 지방의회 사정을 얘기하기 시작했다.

"언제나 그런 식이지!" 꼬즈느이쉐프가 그의 말을 가로막았다. "우리 러시아인은 언제나 그래. 어쩌면 그게 우리 장점일지도 모르지. 즉 자기 단점을 보는 재능 말이야. 그러나 우리는 너무 도가 지나쳐. 서로 비아냥거리는 데만 열중하고, 혀끝에는 늘 가시가 돋쳐 있단 말이야. 게다가 빈정대는 어휘는 러시아어에 얼마든지 있지. 한마디로, 우리의 지방자치제도 같은 권리를 다른 유럽 국민에게 주었다면, 독일인이나 영국인은 틀림없이 그 속에서 자유를 끌어냈을 거야. 그런데 우리는 모처럼 권리를 줬는데도 그저 웃고만 있지."

"그렇지만 어쩔 도리가 없잖아?" 겸연쩍은 듯 레빈이 말했다. "이게 나로선 마지막 시도였어. 그래서 나도 젖 먹던 힘을 다해 달려들었지만 무리였어. 나에겐 그런 능력이 없었던 거야."

"능력이 부족한 게 아냐." 꼬즈느이쉐프가 말했다. "넌 문제를 똑바로 보려 하지 않아. 그 관점이 틀렸어."

"그럴지도 모르지." 레빈은 침울하게 대답했다.

"그건 그렇고, 니꼴라이가 또 여기에 와 있는 걸 아니?"

니꼴라이는 레빈의 친형으로 꼬즈느이쉐프에겐 이부동생인 파락호였다. 그는 자기 몫의 막대한 유산을 탕진하고 해괴망측한 놈들과 어울려, 형제들과 사이가 좋지 않았다.

"뭐라고?" 레빈은 깜짝 놀라 외쳤다. "어떻게 알았어?"

"쁘로꼬피가 길에서 봤대."

"여기, 모스끄바에서? 지금 어디 있는지 알아?" 레빈은 당장에라도 찾아갈 듯이 의자에서 일어섰다.

"너한테 이야기하는 게 아니었어." 꼬즈느이쉐프는 동생이 흥분하자 고개를 내두르면서 말했다. "사람을 시켜 *그*가 어디 살고 있는지 찾아내고, 그가 뜨루빈에게 끊은 어음을 내가 대신 갚아 그것을 보내 줬더니, 이런 답장이 왔다."

꼬즈느이쉐프는 서진(書鎭) 밑에서 한 장의 편지를 빼내어 동생에게 건넸다.

레빈은 기묘하면서도 낯익은 필체로 쓰인 편지를 읽었다.

　제발 나를 이대로 내버려 둬. 이것만이 내가 사랑하는 형제들에게 바라는 유일한 소망이야.

니꼴라이 레빈

편지를 다 읽은 레빈은 고개도 들지 않고 여전히 편지를 손에 쥔 채, 꼬즈느이쉐프 앞에 우두커니 서 있었다. 그의 가슴속에서는 당장 이 불행한 형에 대해선 생각하고 싶지 않다는 마음과 그렇게 하는 것은 좋지 않다는 의식이 싸우고 있었다.

"그 녀석은 날 욕보이고 화나게 할 셈인 모양이야." 꼬즈느이쉐프가 말을 이었다. "그러나 그는 날 모욕할 수 없어. 난 진심으로 그를 도와주고 싶다. 그렇지만 그게 부질없는 생각이란 것도 잘 알고 있어."

"그래, 그래." 레빈은 같은 말을 되풀이했다. "난 니꼴라이 형에 대한 형의 태도를 이해하고, 훌륭하다고도 생각해. 하지만 난 니꼴라이 형에게 가봐야겠어."

"원한다면 가 봐. 별로 권하고 싶진 않지만." 꼬즈느이쉐프가 말했다. "말하자면, 나에 관한 이런 일은 두렵지 않아. 그 녀석 때문에 우리 사이가 멀어질 리도 없을 테니까. 그렇지만 너를 위해선, 네가 가지 않는 게 좋을 싶구나. 어차피 도와줄 수도 없을 거야. 그러나 하고 싶은 데로 하려무나."

"분명히 도울 순 없을지도 모르지만 나는 알 수 있어. 특히 지금 이 순간, 아니 이건 별문제지만. 내가 예사롭게 가만히 있을 수 없다는 것을 절실히 느끼고 있어."

"글쎄, 그거야말로 나는 이해할 수 없다만." 꼬즈느이쉐프가 말했다. "하지만 이것만은 알고 있어." 그는 덧붙였다. "그건 바로 굴욕적인 교훈이야. 나는 포기라는 것을 배웠지. 니꼴라이가 지금 같은 꼴이 된 뒤로, 나는 소위 비열한 행동에 대해 여태까지와는 전혀 다른 관대한 눈으로 보게 됐어. 너도 그 녀석이 무슨 짓을 했는지 알고 있을 게다……."

"아아, 끔찍해, 끔찍한 일이지!" 레빈은 되풀이했다.

꼬즈느이쉐프의 하인에게서 형의 주소를 받은 레빈은 즉시 그를 찾아가려

했으나, 곰곰이 생각한 끝에 방문을 저녁까지 늦추기로 했다. 먼저 정신적 안정을 찾기 위해 우선 그가 모스끄바까지 오게 된 용건부터 해결해야 했다. 레빈은 형의 집을 나와 바로 오블론스끼의 관청으로 찾아가, 쉬체르바스끼가의 근황을 살핀 뒤, 끼찌를 만날 수 있다는 곳으로 마차를 몰았다.

9

4시, 쿵쾅거리는 심장의 고동을 느끼며 레빈은 동물원 입구에서 마차를 내려, 스케이트장으로 난 좁은 길을 따라 걸었다. 차도에서 쉬체르바스끼가의 마차를 보았으므로, 거기에 틀림없이 그녀가 있을 것으로 생각했다. 활짝 갠 쌀쌀한 날이었다. 차도에 마차며 썰매들이 몇 줄씩 멈춰 있고 헌병들이 늘어 서 있었다. 산뜻한 차림새의 사람들이 밝은 햇살에 모자를 반짝이면서, 입구와 맞배지붕의 러시아풍 오두막집 사이로 난 오솔길 곳곳에 들끓고 있었다. 눈 때문에 가지를 축 늘어뜨린, 동물원의 울창한 자작나무 고목들도 마치 새로 지은 장중한 제복으로 갈아입은 것 같았다.

레빈은 좁은 길을 따라 스케이트장으로 향하면서 자신에게 말했다. '당황하지 말고 차분해야 한다. 침착하자. 어이, 대체 무슨 일이야? 웬 호들갑이야? 잠자코 있어, 바보 같으니!' 그는 자기 심장을 달랬다. 그러나 마음을 가라앉히려고 애를 쓰면 쓸수록 그의 숨결은 더욱 거칠어졌다. 안면 있는 누군가 그를 보고 말을 걸어왔지만, 레빈은 그가 누구인지 생각해 내지 못했다. 활주대 근처끼지 오자, 올라갔다 내려갔다 하는 썰매의 쇠사슬이 덜거덕거리는 소리며, 미끄러져 내려가는 썰매 소리와 사람들의 환성이 들려왔다. 몇 걸음 더 앞으로 가자 그의 눈앞에 스케이트장이 펼쳐졌다. 순간 스케이트를 타는 많은 사람 가운데서 그녀를 찾아냈다.

그는 심장이 저릴 듯한 환희와 두려움으로 그녀의 존재를 실감했다. 그녀는 스케이트장 건너편 끝에서 어떤 부인과 얘기를 나누고 있었다. 그녀의 복장이나 자세에도 특별한 데는 없어 보였다. 그러나 레빈에게 이러한 군중 속에서 그녀를 찾아내기란, 쐐기풀 속에서 장미를 찾는 것만큼이나 쉬웠다. 모든 것이 그녀에게서 뿜어져 나오는 빛으로 반짝이고 있었다. 그녀의 미소는 주위를 환하게 밝혔다. '저 빙판까지 내려가서 그녀 가까이 다가갈 수 있을까?' 그는 잠시 생각했다. 그녀가 있는 곳이 접근할 수 없는 성지처럼 느껴져서, 순간 그대로 돌아가 버릴까 생각했다. 그만큼 두려웠다. 그녀 주위에서 저렇게 많은 사람이 스케이트를 타고 있으니, 자기도 그쪽으로 얼음을 지치러 가도 된다고 스스로 한껏 독려해야 할 정도였다. 그는 마치 그녀가 태양이라도 되는 양 한참 바라보는 것을 피하면서 아래로 내려갔다. 그러나 그녀의 모습은 태양처럼, 그가 직시하지 않아도 언제나 눈에 들어왔다.

요일과 시간대의 특성상, 얼음판 위에 있는 사람들은 피차 안면이 있는 사이였다. 솜씨를 뽐내는 스케이트 전문가들, 썰매 등받이를 붙들고 벌벌 떨며 서툰 동작으로 배우는 초보자들, 아이들, 그리고 건강을 목적으로 얼음을 지치는 나이 지긋한 사람들도 있었다. 그러나 레빈에게는 그들이 그녀 가까이에 있다는 이유 하나만으로, 모두 다 선택받은 행복한 사람들처럼 여겨졌다. 얼음을 지치는 사람들은 모두 지극히 담담하게 그녀를 뒤쫓거나 앞지르고 말도 걸면서, 그녀와는 전혀 관계없이 좋은 얼음과 쾌청한 날씨를 만끽하며 즐기고 있었다.

끼찌의 사촌 오라버니인 니꼴라이 쉬체르바스끼는 짧은 재킷에 통이 좁은 바지 차림으로 스케이트를 신은 채 벤치에 앉아 있다가, 레빈을 발견하고 큰 소리로 외쳤다.

"오, 러시아 제일의 스케이터! 언제 오셨습니까? 얼음이 아주 좋습니다. 얼른 스케이트를 신으십시오."

"난 스케이트가 없어." 레빈은 니꼴라이가 그녀 앞에서 그토록 대담하게 행동할 수 있다는 점에 놀라면서 대답했다. 그 순간에도 비록 그녀가 있는 쪽을 똑바로 바라보지는 못했지만, 한시도 그녀를 시야에서 놓치지 않았다. 태양이 자기에게 다가오는 느낌이 들었다. 반대쪽 구석에 있던 그녀가 목이 긴 스케이트화를 신은 날씬한 두 다리를 불안스레 움직이며 뻣뻣한 모습으로 그가 있는 쪽으로 미끄러져 왔다. 러시아 전통 옷차림의 한 소년이 몸을 구부리고 쓸데없이 두 팔을 휘두르면서 그녀를 앞질렀다. 그녀의 발놀림은 조금 불안해 보였다. 끈으로 매어 늘어뜨린 작은 머프에서 양손을 빼고 만일의 사태에 대비하면서, 레빈을 알아보고는 반가움과 서툰 자기에 대한 부끄러움이 섞인 미소를 생긋 지어 보였다. 마지막 커브를 돌자 그녀는 탄력 있게 발로 몸을 튕기며 곧장 쉬체르바스끼 쪽으로 미끄러져 왔다. 그러고는 그의 손에 매달려 방긋 웃으면서 레빈에게 인사했다. 그녀는 그가 상상하던 것보다 훨씬 더 아름다웠다.

그녀를 생각할 때 그는 그녀의 온 모습을, 특히 맵시 있고 처녀다운 어깨 위에 금빛 머리칼을 가볍게 드리우는 조그마한 머리, 어린애 같은 명랑함과 상냥함을 지닌 그 아름다움을 생생하게 떠올릴 수 있었다. 앳된 얼굴은 날씬한 몸매의 아름다움과 어우러져 그녀만의 독특한 매력을 이루었다. 레빈은 그것을 인상깊게 기억하고 있었다. 그러나 매번 허를 찌르며 그를 놀라게 하는 것은 그녀의 유순하고 잠잠하고 진실한 눈의 표정과 미소였다. 특히 그 미소는 언제나 레빈을 마법 세계로 이끌었고, 그는 그 속에서 어린시절에도 좀처럼 느껴 본 적 없는 부드럽고 편안한 기분을 맛보았다.

"언제부터 와 계셨어요?" 그녀가 손을 내밀면서 말했다. 그가 그녀의 머프에서 떨어진 손수건을 주워 주자, "감사합니다" 하고 덧붙였다.

"나요? 얼마 안 됐어요. 어제…… 아니 오늘이구나…… 지금 막 도착했죠." 레빈은 흥분한 탓에 묻는 뜻을 이해하지 못하고 대답했다.

"실은 댁에 들르려고 했었죠." 이렇게 말한 순간, 그는 그녀를 찾아온 목적을 생각해 내곤 어찌할 바를 몰라 얼굴을 붉혔다. "스케이트를 타실 줄은 몰랐습니다. 더욱이 매우 능숙하군요."

그녀는 그가 당황하는 원인을 알아내려는 듯 주의 깊게 그를 쳐다봤다.

"당신에게 칭찬받다니 영광이에요. 여기에선 아직도 당신이 최고의 스케이터라고 정평이 나있으니까요." 그녀는 검정 장갑을 낀 자그마한 손으로 머프에 엉겨붙은 바늘 같은 성에를 떨어내면서 말했다.

"네, 나도 한때는 꽤 열심히 했죠. 완벽의 경지까지 이르려고 말입니다."

"당신은 무슨 일이든 열심히 하시는 것 같아요." 그녀가 미소를 띠며 말했다. "당신이 타는 모습을 꼭 보고 싶어요. 자, 어서 스케이트를 신으세요. 함께 타요."

'함께 타다니! 과연 그런 일이 가능할까?' 레빈은 끼찌를 찬찬히 쳐다보면서 생각했다. "그럼 곧 신고 오죠." 그는 바로 스케이트를 빌리러 갔다.

"오랜만에 들르시는군요, 나리." 스케이트장 직원이 레빈의 한쪽 발을 붙잡고 뒤축을 나사로 죄면서 말했다. "나리의 뒤를 이을만한 분은 한 명도 없었습니다. 이만하면 괜찮으실는지요?" 그가 가죽끈을 잡아당기면서 말했다.

"응, 좋아. 좀 빨리 해주게." 레빈은 저절로 떠오르는 행복의 미소를 간신히 억누르면서 대답했다. '그래, 이런 게 인생이다. 이게 바로 행복이다! 그녀가 '함께'라고 말했어, '함께 타요'라고. 지금 당장 얘기해 버릴까? 하지만 지금 행복한 만큼 고백하려니 어쩐지 두렵다. 설사 헛된 희망일지라도…… 만일 얘기해 버린다면? ……아니야, 역시 고백해야 해. 무슨 일이 있어도 해야 해! 나약한 마음 따윈 날려 버려!'

레빈은 일어나 외투를 벗어젖히고 오두막 옆의 거칠거칠한 얼음판 위를 한바탕 지쳤다. 그러고는 미끄러운 얼음쪽으로 달려나와, 그저 제 마음대로 속도를 더하거나 늦추거나 방향을 바꾸면서 힘들이지 않고 빙판을 지치기 시작했다. 그는 두려운 마음으로 그녀 가까이 다가갔으나 그녀의 미소를 보자 마음이 놓였다.

그녀는 그에게 손을 내밀었다. 그들은 나란히 얼음을 지치면서 조금씩 속도를 냈다. 속도를 올릴수록 그녀는 그의 손을 힘주어 꽉 쥐었다.

"당신과 같이하면 금방 늘 것 같아요, 어쩐지 당신이 있어 안심돼요." 그녀가 그에게 말했다.

"나도 당신이 기대어 주시니까 한결 마음 든든합니다." 그는 이내 자신의 말에 깜짝 놀라 얼굴을 붉혔다. 실제로 그가 이 말을 입 밖에 내놓자마자, 마치 태양이 먹구름 뒤로 숨어 버린 것처럼 갑자기 그녀 얼굴에서 상냥함이 사라지고 뭔가 생각해 내려고 애쓰는 특유의 표정이 나타났다. 그 매끈한 이마에 주름이 한 줄 스쳐간 것이다.

"뭐 불쾌한 일이라도 있으신가요? 주제넘은 질문입니다만." 그는 재빨리 말했다.

"어머나, 왜요? ……아녜요, 불쾌한 일이라곤 전혀 없어요." 그녀는 쌀쌀맞게 대답하고 바로 덧붙였다. "리농 양은 만나셨나요?"

"아니, 아직."

"그분한테 가보세요, 그분은 당신을 정말 좋아해요."

'이게 뭔가? 내가 그녀를 실망시키고 말았다. 아아, 하느님. 도와주소서!' 잠시 생각에 잠겼던 레빈은 벤치에 앉아 있는 잿빛 고수머리의 프랑스 노부인 쪽으로 달려갔다. 그녀는 의치가 다 드러나도록 싱글벙글 웃으며 옛 친구처럼 그를 맞았다.

"그래, 많이 컸죠?" 그녀는 눈짓으로 끼찌를 가리키면서 말했다. "나도 나이를 먹었지요. 저렇게 '아기 곰'이 벌써 다 커 버렸으니까요!" 프랑스 노부인은 웃으면서 말을 잇고는, 그가 옛날에 농담 삼아 영국의 동화에 빗대 세 아가씨를 세 마리 곰이라고 불렀던 것을 상기시켰다. "기억하시죠, 곧잘 그렇게 말씀하셨죠."

그는 전혀 기억나지 않았지만, 그녀는 벌써 10년째 이 익살을 맘에 들어 하며 우스갯거리로 삼아왔다.

"자, 어서 가서 더 타세요. 우리 끼찌도 이제 정말 훌륭하게 타죠, 그렇지 않아요?"

레빈이 다시 끼찌에게 달려갔을 때, 이미 아까의 딱딱한 표정은 사라지고 눈빛도 언제나처럼 진지하고 상냥하게 돌아와 있었다. 그러나 레빈은 그 상냥함 속에서 어딘지 심상치 않은 새치름함을 느꼈다. 그는 서글퍼졌다. 그녀는 늙은 가정교사와 자기의 특이한 구석에 대해 얘기하고 난 뒤, 그의 생활에 대해 물었다.

"시골에서 지내시면 겨울에 지루하지 않아요?"

"아뇨, 지루하지 않아요. 할 일이 매우 많으니까요." 그는 그녀의 천연덕스러운 어조에 빨려 들어가, 마치 지난 초겨울에 그랬던 것처럼 거기에서 도저히 빠져나올 수 없을 것만 같았다.

"이번엔 오래 머무르실 작정인가요?" 끼찌가 다시 물었다.

"잘 모르겠습니다." 그는 자기가 무슨 말을 하고 있는지 생각지도 않고 대답했다. 만약 이 담담한 친구 같은 태도에 말려든다면 또다시 아무것도 매듭짓지 못한 채 돌아가게 될 것이다. 그래서 그는 한번 부딪쳐보기로 했다.

"어째서 모르시나요?"

"모르겠습니다, 사실 그건 당신께 달렸으니까요." 그는 이렇게 말하고는 이내 자신의 말에 깜짝 놀랐다. 그녀는 그의 말을 듣지 못했는지 아니면 못 들은 척 하는 건지, 넘어질 뻔한 것처럼 두어 번 발을 탁탁 구르더니 얼른 옆으로 빙판을 지쳐 나갔다. 그녀는 리농 양에게 다가가 뭐라고 얘기하더니 부인용 탈의실 쪽으로 가 버렸다.

"아아, 무슨 짓을 저지른 거야! 오, 하느님! 도와주소서, 제게 가르침을 주소서." 레빈은 기도하는 심정으로 중얼거렸다. 동시에 강렬한 운동 욕구를 느껴, 크고 작은 원을 그리며 얼음판을 전속력으로 지쳤다.

그때 신세대 스케이터 중에서 으뜸이라고 주목받는 한 젊은이가 스케이트를 신고 담배를 입에 문 채 커피숍에서 나왔다. 기합을 넣고 굉장한 소리를 내면서 스케이트를 신은 채 층계 아래로 달려 내려가더니, 그대로 얼음판 위로 뛰어내려 자유로이 두 손의 위치도 바꾸지 않고 날렵하게 얼음을 지쳤다.

"오, 저것이 신기술이로군!" 레빈은 자기도 이 새로운 기술을 시도해 보려고 곧 계단을 뛰어올라갔다.

"위험하니까 그만둬. 그건 연습이 필요해!" 니꼴라이 쉬체르바스끼가 충고했다.

레빈은 층계 위로 올라가 한껏 도움닫기를 하고 내달렸지만, 몸에 익지 않아 두 손으로 중심을 가누면서 아래로 뛰어내려야 했다. 마지막 계단에서 발이 걸렸지만 빙판 위에 한 손만 살짝 짚었을 뿐, 휙 몸을 일으켜 자세를 바로 잡고는 웃으면서 앞으로 미끄러져갔다.

'훌륭하고 좋은 분이야.' 마침 리농 양과 함께 오두막을 나오던 끼찌는, 사랑하는 오라버니를 바라보듯 정답고 조용한 미소를 띠고 그를 생각했다. '그런데 내가 뭘 잘못했을까, 무언가 나쁜 짓을 한 것일까? 사람들은 애매한 태도가 나쁘다지만, 난 내가 저분을 사랑하지 않는다는 걸 잘 알고 있어. 하지만 역시 그와 같이 있으면 즐거워. 참으로 멋진 분이야. 그런데 저분은 어째서 그런 말을 했을까……'

돌아가려는 끼찌와 계단에서 그녀를 맞이하는 어머니를 보자, 레빈은 격렬한 운동 때문에 얼굴이 붉어진 채 발을 멈추고 잠깐 생각에 잠겼다. 그는 스케이트를 벗고 동물원 출구에서 모녀를 따라잡았다.

"어머, 반가워요." 공작부인이 말했다. "언제나처럼 우리는 목요일마다 손님을 초대하고 있어요."

"그러면 오늘이로군요?"

"그러니까 꼭 오세요. 기다리겠어요." 공작부인이 싸늘하게 말했다.

이 냉정한 태도가 끼찌의 마음을 상하게 했다. 그녀는 어떻게든 어머니의 냉담함을 만회해야겠다는 마음을 억누를 수 없었다. 그녀는 고개를 돌려 생긋 웃으며 말했다.

"그럼, 이따 뵙겠어요."

이때 모자를 비스듬히 쓴 오블론스끼가 얼굴 가득 희색을 띠고 눈을 번뜩이면서 개선장군처럼 동물원으로 들어왔다. 그러나 장모 가까이 오더니 그는 갑자기 기가 꺾인 겸연쩍은 얼굴로, 돌리의 안부에 대한 물음에 대답했다. 장모와 침울한 대화를 끝내자 그는 가슴을 펴고 레빈의 팔을 잡았다.

"자아, 슬슬 가볼까?" 그는 물었다. "난 줄곧 자네 생각만 했다고. 자네가 모스끄바에 와 줘서 정말 기뻐." 그는 의미심장한 표정으로 레빈의 눈을 들여다보면서 말했다.

"그래, 가자." 행복한 레빈이 대답했다. 그의 귓가에는 여전히 '그럼 이따 뵙겠어요' 하고 말하던 목소리만이 울리고 있었고, 눈에는 그렇게 말하는 그녀의 미소가 떠나지 않았다.

"잉글랜드 호텔로 갈까, 아니면 에르미타슈로 갈까?"

"난 아무 데나 좋아."

"그럼 잉글랜드로 하지." 오블론스끼가 말했다. 에르미타슈보다 잉글랜드를 택한 것은 그쪽에 빚이 더 많았기 때문이다. 그는 빚 때문에 그 호텔을 피하는 것은 좋지 않다고 생각했다.

"자네 마차를 기다리게 해놨지? 거 참 잘됐군, 내 마차는 돌려보냈거든."

두 친구는 가는 동안 말이 없었다. 레빈은 끼찌의 표정 변화가 무엇을 의미하는지 생각하면서, 때로는 희망이 있다고 스스로를 믿어 보기도 하고, 때로는 절망에 빠져 그런 기대는 터무니없다고 단정하기도 했다. 하지만 그러면서도 그녀의 미소와 '그럼, 이따 뵙겠어요'라는 말 한마디로 자신이 완전히 달라졌음을 느꼈다.

오블론스끼는 계속 만찬 메뉴를 생각하고 있었다.

"자네는 넙치를 좋아했지?" 그는 호텔에 다다르자 레빈에게 물었다.

"뭐?" 레빈이 되물었다. "넙치? 그럼, 좋아하고말고."

10

오블론스끼와 함께 호텔에 들어섰을 때, 레빈은 친구의 얼굴과 온몸에서 감추어둔 광채와 같은 독특한 표정을 알아채지 않을 수 없었다. 오블론스끼는 외투를 벗고 모자를 옆으로 엇비스듬히 쓴 채 식당으로 들어가더니, 연미복 차림에 냅킨을 들고 바짝 따라오는 타타르인 웨이터에게 이런저런 지시를 내렸다. 어디를 가나 그렇듯 여기서도 그를 반기는 지인들에게 좌우로 반갑게 인사를 하면서 스탠드로 다가가, 생선 안주로 보드까를 한잔 들이켰다. 그가 리본과 레이스를 휘감은 채 곱슬곱슬하게 말아 올린 머리로 치장하고 카운터에 앉아 있던 프랑스 여인한테 무슨 기발한 인사를 했는지, 그녀가 자지러지게 웃어댔다.

레빈은 그저 온몸이 가발과 화장품으로 이루어진 듯한 이 프랑스 여인이 마음에 들지 않는다는 이유만으로 보드까를 마시지 않았다. 그는 불결한 장소를 피하듯이 냉큼 그녀 곁에서 떨어졌다. 그의 마음은 온통 끼찌에 대한 생각으로 가득 찼고 두 눈에는 승리와 행복의 미소가 빛났다.

"이리 오십시오, 각하. 여기가 조용하고 좋습니다." 유난히 바짝 달라붙어 온 반백의 타타르인이 말했다. 궁둥이가 커 연미복 끝자락이 쫙 벌어져 있었다. "각하는 이쪽으로." 그는 오블론스끼에 대한 경의의 표시로 그의 손님도 존중해야 함을 잊지 않고 레빈에게 말했다.

그는 청동 촛대가 놓인 둥근 탁자에 이미 식탁보가 덮여 있었지만 그 위에 눈 깜짝할 사이에 산뜻한 새 식탁보를 깔았다. 그러고는 벨벳 의자를 가지런히 하고 냅킨과 메뉴를 들고 오블론스끼 앞에 똑바로 서서 주문을 기다렸다.

"각하, 만약 별실이 좋으시다면 잠시 기다리셔야 하지만 곧 빌 겁니다. 마침 골리쓰인 공작께서 부인하고 같이 오셔서요. 그리고 오늘은 싱싱한 굴이 들어왔습니다."

"음, 굴이라!" 오블론스끼는 잠깐 생각했다.

"어떤가, 레빈, 어디 한번 계획을 바꿔 볼까?" 손가락으로 메뉴를 짚으면서 말했다. 그의 얼굴에는 진지한 망설임이 역력했다. "좋은 굴인가? 틀림없겠지?"

"플렌스부르크산입니다, 각하. 오스텐트산은 안 들어왔습니다."

"그야 플렌스부르크산이라면 괜찮을 테지만 싱싱하냐 이거지."

"네, 어제 들어왔습니다."

"자 그럼, 굴부터 시작해서 나머지 계획도 모조리 바꿔볼까? 어때?"

"난 아무래도 괜찮아. 난 양배추 수프와 죽만 있으면 그만인데, 여기 그런 건 없을 테고."

"러시아식 죽은 있습니다만, 주문하시겠습니까?" 타타르인은 갓난애를 달래는 유모처럼 레빈을 향해 허리를 구부리면서 말했다.

"아냐, 농담은 그만두고, 자네가 고른 것으로 하지. 스케이트를 좀 탔더니만 시장하군. 오해는 말게." 그는 오블론스끼의 얼굴에서 불만스러운 표정을 알아채고 덧붙였다. "내가 자네 선택을 존중하지 않는다고는 생각지 말게. 나도 맛있는 음식이 좋아."

"그렇지! 뭐니 뭐니 해도 그것은 인생의 기쁨 중 하나거든." 오블론스끼가 말했다. "자, 그럼 말이야. 어이, 굴 스무 개…… 아니 모자라겠군, 한 서른 개하고 뿌리채소 수프를 가져와……."

"쁘렌따니에르 말씀이죠?" 타타르인이 냉큼 말을 받았다. 그러나 오블론스끼는 웨이터가 프랑스어로 요리 이름을 말하는 기쁨을 누리는 것이 마음에 들지 않는 눈치였다.

"뿌리채소 말이야, 알겠어? 그리고 진한 소스를 얹은 넙치하고, 그다음에…… 로스트 비프, 이것도 좋은 것이라야 해. 통닭도 괜찮지, 그리고 과일 통조림도."

타타르인은 메뉴를 프랑스어로 말하기 싫어하는 오블론스끼의 버릇을 떠올리고 주문을 일일이 되풀이하지 않았지만, 마지막에는 매우 만족스럽게 주문한 것을 메뉴대로 한꺼번에 다시 되뇌었다.

"수프 쁘렌따니에르, 뛰르보소스, 보마르쉐, 뿔라르드아 레스뜨라곤, 마세 두느드 프뤼……." 그는 용수철 인형처럼 접은 메뉴판을 냉큼 내려놓고는, 와인리스트를 집어 오블론스끼 앞에 펼쳤다.

"뭘 마시겠나?"

"난 아무거나 좋아. 한데 샴페인이 조금 마시고 싶군." 레빈이 말했다.

"뭐, 처음부터? 하긴 그것도 좋지. 자넨 백포도주를 좋아했지?"

"까쉐 블랑입니다." 타타르인이 말을 받았다.

"그럼, 일단 그것을 굴하고 같이 가져와. 나머진 천천히 생각하지."

"알았습니다. 테이블 와인은 뭐로 하시겠습니까?"

"뉴이로 줘. 아니, 잠깐만. 역시 격식대로 샤블리가 더 낫겠군."

"알았습니다. 그리고 각하가 좋아하시는 치즈도 올릴까요?"

"암, 그렇지, 파마산 치즈로. 아니면 자넨 다른 게 좋겠나?"

"아냐, 난 아무거나 좋아." 웃음을 참지 못하고 레빈이 말했다.

타타르인은 연미복 뒷자락을 팔랑거리며 뛰어갔다가, 5분 뒤 진줏빛 껍데기 위에 살을 드러내고 있는 커다란 굴 접시와 술병을 손가락 사이에 끼고 나는 듯이 되돌아왔다.

오블론스끼는 풀 먹인 빳빳한 냅킨을 부드럽게 비벼 조끼에 끼우고, 편한 자세로 팔꿈치를 테이블에 대고 굴을 먹기 시작했다.

"나쁘지 않은걸." 그는 은제 포크로 진줏빛 껍데기에서 탱탱한 굴을 발라내어 하나씩 삼키며 말했다. "꽤 괜찮아." 그는 촉촉하고 빛나는 눈으로 레빈과 타타르인을 번갈아 쳐다보며 되풀이 말했다.

레빈도 굴을 먹었다. 물론 그에게는 치즈를 얹은 흰 빵이 더 구미에 맞았다. 하지만 그보다 오블론스끼에게 감탄사가 절로 나왔다. 심지어 병마개를 따고 거품 이는 포도주를 깔때기꼴의 얇은 잔에 따르던 타타르인까지도 눈에 보이게 만족한 미소를 띠고 흰 넥타이를 고쳐 매면서 오블론스끼를 바라보고 있었다.

"자넨 그다지 굴을 좋아하지 않는 모양이군?" 오블론스끼가 잔을 기울이며 말했다. "그렇지 않으면 무슨 걱정거리라도 있나? 응?"

그는 레빈을 즐겁게 해 주고 싶었다. 그러나 레빈은 즐겁지 않은 건 아니었지만 어쩐지 거북했다. 그토록 소중한 추억을 간직한 채, 이런 식당에서 여성을 동반한 사람들이 식사하는 별실들 사이에 끼여, 부질없는 혼잡과 소요 속에 놓인 것이 그에게는 참으로 어색하고 갑갑했던 것이다. 청동 장식물, 거울, 가스등, 타타르인 웨이터 같은 주변의 모든 것이 마음에 걸렸다. 그는 마음속에 가득 차 있는 그 추억이 더럽혀질까 두려웠던 것이다.

"나? 그래, 마음에 걸리는 일이 좀 있어서 말이야. 하지만 그게 아니라도 이런 곳은 좀 불편해. 자네는 좀 상상하기 어려울 테지만 나 같은 시골놈한테는 여기 온갖 것들이 이상하기만 해. 마치 자네 사무실에서 만났던 그 신사의 손톱처럼 말이야……."

"아, 나도 그 그리네비치의 손톱이 자네 흥미를 굉장히 끌었던 것은 눈치채고 있었지." 오블론스끼가 웃으면서 말했다.

"난 참을 수 없어." 레빈이 대꾸했다. "이거 봐, 내 입장이 되어, 시골 사람의 관점에서 한번 보란 말이야. 우리 시골 사람들은 자기 손을 되도록 일하기 편하게 관리하려고 애쓴다네. 그래서 손톱도 짧게 깎고 때로는 소매를 걷어붙이기도 하는 거야. 그런데 도시 사람들은 기를 수 있는 데까지 일부러 손톱을 기르고, 접시만한 소매 단추까지 달아서, 그 손으로 아무것도 할 수 없게 하지 않느냔 말이야."

이에 오블론스끼는 쾌활하게 웃었다.

"그건 그래. 하지만 그건 거친 노동 따위 할 필요가 없다는 증거야. 머리로 일하는 거니까……."

"그럴지도 모르지. 그러나 난 역시 우스워. 지금도 마찬가지야. 우리 시골 사람들은 조금이라도 빨리 일하려고 서둘러 밥을 먹는데, 지금 우리는 빨리 배가 부를까 봐 최대한 그걸 막기 위해 굴을 먹고 있으니 말이야……."

"그래, 그야 그렇지." 오블론스끼가 레빈의 말을 받았다. "그러나 그것도 문명의 목적 가운데 하나 아닌가? 즉 모든 것을 즐기는 게 말이야."

"글쎄, 만일 그게 문명의 목적이라면 난 차라리 야만인이길 바라겠어."

"자네는 지금도 야만스러워. 자네 레빈 집안은 모두 야만인이야."

레빈은 한숨을 내쉬었다. 갑자기 니꼴라이 형에 대한 일이 떠올라 부끄럽고 불쾌한 기분이 들어 얼굴을 찌푸렸다. 그런데 오블론스끼가 갑자기 다른 흥미로운 말을 꺼내어 그의 주의를 다른 곳으로 돌려 버렸다.

"그래, 어찌할 건가? 오늘 밤 우리, 그러니까 쉬체르바스끼가로 올 텐가?" 그는 우둘투둘한 빈 굴껍데기를 옆으로 밀어내고 치즈를 끌어당기며 이렇게 말했다.

"그럼, 꼭 갈 거야." 레빈이 대꾸했다. "공작부인께선 마지못해 부르신 것 같지만."

"무슨 소리야? 쓸데없는 소릴! 그건 그분 버릇이야…… 여기, 이봐, 수프를 가져오게! ……그건 그분 성격이야, '귀부인'이잖나. 나도 가긴 하지만, 그전에 먼저 바나나 백작부인의 합창 연습회에 들러야 해. 그건 그렇고, 어쨌든 자네는 야만인이야. 어쩜 그렇게 갑자기 모스끄바에서 사라져 버릴 수 있단 말인가? 그 뒤로 쉬체르바스끼가에서 자네 애길 묻는 통에 아주 혼났어. 내가 마치 당연히 알아야 한다는 것처럼 말이야. 그런데 내가 아는 것이라곤 그저, 자네는 언제나 아무도 하지 않는 기상천외한 짓을 하는 사람이라는 것뿐이거든?"

"그래." 레빈은 느릿느릿 불안한 듯이 말했다. "자네 말이 옳아, 난 야만인이야. 그러나 내 야만성은 말없이 모스끄바를 떠났기 때문이 아니라 지금 이렇게 돌아왔다는 데 있어. 이번에 온 것은……."

"오오, 자네는 정말 행복한 사내야!" 오블론스끼는 레빈의 눈을 들여다보며 말을 잘랐다.

"어째서?"

"빠르게 잘 달리는 말은 그 낙인으로 알고, 사랑에 빠진 젊은이는 그 눈빛으로 안다." 오블론스끼는 푸시킨의 시를 자기식으로 낭송하듯 말했다. "자네는 그야말로 앞날이 창창하지 않은가."

"그럼, 자네 인생은 이미 다 지나갔다는 뜻이야?"

"아니, 완전히 끝나지는 않았지만, 자네에게 미래가 있다면 나에겐 현재뿐이야. 그저 그런, 변변찮은 현재지만."

"무슨 일이 있었나?"

"좀 그럴 일이 있었지. 하지만 내 얘긴 하고 싶지 않아. 게다가 또 일일이 설명할 수 없는 일도 있다네." 오블론스끼가 말했다. "그래, 자네는 무슨 일로 모스끄바에 왔지?……어이, 좀 치우게!" 그는 타타르인에게 소리쳤다.

"예상하고 있지?" 레빈은 번득이는 눈을 오블론스끼 얼굴에서 떼지 않고 대꾸했다.

"짐작은 하네만, 그렇다고 내가 먼저 그 얘길 꺼낼 순 없잖나. 이쯤 되면 자네도 내 짐작이 맞는지 어떤지 알 수 있을 거야." 야릇한 웃음을 띠고 레빈을 쳐다보면서 오블론스끼가 말했다.

"그럼, 자네 생각을 말해 주게." 레빈은 떨리는 목소리로 얼굴의 온 근육이 경련하는 것을 느끼면서 물었다. "자네는 어떻게 생각하나?"

오블론스끼는 레빈을 주시하며 천천히 샤블리 잔을 비웠다.

"나?" 그는 반문했다. "나로서는 이보다 좋을 순 없다고 생각하네, 아무것도. 그야말로 바랄 수 있는 일 가운데 가장 좋은 일이야."

"아니, 자네 지금 오해하는 건 아닌가? 우리가 지금 무슨 이야기를 하는지 알고서 하는 소리야?" 레빈은 친구 얼굴을 뚫어지게 쳐다보면서 말했다. "자네는 이게 가능하다고 생각하나?"

"가능하다마다. 도대체 어째서 불가능하단 말이야?"

"아니, 자넨 정말 그렇게 생각하나? 아니, 자네 생각을 모조리 얘기해 봐! 그런데 말이야, 만약 거절당한다면…… 꼭 그렇게 될 것만 같아……."

"왜 그렇게 생각하지?" 그가 동요하는 모습에 웃음으로 받으면서 오블론스끼가 말했다.

"때때로 그런 생각이 들어. 그렇게 되면 나도 괴롭지만 그녀도 힘들 것이 아 닌가."

"아니, 적어도 젊은 처녀에게는 별로 대단한 일도 아냐. 아가씨들은 모두 청 혼을 받으면 자랑스러워 하니까 말이야."

"대부분 처녀는 다 그럴지도 모르지만, 그녀는 달라."

오블론스끼는 빙그레 웃었다. 그는 레빈의 이런 감정을 잘 알고 있었고, 레 빈에게는 온 세계의 처녀가 두 부류로 나뉜다는 사실도 잘 알고 있었다. 한 부 류는 그녀를 제외한 온 세계의 모든 처녀로, 인간적인 온갖 약점을 지닌 아주 범상한 처녀들이다. 그리고 또 다른 부류에는 약점도 없고 모든 인간성을 초 월한, 오직 그녀 한 사람만이 존재한다.

"오, 가만있어. 소스를 쳐야지." 그는 소스를 옆으로 치우는 레빈의 손을 막 으면서 말했다.

레빈은 순순히 자기 접시에 소스를 쳤으나 오블론스끼에게 먹을 틈을 주지 않았다. "아니, 잠깐만, 잠깐만 기다려." 그는 말했다.

"잘 들게, 이것은 나에게 사활이 걸린 문제야. 난 아직 누구에게도 이 문제를 말한 적이 없어. 내가 이 이야기를 할 수 있는 상대는 자네 말고는 없어. 확실 히 자네와 난 여러모로 다른 사람이야. 취미도 다르고 견해도 달라. 하나부터 열까지 모든 것이 다 다르지. 그러나 난 자네가 날 좋아하고 이해한다는 걸 알 지. 그래서 나도 자네를 여간 좋아하지 않아. 그러니까 제발 거리낌 없이 털어 놔 봐."

"내가 한 말은 모두 진심이야." 오블론스끼가 빙그레 웃으면서 말했다. "다만 한 가지 더 가르쳐 주지. 내 아내는 정말 훌륭한 여잔데……." 오블론스끼는 아 내와의 관계를 생각하고 한숨을 쉬었다. 그리고 잠시 뜸을 들였다가 계속했다.

"그녀에겐 앞을 내다보는 재능이 있어. 그녀는 남의 마음을 훤히 들여다볼 뿐 더러 미래까지 예견하지. 결혼 문제는 특히 그래. 이를테면 그녀는 쉬아호 프스까야와 브렌쩨린의 결혼도 예언했단 말이야. 누구 하나 믿으려 하지 않았 지만 결국 그렇게 됐지. 그런데 바로 그 여자가 자네 편이야."

"그게 무슨 뜻이야?"

"말하자면 그녀는 자네를 좋아할 뿐만 아니라, 이렇게까지 말하고 있어. 끼 찌는 틀림없이 자네 아내가 될 거라고."

이 말을 듣자 레빈 얼굴에 갑자기 금방이라도 감동의 눈물을 쏟아낼 것처럼 웃음이 환하게 피어올랐다.

"그렇게 말씀하셨단 말이지!" 레빈이 외쳤다.

"그러니까 난 언제나 자네 부인이 훌륭하다고 말하는 거야. 자, 이젠 충분해, 이 얘긴 그만하지." 그는 자리에서 일어나면서 말했다.

"그래, 좋아. 그런데 좀 앉게나."

그러나 레빈은 가만히 앉아 있을 수 없었다. 특유의 단호한 걸음걸이로 새장같이 좁은 방 안을 두 번이나 돌면서 눈물을 감추려고 눈을 몇 번 깜박거리고 나서야 겨우 다시 자리로 돌아왔다. "내 말 좀 들어봐." 그는 말했다.

"이것은 사랑이 아니야. 나도 사랑하고 있었지만, 사실은 그렇지 않았어. 이건 내 감정 문제가 아니야. 어떤 외적인 힘이 날 정복하고 말았어. 지난번에 내가 달아난 것도, 그것이 이 세상에서는 도저히 있을 수 없는 행복이라고 단정했기 때문이었어. 그러나 나는 여러모로 자신과 싸운 끝에, 사랑 없이는 내 삶도 존재할 수 없다는 걸 깨달았어. 그래서 단단히 각오하고……."

"그럼 무엇 때문에 달아난 거야?"

"아, 잠깐만! 내가 얼마나 고민하고, 얼마나 자문했는지 아나? 좀 들어 봐. 자네 얘기에 내가 얼마나 안심했는지 자넨 도저히 상상도 못할 거야. 난 지금 너무 행복해서 속이 울렁거릴 지경이야. 다른 건 완전히 잊고 있었어. 오늘에야 알았는데 니꼴라이 형이…… 여기에 와 있대. 그런데 난 그것마저도 잊어버렸어. 나에겐 형도 행복한 사람처럼 느껴져. 이건 광기와 비슷해. 그러나 오직 하나 두려운 것은…… 자네는 이미 결혼했으니까 이런 감정을 알고 있겠네만, 우리처럼 이미 사랑의 과거가 아닌 죄의 과거를 가진 어지간한 나이의 남자가 순결하고 더럽혀지지 않은 존재에게 불쑥 접근한다는 거야. 이것은 욕지기가 치미는 일이야. 도무지 자신감을 가질 수가 없어."

"아냐, 자네 죄는 별것도 아니지 않은가."

"그래도." 레빈이 푸시킨의 시를 인용하며 말했다. "마찬가지야. '혐오스런 마음으로 자서전을 읽으면서 나는 전율하고, 저주하며, 또 통탄해 마지않는다'는 건 참말이야."

"어쩔 도리가 있나. 세상이라는 게 그런걸." 오블론스끼가 말했다. "오직 하나의 위안은 내가 언제나 애송하는 기도처럼 '공적(功績)'으로 나를 용서하지 마

시고 오직 자비(慈悲)로 용서하소서'라고 빌 뿐이야. 그러면 그녀도 나를 용서
해 줄지 몰라."

<h2 style="text-align:center">11</h2>

레빈은 샴페인 잔을 비웠다. 그들 사이에 잠시 침묵이 흘렀다.

"자네에게 또 하나 얘기할 게 있어. 자네, 브론스끼를 알고 있나?" 오블론스
끼가 레빈에게 물었다.

"아니. 몰라. 왜 그런 걸 묻지?"

"한 병 더 내오게." 오블론스끼가 타타르인을 향해서 말했다. 웨이터는 잔
에 포도주를 따르고 난 뒤라 볼일이 없을 때는 그들 주위를 어슬렁거리고 있
었다.

"어째서 내가 브론스끼를 알아야 하나?"

"그건 말이지, 그가 자네 경쟁자 중 한 사람이니까."

"브론스끼라니, 도대체 무엇을 하는 치야?" 레빈의 얼굴은 방금까지만 해도
오블론스끼가 넋을 빼앗겼던 어린애 같은 환희의 표정에서 갑자기 벌레 씹은
불쾌한 표정으로 바뀌었다.

"브론스끼는 끼릴 이바노비치 브론스끼 백작의 아들로 뻬쩨르부르그의 내
로라하는 귀공자들 가운데 가장 뛰어난 녀석이야. 난 그자를 뜨베리에서 알게
됐어. 내가 거기 근무할 때 그가 신병 징집을 하러 왔었지. 돈도 아주 많고 미
남이데다, 발도 넓은 시종무관이겠다, 또 무척 매력적이고 착한 사내란 말이야.
아니 그저 단순히 착하다는 것으론 부족해. 내가 여기 돌아와서 들은 바로는,
그는 교양도 있고 아주 총명한 사내야. 분명 크게 출세할 인물이야."

레빈은 미간을 찌푸리고 묵묵히 앉아 있었다.

"그자가 여기 나타난 것은 자네가 떠나고 얼마 되지 않아서야. 내가 알기론
그는 지금 끼찌에게 홀딱 반해 있고 그녀 어머니가……."

"잠깐, 난 도무지 뭐가 뭔지 모르겠군." 레빈이 험악한 얼굴로 말했다. 그는
이내 니꼴라이 형에 대하여 생각해 내고, 지금까지 형을 잊을 수 있었던 자기
가 정말 못된 인간이라고 생각했다.

"아니 잠깐만, 잠깐만." 오블론스끼가 쓴웃음을 지으며 레빈의 손을 잡았다.
"난 자네에게 내가 아는 것을 얘기한 것뿐이야. 다시 한 번 말하지. 비록 매우

까다롭고 미묘한 문제지만, 내 짐작대로라면 희망은 자네 쪽에 있어."

레빈은 몸을 의자 등에 털썩 기댔다. 그의 얼굴은 창백했다.

"그러나 이 문제는 되도록 빨리 매듭지으라고 충고하고 싶군." 오블론스끼가 레빈의 잔에 술을 따르면서 계속했다.

"아니, 됐어. 더 이상 못 마시겠네." 레빈은 술잔을 옆으로 밀어 놓았다. "취할 것 같거든……. 그래 자넨 요즘 어떻게 지내나?" 그는 화제를 바꾸고 싶은 게 분명했다.

"한마디만 더. 무슨 일이 있어도 이 문제를 한시바삐 해결해. 오늘은 하지 않는 게 좋겠지만." 오블론스끼가 말했다. "내일 아침 일찍 찾아가서 정식으로 예를 갖춰 구혼하란 말이야. 하느님께선 틀림없이 자넬 축복해 주실 거야……."

"그건 그렇고, 어때? 자넨 전부터 우리 동네로 사냥하러 오고 싶다고 했잖나? 봄이 되면 꼭 한번 오게." 레빈이 말했다. 이제 그는 진심으로 오블론스끼에게 이 얘기를 꺼낸 것을 후회하고 있었다. 그의 특별한 감정이 뻬쩨르부르그 한 장교와의 경쟁 운운하는 대화와 오블론스끼의 짐작과 충고에 무참히 더럽혀지고 말았다.

오블론스끼는 씩 웃었다. 그는 레빈의 마음속에 어떤 변화가 일어나고 있는지 알 수 있었다.

"언젠가 한번 가겠네." 그가 말했다. "여보게, 여자란 마치 회전축 같은 거야. 그게 잘 돌아가면 모든 게 잘 돌아가지. 지금 내 사정도 엉망이야, 정말 엉망이야. 그것도 다 여자 때문이지. 자네의 솔직한 의견을 듣고 싶군." 그는 한 손에 담배를 들고 한 손으로 술잔을 쥐면서 계속 말을 이었다.

"자네 충고가 필요해."

"도대체 무슨 일인데?"

"말하자면 이래. 가령, 자네가 결혼했고 마누라를 사랑하고 있어, 그런데 다른 여자한테 마음이 끌렸다면……."

"미안하네만, 난 도저히 이해할 수 없어. 예를 들어…… 지금 우리처럼 배부르게 밥을 먹은 사람이 우연히 빵집 옆을 지나다가 빵을 하나 훔치는 것은 말이 안 되지 않은가. 그것과 마찬가지야."

오블론스끼의 눈이 여느 때보다 한층 더 빛났다.

"뭐가 이상해? 빵도 때로는 무심코 손을 내밀 만큼 좋은 냄새를 풍기지 않나.

Himmlisch ist's, wenn ich bezwungen

Meine irdische Begier ;

Aber doch wenn's nicht gelungen,

Hatt'ich auch recht hübsch Plaisir!

불타는 욕망을 억누름은

갸륵하기도 하여라.

다만 그렇게 못할지라도

또한 기쁨은 있나니!"

오블론스끼는 독일어로 암송하면서 히죽 웃었다. 레빈도 웃지 않을 수 없었다.

"그래, 농담은 그만두고." 오블론스끼는 계속했다. "생각해 봐. 상대는 귀엽고 공손하고 사랑스러운 여성이야. 가엾고 의지할 데 하나 없는 몸인데도 나를 위해 모든 것을 희생했단 말이야. 그런데, 일을 저질러 놓고 이제 와서, 헌신짝처럼 버려서야 될까? 어디 한번 생각해 봐. 설사 가정을 지키기 위해서 헤어진다고 하더라도, 그녀를 불쌍히 여겨 생계를 돌봐주는 식으로 위로해 주면 안 될까?"

"글쎄…… 가만있어 봐. 자네도 알다시피 나한테 여자는 두 부류밖에 없어. 그러니까, 아니…… 더 정확히 말하자면, 한쪽에는 진짜 여자가 있을 뿐이고 나머지는 모두……. 아무튼 난 아직 타락하고도 아름다운 여자를 본 적도 없고 또 앞으로도 보지 못할 거야. 예를 들어 아까 카운터 앞에 앉아 있던 고수머리를 부풀리고 하얗게 분칠을 한 프랑스 여인 같은 저런 여잔 나에게는 역겨운 뱀처럼 보인단 말이야. 타락한 여자들이란 모두 저런 거야."

"그럼 복음서의 여인들은?"

"아아, 그만둬! 만일 후세에 이렇게까지 악용될 줄 알았으면 그리스도도 결코 그런 말은 하지 않았을 거야. 복음서 가운데 고작 그런 말만 사람들이 기억한다는 것은 유감이야. 아, 난 생각하는 걸 말하는 게 아니고 느끼는 대로 말하는 거야. 나는 타락한 여자들을 혐오해. 자네가 거미를 싫어하듯이 나는 그런 파충류가 싫어. 자네도 거미를 연구한 일이 없으니, 그들 습성을 모르지 않나. 나도 매일반이야."

"자네는 그렇게 얘기할 수도 있겠지. 하지만 그런 어려운 문제는 모두 왼손으로 잡아서 오른쪽 어깨너머로 내던져 버리는 디킨스 소설 속 신사와 마찬가지 아닌가. 그러나 사실에 대한 부정은 해답이 안 돼. 어떻게 하면 좋을지 그것을 한번 말해 보란 말이야. 어떻게 하면 좋겠는가? 마누라는 자꾸 나이가 들어가는데, 자네는 아직 기운이 철철 넘친다고 하세. 순식간에 자네는 마누라를 존경하긴 해도, 진실한 사랑으로 그녀를 보듬을 수는 없다고 깨닫게 될 거야. 그런데 그때 갑자기 사랑스러운 여자가 나타난다면, 그럼 자넨 끝이야. 끝장나 버리는 거지!" 오블론스끼는 풀죽은 절망적인 목소리로 말했다. 레빈이 히죽히죽 웃었다.

"그렇지, 끝이야." 오블론스끼가 말을 이었다. "하지만 대체 어째야 좋단 말인가?"

"빵을 훔치지 않으면 되지."

오블론스끼가 웃음을 터뜨렸다.

"흥, 이런 도덕주의자! 잘 좀 생각해 봐. 여기 두 여자가 있네. 그중 한 사람은 그저 자기 권리만을 주장하고 있어. 그 권리란 자네의 사랑이고, 자네가 그녀에게 도저히 줄 수 없는 것이지. 한편 다른 여자는 자네를 위해 모든 것을 바치고도 그 무엇 하나 바라지 않아. 자네라면 어떻게 하겠나? 어떻게 처신해야 할까? 참으로 무서운 비극이지 않은가."

"자네가 그렇게 내 진의를 듣고 싶다면 솔직히 말하지. 나는 그것이 비극이라고 보지 않아. 그 이유는, 내 생각에 사랑은 두 가지야. 플라톤이 「향연」에서 정의한 그것이지. 이 두 사랑이 사람들에게 시금석 역할을 하는 거야. 즉 어떤 사람들은 한쪽 사랑만 이해하고 다른 사람들은 또 다른 쪽만 이해한단 말이야. 그리고 플라토닉하지 않은 사랑밖에 모르는 사람이 비극 운운하는 것은 아주 가소롭기 짝이 없지. 그러한 사랑엔 그 어떤 비극도 있을 수 없어. 말하자면 '덕분에 정말 즐거웠어, 고마워. 그럼 안녕' 하는 정도가 비극 전부야. 그러나 또 플라토닉한 사랑에도 비극은 있을 수 없어. 왜냐하면 사랑은 모든 것이 명백하고 순결하니까. 그 까닭은……."

이 순간 레빈은 자기의 죄와 이전에 경험했던 마음속 힘겨운 싸움을 상기했다. 그는 얼결에 이렇게 덧붙였다.

"어쩌면 자네가 옳을지도 몰라. 아마 그럴지도…… 하지만 난 모르겠어, 전혀."

"바로 그거야." 오블론스끼가 말했다.

"자네는 정말 순수한 인간이야. 그건 자네 장점이자 단점이기도 해. 자네는 순수한 사람이라 온 세상 모두 순수하길 바라지만 그런 것은 여간해선 없는 일이야. 자네가 공직 활동을 멸시하는 것도, 행위와 목적이 언제나 일치되기를 바라기 때문이지만 세상 일이 그렇게 돌아가진 않지. 자넨 또 인간의 활동에는 언제나 목적이 있어야 하고, 사랑과 가정생활이 언제나 같기를 원하고 있어. 그러나 이것 역시 그렇지는 않아. 인생이 이렇게 다양하고 매력적이며 아름다운 건 모두 빛과 그림자의 양면이 있기 때문이야."

레빈은 한숨만 내쉴 뿐 한마디도 대꾸하지 않았다. 그는 자기 생각에 잠겨 오블론스끼 말에 귀를 기울이지 않았던 것이다.

그때 갑자기 두 사람은 느꼈다. 그들은 친구 사이로 식사를 같이하고 술을 함께 마셨다. 이는 분명히 친분을 더욱 두텁게 했을 상황이지만, 오히려 각자 자기만 생각하느라 상대에게는 전혀 무관심했음을 깨달았다. 오블론스끼는 식사하고 나서 서로 친해지기는커녕 극단적으로 멀어지는 일을 여러 번 경험했으므로, 이런 때에는 어떻게 하면 좋을지 잘 알고 있었다.

"계산!" 그는 이렇게 외치곤 홀로 나갔다. 거기서 마침 친분이 있는 부관을 만나 어떤 여배우와 그 후원자에 관한 이야기를 시작했다. 부관과 이야기하면서 오블론스끼는 레빈과의 대화로 받은 스트레스가 풀어지는 것을 느꼈다. 그와의 대화는 언제나 이성적으로나 정신적으로 지나치게 긴장을 요했다.

타타르인이 26루블 몇 코페이카와 그 외에 팁을 더한 계산서를 가져왔다. 레빈은 다른 때 같으면 시골 사람답게 자기 몫만으로 14루블이나 하는 금액에 얼이 빠졌을 테지만, 지금은 그런 것에 전혀 개의치 않고 선뜻 치렀다. 그리고 자기 운명이 결정될 쉬체르바스끼가를 찾아가기 위해 옷을 갈아입으려고 숙소로 돌아왔다.

12

공작 영애 끼찌 쉬체르바스끼는 18세로, 올겨울 처음으로 사교계에 첫발을 내디뎠다. 사교계에서 그녀의 성공은 두 언니를 능가했을 뿐 아니라 어머니인 공작부인의 기대 이상이었다. 모스끄바 각지의 무도회에서 춤춘 젊은이 거의 전부가 끼찌에게 마음이 끌렸고, 이 첫해에 벌써 어엿한 구혼자가 둘이나 나타났다. 바로 레빈과 그가 떠난 뒤 곧 나타난 브론스끼 백작이었다.

초겨울에 레빈이 나타나 빈번하게 방문하며 끼찌에 대한 명백한 사랑을 표시한 일은, 끼찌의 부모가 막내딸 장래에 대해 진지하게 상의하는 계기도 됐지만 결국 공작 부부의 말다툼으로 번졌다. 공작은 레빈 편이었고 끼찌한테 이보다 더 훌륭한 배필은 없다고 말했다. 공작부인은 부인대로 문제에 회피하려는 여인 특유의 성격에서 끼찌가 아직은 너무 어리고, 레빈도 아직 진지하게 결혼을 생각하고 있다는 의사 표시를 한 일이 없으며, 끼찌가 그를 연모하지 않는다는 등의 이유를 들었다. 그러나 정작 중요한 이유는 입에 담지 않았다. 그녀는 딸에게 더 좋은 배필이 나타날 것이며, 그녀 자신이 레빈을 그다지 좋아하지 않고 그를 잘 이해하지 못하겠다는 것이다. 그래서 레빈이 갑자기 시골로 돌아가 버리자, 공작부인은 기뻐하며 의기양양한 얼굴로 남편에게 말했다. "거봐요, 내 말이 맞았죠." 그리고 브론스끼가 나타났을 때 그녀는 더한층 기뻤다. 끼찌에게는 그저 좋기만 한 게 아니라 눈부신 결혼이 어울린다는 그녀 생각을 뒷받침했기 때문이다.

어머니로서 브론스끼와 레빈은 비교할 가치도 없었다. 그녀는 레빈의 기묘하고 날카로운 견해도, 오만함에서 온다고 생각되는 사교계에서의 거북한 태도도, 또 가축이며 농부를 상대하는 시골의 야만스런 생활도(그녀의 견해에 따르면) 마음에 들지 않았다. 또한 딸을 사랑해서 한 달 반이나 집에 드나들면서도 흡사 자기 쪽에서 청혼하면 명예가 손상될까 두려운 듯이 무언가를 기대하며 눈치만 살폈고, 과년한 딸이 있는 집에 드나들려면 자기 의사를 명백히 밝혀야 한다는 것조차 모르는 점이 무엇보다도 마음에 들지 않았다. 게다가 결국 한마디 인사도 없이 돌연 모스끄바를 떠나 버리지 않았는가. '그러나 끼찌가 사랑에 빠질 만큼 그가 잘나지 못해서 참 다행이야' 하고 끼찌의 어머니는 생각했다.

반면에 브론스끼는 그런 어머니의 희망을 모두 만족시켰다. 굉장한 부자에 총명하고 명문 집안 출신이며, 궁정 무관으로서 찬란한 출셋길을 보장받은데다가 아주 매력적인 사내였다. 그 이상 바랄 것도 없었다.

브론스끼는 무도회마다 확실히 끼찌에게 친절을 베풀고 그녀와 춤을 추었으며 집에도 자주 들렀다. 즉 그의 진지함을 의심할 여지가 없었다. 그럼에도 끼찌의 어머니는 겨우내 심한 불안과 동요를 떨쳐버릴 수 없었다.

공작부인 자신은 30년 전에 숙모의 중매로 결혼했다. 약혼자에 대한 것은 이미 모두 알고 있었다. 그가 집에 찾아와서 그녀를 보았고, 또 자기도 내보였다. 중매인이었던 숙모가 서로에 대한 인상을 듣고 그것을 양가에 전했다. 인상은 좋았다. 그리고 미리 정해진 날에 예상했던 구혼이 그녀의 부모에게 전해졌고 승낙이 떨어졌다. 모든 것이 아주 쉽고 간단했다. 적어도 공작부인에게는 그렇게 여겨졌다. 그러나 적령기 딸들을 가진 부모가 되자, 딸을 출가시킨다는 지극히 당연한 일이 얼마나 어렵고 복잡한 일인지를 뼈저리게 느꼈다. 위로 둘, 돌리와 나딸리를 출가시킬 때도 그녀는 얼마나 걱정하고 얼마나 생각을 곱씹고, 또 얼마만큼의 돈을 썼으며 또 얼마나 숱하게 남편과 충돌했던가! 지금 막내딸을 사교계에 내보낼 때도 그와 똑같은 걱정과 의혹을 되풀이하고, 남편과는 위의 언니들 때보다도 더욱 격렬하게 말다툼을 해야만 했다. 노(老) 공작은 어느 아버지나 그러하듯 딸의 명예와 순결에 유달리 까다로웠다. 그는 딸들 일이라면 지나치게 안달복달하는 성격으로, 귀염둥이 딸 끼찌에 대해서 특히 심했다. 매번 부인이 딸의 평판을 깎아 먹는다며 그녀에게 화를 냈다. 공작부인은 맏딸 때부터 이미 그런 일에 익숙해졌지만, 요즘에는 그녀도 남편의 까다로운 태도가 생각보다 근거가 있음을 느꼈다. 최근에는 세상 풍습이 많이 바뀌어 어머니의 책임과 의무가 한층 더 어려워졌다. 그녀 관찰에 의하면 끼찌 또래 처녀들은 무슨 모임을 만들고 강습회에 나가며, 사내들과 자유롭게 교제하고 저희끼리만 길거리를 쏘다니기도 한다. 대부분 무릎을 굽히는 구식 인사를 하지 않고, 특히 누구나 배필을 고르는 것은 자기가 할 일이지 부모가 참견할 일이 아니라고 굳게 믿고 있었다.

'요즘에는 옛날같이 결혼하지 않아.' 젊은 처녀들은 물론 점차 나이든 사람들까지도 그렇게 생각하고 말하게 되었다. 그럼 요즘 처녀들은 어떻게 결혼하는지, 공작부인은 누구한테서도 그 답을 얻을 수 없었다. 자녀의 운명은 어버이가 결정해야 한다는 프랑스식 관습은 배척당하고 비난받았다. 딸의 완전한 자유에 맡긴다는 영국식 관습 또한 러시아 사회에서는 받아들여지지 않았고 또 불가능했다. 그렇다고 중매라는 러시아 풍습은 어쩐지 구질구질하다고 여기며, 그녀 자신도 모두와 마찬가지로 그것을 비웃었다. 그러나 어떻게 시집을 가고 보내야 하는지는 아무도 알지 못했다. 그녀가 이 문제를 상의했던 사람들은 모두 똑같은 말을 했다.

"당치도 않아요, 이제는 그 낡은 구습을 버려야 할 때죠. 결혼하는 것은 젊은 사람들이지 부모가 아니잖아요. 그렇다면 스스로 알아서 하게끔 내버려 둬야 해요."

하지만 그들은 딸이 없으니 그렇게 쉽게 말할 수 있는 법이다. 공작부인은 알고 있었다. 딸을 사내들과 만나게 두면 사랑에 빠질지도 모른다. 그것도 결혼할 의사가 없거나 혹은 남편감으로 적당하지 않은 사내를 연모할 수도 있다. 그래서 오늘날 젊은 사람들이 아무리 자기 운명은 자기가 결정해야만 한다고 떠들어도, 그녀는 그 말을 믿을 수 없었다. 그것은 마치 세상이 어떻게 변하더라도, 다섯 살 먹은 어린아이에게 가장 좋은 장난감이 장전된 권총이라는 주장을 믿을 수 없는 것과 마찬가지였다. 그래서 공작부인은 끼찌의 일로 언니들 때보다 더욱 마음이 놓이지 않았다.

당장 걱정은 브론스끼가 딸에게 단순히 사랑의 장난을 거는 게 아닐까 하는 것이었다. 딸이 벌써 그에게 맘이 쏠렸다는 것을 알고 있었으므로, 그도 성실한 사람이니까 설마 허튼짓은 하지 않으리라 생각하며 스스로 위로했다. 하지만 동시에 그녀는 요즈음 자유로운 교제가 얼마나 손쉽게 처녀의 머리를 어지럽히는지, 또 일반적으로 남자 쪽에서는 그 죄를 얼마나 가볍게 보는지도 알고 있었다. 지난주에 끼찌는 브론스끼와 마주르카를 추면서 주고받았던 이야기를 어머니에게 들려주었다. 그 대화는 공작부인을 다소 안심시켰지만 아주 마음을 놓을 수는 없었다. 브론스끼는 끼찌에게, 그들 두 형제는 무슨 일이든 어머니의 뜻을 전적으로 따르기 때문에 중대한 일은 어머니와 상의하지 않고는 절대 결정하지 않는다고 말했다. '그래서 난 지금도 마치 특별한 행복을 기다리는 마음으로 뻬쩨르부르그에서 어머니가 오시기를 기다리고 있습니다' 하고 그가 말했다고 한다.

끼찌는 이러한 말에 별 의미도 두지 않고 전했다. 그러나 어머니는 그것을 다른 의미로 받아들였다. 그녀는 이 노모가 하루하루 은근히 기다린다는 것도, 또 노모는 틀림없이 아들의 선택을 기뻐하리라는 것도 알았다. 그래서 그가 어머니의 노여움을 살까 두려워 청혼하지 않는다는 것이 그녀에게는 오히려 우스웠다. 그러나 그녀는 이 결혼이 꼭 성사되길 원했고, 무엇보다 자기의 불안이 해소되길 바랐으므로 이 이야기를 믿었다. 남편과 헤어지려는 맏딸 돌리의 가슴 아린 불행에도, 막내딸의 운명이 결정되어가는 순간에 대한 걱정이 공작부인의 모든 감정을 삼켜 버리고 말았다. 또 오늘 레빈의 출현으로 새로운 걱정거리가 생겼다. 레빈에게 한때 어떤 호의를 품었던 듯한 딸이 브론스끼의 쓸데없는 성실함 때문에 그를 거절하지나 않을까, 그리고 레빈의 상경이 모처럼 다 된 일을 뒤얽히게 하여 방해하지나 않을까, 그녀는 걱정스러웠다.

"그는 언제 여기 왔다니?" 끼찌가 집으로 돌아왔을 때 공작부인이 레빈 얘기를 꺼냈다.

"오늘이래요, 어머니."

"한 가지 말해 둘 게 있구나······." 공작부인이 말문을 열었다. 그녀의 진지하고 긴장된 얼굴을 보자, 끼찌는 어머니가 무엇을 얘기하려는지 짐작했다.

"어머니." 그녀는 빨갛게 달아오른 얼굴을 재빨리 돌아보면서 말했다. "제발, 제발 그 얘긴 이제 그만 하세요. 알고 있어요, 저도 다 알아요."

그녀도 어머니와 똑같은 것을 바라고 있었지만, 어머니가 그렇게 바라는 이유가 그녀의 마음을 아프게 했다.

"내 말은 그저, 한쪽에 희망을 주었으면······."

"어머니 부탁이에요, 정말 이제 그만 하세요. 그런 이야기는 정말 싫어요."

"그래 알았다. 이제 말하지 않으마." 어머니는 딸의 눈에 괸 눈물을 보고 이렇게 말했다.

"딱 한마디만 하자. 애야, 너 약속했지. 무슨 일이든 나한테는 숨기지 않겠다고. 앞으로도 그렇지?"

"네 어머니, 어떤 일도 숨기지 않겠어요." 끼찌는 얼굴을 붉히더니 어머니 얼굴을 똑바로 보면서 대답했다. "하지만 지금은 할 얘기가 없어요. 저는······ 전······ 설혹 얘기하고 싶어도 어떻게 말해야 할지 모르겠어요."

'그래, 이건 거짓말하는 눈이 아니야.' 어머니는 딸의 혼란스러우면서도 행복해 보이는 모습에 미소를 띠며 생각했다. 공작부인은 사랑스러운 딸이 지금 그 마음속에서 일어나는 것을 얼마나 크고 중요하게 여기고 있는지 생각하며 빙긋이 웃었다.

13

끼찌는 저녁식사가 끝나고 야회가 시작되기까지, 전투에 임한 젊은이 같은 느낌을 맛보고 있었다. 심장은 세차게 고동치고 아무것도 생각할 수 없었다.

그녀는 그 두 사람이 처음으로 얼굴을 마주할 이번 야회야말로 자기 운명의 전환점이 되리라고 느꼈다. 그리하여 끊임없이 그들의 모습을 한 사람씩 따로, 혹은 두 사람을 같이 머릿속에 그려 보았다. 과거를 생각할 때면 그녀는 만족과 그리움에 둘러싸여 레빈과의 추억에 잠겼다. 어린시절의 추억과 죽은 오라버니와 레빈의 우정에 대한 기억이 그와 그녀의 관계에 특별한 시적인 아름다움을 주었다. 그녀는 그가 자신을 사랑한다고 확신했다. 그것은 그녀에게 기쁘고 영광스러운 것이었다. 애당초 레빈은 그녀가 떠올리기 편한 사람이었다. 그러나 브론스끼에 대한 기억에는, 그가 더할 나위 없이 사교적이고 예의 바른 사람이었지만 어쩐지 거북하고 쑥스러운 무언가가 뒤섞여 있었다. 마치 어떤 허위가, 그가 아니라—그는 아주 담백하고 좋은 사람이었으니까—그녀 안에 도사리는 것 같았다. 그에 대해서 그녀는 완전히 단순하고 명백한 자신을 느낄 수 있었다. 브론스끼와의 미래를 생각하자마자 눈앞에 빛나는 행복의 나날이 펼쳐졌다. 그에 비해 레빈과 같이할 미래는 그저 어슴푸레한 안개 같은 것으로만 생각되었다.

야회복으로 갈아입기 위해 2층으로 올라간 그녀는 거울을 들여다보면서 기쁨을 실감했다. 오늘은 생애 최고의 즐거운 날이며, 자신은 닥쳐올 일을 위해 꼭 필요한 통제력을 갖춘 상태였다. 그녀는 겉보기에 침착하며, 움직임도 가볍고 우아하다고 느꼈다.

7시 반에 그녀가 응접실로 내려가자 곧 하인이 "꼰스딴찐 레빈 님이십니다" 하고 알렸다. 어머니는 아직 자기 방에 있었고 아버지도 보이지 않았다. '그럼 그렇지.' 이렇게 생각하자 온몸의 피가 심장으로 한꺼번에 몰렸다. 그녀는 거울을 들여다보고 자기의 창백한 얼굴에 깜짝 놀랐다.

지금 그녀는 분명히 알 수 있었다. 레빈은 그녀가 혼자 있는 틈을 타서 청혼하려고 일찌감치 온 것이다. 그녀는 그제야 비로소 모든 일을 전혀 새로운 측면으로 보게 되었다. 그녀는 이것이 자기 혼자만의 문제가 아님을 지금에서야 깨달았다. 즉 그녀가 누구와 함께하면 행복할지, 또 누구를 사랑하는지의 그런 수준의 문제가 아니라, 자신이 당장에라도 사랑하는 사람을 모욕해야 한다는 것이다. 그것도 무참히 짓밟는 것이다…… 뭣 때문에? 그가, 그 좋은 사람이 그녀를 사랑하고 그녀에게 반해 있기 때문이다. 그러나 어쩔 수 없다. 그렇게 해야만 하는 것이다.

'아아, 그 얘길 내 입으로 그분한테 해야만 하나?' 그녀는 생각했다. '하지만 뭐라고 말해야 하지? 나는 당신을 사랑하지 않아요, 라고? 아니, 그건 거짓말이야. 그럼 뭐라고 하지? 딴 분을 사랑하고 있어요? 아니야, 그런 짓은 못해. 안 되겠어. 여기서 빠져나가자, 달아나야겠어.'

그녀가 문 앞까지 갔을 때 그의 발소리를 들었다. '아냐! 그런 짓은 비겁해. 내가 뭘 두려워하는 거지? 난 나쁜 짓은 전혀 하지 않았어. 어차피 될 대로 돼라지! 바른 대로 얘기하자. 저분은 거북할 것도 없으니까. 저기 오셨다.' 그녀는 그가 자신에게 빛나는 눈을 고정하면서 늠름한 몸을 수줍게 움츠리고 다가오는 모습을 보고 마음속으로 이렇게 되뇌었다. 그녀는 마치 그에게 용서를 구하는 눈빛으로 그의 얼굴을 똑바로 바라보며 손을 내밀었다.

"아니, 제가 너무 빨리 온 모양이군요." 그는 텅 빈 응접실을 둘러보며 말했다. 자기가 바랐던 대로 거치적거릴 사람이 아무도 없음을 확인하자, 그의 얼굴이 갑자기 어두워졌다.

"어머나, 아녜요." 끼찌는 자리에 앉았다.

"그러나 실은 전 당신이 혼자 있기를 바랐습니다." 그는 용기를 잃지 않으려고 제자리에 선 채, 그녀 쪽은 쳐다보지도 않고 말을 꺼냈다.

"어머님께서 곧 나오실 거예요. 어머님은 어제 굉장히 피곤해하셨어요. 어제……."

그녀는 지금 자신이 무슨 말을 하고 있는지도 모르는 채 애원하고 달래는 듯한 눈동자를 그한테서 떼지 않고 말했다.

레빈이 쳐다보자 끼찌는 얼굴이 빨개져서 입을 다물었다.

"아까도 말씀드렸죠. 오래 머무를지 어떨지 모르겠다고…… 그건 당신께 달렸다고요……."

그녀는 점점 조여 오는 문제에 어떻게 대답해야 할지 몰라 점점 더 머리를 낮게 수그렸다.

"그것은 당신께 달렸어요." 그는 되풀이했다. "내가 하고 싶은 말은…… 이번엔 그 때문에 왔습니다…… 실은 저…… 당신이 내 아내가 돼 주셨으면 하고!"

그는 이렇게 말했다. 자기가 무슨 얘기를 하는지도 몰랐지만, 가장 두려운 말만은 해 버렸다는 느낌이 들어 입을 다물고 그녀를 바라보았다.

그녀는 그에게서 눈을 돌린 채 괴로운 듯 숨을 몰아쉬고 있었다. 그녀는 환희를 맛보았다. 그녀의 가슴은 행복으로 흘러넘치고 있었다. 그녀는 사랑 고백이 이렇게까지 강렬한 감동을 주리라고는 조금도 예기치 못했다. 그러나 그것은 그저 한순간에 지나지 않았다. 그녀는 브론스끼를 생각했다. 그녀는 그 밝고 정직한 눈을 들어 레빈의 필사적인 얼굴을 보고 얼른 대꾸했다.

"저, 전 그럴 수 없어요…… 용서하세요."

1분 전까지만 해도 그녀는 그에게 얼마나 가깝고, 그의 인생에서 얼마나 중요한 사람이었던가! 그러나 지금은 얼마나 멀고 서먹한 사람이 돼 버렸단 말인가!

"아니, 당연한 거지요." 그는 그녀를 쳐다보지도 않고 말했다.

그는 인사를 하고는 곧장 떠나려고 했다.

14

그러나 바로 이때 공작부인이 들어왔다. 단둘이 있는 모습과 그 당황한 표정들을 보자, 그녀 얼굴에 공포의 빛이 나타났다. 레빈은 그녀에게 인사만 하고 아무 말도 하지 않았다. 끼찌도 눈을 내리깐 채 가만히 있었다. '다행이다, 거절했구나' 하고 생각한 부인의 얼굴은 목요일마다 손님을 맞는 평소와 똑같은 미소로 빛났다. 그녀는 자리에 앉아 레빈에게 시골 생활에 대해서 시시콜콜 묻기 시작했다. 그는 다른 손님들이 도착하면 자연스럽게 빠져나갈 생각으로 다시 자리에 앉았다.

5분쯤 지나자, 지난 겨울에 결혼한 끼찌의 친구 노르드스똔 백작부인이 들어왔다. 그녀는 빛나는 검은 눈에 야위고 얼굴빛이 누르께하여 병약하고 신경질적인 여자였다. 그녀는 끼찌를 좋아했다. 그러나 그 사랑은 처녀에 대한 유부녀의 호의가 언제나 그렇듯이, 자신이 꿈꾸는 이상적인 행복을 좇아 끼찌를 결혼시키려는 열망으로 나타났다. 그녀는 끼찌를 브론스끼와 맺어 주려 했다. 그녀는 항상 초겨울에 이 집에서 자주 보았던 레빈을 싫어했다. 서로 만날 때마다 그녀가 항상 즐기는 일은 그를 조롱하는 것이었다.

"난 저분께서 자기 훌륭함의 절정에서 내려다보는 게 좋아. 그러니까 내가 멍청해서 못 알아들으면 자신의 고상한 얘기를 멈추거나, 때로는 나도 알아들을 수 있도록 내 수준에 맞춰주실 때도 있어. 훌륭하지 않아? 수준을 낮춰주신다니까! 그리고 난 저분께서 날 질색하시는 게 정말 즐거워 죽겠어." 그녀는 그에 대해 이런 식으로 말했던 것이다.

그녀가 옳았다. 실제로 레빈은 그녀를 아주 싫어했고, 또 그녀가 자기 장점이라고 자랑하는 부분을 아주 경멸했다. 바로 그녀의 신경질적인 점과 거칠고 질박한 일상생활을 자못 고상하게 경멸하고 무시하는 태도였다. 노르드스똔 부인과 레빈 사이에는 사교계에서 흔히 볼 수 있는 관계가 형성되어 있었다. 즉 겉으로는 다정하지만 진지한 이야기도 할 수 없을뿐더러 그렇다고 대놓고 모욕할 수도 없을 만큼 서로 멸시하는 관계였다.

노르드스똔 백작부인은 곧장 레빈에게 달려들었다.

"어머나! 꼰스딴쩐 드미뜨리예비치! 또 우리의 타락한 바빌론으로 납시셨군요." 그녀는 조그마한 누런 손을 내밀면서, 그가 초겨울 모스끄바는 바빌론이라고 했던 말을 생각해 내고 이렇게 말했다. "바빌론이 혁신된 건가요, 그렇잖으면 당신이 타락하신 건가요?" 그녀는 냉소적으로 끼찌를 돌아보면서 덧붙였다.

"이것 참 영광이군요, 백작부인. 내 얘길 그렇게까지 기억하고 계시다니." 간신히 평정을 되찾은 레빈은 대뜸 습관적으로 노르드스똔 백작부인에게 적의에 찬 농담투로 대꾸했다. "그러고 보니 내 말이 제법 강하게 당신께 영향을 준 모양이로군요."

"아아, 물론이죠! 전부 적어 두는 걸요. 그런데 끼찌, 또 스케이팅을 했구나."

그녀는 끼찌와 얘기하기 시작했다. 레빈은 지금 자리를 뜨는 것이 매우 거북한 일이었으나, 차라리 그 겸연쩍음을 참는 편이 저녁 내내 여기에 남아 이따금 그에게 곁눈질하면서 그의 시선을 피하는 끼찌를 보는 것보다는 한결 마음 편할 듯했다. 그가 막 자리에서 일어서려고 할 때, 그의 침묵을 알아챈 공작부인이 말을 걸었다.

"모스끄바엔 오래 머무르실 생각인가요? 분명 지방의회 일을 보셨지요. 그렇다면 오래 계실 수는 없겠군요."

"아닙니다, 부인. 전 이제 지방의회 일은 하지 않습니다." 그는 말했다. "이번엔 한 며칠 있을 작정으로 왔습니다."

'아니, 평소와 다르잖아.' 노르드스똔 백작부인은 그의 무겁고 진지한 얼굴을 쳐다보며 생각했다. '웬일로 언제나처럼 장황한 이론을 늘어놓지 않는군. 그렇다면 내가 끄집어내주지. 끼찌 앞에서 이 사람을 놀리는 건 정말 재밌단 말이야. 어디 한번 해 볼까?'

"레빈." 그녀는 그에게 말했다. "한 가지 묻고 싶은 게 있어요. 당신께선 뭐든지 잘 알고 계시니깐요. 실은 깔르쥐스까야 마을에 있는 저희 영지에서 농부들과 아낙네들 할 것 없이 모두 가산을 탕진하고 술독에 빠져 버리는 바람에, 이제는 저희한테 소작료 한 푼 들어오지 않아요. 이건 도대체 무슨 까닭인가요? 당신께선 언제나 농부들을 그렇게 칭찬하셨는데."

이때 또 한 부인이 응접실로 들어왔다. 레빈은 일어섰다.

"미안합니다, 부인. 전 그 일에 대해 아무것도 모르므로 어떤 말도 할 수 없습니다." 그는 그렇게 말하고 부인을 뒤따라 들어온 군인을 돌아봤다.

'저 사람이 그 브론스끼인가 보군.' 레빈은 생각했다. 그것을 확인하기 위해 끼찌에게 눈길을 돌렸다. 그녀는 얼른 브론스끼를 쳐다보고 나서 레빈을 돌아보는 참이었다. 무의식중에 반짝이는 그녀의 눈빛만으로 레빈은 그녀가 이 사내를 사랑하고 있음을 단박에 알아챘다. 그녀의 입으로 직접 듣기라도 한 것처럼 똑똑히 알 수 있었다. 그런데 이 사내는 도대체 어떤 인물일까?

레빈은 이제 좋든 싫든 여기에 머물 수밖에 없었다. 그는 그녀가 사랑하는 남자가 어떤 사람인지 알아야만 했다.

세상에는 모든 행운을 두루 갖춘 자기보다 성공적인 경쟁자를 만났을 때, 언제나 상대의 모든 장점은 외면하고 단점만을 보려는 사람이 있다. 그런가 하면 반대로 그 운 좋은 경쟁자에게서 자기보다 뛰어난 자질을 발견하고자, 마음이 옥죄이는 아픔을 느끼면서도 그저 장점만을 찾아내려는 사람도 있다. 레빈은 후자에 속했다. 다만 브론스끼에게서 장점과 매력을 찾아내는 일은 어렵지 않았다. 그것은 곧바로 그의 눈에 띄었다. 브론스끼는 적당한 키에 몸이 다부지고, 지극히 침착하여 선량해 보이는 아름답고 굳건한 용모의 사내였다. 짧게 깎은 검은 머리 하며 산뜻하게 면도한 턱과 새로 지어 입은 넉넉한 군복까지 모든 것이 말쑥하고 우아했다.

때마침 들어온 부인에게 길을 비켜 준 브론스끼는 공작부인에게 먼저 인사한 다음 끼찌 곁으로 다가갔다. 그녀에게 다가갈 때 그의 아름다운 눈이 한층 부드럽게 빛났다. 그는 겨우 알아차릴 정도의 미소에 행복과 겸손한 의기양양함을(레빈에게는 그렇게 보였다) 띠고, 그녀에게 공손히 허리를 구부리더니 크지는 않지만 넓적한 손을 내밀었다.

그는 모든 사람에게 인사하고 두서너 마디 얘기하고는, 그한테서 한시도 눈을 떼지 못하던 레빈은 쳐다보지도 않고 자리에 앉았다.

"잠깐 소개해 드리죠." 공작부인이 레빈을 가리키면서 말했다. "꼰스딴찐 드미뜨리예비치 레빈이에요. 이쪽은 알렉세이 끼릴로비치 브론스끼 백작."

브론스끼는 일어서서 다정히 레빈의 눈을 보며 악수했다.

"올겨울에 당신과 식사를 하기로 돼 있었던 모양입니다." 그는 타고난 단순하고 숨김없는 미소를 보이면서 말했다. "그런데 당신께서 갑자기 시골로 돌아가 버리셨지요."

"레빈은 도시와 우리 같은 도시인들을 경멸하고 미워해요." 노르드스똔 백작부인이 입을 열었다.

"그렇게까지 기억하고 계시는 걸 보니 제 말이 당신에게 상당한 충격을 준 모양이로군요." 레빈은 아까 이미 말했던 것을 떠올리고 얼굴을 붉혔다.

브론스끼는 레빈과 노르드스똔 백작부인을 보고 빙그레 웃었다.

"그럼 언제나 시골에 계십니까?" 그가 물었다. "겨울엔 지루하시겠군요."

"아니, 할 일만 있으면 지루하진 않습니다. 게다가 혼자 있는 것도 지루하진 않으니까요." 레빈이 무뚝뚝하게 대꾸했다.

"저도 시골을 좋아합니다." 브론스끼는 레빈의 어조를 눈치챘지만 모른 척하며 말했다.

"그렇지만 백작, 설마 계속 시골에서만 사는 것은 싫으시죠?" 노르드스똔 백작부인이 물었다.

"오래 있어 본 적이 없으니까 그건 모르겠군요. 실은 묘한 느낌을 경험한 적이 한번 있어요." 그는 말을 이었다. "언젠가 어머니와 니스에서 겨울을 난 적이 있는데, 러시아 시골과 나무껍질의 질긴 섬유로 만든 신이며 농부들을 그때만큼 정겹게 느낀 적은 없었습니다. 니스 자체는 따분한 곳이지요. 나폴리나 소렌토도 좋을 때는 한철 뿐이에요. 그래서 그런 곳에 가면 정말 유달리 러시아가, 특히 러시아 시골이 생생하게 되살아납니다. 그곳은 마치……."

그는 레빈과 끼찌 두 사람을 향해, 한 사람 한 사람 그 침착하고 정다운 시선을 옮겨 가면서 말했다. 그는 분명 머릿속에 떠오르는 대로 얘기하고 있었다.

노르드스똔 백작부인이 무언가 얘기하려는 것을 알아채자, 그는 얘기를 멈추고 주의 깊게 그녀의 말에 귀를 기울였다.

대화는 잠시도 끊이지 않았다. 그래서 공작부인은 얘깃거리가 모자랄 때를 위해 준비한 두 개의 큰 화제, 즉 고전 및 실용 교육론과 국민개병제도에 관한 말을 꺼낼 겨를이 없었고, 노르드스똔 백작부인도 레빈을 조롱할 기회가 없었다.

레빈은 사람들의 얘기에 끼어들고 싶었지만 그럴 수 없었다. 그는 '이제 가야겠다' 하고 1분마다 마음속으로 되뇌면서도 무언가 기다리기라도 하듯 자리를 뜨지 못하고 있었다.

화제가 탁자 돌리기*⁵와 영혼에 대한 것으로 옮겨 가자, 심령술을 믿는 노르드스똔 백작부인은 자신이 목격한 기적에 대해 말하기 시작했다.

"아아, 부인. 저도 꼭 데려 가주십시오. 그 사람들에게 꼭 좀 안내해 주십시오! 지금까지 사방으로 찾아 돌아다녔습니다만 아직 한 번도 초자연 현상을 보지 못했거든요." 브론스끼가 싱글벙글 웃으며 말했다.

"그렇게 하죠, 오는 토요일이에요." 노르드스똔 백작부인이 대꾸했다. "그런데 레빈, 당신도 믿으세요?" 그녀는 레빈에게 물었다.

"어째서 제게 물으시지요? 제가 뭐라고 얘기할지 알고 계시잖습니까."

"그래도 당신의 의견을 듣고 싶어요."

"제 의견은 단순합니다." 레빈은 대꾸했다. "그 탁자 돌리기니 하는 것은 이른바 지식계급이 농부들보다도 나을 게 없다는 사실을 증명합니다. 그들이 사악한 눈을 믿고 저주와 주문을 믿는다면 우리는……."

"그렇다면 믿지 않는군요?"

"믿을 수가 없죠, 백작부인."

"그렇지만 내가 이 두 눈으로 직접 보았다면요?"

"시골 아낙들도 자기 눈으로 도깨비를 보았다고 말합니다."

"그럼 내가 거짓말한다고 생각하세요?" 그녀는 불쾌하게 웃었다.

---

*5 강령회.

"아냐, 마쉬아. 그는 믿을 수 없다고 말씀하셨을 뿐이야." 끼찌가 얼굴을 붉혀 가며 레빈을 변호하자, 그도 그것을 알아채고 더욱 핏대를 올려 대꾸하려고 했다. 그때 브론스끼가 예의 그 밝고 유쾌한 미소를 띠며, 금방이라도 불쾌하게 끝날 뻔한 얘기를 수습하고 나섰다.

"당신은 그 가능성을 전혀 시인하지 않으십니까?" 그가 물었다. "어째선가요? 우린 전기(電氣)에 대해 아무것도 모르면서 그 존재를 인정하지 않습니까. 그렇다면 그 밖에도 아직 우리에게 알려지지 않은 새로운 힘이……."

"전기가 발견됐을 당시엔 말입니다." 레빈은 재빨리 말을 가로챘다. "그저 현상만 발견됐을 뿐, 그것이 어디에서 생기고 무슨 일을 하는지는 알려지지 않았죠. 그리고 그 응용법을 생각하기까지 몇 세기가 걸렸습니다. 그러나 심령술사들은 거꾸로 탁자가 그들에게 무언가 써 보인다거나 영혼이 그들에게 내려온다는 것을 전제로 시작해서, 나중에는 그것이 미지의 힘이라고 말하기 시작했으니까요."

브론스끼는 분명히 그의 말에 흥미를 느끼고, 언제나 그렇듯이 주의 깊게 레빈의 말을 듣고 있었다.

"그렇군요. 그러나 심령술사들은 이렇게 말합니다. 현재 우리는 이것이 어떤 힘인지 모르지만 힘은 분명히 존재하며, 이러저러한 조건 아래에서 작용한다고 말이에요. 그 힘이 무엇인지 밝히는 것은 학자들 몫입니다. 아니, 어째서 그것이 새로운 힘일 수 없다는 건지 까닭을 모르겠군요. 만약 그 힘이……."

"왜냐하면." 레빈은 또다시 말을 가로챘다. "전기는 천연수지나 합성수지를 양모에 문지르면 매번 일정한 현상이 나타납니다. 그러나 심령술은 언제나 한결같지 않습니다. 말하자면 그것은 자연현상이 아니기 때문이죠."

아무래도 얘기가 손님들에게 너무 딱딱하다고 느꼈는지, 브론스끼는 더 이상 반박하지 않고 주제를 바꾸기 위해 즐거운 미소를 띠고 부인들을 돌아보았다.

"그럼, 백작부인. 지금 여기서 한번 해 봅시다." 그가 말을 꺼냈다. 그러나 레빈은 자기 생각을 끝까지 말하고 싶었다.

"난 이렇게 생각합니다." 그는 계속했다. "자기들이 일으키는 기적을 일종의 새로운 힘으로 설명하려는 심령술사들의 계획은 전혀 성공하지 못했습니다. 그들은 먼저 영혼의 힘에 대해 언급한 다음에도 그것을 물질적인 실험으로 증명하려 하기 때문입니다."

일동은 그의 이야기가 끝나기를 기다리고 있었다. 그도 그것을 느꼈다.

"당신이라면 분명 훌륭한 무당이 되실 거예요." 노르드스똔 백작부인이 말했다. "당신에겐 뭔가 열광적인 데가 있으니까요."

레빈은 입을 열어 뭐라고 반박하려 했으나 얼굴을 붉힌 채 아무 말도 하지 못했다.

"그럼, 아가씨, 탁자 돌리기를 해 보실까요?" 브론스끼가 말했다. "공작부인, 괜찮겠지요?"

브론스끼는 이렇게 말한 뒤 일어나 눈으로 탁자를 찾았다.

끼찌도 의자를 가져오려고 일어섰다. 레빈 옆을 지나가면서 그와 눈이 마주쳤다. 그녀는 진심으로 그가 가여웠다. 그가 불행한 원인이 자기에게 있는 만큼 더욱더 마음이 아팠다. '만약 저를 용서하실 수 있다면 부디 용서하세요.' 그녀의 두 눈은 말하고 있었다. '나는 이대로 행복해요.'

'모든 사람이 밉소. 당신도 나 자신도.' 그의 시선은 대답했다. 그리고 그는 모자를 집었다. 그러나 그는 도저히 떠나지 못할 운명이었다. 모두가 탁자 주위로 몰려들고 레빈이 떠나려던 순간, 마침 이 집의 가장인 노 공작이 들어왔다. 그는 부인들과 인사를 나눈 다음 레빈에게로 얼굴을 돌렸다.

"아아!" 그는 반갑게 말을 꺼냈다. "언제 올라왔나? 자네가 와 있을 줄은 정말 몰랐어. 당신을 보니 정말 반갑구먼."

노 공작은 레빈을 때로는 '자네', 또는 '당신'이라 부르기도 했다. 그는 레빈을 끌어안고 이야기하면서, 그가 자기에게 얼굴을 돌리기를 가만히 기다리고 서 있는 브론스끼가 와 있는 줄도 몰랐다.

끼찌는 일이 이렇게 되어버린 마당에 아버지의 친절이 레빈에게는 오히려 괴로울 거라고 느꼈다. 또 그녀는 아버지가 왜 브론스끼의 인사를 냉담하게 받는지, 브론스끼 스스로 왜 이렇게 불친절한 대우를 받는지 도저히 영문을 모르겠다는 듯 호의와 의아함이 뒤섞인 표정으로 아버지를 지켜보는 모습을 보고, 얼굴을 붉혔다.

"공작님, 그를 이쪽으로 보내 주세요." 노르드스똔 백작부인이 말했다. "지금부터 실험할 셈이에요."

"무슨 실험? 탁자 돌리긴가? 미안하지만 여러분, 내 생각에는 고리 놀이*6가 더 즐거울 것 같군요." 노 공작은 브론스끼를 쏘아보면서 탁자 돌리기가 그의 생각임을 짐작하고 말했다. "고리 놀이엔 그나마 의미라도 있으니까요."

브론스끼는 흠칫 놀라 한동안 공작을 바라보았다. 그리고 살며시 미소 짓더니 이내 노르드스똔 백작부인을 상대로, 다음 주로 예정된 성대한 무도회 이야기를 시작했다.

"당신도 오시겠죠?" 그가 끼찌에게 물었다.

노 공작이 자기 곁을 떠나자마자 레빈은 살며시 자리를 떴다. 이 야회에서 그가 얻은 마지막 인상은, 무도회에 대한 브론스끼의 질문에 답하던 끼찌의 생글생글 웃는 행복한 얼굴이었다.

15

야회가 끝나고 끼찌는 어머니에게 레빈과 있었던 이야기를 들려주었다. 그녀는 레빈의 일로 그렇게 속을 앓았음에도 자기가 구혼을 받았다는 생각에 가슴이 두근거렸다. 자기가 한 일이 옳다는 생각에는 조금도 의심이 없었다. 그러나 그녀는 잠자리에 들어서도 오랫동안 잠들지 못했다. 어떤 인상이 집요하게 그녀를 괴롭혔다. 그것은 레빈이 아버지 이야기를 들으면서 그녀와 브론스끼를 번갈아 쳐다보며 눈살을 찌푸렸을 때, 그 선량한 눈이 음울하고 힘없이 반짝이던 바로 그 얼굴이었다. 그러자 그가 너무도 가엾어서 눈에 눈물이 핑 돌았다. 하지만 그녀는 곧 자기가 누구 때문에 그를 거절했는지 생각했다. 그 사내다운 늠름한 얼굴이며 귀속다운 침착한 태노, 온몸에서 뿜어져 나오는 만인에 대한 선량함이 생생하게 떠올랐다. 그녀는 사랑하는 사람에게 사랑받고 있다고 생각하자 또다시 가슴속이 기쁨으로 가득 차, 행복한 미소를 지으며 옆으로 돌아누웠다.

'징말 가여워. 미안해. 그렇지만 어쩔 수 없어. 내가 나쁜 게 아니야.' 그녀는 혼잣말했다. 그러나 내면의 목소리는 그녀에게 다른 말을 했다. 그녀는 자기가 후회하는 것이, 레빈의 사랑을 얻었기 때문인지 아니면 청혼을 거절했기 때문인지 알 수 없었다. 어쨌든 그녀의 행복은 온갖 의혹 때문에 부서지고 말았다.

---

*6 둥글게 모인 사람들이 고리 모양의 물건을 돌리면 술래가 그것을 맞추는 놀이.

'주여 도와주소서, 주여 도와주소서, 주여 도와주소서!' 그녀는 잠들 때까지 몇 번이고 마음속으로 되뇌었다.

이 무렵 아래층에서는 공작의 자그마한 서재에서 귀여운 딸 때문에 부부 사이에 종종 되풀이되던 장면이 다시 벌어지고 있었다.

"뭐라고? 나 참!" 공작은 이렇게 외치며 두 손을 내두르고는 곧바로 다람쥐 가죽으로 만든 가운 앞자락을 여미면서 말했다. "당신에겐 자존심도 품위도 없어? 그래서 그따위 천하고 어리석은 중매쟁이 같은 짓을 해서 딸을 욕되게 하고 망쳐 놓을 셈이야!"

"어머나, 무슨 말을 그렇게 심하게 하세요? 내가 뭘 어쨌다는 거예요?" 공작 부인은 금방이라도 울음을 터뜨릴 것처럼 말했다.

그녀는 딸과 이야기를 나눈 뒤 흡족하고 행복한 마음으로, 언제나처럼 공작에게 밤 인사를 하러 왔던 것이다. 그녀는 레빈의 청혼과 끼찌의 거절에 대해 남편에게 이야기할 생각은 없었다. 다만 브론스끼와의 일이 이제 완전히 결정된 거나 다름없으며, 그의 어머니가 도착하는 대로 해결될 듯하다고 넌지시 말하고 만 것이다. 그러자 공작은 갑자기 화를 벌컥 내며 상스러운 말로 호통 치기 시작했다.

"당신이 무슨 짓을 했느냐고? 내가 말해 주지. 첫째, 당신이 딸아이의 신랑 감을 꾀어 들였다고, 모스끄바 사람 모두 그렇게 숙덕거릴 거야. 그러고도 남지. 야회를 열려면 누구 할 것 없이 다 부르란 말이야. 신랑감만 골라서 부르지 말고, 그 애송이 패들(공작은 모스끄바 청년들을 이렇게 불렀다) 모조리 불러들여. 악사를 데려다가 모두 춤이라도 추게 하란 말이야. 오늘처럼 그렇게 신랑감들만 끌어들이질 말고! 보고만 있어도 몸서리나니, 원. 당신은 결국 딸아이 머리를 어지럽혀 놓고 말았어. 레빈이 인간적으로 천 갑절 더 훌륭한 사내야. 그에 비하면 겉멋만 든 뻬쩨르부르그의 애송이 녀석 따위는 모두 공장에서 양산된 것들이라, 이놈이나 저놈이나 똑같아. 모두 쓰레기들이야. 설사 그 자가 황족 출신이라 해도 무엇 하나 부족한 데 없는 우리 딸한테는 무용지물이야!"

"그래, 내가 무얼 했다는 거예요?"

"잘 들어⋯⋯." 공작은 발끈 성을 내며 외쳤다.

"당신 말만 듣다가는." 공작부인이 남편의 말을 끊었다. "우린 백날 가도 딸을 시집보낼 수 없어요. 그렇게 되면 시골로 보내야 한다고요."

"그게 훨씬 낫지. 보내면 돼."

"좀 가만히 있어 봐요. 내가 그 사람 비위를 맞추기라도 했나요? 천만에요. 난 조금도 그러지 않았어요. 단지 젊은 사람이, 그것도 아주 훌륭한 청년이 딸을 좋아하고, 그 애도 내가 보기엔……."

"또 멋대로 추측하는군! 그럼 만약 딸애가 정말로 반했다고 치고, 상대가 눈곱만큼도 결혼할 생각이 없다면 어찌할 거야? 오! 그 꼴을 어떻게 본단 말인가…… '아아, 강신술, 아아, 니스, 아아, 무도회…….'" 공작은 아내를 흉내내면서 말끝마다 무릎을 굽히며 굽실거렸다. "정말이지, 우리 끼찌를 불행하게 만들고 말 거야. 만약 그 아이까지 정말 그런 생각을 하게 된다면……."

"어째서 그렇게 생각하죠?"

"생각하는 게 아니라 아는 거야. 우리 남자들에겐 그걸 꿰뚫어 보는 안목이 있지만 여편네들에겐 없어. 난 진심으로 결혼할 맘이 있는 사내를 알아. 바로 레빈이야. 또 그 건달처럼 노는 데밖에 관심 없는 허영꾼도 한눈에 알 수 있지."

"그건 당신의 착각일 수도……."

"나중에 후회해도 그땐 이미 늦어. 돌리처럼."

"네, 좋아요, 알았어요. 이제 그만 얘기해요." 공작부인은 불행한 돌리를 생각해 내고 그의 말을 가로막았다.

"좋아. 그럼 어서 가 잠이나 자구려!"

부부는 서로 성호를 긋고 입을 맞춘 뒤, 서로 자기 의견만 고집하고 있음을 느끼면서 헤어졌다.

공작부인은 처음엔 오늘 야회가 끼찌의 운명을 결정했다고 굳게 믿었고, 브론스끼의 의향에도 의심의 여지가 없다고 확신했다. 그러나 남편의 말은 그녀의 마음을 완전히 뒤흔들고 말았다. 자기 방으로 돌아온 그녀는 끼찌와 똑같이, 헤아리기 어려운 미래에 대한 공포에 짓눌려 마음속으로 몇 번이고 되풀이했다. '주여 도와주소서, 주여 도와주소서, 주여 도와주소서!'

16

브론스끼는 이제까지 한 번도 가정생활을 경험하지 못했다. 그의 어머니는 젊은시절 사교계의 꽃이었다. 그녀는 남편이 살아 있을 때는 물론, 특히 그의 사후에도 숱한 로맨스로 물의를 일으킨 부인으로 유명했다. 그는 아버지에 대한 기억이 거의 없이 견습사관학교에서 교육을 받으며 자랐다.

그는 아주 젊은 나이에 앞날이 창창한 청년 사관으로 학교를 졸업하자 곧 뻬쩨르부르그의 부유한 군인들의 전철을 밟았다. 이따금 뻬쩨르부르그의 사교계에도 드나들었지만 연애상대는 언제나 사교계 밖에서 찾았다.

호사스럽고 무절제한 뻬쩨르부르그 생활 뒤에, 그는 모스끄바에 와서 처음으로 사랑스럽고 순결한 사교계 아가씨와 사귀는 즐거움을 맛보고 그녀의 사랑을 손에 넣었다. 그는 끼찌와의 관계에서 그녀에 대한 자신의 태도에 무언가 흠이 있으리라고는 전혀 생각지도 않았다. 무도회에서는 오로지 끼찌와 춤을 추었고 그녀의 집에도 드나들었다. 그녀와의 대화는 사교계에서 으레 그렇듯 온갖 쓸모없는 얘기뿐이었지만, 그런 시시한 화젯거리에도 그는 별 생각 없이 그녀에게 독특한 의미를 부여하곤 했다. 그가 남 앞에서 이야기할 수 없는 것은 한마디도 입 밖에 내지 않았음에도, 그녀가 점점 더 자기에게 다가오고 있음을 느꼈다. 그는 그것을 느끼면 느낄수록 점점 유쾌해져서 그녀에 대한 감정도 더욱더 부드러워져 갔다. 그는 몰랐지만 끼찌에 대한 그의 행동은 결혼할 의사 없이 처녀를 유혹하는 짓이며, 그 유혹이야말로 그와 같은 전도유망한 젊은이들 사이에 흔한 악행의 하나였다. 하지만 그는 자기가 처음으로 그 즐거움을 발견한 느낌이었으므로 그 발견을 만끽하고 있었다.

만약 그가 오늘 저녁 그녀의 부모가 나눈 얘기를 들었다면, 그리고 가족의 관점에서 자기가 그녀와 결혼하지 않았을 때 끼찌가 불행해지리라는 것을 알았다면, 그는 깜짝 놀라 그 사실을 믿으려 하지 않았을 것이다. 그는 자기에게, 아니 특히 그녀에게 이처럼 크고 훌륭한 만족을 부여하는 행동이 나쁜 짓이라고는 도저히 믿지 못했다. 하물며 그는 자기가 결혼해야만 한다는 것은 더더욱 믿을 수 없었다.

그는 한번도 결혼을 현실적인 일로 여긴 적이 없었다. 그는 가정생활을 좋아하지 않았을 뿐만 아니라, 그가 속한 독신자 세계의 공통된 견해에 따라 가정은, 특히 남편이라는 역할은 어쩐지 이질적이고 적대적이며 무엇보다 우스운 것으로 여기고 있었다. 브론스끼는 끼찌의 부모가 이야기한 내용은 꿈에도 몰랐지만, 그날 밤 쉬체르바스끼가를 나오면서 자기와 끼찌 사이를 잇는 은밀한 정신적 관계가 하룻밤 만에 이렇게까지 견고해진 이상 무슨 조치를 취할 필요가 있다고 느꼈다. 그러나 어떤 대책이 가능하고 또 필요한지는 전혀 생각나지 않았다.

'어쨌든 즐거웠어.' 그는 언제나처럼 쉬체르바스끼가에서 돌아올 때의 깨끗하고 신선한 쾌감을 음미하며 생각했다. 그것은 얼마간은 저녁 내내 담배를 피우지 않아서이기도 했지만, 자기에게 쏟는 그녀의 사랑에 대한 새로운 감동도 섞여 있었다. '어떻든 나나 그녀나 아무 말도 하지 않았지만, 그저 눈빛과 말의 억양을 통한 무형의 대화로 그처럼 서로 이해했다는 것은 즐거운 일이야. 오늘 그녀는 나에 대한 사랑을 그 어느 때보다도 확실하게 표현해 줬어. 그것도 정말 귀엽고 소박하고 무엇보다 나를 신뢰한다는 느낌으로! 어쩐지 나까지 한결 뛰어나고 더욱 순수해진 느낌이다. 내게도 열정이 있고 많은 장점이 있다고 느껴지니 말이야. 사랑에 빠진 그 귀여운 눈길! '네, 정말' 하고 말할 때 그 입매……'

'그래서 어쩌자고? 아냐, 지금 이 상태로 충분해. 나도 행복하고 그녀도 행복하니까.' 그리고 그는 오늘 밤을 어디서 마감할 것인가에 대해 생각하기 시작했다. 그는 머릿속으로 이제부터 갈 수 있을 만한 장소를 더듬어 보았다. '클럽은 어떨까? 베지크 카드놀이나 한판 하고 이그나또프와 샴페인이나 마실까? 아니, 그만두자. 꽃의 성*7에는 오블론스끼가 있을 테니 유행가나 듣고 캉캉*8이나 즐겨볼까? 아냐, 그것도 질렸어. 그래서 내가 쉬체르바스끼가를 좋아하는 거야. 말하자면 그곳에선 나도 품행방정해지거든. 그냥 집으로 가자.' 그는 듀소 호텔의 자기 방으로 곧장 돌아와 밤참을 시켜 먹고는, 옷을 갈아입은 뒤 머리를 베개에 대기가 무섭게 언제나처럼 깊고 편안한 잠에 빠져들었다.

17

이튿날 아침 11시에 브론스끼는 뻬쩨르부르그 역으로 어머니를 마중하러 나갔다. 그가 큰 층층대에서 맨 처음 만난 사람은 같은 기차로 올 누이를 기다리던 오블론스끼였다.

"오, 백작!" 오블론스끼가 외쳤다. "누굴 마중하러 왔나?"

---

*7 요릿집 이름.
*8 음탕한 춤의 일종.

"어머님이 오셔." 오블론스끼와 만나면 누구나 그렇듯이 브론스끼도 빙긋이 웃으면서 악수하고 함께 계단을 올라갔다.

"오늘 뻬쩨르부르그에서 오시기로 해서 말이야."

"어젯밤엔 2시까지 자넬 기다렸다네. 쉬체르바스끼가에서 나와 어디로 갔었나?"

"숙소로." 브론스끼가 대답했다. "실은 말이야, 어제 저녁엔 쉬체르바스끼가에서 너무 즐거웠던 나머지 아무데도 가고 싶지 않더군."

"준마는 그 낙인으로 알고 사랑에 빠진 젊은이는 그 눈빛으로 안다던데." 오블론스끼는 어제 레빈에게 했던 말을 그대로 낭송했다. 브론스끼는 그 말을 굳이 부정하지 않는다는 듯이 빙그레 웃었지만 곧 화제를 돌려버렸다.

"그래, 자넨 누굴 마중하려고?" 그가 물었다.

"나? 그야, 날씬한 미인이지." 오블론스끼가 대답했다.

"아하, 그래?"

"Honni soit qui mal y pesne!(헛된 생각을 품는 자에게 부끄러움이 있을지어다!) 누이 안나야."

"아아, 그 까레닌 부인 말인가?" 브론스끼가 말했다.

"자네도 누이를 알지?"

"알 것도 같군. 아니, 잠깐만…… 실은 기억이 잘 안 나." 브론스끼는 까레닌 부인이라는 이름에서 무언가 답답하고 따분한 것을 막연히 상상하면서 건성으로 대꾸했다.

"그렇지만 내 매제인 그 유명한 알렉세이 알렉산드로비치 까레닌은 알고 있겠지. 세상에 그를 모르는 사람은 없으니까."

"물론 명성은 익히 들었지. 얼굴도 알고 있어. 총명하고 학식 있고 어쩐지 이 세상 사람 같지 않다며. 하지만 그런 사람은 나와는 좀…… 말하자면 분야가 다르다고 할 수 있지." 브론스끼가 말했다.

"그래, 그는 아주 유명한 사내지. 다소 보수적이긴 해도 훌륭한 사내야." 오블론스끼가 덧붙였다. "훌륭한 사내야."

"그가 들으면 좋아하겠군." 브론스끼가 빙그레 웃으면서 말했다. "어? 자네도 왔나?" 그는 어머니를 모시는 늙은 꺽다리 하인이 문 옆에 서 있는 것을 보고 말을 걸었다. "이리 들어와."

최근 들어 브론스끼는 누구에게나 인기 있는 오블론스끼에 대하여 각별한 친밀감을 느끼고 있었다. 자기의 상상 속에서 그와 끼찌를 연관시켜 생각했기 때문이다.

　"그럼, 일요일에 지바*⁹를 위해서 만찬회라도 하세나." 브론스끼가 미소를 띠고 오블론스끼 팔을 가볍게 잡으며 말했다.

　"물론 해야지. 모두에겐 내가 일러두겠네. 아아, 자네 어제 내 친구 레빈과는 인사했나?" 오블론스끼가 물었다.

　"하긴 했어. 그런데 어쩐 일인지 일찍 가 버리던걸."

　"그는 정말 좋은 사내야." 오블론스끼가 말을 이었다. "그렇지 않아?"

　"뭐랄까……." 브론스끼가 대답했다. "잘은 모르지만 일반적으로 모스끄바 사람들은, 물론 지금 내 앞에 있는 사람은 빼놓고." 그는 농담조로 덧붙였다. "왠지 괄괄한 데가 있어. 이유는 몰라도, 다들 완고하게 고집을 부리고 화를 내면서 마치 따끔한 맛을 보여주겠다는 듯이 서슬이 퍼렇다니까."

　"그래, 그런 면이 있지. 분명히 있어……." 쾌활하게 웃으면서 오블론스끼가 말했다.

　"어떻습니까, 곧 도착합니까?" 브론스끼가 역무원에게 물었다.

　"전역(前驛)을 떠났습니다." 역무원이 대답했다.

　기차가 다가오고 있다는 것은 정거장 안의 왁실거림, 일꾼들의 달음질, 헌병과 역무원들의 출동, 마중 나온 마차들의 도착으로 점점 뚜렷이 느껴졌다. 차가운 수증기 너머로 모피 반외투에 부드러운 펠트 장화를 신은 노동자들이 활처럼 굽은 선로를 가로질러 건너가는 모습이 보였다. 멀리 선로 끝에서 증기 기관차의 기적 소리와 뭔가 묵직한 것이 움직이는 육중한 울림이 들려왔다.

　오블론스끼가 말했다. 그는 브론스끼에게 끼찌에 대한 레빈의 마음을 얘기하고 싶어 견딜 수 없었다. "아냐! 자넨 레빈을 잘못 평가하고 있어. 그는 굉장히 신경질적인 사내이고 때로는 불쾌한 면도 있지만, 대신 어떤 때는 유난히 좋은 녀석이기도 해. 아주 성실하고 정직한 사내이고 황금 같은 고귀한 맘씨를 지녔지. 그러나 어제 저녁엔 조금 특별한 이유가 있었어." 오블론스끼는 어제 친구에게 느꼈던 진지한 동정을 말끔히 잊고, 지금은 브론스끼에게 그와

────────────

*9 배우의 이름.

똑같은 감정을 품으며 의미심장한 미소를 지었다. "말하자면 아주 행복해지든지 아주 불행해질 수 있는 고빗사위였던 거야."

브론스끼는 발을 멈추고 단도직입적으로 물었다.

"그럼 뭐야? 혹시 그자가 어제 자네 처제에게 청혼이라도 했단 말인가?"

"그랬을지도 몰라." 오블론스끼가 말했다. "어쩐지 어제 그런 기미가 보였으니까. 그런데 말이야, 그가 일찍 돌아갔고 또 기분이 좋지 않았다는 건…… 어쨌든 그의 사랑은 꽤 오래됐으니까. 참 딱하게 됐지."

"아아, 그래! ……하지만 자네 처제 정도면 더 훌륭한 배필을 구할 수 있다고 생각해." 브론스끼는 가슴을 쭉 펴고 다시 걷기 시작했다. "그렇지만 난 그 사람은 잘 모르니까." 그는 덧붙였다. "어쨌든 괴롭겠군! 이런 문제 때문에 많은 사람이 차라리 창부들과 어울리는 게 낫다고 생각하는 거야. 그쪽이라면 일이 틀어져도 돈이 모자랐다는 것만으로 해결되지만, 이 경우에는 자기 명예가 걸려 있으니 말이야. 그건 그렇고 기차가 들어오는군."

과연 아닌 게 아니라 저 멀리서 기차가 이미 기적을 울리고 있었다. 몇 분 지나자 플랫폼이 진동하는가 싶더니, 냉기 때문에 뭉게뭉게 피어오르는 증기를 아래쪽으로 내뿜으며, 한가운데 차바퀴의 지렛대를 느릿느릿 규칙적으로 움직이면서 기차가 들어왔다. 얼굴 전체를 목도리로 친친 동여맨 기관사가 온몸이 서리로 덮여 하얘진 채 연방 몸을 기울이고 있었다. 탄수차(炭水車)에 이어 차츰 속력을 줄이고 더한층 세차게 플랫폼을 뒤흔들면서 짐과 요란하게 짖어대는 개를 실은 차량이 지나갔고, 마지막으로 멈추기 직전에 흔들거리며 객차가 다가왔다.

기세 좋은 차장이 호각을 불면서 차가 멈추기도 전에 뛰어내리자, 그 뒤를 이어 성급한 승객들이 한 사람씩 내리기 시작했다. 몸가짐을 바로잡고 근엄하게 사방을 둘러보는 근위사관, 봇짐을 들고 싱글벙글 웃는 약삭빠른 상인, 어깨에 큰 자루를 짊어진 농부가 내렸다.

오블론스끼와 나란히 서서 객차와 플랫폼에 나오는 여객들을 바라보던 브론스끼는 어머니에 대해서 완전히 잊고 있었다. 방금 들은 끼찌에 관한 이야기에 기뻐서 어쩔 줄 몰랐다. 그의 가슴은 저절로 펴지고 눈은 생생하게 빛났다. 자기를 승리자라고 느꼈다.

"브론스끼 백작부인은 이 찻간에 계십니다." 민활한 차장이 브론스끼 쪽으로 다가오면서 말했다.

차장의 말에 화들짝 정신이 든 그는 눈앞에 닥친 어머니와의 대면을 생각했다. 그는 진심으로는 어머니를 존경하지 않았고, 미처 자각하진 못했지만 그녀를 싫어하고 있었다. 그저 자기가 속한 사회의 상식과 교육 때문에, 어머니에 대해 극도의 유순과 공경 이외의 태도를 보일 수가 없었다. 그래서 마음속에서 어머니에 대한 사랑과 존경이 엷어질수록, 겉으로는 더욱더 정중하고 공손한 태도를 보여 온 것이다.

18

브론스끼는 차장 뒤를 따라 차량 안으로 들어가다가, 객실 입구에서 마침 나오던 어느 부인에게 길을 비켜 주기 위해 발을 멈췄다. 그는 사교계에서 익힌 감각으로, 이 부인의 외양을 보고 한눈에 그녀가 최고 상류사회에 속하는 사람이라고 판단했다. 그는 양해를 구하고 막 찻간으로 들어가려 했으나, 한번 더 그녀를 보았으면 하는 참기 어려운 욕구를 느꼈다. 그것은 그녀가 대단한 미인이라서도 아니고 온 자태에 어려 있는 우아함과 정숙함 때문도 아니었다. 다만 그녀가 그의 옆을 지나칠 때 그 귀여운 표정에 뭔지 모를 유달리 정답고 부드러운 것이 있었기 때문이었다. 그가 돌아보자 그녀도 또한 이쪽으로 고개를 돌렸다. 짙은 속눈썹 때문에 검게 보이는 그녀의 반짝이는 잿빛 눈이 마치 그를 알고 있다는 듯이 다정하고 주의 깊게 그의 얼굴에 머물렀으나, 이내 누군가를 찾는지 지나가는 군중 쪽으로 시선을 옮겼다. 브론스끼는 이 짧은 마주침만으로, 그녀 얼굴에 억눌렸던 생기가 반짝이는 두 눈과 살포시 짓는 미소로 실그러진 붉은 입술 사이에 어리는 것을 보았다. 마치 몸속을 가득 채운 무언가가 흘러 넘쳐 결국 그녀의 의지와 상관없이 반짝이는 눈 속에, 혹은 그 미소 속에 나타나는 것만 같았다. 그녀는 일부러 눈 속의 빛을 지웠지만, 그것은 그녀의 의지에 반해 엷은 미소에 깃들어 반짝반짝 빛났다.

브론스끼는 찻간으로 들어갔다. 검은 눈에 곱슬곱슬한 머리칼의 노부인은 아들을 보자 눈을 가늘게 뜨고 얇은 입술로 살짝 웃었다. 그녀는 의자에서 일어나 하녀에게 손가방을 건네고 조그마한 야윈 손을 아들에게 내밀었다. 그리고 아들의 머리를 들어 그 얼굴에 입을 맞추었다.

"전보는 받았니? 잘 지냈지? 다행이야."

"여행길이 불편하시진 않으셨어요?" 아들은 어머니 곁에 앉으면서 인사했지만, 문밖에서 들리는 여인의 목소리에 무의식적으로 귀를 기울였다. 그는 그것이 입구에서 마주쳤던 부인의 목소리임을 알아차렸다.

"역시 난 당신에게 동의할 수 없어요."

"뻬쩨르부르그식 견해로군요, 부인."

"뻬쩨르부르그식이 아니라, 그저 한 여자의 생각이에요."

"그렇군요. 그럼, 손에 입맞추게 해 주십시오."

"잘 가세요, 이반 뻬뜨로비치. 아, 밖에 오라버니가 계신지 한번 찾아봐 주세요. 거기 계시면 이리 좀 보내 주세요." 부인은 문 바로 옆에서 그렇게 말하고 다시 찻간으로 들어왔다.

"어때요, 오라버님은 찾으셨어요?" 브론스끼의 어머니가 그녀를 돌아보면서 말했다. 브론스끼는 그제야 그녀가 까레닌 부인임을 알아챘다.

"오라버님께선 와 계십니다." 그가 일어서면서 말했다. "아까는 몰라 뵈서 실례했습니다. 언젠가 아주 잠깐 본 게 전부였으니까요." 브론스끼는 머리를 숙이면서 말했다. "아마 당신께서도 잘 기억이 나시지 않을 겁니다."

"어머나, 그렇지 않아요." 그녀가 말했다. "금방 알아봤는걸요. 당신 어머님과 내내 당신 얘기만 하면서 왔으니까요."

그녀는 아까부터 밖으로 나오고 싶어 안달이던 생기에 마침내 길을 열어주듯이 방긋 웃으며 말했다. "그런데 오라버님께선 통 오시지 않는군요."

"네가 좀 불러 드려라, 알렉세이." 노 백작부인이 말했다.

브론스끼는 플랫폼으로 나가서 외쳤다. "오블론스끼! 여기야!"

그러나 까레닌 부인은 오라버니를 기다리지 않았다. 그녀는 그를 보자마자 기품 있는 가벼운 걸음걸이로 찻간을 나섰다. 오라버니가 가까이 다가오자, 그녀는 브론스끼도 깜짝 놀라게 할 정도로 대담하고 우아한 몸짓으로 왼손을 오라버니의 목에 감더니 자기 쪽으로 확 끌어당겨 세차게 입을 맞췄다.

브론스끼는 그녀에게 눈을 떼지 못하고 지켜보다 자기도 모르게 씩 웃고 말았다. 그러나 어머니가 기다리고 있다는 것을 생각해 내고 다시 찻간으로 들어갔다.

"정말 귀여운 분이야! 그렇지?" 백작부인이 까레닌 부인에 대해 말했다. "저분 남편이 저분을 나하고 같은 칸에 태워 주었어. 오는 내내 같이 얘기할 수 있어서 얼마나 즐거웠는지 몰라. 그건 그렇고, 듣자니까, vous filez parfait amour. Tant mieux, mon cher, tant mieux.(너 정말로 좋아하는 아가씨가 생겼다며. 정말 잘됐구나, 정말 잘됐어.)"

"무슨 말씀이신지 모르겠군요, 어머님." 아들은 차갑게 대답했다. "자아, 어머님, 가십시다."

그때 마침 까레닌 부인이 백작부인과 작별인사를 하려고 다시 찻간으로 돌아왔다.

"그럼, 부인께서는 아드님을 만나셨고 저는 오라버닐 찾았네요." 그녀가 신이 난 목소리로 말했다. "이젠 얘깃거리도 다 떨어져서, 앞으로 더 이상 해 드릴 얘기가 없을 정도랍니다."

"어마, 아녜요." 백작부인은 그녀의 손을 잡고 말했다. "당신과 함께라면 온 세계를 두루 돌아다녀도 지루하지 않을 거예요. 당신 같은 멋진 분과 함께라면 얘기를 해도, 가만히 있어도 즐거울 테니까요. 그리고 아드님 일은 너무 걱정 마세요. 어차피 평생 같이 붙어 있기란 불가능한 일이니까요."

까레닌 부인은 몸을 꼿꼿하게 펴고 가만히 서 있었지만, 그 눈은 가늘게 웃고 있었다.

"이분에겐 말이지." 백작부인이 아들에게 설명했다. "여덟 살 난 아드님이 있는데 지금까지 한 번도 떨어진 적이 없대. 그래서 이번에 떼 놓고 오신 것을 줄곧 걱정하고 계시지 뭐야."

"그래요, 정말 어머님하고 내내 그런 얘기만 하면서 왔어요. 저도 아들 얘기, 어머님께서도 아드님 얘길." 까레닌 부인이 말했다. 그러자 얼굴에 또다시 미소가, 그를 향한 부드러운 미소가 환하게 빛났다.

"정말 지루하셨겠군요." 그는 재빨리 그녀가 던진 교태의 공을 즉시 받으면서 말했다. 그러나 그녀는 이런 대화를 계속할 의사가 없는지, 노부인 쪽으로 얼굴을 돌렸다.

"정말 고맙습니다. 덕분에 어제는 온종일 시간이 어떻게 흐르는지도 모를 정도였어요. 그럼 부인, 이만 실례하겠습니다."

"조심해 가세요." 백작부인이 대답했다. "헤어지는 인사로 당신의 고운 얼굴에 입맞추게 해 줘요. 늙은이가 솔직하게 말하자면, 당신이 정말 맘에 든다우."

참으로 상투적인 인사치레였지만, 까레닌 부인은 그 말을 진심으로 받아들이고 기뻐했다. 살포시 얼굴을 붉히고 가볍게 몸을 구부려 백작부인 입술에 자기 얼굴을 갖다 대고, 다시 몸을 쭉 폈다. 그리고 아까처럼 입술과 눈 사이에 물결치는 미소를 띠고 브론스끼에게 손을 내밀었다. 그는 그녀가 내민 조그마한 손을 꼭 쥐었다. 그녀도 그의 손을 꼭 잡고 힘차고 대담하게 흔들었다. 그는 무엇보다 그것이 기뻤다. 그녀는 상당히 풍만한 몸을 신기할 정도로 가볍게 움직이며 빠른 걸음으로 나갔다.

"정말 귀여운 분이야." 노부인이 말했다. 브론스끼도 똑같은 것을 생각하고 있었다. 그는 그 우아한 모습이 사라질 때까지 계속 눈으로 좇았다. 그 얼굴에서 미소가 떠나지 않았다. 창밖으로 보니, 그녀는 오라버니에게 다가가 손을 맞잡고 무엇인지 활기차게 이야기하기 시작했다. 분명히 자기와는 아무 상관없는 이야기일 텐데, 그것이 그의 마음을 섭섭하게 했다.

"그건 그렇고 어머님, 다들 여전하신가요?" 그는 어머니에게로 얼굴을 돌리면서 말했다.

"여전하다마다. 말할 나위 없지, 알렉산드르는 아주 귀엽고 마리야도 무척 예뻐졌지. 그 앤 정말 재미있는 애야." 그녀는 자신에게 가장 흥미로웠던 이야기를 시작했다. 이번 뻬쩨르부르그 여행 목적이었던 손자의 세례식이며, 맏아들이 황제의 각별한 은총을 받고 있다는 얘기였다.

"오, 라브렌찌이가 왔군요." 브론스끼가 창문을 내다보면서 말했다.

"그럼 이제 슬슬 나가시겠어요."

백작부인을 마중 나온 노집사가 찻간으로 들어와 준비가 다 됐음을 알리자 그녀도 나가려고 몸을 일으켰다.

"자아, 가십시다. 사람들도 얼마 없습니다." 브론스끼가 말했다.

하녀는 손가방과 강아지를 안고 집사와 짐꾼이 다른 가방을 들었다. 브론스끼는 어머니 팔을 잡았다. 그런데 그들이 막 찻간에서 밖으로 나왔을 때 갑자기 깜짝 놀란 얼굴로 사람 몇이 옆으로 뛰어갔다. 이상한 빛깔의 모자를 쓴 역장도 달려갔다. 무엇인가 심상찮은 일이 일어났음이 분명했다. 기차에서 내린 사람들도 뛰어갔다 되돌아왔다.

"뭐야?…… 무슨 일이야? 어디?…… 뛰어들었어? …… 깔려 죽었대!……" 지나가는 사람들 사이에서 온갖 소리가 들렸다.

팔짱을 끼고 걸어가던 오블론스끼와 누이도 역시 깜짝 놀란 얼굴로 되돌아와 군중을 피해 열차 입구에서 멈췄다.

부인들은 찻간으로 다시 들어갔고, 브론스끼는 오블론스끼와 함께 자세한 사고 내용을 알아보려고 군중 뒤를 따라갔다.

선로지기 사내가 취했었는지 혹은 강추위로 몸뚱이를 지나치게 감쌌기 때문인지, 후진하여 오는 기차 소리를 듣지 못하고 깔려 죽었던 것이다.

부인들은 브론스끼와 오블론스끼가 돌아오기에 앞서 이 내용을 집사에게서 들었다. 오블론스끼와 브론스끼는 형체도 알아보기 어려운 시체를 보았다. 오블론스끼는 극심한 충격을 받은 모양이었다. 얼굴을 잔뜩 찌푸리고 금방이라도 울음을 터뜨릴 것처럼 보였다.

"아아, 정말 끔찍한 일이야! 안나, 네가 만약 그것을 보았다면……. 아아, 이 얼마나 무서운 일인가!" 그는 몇 번이나 되풀이 말했다.

브론스끼는 말이 없었다. 그의 잘생긴 얼굴은 굳어 있었지만 어디까지나 침착했다.

"아, 부인께서 만약 그것을 보셨더라면." 오블론스끼가 백작부인에게 말했다. "그 사내의 아내도 거기 있었는데…… 불쌍해서 차마 볼 수 없었어요…… 시체에 매달려서 말입니다. 그는 혼자 벌어서 그 많은 식구를 먹여 살려 왔다는 거예요. 그러니 정말 큰일 났죠."

"그 여자를 위해서 뭔가 해줄 수 없을까요?" 흥분한 까레닌 부인이 속삭였다.

브론스끼는 그녀를 흘깃 쳐다보고 그대로 말없이 찻간을 나섰다. "곧 돌아오겠습니다, 어머님." 그는 문간에서 돌아보며 말했다.

몇 분 뒤 그가 다시 돌아왔을 때, 오블론스끼는 이미 백작부인과 신인 오페라가수에 대해 이야기하고 있었다. 백작부인은 아들이 돌아오기를 기다리느라 안절부절못하며 문 쪽을 돌아보고 있었다.

"자아, 이제 가십시다." 브론스끼가 들어오자마자 말했다. 그들은 다 함께 밖으로 나왔다. 브론스끼는 어머니와 앞장서고, 그 뒤를 따라 까레닌 부인이 오라버니와 나란히 나왔다. 출구께에서 뒤쫓아온 역장이 브론스끼를 따라잡았다.

"당신께서 저희 보좌역한테 200루블을 건네주셨더군요. 죄송하지만 누구에게 주시라는 건지 몰라서 말씀이에요."

"미망인입니다." 브론스끼가 어깨를 으쓱하면서 말했다. "새삼스럽게 물어보실 것도 없잖아요."

"의연금을 줬다고?" 오블론스끼가 등 뒤에서 외쳤다. 그리고 누이의 어깨를 꽉 쥐면서 덧붙였다. "훌륭하군, 정말 훌륭해! 정말 감탄했어!…… 그럼 부인, 실례하겠습니다."

그와 누이는 하녀를 찾기 위해서 발을 멈추고 서성였다. 그들이 역에서 나왔을 때 브론스끼의 마차는 이미 떠나고 없었다. 역에서 나온 사람들은 아직도 아까의 사고에 대해 서로 이야기하고 있었다.

"정말 참혹한 죽음이야!" 한 신사가 스쳐가면서 말했다. "몸이 두 동강 나 버렸다더군."

"하지만 반대로 가장 편안한 죽음일지도 모르지. 순식간이니까." 다른 사람이 토를 달았다.

"미리 사고가 나지 않도록 조치를 했어야 하는데 말이야." 또 한 사람이 말했다.

까레닌 부인은 마차에 탔다. 오블론스끼가 깜짝 놀라 보니 그녀는 입술을 바르르 떨면서 간신히 눈물을 억누르고 있었다.

"왜 그래, 안나?" 마차가 역에서 몇 백 사줴니*10쯤 왔을 때 그가 물었다.

"불길한 징조예요." 그녀는 말했다.

"쓸데없는 소릴!" 오블론스끼가 말했다. "이렇게 네가 와 줘서 얼마나 다행인데. 내가 얼마나 너한테 기대를 걸고 있는지 상상도 못할 게다."

"오라버니는 브론스끼를 오래전부터 알고 계셨어요?"

"그렇지, 사실 우린 그가 끼찌와 결혼할 거라고 내다보고 있어."

"그래요?" 안나는 조용히 말했다. "자아, 이제 오라버니 이야기를 들려주세요." 그녀는 마치 자신을 혼란스럽게 억누르는 무언가를 몸에서 떨쳐 내려는 듯이 머리를 가볍게 흔들었다. "오라버니 일에 대해서 말해 주세요. 오라버니의 편지를 받고 이렇게 일부러 왔으니까요."

"그럼, 내 유일한 희망은 너뿐이야." 오블론스끼가 말했다.

"그럼, 모두 털어놔 봐요." 오블론스끼는 이야기를 시작했다.

---

*10 거리의 단위. 1사줴니는 약 2.3미터.

집에 닿자 오블론스끼는 누이를 부축하여 마차에서 내리게 하고, 한숨을 길게 내뿜더니 그녀의 손을 꽉 쥐었다. 그러고는 관사로 향했다.

19

안나가 안으로 들어갔을 때, 돌리는 조그마한 객실에 앉아 벌써부터 아버지를 똑 닮은 토실토실한 금발의 사내아이를 상대로 프랑스어 읽기를 살펴 주고 있었다. 소년은 금방이라도 떨어질 것만 같은 재킷 단추를 손가락 끝으로 배배 꼬아 잡아 뜯으려고 애쓰면서 글을 읽고 있었다. 그럴 때마다 어머니는 그 손을 치우게 했지만 오동포동한 작은 손은 금방 또 단추를 만지작거렸다. 어머니는 결국 단추를 잡아떼어 호주머니에 넣어 버렸다.

“손 좀 가만히 두지 못하겠니, 그리쉬아.” 그녀는 이렇게 말하고 또다시 오랫동안 붙잡고 있던 뜨개질을 시작했다. 그녀는 언제나 속이 상할 때면 이 일에 매달렸는데, 지금도 손가락에 털실을 감고 코를 세면서 신경질적으로 뜨고 있었다. 어제는 남편의 누이가 오건 말건 자기와는 아무 관계도 없는 일이라고 했지만, 그래도 역시 그녀가 올 때에 맞춰 준비를 끝내고 가슴을 두근거리며 시누이를 기다리고 있었다.

돌리는 슬픔에 짓눌려 완전히 지쳐 있었다. 그러나 그녀는 시누이인 안나가 뻬쩨르부르그 중요 인물의 아내이며 뻬쩨르부르그 ‘귀부인’이라는 사실을 잊지 않았다. 그 때문에 그녀는 남편에게 선언한 대로 실행하지 않고, 시누이가 온다는 것을 잘 기억하고 있었던 것이다. ‘그래. 어떻든 안나에겐 아무런 죄가 없어.’ 돌리는 생각했다. ‘첫째로 나는 그녀에 대해서는 좋은 점 말고는 아는 것이 없고, 그녀도 나에겐 그저 상냥하고 친절하게 대해주었을 뿐인걸.’ 확실히 뻬쩨르부르그의 까레닌 집을 방문했을 때 받았던 인상을 떠올리면, 그들의 가정 그 자체는 그다지 탐탁지 않았다. 그들 가정생활 구석구석에 어딘지 위선적인 데가 있었다. ‘하지만 그렇다고 그녀를 맞이하지 않을 이유는 없잖아? 그저 그녀가 날 달래려고만 하지 않으면 좋으련만!’ 돌리는 생각했다. ‘위로니 충고니 기독교적인 용서니 하는 것들은 나도 이미 몇천 번도 더 생각했지만 모두 부질없었어.’

요 며칠 동안 돌리는 줄곧 아이들하고만 지냈다. 그녀는 자기 슬픔을 남에게 이러쿵저러쿵 지껄이는 것이 싫었고, 또 이런 커다란 슬픔을 마음속에 품고 다른 얘기를 꺼낼 수도 없었다. 그녀는 자기가 결국 안나에게 모든 것을 실토하고 말 것임을 알고 있었다. 차라리 다 털어놓자는 생각에 기운이 좀 나는가 싶다가도, 남편의 누이에게 자기의 굴욕을 드러내고 그녀에게서 뻔한 충고며 위로의 말을 들어야 하는 상황이 분하기만 했다.

그녀는 시계를 1분마다 들여다보면서 이제나저제나 시누이를 기다리고 있었다. 그러나 막상 손님이 도착한 바로 그 순간 방심하는 바람에 그만 들어오는 소리를 듣지 못하고 말았다.

바로 문 앞까지 와서 옷자락이 스치는 소리와 가벼운 발소리를 듣고서야 비로소 돌아다보았다. 그녀는 시누이의 비통한 얼굴에 저도 모르게 반가움이 아닌 놀라움이 떠올랐다. 돌리는 일어서서 시누이를 껴안았다.

"어머나, 벌써 오셨어요?" 그녀는 시누이에게 입을 맞추며 말했다.

"돌리, 이렇게 만나게 돼서 정말 기뻐요!"

"나도 반가워요." 가냘프게 미소 지은 돌리는 안나 표정을 살피며 그녀가 상황을 알고 있는지 어떤지를 알려고 애썼다. '틀림없이 알고 있구나.' 그녀는 안나 얼굴에서 연민의 빛을 알아채고 이렇게 생각했다. "자아, 가요. 당신 방으로 안내할게요." 그녀는 고백할 순간을 가능하면 1분이라도 늦추려고 애쓰면서 말을 이었다.

"얘가 그리쉬아예요? 어머나, 정말 몰라보게 자랐구나!" 안나는 돌리에게서 눈을 떼지 않은 채 조카에게 입을 맞추더니, 갑자기 멈춰 서서 얼굴을 붉혔다. "아니, 여기 그냥 있어요."

그녀는 숄과 모자를 벗었다. 곱슬곱슬하게 말아서 늘인 검은 머리칼이 모자에 끼는 바람에 머리카락을 흔들어서 떼어냈다.

"당신은 행복과 건강으로 빛나고 있군요!" 돌리는 거의 부러움에 가까운 어조로 말했다.

"내가요?…… 그런가요." 안나는 말했다. "어머나, 따냐! 우리 세료쥐아하고 동갑이지." 그녀는 뛰어들어온 소녀를 돌아보면서 덧붙였다. 그녀는 따냐를 꼭 끌어안고 입을 맞췄다.

"귀여워라, 정말 귀여워요! 애들을 전부 보고 싶어요."

그녀는 아이들 이름을 하나하나 불렀다. 이름뿐만 아니라 태어난 생년월일과 성격, 걸렸던 병에 이르기까지 모두 기억하고 있었으므로, 돌리는 감격하지 않을 수 없었다.

"그럼, 아이들을 보러가죠." 돌리가 말했다. "바샤는 마침 자고 있지만."

아이들을 보고 난 그들은 이제 단둘이서 커피를 앞에 놓고 응접실에 앉았다. 안나는 찻잔에 손을 댔다가 옆으로 밀쳤다.

"돌리." 그녀가 말했다. "오라버니에게서 들었어요."

돌리는 쌀쌀하게 안나를 쳐다보았다. 그녀는 상투적인 동정의 문구가 쏟아져 나오겠거니 예상했지만 안나는 그런 말은 한마디도 하지 않았다.

"저어, 돌리! 난 오라버니를 변호할 생각도 없고, 위로의 말을 늘어놓을 생각도 없어요. 그런 것은 바랄 수 없는 일이죠. 그렇지만 돌리, 나는 그저 당신이 가여워요, 진심으로 가여워 못 견디겠어요!"

그녀의 반짝이는 눈동자를 둘러싼 짙은 속눈썹 밑에서 갑자기 눈물이 솟았다. 안나는 올케 옆으로 바싹 옮겨 앉아 그 힘찬 조그마한 손으로 그녀 손을 꼭 쥐었다. 돌리는 그것을 물리치지는 않았지만 무뚝뚝한 표정은 바꾸지 않았다. 그녀는 말했다.

"위로해도 소용없어요. 그 일로 나는 모든 것을 잃고 말았어요. 모든 것이 다 끝장이라구요!"

이렇게 말하자마자 그녀 표정이 갑자기 부드러워졌다. 안나는 돌리의 마르고 야윈 손을 들어 올려 입을 맞추고 말했다.

"그렇지만 돌리, 어떻게 해야, 어떻게 해야 좋을까요? 이 끔찍한 상황에서 어떻게 행동해야 좋은지, 바로 그것을 생각해야 해요."

"모든 게 다 끝났어요. 더 어떻게 할 것도 없어요." 돌리가 말했다. "무엇보다 끔찍한 건, 당신도 아실 테지만 내가 그를 버릴 수 없다는 거예요. 아이들 때문에 난 그에게 매여 있어요. 하지만 난 그 사람과 함께 살 수는 없어요. 얼굴만 봐도 너무 괴로워요."

"돌리, 오라버니에게 듣긴 들었지만 당신에게도 확실히 듣고 싶어요, 죄다 이야기해 봐요."

돌리는 의심스러운 눈으로 상대를 바라보았다. 거짓 없는 동정과 사랑이 안나 얼굴에 나타나 있었다.

"좋아요." 그녀는 불쑥 말했다. "그전에 미리 말해두지만, 당신은 결혼했을 때 내가 어땠는지 알고 있죠? 난 어머니가 아무것도 가르쳐주지 않았기 때문에 천진난만하다 못해 어리석었어요. 아무것도 몰랐죠. 보통 남편은 아내에게 자기 과거를 이야기한다고들 하지만 스찌바는……." 그녀는 고쳐 말했다. "오블론스끼는 내게 아무것도 이야기해 주지 않았어요. 믿을 수 없겠지만, 난 오늘날까지 정말 그에게 여자는 나 하나뿐인 줄로만 알았어요. 그렇게 8년을 살아왔어요. 알겠어요? 난 그가 불성실한 짓을 하리라고는 꿈에도 생각지 못했고 그런 일은 있을 수도 없다고 여겼어요. 그런데, 생각해 보세요. 느닷없이 그가 그처럼 무서운 짓을, 그런 추잡한 짓을 하고 있었음을 알게 되다니…… 당신은 아실 거예요. 자기의 행복을 철석같이 믿고 있었는데 갑자기……."

돌리는 복받치는 설움을 억누르면서 계속했다. "편지를 한 통 발견했어요…… 그 사람이 자기 정부에게, 아니 우리 집 가정교사에게 쓴 편지였어요. 이건 정말 너무하잖아요!" 그녀는 얼른 손수건을 꺼내어 얼굴을 가렸다. "단순한 바람이라면 차라리 낫겠어요." 그녀는 잠시 말을 멈추었다가 다시 계속했다. "그러나 이처럼 계획적으로 치밀하고 교활하게 날 속이다니…… 그것도 하필이면 그런 여자랑!…… 그 여자와 관계를 계속하면서 내 남편으로 지낸다는 것은…… 참을 수 없어요! 당신은 잘 모르실 테지만 말이에요……."

"오오 아네요, 잘 알아요! 알다마다요. 돌리, 알아요." 그녀 손을 꼭 쥐면서 안나가 말했다.

"그럼 당신은 그 사람이 이런 힘들고 괴로운 내 처지를 전부 이해한다는 거예요?" 돌리는 계속했다. "아니, 천만에요. 그는 행복하고 또 만족하고 있어요."

"아네요, 그렇잖아요!" 안나는 냉큼 그녀의 말을 가로챘다. "오라버니도 말했어요. 죽도록 후회하고 있다고……."

"그가 후회할 사람일까요?" 돌리는 시누이 얼굴을 찬찬히 살펴보면서 말을 가로막았다.

"그럼요, 난 오라버닐 알아요. 가여워서 차마 보기 딱할 정도였어요. 우린 둘다 그분을 잘 알잖아요. 심성이 착하지만 좀 오만하죠. 그런 오라버니가 이번 일로 완전히 풀이 꺾였어요. 제가 무엇보다 강하게 느낀 것은 말이에요…… (여기에서 안나는 돌리의 마음을 움직일 수 있는 요긴한 것을 생각해 냈다) 오라버니가 두 가지 이유로 괴로워한다는 거예요. 하나는 아이들 볼 면목이 없다는 것과 또 하나는 언니를 사랑하고 있다는 거예요…… 그래요, 그래요. 이 세상 그 누구보다 사랑하고 있으면서." 그녀는 토를 달려는 돌리를 가로막았다. "그런 언니에게 상처주고 돌이킬 수 없는 짓을 저지르고 말았다며 괴로워하고 있어요. '아냐, 아냐, 그녀는 용서해 주지 않을 거야' 하고 오라버닌 줄곧 입버릇처럼 이야기했는걸요."

돌리는 시누이의 말을 들으면서 생각에 잠긴 듯 시선을 조금 비꼈다.

"그래요, 그야 그 사람도 괴롭겠지요. 죄 없는 사람보다 죄지은 사람이 더 괴롭게 마련이니까요." 그녀가 말했다. "만약 그 사람이 이 모든 불행이 다 자기가 자초한 것이라고 느낀다면 말이에요. 그러나 어떻게 용서하겠어요, 그런 일이 있었는데 어떻게 또다시 그의 아내가 될 수 있죠? 나에겐 이제 그 사람과 같이 산다는 것 자체가 고통이에요. 그에 대한 내 지난날의 사랑을 소중히 생각하기 때문이에요……."

오열이 돌리의 말을 끊었다. 그러나 그녀는 마음이 가라앉았나 싶으면 마치 일부러 그러는 것처럼, 또다시 가장 난감한 문제에 대해 되풀이하기 시작했다.

"그 여잔 젊고 예뻐요. 하지만 나는 젊음도 아름다움도 이제 다 잃어버리고 말았어요, 그게 누구 때문인지 알아요, 안나? 남편과 그의 아이들이에요. 난 그에게 모든 걸 다 바치며 섬겼는데, 이제 와서 그는 당연하다는 듯이 젊고 살랑대는 여자가 좋다는 거죠. 그 둘이서 틀림없이 나를 두고 이 얘기 저 얘기 했을 거예요. 혹은 더 잔인하게 무시했을지도 몰라요. 당신은 이해하겠어요?" 그녀의 눈에서 또다시 증오의 불꽃이 일렁였다.

"그런 짓을 하고도 그 사람은 나한테 뻔뻔스럽게…… 그러니 내가 어떻게 그를 믿겠어요? 무리예요. 이젠 틀렸어요. 모든 것이 다 끝났어요. 괴로움과 노고를 위로하고 메워주던 것이 모두 사라져 버렸어요…… 알겠어요? 내가 아까노 그리쉬아를 가르치고 있었잖아요? 전에는 이런 것이 즐거움이었는데 이제는 고통스러워요. 내가 무엇 때문에 이렇게 애쓰고 괴로워해야 하죠? 애들이 뭐라고. 갑자기 무서울 정도로 마음이 완전히 뒤집혀 버렸어요. 지금 내 마음속엔 사랑과 부드러움 대신 그에 대한 증오만 남았을 뿐이에요. 그래요, 증오. 차라리 그를 죽여 버리고……."

"아아, 돌리, 난 이해해요. 그렇지만 자신을 너무 괴롭히지 마세요. 당신은 지금 몹시 상처받고 흥분해 있기 때문에 모든 게 나쁜 쪽으로만 생각되는 거예요."

돌리는 마음을 가라앉혔다. 두 사람은 한동안 말이 없었다.

"어떻게 하면 좋죠, 안나? 잘 생각해 봐요. 제발 날 좀 도와줘요. 줄곧 그것만 생각하고 또 생각하지만 아무것도 모르겠어요."

안나에게도 신통한 생각은 떠오르지 않았다. 그러나 그녀 마음은 올케의 말 한 마디 한 마디와 표정 하나하나에 바로 공감하며 반응하고 있었다.

"한 가지만 말할게요." 안나가 입을 열었다. "난 누이니까 오라버니 성격을 잘 알고 있어요. 무슨 일이든 금방 잊어버리고, (그녀는 이마를 가리켜 보였다) 한번 빠지면 앞뒤 재지 못하죠. 그러나 그 대신 진심으로 후회하는 것도 있어요. 오라버니는 지금 어떻게 그런 짓을 했던가 하고 스스로도 믿을 수 없어 하고 있어요."

"아녜요, 그는 잘 알고 있어요. 알고 있었어요!" 돌리는 말을 가로막았다. "하지만 난…… 난 어떻게 되는 거죠…… 지금 내 처지가 차라리 낫다 이건가요?"

"잠시만요. 그건 말이에요, 실은 오라버니 이야기를 들었을 땐 난 아직 언니의 상황이 얼마나 끔찍한지 잘 몰랐어요. 난 그저 오라버니와 가정의 파괴 위기만을 생각했어요. 그때는 오라버니가 가엾게 여겨졌지만, 언니하고 이야기해 보니 나도 여자로서 또 다른 점을 보게 됐어요. 당신의 괴로움을 충분히 이해하고, 뭐라 말로 표현할 수 없을 만큼 가엾다고 생각해요! 그렇지만 돌리. 당신의 괴로움은 충분히 알았는데, 다만 한 가지 알 수 없는 게 있어요. 그러니까, 당신의 마음속에 아직 오라버니에 대한 사랑이 조금이라도 남아 있나요? 용서할 수 있을 만큼 사랑이 남아 있는지 어떤지는 당신만이 아니까요. 만약 그렇다면, 부디 용서해 주세요!"

"아니요." 돌리가 말했지만 안나가 또 한 번 그녀의 손에 입을 맞추면서 말을 잘랐다.

"난 당신보다는 세상 물정을 좀 더 알아요." 그녀는 말했다. "오라버니 같은 사람들이 이런 문제를 어떻게 보는지도 알아요. 당신은 오라버니가 그녀와 당신에 대해서 이야기했을 것 같다고 말씀하셨죠? 그러나 그런 일은 있을 수 없어요. 그런 부류의 사람들은 비록 바람은 피워도, 자기 가정과 아내는 그들에게 신성불가침이에요. 어째선지 그런 사람들은 바람 핀 상대를 얕보고 경멸하며 가정을 위협해선 안 된다고 생각해요. 마치 가정과 그런 일 사이에 넘을 수 없는 선을 그어 놓은 것처럼 말이에요. 이해되는 건 아니지만 사실이에요."

"그래요, 그러나 그는 그 여자에게 키스하거나……."

"돌리, 잠깐만, 난 당신을 사랑하던 오라버니를 알아요. 그때 오라버니는 나를 찾아와 당신 이야기를 하면서 울었어요. 당신은 정말이지 오라버니에게 아름다운 시였고 거룩한 존재였어요. 또 함께 살면서, 당신은 오라버니에게 더욱더 고귀한 존재가 되어 왔다는 것도 난 알아요. 오라버니께서 말끝마다 '돌리는 놀라운 여자야' 하고 덧붙였기 때문에 곧잘 놀리기도 한 걸요. 당신은 정말 오라버니에게는 항상 신성한 존재였고, 지금도 그래요. 그러니깐 이번 바람은 오라버니 본심에서 나온 게 아니고……."

"그렇지만 이런 일이 되풀이된다면?"

"그런 일은 없어요. 내 생각엔……."

"그래요, 그럼 당신이라면 용서하겠어요?"

"글쎄요, 단언할 순 없지만…… 아녜요, 할 수 있어요." 안나는 잠깐 생각하고 나서 말했다. 그리고 머릿속으로 그런 경우를 상상하고 마음의 저울에 달아 보고 나서 덧붙였다. "아녜요, 용서할 수 있어요, 할 수 있고말고요. 그럼요, 나라면 용서하겠어요. 그런 상황에 놓이고 싶진 않지만 나는 용서할 거예요. 마치 처음부터 그런 일이 없었던 것처럼, 깨끗이 용서하겠어요……."

"그야 그렇겠죠." 돌리는 몇 번이고 생각했던 것을 털어놓는 어조로 얼른 안나의 말을 가로챘다. "그렇지 않고는 용서라 할 수 없으니까요. 용서할 바에야 깨끗이 용서해야지요. 자, 슬슬 당신 방으로 안내할게요." 그녀는 일어서면서 말했다. 그리고 방을 안내하러 가던 도중에 안나를 꼭 껴안았다. "아아 안나, 당신이 와 주어서 얼마나 기쁜지 몰라요. 덕분에 마음이 한결 가벼워졌어요."

20

안나는 이날 온종일 집에, 즉 오블론스끼 집에 있었다. 친지들이 어느새 그녀의 도착을 알고 벌써 밀려들었으나 그녀는 아무도 만나지 않았다. 안나는 아침나절 내내 돌리와 아이들과 함께 지냈다. 그리고 오라버니에게 꼭 집에서 저녁식사를 하시라는 쪽지를 보냈을 뿐이었다. '돌아오세요, 잘될 것 같아요' 하고 적었다.

오블론스끼는 집에서 식사했다. 대화는 무난했고 아내는 여태까지 쓰지 않던 '여보'라는 말로 남편을 불렀는데, 이것은 새로운 조짐이었다. 부부 사이에는 아직도 서먹서먹한 감정이 남아 있어 여전히 소원했지만, 헤어진다느니 하는 이야기는 나오지 않았다. 그래서 오블론스끼는 변명과 화해의 가능성이 있음을 눈치챘다.

식사가 막 끝났을 무렵 끼찌가 찾아왔다. 그녀는 안나를 알고는 있었지만 아직 제대로 만난 적이 없었다. 그래서 지금 이렇게 언니네 집에 오는 동안, 세인의 찬양을 한몸에 받는 뻬쩨르부르그 귀부인이 자기를 어떻게 맞아 줄 것인지 걱정하며 어쩐지 조마조마하지 않을 수 없었다. 그러나 안나는 첫눈에 그녀가 맘에 들었고, 끼찌도 그것을 곧 알아챘다. 안나는 분명히 그녀의 아름다움과 젊음에 끌렸고, 끼찌는 끼찌대로 어느새 그녀에게 매료되어 있었을 뿐만 아니라, 정신을 차려보니 젊은 처녀들이 흔히 연상의 기혼 부인을 연모하는 마음으로 완전히 그녀를 따르고 있었다. 안나는 사교계 귀부인 같은 티도 안 났고 또 여덟 살 난 사내아이의 어머니 같지도 않았다. 만약 그 진지하고 때로는 슬프기까지 하여 끼찌를 감동시키고 매료시킨 그녀의 눈빛만 없었다면, 낭창낭창한 몸짓과 시원스런 인상, 그녀 얼굴에서 떠나지 않는 미소와 눈동자에서 흘러넘치는 생생한 활기로 보자면, 안나는 오히려 스무 살 처녀처럼 보였다. 끼찌는 안나가 매우 솔직하고 담백하며 그 어떤 비밀도 지니지 않은 사람이라고 느꼈다. 그러나 동시에 안나에게는 또 다른 세계, 끼찌로서는 상상조차 할 수 없는 복잡하고 시적인 숭고한 세계가 숨어 있는 것처럼 보였다.

식사가 끝난 뒤 돌리가 자기 방으로 가자, 안나는 얼른 일어나 엽궐련을 피우기 시작한 오라버니에게 다가갔다.

"스찌바." 그녀는 쾌활하게 윙크하면서 성호를 그어 그를 축복하고 눈으로 문 쪽을 가리켰다. "가 보세요, 어떻게든 잘 될 거예요."

그는 그녀가 말하는 뜻을 깨닫고 엽궐련을 내던지고는 문 뒤로 사라졌다.

오블론스끼가 나가자 안나는 조금 전까지 아이들에게 둘러싸여 앉아 있던 소파로 돌아왔다. 아이들은 어머니가 고모와 사이가 좋다는 것을 알았는지, 아니면 그들 스스로 그녀에게서 독특한 매력을 느꼈는지, 위의 두 아이도 밑의 동생들도—아이들이 흔히 그렇듯이—밥을 먹기 전부터 이 낯선 고모에게 착 달라붙어 그 곁을 떠나지 않았다. 그리고 어느 틈에 되도록 고모 옆에 가까이 앉거나 그녀의 몸을 만진다든지, 조그마한 손을 잡고 입을 맞춘다거나, 그녀의 반지를 조몰락거린다든지, 그게 안 되면 하다못해 그녀의 치마 자락이라도 만지는 것이 일종의 놀이가 돼 있었다.

"자아, 아까처럼 앉자." 안나는 자리에 앉으면서 말했다. 그러자 또 그리쉬아가 그녀의 팔 밑으로 머리를 디밀어 넣고 그녀의 옷자락에 기대면서 자랑스럽고 기쁜 듯이 얼굴을 빛냈다.

"그런데 무도회는 언제 열려요?" 그녀가 끼찌에게 물었다.

"다음 주에 있어요, 굉장한 무도회죠. 언제 가도 재미있는 무도회 중 하나예요."

"언제 가도 재미있다니, 그런 무도회도 있어요?" 안나는 부드럽게 야유하는 어조로 말했다.

"그게 신기하게도 있어요. 보브리쉬체프가(家)의 무도회는 언제나 즐겁죠. 니끼찐가도 그래요. 하지만 메쉬꼬프가에선 언제나 지루해요. 당신은 그렇게 느끼지 않으세요?"

"네, 나에겐 이미 재미있는 무도회 같은 건 없어져 버렸죠." 안나가 말했다. 이때 끼찌는 자기가 넘볼 수 없는 그 특별한 세계를 그녀의 눈 속에서 엿보았다. "나에게는 번거로움과 지루함이 비교적 덜한 무도회가 있을 뿐이지요……."

"당신 같은 분이 어떻게 무도회가 지루하실 수 있죠?"

"어머나, 나 같은 사람이 무도회에서 지루해하면 안 되나요?" 안나가 되물었다. 끼찌는 안나가 어떤 대답이 나올지 이미 알고 있음을 알아챘다.

"당신은 언제나 누구보다도 아름다우시니까요."

안나는 얼굴을 붉힐 줄도 알았다. 그녀는 얼굴을 붉히며 말했다.

"어머, 그런 일은 절대 없답니다. 설사 그렇다 하더라도 그게 나에게 무슨 소용이 있겠어요?"

"이번 무도회에 가실 건가요?" 끼찌가 물었다.

"글쎄, 안 갈 수는 없겠지요. 자아, 괜찮으니깐 가지고 놀아." 그녀는 희고 가느다란 그녀 손가락에서 금방이라도 빠질 듯한 반지를 빼려는 따나에게 말했다.

"당신께서 와 주신다면 정말 기쁠 거예요. 무도회에서 꼭 뵙기를 기대할게요."

"그럼 만약 예의상 나가게 되더라도, 당신에게는 적어도 즐거움이 되리라 생각하면 어느 정도 마음의 위로가 되겠군요…… 그리쉬아, 그렇게 잡아당기지 마렴. 안 그래도 다 풀어졌는데." 그녀는 그리쉬아가 만지작거리며 놀던 머리칼을 바로잡으면서 말했다.

"당신께선 무도회에 틀림없이 라일락빛 옷을 입고 오시리라 상상하고 있어요."

"어째서 꼭 라일락빛이죠?" 안나는 빙긋 웃으며 물었다. "자 모두 어서들 가봐요. 들리죠? 미스 홀리가 차를 마시라고 부르고 있어요." 그녀는 달라붙는 아이들을 떼어 식당으로 보내면서 말했다.

"나는 다 알고 있어요, 당신이 왜 나를 무도회에 오라고 하는지. 당신은 이번 무도회에서 분명 좋은 일을 기대하고 모두 그 자리에 참석해 어울려 주었으면 하고 바라고 있죠?"

"어머나, 어떻게 아셨어요?"

"아아, 젊음은 좋군요." 안나는 계속했다. "지금도 선명하게 기억하고 있어요, 마치 스위스 산줄기에 걸려 있는 푸른 안개 같은 기분. 유년시절이 끝나려고 하는 가장 행복한 시기엔 그런 안개가 주변을 폭 감싸지요. 그 거대하고 행복한 즐거운 세계에서 나오면 길은 앞으로 갈수록 점점 더 좁아져요. 그 길고 좁은 길은 밝고 아름답게 보이지만, 막상 들어가려면 즐겁기도 하고 무섭기도 하지요. 우리는 누구나 다 이런 길을 지나왔어요."

끼찌는 말없이 미소 지었다. '그렇지만 이분은 그 길을 어떻게 지나왔을까? 이분의 연애 과정을 다 알고 싶어.' 끼찌는 그녀의 남편 까레닌의 덤덤한 용모를 떠올리면서 생각했다.

"조금은 알고 있어요. 오라버니에게 들었거든요, 정말 축하해요. 그분이라면 나도 정말 맘에 들어요." 안나는 계속했다. "실은 역에서 브론스끼를 만났답니다."

"어머, 그분이 거기에 계셨어요?" 끼찌가 얼굴을 붉히며 물었다. "그런데 형부가 뭐라고 말씀하시던가요?"

"전부 다요. 나도 참 좋은 인연이라고 생각해요. 난 어제 브론스끼의 어머님과 같은 기차를 타고 왔어요." 그녀는 이어 말했다. "어머님은 오는 내내 아드님 이야기만 하시더군요. 어지간히 좋아하시는 모양이에요. 물론 어머니들이 자식에게 열성인 것은 알지만, 그래도……."

"어머님께선 당신께 무슨 말씀을 하시던가요?"

"아아, 여러 가지 이야기죠! 너무 사랑하시기 때문이겠지만, 아드님은 누가 봐도 역시 훌륭한 분이에요…… 이를테면 어머니 말씀으론, 그분이 모든 재산을 형님에게 양보하려고 했다든가, 또 어렸을 때부터 범상치 않아서 물에 빠진 부인을 구한 적도 있었다나요. 한마디로 영웅이에요." 안나는 그가 역에서 미망인에게 건넨 200루블을 생각하면서 웃는 얼굴로 말했다. 그러나 그녀는 이 200루블에 대한 이야기를 끼찌에게 하고 싶지 않았다. 어쩐지 그녀에게는 그것을 생각해 내는 일이 유쾌하지 않았고, 그 속에 자기와 관련된, 더욱이 있어서는 안 될 무언가가 있다고 느꼈기 때문이다.

"어머님께선 나더러 꼭 놀러 오라고 말씀하셨어요." 안나는 계속했다. "나도 노부인을 또 뵙고 싶으니 내일이라도 한번 찾아뵐까 해요. 그건 그렇고, 다행히 오라버니가 꽤 오래 돌리의 방에 있군요." 안나는 말머리를 돌리면서 일어섰다. 그 모습이 끼찌가 보기에는 어쩐지 불만스러운 것 같았다.

"비켜, 내가 먼저야!"

"아냐! 나야!"

차를 다 마신 아이들이 저마다 소리치며 안나 고모에게 달려왔다.

"자자, 다같이!" 안나는 웃으면서 그들을 맞으러 뛰어갔다. 그리고 매우 기뻐서 바동거리며 소리지르는 아이들 무리를 한아름 안아 넘어뜨렸다.

21

어른들을 위한 차가 준비되었을 무렵 돌리가 자기 방에서 나왔다. 오블론스끼는 모습이 보이지 않았다. 아내 방 뒷문으로 나간 모양이었다.

"2층이 춥지 않을까 걱정이에요." 돌리가 안나를 돌아보면서 말했다. "아래층으로 옮겨 드릴게요, 그러면 더 가까이 지낼 수 있고."

"괜찮아요. 내 걱정은 하지 마세요." 안나는 부부가 화해했는지 알아내기 위해 돌리 얼굴을 살피며 대답했다.

"하지만 여기가 조금 밝을지도 모르겠군요." 올케가 말했다.

"아녜요, 나는 인제 어디서나 마못처럼 잘 잔답니다."

"둘이서 무슨 이야기야?" 오블론스끼가 서재에서 나오면서 아내에게 물었다.

그의 어조를 통해 끼찌도 안나도 부부가 화해했음을 금방 알았다.

"안나가 아래층으로 내려왔으면 좋겠는데, 그러려면 우선 커튼을 갈아야 돼요. 아무도 손볼 사람이 없으니까 내가 직접 해야 해요." 돌리는 그에게 얼굴을 돌리면서 대답했다.

'어머나, 제대로 화해하지 못했나?' 안나는 그녀의 쌀쌀하고 침착한 말투를 듣고 생각했다.

"아니, 가만있어, 돌리. 매번 혼자 수고하지 않아도 된다니까." 남편이 말했다. "그럼 내가 다 할게……."

'그렇지, 역시 화해는 했구나.' 안나는 생각했다.

"당신이 하는 일이란 뻔하죠." 돌리가 대답했다. "마뜨베이에게 되지도 않는 일만 시켜 놓고 자기는 횡 하니 나가 버린다니까. 그럼 결국 마뜨베이도 일을 엉망진창으로 만들어 버리는 거예요." 이렇게 말하는 돌리 얼굴에 언제나처럼 놀리는 듯한 미소가 떠오르며 입술 끝에 주름이 졌다.

'깨끗이 화해했구나. 이제 됐어.' 안나는 생각했다. '정말 다행이야!' 자기가 그 화해를 도왔음을 기뻐하며 그녀는 돌리에게 다가가 입맞춤을 했다.

"당치도 않아. 어째서 당신은 나와 마뜨베이를 그렇게까지 바보 취급하는 거야?" 오블론스끼는 엷은 미소를 띠고 아내를 바라보며 말했다.

이날 저녁 내내 남편을 대하는 돌리의 태도는 언제나처럼 어딘지 심술궂었고, 오블론스끼는 그것이 기뻐서 어쩔 줄 몰라 했다. 다만 용서받았다고 신나서 죄를 아주 잊었다는 듯 행동하는 일이 없도록 주의를 기울였다.

9시 반쯤, 티테이블을 둘러싼 오블론스끼가의 유달리 즐겁고 단란한 담소는, 겉으로 보기에는 지극히 평범한 사건 때문에 깨지고 말았다. 그러나 그 단순한 사건이 그들에게는 어쩐지 기묘하게 느껴졌다. 뻬쩨르부르그의 친지들에 대한 얘기로 한창 꽃피울 때 안나가 벌떡 일어섰다.

"그분 사진이라면 내 앨범에 있어요." 그녀가 말했다. "이참에 우리 세료쥐아도 보여 드리겠어요." 그녀는 어머니다운 자랑스러운 미소를 머금고 덧붙였다.

밤 10시면, 평소 그녀가 무도회에 가기 전에 아들에게 밤인사를 하고 자주 직접 침대에 뉘어주던 무렵이었다. 그녀는 이렇게 멀리 떨어져 있자니 쓸쓸해서 남들이 하는 말도 귀에 들어오지 않았다. 그녀 마음은 멀리 귀여운 고수머리 세료쥐아 곁으로 날아가 버렸다. 그래서 아들 사진을 보고 아들 이야기를 하고 싶어진 것이다. 그녀는 적당한 구실을 빌미로 자리에서 일어나 그 경쾌하고 야무진 걸음걸이로 앨범을 가지러 갔다. 위층 그녀의 방으로 이어지는 층층대는 현관홀에서 시작된 정면 계단 층계참에서 갈려 나가 있었다.

안나가 응접실에서 막 나갔을 때, 현관에서 벨이 울렸다.

"대체 누굴까요?" 돌리가 말했다.

"날 데리러 오기에는 이르고, 손님치고는 너무 늦었네요." 끼찌가 토를 달았다.

"틀림없이 내게 서류를 가지고 온 걸 거야." 오블론스끼가 말했다. 안나가 정면 계단 옆을 지났을 때였다. 하인이 방문객이 왔다고 알리러 뛰어올라왔고 그 손님은 램프 곁에 서 있었다. 안나는 아래쪽을 힐끗 내려다보고 곧 그가 브론스끼임을 알았다. 그러자 어떤 기묘한 만족과 공포가 뒤얽힌 야릇한 감정이 갑자기 그녀 마음속에 물결쳤다. 그는 외투도 벗지 않은 채 우두커니 서서 무언가를 호주머니에서 꺼내고 있었다. 그녀가 층층대 중간쯤 왔을 때, 그가 눈을 들어 그녀를 보았다. 그러자 그의 얼굴에 어딘지 모르게 수줍음과 당혹감이 떠올랐다. 그녀는 가볍게 인사를 하고 지나쳤다. 그녀 뒤에서 그에게 들어오라고 부르는 오블론스끼의 큰 목소리와 그것을 사양하는 브론스끼의 부드럽고 침착한 목소리가 들려왔다.

안나가 앨범을 가지고 돌아왔을 때, 그는 벌써 사라지고 없었다. 오블론스끼는 브론스끼가 내일 다른 지역에서 온 어떤 명사를 위해 열리는 만찬회 때문에 상의 차 들렀다고 했다.

"그런데 아무리 권해도 들어오려고 하질 않더라고. 좀 이상한 친구야." 오블론스끼가 덧붙였다.

끼찌는 얼굴이 발갛게 달아올랐다. 그가 들른 까닭과 들어오지 않았던 이유를 아는 것은 자기뿐이라고 생각했다. '그분은 우리 집에 갔던 거야.' 그녀는 생각했다. '내가 없으니까 여기 있을 거라고 생각하신 거지. 그런데 들어오지 않았던 것은, 늦기도 했고 안나도 있으니까 사양하신 거야.'

모두 아무 말 없이 서로 바라보다 안나의 앨범을 들여다보기 시작했다.

어떤 한 사람이 계획 중인 만찬회에 대해 상의하려고 밤 9시 반에 친구를 찾아왔다가, 안으로 들어오지 않고 그냥 돌아갔다. 이 자체에는 전혀 이상할 것도 없고 기이할 것도 없었다. 그러나 그것이 모두에게는 어쩐지 이상하게만 여겨졌다. 특히 누구보다도 그것을 기묘하고 불길하게 느낀 것은 안나였다.

22

얼굴에 분을 바른 빨간 제복의 하인들이 늘어서 있고 갖은 꽃으로 장식한 눈부신 큰 층계에, 끼찌가 어머니와 같이 들어섰을 때는 무도회가 막 시작된 참이었다. 여기저기 홀에 꽉 들어찬 사람들의 옷자락이 바스락거리는 소리가 마치 벌통 소리처럼 끊임없이 들려왔다. 그녀들이 나무화분으로 둘러싸인 층계참의 거울 앞에서 머리와 옷매무시를 고치는 동안, 한 홀에서 첫 번째 왈츠를 연주하는 오케스트라 바이올린 선율이 신중하고 또렷하게 들려왔다. 향수 냄새를 짙게 풍기며 다른 거울 앞에서 희끗희끗한 귀밑머리를 매만지던 한 나이든 문관이 층층대에서 그녀들과 마주치자, 처음 보는 끼찌에게 넋을 잃은 얼굴로 길을 비켜 주었다. 쉬체르바스끼 노 공작이 건달들이라고 부르는 사교계 청년 중 한 사람인 수염 없는 젊은이가, 가슴이 깊게 파인 조끼를 입고 하얀 넥타이를 바로잡으면서 걷다가 두 사람에게 인사하고 옆을 지나쳤으나, 다시 되돌아와서 끼찌에게 카드리유를 추자고 청했다. 첫 번째 카드리유는 이미 브론스끼와 추기로 약속했기 때문에 이 젊은이에게는 두 번째를 약속할 수밖에 없었다. 문간에서는 장갑 단추를 잠그던 군인이 길을 비켜 주었다. 그는 수염을 쓰다듬으면서, 장밋빛으로 빛나는 끼찌를 황홀하게 바라보았다.

끼찌는 이 무도회를 위해 화장과 머리모양, 그 밖의 온갖 준비를 하느라 매우 고심하며 머리를 짰냈다. 그러나 막상 장밋빛 페티코트 위에 정교한 무늬 실크 드레스를 입은 모습은 매우 자유롭고 단순했다. 마치 장미꽃 모양의 리본도 레이스도 잘 다듬은 화장까지 모두가, 그녀는 물론 그녀의 가족이 조금도 수고를 치르지 않은 것처럼, 마치 그녀는 처음부터 이 높이 빗어 올린 머리에 잎이 두 장 달린 장미꽃 한 송이를 꽂고 망사와 레이스를 두른 채 태어난 것처럼 보였다.

홀 입구에서 어머니가 벨트의 리본이 접혀 있는 것을 바로잡아 주려고 하자, 끼찌는 가볍게 몸을 뺐다. 그녀는 지금 몸에 두른 모든 것이 전부 있는 그대로도 아름답고 우아해 보일 테니 아무것도 바로잡을 필요는 없다고 느끼고 있었다.

끼찌에게 이날은 가장 행복한 날 중 하루였다. 옷은 조금도 불편한 데가 없었고, 레이스 깃도 전혀 느슨하지 않았다. 장미꽃 리본은 구겨지거나 풀리지 않았으며, 높은 굽이 매끈하게 뻗어 있는 장밋빛 구두도 발을 죄기는커녕 오히려 편했다. 금발의 풍성한 가발은 제 머리처럼 그녀의 조그마한 머리에 딱 들어맞아 어울렸다. 아름다운 손모양을 고스란히 드러내며 그녀의 손을 감싼 목이 긴 장갑의 단추 세 개도 모두 보기 좋게 잠겨 있었다. 메달이 달린 검은 벨벳 끈은 유달리 부드럽게 목을 감쌌다. 이 벨벳 끈은 그녀가 가장 좋아하는 것으로, 집에서 목을 거울에 비춰 보았을 때도 끼찌는 그것이 말을 하는 것처럼 느꼈을 정도였다. 다른 것에는 여전히 망설임의 여지가 있을 수도 있었지만, 이 벨벳만은 완벽했다. 끼찌는 무도회에 와서도 거울에 비친 그것을 보고 빙그레 웃었다. 끼찌는 맨살을 드러낸 어깨와 팔에서 싸늘한 대리석 같은 느낌을 받았다. 이 느낌이 그녀는 유달리 좋았다. 자신의 매력을 자각하니 눈은 빛났고 진홍빛 입술은 미소하지 않을 수 없었다.

그녀가 홀에 들어서자, 망사며 리본이며, 레이스며 꽃으로 둘러싸여 춤 신청을 기다리는 부인들 무리(끼찌는 아직 한 번도 이런 무리에 끼어 본 적이 없었다)가 보였지만, 그 곁에 미처 이르기도 전에 이미 끼찌는 왈츠를 신청받았다. 그것도 최고의 파트너인 일류 춤꾼으로 유명한 무도 지휘자이자 기혼자이며 미남이고 체격도 의젓한 의전관 예고루쉬까 꼬르순스끼였다. 그는 첫 번째 왈츠를 같이했던 바니나 백작부인 곁을 떠나자마자 자기 담당구역, 즉 춤을 추기 시작한 몇 쌍의 커플을 돌아보다가 마침 들어오는 끼찌를 발견했다. 그는 무도 지휘자 특유의 독특하고 가뿐한 걸음걸이로 그녀에게 다가와 인사하더니, 그녀가 승낙하기도 전에 그녀의 가느다란 허리에 손을 둘렀다. 그녀가 부채를 맡길 사람을 눈으로 찾으며 둘러보자, 이 집의 여주인이 미소 지으며 받아 들었다.

"시간에 딱 맞춰 오셨군요. 정말 훌륭합니다." 그녀의 허리를 안으면서 꼬르순스끼가 말했다. "지삭은 예의가 아니니까 말이에요."

그녀는 왼손을 조금 굽혀 그의 어깨에 놓았다. 장밋빛 구두를 신은 그 조그마한 발이 음악의 박자에 맞춰 매끄러운 모자이크 마루 위를 민첩하고 경쾌하게 규칙적으로 움직이기 시작했다.

"당신하고 왈츠를 추면 몸이 풀려요." 그는 처음의 느릿한 몇 걸음을 내디디면서 말했다. "훌륭해요, 정말 가볍고 정확하군요." 이것은 친한 사이면 거의 어김없이 아무한테나 던지는 말이었다.

끼찌는 그의 찬사에 방긋 웃으며 그의 어깨너머로 홀 안을 자꾸 둘러보았다. 그녀는 사람들 얼굴이 동화 속의 한 장면처럼 녹아들어 매혹적으로 보일 만큼 신출내기도 아니었고, 또 어딜 가나 같은 얼굴뿐이라 흥이 나지 않을 정도로 무도회에 이골난 베테랑도 아니었다. 그녀는 딱 그 중간 수준이었다. 그래서 그녀는 흥분해 있으면서도 주변을 살필 수 있을 만큼 냉정했다. 홀 왼편 구석에 사교계의 꽃들이 모여 있는 것을 보았다. 거기에는 대담하게 어깨를 드러낸 꼬르순스끼의 부인인 리지와 이 집의 여주인도 있었고, 사교계의 꽃들이 모이는 곳이라면 반드시 얼굴을 내미는 끄리빈도 그 대머리를 번쩍이고 있었다. 젊은이들은 감히 가까이 다가가지 못하고 그쪽을 바라보기만 했다. 그녀는 거기에서 오블론스끼를 발견했고, 이어서 검정 벨벳 드레스를 걸친 안나의 아름다운 모습을 보았다. '그'도 거기에 있었다. 끼찌는 레빈의 청혼을 거절했던 그날 밤 이후로 그를 보지 못했다. 끼찌는 그 밝은 눈으로 곧 그를 알아보았고, 그가 자기를 바라보고 있다는 것까지 알아챘다.

"어떻습니까? 한 곡 더? 아직 지치진 않으셨죠?" 가볍게 헐떡거리면서 꼬르순스끼가 말했다.

"아녜요, 감사합니다."

"그럼, 어디로 모셔다 드릴까요?"

"까레닌 부인이 저기에 계신 것 같으니…… 그분에게 데려다 주세요."

"네, 알아 모시지요."

꼬르순스끼는 박자를 늦추어, "미안합니다, 부인, 실례합니다, 아가씨" 하고 말하면서 홀 왼쪽 구석에 있는 무리 쪽으로 곧장 왈츠를 추면서 갔다. 그는 걸리는 것 없이 레이스와 망사와 리본 물결 사이를 능숙하게 헤엄쳐 나가 그녀를 기운차게 한 바퀴 빙글빙글 돌렸다. 그러자 투명한 스타킹을 신은 그녀의 날씬한 다리가 훤히 드러났고 치맛자락이 부채꼴로 확 퍼지면서 끄리빈 무릎을 덮었다. 꼬르순스끼는 인사를 하고 앞섶을 풀어헤친 가슴을 반듯이 펴며, 그녀를 다시 안나 쪽으로 데려가기 위해 손을 내밀었다. 끼찌는 새빨개진 얼굴로 끄리빈 무릎에서 치마를 걷어 내리고는 가벼운 현기증을 느끼면서 안나를 찾아 주위를 두리번거렸다. 안나는 여러 사람에게 둘러싸인 채 담소를 나누고 있었다. 그녀는 끼찌가 틀림없으리라 믿었던 라일락빛 의상이 아닌 가슴이 깊이 파인 검은 벨벳 드레스를 입었다. 그 의상은 해묵은 상아처럼 반들반들하게 다듬어진 그녀의 풍만한 어깨와 가슴, 손목부터 손끝까지만 가느다랗고 섬세한 손과 부드러운 팔을 드러냈고, 온통 베니스풍 레이스로 가장자리 꾸밈이 돼 있었다. 가발도 덧대지 않은 새카만 머리칼은 삼색 오랑캐꽃의 조그마한 화관으로 장식하고 하얀 레이스 사이로 보이는 검은 벨트에도 같은 꽃장식이 꽂혀 있었다. 머리 모양도 평범했다. 눈에 띄는 것이라고는 그저 언제나 목덜미며 관자놀이에 자연스럽게 흘러내리는 짧고 곱슬곱슬한 뒷머리 정도로, 그것이 그녀 표정을 풍부하게 살려 주었다. 끌로 깎아 세운 듯한 탄력 있는 목에는 진주 목걸이가 걸려 있었다.

날마다 안나를 만나면서 그녀에게 홀딱 반해 버린 끼찌는 그녀가 반드시 라일락빛 의상을 입고 나타나리라 믿고 있었다. 그러나 지금 이렇게 검은 옷을 걸친 그녀를 보자, 자기가 지금까지 그녀의 참된 아름다움을 완전히 이해하지 못했음을 통감했다. 끼찌는 지금 자기가 생각지도 못한 아주 새로운 안나를 발견한 것이다. 이렇게 보니 안나가 라일락빛 의상을 입을 리 없다고 납득했고, 그녀의 아름다움이 무엇인지도 이해했다. 즉 그녀의 매력은 언제나 꾸밈을 초월해 있으며, 그녀에게 화장이나 몸치장은 무의미해했다. 화려한 레이스를 두른 검은 옷도 전혀 눈에 들어오지 않았다. 그것은 그저 틀에 불과했다. 보이는 것은 다만 소박하고 자연스럽고 우아하며 동시에 쾌활하고 발랄한 그녀가 있을 뿐이었다.

그녀는 언제나처럼 몸을 반듯이 펴고 서 있었다. 끼찌가 이 무리 쪽으로 다가갔을 때, 안나는 집주인을 향해서 살짝 고개를 돌린 채 이야기를 하고 있었다.

"아녜요, 저라면 돌을 던지는 쪽에는 서지 않을 거예요." 그녀는 상대에게 대답했다. "무슨 일인지 잘 모르지만 말이에요." 그녀는 어깨를 움츠리며 이렇게 덧붙이고는 곧 감싸는 듯한 부드러운 미소를 띠며 끼찌에게 얼굴을 돌렸다. 안나는 여자다운 민첩한 시선으로 흘낏 그녀의 꾸밈새를 보더니, 거의 눈에 띄지 않았지만 여자들만이 알 수 있는 몸짓으로 살짝 고개를 끄덕였다. 그녀의 몸치장과 아름다움을 칭찬하는 것이었다. "당신은 홀에 들어올 때부터 춤을 추면서 오시는군요." 그녀가 덧붙였다.

"이분은 저의 가장 훌륭한 파트너 중 한 분입니다." 꼬르순스끼는 초면인 안나에게 허리를 굽혀 인사하면서 이렇게 말했다. "공작 영애께서는 언제나 무도회를 즐겁고 아름답게 만들어 주시지요. 그럼 안나 아르까지예브나, 왈츠 한 곡 어떠십니까?" 그가 허리를 구부리면서 말했다.

"서로 아시는 사이셨어요?" 집주인이 물었다.

"우리가 모르는 분도 있습니까? 안사람과 나는 흰 이리 같아서 모두 우릴 알고 계시니깐요." 꼬르순스끼가 대답했다. "왈츠나 한 곡 추시겠습니까, 안나 아르까지예브나."

"난 될 수 있으면 추지 않는 편이에요." 그녀가 말했다.

"하지만 오늘만은 안 되겠는데요." 꼬르순스끼가 대꾸했다.

이때 브론스끼가 다가왔다.

"그래요. 그러시다면 추실까요." 그녀는 브론스끼의 인사를 알아채지 못한 것처럼 이렇게 말하고 얼른 한 손을 꼬르순스끼 어깨에 올렸다.

'어째서 그녀는 이분을 못마땅해하실까?' 끼찌는 안나가 일부러 브론스끼의 인사를 받지 않았음을 알아채고 생각했다. 브론스끼는 끼찌에게 다가와 첫 번째 카드리유를 추기로 한 약속을 상기시키면서 요즘 줄곧 그녀를 만나지 못해 안타까웠다고 사과했다. 끼찌는 왈츠를 추는 안나를 넋 놓고 바라보면서 그의 말에 귀를 기울였다. 그녀는 그가 왈츠를 청해 주기를 기다렸으나 그는 청하지 않았다. 그녀는 깜짝 놀란 눈으로 그를 쳐다보았다. 그는 얼굴을 붉히며 허둥지둥 왈츠를 청했으나, 그가 그녀의 가는 허리를 안고 막 첫발을 내디딘 순간 갑자기 음악이 끝나 버렸다. 끼찌는 바로 눈앞에 있는 그의 얼굴을 바라보았다. 이때 사랑에 가득 찬 눈으로 바라보았는데, 그에게서 아무런 화답도 받지 못한 일이 이후 몇 년이 흐른 뒤에도 괴로운 치욕으로 그녀의 심장을 갈기갈기 찢어 놓았다.

"미안합니다. 미안합니다! 왈츠, 왈츠!" 홀 건너편에서 꼬르순스끼가 소리치고는 맨 처음 손에 잡힌 아가씨를 끌어안고 자신이 먼저 추기 시작했다.

23

브론스끼와 끼찌는 왈츠를 몇 차례 추었다. 왈츠가 끝난 뒤 끼찌가 어머니 곁으로 가서 노르드스뙨 백작부인과 겨우 두어 마디 나누기도 전에, 브론스끼가 벌써 첫 번째 카드리유를 추자며 그녀의 뒤를 쫓아왔다. 카드리유를 추는 동안에는 별다른 의미 없는 단편적인 말만 나누었다. 우연히 꼬르순스끼 부부 이야기가 나오자, 브론스끼는 그 부부를 마흔 살 먹은 귀여운 아이들 같다는 식으로 아주 재미있게 표현했고, 또 머지않아 생길 대중 극장에 대한 얘기도 나왔다.

다만 딱 한 번, 화제가 그녀의 아픈 곳을 찔렀다. 그가 레빈이 여기에 와 있는지를 묻더니, 자기는 레빈이 매우 마음에 들었다고 덧붙였다. 그러나 끼찌도 카드리유에서 그 이상을 기대하지 않았다. 그녀가 심장이 조여드는 느낌으로 기다린 것은 마주르카였다. 마주르카야말로 모든 게 틀림없이 결정되리란 생각이 들었다. 그녀는 그가 카드리유를 추는 동안 그녀에게 마주르카를 청하지는 않았지만 그것도 별로 마음에 걸리지 않았다. 지금까지 무도회에서 그랬던 것처럼 오늘 밤도 역시 그와 함께 마주르카를 추리라고 굳게 믿고 있었다. 그래서 그 뒤로 다섯 명의 신청을 선약이 있다며 거절했다. 마지막 카드리유가 시작되기 전까지만 해도 무도회는 끼찌에게 그저 환희에 찬 색채와 음향과 율동으로 어우러진 마술 같은 꿈의 세계였다. 그녀는 너무 지쳐서 쉬고 싶을 때만 빼고 계속 춤을 추었다. 미처 거절하지 못하고 지루한 한 젊은이와 마지막 카드리유를 추고 있을 때, 그녀는 우연히 브론스끼, 안나와 마주 서서 춤을 추게 됐다. 그녀는 여기에 온 직후 잠깐 만났을 뿐, 그 뒤로 안나와 계속 떨어져 있었다. 그런데 그녀는 갑자기 이때 또다시 전혀 뜻하지 않게 새로운 안나를 보았다. 끼찌는 안나 얼굴에서 그녀도 잘 아는, 성공의 흥분으로 가슴 설레는 표정을 읽은 것이다. 그녀는 안나가 스스로 불러일으킨 찬사라는 맛 좋은 술에 도취되어 있는 것을 보았다. 이러한 감각과 징후에 익숙한 끼찌는 바로 그것을 지금 안나에게서 본 것이다. 눈 속에서 일렁이다가 갑자기 확 타오르는 불꽃, 무심결에 입술을 부드럽게 만드는 행복과 흥분의 미소, 그 동작에 한층 또렷하게 떠오른 우아함과 확신과 경쾌함을 보았다.

'상대는 누굴까?' 그녀는 자문해 보았다. '모두 다일까, 한 사람일까?' 끼찌는 함께 춤을 추는 젊은이가 대화의 실마리를 찾지 못해서 괴로워하는 것을 도우려고도 하지 않고, 겉으로는 즐겁게 일동을 큰 원으로 만들거나 사슬 모양으로 만들기도 하는 꼬르순스끼의 신바람 난 구령을 좇으면서 계속 관찰했다. 그녀의 심장은 차츰 불안으로 오그라들었다. '아냐, 그녀가 도취된 것은 여러 사람의 시선이 아니고 단 한 사람의 찬사야. 그러면 그 한 사람은? 설마 저분?' 브론스끼가 안나에게 이야기할 때마다 그녀 눈에는 기쁨의 섬광이 불타올랐고, 행복의 미소가 진홍빛 입술을 일그러뜨렸다. 그녀는 마음속 환희의 조짐을 밖으로 나타내지 않으려고 애쓰는 것 같았지만, 그것들은 저절로 그녀 얼굴에 나타났다.

'그럼 그분은?' 그에게 눈을 돌린 끼찌는 저도 모르게 경악했다. 안나 얼굴을 거울에 비춘 듯한 표정을 그에게서도 발견한 것이다. 평소의 그 침착하고 의연한 태도며 태연자약한 표정은 대체 어디로 숨어 버린 것일까? 아니, 그것만이 아니었다. 그녀에게 말을 걸 때마다 머리를 숙이는 모습은 마치 그녀 앞에 무릎이라도 꿇을 것 같았고, 그의 눈동자 속에는 그저 공손과 외경만을 담고 있었다. '무례했다면 부디 용서하십시오.' 그의 눈동자는 끊임없이 그렇게 말하는 듯했다. '저는 다만 저를 구하고 싶을 뿐이지만 어떻게 해야 좋을지 모르겠습니다.' 그의 얼굴에 떠오른 표정은 끼찌가 지금까지 한 번도 본 적이 없는 것이었다.

그들은 서로 아는 사람에 대해 극히 사소한 얘기들을 주고받았을 뿐이지만 끼찌에게는 두 사람의 말 한 마디 한 마디가 모두 그들과 자기의 운명을 결정하는 것처럼 느껴졌다. 더욱 기이한 것은, 그들이 실제로 나누는 대화는 이반 이바노비치의 프랑스어가 너무 우습다든가, 엘레스까야가 더 좋은 배필을 찾을 수도 있었을 거라는 것일 뿐인데, 그러한 이야기들이 그들에게는 특별한 의미가 있었고, 그 사실을 끼찌와 마찬가지로 그들도 서로 느끼고 있었다는 점이다. 무도회도 세상도 온통 모든 것이 끼찌의 마음속에서 무거운 안개에 싸여 버렸다. 그저 그녀가 받아온 엄격한 교육의 힘 덕분에 가까스로 버티며 춤을 추고, 질문에 대답하고, 웃는 얼굴로 말할 수 있었다. 그러나 마주르카가 시작되기에 앞서 의자를 차례로 배치하고 몇 쌍의 사람들이 작은 홀에서 큰 홀로 옮겨가기 시작하자, 끼찌는 완전한 절망과 공포의 순간을 직면하게 되었다. 그녀는 다섯 사람을 거절한 마당에, 지금 같이 마주르카를 출 상대가 없었다. 더구나 그녀가 사교계에서 거둔 성공이 너무나 눈부셨기 때문에, 그녀가 아직 상대가 없으리라고는 누구도 생각하지 못했기 때문에, 이제 와서 신청을 받을 가능성도 전혀 없었다. 이렇게 된 이상 그녀는 어머니에게 몸이 아프다고 말하고 집으로 돌아가는 것이 상책이었지만, 그녀에게는 그럴 기력마저 없었다. 살아 있는 기분조차 들지 않았다.

그녀는 작은 응접실 안쪽으로 들어가서 안락의자에 몸을 파묻었다. 공기처럼 가벼운 치맛자락이 그녀의 가냘픈 몸을 두르며 구름처럼 피어올랐다. 맨살이 드러난 가느다랗고 처녀답게 보드라운 한쪽 팔이 힘없이 처져 장밋빛 드레스 주름 속으로 가라앉았다. 다른 한 손은 부채를 쥐고 파닥파닥 재빠르게 부채질을 하며 열에 들뜬 얼굴로 바람을 보내고 있었다. 언뜻 그 모습은 이제 막 풀잎에 내려앉아 날개를 쉬려던 나비가 금방 또 날아올라 무지갯빛 날개를 펼치려는 것처럼 보였지만, 그런 겉보기와는 달리 그녀 마음은 무시무시한 절망감으로 죄어들고 있었다.

'어쩌면 내가 착각했는지도 몰라. 그런 게 아닌지도 모르잖아?'

그녀는 또다시 금방 목격했던 자초지종을 다시 되짚어 보고자 했다.

"어머나 끼찌, 이게 어떻게 된 일이야?" 노르드스똔 백작부인이 양탄자를 밟으며 소리 없이 걸어와 말을 걸었다. "도무지 이해가 안 되는걸."

끼찌는 아랫입술을 바르르 떨며 벌떡 일어났다.

"끼찌, 넌 마주르카 안 추니?"

"안 춰, 안 출 거야." 끼찌는 울음 섞인 목소리로 말했다.

"그이가 글쎄 내가 보는 앞에서 그녀에게 마주르카를 청했지 뭐야." 노르드스똔 백작부인은 '그이'와 '그녀'가 누구인지 끼찌도 알 것이라 짐작하고 이렇게 말했다. "그녀는 이렇게 말했어. '어머 당신은 쉬체르바스끼가의 아가씨하고 추시는 거 아니었나요?' 하고."

"아아, 이젠 아무래도 좋아!" 끼찌는 대답했다.

그녀 자신을 빼놓고는 누구도 그녀의 처지를 이해하지 못했다. 며칠 전에 어쩌면 그녀가 사랑하는지도 모를 남자의 구혼을 거절했다는 것, 그것도 다른 남자를 믿었기 때문이라는 사실을 아는 사람은 없었다.

노르드스똔 백작부인은 함께 마주르카를 추기로 한 꼬르순스끼를 찾아내 끼찌를 상대해 달라고 부탁했다.

끼찌는 선두로 첫 번째 조에서 추게 되었지만, 다행히 파트너인 꼬르순스끼가 사람들에게 지시를 내리느라 줄곧 분주했으므로 그녀는 입을 열 필요가 없었다. 브론스끼와 안나는 그녀 거의 정면에 자리잡고 있었다. 그녀는 그 밝은 눈으로 멀리서 그들을 바라보았고, 또 춤을 추면서 스쳐 지나갈 때에는 가까이에서 보았지만, 보면 볼수록 자기의 불행이 기정사실로 되었음을 확신하지 않을 수 없었다. 그들은 이토록 사람들로 가득 찬 홀에서 자기들만의 세계에 폭 빠져 있는 것 같았다. 끼찌는 더구나 언제나 그토록 의연하고 자신만만하던 브론스끼 얼굴에서, 영리한 개가 잘못을 저질렀을 때와 같은 당황과 공손의 표정을 보았다.

안나가 웃으면 그 미소는 그에게 옮아갔다. 안나가 생각에 잠기면 그의 표정도 심각해졌다. 어떤 초자연적인 힘이 끼찌의 시선을 끊임없이 안나 얼굴로 끌었다. 단순한 검은 드레스도 아름답고, 팔찌가 반짝이는 포동포동한 팔도 아름다웠으며, 진주 목걸이를 건 우아한 목도 매력적이었다. 흐트러진 귀밑머리가 동그랗게 말려 있는 것도, 조그만 손발의 우아하고 경쾌한 동작도 아름다웠다. 생기가 넘치는 해사한 얼굴도, 모든 것이 다 아름다웠다. 그러나 그녀의 매력 속에는 어쩐지 무섭고 잔혹한 무언가가 숨어 있었다.

끼찌는 이전보다도 한층 더 그녀의 아름다움에 마음을 빼앗기면서 점점 더 깊은 괴로움을 맛보았다. 끼찌는 짓밟힌 듯한 기분을 느꼈고, 그 기분은 그녀 표정에도 역력히 드러났다. 브론스끼는 마주르카가 한창일 때 마주쳐 그녀를 쳐다보았으나 순간 누군지 알아채지 못했다. 그만큼 그녀는 달라져 있었다.

"훌륭한 무도회로군요!" 그는 그저 뭐라도 말해야 할 것 같아 인사말을 건넸다.

"네." 그녀가 대답했다.

마주르카 중간쯤, 꼬르순스끼가 새로이 고안한 복잡한 형을 되풀이하면서 안나가 원 중앙으로 나아갔다. 그녀는 두 남자를 끌어들이더니, 한 부인과 끼찌를 자기 쪽으로 불러들였다. 끼찌는 깜짝 놀란 얼굴로 그녀에게 다가갔다. 안나는 눈을 가늘게 뜨고 그녀를 바라보며 손을 잡고 미소 지었다. 그러나 끼찌가 절망과 놀라움의 표정만으로 그녀의 미소에 대꾸한 것을 알아채고는, 옆으로 빙글 돌아 또 다른 부인과 즐겁게 얘기하기 시작했다.

'그래, 이분에게는 무언가 범상치 않은, 악마적이면서도 사람을 매혹하는 데가 있어.' 끼찌는 마음속으로 중얼거렸다.

안나는 만찬에 남고 싶지 않았지만 주인이 그녀를 붙들었다.

"그런 말씀 마세요, 부인." 꼬르순스끼는 맨살을 드러낸 그녀 팔을 연미복 소매 밑으로 끌어당기면서 말했다. "실은 제가 훌륭한 코티용*¹¹을 구상하고 있답니다. 이게 걸작이라고요!" 그리고 그녀의 마음을 움직여 보려고 애쓰며 몸을 조금 움직였다. 주인도 그러기를 권하는 것처럼 웃고 있었다.

"아녜요. 이제 돌아갈게요." 안나는 웃으면서 대답했다. 그러나 아무리 웃는

─────────────

*11 8인조 춤.

얼굴이라도 그 단호한 어조로 미루어 꼬르순스끼도 주인도 안나를 붙잡을 수 없음을 알았다.

"정말이지 오늘 댁의 무도회만으로, 뻬쩨르부르그에서 이번 겨우내 춘 것보다도 더 많은 춤을 모스끄바에서 추었을 정도예요." 그녀는 옆에 서 있던 브론스끼를 돌아보면서 말했다. "떠나기 전에 좀 쉬어야겠어요."

"내일 꼭 떠나시는 건가요?" 브론스끼가 물었다.

"네, 그럴 생각이에요." 안나는 그의 대담한 질문에 놀란 듯이 대답했다. 그러나 그녀가 그렇게 말했을 때, 무심코 떨리던 눈동자와 미소의 반짝임이 그의 마음을 불살랐다.

안나는 만찬에는 남지 않고 돌아가 버렸다.

24

'그래. 내게는 어딘지 사람들이 싫어할 만한, 반감을 불러일으키는 구석이 있어.' 쉬체르바스끼가를 나온 레빈은 그런 생각을 하면서 발걸음을 형의 집 쪽으로 옮겼다. '게다가 난 붙임성도 없어. 남들은 날 오만하다고 말하지. 아니, 내게는 사실 자존심 같은 건 없어. 만약 자존심이 있었더라면 일부러 이런 처지에 빠질 짓은 하지 않았겠지.' 그는 오늘 밤 자기와 같은 한심한 처지와는 전혀 인연이 없을 브론스끼의 운 좋고 선량하고 총명하고 침착한 그 풍모를 떠올렸다. '그녀가 그 사내를 고른 것은 당연해. 너무나 당연해서 나는 누구에게도 불평 한마디 할 수 있는 처지도 못 돼. 나쁜 것은 나니까. 애당초 난 무슨 권리로 그녀가 나와 평생을 함께하길 원한다고 생각했던 걸까? 내가 뭐라도 된다고, 아무에게도 도움이 안 되는 하잘것없는 인간 아닌가.' 문득 니꼴라이 형을 떠올린 그는 기꺼이 그대로 추억에 몸을 맡겼다. '이 세상 모든 것이 추악하고 천박하다고 니꼴라이 형은 말했지. 과연 그렇지 아니한가? 대체로 우리는 니꼴라이 형을 부당하게 비난했고, 옛날부터 줄곧 그래왔어. 물론 다 해진 누더기 모피 외투를 입고 잔뜩 술에 취한 그를 눈앞에서 보았던 쁘로꼬피의 입장이라면 그는 경멸해야 할 인간이겠지. 그러나 내가 아는 형은 그렇지 않아. 난 형 마음을 알고, 형이 나와 닮은꼴이라는 것도 알아. 그런데 난 그를 찾으러 나서는 대신 식사나 하고 이런 데나 다니고 있어.'

레빈은 가로등 밑으로 다가가 형의 주소를 훑어보고 마차를 불렀다. 형의 거처까지 가는 긴 시간 동안, 그는 니꼴라이 형의 삶 가운데 자기가 아는 한 모든 사건을 생생하게 펼쳐 보았다. 맨 처음 떠오른 것은, 형이 대학에 다닐 때와 졸업 후 1년간 친구들의 조소에도 아랑곳하지 않고 수도사처럼 생활했던 때였다. 당시 그는 종교상의 온갖 의례, 근행, 단식을 엄격히 실행했고 모든 쾌락, 그 중에서도 특히 여자를 멀리했다. 그러다 갑자기 탈선하여 매우 비천한 사람들과 어울리며 지극히 무절제하고 방탕한 생활에 빠졌다. 다음으로 레빈은 형이 가르치려고 시골에서 데려 온 어린애를 홧김에 두들겨 패서 불구로 만들었다는 혐의를 받고 소송에 휘말렸던 일을 떠올렸다. 또 그는 형이 어느 사기꾼과 노름하다 져서 어음을 끊어주었는데, 나중에 자기가 사기를 당했다며 그를 고소했던 사건도 생각해 냈다. '세르게이 큰 형이 대신 치러 주었다는 그 돈이지.' 다음으로 레빈은 형이 폭행을 휘둘러 유치장에서 하룻밤 새웠던 일을 떠올렸다. 또 형이 맏형인 세르게이를 상대로, 맏형이 어머니의 유산을 분배하면서 자기 몫을 속였다고 주장한 그 수치스러운 소송, 마지막으로 봉직하면서 서부 지방으로 출장 나갔다가 상관을 구타하고 재판에 회부됐던 사건도 생각해 냈다…… 하나부터 열까지 모두 매우 꺼림칙한 기억들이었다. 그러나 레빈은 사람들이 니꼴라이를 모르고 그가 살아온 길과 그의 속마음을 모르는 만큼, 그렇게까지 추악한 것이라고는 여기지 않았다.

레빈은 니꼴라이 형이 믿음과 단식, 수도에 전념하며 자기의 방탕한 본성을 바로잡을 고삐를 종교에서 구하고 있을 때, 누구 하나 그를 돕지 않았을뿐더러 자신을 포함한 모두가 그를 비웃었던 것을 기억하고 있었다. 사람들은 그를 놀리며 노아니 수도사니 하고 불렀다. 그리고 막상 그가 타락하자 아무도 그에게 손을 내밀지 않았고 오히려 공포와 혐오감을 드러내며 등을 돌렸다.

레빈은 니꼴라이 형이 비록 형편없이 방종한 생활을 해 왔지만, 본성은 즉 그 영혼의 밑바닥은 그를 경멸하는 사람들에 비해 결코 나쁜 사람이 아니라고 느꼈다. 그가 그 억누를 수 없는 성정과 무엇인가에 사로잡히기 쉬운 머리를 가지고 태어난 것은 결코 그의 잘못이 아니었다. 오히려 그는 언제나 좋은 사람이 되고자 했었다. '형님께 모든 것을 털어놓고, 그분도 내게 숨김없이 애기하도록 해야겠어. 그리고 내가 형을 사랑한다는 것과 그래서 잘 이해한다는 것을 보여 드려야지.' 레빈은 마음속으로 다짐했다. 11시경 그 주소에 적힌 호텔에 마차가 도착했다.

"2층 12호와 13호입니다." 문지기가 레빈의 물음에 대답했다.

"계시나?"

"계실 겁니다."

12호실 문은 반쯤 열려, 새어나오는 빛줄기를 타고 싸구려 담배 연기가 짙게 흘러나오고 있었다. 안에서 레빈에게는 귀에 선 목소리가 들려왔으나 그는 곧 형이 있음을 알아챘다. 이따금 기침소리가 들렸기 때문이다. 안으로 들어서자 그 귀에 익지 않은 목소리가 말했다.

"모든 것은 일이 얼마나 합리적이고 의식적으로 이루어질 것인가에 달렸소."

레빈이 문틈으로 들여다보자, 노동자 외투를 걸치고 모자라도 쓴 듯이 머리가 텁수룩하니 산발한 젊은 사내가 지껄이고 있었고, 깃도 소매도 없는 모직 원피스 차림에 살짝 얽은 얼굴의 젊은 여자가 의자에 앉아 있었다. 형은 보이지 않았다. 형이 이런 묘한 사람들 틈에서 살고 있다고 생각하자 레빈은 마음이 죄어드는 듯했다. 아무도 레빈의 발소리를 알아채지 못했다. 그는 덧신을 벗으면서, 노동자 외투를 걸친 사내의 말에 귀를 기울였다. 그는 어떤 계획에 대해 이야기하고 있었다.

"흥, 빌어먹을 특권계급 놈들 같으니라고." 기침을 하면서 형이 내뱉었다. "이봐 마쉬아, 뭔가 먹을 것 좀 해다 줘. 그리고 혹 남아 있으면 술도 가져오고, 다 떨어졌으면 가서 사 와."

여자가 일어나 칸막이 벽 밖으로 나오다가 레빈을 보았다.

"누가 오셨어요, 니꼴라이 드미뜨리치." 그녀가 말했다.

"누굴 만나러 온 게요?" 니꼴라이가 퉁명스럽게 물었다.

"납니다." 밝은 곳으로 나가면서 레빈이 대답했다.

"나라니 누구야?" 한층 더 볼멘 목소리로 니꼴라이가 되물었다. 안에서 무언가를 붙잡고 냉큼 일어나다 걸리는 듯한 소리가 들리더니, 곧바로 문 옆에 서 있던 레빈 눈앞에 형이 나타났다. 낯익은 모습이었지만, 특유의 크고 깜짝 놀란 듯한 눈을 하고 환자처럼 거칠고 쇠약해져서 뼈가 드러나도록 바짝 야위어 있었다.

형은 3년 전 마지막으로 보았을 때보다 훨씬 더 수척했다. 짧은 프록코트를 입은 그의 손과 튼튼한 골격이 한층 크게 느껴졌다. 머리칼은 성겨졌지만 예나 지금이나 뻣뻣한 콧수염이 입술을 덮었고, 예전과 다름없는 눈동자가 멍하니 무방비 상태로 자기 손님을 지켜보고 있었다.

"오오, 꼬스쨔! 형은 동생임을 알아채자 갑자기 이렇게 말했다. 그의 눈이 환희로 빛났다. 하지만 바로 그 순간 형은 그 젊은 사내를 돌아보더니 레빈에게 매우 낯익은 동작으로, 마치 넥타이가 죄기라도 하는 것처럼 머리와 목을 꿈틀 움직였다. 그러자 지금까지와는 전혀 다른 거칠고 잔인하고 괴로운 표정이 그의 초췌한 얼굴에 떠올랐다.

"너한테도 꼬즈느이쉐프에게도 편지를 보냈을 텐데. 난 너희는 모르고, 또 알고 싶지도 않다고. 너, 아니 너희를 대체 뭘 원하는 거야?"

그는 레빈이 상상하던 것과는 전혀 다른 사람이 되어 있었다. 머릿속으로 형을 생각하는 동안, 레빈은 형의 다가서기 어렵게 만드는 신경질적이고 고약한 성격에 대해서는 까맣게 잊고 있었다. 그러나 지금 그의 얼굴, 특히 이 경련적으로 고개를 젓는 동작을 보고, 레빈은 그러한 것들을 모두 생각해 냈다.

"무슨 볼일이 있어서 형님을 찾아온 것은 아닙니다." 그는 머뭇거리며 대답했다. "그저 만나 뵙고 싶었을 뿐입니다."

동생의 조심스러운 태도에 니꼴라이 마음이 누그러진 모양이었다. 그는 입술을 실룩거렸다.

"그럼, 그냥 온 거지?" 그가 말했다. "자아, 들어와 앉아. 그래 저녁은 먹었니? 이봐, 마쉬아. 세 사람 몫을 가져와. 아니 가만있어봐. 너, 이 사람이 누군지 아냐?" 그는 노동자 외투를 걸친 사내를 가리키면서 동생에게 물었다. "이쪽은 끄리쓰끼라고 해. 끼예프에 있을 때부터 친구였지. 아주 유명한 인물이야. 물론 늘 경찰에게 쫓기지만 그건 이 사람이 비열하지 않다는 증거지."

그는 특유의 몸짓으로 방 안에 있는 일동을 둘러보았다. 그는 문간에 있던 여자가 밖으로 나가려는 것을 보고 외쳤다. "가만있으라고 했잖아." 그리고 또 일동을 돌아보면서, 레빈이 익히 아는 예의 그 어눌하고 두서없는 말솜씨로 끄리쓰끼의 경력을 동생에게 늘어놓기 시작했다. 이야기에 따르면, 그는 대학시절에 가난한 학생들을 위한 구제조합과 일요학교를 세워 대학에서 쫓겨났고, 그 뒤 초등학교 교사로 고용됐다가 거기에서도 면직되었으며, 그 뒤 또 무슨 일인가로 재판에 회부되었다고 한다.

"끼예프 대학출신이시군요?" 레빈이 괴괴하고 거북한 침묵을 깨기 위해 말을 건넸다.

"네, 끼예프에 있었습니다." 끄리쓰끼는 얼굴을 찌푸리며 볼멘소리로 말했다.

"그리고 저 여자는." 니꼴라이가 여자 쪽을 가리키면서 불쑥 끼어들었다. "내 삶의 반려자 마리야 니꼴라예브나야. 내가 어느 가게에서 그녀를 끌어냈지." 이렇게 말하면서 그는 목을 추슬렀다. "난 이 여자를 사랑하고 존경하고 있어. 그러니까 나와 어울리고 싶은 사람은 누구든" 그는 목소리를 높이고 얼굴을 찌푸리면서 덧붙였다. "이 여자를 사랑하고 존경해야 해. 그녀는 내 여편네나 다름없어. 똑같아. 그러니 너도 그렇게 대해 줘. 만약 그게 모욕이라고 느껴지면 멋대로 해. 문은 저기 있으니까."

그의 눈은 또다시 미심쩍다는 듯 모두의 얼굴을 재빨리 훑었다.

"모욕이라니, 어째서 그런 말을 하십니까."

"그럼 됐어. 마쉬아, 저녁이나 가져 와. 세 사람 몫이야. 보드까와 포도주도…… 아냐, 잠깐…… 아냐, 됐어…… 어서 가."

25

"그래서." 니꼴라이는 일부러 이마에 주름을 잡고 몸을 실룩거리면서 계속 말했다. 어쩐지 무슨 이야기를 해야 할지, 무엇을 해야 좋을지 판단이 서지 않는 모양이었다. "바로 저건데 말이야……." 그는 방 한쪽 구석에 새끼로 묶은 철재 같은 것들을 가리켰다. "알겠냐? 저게 우리가 착수하려는 새로운 사업의 시발점이지. 생산협력조합이란 거야……."

레빈은 거의 듣고 있지 않았다. 그는 아무리 봐도 결핵환자 같은 형의 초췌한 얼굴을 바라보고 있자니, 점점 더 형에 대한 안쓰러움이 커져 도저히 조합에 대한 형 설명에 집중할 수 없었다. 레빈이 볼 때 그 조합은 그저 형이 자기혐오에서 벗어나기 위한 동아줄에 지나지 않았다. 니꼴라이는 계속했다.

"너도 알겠지만 자본은 노동자를 압박하고 있어. 우리나라 노동자와 농민은 노동이라는 무거운 짐을 짊어지고 아무리 녹아나게 일을 해도 그 짐승보다 나을 게 없는 상태에서 빠져나갈 수 없단 말이지. 그들이 자기 처지를 개선하고 여가를 만들어 교양을 얻기 위해 쓰여야 할 노동이익, 즉 임금의 잉여분에 해당하는 것은 모조리 자본가들에게 수탈당하고 있다 이거야. 더구나 오늘날의 사회구조 때문에 그들이 일하면 할수록 상인이나 지주들은 살찌지만, 노동자와 농민은 영원히 일하는 가축으로 끝나고 만단 말이야. 그래서 이런 제도를 개혁해야만 한다는 거지." 그는 말을 맺고 의심쩍게 동생을 바라보았다.

"그렇죠, 물론입니다." 레빈은 형의 톡 불거진 광대뼈 밑으로 드러난 홍조에 시선을 멈추면서 말했다.

"그래서 우리가 금속가공협동조합을 조직하려는 건데, 거기에서는 제작 이득, 그리고 정작 중요한 생산 기계도 전부 공동 소유가 될 거야."

"그럼 그 조합은 어디에 두실 겁니까?" 레빈이 물었다.

"까잔현(縣)의 보즈드렘 마을에."

"아니, 왜 하필이면 시골에다 합니까? 안 그래도 마을엔 일이 얼마나 많은데. 무엇 때문에 금속가공협동조합 같은 걸 시골에 둡니까?"

"왜냐구? 농민들은 지금도 여전히 옛날과 다름없는 노예상태인 데다가, 너나 세르게이처럼 그들이 노예상태에서 해방되는 것을 달가워하지 않는 지주들이 있기 때문이야." 니꼴라이는 동생의 반문에 발끈하면서 말했다.

이때 레빈은 어둡고 더러운 방을 둘러보면서 깊은 한숨을 쉬었다. 그러자 이 한숨이 더한층 니꼴라이를 화나게 한 모양이었다.

"너나 세르게이 같은 귀족의 견해는 잘 알고 있어. 더욱이 세르게이가 이 현존하는 악을 정당화하기 위해 온갖 지혜를 짜내고 있겠지."

"그렇지 않아요. 그런데 무엇 때문에 형님은 또 세르게이 형님 얘길 끄집어내십니까?" 레빈은 웃으면서 말했다.

"세르게이 말이냐? 그거야 물론!" 니꼴라이는 세르게이의 이름을 입에 올린 순간 거친 목소리로 외쳤다. "그건 물론…… 아니, 얘기할 필요도 없지! 그나저나…… 넌 무엇 때문에 나를 찾아왔지? 넌 이 모든 것을 경멸하고 있잖아. 뭐, 그래도 상관없어. 자, 이제 돌아가. 나가란 말이야!" 그는 의자에서 일어서며 외쳤다. "나가, 나가!"

"난 조금도 경멸하지 않습니다." 레빈은 머뭇거리며 말했다. "형과 논쟁할 생각도 없고, 반론조차 하지 않았잖습니까."

이때 마리야가 돌아왔다. 니꼴라이는 노기를 띤 채 그녀를 돌아보았다. 그녀는 얼른 그에게 다가가서 뭐라고 소곤거렸다.

"건강이 좋지 않은 탓에 쉬 화를 내고 말아." 니꼴라이는 안정을 되찾자 괴로운 듯이 한숨을 내뿜으면서 말했다. "게다가 네가 세르게이와 그의 논문에 대한 얘기를 꺼내는 바람에…… 그런 쓸데없는 잡소리와 거짓부렁, 그런 자기

기만이 어디 있어. 애초에 정의가 뭔지도 모르는 작자가 어떻게 정의를 논할 수 있지? 자넨 그 작자 논문을 읽어 봤나?" 그는 끄리쓰끼에게 물었다. 그리고 다시 탁자 쪽으로 돌아와, 자리를 만들기 위해서 널려 있던 담배 더미를 옆으로 밀쳐놓았다.

"난 읽지 않았습니다." 끄리쓰끼는 분명히 대화에 끼어들고 싶지 않다는 태도로 무뚝뚝하게 대답했다.

"어째서?" 니꼴라이는 이번엔 끄리쓰끼에게 화를 냈다.

"그런 것에 시간 낭비할 필요가 없기 때문이죠."

"그렇다면, 자넨 그것이 시간 낭비라는 것을 어떻게 알지? 그 논문은 여느 사람들로선 이해하기 어려울 거야, 수준이 너무 높거든. 그러나 난 달라. 난 그의 사상을 꿰뚫어 보고, 그 약점도 알고 있으니까."

일동은 말이 없었다. 끄리쓰끼가 천천히 일어나 모자를 집어 들었다.

"밤참은 들지 않겠나? 그럼 잘 가게나. 내일은 제조업자를 데려와 주게."

끄리쓰끼가 나가자마자, 니꼴라이는 미소를 띠며 윙크했다.

"저자도 틀려 먹었어." 그가 말했다. "내 눈엔 다 보여……."

그런데 그때 끄리쓰끼가 문간에서 그를 불렀다.

"또 무슨 일이야?" 니꼴라이는 그가 있는 복도로 나갔다. 마리야와 단둘이 남게 된 레빈은 그녀 쪽으로 돌아앉았다.

"형님하고 같이 계신 지 오래되셨습니까?" 그가 그녀에게 물었다.

"네. 벌써 한 2년째 됩니다. 저이는 요즈음 몸이 아주 나빠졌어요. 술을 너무 많이 드시거든요." 마리야가 말했다.

"뭘 얼마나 마십니까?"

"보드까를 드셔요. 그것이 그분에게는 아주 해로워요."

"정말 그렇게 많이 마십니까?" 레빈이 귓속말을 했다.

"네." 그녀는 니꼴라이가 모습을 나타낸 문 쪽을 두렵게 돌아보면서 말했다.

"무슨 얘기야?" 그는 눈살을 찌푸리고 놀란 듯이 두 사람을 번갈아 보면서 말했다. "무슨 얘기야?"

"아무것도 아녜요." 레빈이 당황하면서 대꾸했다.

"얘기하기 싫으면 하지 않아도 좋아. 다만 넌 저것하고 얘기해봐야 헛일이야. 저것은 평민의 딸이고 너는 귀족 나리니까 말이야." 그는 목을 움찔거리며 말했다.

"난 다 알고 있어. 넌 모든 것을 헤아리고 가치 판단을 내린 뒤에, 타락한 나에게 동정을 베풀 셈이다 이거야." 그는 또다시 언성을 높여 외치기 시작했다.

"니꼴라이." 마리야가 그에게 다가가 다시 속삭였다.

"그래, 알았어, 알았어!…… 그건 그렇고 밤참은 어떻게 됐나? 아아, 왔군." 그는 쟁반을 든 심부름꾼의 모습을 보고 말했다. "여기야, 여기에다 놔." 그가 퉁명스럽게 말하더니, 냉큼 보드까를 들어 한잔 가득 따라서는 벌컥벌컥 들이켰다. "어때, 한잔하지?" 그는 금세 유쾌해져 동생에게도 권했다. "세르게이 이야기 따윈 집어치우자. 그래도 너를 보니 기쁘구나. 입으론 무슨 소릴 해도 역시 가족이니까 말이지. 자, 쭉 들이켜. 그래, 요즘 넌 뭘 하고 있느냐? 이야기나 좀 해 보렴." 그는 빵을 우걱우걱 씹고 두 잔째 보드까를 따르면서 물었다. "어떻게 지내느냐?"

"여전히 혼자 시골에서 농사일을 돌보고 있죠." 레빈은 형이 게걸스럽게 먹고 마시는 것을 어처구니없다는 듯이 바라보면서도, 그런 낌새를 애써 감추며 대답했다.

"어째서 결혼하지 않니?"

"지금까지 기회가 없었어요." 얼굴을 붉히며 레빈이 대답했다.

"왜? 나야말로 이미 끝장이야! 내 일생을 망쳐 버리고 말았어. 전에도 말했고 앞으로도 말하겠지만, 만약 내 몫을 꼭 필요했던 그때 받았더라면 내 인생은 완전히 달라졌을 거야."

레빈은 서둘러 말머리를 돌렸다.

"그런데, 형님 밑에 있던 바뉴쉬까가 지금 뽀끄로프스꼬예 제 사무소에서 회계를 보는 걸 아십니까?"

니꼴라이는 목을 움찔거리며 생각에 잠겼다.

"그래, 어디 그 뽀끄로프스꼬예 얘기나 좀 들려다오. 집은 아직 그대로냐? 자작나무와 우리가 다니던 학교는? 정원사 필립은 아직 살아 있고? 아아, 내가 얼마나 그 정자며 벤치를 그리워하는지! 그러니까 말이야, 집 안은 하나도 바꾸지 말아라. 아니 빨리 결혼해서 다시 한 번 집안을 옛날처럼 일으키는 거야. 그러면 나도 널 찾아가마. 네 마누라가 좋은 여잘 것 같으면 말이야."

"그보다 지금 당장 오시면 어떻습니까?" 레빈이 말했다. "같이 살면 정말 좋을 텐데요!"

"세르게이를 만날 염려만 없다면 기꺼이 찾아가지."

"부딪칠 염려는 없습니다. 형님과는 완전히 따로 살고 있으니까요."

"그렇다 하더라도 언젠가 넌 결국, 나든지 그든지 한쪽을 선택해야만 할 거다." 그는 동생의 눈을 조심스럽게 들여다보면서 말했다. 이런 머뭇머뭇하는 모습이 레빈의 마음을 옥죄었다.

"그것에 대한 내 고백을 듣고 싶으시다면 말씀드리지요. 형님과 세르게이 형님의 싸움에서 난 어느 쪽도 편들지 않습니다. 형님들은 두 분 다 옳지 않아요. 형님은 외면적으로 옳지 않고 그분은 내면적으로 옳지 않죠."

"아아, 아아! 그것을 알고 있었느냐? 정말로?" 니꼴라이가 기쁜 듯이 외쳤다.

"그러나 개인적으로는 말입니다. 원하신다면 말씀드리겠습니다만, 저는 형님과의 우애 쪽을 더 소중하게 여기고 싶습니다. 왜냐하면……."

"그래 어째서, 왜?"

레빈은 니꼴라이가 더 불행하고 따뜻한 우애가 필요하기 때문이라고는 차마 말할 수 없었다. 그러나 니꼴라이는 레빈이 하려던 말을 눈치채고 얼굴빛을 흐리면서 또다시 보드까를 집어 들었다.

"이제 좀 그만 하세요, 니꼴라이!" 마리야가 포동포동 살찐 팔을 술병 쪽으로 뻗으면서 말했다.

"가만둬! 잔소리하지 마! 패 줄 테다!" 니꼴라이는 호통쳤다. 마리야가 부드럽고 선량한 미소를 띠자 그 웃음이 니꼴라이에게도 옮아갔다. 보드까는 마리야 손으로 넘어왔다.

"너는 이 여자가 아무것도 모르리라고 생각하지?" 니꼴라이가 말했다. "하지만 이 여잔 뭐든 우리보다 더 잘 알고 있단 말이야. 정말 이 여자에겐 어딘지 모르게 사랑스럽고 좋은 데가 있어."

"당신께선 지금까지 한 번도 모스끄바에 오신 적이 없었습니까?" 레빈은 무슨 이야기든 해야겠다 싶어 그녀에게 물었다.

"이 여자한테 당신이라는 존칭은 필요 없어. 되레 놀란다. 언젠가 그녀가 뚜쟁이 집에서 발을 빼려고 재판했을 때 심리를 맡았던 치안판사말고는 이 여자에게 존칭을 쓴 사람이 아무도 없었으니까 말이야. 아아, 하여튼 정말 세상일은 이해할 수 없다니까!" 그는 갑자기 큰 소리로 외쳤다. "새로운 제도, 치안재판, 지방의회입네 하는데, 도대체 멍청한 꼴불견도 한계가 있지!"

그는 자기가 얼마나 새로운 제도나 기관과 충돌해 왔는지 이야기하기 시작했다. 레빈은 형의 얘기를 듣고는 있었다. 그도 온갖 사회제도가 무의미하다는 점에는 동의하고 또 자주 주장하기도 했지만, 이렇게 형의 입으로 그 의견을 듣자니 어쩐지 불쾌했다.

"저승에 가면 다 알게 되겠죠." 그는 농담으로 얼버무리려 했다.

"저승이라고? 오오, 난 저승이니 하는 건 딱 질색이야! 좋아하지 않아." 깜짝 놀란 듯이 흉포한 눈동자를 동생 얼굴에 고정하며 니꼴라이가 말했다. "그야, 너 나 할 것 없이 온갖 비열하고 추악하며 번거로운 것에서 해방되는 거니까 좋은 일이다만, 나는 죽음이 두려워. 정말 못 견디게 두려워." 그는 흠칫 몸을 떨었다. "자아, 뭐라도 좀 마셔. 샴페인은 어때? 아니면 어디 다른 데로 갈까? 집시한테 가자! 있잖아, 나는 집시와 러시아 민요가 아주 좋아졌거든."

그의 혀가 꼬이기 시작했고, 말은 갈피를 잃고 아무 곳으로나 튀었다. 레빈은 마쉬야 도움을 빌려 그가 아무 데도 가지 못하도록 달래고, 만취한 형을 잠자리에 뉘었다.

마쉬야는 필요한 경우에는 레빈에게 편지를 쓰기로 하고, 동생 집에 가서 살도록 니꼴라이를 설득하겠다고 약속했다.

26

이튿날 아침 레빈은 모스끄바를 떠나 저녁 무렵 고향 집에 도착했다. 돌아오는 기차 안에서 그는 함께 탄 사람들과 정치며 신설 철도에 대해 얘기했지만, 모스끄바에서와 마찬가지로 온갖 생각이 뒤얽혀 머릿속이 어지럽고 자신에 대한 불만과 무언가에 대한 부끄러움 때문에 괴로웠다. 그러나 막상 마을 역에 내려 외투 깃을 세운 애꾸눈 마부 이그나뜨를 알아보고, 역사 창문에서 흘러나오는 희미한 불빛 속에서 털 담요가 깔린 자기 썰매와 방울과 술이 달린 마구를 걸치고 꼬리가 묶인 자기 말들을 보고, 미처 썰매에 올라타기도 전에 이그나뜨가 건축업자가 온 것이며 빠바가 송아지를 낳았다는 등 늘어놓는 마을 소식을 듣는 사이에, 그도 조금씩 뒤숭숭한 마음이 가라앉고 부끄러움도 자기에 대한 불만도 사라져 가고 있음을 느꼈다. 그는 이그나뜨와 말을 본 것만으로도 벌써 그러한 기분을 느꼈다. 게다가 그를 위해 준비된 양피 외투를 두르고 의자에 몸을 묻으며, 달리는 썰매 안에서 앞으로의 마을 관리에 관한 문제를 생각하거나, 옛날에는 승마용이었지만 다리를 다치고도 여전히 날쌘 돈산(産) 부마(副馬)를 감탄하며 바라보는 동안, 그는 자기에게 일어났던 일을 전혀 달리 보기 시작했다. 자기는 자기일 뿐이라고, 다른 사람이 되고 싶던 그의 생각은 옅어져 갔다. 이제는 그저 예전보다 더 나은 사람이 되고 싶었다. 첫째로 그는 오늘 이후로는 두 번 다시 결혼만 하면 무조건 행복해질 거라는 물렁물렁한 기대는 하지 않을 것이며, 따라서 현재를 지금까지처럼 허술히 여기지 않겠다고 결심했다. 둘째로 그는 이번 구혼 과정에서 그토록 괴로웠던 것처럼, 어리석은 욕망에 빠져 허우적대는 짓을 다시는 하지 않으리라 결심했다. 다음으로 니꼴라이 형을 생각하며, 앞으로는 무슨 일이 있어도 형을 잊지 말고, 언제나 그의 동정을 살펴 무슨 일이 생기면 언제든지 도울 수 있도록 해야겠다고 다짐했다. 머지않아 그러한 날이 닥치리라고 느꼈던 것이다. 그러자 공산주의에 관한 형의 이야기가 떠올랐다. 들을 때는 거의 신경쓰지 않았는데, 지금 다시 되짚어 보니 깊이 생각할 점이 있었다. 애당초 그는 경제 조건의 개혁을 무의미하다고 생각했다. 그러나 동시에 민중의 가난과 비교해서 자기의 풍족한 상태가 줄곧 불공평하다고 여기고 있었다. 그래서 지금까지도 무던히 노동하며 검소하게 살아왔지만, 앞으로는 더 열심히 일하고 사치하지 않겠다고 결심했다. 그리하여 자신의 정당성에 확신을 하고 싶었던 것이다. 이러한 것들이 아주 손쉬운 일로 여겨졌기 때문에, 그는 돌아오는 내내 더없이 즐겁게 보낼 수 있었다. 그는 새롭고 더 멋진 생활에 대한 부푼 기대를 안고, 밤 8시가 지나 자기 집에 도착했다.

그의 집에서 살림을 맡고 있는 노 유모 아가피야 미하일로브나의 방 창문에서 집 앞의 넓은 마당에 쌓인 눈 위로 밝은 불빛이 쏟아지고 있었다. 아직 잠들지 않았던 그녀의 독촉에 잠이 덜 깬 꾸지마가 졸린 얼굴을 하고 입구 층층대에 맨발로 달려나왔다. 세터종의 암캐 라스까도 꾸지마를 넘어뜨릴 기세로 함께 뛰어나와 컹컹 짖으며 주인의 무릎에 몸을 문지르고, 뒷발로 서서 그의 가슴에 앞발을 걸치려고 버둥댔다.

"정말 빨리 돌아오셨군요, 도련님." 아가피야가 말했다.

"싫증이 나서 말이야, 아가피야. 손님으로 있는 것도 나쁘진 않지만 역시 내 집이 제일이야." 그는 이렇게 대답하고 서재로 갔다.

그가 가져온 촛불 불빛으로 서재가 서서히 밝아지자 눈에 익은 물건들이 모습을 드러냈다. 사슴뿔, 책장, 거울, 오래전부터 수리를 요하던 통풍구가 달린 난로, 아버지가 물려준 소파, 큼직한 책상과 그 위에 펼쳐진 책, 깨진 재떨이, 그의 필적으로 적힌 장부. 이 모든 것들을 보자, 그는 순간 집으로 오면서 내내 꿈꾸었던 새로운 삶의 가능성에 대해 의문이 생겼다. 마치 이러한 온갖 생활의 흔적들이 그를 붙들고 이렇게 말하는 것 같았다. '아냐, 넌 우리 곁을 떠나지 못해. 다른 사람이 될 수도 없어. 넌 그저 지난날과 같은 너야. 갖은 의혹과 자기에 대한 끝없는 불만, 개혁의 헛된 시도와 실패, 이제껏 얻은 일도 없고 또 얻을 가망조차 없는 행복에 대한 영원한 기대, 그런 것들과 함께 말이지.'

그러나 그것은 그의 물건들이 한 이야기였다. 마음속의 다른 목소리가 과거에 굴복해선 안 된다고, 자기는 얼마든지 변할 수 있다고 말했다. 그는 이 마음의 소리를 들으면서 무게가 1뿌드*12나 되는 아령이 놓인 구석으로 다가가, 스스로 용기를 불어넣으려고 애쓰면서 그것을 들어 올리기 시작했다. 이때 문밖에서 발소리가 들렸다. 그는 얼른 아령을 내려놓았다.

집사가 들어와서 그동안 다행히 아무 문제도 없었으며, 다만 새 건조기에 넣었던 메밀이 반쯤 탔다고 보고했다. 이 소식이 레빈 비위를 거슬렀다. 새 건조기는 설치한 지 얼마 안 됐을 뿐만 아니라 일부는 레빈이 직접 고안한 것이었다. 집사는 줄곧 이 건조기 도입에 반대했기 때문에, 지금도 속으로 승리의 미소를 지으며 메밀이 탔다고 보고한 것이었다. 레빈은 만약 메밀이 눌었다면 그것은 그가 골백번도 더 되풀이하여 일러 뒀던 방법대로 따르지 않았기 때문이라고 굳게 믿었다. 그는 화가 치밀어 집사에게 잔소리를 퍼부었다. 그러나 한 가지 중대한 기쁜 소식도 있었다. 품평회에서 사온 값비싼 우량종인 빠바가 송아지를 낳았다는 것이었다.

"꾸지마, 코트를 다오. 그리고 자넨 초롱불을 가져오라고 일러 둬. 내가 한번가 봐야겠으니." 그가 집사에게 말했다.

값비싼 소들의 외양간은 저택 바로 뒤쪽에 있었다. 그는 뒤뜰의 라일락 밑동의 눈더미를 돌아 외양간으로 걸어갔다. 얼어붙은 문을 열자, 쇠똥에서 피어오

---

*12 무게의 단위. 1뿌드는 약 16킬로그램.

르는 훈훈한 김이 코를 물씬 찔렀다. 낯선 초롱불 불빛에 놀란 암소들이 새로 깔아 준 짚 위에서 몽그작거렸다. 검은 반점이 있는 네덜란드종의 미끈하고 널따란 등이 번득였다. 코뚜레를 한 채 비스듬히 누워 있던 황소 베르꾸뜨는 일어서려다가 생각을 바꾼 듯 사람들이 옆을 지나갈 때에 두어 번 킁킁거렸을 뿐이었다. 하마처럼 크지만 붉은빛이 아름다운 빠바는 뒤로 돌아서서 침입자들로부터 송아지를 숨기려고 감싸면서 그 냄새를 맡고 있었다.

레빈은 우리 속으로 들어가 빠바를 살펴보고, 빨간 얼룩 송아지를 일으켜 그 가늘고 휘청거리는 긴 다리로 서게 했다. 빠바는 흥분하여 금방이라도 으르렁거릴 것 같았으나, 레빈이 송아지를 돌려보내자 마음을 놓은 듯 무겁게 숨을 내쉬더니 깔깔한 혓바닥으로 송아지를 핥기 시작했다. 송아지는 젖을 찾아 어미의 사타구니 밑으로 코를 디밀며 앙증맞은 꼬리를 휘둘러 댔다.

"이쪽을 비춰, 표도르. 초롱불을 이리 대 봐." 레빈은 연방 송아지를 찬찬히 살피면서 말했다. "어미를 꼭 닮았군! 털색은 아빌 닮았고, 아주 훌륭해. 다리도 길고 허리도 쭉 뻗었군. 바실리, 훌륭하잖아, 응?" 그는 송아지를 본 기쁨으로 메밀에 관한 것은 까맣게 잊고, 집사를 돌아보면서 말했다.

"어느 쪽을 닮았든 나쁠 리가 없지요. 그건 그렇고 건축업자 세묜이 나리께서 떠나셨던 다음날 찾아왔습니다. 그와도 얘기를 매듭지어야 하실 겁니다. 나리." 집사가 말했다. "그리고 기계에 대해서는 아까 말씀드린 대롭니다."

이 문제 하나로 레빈은 거추장스럽고 복잡한 농업경영의 구체적인 현실 속으로 끌려 들어왔다. 외양간에서 나와 곧장 사무소로 가서 집사와 건축업자 세묜을 만나 잠깐 이야기하고, 안채로 돌아와 곧바로 위층 객실로 갔다.

27

저택은 큼직한 구식 건물이었다. 레빈은 혼자 살면서 온 집 안에 불을 땠다. 그것이 어리석은 짓임을 잘 알았고, 지금의 새로운 계획에도 상반되는 좋지 않은 습관이라는 것도 알고 있었다. 그러나 이 집은 레빈에게 전체가 완전한 하나의 세계였다. 그의 부모가 살았고 또한 죽었던 세계였다. 그들은 레빈 눈에 완전무결한 이상으로 비쳤다. 그는 그런 삶을 자기와 아내와 가족과 함께 다시 일으키기를 꿈꾸었던 것이다.

레빈에게는 어머니의 기억이 거의 없었다. 그러나 어머니는 그에게 신성한 회상이었고, 그의 상상 속에 그려지는 미래의 아내는 어머니가 그랬듯이, 아름답고 신성하고 이상적인 부인의 재현(再現)이어야만 했다.

그는 결혼을 전제하지 않고 여성을 사랑하는 일은 상상도 할 수 없었다. 그뿐만 아니라 먼저 가정부터 생각한 다음 그에게 그 가정을 줄 수 있는 여성을 생각했다. 따라서 그의 결혼관은, 결혼을 사회생활의 한 관례로 보는 그의 친지 견해 대부분과는 동떨어진 것이었다. 레빈에게 결혼이란 인생 최고 중대사로 인생의 모든 행복을 좌우하는 것이었다. 그런데 그는 앞으로 그 결혼을 단념해야 할 처지였다.

레빈이 늘 차를 마시는 조그마한 객실로 들어가 책을 들고 자기 안락의자에 자리를 잡자, 차를 내온 아가피야가 언제나처럼 "도련님, 저도 좀 앉겠어요" 하고 말하면서 창가의 의자에 앉았다. 그때 그는 이상하게도 자기가 여전히 가정이라는 꿈을 버리지 않았고, 그것 없이는 살아갈 수 없음을 뼈저리게 느꼈다. 상대가 그녀이든 다른 누구든, 그 꿈은 반드시 실현될 것이다. 그는 책을 읽다가 방금 읽은 내용에 대해 생각하기도 하고, 때로는 읽기를 멈추고 쉴 새 없이 조잘거리는 아가피야의 이야기에도 귀를 기울였다. 그러는 동안 농업경영이니 미래의 가정생활이니 하는 갖가지 광경들이 두서없이 머릿속에 떠올랐다. 그는 마치 마음속 깊은 곳에 무엇인가가 설치되고 조작되어 정리되는 것 같았다.

아가피야는 쁘로호르가 하느님을 잊고, 레빈이 말을 사라고 준 돈으로 밤낮없이 술만 마시더니 결국 여편네를 죽도록 때렸다는 얘기를 전했다. 얘기를 들으면서 책을 읽던 레빈은 독서로 환기된 사상을 한차례 회상해 보았다. 그것은 틴들[13]의 열(熱)에 관한 저서였다. 그는 일전에 틴들이 실험 재능에 대해 만족할 뿐 철학적인 견해는 부족하다고 비판한 적이 있음을 상기했다. 그러다 갑자기 기쁜 생각이 떠올랐다. '2년 뒤 내 외양간에는 네덜란드종 두 마리가 늘어나고, 빠바도 그때까지는 건재할 거야. 베르꾸뜨의 어린 새끼들이 모두 열두 마리! 그래, 여기에 네덜란드종 세 마리를 어떻게 잘 붙여 주면…… 정말 굉장하겠군.' 그는 다시 책을 들었다.

'전기와 열은 같은 것이다. 그래, 그렇다고 하지. 그러나 방정식으로 문제를

---

*13 영국의 물리학자. 1820~1893.

풀 때 하나의 양(量) 대신 다른 양으로 대치할 수 있을까? 불가능해. 그럼 어떻게 해야 되는가? 자연계 모든 힘의 연관성 자체는 굳이 말하지 않아도 본능적으로 감지되니까. 아아 정말 멋질 거야. 빠바의 새끼도 그때는 훌륭한 빨간 얼룩 암소가 돼 있을 거고, 우리 집 소들은 모두 같은 색이니, 거기에 세 마리가 더해지면…… 음, 최고야! 아내와 함께 손님들을 데리고 소를 보러 가는 거야…… 그러면 아내가 말하겠지. '이이도 나도 마치 우리 자식처럼 이 송아지를 기르고 있어요.' 그러면 손님이 묻겠지. '용케도 이런 일에 흥미를 두시는군요.' 그러면 이렇게 대답하는 거야. '그야 남편이 흥미 있어 하시는 것은 저도 다 좋으니까요.' 그러나 그의 아내는 누굴까?' 그러자 불현듯 모스끄바에서의 일이 되살아났다……. '하지만 어쩔 도리가 없잖은가?…… 내 잘못도 아니고. 하여튼 지금부터는 모든 것이 새로워질 거야. 과거에 이루지 못한 일은 평생 이룰 수 없다는 말은 헛소리야. 더 힘내서 더욱 낫고 훨씬 좋은 생활을 누려야 해…….' 그는 머리를 살짝 쳐들고 생각에 잠겼다. 늙은 라스까는 주인이 돌아온 기쁨을 억누르지 못하고 밖에서 뛰어다니며 짖다가, 바깥 냄새를 가득 몰고 돌아와 그의 곁으로 다가오더니, 그의 손 밑으로 머리를 디밀고 애처롭게 낑낑거리며 쓰다듬어 달라고 졸랐다.

"정말 말만 못할 뿐이에요." 아가피야가 말했다. "개 주제에…… 주인이 돌아와서 우울해하시는 것까지 다 알고 있다니까요."

"우울해하다니, 누가, 왜?"

"내 눈이 장식인 줄 아세요? 이 나이쯤 되면 도련님 기분 정도는 한눈에 훤하답니다. 어렸을 적부터 모셔 왔으니까요. 어쨌든 괜찮아요, 도련님. 몸이 성하고 마음이 깨끗하기만 하면요."

레빈은 그녀가 어떻게 자기 속마음을 훤히 들여다볼 수 있는지 놀라면서 그녀 얼굴을 뚫어지게 바라보았다.

"차를 한 잔 더 가져올까요?" 그녀는 이렇게 말하고 찻잔을 들고 나갔다.

라스까는 여전히 그의 손 밑에 머리를 들이댔다. 어루만져 주자 곧 그의 발치에 둥그렇게 몸을 오그리고 쭉 내민 뒷다리에 머리를 얹었다. 그리고 이제 모든 것이 완벽하고 만족스럽다는 듯 가볍게 입을 벌려 입술을 핥고는, 그 끈적끈적한 입술을 나이 먹은 이빨 언저리에 착 갖다 붙이더니 행복하고 안정된 모습으로 잠잠해졌다.

레빈은 개의 마지막 동작을 주의 깊게 지켜보았다.

"나도 이렇게 살고 싶다!" 그는 혼잣말했다. "나도 그렇게 살자! 괜찮아······ 모든 것이 다 잘될 거야."

28

무도회 다음날, 아침 일찍 안나는 남편에게 오늘 떠난다는 전보를 쳤다.

"아녜요, 꼭 그렇게 해야 돼요. 가야만 해요." 그녀는 마치 헤아릴 수 없을 만큼 많은 볼일이 한꺼번에 생각난 듯한 어조로, 올케에게 자신의 변경된 일정을 해명했다. "아녜요, 오늘 떠나야 해요!"

오블론스끼는 밖에서 식사하겠지만, 7시까지는 누이를 전송하기 위해 돌아오겠다고 약속했다. 끼찌도 머리가 아프다는 편지만 보내고 얼굴을 보이지 않았다. 돌리와 안나는 아이들과 영국인 가정교사와 함께 식사했다. 아이들은 변덕이 심해서인지, 아니면 오늘 안나가 그들이 그토록 응석부렸던 그날의 안나와 전혀 다르고 자기들을 상대해주지 않으리라고 예민하게 느껴서인지, 하여튼 갑자기 고모에게 장난치지 않았고 어리광부리지도 않았다. 그녀가 떠난다는 것에도 전혀 관심이 없었다. 안나는 오전 내내 떠날 준비로 바빴다. 모스끄바의 친지들에게 편지를 쓰고 수첩에 갖가지 출납을 적고 짐을 꾸렸다. 돌리에겐 안나가 왠지 불안정하고 근심거리가 있어 보였다. 그것은 돌리도 잘 아는 기분으로, 무슨 이유가 있기 마련인데 대부분 그 뒤에는 자신에 대한 불만이 뿌리내리고 있었다. 식후에 안나는 옷을 갈아입으러 방으로 갔고, 돌리도 그 뒤를 따랐다.

"오늘 당신은 왠지 이상해 보여요!" 돌리가 그녀에게 말했다.

"내가요? 그렇게 보여요? 이상하다기보다 왠지 좀 개운치 않아요. 이럴 때가 이따금 있어요. 마냥 울고만 싶어지죠. 정말 바보 같은 얘기지만 이러다가 나아져요." 안나는 재빨리 이렇게 말하고, 나이트캡이며 삼베 손수건을 넣은 자그마한 손주머니에 붉어진 얼굴을 숙였다. 그녀의 눈은 유달리 빛났고 하염없이 눈물이 돌았다. "뻬쩨르부르그를 떠날 때도 그렇게 마음이 내키질 않더니 이제는 여길 떠나는 것이 힘들어요."

"당신은 여기 오셔서 정말 좋은 일을 해 주셨잖아요." 돌리가 그녀를 주의 깊게 지켜보면서 말했다.

안나는 눈물에 젖은 눈으로 그녀를 보았다.

"어머나, 그런 말씀 말아요, 돌리. 난 아무것도 하지 않았고 할 수도 없었어요. 그런데 어째서 다들 그런 식으로 나를 치켜세우는 거죠? 도대체 내가 무슨 일을 했고 또 할 수 있었다는 거예요? 단지 당신의 마음속에 용서할 수 있을 만큼 사랑이 남아 있었을 뿐인데……."

"그렇지만 당신이 없었더라면 정말 어떻게 됐을지 몰라요! 당신은 복받은 사람이에요, 안나!" 돌리가 말했다. "마음속까지 정말 깨끗하고 아름다워요."

"누구든 마음속에는 자기만의 '비밀'이라는 게 있는 거예요. 영국인들이 말하듯이."

"당신에게 무슨 비밀이 있다는 거죠? 당신의 마음은 언제나 그처럼 깨끗한데요."

"나한테도 있어요!" 안나는 불쑥 말을 뱉었다. 그러자 눈물이 글썽이던 얼굴에 뜻밖의 교활하고 비웃는 듯한 웃음이 떠오르며 입술에 잔주름을 새겼다.

"그래요, 하지만 당신 비밀은 분명 유쾌한 것이겠지요. 음울한 것이 아니라." 돌리가 웃음을 보이며 말했다.

"아니요, 음울해요. 당신은 내가 왜 내일이 아닌 오늘 꼭 떠나려고 하는지 아세요? 계속 가슴속에 꽉 막혀 있던 괴로운 일이지만, 당신에게는 말할게요." 안나는 결연히 의자에 등을 기대더니 돌리의 얼굴을 똑바로 바라보면서 말했다. 돌리는 놀랍게도 안나가 귓불까지, 아니 목덜미에 물결치고 있는 검은 머리 언저리까지 새빨개진 것을 보고 깜짝 놀랐다.

"그래요." 안나는 계속했다. "끼찌가 왜 식사하러 오지 않았는지 알아요? 그녀는 나를 질투하고 있어요. 내가 그녀를 상심시켰어요. 나 때문에 모처럼의 무도회가 그녀에게 기쁨이 아니라 고통이 되어 버렸어요. 그렇지만 사실은 내 탓이 아녜요. 물론 내 탓도 조금은 있지만." 그녀는 '조금'이라는 말을 길게 늘이면서 가냘프게 말했다.

"어머, 당신 스찌바하고 똑같은 말씀을 하시는군요." 돌리가 웃으면서 말했다.

안나는 화가 났다.

"어머나 그렇지 않아요, 난 오라버니와는 달라요." 그녀가 눈살을 찌푸리면서 말했다. "당신에게 이렇게 말씀드리는 이유는 단 1분도 나를 의심하고 싶지 않기 때문이에요."

그러나 안나는 이렇게 잘라 말한 순간, 그 말이 진실이 아님을 느꼈다. 사실 그녀는 자기를 의심했을 뿐만 아니라 브론스끼를 생각만 해도 가슴이 두근거렸다. 그래서 그를 다시 만나지 않으려고 예정보다 일찍 떠나기로 한 것이었다.

"스찌바에게 들었어요. 그분과 마주르카를 추셨다고요, 그분이……."

"상황이 얼마나 얄궂게 되어 버렸는지 당신은 상상할 수도 없을 거예요. 난 단지 다리를 놔주려고 했을 뿐인데 갑자기 전혀 다른 방향으로 흘러갔으니, 어쩌면 내가 본의 아니게……." 그녀는 얼굴을 붉히고 말끝을 흐렸다.

"아아, 그들은 이런 일은 바로 눈치채니까요!" 돌리가 말했다.

"만약 그분이 조금이라도 진지한 마음을 품고 있다면 난 정말 절망할 거예요." 안나가 그녀의 말을 가로막으며 말했다. "그래도 이런 일은 곧 잊히고, 끼찌도 나를 원망하지 않을 거라고 믿고는 있지만."

"그렇지만 안나, 솔직히 말하자면 난 이 결혼이 끼찌에게 별로 탐탁지 않았어요. 그러니 만약 그 브론스끼가 당신에게 한눈에 반할 정도의 사람이라면 차라리 혼담이 깨져 버리는 게 더 낫다고 봐요."

"아아 어쩌면 좋아, 만약 그렇게 된다면 견딜 수 없을 거예요!" 안나는 이렇게 말했지만, 자기가 사로잡혀 있던 생각이 말로 표현된 것을 듣자, 무심코 기쁜 마음에 또다시 얼굴을 새빨갛게 물들였다. "결국 난 정말 좋아하는 끼찌를 적으로 돌리고 떠나는 거로군요! 아아, 그렇게 귀여운 분을! 하지만 언젠가 당신께서 잘 수습해 주시겠죠, 그렇죠? 부탁이에요."

돌리는 새어나오는 웃음을 간신히 억눌렀다. 그녀는 안나를 좋아했지만, 그녀에게도 역시 약점이 있다는 사실을 아는 것은 또 다른 즐거움이었다.

"적이라고요? 그럴 리 없어요."

"난 언제나 내가 당신들을 사랑하는 것처럼 당신들도 날 사랑해주길 바랐어요. 그리고 지금은 전보다 훨씬 더 당신들이 좋아졌어요." 안나는 눈에 눈물을 담뿍 담고 말했다. "아아, 오늘은 왜 이렇게 바보같이 구는 걸까요?"

그녀는 손수건으로 눈물을 닦고 옷을 갈아입기 시작했다.

이제 막 떠날 시간이 되어서야, 오블론스끼가 벌겋게 달아오른 유쾌한 얼굴로 술과 담배 냄새를 풍기면서 돌아왔다.

안나의 심적 괴로움이 돌리에게도 전해졌는지 마지막으로 시누이를 끌어안

앉을 때 그녀는 이렇게 속삭였다.

"기억해요, 안나. 당신이 내게 해 준 일을 난 절대 잊지 않아요. 그리고 내가 당신을 가장 소중한 친구로서 사랑했고, 앞으로도 영원히 사랑하리란 것도 잊지 말아 줘요!"

"왜죠? 내게 그럴만한 가치가 있는지 난 잘 모르겠어요." 안나는 돌리에게 입을 맞추면서 눈물을 감추고 말했다.

"당신은 내 마음을 알아주었으니 이 마음도 아실 거예요. 그럼 잘 가요, 사랑하는 안나!"

29

'아아, 이제 모든 것이 다 끝났구나!' 세 번째 벨이 울릴 때까지 찻간 입구를 막고 서 있던 오라버니와 마지막 작별을 나눌 때, 안나 머리에 가장 먼저 떠올랐던 생각은 바로 이것이었다. 그녀는 몸종 안누쉬까 옆에 앉아 흐릿하게 불을 밝힌 침대차 내부를 둘러보았다. '덕분에 내일은 세료쥐아와 남편을 만날 수 있어. 그리고 몸에 밴 아늑한 생활이 예전과 다름없이 계속되겠지.'

안나는 온종일 시달렸던 뒤숭숭한 기분은 아직 떨쳐내지 못했지만, 어쩐지 만족한 듯이 주변을 척척 정리했다. 그녀는 민첩한 손으로 자그맣고 빨간 손가방을 열고 작은 쿠션을 꺼내 무릎 위에 놓고, 모포로 단정하게 두 다리를 감싼 뒤 편안하게 기대앉았다. 같은 칸 한 부인은 기분이 좋지 않다며 벌써 잘 준비를 했고, 다른 두 부인은 안나에게 말을 걸었다. 뚱뚱한 노부인은 다리를 감싸면서 난방에 대한 불평을 늘어놓았다. 안나는 부인들 말에 서너 마디 내꾸했으나 얘기를 나눠도 재미있을 것 같지 않아서, 안누쉬까에게 초롱불을 꺼내오라고 하여 좌석 팔걸이에 걸고, 가방에서 페이퍼나이프와 영국 소설을 꺼냈다. 처음 얼마 동안은 책에 집중할 수가 없었다. 주위의 웅성거림과 사람들의 움직임이 신경쓰였고, 기차가 출발하자 달리는 기차 소리가 귀에 거슬렸다. 그다음에는 왼쪽 창문을 두드리며 유리창에 달라붙는 눈송이, 방한구를 단단히 두른 차장 옆을 지나치며 몸 한쪽에만 눈을 덕지덕지 묻힌 사람들 모습, '바깥에는 사나운 눈보라가 휘몰아치고 있겠죠' 하고 이야기하는 사람들 말소리가 그녀의 주의를 흐트러뜨렸다. 하지만 그러고 나서부터는 줄곧 똑같은 풍경의 연속이었다. 끼익 덜컹덜컹하는 기차 소리, 창문에 내리 부딪치는 눈, 김이 날 것 같은 열기와 냉기가 급격히 바뀌는 객실 온도, 옅은 어둠 속에서 어른거리는 똑같은 얼굴과 목소리. 그러는 사이에 안나는 책에 집중했고 내용이 머리에 들어오기 시작했다. 안누쉬까는 한쪽이 해진 장갑을 낀 넓적한 두 손으로 무릎 위 빨간 손가방을 끌어안은 채 벌써 꾸벅꾸벅 졸고 있었다.

안나는 책을 읽고 그 내용을 이해했지만, 그녀에게는 읽는다는 것, 즉 남들 인생의 반영을 뒤쫓는다는 것이 시시하게 느껴졌다. 그녀는 스스로 살아 움직이고 싶다는 욕망이 지나치리만치 컸고 간절했다. 소설의 여주인공이 환자를 간호하는 장면에서는 자기도 발소리를 죽이며 그 병실을 걸어보고 싶었다. 국회의원이 연설하는 장면에서는 자기도 연설을 하고 싶어졌다. 레이디 메리가 말을 타고 가축 무리를 쫓거나 새색시를 놀리기도 하면서 대담한 행동으로 주위 사람들을 놀라게 한 대목에서는, 자기도 그렇게 해 봤으면 하는 욕망에 휩싸였다. 그러나 그녀는 아무것도 할 수가 없었으므로 그저 조그마한 손으로 반들반들한 페이퍼나이프를 만지작거리면서 책을 계속 읽으려고 애썼다.

소설의 남주인공은 이미 영국인으로서 행복을 찾았고, 남작의 작위와 영지를 손에 넣었다. 안나도 그와 함께 그 영지로 가고 싶은 충동을 느꼈지만, 갑자기 그런 짓을 하면 남주인공이 부끄러워할 것이고 자기도 부끄러울 것이라고 느꼈다. 그러나 그가 도대체 왜 부끄럽다는 말인가? '또한 나는 무엇을 부끄러워 하는 것일까?' 그녀는 뜻밖의 모욕이라도 당한 기분으로 자문해 보았다. 그녀는 책을 내려놓고 페이퍼나이프를 두 손으로 꽉 쥐면서 의자 등에 몸을 기댔다. 부끄러워할 것은 조금도 없었다. 그녀는 모스끄바에서의 기억을 샅샅이 되짚어 보았다. 모두 유쾌하고 좋은 기억들뿐이었다. 무도회를 떠올리고, 브론스끼의 그 사모의 정으로 가득 찬 유순한 얼굴을 떠올리고, 그와의 모든 관계를 떠올렸다. 부끄러워할 일은 아무것도 없었다. 그런데도 회상이 거기까지 이르자 갑자기 부끄러운 마음이 강해졌다. 마치 그녀가 브론스끼를 생각할 때마다, 어떤 내부의 목소리가 보물찾기할 때 힌트를 주는 것처럼 속삭였다. "가까워, 아주 가까워, 바로 옆이야." '그래서 어쩼다는 거지?' 그녀는 고쳐 앉으면서 결연한 어조로 스스로 물었다. '여기에 어떤 의미가 있을까? 설마 난 이 일을 똑바로 보기가 무서운 것일까? 도대체 어떻게 된 거지? 과연 나와 저 풋내기 같은 사관 사이에 단순한 지인 이상의 특별한 관계라도 있다는 거야?'

그녀는 자못 기가 차다는 듯이 엷은 웃음을 띠고 다시 책을 들었다. 그러나 이제는 아무리 읽어도 전혀 머리에 들어오지 않았다. 문득 페이퍼나이프로 유리창 표면을 문지르다가, 매끈하고 차가운 유리에 볼을 지그시 눌렀다. 그러자 갑자기 까닭 모를 환희가 덮쳐 와서 자칫 소리내어 웃을 뻔했다. 그녀는 신경이 마치 악기의 현(絃)처럼 음을 조절하는 나사에 걸려 팽팽하게 죄어드는 느낌이었다. 동공이 점점 크게 열리고, 손가락과 발가락이 경련하듯이 실룩샐룩 움직이고, 몸 안 무언가가 호흡을 압박하고, 이 흔들리는 어둠 속 온갖 형태와 소리가 자기를 이상할 만큼 선명히 압도하고 있음을 느꼈다. 갖가지 의혹이 꼬리를 물고 일어났다. 기차는 지금 앞으로 가는 것일까, 뒷걸음질하는 것일까, 그렇지 않으면 완전히 정지한 것일까, 내 옆에 있는 사람은 안누쉬깔까, 그렇지 않으면 남일까? '저 팔걸이에 걸려 있는 것은 가죽 외투일까, 아니면 짐승일까? 여기에 있는 것은 정말 나? 나 자신일까? 아니면 다른 사람일까?' 그녀는 이대로 어떤 사물에 마음을 빼앗겨 자기 자신을 잊어버리는 것이 두려웠다. 그러나 무언가가 그녀를 그쪽으로 끌어당겼다. 게다가 그녀는 자기 의지 하나만으로 그것에 몸을 맡길 수도, 자제할 수도 있었다. 그녀는 정신을 차리기 위해 일어섰다. 다리를 덮고 있던 모포를 걷어 젖히고 방한망토도 끌렀다. 순간 그녀는 제정신이 들었다. 때마침, 단추가 떨어진 난징 무명의 긴 외투를 입은 수척한 사내가 난방 담당자로 온도계를 보러 왔다는 것도, 바람과 눈이 그 뒤에서 문 안으로 휘몰아쳐 들어온 것도 똑똑히 알았다. 그러나 이내 또 모든 것이 흐릿해졌다…… 예의 사내는 벽에 있는 무언가를 긁어 내기 시작했고, 한 부인은 찻간 가득히 두 발을 쭉 뻗어 객차 안을 먹구름으로 뒤덮었다. 그때 누군가를 찢어발기기라도 할 것처럼 요란하게 삐걱거리고 부딪치는 소리가 들리기 시작했다. 갑자기 빨간 불이 눈을 부시게 하더니 모든 것이 벽 속에 숨고 말았다. 안나는 깊은 수렁으로 떨어지는 기분을 느꼈다. 그러나 조금도 무섭지 않았고 오히려 유쾌할 정도였다. 방한구를 입고 눈투성이가 된 한 사람의 목소리가 그녀의 귓가에 뭐라고 외쳤다. 그녀는 몸을 일으키고 정신을 차렸다. 그녀는 기차가 어느 역에 도착하면서 차장의 목소리가 들린 것을 알았다. 그녀는 안누쉬까에게 금방 풀어놨던 망토와 스카프를 달라고 하여 그것을 걸치고 문으로 향했다.

"밖으로 나가시려고요?" 안누쉬까가 물었다.

"그래, 바깥바람 좀 쐬려고. 여긴 너무 더우니까." 그녀는 문을 열었다. 눈보라가 그녀를 향해 휘몰아쳐 문을 사이에 두고 안나와 밀고 당기기를 했는데 그녀에게는 그것도 재미있었다. 그녀는 문을 밀어젖히고 밖으로 나왔다. 바람은 마치 그녀를 기다렸다는 듯이 즐겁게 울부짖으며 그녀를 휩쓸어 채가려고 했다. 그녀는 한 손으로 차디찬 난간을 붙들고 다른 손으로 옷을 움켜잡으면서 플랫폼으로 내려가 객차 뒤로 몸을 숨겼다. 바람이 승강구에서는 거세었지만 플랫폼은 잠잠했다. 그녀는 눈 섞인 얼어붙은 바깥 공기를 즐거운 듯이 한껏 들이마시고는, 열차 옆에 서서 플랫폼과 등불을 환하게 밝힌 정거장을 둘러보았다.

30

맹렬한 눈바람은 열차 바퀴 사이로 쉭쉭거리며 불어와 정거장 구석구석의 기둥을 휘감으며 빠져나갔다. 열차, 기둥, 사람, 눈에 보이는 것들마다 모두 한쪽에서 휘몰아쳐 오는 눈에 덮여 차츰차츰 파묻혔다. 눈보라는 이따금 잠깐씩 그치기도 했으나, 곧바로 마주 보고 서 있기 어려울 정도로 또다시 세차게 불어닥쳤다. 그런 가운데서도 어떤 사람들은 쾌활하게 이야기를 주고받으면서 플랫폼 널빤지를 쿵쿵거렸고, 끊임없이 큼직한 문을 열었다 닫았다 하면서 뛰어다녔다. 허리가 구부정한 사람의 그림자가 그녀 발밑으로 미끄러지듯 스쳐 지나가는가 싶었는데, 쇠를 두드리는 망치 소리가 들렸다. "전보를 줘!" 성난 목소리가 건너편 사나운 어둠 속에서 울렸다. "이쪽으로 건너와! 28호 차야!" 이외에도 다양한 목소리들이 오고 가며, 눈에 덮여 하얘진 사람들이 뛰어갔다.

불붙인 담배를 입에 문 두 신사가 그녀 옆을 지나갔다. 그녀는 신선한 공기를 마음껏 들이마시기 위해 다시 한 번 크게 심호흡했다. 슬슬 차내로 돌아가려고 승강구의 난간을 붙잡기 위해 머프에서 손을 뺐을 때, 바로 옆에 서 있던 군인 외투를 입은 사내가 흔들리는 램프 불빛 사이로 끼어들었다. 문득 돌아본 그녀는 곧바로 브론스끼를 알아보았다. 그는 모자 차양에 손을 대고 그녀에게 인사했다. 그리고 무언가 필요한 것이 없는지, 도움이 될 만한 일은 없는지 물었다. 그녀는 상당히 오랫동안 아무 대꾸도 하지 않고 그를 찬찬히 주시했다. 그가 그림자 속에 있음에도 그의 표정과 눈빛을 읽을 수 있었다. 아니 그런 느낌이 들었다. 그것은 어제 그녀 마음을 그토록 흔들었던 공손한 찬사와 환희의 표정과 완전히 똑같았다. 요 며칠 동안 몇 번이고, 아니 방금도 그녀는 이렇게 생각했다. 브론스끼 따위는 자기에게 어디서나 숱하게 만날 수 있는 흔한 젊은이들 가운데 하나일 뿐이라고. 그러나 막상 지금 이렇게 그와 만난 첫 순간부터 그녀를 사로잡은 것은 기쁘고 자랑스러운 감정이었다. 그녀로서는 그가 어째서 이런 곳에 와 있는지 물어볼 필요도 없었다. 대답을 듣지 않아도, 그가 그저 그녀 곁에 있기 위해서 여기까지 온 것임을 분명히 알고 있었다.

"당신이 타고 있을 줄은 몰랐어요. 어째서 이 기차에?" 안나는 난간을 붙잡으려던 손을 내리고 말했다. 그녀 얼굴은 억누를 수 없는 기쁨과 생기로 빛났다.

"어째서 이 기차에 탔느냐고요?" 그는 그녀 눈을 똑바로 응시하며 되풀이했다. "당신이 계신 곳에 함께 있고 싶어서 왔습니다." 그가 말했다. "도저히 오지 않을 수 없었습니다."

그때 마침 바람이 마치 장애물을 이겨내기라도 한 듯이 열차 지붕에 쌓인 눈을 휙 흩뿌렸고, 어디선가 철판이 벗겨지면서 덜그럭덜그럭 소리를 냈다. 앞쪽에서는 기관차의 굵은 기적 소리가 울부짖듯 음산하게 포효하며 울려 퍼졌다. 눈보라의 맹위가 지금의 그녀에게는 그 어떤 것보다 한층 멋지게 느껴졌다. 그는 그녀가 마음속으로 바라면서 이성으로는 두려워하던 바로 그 말을 입에 담았던 것이다. 그녀는 아무 대답도 하지 않았지만, 그는 그 얼굴에서 마음의 갈등을 읽었다.

"만약 제 말이 불쾌하셨다면 용서하십시오." 그가 공손히 말을 이었다. 그의 말은 점잖고 정중하기는 했으나, 그녀가 오랫동안 아무 대답할 수 없을 만큼 그 어조는 야무시고 집요했다.

"당신이 말씀하신 것은 옳지 않아요. 부탁입니다. 만약 당신이 좋은 분이시라면 부디 방금 말씀하셨던 것은 잊어 주세요. 저도 잊을 테니까요." 그녀는 간신히 이렇게 말했다.

"당신의 말씀 한 마디 한 마디, 몸짓 하나하나를 나는 영원히 잊지 않을 겁니다. 결코 잊지 못합니다……."

"이제 그만, 그만 하세요!" 그녀가 엄격한 표정을 지으려고 헛되이 애쓰면서 외치자, 그는 탐욕스런 눈빛으로 그녀의 얼굴을 들여다보았다. 안나는 차가운 난간을 붙잡고 승강구에 올라 재빨리 객차 입구로 들어갔다. 하지만 그 좁은 입구에서 방금 일어났던 일을 머릿속으로 곱씹으면서 발을 멈췄다. 자기의 말도 그의 말도 잘 생각나지 않았지만, 그녀는 그 잠깐의 대화가 두 사람의 거리를 단번에 좁혔음을 본능적으로 알았다. 그녀는 그것에 놀라면서도 행복했다. 그녀는 한동안 가만히 서 있다가 차내로 들어가 자기 자리에 앉았다. 처음부터 그녀를 괴롭히던 긴장된 심리 상태가 다시 살아났을 뿐만 아니라 더한층 증대되어, 마침내는 너무나 부풀어오른 나머지 가슴속에서 터져버리지나 않을까 걱정스러울 정도였다. 그녀는 밤새 한잠도 자지 못했다. 그러나 그 긴장감과 그녀의 가슴을 가득 채운 상상 속에는 조금도 불쾌하거나 음울한 그림자가 없었다. 오히려 어쩐지 마음을 들뜨게 하고, 뜨겁고, 강렬한 무언가가 있었다. 새벽녘에 의자에 걸터앉아 졸던 안나가 눈을 떴을 때, 벌써 날이 환하게 밝아 있었고, 기차는 뻬쩨르부르그에 거의 도착한 상태였다. 그러자 이내 집과 남편, 아들, 그리고 오늘부터 앞으로 기다리고 있을 온갖 일들에 대한 걱정이 갑자기 머릿속에 떠올랐다.

뻬쩨르부르그 역에 기차가 멈추자 그녀는 찻간에서 나왔다. 맨 처음 그녀의 주의를 끈 것은 남편 얼굴이었다. '아아, 어머나! 저이 귀는 어째서 저렇게 생겼을까?' 그녀는 그의 차분하고 당당한 풍채 그 가운데에서도 갑자기 이상하게 느껴진 둥근 모자의 테를 받치고 있는 귀 연골 부분을 보면서 생각했다. 그녀를 발견한 그는 언제나처럼 입술에 비웃는 듯한 미소를 띠며 큼직하고 흐리멍덩한 눈으로 그녀를 똑바로 바라보면서 걸어왔다. 가만히 이쪽을 바라보는 그의 완강하고 탁한 시선을 받자, 어떤 불쾌한 감정이 그녀의 가슴을 억눌렀다. 마치 그녀가 상상했던 남편과는 전혀 다른 사람이기라도 한 것처럼. 특히 그녀를 놀라게 한 것은 남편을 만난 순간 느낀 자기에 대한 불만이었다. 사실 이것은 그녀가 남편과의 관계에서 오래전부터 경험해 왔던 익숙한 감정으로, 위선과도 닮은 친숙한 것이었다. 그러나 지금까지 이런 감정을 알아채지 못했지만, 이제는 아릴 정도로 고통스럽고 분명하게 의식했다.

"그래, 어때? 착한 남편이지? 결혼 이듬해인 양 상냥한 남편이 당신을 보고 싶어 참지 못하고 이렇게 마중 나왔으니." 그는 느릿느릿하고 가느다란 목소리로 말했다. 그것은 그가 그녀를 대할 때마다 늘 쓰는 어조로, 실제로 그렇게 말하는 사람을 상상하며 바보 취급하는 말투였다.

"세료쥐아는 잘 있어요?" 그녀가 물었다.

"그게 보답 전부야?" 그가 말했다. "이렇게 열렬히 마중 나왔는데? 뭐, 그야 잘 있지……."

31

브론스끼는 밤새 잠을 청하려고도 하지 않고 똑바로 자리에 앉아 앞쪽을 쳐다보다 때로는 드나드는 사람들을 흘깃거리기만 했다. 이제까지 그는 태연하고 침착한 태도로 일면식도 없는 사람들을 놀라게 하고 안절부절못하게 했지만, 지금의 그는 더한층 오만하고 자신만만하게 보였다. 사람을 보는 눈도 마치 물건을 대하는 듯했다. 지방법원에서 근무하는 신경질적인 젊은이가 그와 마주 앉아 있었는데, 이러한 그의 태도에 부아가 나서 참을 수 없었다. 청년은 자기가 물건이 아니라 사람이라는 것을 가르쳐 주기 위해, 그에게 담뱃불을 청하기도 하고 말을 걸고 심지어 그를 쿡쿡 찌르기까지 했다. 그래도 상대가 여전히 자기를 등불 보듯이 멍청히 바라보자, 진절머리가 나서 얼굴만 찌푸릴 뿐이었다. 청년은 인간 취급도 못 받는 압박감에 자제력을 잃을 것 같아 잠도 오지 않았다.

브론스끼는 아무것도, 누구도 눈에 들어오지 않았다. 그는 마치 황제라도 된 기분이었다. 그것은 자기가 안나에게 깊은 인상을 남겼다고 믿었기 때문이 아니라(그는 아직 확신할 수 없었다), 안나가 그에게 준 인상이 행복과 자신감을 선사했기 때문이었다.

이 모든 것의 결과가 어찌 될지 그는 알지 못했고 생각해 보지도 않았다. 다만 오늘날까지 아무 목적 없이 낭비해오던 자기의 온 힘이 하나로 뭉쳐, 무서운 기세로 하나의 행복한 목적을 향해 약진하기 시작하는 느낌이었다. 그는 그것이 기뻤다. 그가 아는 것이라곤 그저 자기가 그녀에게 진실을 말했다는 것뿐이었다. 그는 그녀가 있기 때문에 여기 왔으며, 이제 그녀를 보고 그 목소리를 듣는 것에서 인생의 온갖 행복과 살아가는 유일한 의미를 찾을 수 있다고 진심으로 생각했다. 그래서 소다수라도 마시려고 볼로고보 역에서 내렸다가 안나를 보았을 때, 무의식중에 그가 마음속 생각을 제일 먼저 그녀에게 전했던 것이다. 그는 그것을 그녀에게 고백했다는 사실과, 그녀가 이제는 그것을 알고 그것에 대해 생각하게 된 사실이 기뻤다. 그는 온밤을 뜬눈으로 지새웠다. 자기 찻간으로 되돌아온 그는 줄곧 그녀를 만났을 때 광경과 그녀가 했던 얘기를 끊임없이 하나하나 되새겨 보았다. 그러자 앞으로 일어날지 모를 몇 폭의 그림이 떠올라 심장이 얼어붙는 것 같았다.

뻬쩨르부르그에 도착하여 기차에서 내린 브론스끼는 한잠도 자지 않았음에도 마치 냉수욕을 한 뒤처럼 생생하고 상쾌했다. 그는 자기 찻간 옆에서 발을 멈추고 그녀가 나오기를 기다렸다. '한 번 더 봐야겠다.' 그는 자신도 모르게 웃으면서 속으로 생각했다. '그녀의 걸음걸이와 얼굴을 봐야겠어. 틀림없이 무슨 말이 있겠지. 머리를 돌리고 이쪽을 보며 방긋 웃어줄지도 몰라.' 그러나 그가 그녀를 발견하기도 전에, 역장의 공손한 안내를 받으며 군중 사이를 걸어오는 그녀의 남편을 보았다. '아아, 그렇다! 남편이다!' 그제야 비로소 브론스끼는 남편이라는 존재가 그녀와 결부되어 있다는 사실을 똑똑히 의식했다. 그는 그녀에게 남편이 있다는 것을 알고는 있었지만 지금까지는 어쩐지 그 존재를 믿지 않았다. 그러나 지금 그 독특한 머리와 어깨, 검은 바지를 입은 다리를 가진 실제 남편을 보고, 특히 그 남편이 마치 자기 소유물이라는 듯 태연히 그녀의 손을 잡는 모습을 보고, 처음으로 확실히 그의 존재를 느끼게 되었다.

약간 등이 굽은 듯하지만 과연 뻬쩨르부르그 사람다운 말쑥한 얼굴에, 둥근 모자를 쓴 엄격하고 자신감 넘치는 태도의 까레닌을 보자, 브론스끼는 그라는 존재를 실감함과 동시에 불쾌감을 맛보았다. 마치 갈증으로 죽을 것 같던 사람이 겨우 샘에 이르러 보니, 물 속에 이미 개나 양, 돼지 같은 동물들이 들어가 샘물을 마시거나 휘젓는 것을 보았을 때의 느낌과 비슷했다. 무딘 다리를 허리째 뒤트는 듯한 까레닌의 걸음걸이는 유달리 브론스끼 비위를 거슬렀다. 그는 그녀를 사랑할 절대적인 권리를 가진 자는 오직 자기뿐이라고 생각하고 있었다. 그러나 그녀는 변함 없이 그대로였다. 그는 그녀의 모습을 보기만 해도 그의 육체에 활기를 북돋아 정신적으로 고무되었고, 그의 영혼을 행복감으로 채우면서 완전히 사로잡았다. 그는 2등칸에서 내려, 달려온 독일인 하인에게 짐을 받아서 먼저 가도록 일러 놓고 그녀에게 다가갔다. 부부 재회를 지켜 보던 그는 사랑에 빠진 남자의 날카로운 육감으로 그녀가 남편과 얘기를 주고받는 모습에 다소 서먹서먹함이 있음을 알아챘다.

'아니, 그녀는 남편을 사랑하지 않는다. 사랑할 리 없지.' 그는 혼자서 이렇게 단정해 버렸다.

브론스끼가 아직 안나 쪽으로 가기도 전에, 그녀가 등 뒤에서 다가오는 그를 느꼈는지 힐끔 돌아보다 그의 존재를 확인하고는 다시 남편 쪽으로 얼굴을 돌렸다. 그는 몹시 기뻤다.

"어젯밤은 편히 주무셨습니까?" 이렇게 말하면서 브론스끼는 그녀와 남편에게 동시에 인사했다. 인사의 의미는 남편의 해석에 맡기고, 자기가 누구인지 알든 모르든 아무래도 좋다고 생각했다.

"감사합니다. 덕분에 정말 잘 잤어요." 그녀가 말했다.

그녀 얼굴은 피곤해 보였다. 평소와 같은 미소나 눈동자에 흘러넘치던 생기의 불꽃은 그림자도 찾아볼 수 없었다. 그러나 그를 쳐다본 찰나에는 그 눈 속에 일순간 번뜩이는 것이 있었다. 그 불꽃은 곧 꺼졌지만 그는 그 순간 때문에 행복했다. 그녀는 남편이 브론스끼를 아는지 확인하기 위해 남편을 쳐다보았다. 까레닌은 그가 누군지 기억을 더듬어 보면서 못마땅한 눈으로 브론스끼를 바라보고 있었다. 브론스끼의 침착하고 자신만만한 태도가 까레닌의 냉엄한 자신감과 정면으로 맞부딪쳤다.

"브론스끼 백작이이에요." 안나가 말했다.

"아아, 전에 뵌 적이 있죠." 까레닌은 손을 내밀면서 냉랭하게 말했다. "갈 때는 자당과 같이 가고, 올 때는 아드님하고 같이 온 셈이로군." 그는 적선이라도 하듯이 한 마디 한 마디 또박또박 발음했다. "휴가에서 돌아오는 길인가 보군요?" 그는 이렇게 말하고 대답도 기다리지 않고 예의 농담조로 아내에게 물었다. "어때, 모스끄바에선 헤어질 때 눈물깨나 흘렸겠군그래?"

그는 아내에게 몸을 돌리면서 지금은 방해받고 싶지 않다는 뜻을 넌지시 브론스끼에게 전했다. 그리고 다시 한 번 상대 쪽으로 돌아서서 모자에 손을 얹었으나, 브론스끼는 안나에게 말을 걸었다.

"댁에 초대해 주신다면 영광이겠습니다." 그가 말했다.

까레닌은 게슴츠레한 눈으로 브론스끼를 흘끗 쳐다봤다.

"네, 환영합니다." 그는 냉담한 어조로 말했다. "우리 집에선 매주 월요일마다 손님을 맞기로 되어 있으니까요." 그런 다음 그는 브론스끼를 완전히 무시하며 아내에게 말했다. "정말 운 좋아서 한 30분쯤 당신을 마중 나올 시간을 낼 수 있었지. 그래서 당신에게 이처럼 다정한 내 마음을 보일 수 있게 된 거야." 그는 여전히 농담 섞인 어조로 말했다.

"당신은 툭하면 그 다정함을 강조해서, 내가 고맙게 여기길 바라는 거죠." 그녀도 그들 뒤를 따라오는 브론스끼 발소리에 무의식적으로 귀를 기울이면서 똑같이 농담조로 말했다. '아아, 신경쓰지 말자' 하고 생각한 그녀는 남편에게 자기가 없는 동안 세료쥐아가 어떻게 지냈는지 물었다.

"아, 정말 신통해! 마리예뜨 말론 아주 얌전했다는군. 그리고…… 당신이 들으면 좀 섭섭할지 모르지만…… 당신이 없어도 그 애는 당신 남편만큼도 쓸쓸해하지 않던걸. 그리고 다시 한 번 감사해, 당신이 하루빨리 와 준 것 말이야. 우리 귀여운 사모바르*14 여사도 분명 매우 기뻐할 거야(유명한 백작부인 리지야 이바노브나는 언제나 무슨 일에든 곧잘 열을 올리고 흥분하기 때문에, 그가 붙여 준 별명이었다). 온통 당신 얘기만 묻는다니까. 한마디 충고하자면 오늘 안으로 찾아가 보는 게 좋을 거야. 아무튼 그녀는 무슨 일이든 걱정을 사서 하니까 말이지. 지금은 그 온갖 걱정거리 말고도 오블론스끼 부부를 화해시키는 문제로 속을 태우고 있어."

리지야 이바노브나 백작부인은 까레닌의 친구로, 그녀도 남편의 연줄을 통해서 매우 친근한 관계를 맺고 있는 뻬쩨르부르그 사교계에 속한 어느 한 단체의 중심인물이었다.

"네, 그분에게는 이미 편지를 했어요."

"그렇지만 그녀는 뭐든 자세히 알고 싶어 하는 사람이잖아. 그러니 피곤하지 않으면 한번 찾아가 봐. 자, 당신은 꼰드라찌의 마차로 돌아가. 난 지금부터 위원회에 가야 해. 오늘부턴 혼자 식사하지 않아도 되겠군." 까레닌은 이미 농담조를 거두었다. "당신은 믿지 않을지도 모르지만 습관이란 게 한번 붙으면……."

그는 오랫동안 그녀의 손을 꽉 쥐고 일종의 특별한 미소를 띠면서 그녀를 부축하여 마차에 태웠다.

32

집에서 안나를 맞이한 첫 얼굴은 아들이었다. 아이는 가정교사의 고함 소리에도 아랑곳없이 계단을 뛰어내려오면서 기뻐서 어쩔 줄 몰라 하며 외쳤다. "엄마, 엄마!" 아이는 그녀의 앞까지 달려와서 목에 매달렸다. "그것 봐, 내가 어

---

*14 러시아의 물주전자.

머니라고 그랬잖아!" 아이는 가정교사에게 소리쳤다. "난 다 알고 있었다니까!"

그러나 이 아들도 남편과 마찬가지로 안나의 가슴에 실망 비슷한 감정을 불러일으켰다. 그녀는 실제보다 훌륭하게 아들을 상상하고 있었다. 그래서 그녀는 있는 그대로의 아들로 만족하기 위해, 기준을 현실수준으로 끌어내려야만 했다. 하지만 금발 고수머리에 파란 눈, 균형 잡힌 통통한 발을 꼭 맞는 양말로 감싼 아들은 있는 그대로도 아주 귀엽고 아름다웠다. 안나는 아들이 바로 옆에서 응석부리는 것만으로도 거의 육체적인 쾌락에 가까운 환희를 맛보았으며, 그 순진하고 믿음이 가득한 사랑스러운 눈동자를 보고 순수한 질문을 들으며 정신적인 안식마저 느꼈다. 안나는 돌리의 아이들이 준 선물을 꺼내면서, 아들에게 모스끄바에는 따냐라는 영리한 여자애가 있는데 읽기를 매우 잘하고 심지어는 다른 아이들에게 책 읽는 법을 가르쳐 주기까지 한다고 들려줬다.

"그럼, 내가 그 애보다 못하다는 거야?" 세료쥐아가 물었다.

"엄마한텐 우리 아들이 이 세상에서 제일 훌륭하단다."

"나도 알아." 세료쥐아가 빙그레 웃으면서 말했다.

안나가 미처 커피도 다 들기 전에 벌써 리지야 이바노브나 백작부인이 찾아왔다는 전갈이 왔다. 리지야 부인은 건강하지 못한 누르께한 얼굴에, 사려 깊은 검고 아름다운 눈의 키 크고 뚱뚱한 부인이었다. 안나는 그녀를 사랑했지만, 오늘은 어째서인지 전에 없이 그녀의 결점에만 눈이 갔다.

"그래, 어떻게 됐어요, 안나. 경사스럽게 월계수 가지를 들고 개선했어요?" 백작부인은 방으로 들어서기가 무섭게 물었다.

"네, 깨끗이 해결됐어요. 사실 우리가 생각했던 것처럼 그렇게 큰일도 아니었어요." 안나가 대답했다. "애당초 제 올케는 너무 고지식하다니까요."

그러나 리지야 백작부인은 자기와 아무런 관계가 없더라도 무슨 일에든 흥미를 보이지만, 자기가 흥미를 보인 일에 대한 남의 이야기도 절대 귀담아듣지 않는 버릇이 있었다. 그녀는 안나의 말을 가로챘다.

"그래요, 이 세상에는 정말 슬픔도 괴로움도 끝이 없다잖아요. 그렇지 않아도 오늘 난 아주 지쳐 버렸어요."

"아니, 어째서요?" 안나는 웃음을 억누르며 물었다.

"난 요즘 진리를 위해 싸우는 데 지치기 시작했어요. 때로는 아주 완전히 나사가 풀리기도 해요. 그 자매 협회(이것은 박애적, 애국적, 종교적인 성격의 시설이었다) 사업도 시작은 정말 순조로웠어요. 하지만 회원들이 그 모양이니 잘될 리가 없죠." 리지야 부인은 조소하면서 체념 어린 표정으로 덧붙였다. "그들은 아이디어를 하나 붙잡았다 싶으면 순식간에 그것을 엉망으로 만들어 버리고는, 나중에 가서 이러니저러니 쓸데없는 소리만 끝도 없이 늘어놓는다니까요. 댁의 남편을 포함한 두세 사람만이 그 사업의 의미를 명백히 이해하고 있고, 나머지는 그저 발목만 붙잡고 있을 뿐이에요. 어제도 쁘라브진이 편지를 보내왔는데……"

쁘라브진은 외국에 나가 있는 유명한 범슬라브주의자였다. 리지야 부인은 그의 편지 내용에 대해 이야기를 늘어놨다.

그러고 나서 백작부인은 여러 가지 불쾌한 일과 교회 통합을 반대하는 음모에 대해 좀 더 이야기하고 나서, 오늘은 또 어떤 단체의 집회와 슬라브 위원회에 참석해야 한다며 허둥지둥 돌아갔다.

'생각해 보면 지금까지 줄곧 모든 것들이 이와 똑같았어. 이전에는 어째서 미처 알아채지 못했을까?' 안나는 자문했다. '그렇지 않으면 저분이 오늘 유달리 짜증이 났던 걸까? 하여튼 정말 우스워. 저분 목적은 선행이고 더구나 저분은 크리스천인데, 노상 저렇게 화만 내고 줄곧 적만 만드니 말이야. 더욱이 그게 또 모두 기독교와 선행 때문에 생겨난 적이거든.'

리지야 부인이 돌아간 뒤, 이번에는 안나의 친구인 어느 장관 부인이 찾아와서 뻬쩨르부르그의 온갖 소식을 시시콜콜 지껄였다. 3시가 되자 그녀는 만찬 때까지는 오겠다고 약속하고 돌아갔다. 남편은 관청에 나가 있었다. 혼자 남게 된 안나는 만찬 전까지 아들이 식사하는 자리에 같이 있어 주고(아들은 언제나 따로 식사를 했다), 짐을 정리하고, 책상 위에 쌓여 있던 편지나 쪽지를 읽고 답장을 썼다.

안나가 돌아오는 길에 느꼈던 까닭 없는 부끄러움과 혼란은 깨끗이 사라지고 없었다. 익숙한 생활로 돌아오자, 그녀는 또다시 견실하고 나무랄 데 없는 자기 자신을 되찾은 것 같았다. 그녀는 어제 자신이 느꼈던 기분을 생각하면 어이가 없을 뿐이었다. '대체 무슨 일이 있었다는 거야? 아무 일도 없었잖아. 브론스끼가 쓸데없는 소릴 했지만 그것은 간단히 해결할 수 있고, 내 대응도 적절했어. 그것을 남편에게 얘기할 필요도 없고 해서도 안 돼. 얘기하면, 전혀 중요치 않은 일을 일부러 크게 부풀리는 꼴이니까.' 그녀는 언젠가 뻬쩨르 부르그에서 남편의 젊은 부하 직원이 그녀에게 고백 비슷한 것을 해서 그것을 남편에게 애기했던 일을 떠올렸다. 그때 남편은, 세상을 살다 보면 어느 부인이나 그런 비슷한 경험을 하는 법이다, 그러나 자기는 그녀를 충분히 믿으니까 쓸데없는 질투를 하거나 해서 그녀와 자기의 품위를 떨어뜨리는 짓은 절대 하지 않는다고 대답했다. '그렇다면 굳이 애기할 필요도 없잖아? 게다가 다행히 별로 애기할 만한 일도 없고.' 그녀는 자기를 향해 그렇게 말했다.

33

까레닌은 4시에 관청에서 돌아왔다. 그러나 늘 그랬듯이 아내에게 들를 시간은 없었다. 곧바로 서재로 가서 기다리고 있던 청원자들을 만나고 비서가 보내온 서류에 서명도 해야 했다. 만찬 손님으로는(까레닌 집안에서는 언제나 서너 명의 손님과 만찬을 같이 했다) 까레닌의 손위 사촌누이와 국장 내외, 취직자리를 알아봐 달라고 부탁받았던 한 젊은이가 모였다. 안나는 그들을 맞기 위해 응접실로 나왔다. 정각 5시, 뾰뜨르 1세의 동상을 본뜬 괘종시계가 다섯 번을 다 치기도 전에, 까레닌이 식사가 끝난 뒤 곧 나가 봐야 한다면서 흰 넥타이에 별모양 훈장을 두 개 단 연미복 차림으로 나타났다. 공적·사적인 일로 매우 바쁜 까레닌의 생활은 분단위로 일정이 짜여 있었다. 그래서 매일의 일과를 무사히 수행하기 위해 시간을 엄격하게 준수했다. '서둘지도 말고, 쉬지도 마라'가 그의 신조였다. 그는 홀에 들어서자 일동에게 인사를 하고 아내에게 웃어 보이면서 얼른 자리에 앉았다.

"이것으로 홀로살이가 겨우 끝났군. 당신은 믿지 않을지 모르겠지만 혼자 식사하는 건 정말 거북한 일이야." 그는 거북하다는 말을 특히 강조했다.

식사하는 동안 그는 아내와 모스끄바 이야기를 간단히 나누고, 자못 빈정거리는 미소를 지으며 오블론스끼의 근황을 물었다. 그러나 대화는 주로 공통 화제인 공무상의 일 또는 사회적인 문제를 중심으로 진행됐다. 남편은 식후 30분 정도 손님들과 보내고 나서, 다시 웃는 얼굴로 아내의 손을 쥐더니 회의에 참석하러 떠났다.

안나는 그날 밤, 그녀가 돌아온 것을 알고 야회에 초대한 베뜨씨 뜨베르스까야 공작부인에게도, 또 좌석을 잡아 뒀던 극장에도 가지 않았다. 그녀가 가지 않은 가장 큰 이유는, 그녀가 기다리고 있던 옷이 완성되지 않았기 때문이었다. 손님들이 떠난 뒤 몸치장을 하려던 안나는 화가 머리끝까지 치밀어올랐다. 많은 돈을 들이지 않고도 세련되게 옷맵시를 낼 줄 아는 그녀는 모스끄바로 떠나기 전에 옷 세 벌을 양장점에 맡겨 두었다. 말끔히 고쳐 티가 절대 나지 않도록 다짐해 두었고, 게다가 이미 사흘 전에 완성돼야 했다. 그런데 돌아와 보니, 두 벌은 전혀 손을 대지도 않은 데다가 개조된 나머지 한 벌도 안나의 주문과는 완전히 딴판이었다. 양재사가 변명하러 와서는 또 자기가 고쳐 놓은 편이 훨씬 더 낫다고 주장했으므로, 안나는 나중에 생각해도 부끄러울 만큼 발끈 열을 올려 버렸다. 그녀는 마음을 가라앉히려고 아들 방으로 가서 저녁 내내 아들과 함께 지냈다. 손수 아들을 재우고는 성호를 긋고 담요로 감싸 주었다. 그녀는 아무 데도 나가지 않고 이렇게 즐거운 밤을 보냈다는 점이 만족스러웠다. 마음이 가뿐하고 조용하게 가라앉았다. 기차 안에서는 그토록 의미 깊게 여겨졌던 것도 모두 사교계에 흔히 있는 시시한 사건의 하나에 지나지 않고, 자기는 누구에게도 또 스스로에 대해서도 조금도 부끄러울 것이 없다고 분명히 인식했다. 안나는 영국 소설을 들고 난로 옆에 앉아서 남편을 기다렸다. 정확히 9시 반에 초인종이 울렸고, 그가 방으로 들어왔다.

"이제 오셨군요!" 그에게 손을 내밀면서 그녀가 말했다.

그는 그 손에 입을 맞추고 그녀 옆에 앉았다.

"대체로 볼 때 당신 여행은 성공이었던 모양이군." 그가 말했다.

"네, 대성공이었어요." 그녀는 그에게 자초지종을 모두 이야기했다. 가는 길에 브론스끼 노부인과 했던 이야기, 도착했을 때의 일과 철도사고, 그리고 처음에는 오라버니를 동정했다가, 나중에는 돌리에게 품었던 동정과 연민에 대해 자세히 얘기했다.

"그런 사람이 용서받을 가치가 있다고는 생각하기 어려운걸. 아무리 당신 오라버니라고는 하지만." 까레닌은 가차없이 말했다. 안나는 빙그레 웃었다. 남편이 굳이 그렇게 말한 것은, 상대가 친척이라도 자기 본심을 서슴없이 표현하는 태도를 일부러 과시하기 위해서였다. 그녀는 남편의 이런 성격을 잘 알고 있었고, 또 그것을 사랑하고 있었다.

"그렇지만 나는 만족해. 모든 일이 무사히 끝났고 또 당신이 돌아와 줘서 말이야." 그는 말을 계속했다. "그건 그렇고, 거기에선 뭐라고들 말하던가? 내가 의회에서 통과시킨 새로운 제도 말이야."

안나는 이 제도에 관해서 아무것도 듣지 못했다. 남편에게는 매우 중요한 일을 까맣게 잊어버린 자신이 부끄러웠다.

"여기에선 정말 굉장한 난리였지." 그는 만족스러운 미소를 띠고 말했다.

그녀는 남편이 이 건에 대해서 무언가 좋은 소식을 그녀에게 알리고 싶어 한다는 것을 알아채고 대화의 물꼬를 트기 위해 여러 가지 질문을 던졌다. 그는 또다시 만족스럽게 웃으며, 이 새로운 제도를 통과시킨 뒤 얼마나 우레와 같은 박수갈채를 받았는지 이야기했다.

"정말, 정말 기뻤어. 마침내 우리나라에서도 이 문제에 관한 합리적이고 확고한 견해가 성립되어 가고 있다는 증거니까 말이야."

크림을 바른 빵을 곁들여 두 잔째 차를 마시고 난 뒤, 까레닌은 서재로 가려고 일어났다.

"그래, 오늘은 아무 데도 가지 않았나? 틀림없이 지루했겠군그래?" 그가 말했다.

"아니요, 전혀요." 안나도 이렇게 대답하고 일어서서 홀을 지나 서재까지 남편과 함께 걸었다. "지금 무엇을 읽고 계시죠?" 그녀가 물었다.

"릴 공작의 「지옥의 시」야." 남편이 대답했다. "정말 훌륭한 책이지."

안나는 사랑하는 사람의 결점을 보고 따뜻하게 미소 지을 때처럼 빙긋 웃었다. 그리고 남편의 팔 밑으로 손을 넣어 팔짱을 끼고 그를 서재 문까지 배웅했다. 그녀는 밤마다 책을 읽는 그의 습관을 잘 알고 있었다. 게다가 남편은 관청일로 거의 모든 시간을 빼앗기면서도, 훌륭한 책들을 모두 탐독하여 지적 세계에 나타나는 저명한 현상 전부를 섭렵하는 것을 자기 의무로 여기고 있었다. 실제로 그가 흥미를 두는 분야는 정치와 철학과 신학이며, 예술은 그와 전혀 인연 없는 세계임에도, 아니 오히려 그 때문에 더욱 예술 분야에서 평판 있는 책은 무엇 하나 놓치지 않고 모두 읽는다는 사실을 그녀는 알고 있었다. 또 정치, 철학, 신학 영역에서는 남편이 의문을 품거나 연구도 하지만, 예술이나 시, 특히 그가 전혀 이해하지 못하는 음악에 대해서는 오히려 분명하고 확고한 입장을 견지한다는 것도 알고 있었다. 그는 셰익스피어며 라파엘로며 베토벤을 즐겨 논했고, 시나 음악의 새로운 유파의 의미를 이야기하는 것을 좋아했다. 그러한 것들은 그의 머릿속에서 극히 명확한 원리에 따라 분류되어 있었다.

"그럼, 재밌게 보세요." 안나가 서재 문 옆에서 말했다. 서재에는 벌써 안락의자 옆에 독서용 램프가 켜 있었고 물병이 준비되어 있었다. "난 모스끄바에 편지를 써야겠어요."

그는 그녀의 손을 쥐고 다시 한 번 입을 맞췄다.

'역시 좋은 분이야. 마음이 곧고 착하고, 자기 분야에서는 훌륭한 전문가이고.' 자기 방으로 돌아온 안나는, 마치 누군가 그를 비난하고 사랑할 가치가 없다고 얘기하여, 그를 변호하는 어조로 혼잣말했다. '그렇지만 어째서 저이 귀는 저렇게 툭 튀어나왔을까! 머리를 너무 짧게 자른 탓일까?'

정각 12시, 안나가 돌리에게 보낼 편지를 쓰느라 여전히 책상 앞에 앉아 있을 때, 규칙적으로 실내화 소리가 들려왔다. 목욕하고 머리를 깨끗이 빗은 까레닌이 겨드랑이 밑에 책을 낀 채 들어왔다.

"슬슬 잘 시간이야." 그는 의미심장한 미소를 지으면서 이렇게 말하고는 침실로 갔다.

'그분은 도대체 무슨 권리로 남편을 그렇게 봤을까?' 안나는 까레닌을 바라보던 브론스끼의 눈초리를 떠올리면서 생각했다.

그녀는 옷을 갈아입고 침실로 들어갔다. 그러나 지금의 그녀에게선 모스끄바에서 머무는 동안 그 눈과 미소에서 그토록 넘쳐 흐르던 생기가 자취를 감추었을 뿐만 아니라, 오히려 반대로 그녀 안의 불꽃이 꺼졌거나 혹은 어딘가로 깊숙이 숨어 버린 것 같았다.

34

뻬쩨르부르그를 떠나면서 브론스끼는 모르스까야 거리에 있는 자기의 큰 집을 친구이자 마음이 맞는 동료인 뻬뜨리쓰끼에게 맡겨 두었다.

뻬뜨리쓰끼는 젊은 중위로, 그다지 가문이 좋은 사내도 아니고 부자도 아닐 뿐더러 대추나무에 연 걸리듯 빚을 지고 있었다. 밤만 되면 으레 술에 잔뜩 취해서 온갖 해괴망측하고 야비한 짓을 저질러 수시로 영창에 들락거리긴 했지만, 그럼에도 동료며 상사들의 귀염을 받는 사내였다. 11시가 지나 역에서 자기 집으로 돌아온 브론스끼는 현관 앞 차도에 낯익은 전세 마차가 서 있는 것을 발견했다. 현관 벨을 누르자, 집 안에서 사내들의 떠들썩한 웃음소리와 여자의 말소리, '만약 어떤 강도놈들일 것 같으면 들여놔선 안 돼' 하는 뻬뜨리쓰끼의 고함 소리가 들렸다. 브론스끼는 문을 연 하인에게 자기라고 얘기하지 않도록 일러 놓고 살며시 들머리 방으로 몰래 들어갔다. 뻬뜨리쓰끼의 여자 친구인 쉬르똔 남작부인이 라일락빛 새틴 옷을 입고, 흠치르르한 금발에 볼이 빨간 아름다운 얼굴을 빛내면서, 카나리아처럼 수선스러운 파리 말씨로 온 방을 채우면서 둥근 탁자 앞에 앉아 커피를 끓이고 있었다. 외투도 벗지 않은 뻬뜨리쓰끼와 아마 근무처에서 바로 왔는지 군복차림인 까메로프스끼 기병 대위가 그녀 주위에 자리 잡고 있었다.

"브라보! 브론스끼!" 뻬뜨리쓰끼가 벌떡 일어나면서 외치는 바람에 의자가 뒤로 꽈당하고 넘어졌다. "주인어른이 돌아오셨군! 남작부인, 이 사람에겐 새로 한잔 내려 주세요. 아니, 자네가 돌아오다니 정말 의외야! 이쪽은 자네 서재의 새 장식품이야. 맘에 드나?" 그가 남작부인을 가리키면서 말했다.

"서로 잘 아는 사이지?"

"물론!" 브론스끼는 쾌활하게 웃으며 남작부인의 조그마한 손을 쥐었다. "말할 것도 없이 옛날부터 잘 알지."

"여행에서 돌아오신 거로군요." 남작부인이 말했다. "그럼, 난 이만 실례하겠어요. 내가 방해가 될 테니 바로 떠날게요."

"아니 부인, 당신이 계시는 곳이 곧 당신 집 아니겠습니까." 브론스끼가 말했다. "잘 있었나, 까메로프스끼." 그는 덤덤하게 까메로프스끼 손을 쥐면서 덧붙였다.

"거 봐요, 지금 같은 멋있는 말은 당신 입에선 절대 나올 수 없죠." 남작부인이 뻬뜨리쓰끼를 보며 말했다.

"무슨 그런 말씀을! 식후라면 나도 더 멋들어진 말을 할 수 있답니다."

"하지만 식후엔 아무 소용도 없답니다! 자아, 그럼 커피를 끓일 테니 씻고 옷부터 갈아입으세요." 남작부인은 다시 자리에 앉아 진지하게 새 커피포트의 나사를 돌리기 시작했다. "삐에르, 커피 좀 갖다 주세요." 그녀는 뻬뜨리쓰끼를 평소에 이름 앞 자만 따서 삐에르라고 불렀는데, 거기에는 두 사람의 친밀한 관계가 고스란히 드러나 있었다. "커피를 더 넣어 보게요."

"그랬다가 망치는 것 아니요?"

"걱정하지 마세요, 그런 일은 없어요. 그런데 당신 부인은요?" 남작부인은 갑자기 브론스끼와 친구의 대화를 가로막으며 물었다. "우린 여기에서 당신을 결혼시켜 버렸어요. 부인은 데리고 오셨어요?"

"아닙니다, 남작부인. 난 집시로 태어났으니까 집시로 죽겠습니다."

"어머나, 멋져요, 훨씬 더 근사해요. 자, 손을 이리 주세요."

남작부인은 브론스끼를 놔 주지 않고 농담을 섞어 가면서, 최근에 생각한 자기 인생설계를 털어놓고 그의 조언을 구했다.

"그인 도무지 나와 이혼하려고 하질 않아요! 정말 난 어떡하면 좋을지 모르겠어요(그이란 그녀의 남편이다). 차라리 소송이라도 제기할까 봐요. 당신은 어떻게 생각하죠? 까메로프스끼, 커피를 좀 보고 있어요. 봐요, 넘쳤잖아요. 난 지금 한창 바쁘다고요! 내가 소송을 하려는 이유는, 내 재산을 제대로 지키고 싶기 때문이에요. 내가 그이에 대해 부정을 저질렀다느니 하는 어리석은 수작이 이해가 가세요?" 그녀는 경멸조로 말했다. "그인 그것을 빙자해 내 재산을 가로챌 셈인 거예요."

브론스끼는 이 아름다운 여자의 쾌활한 이야기를 흥미롭게 들으면서, 그녀의 말에 맞장구를 치기도 하고 농담 섞인 조언을 하기도 했다. 말하자면 그는 이런 부인들을 대하는 일반적인 태도를 보였던 것이다. 그가 생각하는 뻬쩨르부르그 세계는 모든 사람이 완전히 상반된 두 부류로 나뉘어 있었다. 한쪽은 저급한 부류였다. 저속하고 미련하고 무엇보다 우스꽝스러운 인간들로, 남편은 정당하게 결혼한 한 사람의 아내만 바라보는 일부일처제를 신봉하고, 처녀는 순결하고 여자는 조신하며, 사내는 사내다워 절도 있고 굳건해야 하며, 사람은 모름지기 자녀를 교육하고 자기가 벌어서 생계를 유지해야 하고 부채는 꼭 갚아야 한다는 등, 온갖 어리석은 윤리를 믿는다. 다른 한쪽은 그들이 모두 속해 있는 진정한 인간의 무리였다. 그들에게 중요한 것은, 우아하고 아름답고 도량이 넓어 대담하고 쾌활하고 온갖 정열에 서슴없이 몸을 던지고, 그 이외의 모든 것을 비웃어 버리는 일이었다.

브론스끼는 처음에는 모스끄바에서 경험한 전혀 다른 세계의 인상 때문에 다소 멍했지만, 곧 익숙하게 신던 신에 발을 밀어 넣듯 이전의 즐겁고 유쾌한 세계로 섞여 들어갔다.

커피는 제대로 끓여지지 않았고 모두에게 물방울을 튀기며 흘러넘쳤지만, 때마침 이 자리에 꼭 필요한 효과를 불러일으켰다. 값비싼 융단과 남작부인의 옷을 적셔 야단법석과 떠들썩한 웃음의 계기를 마련해 준 것이다.

"자아, 이제는 실례해야겠어요. 안 그러면 당신은 세수할 틈도 없겠어요. 이토록 훌륭한 분께 불결이라는 죄를 짓게 하는 것은 내 양심이 허락하지 않으니까요. 그럼 당신의 충고는 그의 목에다 칼을 들이대라는 거죠?

"물론이죠. 그리고 그때 당신의 아름다운 손이 상대의 입술 가까이에 있도록 하십시오. 그러면 그가 당신 손에 입을 맞추고 만사가 다 해결될 테니까요." 브론스끼가 대답했다.

"그럼 오늘 밤 프랑스 극장에서 봐요!" 그녀는 옷자락 스치는 소리를 내면서 사라졌다.

까메로프스끼도 자리에서 일어났다. 브론스끼는 그가 미처 떠나기도 전에 그와 악수만 하고 화장실로 향했다. 그가 씻는 동안, 뻬뜨리쓰끼는 브론스끼가 떠난 뒤 자기 처지가 얼마나 달라졌는지 간단히 이야기했다. 돈은 한 푼도 없었다. 아버지는 한 푼도 주지 않았고 빚도 대신 갚아 주지 않겠다고 언명했다. 한 양복점은 그를 채무 불이행을 이유로 감옥에 집어넣으려 했고 또 다른 양복점도 꼭 소송하겠다고 윽박지르고 있었다. 연대장은 만약 그 같은 추태가 해결되지 않으면 제대할 수밖에 없다고 경고했다. 남작부인에게도 이제 매운 무처럼 딱 질려 버렸는데, 특히 툭하면 돈을 주려는 것이 맘에 들지 않았다. 그리고 또 다른 여자가 한 명 있는데 그녀는 정녕 절세미인으로, 물론 머지않아 브론스끼에게 보여 주겠지만, '왜 그 여자 노예 레베카 같은' 동양적인 엄숙한 스타일의 여인이었다. 베르꼬쉬오프와도 어제 크게 싸웠다. 결투 입회인을 보내려고까지 생각했으나, 물론 아무 일 없이 지나갈 것이다. 하여튼 만사가 다 순조롭고 무척 즐겁게 살고 있다는 이야기였다. 뻬뜨리쓰끼는 친구에게 그 이상 자기 처지를 깊이 파고들 틈도 주지 않고 이런저런 재미있는 소식을 풀어놓기 시작했다. 3년째 산 자기 집의 낯익은 배경 속에서 그만큼 친숙한 뻬뜨리쓰끼의 얘기를 듣는 사이에, 브론스끼는 익숙하고 편안한 뻬쩨르부르그 생활로 돌아왔다는 기분 좋은 쾌감을 맛보았다.

"그럴 리가!" 그는 붉은기가 도는 건장한 목덜미에 물을 끼얹었다가 세면대의 물조절 페달을 놓고 외쳤다. "그럴 리가 있나!" 그는 로라가 밀레예프와 한통속이 되어 페르찐꼬프를 차버렸다는 얘기를 듣고 이렇게 소리쳤다. "그런데도 그는 여전히 바보처럼 헤벌레하고 웃고 다니나? 그럼 브줄루꼬프는 어떻게 하고 있어?"

"아아, 참, 브즐루꼬프 하면 재미있는 얘기가 있지. 이게 아주 걸작이야!" 뻬뜨리쓰끼가 외쳤다. "아무튼 그의 무도열은 대단하다니까. 하여간 특히 궁정 무도회라면 한 번도 빠지지 않아. 그런데 어느 날 대무도회 때 신형 투구를 쓰고 나갔어. 자넨 신형 투구를 본 적이 있나? 정말 근사하고 가벼워. 하지만 그 가격이란…… 어이, 이봐, 계속 들어봐."

"듣고 있어." 브론스끼는 보송보송한 수건으로 몸을 닦으면서 대답했다.

"대공비께서 어떤 대사와 같이 거기를 지나갔는데, 그에게는 불행히도, 마침 두 사람이 신형 투구에 대해 얘기하던 중이었던 거야. 대공비께선 대사에게 신형 투구를 보여주고 싶었어…… 그래 마침, 거기에 우리의 사랑하는 친구가 서 있는 게 아니겠나.(뻬뜨리스끼는 브즐루꼬프가 투구를 쓰고 서 있는 시늉을 해 보였다) 대공비께서 그 투구를 좀 구경하게 이리 달라고 말씀하셨지. 그런데 그자가 건네주질 않는 거야. 이거 어떻게 된 일이야? 모두 그에게 눈짓하기도 하고 턱짓을 하거나 얼굴을 찌푸려 보이기도 했어. 어서 보여드리라고 말해도 건네주질 않고, 얼어붙은 듯이 꼼짝 않고 서 있기만 하는 거야. 어때, 그 꼬락서니가 눈에 선하지? 그러자 한 사내가…… 이름이 뭐라더라…… 아무튼 그 사내가 달려들어 그에게서 투구를 벗기려고 했는데, 그래도 주질 않아! 마침내 그 사내가 억지로 빼앗아 대공비께 드렸어. '이게 바로 그 신형 투구예요.' 대공비께서 말씀하시고 헬멧을 뒤집었더니, 놀랍게도 안에서 배와 사탕이 와르르 쏟아져 나오지 뭔가. 그것도 세 근 가량이나 되는…… 그자는 또 그것을 다 주워 모았다니까, 재미있는 녀석이야!"

브론스끼는 배를 움켜쥐고 웃었다. 그리고 나중에 다른 얘기를 할 때도 이 투구 얘기가 떠오르면, 튼튼하고 가지런한 이를 드러내며 큰 소리로 껄껄거리며 웃었다.

한차례 새로운 소식을 들은 뒤, 브론스끼는 하인의 손을 빌려 군복으로 갈아입고 부대에 귀환 보고를 하러 갔다. 보고를 마치면 형과 베뜨시네 집에 들렀다가 그 밖에도 몇 군데를 방문하여, 앞으로 까레닌 부인을 만날 수 있는 사교계에 뛰어들기 위한 밑준비를 해 둘 생각이었다. 그는 뻬쩨르부르그에서의 습관대로 밤늦게까지 돌아오지 않을 작정으로 집을 나섰다.

제2편

1

겨울이 끝날 무렵, 쉬체르바스끼가에서는 끼찌의 건강 상태를 진단하고 쇠약해진 체력을 회복시킬 방법을 찾기 위해 의사의 협의 진단이 이루어졌다. 그녀는 몹시 앓고 있었다. 봄이 가까워 올수록 건강은 더욱더 나빠졌다. 주치의는 그녀에게 먼저 간유를 처방하고, 다음에는 철분, 그다음에는 질산은 약제를 권했지만 어느 것도 효험이 없었다. 결국 의사는 봄이 되면 외국에서 요양하라고 권유했다. 그래서 유명한 박사의 진단을 한번 받아 보기로 했다. 비교적 젊고 상당한 미남인 그 박사는 먼저 환자를 직접 진찰하게 해달라고 요구했다. 그는 어쩐지 특별한 만족을 느끼는 것처럼 매우 기쁜 듯 다음과 같이 주장했다. 처녀의 수치심이라는 것은 옛 시대의 유물일 뿐이며, 비교적 젊은 남자 의사가 진찰을 위해 젊은 여자의 알몸을 만지는 것도 지극히 자연스러운 일이라는 것이다. 그 까닭은 자기가 날마다 그렇게 해 왔고, 별다른 느낌도 받지 않으며, 딱히 나쁜 생각을 품는 것도 아니기 때문이라는 것이다. 그러므로 처녀의 수치심은 단지 구태의연한 사고의 잔재일 뿐만 아니라, 의사인 자신에 대한 모독이라는 것이다.

가족들은 어쨌든 그의 말을 따를 수밖에 없었다. 의사들이란 같은 학교에서 같은 교재로 배우고 같은 학문을 하는 사람들임에도, 또 어떤 사람들은 이 유명한 박사를 돌팔이라고 얘기했지만, 공작의 집안과 주변에서는 어째선지 이 유명한 박사만이 특별한 방법을 알아 오직 그만이 끼찌를 구할 수 있다고 생각했다. 너무 부끄러운 나머지 아연실색하여 어쩔 줄 모르는 환자를 조심스럽게 청진하고 타진한 뒤, 유명한 박사는 정성껏 손을 씻고 응접실로 돌아와 선 채로 공작과 얘기를 나누었다.

공작은 박사의 이야기를 들으면서 얼굴을 찌푸리고 헛기침을 해댔다. 세상의 쓴맛 단맛을 다 보고 살아온 데다 천치도 환자도 아닌 그는 의술을 믿지 않았다. 더욱이 끼찌의 병의 원인을 충분히 이해하는 사람은 이 아버지밖에 없었기 때문에, 마음속으로는 이런 뻔한 연극이 몹시 못마땅했다. '이런 허풍선이 개 같으니라고.' 그는 속으로 사냥꾼들 사이의 은어로 욕설을 퍼부으면서 딸의 증세에 대해 박사가 쓸데없이 장황하게 늘어놓는 말을 듣고 있었다. 한편 박사 쪽에서도 이 늙다리 귀족에 대한 경멸을 애써 억누르며, 그의 모자란 이해 수준에 맞춰 애써가며 설명해 주는 태도였다. 그는 이 늙은이에게는 얘기해봤자 아무 소용이 없으며, 이 집의 중심은 바로 어머니라고 파악하고, 그녀 앞에서 자기의 재주를 뽐내려는 속셈이었다. 바로 이때 공작부인이 주치의를 데리고 응접실로 들어왔다. 공작은 이 희극이 자기에게 못 견딜 만큼 우습다는 것을 들키지 않으려고 재빨리 자리를 떴다. 공작부인은 넋을 잃고 당황하여 어찌할 바를 몰랐다. 그녀는 끼찌에게 죄의식을 느끼고 있었다.

"자아, 선생님, 우리의 운명을 결정해 주세요." 공작부인이 말했다. "전부 말씀해 주세요." 사실 그녀는 '회복될 희망이 있나요?' 하고 묻고 싶었지만, 입술이 떨려 이 물음을 입 밖에 내놓을 수가 없었다. "어떤가요, 선생님?"

"잠깐 기다려 주십시오, 공작부인. 먼저 동료와 한번 상의하고, 그러고 나서 제 의견을 말씀드리기로 하겠습니다."

"그럼 두 분만 있게 자리를 비켜 드릴까요?"

"좋을 대로 하시지요."

공작부인은 한숨을 쉬며 응접실에서 나갔다.

의사 단둘만 남자, 주치의는 머뭇거리는 어조로 어쩐지 결핵 초기가 아닌가…… 하면서 자기 의견을 말하기 시작했다. 유명한 박사는 그의 이야기를 듣는 도중에 큼직한 금시계를 꺼내어 시간을 확인했다.

"그렇군요. 그러나……."

주치의가 박사의 이야기 중간에 긴장한 듯이 입을 다물었다.

"잘 아는 바와 같이 현시점에서 결핵 초기라고 단정할 수는 없습니다. 폐의 공동(空洞)이 나타나기 전까지는 아무것도 확신할 수 없으니 말이죠. 그러나 물론 의심할 수는 있습니다. 식욕부진이나 신경의 흥분 같은 몇몇 징후는 있으니 말입니다. 여기서 문제는 이거죠. 결핵 초기라고 의심되는 경우, 영양을 유지하려면 어떤 수단을 마련해야 합니까?"

"그렇지만 아시다시피 통상 이런 병세에는 정신적인, 즉 심리적인 원인이 숨어 있는 법인데요." 주치의가 엷은 미소를 띠면서 말을 잘랐다.

"그야, 당연히 그렇죠." 유명한 박사는 또다시 시계를 보며 대답했다. "실례지만, 야우스끼 다리는 준공됐을까요? 아니면 여전히 멀리 돌아가야만 하나요?" 그가 물었다. "아아! 준공됐다고요. 그럼 난 20분이면 갈 수 있겠군요. 그건 그렇고, 결국 영양을 유지하고 신경을 안정시켜야 한다는 말이군요. 이 두 가지는 서로 관련되어 있으니 양쪽을 동시에 치료해 나가야 합니다."

"그러면 외국 요양은?" 주치의가 물었다.

"난 애당초 외국으로 떠나는 덴 반댑니다. 게다가, 만약 지금 우리가 알 수 없는 결핵 초기 증상이 진행중이라면, 외국 요양은 의미가 없습니다. 지금으로서는 영양을 보충하고 부작용이 없는 약을 꼭 복용토록 해야 한다고 생각합니다."

유명한 박사는 소덴수(水)를 써서 치료하는 요법을 설명했는데, 그것을 선택한 주된 이유는 분명히 그것이 아무런 해도 없기 때문이었다. 주치의는 주의 깊게 공손히 귀를 기울여 듣다가 마지막에 이렇게 말했다.

"그렇지만 전지요법에도, 생활 습관을 바꾸고 기억을 자극하는 환경으로부터 멀어진다는 이점이 있습니다. 게다가 또…… 어머니께서도 그러기를 바라시니까요." 그가 말했다.

"아아! 뭐 그렇다면 떠나시면 되겠네요. 다만 그 엉터리 독일 의사들이 무슨 엉뚱한 짓을 할지는 모르죠…… 내 처방만 꼭 지키신다면…… 그럼 어쨌든 다녀오시는 것도 괜찮을 겁니다."

그는 또다시 시계를 들여다보았다.

"오오! 벌써 시간이 됐군." 그는 이렇게 말하며 문 쪽으로 향했다. 유명한 박사는 공작부인에게 한 번 더 환자를 진찰해야겠다고 말했다(예의 일부로 어머니에게 양해를 구한 것이다).

"네? 한 번 더 진찰하신다고요?" 어머니는 겁에 질린 듯이 외쳤다.

"아니, 저어, 몇 가지 더 확인해 볼 점이 있어서 그렇습니다. 부인."

"그럼, 그렇게 하세요." 어머니는 박사를 안내하여 끼찌가 있는 객실로 들어갔다. 바싹 여윈 끼찌는 진찰의 부끄러움과 수치심 때문에 볼을 홍당무처럼 붉히고, 눈에는 이상한 광채를 띠며 방 한가운데 우뚝 서 있었다. 박사가 들어오자, 그녀는 새빨갛게 달아올랐고 눈에는 눈물이 글썽거렸다. 병이니 치료니 하는 이런 소동이 끼찌에게는 정말 어리석고 우습기 그지없었다. 자신을 치료한다는 일이 그녀에게는 깨진 꽃병 조각을 다시 맞추려는 것처럼 우스꽝스러운 짓이었다. 그녀의 마음은 갈기갈기 찢겨 있었다. 그런데 그것을 정제니 산제니 하는 것으로 어떻게 치료한단 말인가? 그러나 어머니를 상심하게 할 수도 없었다. 그렇지 않아도 어머니는 자책감에 빠져 있었다.

"잠깐만 앉아 주실까요, 아가씨." 유명한 박사가 말했다.

그는 웃는 얼굴로 그녀 정면에 앉더니, 맥을 짚었다. 그리고 또다시 지루한 질문을 퍼붓기 시작했다. 그녀는 그의 질문에 대답하다가 갑자기 발끈 화를 내며 일어섰다.

"용서하세요, 선생님, 이런 건 아무리 하셔도 정말 하나도 쓸데없어요. 게다가 선생님께서는 똑같은 것을 세 차례나 되물으시잖아요."

유명한 박사는 동요하지 않았다.

"병적인 흥분입니다." 끼찌가 나가버리자 그는 공작부인에게 말했다. "어쨌든 제 진료는 이것으로 끝났습니다……."

박사는 공작부인을 향해 마치 유달리 총명한 부인을 대하고 있다는 투로 영애의 상태를 학리적으로 설명했고, 마지막으로 아무 필요도 없는 그 물약 복용 방법을 지시했다. 부인이 외국 요양의 필요성을 묻자, 박사는 마치 어려운 질문이라도 받은 것처럼 깊은 생각에 잠겼다. 그리고 마지막에 가서 겨우 결연하게 대답했다. 외국으로 가는 것은 괜찮지만, 엉터리 의사들을 믿지 않도록 조심하고 무슨 일이든 자기와 상담하라는 것이었다.

박사가 떠나자 마치 무엇인가 즐거운 일이라도 일어난 듯한 분위기였다. 어머니는 딸에게 돌아와 명랑하게 웃었고, 끼찌도 기분이 좋은 척했다. 그녀는 요즈음 종종, 아니 거의 언제나 자신을 거짓으로 꾸며야 했다.

"정말 난 건강해요, 어머니. 그렇지만 어머니께서 바라시면 언제든지 떠나요!" 그녀는 여행이 자못 기대된다는 듯이 흥미를 보이려 애쓰면서, 여행 준비에 대해 얘기하기 시작했다.

2

박사가 다녀간 뒤 바로 돌리가 찾아왔다. 그녀는 이날 협의 진단이 있다는 것을 알고 있었다. 그래서 아직 출산한 지 얼마 되지도 않았고(그녀는 늦겨울에 딸을 낳았다) 또 자신도 슬픔과 걱정을 가득 안고 있었음에도, 젖먹이와 아픈 딸을 떼어 놓고 오늘 결정될 끼찌의 운명을 알기 위해 일부러 찾아온 것이었다.

"그래, 어떻게 됐어요?" 그녀는 응접실로 들어오자마자 모자도 벗지 않고 물었다. "두 사람 다 즐거워 보이네요. 그럼, 틀림없이 결과가 좋았군요?"

모녀는 그녀에게 박사의 소견을 전하려 했다. 그러나 박사가 굉장히 유창하고 장황하게 설명했음에도 막상 그 내용을 옮기는 것은 도저히 불가능했다. 이야기할 만한 내용은 그저 외국으로 떠나기로 했다는 것 정도였다.

돌리는 무심코 한숨을 내쉬었다. 그녀의 가장 친한 벗인 여동생이 떠나는 것이다. 게다가 그녀의 생활은 괴로운 일 투성이였다. 남편 오블론스끼와의 관계는 화해한 뒤로 굴욕적이 되고 말았다. 안나가 다시 이어준 부부의 고리는 생각보다 약했다. 가정의 화목도 또다시 똑같은 곳에서 금이 갔다. 이렇다 할 뚜렷한 일이 있었던 것은 아니었지만, 오블론스끼는 좀처럼 집에 붙어 있지 않았고 살림도 거의 언제나 옹색했다. 남편의 불성실에 대한 의심이 끊임없이 돌리를 괴롭혔다. 그녀는 지난번에 경험했던 질투의 괴로움에서 벗어나고 싶은 나머지 이제는 스스로 그러한 의혹을 몰아내려고 애썼다. 이미 한 번 체험했던 질투의 폭발이 두 번씩 반복할 만한 것도 아니고, 설사 남편의 부정을 발견하더라도 처음처럼 그렇게 충격을 받지는 않을 것이다. 그러한 폭로는 이제 그저 가정을 파괴할 뿐이었다. 그래서 그녀는 남편을 경멸하고 무엇보다 그러한 자기의 약한 구석을 얕잡아보면서도, 기꺼이 스스로를 기만하고 있었던 것이다. 그게 아니라도 대가족 특유의 걱정거리가 끊임없이 그녀를 괴롭혔다. 젖먹이의 수유가 잘 안 되거나 유모가 나가 버리는가 하면, 또 이번처럼 어린아이가 앓기도 했다.

"그래, 어떠니, 네 집은?" 어머니가 물었다.

"아, 어머니. 우리 집은 걱정투성이에요. 릴리가 몸이 좋지 않아요. 아무래도 성홍열이 아닌가 싶어 마음이 조마조마해요. 오늘 이렇게 상황을 알아보려 나오긴 했지만, 만일 성홍열이면, 앞으로는 줄곧 집에 꼼짝없이 갇혀서 나올 수도 없을 거예요."

노 공작도 역시 박사가 떠나자 서재에서 나와, 돌리가 자기 볼에다 입을 맞추게 하고 두서너 마디 그녀와 이야기를 나눈 뒤 아내를 향해 말했다.

"어떻게 결정됐어, 가기로 했나? 그러면 난 어쩌지?"

"당신은 집에 계시는 게 좋을 것 같아요." 아내가 말했다.

"그게 낫다면야."

"어머니, 아버지께선 어째서 같이 가실 수 없으시죠?" 끼찌가 말했다. "다 같이 가는 게 아버지께도 또 저희에게도 더 재미있을 텐데요."

노 공작은 일어나 한 손으로 끼찌의 머리를 쓰다듬었다. 그녀는 얼굴을 들어 억지로 웃으면서 그를 쳐다보았다. 그녀는 비록 많은 말을 하지는 않았지만, 아버지가 온 집안에서 누구보다도 자기를 가장 잘 이해하는 것 같은 느낌이 들었다. 그녀는 막내딸로서 아버지의 귀염둥이였다. 그리고 그녀에게는 그 애정이 아버지 통찰력으로 이어져 있는 것 같았다. 지금 이렇게 자신을 가만히 바라보는 아버지의 상냥한 푸른 눈동자와 시선을 교환했을 때, 그녀는 아버지가 자기를 속속들이 들여다보고 그녀의 마음속에서 일어나는 좋지 않은 생각도 전부 이해하는 듯한 기분이 들었다. 그녀는 얼굴을 붉히면서 입맞춤을 받으려고 아버지 쪽으로 몸을 기울였지만, 아버지는 그저 그녀의 머리를 가볍게 토닥이며 이렇게 말했다.

"이런 얼빠진 가발 같은 건 달지 말아라! 이래서는 내 딸을 만지는 게 아니라 죽은 여자 머리를 어루만지는 것이지 않느냐. 그래, 돌리." 그는 맏딸 쪽으로 얼굴을 돌리고 말했다. "너희 집 멋쟁이는 요즘 어떡하고 지내지?"

"여전해요, 아버지." 돌리는 남편을 가리키는 말임을 알고 이렇게 대답했다. "줄곧 나돌아 다니기만 하느라 좀처럼 얼굴도 볼 수 없지만요." 그녀는 경멸하는 듯한 미소와 함께 이렇게 덧붙이지 않을 수 없었다.

"뭐야, 그럼 아직 시골로 숲을 매각하러 가지 않았나?"

"네, 늘 간다고 말만 할 뿐이죠."

"저런, 저런!" 공작이 말했다. "그럼, 내가 가야겠구먼. 그래야겠어." 그는 자리에 앉으면서 아내에게 말했다. "그런데 말이야, 까쨔." 그가 막내딸 쪽으로 얼굴을 돌리고 덧붙였다. "언제라도 괜찮으니까, 날씨 좋은 날 아침에 눈을 뜨거든, 스스로 이렇게 말해 보렴. '난 완전히 건강하고 즐겁다. 그러니까 예전처럼 아버지와 함께 아침 서릿발을 밟으면서 산책하러 가자' 하고 말이야. 알겠니?"

아버지 말은 별로 특별할 것도 없었지만, 이 말을 들은 끼찌는 그 말에 증거가 드러난 죄인처럼 당황해서 어쩔 줄을 몰랐다. '그래, 아버지께서는 다 알고 계셔. 다 이해하고 계신 거야. 그러니까 이런 말씀으로, 아무리 부끄러워도 그 부끄러움을 참고 견뎌야만 한다고 가르쳐 주시는 거야.' 그러나 그녀는 뭐라고 대답할 만한 기운이 없었다. 입을 막 벌리려다 갑자기 울음을 터뜨리고 방에서 뛰어나가 버렸다.

"그거 봐요, 또 쓸데없는 농담을!" 부인이 남편을 힐책했다. "당신은 언제나……." 그녀는 언제나처럼 잔소리를 늘어놓기 시작했다.

공작은 꽤 한참 동안 부인의 비난을 가만히 듣고 있었지만, 얼굴빛이 점점 언짢아졌다.

"저 애는 정말 가엾고 딱한 일을 당했어요. 그런데도 당신은 그 원인을 암시하는 걸 조금만 비쳐도 저 애가 얼마나 괴로워하는지 조금도 생각하지 않아요. 아아! 이렇게까지 사람을 잘못보다니!" 공작부인이 말했다. 그 어조 변화로 미루어 돌리와 공작은 그녀가 브론스끼에 대해 이야기하고 있음을 알았다. "그처럼 비열하고 천박한 인간을 단속하는 법이 없다니, 너무해요."

"아아, 듣기 싫어!" 공작은 우울한 어조로 이렇게 말하고 안락의자에서 일어나, 밖으로 나가려고 하더니 문 앞에서 발을 멈추었다. "법은 있어. 그러나 이 일로 당신이 나에게 잔소리한다면 나도 분명히 말하지. 이 모든 일에 책임이 있는 사람은 바로 당신이야, 당신. 그 누구도 아닌 당신 한 사람이 나쁘단 말이야. 그런 애송이 녀석들을 제재하는 법은 언제나 있었고, 지금도 있어! 그렇고 말고, 만약 이쪽에서 잘못한 것만 없었다면 내 비록 늙었어도 그놈에게, 그 건달에게 결투를 신청했을 거야. 그런데 이제는 치료니 뭐니 하면서 그런 엉터리 의사들이나 집으로 끌어들인단 말이지."

공작은 아직도 하고픈 말이 많은 것 같았으나, 공작부인은 그의 격한 어조를 듣자마자 후회하는 빛을 띠었다. 진지한 문제가 나올 때면 늘 그렇듯이 당장 자기 잘못을 인정하고 뉘우쳤다.

"여보, 여보." 그녀는 남편 쪽으로 두세 걸음 달려나가면서 속삭이듯 말하고 그대로 주저앉아 울음을 터뜨렸다. 그녀가 울기 시작하자 공작도 입을 다물었다. 그는 그녀 곁으로 다가갔다.

"자아, 그만, 그만하자고. 당신도 괴롭다는 거 나도 알고 있어. 그렇지만 어쩌겠어? 그리고 그렇게 큰일도 아니야. 하느님께서는 자비로우시니까…… 감사해야지……." 그는 이제 자신도 지금 무슨 말을 하고 있는지 몰랐지만, 손에 느껴지는 부인의 눈물 젖은 입맞춤에 대답하듯이 이렇게 말했다. 그리고 방에서 나갔다.

끼찌가 울면서 방을 나간 뒤부터, 돌리는 아이들을 거느리고 가정을 가진 여자의 감으로 이제는 그녀가 나설 차례라고 판단하고 그것에 대비하고 있었다. 그녀는 모자를 벗고 마음속으로 옷소매를 걷어붙일 기세로 행동을 준비했다. 어머니가 아버지를 비난하자, 그녀는 딸로서 허락되는 범위 안에서 어머니를 말리려고 노력했다. 그러다 공작이 야단치기 시작했을 때는 그녀도 가만히 침묵을 지켰다. 그리고 어머니에 대해 부끄러움을 느꼈지만, 동시에 아버지가 곧 인자한 모습을 되찾은 것에 대해서는 애정을 느꼈다. 그녀는 아버지가 나간 지금 마침내 자기가 해야 할 긴요한 일, 즉 끼찌에게 가서 그녀를 위로하는 일에 착수하기로 마음먹었다.

"있잖아요 어머니. 전부터 말씀드리려고 했었는데, 그거 아세요? 저번에 레빈이 마지막으로 왔을 때 끼찌에게 청혼할 생각이었대요. 그가 자기 입으로 스찌바에게 그렇게 이야기했대요."

"그랬니? 전혀 몰랐어……."

"그러니까, 어쩌면 끼찌가 그를 거절한 게 아닐까요? 그 애가 어머님께 말씀드리지 않았어요?"

"아니, 어느 쪽에 대해서도 한마디도 없었어. 그 앤 자존심이 너무나 강하니깐 말이야. 그렇지만 모든 것의 원인은 분명히 그……."

"하지만 그 애가 레빈의 청혼을 거절했다고 한번 상상해 보세요. 그 애도 그 사람만 없었던들 분명 거절하지 않았을 거예요. 난 알 수 있어요…… 그런데 나중에 가서 그 사람이 그처럼 잔인하게 그 앨 속인 거예요."

공작부인은 자기가 딸에게 얼마나 큰 죄를 지었는지 생각하니 너무나도 무서웠다. 그래서 그녀는 벌컥 화를 냈다.

"아아, 난 이제 뭐가 뭔지 모르겠어! 요즘은 모두 자기 생각대로만 살려고들 하지, 어미에게는 아무 말도 하지 않아. 그러다가 나중에 이렇게……."

"어머니, 그 애에게 가보겠어요."

"그러렴, 내가 널 말리기야 하겠니?" 공작부인이 말했다.

끼찌의 자그마한 방은 오래된 작센 도자기 인형들로 꾸며진 아름다운 장밋빛으로, 불과 두 달 전 끼찌처럼 매우 싱싱하고 밝고 야드르르했다. 방으로 들어선 돌리는 지난해 끼찌와 둘이서 그 얼마나 즐겁고 화기애애하게 이 방을 꾸몄던가 떠올렸다. 그래서 문 옆에 있는 나지막한 의자에 앉아 꼼짝도 않고 멀거니 융단 한쪽 구석을 바라보고 있는 끼찌를 보자, 가슴이 싸늘해졌다. 끼찌는 언니를 올려보았지만, 싸늘하고 어딘지 매서워 보이는 그 표정은 변하지 않았다.

"난 이제 집으로 돌아가면 딸아이 간호 때문에 한동안 집에 죽치고 틀어박혀야 할 테고, 너도 그리 쉽게는 찾아올 수 없을 테니까." 돌리는 그녀 옆에 앉으면서 말했다. "너하고 잠깐 이야기하고 싶은 게 있어."

"무슨 얘긴데?" 끼찌는 깜짝 놀란 듯이 고개를 들고 냉큼 물었다.

"네 슬픔에 대해서지, 뭐겠니?"

"난 슬프지 않아요."

"됐어, 끼찌. 설마 내가 아무것도 모를 줄 아니? 난 다 알고 있어. 그러니까 날 믿어, 이런 건 아무것도 아니니까…… 우린 누구나 다 그런 일을 겪었단다."

끼찌는 잠자코 있었다. 그 얼굴은 심각한 표정을 띠고 있었다.

"그는 말이야, 네가 그렇게 끙끙대며 괴로워할 만큼 값어치가 있는 사람이 아냐." 돌리는 곧바로 본론으로 들어갔다.

"그래, 그 사람은 날 버렸으니까." 떨리는 목소리로 끼찌가 말했다. "아무 말도 말아 줘요! 제발 아부 말노 하지 말아요!"

"도대체 누가 너보고 그런 얘길 하던? 아무도 그렇게 말한 사람은 없잖아. 난 믿고 있어. 그 사람은 널 좋아했고, 지금도 좋아하고 있어. 그렇지만……."

"아아, 이런 식으로 동정받는 게 제일 싫어!" 끼찌가 버럭 화를 내며 외쳤다. 그녀는 의자 위에서 몸을 홱 돌리고 얼굴을 붉히며, 쥐고 있던 허리띠 조임쇠를 오른손, 왼손으로 번갈아 죄면서 끊임없이 손가락을 움직였다. 돌리는 동생이 흥분하면 곧 손으로 뭔가를 번갈아가며 붙잡는 버릇을 알고 있었다. 또 발끈하면 갑자기 분별을 잃고 필요 이상의 불쾌한 말을 함부로 내뱉는 성격도 잘 알고 있었다. 그래서 돌리는 일단 그녀를 진정시켜 달래려고 했으나 때는 이미 늦었다.

"무엇을, 언니는 무엇을 말하고 싶은 거예요?" 끼찌가 재빠르게 말했다. "내가 날 조금도 생각하지 않는 사람을 사랑해서, 그 사랑에 죽도록 연연하고 있다는 거예요? 그런 말을 친언니에게 듣게 되다니! 그리고 언니는 나를 동……동…… 동정하고 있잖아! …… 난 그런 동정이나 사탕발림은 질색이에요!"

"끼찌, 넌 오해하고 있어."

"왜 이렇게 날 괴롭히는 거예요?"

"그럴 리가 있겠니…… 다만 네가 괴로워하는 것을 보다 못해서……."

그러나 흥분한 끼찌는 열이 치받친 나머지 언니의 말이 들리지 않았다.

"내겐 슬퍼할 일도 위로받을 일도 없어요. 난 자존심이 세서, 나를 사랑하지도 않는 사람을 사랑하는 일 따윈 절대 하지 않아요."

"그럼 나도 더는 얘기하지 않을게…… 딱 하나만, 솔직히 말해 줘." 그녀의 손을 잡고 돌리가 말했다. "이것만 얘기해 줘, 레빈이 너에게 말했지……?"

레빈의 이름이 나오자, 끼찌는 마지막 자제력마저 잃고 말았다. 그녀는 의자에서 벌떡 일어나 조임쇠를 마룻바닥에 내동댕이치더니 두 손을 갈팡질팡 내저으면서 쏘아붙였다.

"왜 또 레빈 이야기까지 들먹이는 거예요? 언니는 어째서 그렇게까지 날 괴롭히는 거죠? 정말 모르겠어! 아까도 이야기했지만 난 자존심이 강해서, 절대로, 절대로 언니 같이 살지 않아요. 자기를 배신하고 다른 여자에게 마음을 주는 사내와 화해하다니, 모르겠어. 도저히 이해할 수 없어! 언니는 할 수 있을지 몰라도 난 할 수 없어요!"

그녀는 이렇게 단숨에 말하고 언니를 보았다. 돌리가 애처롭게 고개를 떨군 채 말도 못하는 것을 보자, 끼찌는 방에서 나가려던 발을 멈추고 자기도 소파에 주저앉아 손수건으로 얼굴을 가린 채 고개를 푹 숙여 버렸다.

2분쯤 침묵이 흘렀다. 돌리는 자기 문제를 생각하고 있었다. 평소 느끼던 자기 수치를 동생에게 지적당하자, 굴욕감이 더한층 쓰라리게 가슴을 찔렀다. 그녀는 동생에게 이처럼 가혹한 무안을 당하리라고는 상상도 못했기 때문에, 화가 바짝 났다. 그런데 그때 갑자기 그녀 귀에 옷자락 스치는 소리와 함께 가슴이 찢어지는 듯한 통곡 소리가 들려왔다. 누군가의 손이 밑에서부터 그녀의 목을 끌어안았다. 끼찌가 그녀 앞에 무릎 꿇고 있었다.

"돌리. 난 정말, 정말 불행해!" 끼찌가 미안한 듯이 속삭였다. 그리고 눈물범벅이 된 귀여운 얼굴을 돌리 드레스 주름 속에 묻었다.

눈물은 마치 두 자매를 소통시키는 데 꼭 필요한 윤활유 같았다. 한바탕 울고서 자매는 가장 긴요한 문제와는 아무 관계도 없는 것들에 대해 이야기했지만, 그러면서도 서로 이해했다. 끼찌는 자기가 홧김에 내뱉은 형부의 배신과 언니의 굴욕에 대한 말이 가여운 언니 마음을 밑바닥까지 꿰뚫었을 테지만, 언니가 그것을 용서했음을 알았다. 돌리도 자기가 알고자 했던 것을 모두 알게 되었다. 역시 그녀의 짐작이 옳았다. 끼찌의 그 크나큰 슬픔은, 레빈의 청혼을 거절했다는 사실과 브론스끼에게 속았다는 데서 비롯된 것이었다. 그리고 끼찌는 레빈을 사랑하는 한편, 브론스끼를 미워하고 있었다. 물론 끼찌는 그런 말은 일언반구 한마디도 꺼내지 않았고 그저 자기의 마음 상태에 대해서만 이야기했을 뿐이지만.

"사실, 나는 조금도 괴롭지 않아요." 마음이 가라앉자 끼찌가 말했다. "다만 언니가 알아줄진 모르겠지만, 내겐 모든 것이 천박하고 구역질나고 야비하게만 보여요. 특히 나 자신이 그래요. 아마 언니는 상상도 못할 거야, 무엇을 보아도 어쩜 그렇게 역겨운 생각만 드는지."

"글쎄, 네가 무슨 역겨운 생각을 한다는 거니?" 돌리가 미소를 띠면서 물었다.

"그야 정말 더할 나위 없이 더럽고 천박한 생각이에요. 차마 입으로 말할 수 없을 정도로. 그건 쓸쓸함도 권태도 아니고 그보다 훨씬 나쁜 거예요. 마치 내가 지금까지 지녔던 좋은 것이 모두 자취를 감춰 버리고, 가장 더러운 것만 남아 있는 느낌이에요. 글쎄, 성말 어떻게 얘기해야 좋을까?" 그녀는 언니의 눈 속에서 당혹감을 읽어내며 말을 이었다.

"아버지께서 아까 나에게 무슨 말씀을 하시려고 했는데…… 아버지는 그저 내가 결혼해야 한다고만 생각하시는 것 같아요. 어머니도 날 무도회에 끌고나가지만, 나로서는 어머니가 그저 한시라도 빨리 날 시집보내서 귀찮은 문제를 처리해버리려고 한다고밖에 생각되지 않아요. 나도 이런 생각이 옳지 않다는 건 잘 알고 있지만, 도저히 머리에서 떨쳐 버릴 수가 없어요. 난 이제 그 신랑감이라는 사람들을 보는 것조차 싫어요. 그들 모두가 내 몸 치수를 재는 것 같단 말이에요. 이전에는 무도복을 입고 여기저기 쫓아다니는 것이 그저 즐겁기만 하고, 또 스스로 내 모습에 감탄하기도 했지만, 지금은 부끄럽고 거북해요. 그렇지만 어쩔 수가 없어요! 더구나 저 의사까지도…… 아아……."

끼찌는 몸을 비틀었다. 그녀는 자기에게 이러한 변화가 일어난 뒤로, 오블론스끼가 참을 수 없을 만큼 불쾌해서 볼 때마다 지극히 야비하고 추악한 상상을 떠올리고 만다고 얘기하고 싶었다.

"그래서 나한테는 온갖 것들이 아주 야비하고 천박하게 보여요." 그녀가 계속했다. "이것이 내 병이야. 어쩌면 언젠가는 나을지도 모르지만……."

"그런 생각은 버리면 되잖네……."

"그게 안 돼. 그저, 언니네 아이들과 같이 있을 때만 제일 행복해요."

"우리 집에 올 수 있으면 좋을 텐데. 유감이야."

"아뇨, 갈게요. 이미 성홍열은 다 앓았으니까, 어머니께 여쭤 보겠어요."

끼찌는 주장을 굽히지 않고 언니네로 옮겨 갔다. 그리고 그녀는 정말로 성홍열이 도는 동안 계속 아이들을 돌보았다. 두 자매는 여섯 아이를 무사히 보살펴 아이들은 건강해졌다. 그러나 끼찌의 건강은 그래도 회복되지 않았으므로, 사순절(四旬節)이 오기를 기다려 쉬체르바스끼가는 외국으로 떠났다.

                                    4

삐쩨르부르그 상류사회는 본디 하나뿐이라 모두 서로 알고 있을 뿐만 아니라 서로 집을 오가는 관계였다. 그런데 이 큰 상류사회 안에도 3개의 작은 무리가 자연스럽게 나뉘어 있었다. 안나의 친구나 친지들은 이 서로 다른 세 무리와 친분을 쌓고 있었다. 하나는 남편의 공직 관계와 사회적인 조건에 따라 지극히 다종다양한 형태의 이합집산이 벌어지는 관료적인 무리로, 남편의 동료와 부하직원들로 조직되어 있었다. 안나는 처음에 이들을 만났을 때 거의 존경심에 가까운 감동을 느꼈지만, 지금은 기억 한구석에 겨우 남아 있을 뿐이었다. 이제 그녀는 시골 사람들이 서로 잘 아는 것처럼 그들의 온갖 것을 속속들이 알고 있었다. 누구에게는 어떤 버릇과 어떤 약점이 있는지, 누구의 어느 쪽 장화가 발을 죄는지에 이르기까지 모두 다 알았다. 그들의 상호관계와 그 중심인물과의 관계도 알고 있었다. 그녀는 누가 누구의 편이고 그 관계가 무엇으로 어떻게 유지되는가, 누구와 누구는 어떤 문제에서 일치하고 무슨 일로 반목하는가도 꿰고 있었다. 그러나 이 관료적이고 남성적인 이익만으로 모인 집단은, 리지야 백작부인의 종용에도 아직 한 번도 그녀의 흥미를 끈 적이 없었고, 그녀는 그것을 멀리하고 있었다.

안나와 가까운 또 하나의 무리는 남편 까레닌의 출셋길을 열어 준 모임이었다. 이 무리의 중심은 리지야 이바노브나 백작부인이었다. 이것은 나이가 들어 아름다움은 잃었으나 덕망 높고 신앙이 두터운 자선가 부인들과 총명하고 학식이 뛰어나며 명예를 중하게 여기는 남자들의 무리였다. 여기에 소속된 총명한 사람들 가운데 한 사람은 이 집단을 '뻬쩨르부르그 사회의 양심'이라고 불렀다. 까레닌은 이 모임을 굉장히 존중했으며, 누구하고나 곧잘 사귀는 안나도 뻬쩨르부르그 생활 초기에는 이 집단의 사람들과 친구가 되었다. 그러나 이번에 모스끄바에서 돌아온 뒤로는 이 단체가 못 견디게 싫어졌다. 그녀가 보기에 자기도 다른 사람들도 모두 거들먹거리는 것만 같았다. 안나는 그 속에 있는 것이 몹시 지루하고 거북했으므로, 리지야 이바노브나 백작부인을 될 수 있으면 멀리하려 했다.

안나가 교제하는 세 번째 집단이야말로 진정한 사교계였다. 즉 무도회와 만찬, 화려한 장식으로 가득한 세계, 한 손으로 궁정을 야물게 붙드는 덕분에 화류계로 전락하지 않는 사교계였다. 그러나 이 집단의 사람들이 경멸해 마지않는 화류계도 그들의 취향면에서는 이 사교계와 비슷하고 공통될 뿐만 아니라 완전히 같은 것이었다. 이 집단과 그녀의 관계는 그녀의 사촌 올케인 뜨베르스까야 공작부인을 통해 맺어졌다. 연 수입이 12만 루블이나 되는 이 유복한 부인은 안나가 사교계에 막 나왔을 때부터 유달리 그녀를 사랑하여 보살펴 주었고, 자기 그룹으로 끌어들였다. 공작부인은 리지야 이바노브나 백작부인 그룹을 이렇게 비웃었다.

"나도 나이가 들어 볼품없어지면 꼭 저렇게 되겠지만, 당신처럼 젊고 아름다운 분이 그런 양로원에 드나들기는 아직 일러요."

안나는 처음에 가능하면 뜨베르스까야 공작부인 사교계를 피했다. 그곳에선 그녀의 주머니 사정을 웃도는 비용이 들었을 뿐만 아니라, 심정적으로도 원래 속해 있던 그룹이 익숙했기 때문이었다. 그런데 모스끄바에 다녀온 뒤로는 사정이 완전히 뒤바뀌었다. 그녀는 자기의 도덕적인 친구들을 피하고 상류사회 사교계로 발을 내디뎠다. 거기에서 그녀는 브론스끼를 만났고, 만날 때마다 심장이 두근거리는 환희를 맛보았다. 특히 그녀는 결혼 전 성이 브론스끼로 브론스끼와는 사촌 간이었던 베뜨시 집에서 그와 자주 만났다. 브론스끼는 안나를 만날 수 있다면 어디든지 쫓아갔다. 그리고 기회만 있으면 그녀에게 사랑을 고백했다. 그녀는 그한테 아무런 반응도 보이지 않았지만, 그와 만날 때마다 그녀의 가슴속에는 기차에서 그를 처음 보았던 그날과 같은 그 생생한 느낌에 불타오르는 것이었다. 그녀는 그를 볼 때마다 자기 눈에 환희의 빛이 떠오르고 입술에 미소가 피어오르는 것을 스스로 느끼면서도, 그 기쁨의 표정을 억누를 수 없었다.

처음에는 안나도 그가 뻔뻔하게 자기를 뒤쫓아 다니는 것이 못마땅했고, 자신이 진심으로 그를 불쾌하게 여긴다고 믿었다. 그러나 모스끄바에서 돌아온 직후, 그를 만나리라 예상하고 갔던 야회에서 그의 모습이 보이지 않자 매우 상심하고 말았다. 그제야 그녀는 자기가 스스로를 속이고 있었음을 깨달았다. 그가 따라다니는 것이 그녀에게는 전혀 불쾌하지 않을뿐더러, 오히려 그것이 자기 삶의 유일한 관심사임을 깨달은 것이다.

유명한 오페라 가수의 두 번째 공연으로 상류사회 사람들이 모두 극장에 모여들었다. 첫째 줄 자기 자리에서 사촌 누이 베뜨시를 발견한 브론스끼는 막간도 기다리지 않고 그녀가 있는 특별석 칸막이 좌석으로 들어갔다.

"왜 식사하러 오지 않았지?" 그녀가 물었다. "하지만 서로 사랑하는 사람들의 직감은 정말 놀라워." 그녀는 미소를 지으며 그에게만 들리도록 작은 목소리로 덧붙였다. "그분도 오지 않았어. 그렇지만 오페라가 끝나면 우리 집으로 와."

브론스끼가 권유의 참뜻을 파악하려는 듯이 그녀를 쳐다보자, 그녀는 고개를 끄덕여 보였다. 그는 활짝 웃으며 그녀에게 감사를 표하곤 그녀 옆에 나란히 앉았다.

"그건 그렇고, 옛날의 넌 냉소적인 농담만 했었잖아!" 이 사랑의 추이를 지켜보는 것에 독특한 만족을 느끼던 공작부인 베뜨시가 이렇게 말을 이었다. "그런데 그것들은 모두 어디에다 치워 버렸니? 단단히 사로잡힌 넌 이제 완전한 포로가 되었구나?"

"내 유일한 소원은 포로가 되는 것뿐인 걸요." 브론스끼는 침착하고 선량해 보이는 미소를 띠며 대답했다. "그러니 투덜거릴 일이 있다면, 어째서 좀 더 사로잡아 주지 않느냐는 것이지요. 진심입니다. 차츰 희망을 잃어 가고 있거든요."

"네게 어떤 희망이 있다는 거지?" 베뜨시는 친구 대신 화를 내 보였다. "한 번 말해봐……." 그러나 그녀 눈 속에 타오르는 불꽃은 그가 품을 수 있는 희망이 무엇인지, 그녀도 그와 마찬가지로 잘 알고 있음을 나타내고 있었다.

"아니, 전혀 없어요." 씩 웃는 얼굴로 가지런한 이를 드러내 보이면서 브론스끼가 말했다. "잠깐만 실례." 그는 그녀 손에서 오페라글라스를 빼앗더니, 맨살을 드러낸 그녀의 어깨너머로 맞은편 특별석을 둘러보면서 덧붙였다. "내가 웃음거리나 되지 않을까 두려워요."

그러나 그는 베뜨시를 비롯한 온 사교계 사람들에게 웃음거리가 될 걱정은 없다는 사실을 잘 알고 있었다. 그러한 사람들 눈에는 처녀라든지 자유로운 상황의 부인을 사랑하고 보답받지 못하는 불행한 사내라면 우습게 보일 수도 있었다. 그러나 이미 남의 아내가 된 여자를 연모하여 오직 그녀를 불륜의 사랑으로 유혹하기 위해 인생을 거는 사나이 역은 아름답고 위대한 것이지 결코 웃음거리가 될 리 없었다. 그는 콧수염 밑으로 자신만만하고 밝은 미소를 띠면서 오페라글라스를 내리고 사촌 누이를 돌아보았다.

"그런데 어째서 식사하러 오지 않았어?" 그녀가 넋을 잃고 그를 보면서 물었다.

"실은 사정이 있어서요. 일이 있었는데, 그게 뭐라고 생각하세요? 아마 누님은 백에 하나, 천에 하나도 짐작이 가지 않을 겁니다. 내기해도 좋아요. 난 그때 어느 남편과 그의 아내를 모욕한 사내를 화해시켰어요. 아니, 정말이에요!"

"그래, 화해는 잘 됐어?"

"그럭저럭요."

"그 얘긴 나중에 꼭 들어야겠는걸." 그녀가 일어서면서 말했다. "이다음 막간에 이쪽으로 와."

"안 돼요. 지금부터 프랑스 극장으로 가 봐야 되거든요."

"닐슨의 노래도 듣지 않고?" 베뜨시가 놀라서 물었지만, 그런 그녀도 닐슨을 다른 가수와 특별히 구별하지는 못했다.

"어쩔 도리가 없어요. 그곳에서 누구를 만나기로 했어요. 역시 그 중재 일 관계로."

"평화를 창조하는 자는 행복하도다, 그들은 구원을 받으리라."[1] 베뜨시는 이 비슷한 말을 들은 적이 있었던 것을 떠올리며 말했다.

"자, 그럼 좀 앉아서 어떻게 된 일인지 얘기해 봐."

그녀는 다시 자리에 앉았다.

5

"좀 지나치긴 하지만 여간 재미있는 얘기가 아니라서 말하지 않고는 못 배기 겠군요." 브론스끼가 웃음 띤 눈으로 그녀를 쳐다보면서 말했다. "이름은 밝히 지 않을 겁니다."

"어차피 내가 알아맞힐 테니 그게 더 나아."

"그럼 들어 봐요, 쾌활한 두 청년이 마차를 타고 가고 있었어요……."

"물론, 너희 연대 장교들이겠지?"

"장교라고는 말하지 않았어요, 그저 이제 막 점심을 먹은 젊은 사내들이에 요……."

"바꿔 말하면 한잔 걸친 사내들이란 말이지?"

"그럴지도 모르지요. 하여튼 그들은 친구 집 만찬에 초대받고 가던 참이라 기분이 아주 좋았어요. 그런데 어떤 아름다운 여인이 삯마차로 그 두 사람을 앞질러 가다 돌아보고는, 고개를 까딱하며 인사하고 생긋 웃는 거예요. 최소 한 그들에게는 그렇게 느껴졌어요. 물론 두 사람은 그녀 뒤를 쫓았죠. 전속력 으로 마차를 몰았어요. 그런데 놀랍게도 그 미인이 그들이 찾아가려던 집 현 관에서 마차를 멈추지 않겠어요. 그러고는 2층으로 뛰어올라가 버렸어요. 두 사람이 본 것은 그저 짧은 베일 아래로 드러난 붉은 입술과 아름답고 조그마 한 발 뿐이었지만요."

"그렇게 열을 내며 말하는 걸 보니, 그 둘 중 한 사람이 바로 네가 아닌가 하 고 느껴질 만큼 얘길 아주 잘하는구나."

"아까 스스로 알아맞히겠다고 하셨잖아요? 자아, 그래서 말입니다. 두 젊은 이는 친구의 방으로 들어갔어요. 그 친구 송별회였거든요. 그리고 이번에도, 송 별연에서 으레 그렇듯이 술을 잔뜩 마셨어요. 어쩌면 너무 과했는지도 모르

---

[1] 마태복음 5 : 9.

죠. 그리고 식사하는 동안 이 집 2층에는 누가 사느냐고 물었어요. 아무도 아는 사람은 없었고, 다만 주인의 하인이 '2층엔 색시들이 있느냐?'는 물음에 '매우 많아요'라고 대답했어요. 식사가 끝나자 두 청년은 주인의 서재로 가서 누군지도 모르는 그녀에게 편지를 썼어요. 열렬한 사랑의 고백을 했지요. 그리고 만약 그 가운데 이해가 안 가거나 모르는 부분이 있으면 설명하겠다며, 직접 그 편지를 들고 2층으로 올라갔어요."

"그런데 어째서 넌 그처럼 지저분한 얘길 나에게 다 하는 거니? 그래, 그래서?"

"벨을 눌렀지요. 그러자 하녀가 나왔어요. 그 두 사람은 편지를 건네고는, 자기들은 금방 이 문 앞에서 죽어 버릴 만큼 여자를 사랑한다고 단언했어요. 미심쩍어하는 하녀와 입씨름을 하고 있는데, 거기에 느닷없이 소시지 같은 구레나룻을 기른 신사가 왕새우처럼 새빨간 얼굴로 나타나서, 이 집에는 그의 아내 말고는 아무도 살지 않는다며 두 사람을 쫓아냈어요."

"넌 어떻게 그의 구레나룻이 소시지 같다는 것까지 알고 있지?"

"지금부터 얘기하겠지만, 난 오늘 그 중재를 하러 갔다 왔다니까요."

"하긴. 그래서 어떻게 됐지?"

"여기가 가장 재미있는 대목이에요. 알고 보니 그들은 행복한 9등 문관 부부였어요. 그가 이의를 제기했기 때문에 내가 중재인이 된 건데, 그 중재역이야말로 멋졌죠, 장담하지만 저 프랑스의 딸레이랑도 나와 비교하면 아무것도 아네요."

"무엇이 그렇게 까다로웠는데?"

"들어 봐……. 일단 우리 쪽에서 예를 갖춰 사죄했어요. '뭐라 드릴 말씀이 없습니다. 오해에 대해선 천만 번 용서를 빕니다' 하고 말이에요. 소시지 수염의 9등 문관의 태도도 누그러지기 시작했지만, 자기 심정도 말하고 싶다고 하더군요. 그런데 두서너 마디 얘기를 시작하자마자 갑자기 발끈 달아올라 마구 악담을 퍼붓는 거예요. 그래서 난 또 외교적 수완을 발휘해야 했죠. '그럼요, 말씀하신 대롭니다. 두 사람 행위는 도를 벗어났지요. 그러나 다만 그들이 오해했다는 것과 또 젊은 혈기에서 비롯된 점을 참작해 주셨으면 합니다. 게다가 또 그들은 막 식사를 끝낸 뒤였으니까요. 부디 이해해 주십시오. 두 사람은 진심으로 뉘우치고, 당신께서 그들의 죄를 용서해 주시기를 바라고 있습니다.'

그러자 9등 문관은 다시 심기를 누그러뜨렸습니다. '알았습니다. 백작, 나도 용서에 인색하진 않습니다. 그렇지만 우리 집사람이, 정숙한 부인인 아내가 뒤를 쫓긴 것도 모자라 무례하고 역겨운 말까지 들어야 했단 말입니다. 그것도 어디서 굴러먹던 말 뼈다귀인지도 모르는 새파란 녀석들에게, 불한당 같은······' 하고 말하지 않겠어요. 그런데 당신도 알다시피, 그 새파란 불한당들도 바로 거기에 있었으니 난 또 그쪽까지 달래야 했어요. 그래서 또다시 내가 외교 수완을 발휘해서 겨우 매듭지려는 찰나, 또 9등 문관이 화가 나서 얼굴을 붉히며 소시지 수염을 곤두세우고 난리란 말이에요. 그러면 난 또 섬세한 외교적 수완을 부릴 수밖에 없지요."

"아아, 이 이야긴 당신한테도 꼭 들려 드려야겠어요!" 베뜨시는 그녀 칸막이 좌석으로 들어온 한 부인을 돌아보고 웃으면서 말했다. "동생이 지금 배꼽이 빠지도록 나를 웃겼어요."

"그럼, 잘해 봐." 그녀는 부채를 들지 않은 손의 손가락을 브론스끼에게 내밀면서 어깨를 움직여 올라간 웃옷을 내렸다. 앞으로 나가서 무대 앞쪽 조명으로 다가갔을 때, 가스등 불빛을 어깨의 맨살에 충분히 받도록 하기 위해서였다.

브론스끼는 프랑스 극장으로 마차를 몰았다. 실제로 그는 거기에서, 이 극장의 공연은 어느 것도 놓쳐 본 적 없다는 연대장을 만나기로 약속되어 있었다. 그저께부터 골머리를 앓게 하면서도 기분 전환이 되었던 그 중재에 관한 일로 상의하기 위해서였다. 사건 당사자는 평소 그와 친한 뻬뜨리쓰끼와 또 한 사람, 최근 갓 입대한 친구로 어디에 내놓아도 손색이 없는 뛰어난 젊은 공작 께드로프였다. 그런데 중요한 것은 이 문제에 연대 명예가 걸려 있다는 점이었다.

두 사람은 브론스끼의 중대에 속해 있었는데, 그 9등 문관 벤젠이 연대장을 찾아와 장교들이 자기 아내를 모욕했다고 호소했다. 벤젠의 말에 따르면 그의 젊은 아내는(그는 결혼한 지 반년도 채 될까 말까 했다) 어머니와 함께 교회에 갔다가, 임신 중이라 갑작스레 몸이 안 좋아져 더 이상 참지 못하고 지나가던 삯마차를 잡아타고 집으로 향하는 길이었다. 그런데 장교들이 뒤쫓아오는 바람에 그녀는 너무 놀란 나머지 더한층 병이 도져서 계단을 뛰어올라 집으로 들어왔다. 벤젠이 관서에서 돌아왔을 때 벨이 울렸고 사람들 소리가 들렸다. 현관 밖으로 나와 보니 술에 흠뻑 취한 장교들이 편지를 들고 있기에 밖으로 쫓아내 버렸다는 것이었다. 그는 엄벌을 요구했다.

"자네는 어떻게 생각할지 모르지만." 연대장은 브론스끼를 불러 이렇게 말했다. "뻬뜨리쓰끼는 더 이상 어떻게 하기 어렵게 됐어. 단 한 주도 무사하게 넘어가는 일이 없으니 말이야. 그 관리는 이대로 물러나진 않을 거야. 틀림없이 더 밀어붙이겠지."

이 사건의 불미스러운 점을 완전히 간파한 브론스끼는 그렇다고 결투를 하자고 할 수도 없었으므로, 어떻게든 9등 문관을 달래서 사건을 무마시키는 수밖에 없다고 판단했다. 연대장이 브론스끼를 부른 이유도 그가 점잖고 총명하며, 특히 연대 명예를 중시하는 사내라고 생각했기 때문이었다. 그들은 상의한 끝에, 브론스끼가 뻬뜨리쓰끼와 께드로프를 데리고 9등 문관에게 사죄하러 찾아가는 길밖에 없다고 결정했다. 두 사람 다, 브론스끼의 이름과 시종무관이라는 직함이 9등 문관의 마음을 움직이는 데 많은 도움이 되리라고 보았다. 그리고 사실 이 두 가지는 어느 정도 효험이 있었지만, 조정 결과는 앞서 브론스끼 말대로 여전히 의심스러웠다.

프랑스 극장에 도착하자마자 브론스끼는 연대장과 함께 복도로 나가 성공도 실패도 아닌 결과에 대해 이야기했다. 앞뒤를 두루 따져 본 연대장은 이 사건을 그냥 미해결로 묻어 버리기로 했다. 그러나 호기심 때문에 결국 그는 브론스끼에게, 9등 문관을 찾아간 전말을 자세하게 물어보았다. 그러고는 9등 문관이 한번 가라앉았다가 갑자기 또 사건의 전말을 상기하고 격분했다든지, 브론스끼가 화해의 마지막 한마디를 던지며 뻬뜨리쓰끼를 앞으로 떠밀고 자기는 뒤로 빠져 버렸다는 이야기를 들으면서 오랫동안 웃음을 거두지 못했다.

"불미스런 사건이지만, 정말 꽤 웃기는군 그래. 어지간한 께드로프도 설마 그 신사와 결투할 수는 없었을 테고! 그래 그렇게 단단히 화가 났단 말이지?" 웃으면서 그가 되물었다.

"그건 그렇고 오늘의 끌레르는 어때? 대단하지!" 이것은 프랑스 신인 여배우에 관한 얘기였다. "몇 번을 봐도 볼 때마다 새롭단 말이야. 오직 프랑스인이 아니고는 불가능한 일이지."

6

공작부인 베뜨시는 마지막 막이 끝나기도 전에 극장을 나왔다. 그녀는 집으로 돌아오자마자 화장실로 들어가서, 길고 창백한 얼굴에 분을 바르다 털어 내고는 머리를 매만졌다. 큰 객실에 차를 내오라고 시켰을 때, 한숨을 돌릴 겨를도 없이 볼리쉬아야 모르스까야 거리에 있는 그녀의 대저택으로 마차들이 속속 꼬리를 물고 들이닥치기 시작했다. 손님들이 넓은 현관에 내리면, 아침마다 통행인들에게 모범을 보이려고 유리문 안쪽에서 신문을 읽는 덩치 큰 문지기가 거대한 출입문을 소리 없이 열어 안으로 맞아들였다.

거의 동시에, 한쪽 문에서는 머리를 곱게 빗고 화장을 고친 여주인이, 다른 문에서는 손님들이 큰 홀로 들어왔다. 어두운 빛깔 벽과 푹신푹신한 융단이 깔린 홀에는 촛불 아래 새하얗게 빛나는 식탁 위로 은빛 러시아식 주전자와 투명한 도자기의 다기들이 늘어서 있었다. 여주인은 주전자 앞에 자리를 잡고 앉아 장갑을 벗었다. 일동은 조심스럽게 움직이는 하인들 도움을 받아 의자를 움직이면서 두 패로 나뉘어 자리를 잡았다. 한쪽은 여주인과 함께 주전자 주위로, 다른 한쪽은 객실 반대편 끝에 있는 검은 우단 옷에 속눈썹이 검은 아름다운 공사부인 주변으로 모였다. 어떤 그룹에서나 처음에는 언제나 그렇듯이, 새로운 손님을 소개하거나 인사와 차를 권하는 말들로 뒤범벅되어, 어디서 멈춰야 할지 찾는 듯 헤매고 있었다.

"그녀는 여배우 중에서도 매우 출중해요. 카울바하를 연구했다는 것을 첫눈에도 알 수 있지 않아요?" 공사부인 쪽에 있던 한 외교관이 말했다.

"눈치채셨나요? 그 여자의 쓰러지는 방식은……."

"아아, 제발, 닐슨 얘기는 이제 그만 해요! 그 여자 얘긴 지겹게 들어서 더 이상 새로운 것도 없으니까요." 얼굴이 붉고 눈썹이 없으며 가발도 쓰지 않은 금발에 낡은 비단 옷을 걸친 뚱뚱한 부인이 말했다. 그녀는 솔직하고 거침없는 말투로 '이단아'라고 불리는 마흐까야 공작부인이었다. 그녀는 두 식탁 중간에 자리를 잡고 앉아 양쪽 모두에 귀를 기울이고 있다가 이쪽저쪽 끼어들었다.

"오늘만 세 사람에게서 마치 약속이라도 한 듯이 카울바하에 대한 똑같은 말을 들었답니다. 이유는 모르겠지만 다들 그런 문구가 무척이나 마음에 든 모양이에요."

이 잔소리 때문에 대화가 끊기자, 또 새로운 화제를 발굴해야만 했다.

"뭐든 재미있고 악의 없는 얘길 들려주세요."

영국인이 'small talk(잡담)'라 부르는 세련된 얘기의 명수인 공사부인이, 무슨 애기를 꺼낼까 망설이는 외교관을 돌아보면서 말했다.

"그거야말로 어려운 주문이군요. 이야기에는 악의가 좀 섞여야 재미있는 법이니까요." 외교관이 싱긋 웃으며 입을 열었다.

"하지만 어디 한번 시도해 보죠. 화제를 던져 주세요. 무슨 일이든 화제 나름 아니겠어요. 화제만 있으면 그것을 엮어 가는 건 그다지 어렵지 않죠. 이따금 생각하지만, 옛날 재담꾼들이 오늘날 살아 있다면 재치 있는 애기를 하느라 땀 꽤나 흘렸을 겁니다. 요즘 사람들은 재치 있는 애기에 이미 질려 버렸으니까요……."

"그것도 꽤 해묵은 얘긴데요." 공사부인이 웃으면서 말을 가로막았다.

대화는 이처럼 부드럽게 시작되었으나 지나치게 부드러운 탓에 이내 또 막히고 말았다. 그래서 그들은 결국, 백발백중 확실한 방법인 험담과 독설에 매달릴 수밖에 없었다.

"그런데 저 뚜쉐께비치는 어딘지 모르게 루이 15세와 닮지 않았나요?" 외교관은 탁자 곁에 서 있던 아름다운 금발의 젊은 사내를 눈으로 가리키면서 말했다.

"어머, 그렇네요! 저분은 이 객실 취향에 꼭 맞는 분이에요. 그래서 여기에 이따금 얼굴을 내미시지요."

이 화제는 사실 이 객실에서는 삼가야 할, 말하자면 여주인과 뚜쉐께비치의 관계를 암시하는 이야기였으므로 호응이 좋았다.

한편 주전자와 여주인 주위에서도 애기는 한동안 세 가지 불가피한 화제에서 갈팡질팡했다. 즉 최근 사회의 소식, 연극평, 지인들의 소문 사이를 이리서리 배회하던 끝에, 마찬가지로 마지막 화제인 험담 쪽으로 안착했다.

"애기 들으셨어요? 말리찌쉬체바가, 아니, 딸 말고 어머니 말이에요, 아주 새빨간 옷을 지어 입었다나요."

"어머나, 세상에! 대단한걸요!"

"그렇게 현명하신 분이…… 그분은 결코 분별이 없는 분이 아니잖아요. 자기가 얼마나 우습게 보일지 잘 모르시나 봐요."

저마다 불행한 말리찌쉬체브나를 비웃거나 비난할 화젯거리를 갖고 있었으므로, 애기는 마치 불붙기 시작한 모닥불처럼 맹렬하게 타올랐다.

베뜨시 부인의 남편은 뚱뚱한 호인으로, 열광적인 판화 수집가였다. 그는 아내의 손님들이 와 있는 것을 알고 클럽에 나가기 전에 객실에 들렀다. 그는 부드러운 융단을 밟으며 소리도 내지 않고 마흐까야 공작부인에게 다가갔다.

"어떠셨어요, 닐슨은 마음에 드셨습니까?" 그가 물었다.

"어머나, 어쩜 그렇게 살그머니 다가오세요? 정말 깜짝 놀랐잖아요." 그녀가 대답했다. "하지만 제발, 나한테 오페라 얘긴 하지 마세요. 어차피 당신은 음악에 대해서는 전혀 모르시잖아요. 그보다는 차라리 내가 수준을 낮춰 드릴 테니, 당신의 마졸리카 도자기라든지 판화 얘기나 해요. 저번 골동품전에서는 어떤 보물을 캐내셨어요?"

"원하신다면 보여 드릴까요? 하지만 당신은 골동품을 보실 줄 모르니."

"보여 주세요. 난 그, 뭐라더라…… 은행가에게서 배웠어요…… 그분에게는 훌륭한 판화가 있거든요. 그걸 보았죠."

"그럼 혹시 슈쓰부르그 씨 댁에 가 보셨어요?" 여주인이 주전자 옆에서 물었다.

"네. 남편과 함께 식사에 초대받았어요. 그런데 그분들 말씀으로는, 그날 만찬 소스만 1천 루블이나 들었다지 뭐예요." 마흐까야 공작부인은 일동이 그녀의 말에 귀 기울이고 있다는 것을 느끼고 목청을 높여 말했다. "그런데 그 소스가 좀 꺼림칙했어요. 뭔가 푸르뎅뎅한 게. 어쨌든 우리도 초대해야만 했기 때문에 난 85코페이카로 소스를 만들었는데, 모두 아주 만족했어요. 1천 루블짜리 소스라는 건 난 엄두도 못 낼 일이니까요."

"과연 대단하군요!" 여주인이 말했다.

"거참 놀랍군요!" 누군가 말했다.

마흐까야 공작부인 이야기는 언제나 일정한 효과를 거두었다. 그 비결은 지금처럼 약간 뜬금없는 얘기를 꺼내면서도 무엇인가 의미 있는 것을 얘기하는 점이었다. 그녀가 사는 사회에서는 이러한 말이 가장 재치 있는 이야기로 통했다. 마흐까야 공작부인은 그러한 것이 어째서 그렇게 효력을 발휘하는지는 몰랐지만, 하여튼 대단한 효과가 있다는 것만은 잘 알고 있었으므로 언제나 그것을 이용했다.

마흐까야 공작부인이 얘기하는 동안 모두가 그쪽으로 귀를 기울여서 공사부인 주위에서는 대화도 끊겼기 때문에, 여주인은 전체를 하나로 합치기 위해 공사부인을 향해 입을 열었다.

"차 한잔 드시지 않겠어요? 여러분도 이쪽으로 건너와 주세요."

"아녜요, 우린 여기도 좋아요." 공사부인은 웃는 얼굴로 대답하고 좀전의 이야기를 계속했다.

그것은 대단히 유쾌한 화제였다. 까레닌 부부가 도마 위에 오른 것이다.

"안나는 모스끄바에 다녀오더니만 아주 달라졌어요. 뭔가 이상해요." 안나의 친구가 말했다.

"특히 눈에 띄는 변화는 알렉세이 브론스끼라는 그림자를 달고 오셨다는 거예요." 공사부인이 말했다.

"그게 어쨌다는 거죠? 그림*²의 작품에 〈그림자를 잃은 사내〉라는 우화가 있긴 해요. 그런데 그것은 무언가 잘못에 대한 벌이에요. 나는 그게 무슨 벌인지는 모르지만요. 하지만 여자들은 그림자가 없다면 분명 시시할거예요."

"그래요, 그렇지만 그림자를 달고 다니는 여잔 대개 끝이 좋지 않죠." 안나의 친구가 말했다.

"어머나, 그런 말을 하면 벌 받아요." 이야기를 듣던 마흐까야 공작부인이 불쑥 외쳤다. "안나는 훌륭한 여자예요. 난 그 바깥양반은 좋아하지 않지만, 그녀는 정말 좋아해요."

"어째서 그는 싫어하죠? 그렇게 훌륭하신 분인데요." 공사부인이 말했다.

"남편 말로는, 그만한 정치가는 유럽에도 드물다던 걸요."

"우리 집 양반도 똑같이 얘기해요. 그렇지만 난 믿지 않아요." 마흐까야 부인이 대답했다. "만약 남편들 말을 듣지 않고, 우리가 있는 그대로 그를 본다면, 까레닌은 내가 볼 땐 단순한 바보예요. 큰 소리로 말할 순 없지만…… 그렇게 생각하면 모든 게 확실해지잖아요. 전에도 그분을 현명한 사람으로 보라는 말을 들었을 때, 난 아무리 찾아도 그의 훌륭한 점을 발견하지 못했어요. 그래서 결국 내가 바보라서 그런 줄 알았지요. 그런데 한번 정직하게, '그는 바보다' 하고 작은 소리로 뱉어 보니, 모든 것이 단번에 확연해졌어요. 어때요, 그렇지 않아요?"

"어머나, 오늘 당신은 정말 입이 걸군요!"

"아녜요, 당치도 않아요. 그렇지만 나에겐 달리 생각할 방도가 없는걸요. 나

---

*2 독일의 작가.

아니면 그 사람 둘 중 누군가가 바보임이 틀림없어요. 그렇다면 당신도 알다시피, 자기가 바보라고 얘기할 수는 없는 노릇이니까요.”

“누구나 자기 재산에는 만족하지 않으나, 누구도 자기 지혜의 부족함을 한탄하지 않는다.” 외교관이 프랑스 시를 인용했다.

“그래요, 그래, 바로 그거예요.” 마흐까야 공작부인이 얼른 그에게 얼굴을 돌리고 말했다. “하여간 얘기의 요점은, 내가 안나를 당신들 씹을 거리로 넘겨 주지 않겠다는 거예요. 그녀는 정말 훌륭하고 귀여운 분이에요. 설사 누군가 그녀에게 홀딱 반해서 그림자처럼 뒤따라 다니기로서니 그녀가 알 바는 아니잖겠어요?”

“그야 나도 헐뜯으려는 생각은 없었어요.” 안나의 친구가 변명하기에 바빴다.

“비록 우리 뒤에 그림자처럼 따라다니는 사람이 없다 해도, 그것 가지고 남을 비난할 권리가 있다고는 할 수 없지요.”

이렇게 안나의 친구를 충분히 다잡아 놓은 뒤, 마흐까야 공작부인은 자리에서 일어나 공사부인과 함께 프러시아 왕에 대해 이야기하고 있는 탁자 쪽으로 옮겼다.

“저쪽에선 누구 험담을 하고 있었죠?” 베뜨시가 물었다.

“까레닌 부부에 대해서였어요. 공작부인이 까레닌을 맘껏 논평하셨죠.” 미소를 짓고 탁자 머리에 앉으면서 공사부인이 대답했다.

“그 얘길 못 듣다니 유감이군요.” 입구 쪽을 보면서 베뜨시가 말했다. “아, 드디어 왔네요!” 그녀는 막 들어온 브론스끼를 향해 빙긋 웃었다.

브론스끼는 여기 모인 사람들 누구와도 안면이 있을 뿐만 아니라 매일같이 얼굴을 맞대는 사이였기 때문에, 지금도 방금 나갔다가 되돌아온 사람처럼 자연스러운 태도로 들어왔다.

“어디에서 오는 길이냐고요?” 그가 공사부인 물음에 대답했다. “별 도리가 없군요, 고백할 수밖에. 부프*3를 보고 왔습니다. 벌써 백 번도 더 본 것 같은데 언제 봐도 새로운 재미가 있지요. 정말 훌륭해요! 부끄러운 얘기지만 오페라는 곧 잠이 들고 마는데, 부프는 마지막 1분까지 즐겁게 본다니까요. 오늘도……”

---

*3 소극(笑劇), 웃음극.

그는 프랑스 여배우의 이름을 대며 그녀에 대해 얘기하려고 했으나, 공사부인이 익살스럽게 진절머리 난다는 표정으로 말허리를 잘랐다.

"제발 그런 끔찍한 이야기는 하지 마세요."

"그럼, 그만두죠. 더구나 여러분 모두 그에 대해 잘 알고 계실 테니까."

"게다가 부프가 만약 오페라처럼 널리 정착되면 다들 그쪽으로 가 버리실 걸요." 마흐까야 공작부인이 얼른 말을 거들었다.

7

입구 쪽에서 발소리가 들렸다. 베뜨시 부인은 안나가 왔음을 알고 브론스끼를 흘끗 쳐다보았다. 그도 문을 보고 있었는데, 그의 얼굴에 조금 이상야릇한 새로운 표정이 떠올랐다. 그는 들어오는 사람을 기쁜 듯이 뚫어지게 바라보면서도, 동시에 수줍게 응시하다가 천천히 몸을 일으켰다. 객실에 안나가 들어왔다. 그녀는 언제나처럼 몸을 꼿꼿이 펴고 똑바로 앞을 쳐다보면서, 다른 사교계 부인들과는 달리 재며 야무지고 경쾌한 걸음걸이로 여주인을 향해 걸어가 몇 걸음 앞에서 멈추더니 그녀 손을 쥐고 미소를 띠었다. 그리고 그 웃는 얼굴 그대로 브론스끼를 돌아보았다. 브론스끼는 정중하게 인사하고 그녀에게 의자를 권했다.

그녀는 그저 고개를 끄덕이는 것으로 그에 대답하고는, 얼굴을 붉히더니 살짝 눈살을 찌푸렸다. 그러나 곧 얼른 지인들에게 인사하고 내민 손들을 잡으면서 베뜨시에게 말했다.

"리지야 백작부인 댁에 들렀다 좀 더 뻘리 이곳으로 올 셈이었는데 그만 오래 머물고 말았어요. 마침 존 경(卿)이 와 계셔서 말이에요. 그분은 대단히 재미있는 분이더군요."

"아아, 그 선교사 말씀이죠?"

"네, 인도 생활에 대해 아주 재미있는 이야기를 해 주셨어요."

안나의 등장으로 잠시 끊겼던 이야기는 바람에 꺼지려던 램프 불꽃처럼 다시 가물거리면서 타올랐다.

"존 경! 아아, 그 존 경이군요. 나도 그분을 뵌 적이 있어요. 얘기 솜씨가 정말 대단하세요. 블라시예바는 그분에게 홀딱 빠져 정신이 없어요."

"그런데 블라시예바의 막내딸이 또뽀프와 결혼한다는 게 정말인가요?"

"네, 완전히 결정됐대요."

"난 그 부모가 신기해요. 연애결혼이라잖아요."

"연애결혼요? 당신은 어쩜 그렇게 고리타분한 생각을 다 하세요! 애당초 요새 세상에 연애라는 말을 쓰는 사람도 있나요?" 공사부인이 말했다.

"그렇지만 어쩌겠습니까? 그런 어리석은 구습이 아직 건재한 것을." 브론스끼가 거들었다.

"그런 방식을 고수하는 사람들이 불쌍하군요. 내가 아는 행복한 결혼은 모두 이성적으로 맺어진 것이니까요."

"그러나 이성에 따른 결혼의 행복도 종종 예상치 못한 그 연애의 출현으로 먼지처럼 흩어져 버리는 일도 흔히 있지 않습니까." 브론스끼가 말했다.

"아뇨, 우리가 말하는 이성에 의한 결혼은, 두 사람 다 이미 방종한 시기를 거치고 난 뒤를 말하는 거예요. 연애는 성홍열과 같아서 누구나 한 번은 거쳐야 하니까요."

"그럼 천연두 접종처럼 인위적으로 사랑을 예방하는 백신도 연구해야 되겠군요."

"난 젊었을 적에 교회지기를 사랑한 일이 있었어요." 마흐까야 공작부인이 말했다. "그것으로 면역됐는지 어떤지는 모르지만요."

"아녜요. 농담이 아니라, 사랑을 알려면 실수를 저지른 뒤에는 다시 일어나야 한다고 난 믿어요." 베뜨시 공작부인이 말했다.

"결혼한 다음에도요?" 장난 섞인 어조로 공사부인이 물었다.

"너무 늦은 뉘우침이란 없습니다." 외교관이 영국 속담을 입에 담았다.

"네, 바로 그거예요." 베뜨시가 맞장구를 쳤다. "한 번 실수를 범하고, 다시 제자리로 돌아올 필요가 있어요. 당신께선 어떻게 생각하세요?" 입술에 보일 듯 말 듯 뻣뻣한 미소를 지으며 이야기를 듣고 있던 안나 쪽으로 얼굴을 돌리면서, 베뜨시는 물었다.

"난 말이에요." 안나는 벗은 장갑을 만지작거리면서 말했다. "난 이렇게 생각해…… 사람 머릿수만큼 생각도 다양하듯이, 사람도 마음 수만큼 다양하지 않을까요."

브론스끼는 안나를 바라보며 심장이 얼어붙는 듯한 기분으로 그녀 입에서 말이 떨어지기를 기다리고 있었다. 그녀가 이렇게 말하자 그는 마치 무슨 위험한 고비라도 넘긴 것처럼 안도의 한숨을 쉬었다. 그때 안나가 갑자기 그에게 말을 걸었다.

"실은 모스끄바에서 편지를 받았어요. 끼찌 쉬체르바스끼가 굉장히 앓고 있다더군요."

"정말입니까?" 브론스끼가 눈살을 찌푸리고 물었다.

안나는 엄한 얼굴로 그를 쏘아보았다.

"당신께선 관심이 없나요?"

"아니, 아니요. 정말 놀랐습니다. 괜찮으시다면 가르쳐 주세요. 편지에 뭐라고 쓰여 있던가요?" 그가 물었다.

안나는 일어나 베뜨시에게 다가갔다.

"차 한잔 주시겠어요?" 그러면서 안나는 그녀 탁자 뒤에 섰다.

베뜨시 부인이 차를 우려내는 동안, 브론스끼가 안나 곁으로 가까이 갔다.

"뭐라고 쓰여 있던가요?" 그는 되물었다.

"제 생각에 남자들은 무엇이 명예롭고 무엇이 비열한지도 전혀 모르면서 언제나 그것을 입에 담고 있어요." 안나는 그의 물음에는 대답도 하지 않고 말했다. "진작부터 당신께 말씀드려야겠다고 생각하고 있었어요." 이렇게 덧붙이더니 그녀는 몇 걸음 걸어 사진첩들이 놓여 있는 구석 탁자 옆에 자리를 잡았다.

"무슨 말씀이신지 이해가 가지 않습니다만." 그는 그녀에게 찻잔을 건네면서 말했다.

안나가 자기 옆 소파를 돌아보자 그는 곧 거기에 앉았다.

"그래요? 그럼 확실히 말씀드리지요." 그녀는 그를 보지 않고 말했다. "당신의 행동은 나빴어요. 아주, 아주 나쁜 짓이에요."

"나도 내가 잘못을 저질렀다는 것쯤은 알고 있습니다. 하지만 내가 그런 짓을 한 것이 도대체 누구 때문이겠습니까?"

"어째서 나에게 그런 말씀을 하시는 거죠?" 그녀는 날카롭게 상대를 쏘아보면서 말했다.

"이유는 당신께서도 알고 계실 겁니다." 그는 주눅들지 않고 희희낙락하게 그녀의 시선을 똑바로 맞받아치며 대답했다.

당황한 것은 브론스끼가 아니라 안나였다.

"그런 말씀은 그저 당신에게 정(情)이 없다는 것을 증명할 뿐이에요." 그녀가 말했다. 그러나 그녀 눈빛은 그에게 정이 있다는 사실을 잘 알고 있고, 바로 그 때문에 그가 두렵다는 사실을 말하고 있었다.

"당신께서 아까 말씀하신 것은 저의 옛 실수이지 사랑이 아니었습니다."

"잊으셨나요? 그런 말씀, 그런 메스꺼운 말씀을 입에 담는 일을 내가 금했을 텐데요." 안나는 움찔하며 말했다. 그러나 곧 이 '금했다'는 한마디로 자기가 그에 대한 모종의 어떤 권리를 가지고 있음을 승인한 꼴이 되어, 오히려 그에게 사랑을 거론할 수 있도록 부채질한 결과가 되었음을 깨달았다.

"진작부터 말씀드리려고 했습니다." 그녀는 결연히 그의 눈을 똑바로 바라보고, 뜨겁게 달아오른 얼굴을 더욱 새빨갛게 물들이며 계속했다. "오늘은 당신을 뵐 수 있으리라 생각하고 일부러 들렀어요. 이런 일은 이제 그만 끝내야만 해요. 이 말씀을 드리려고 찾아왔어요. 난 지금까지 누구 앞에서도 얼굴을 붉힌 일이 없었는데, 당신께선 어쩐지 나에게 죄지은 듯한 기분을 느끼게 하는군요."

그는 그녀를 바라보다가 그 얼굴에 나타난 새로운 정신적인 아름다움에 감동했다.

"그럼 어떻게 하라는 말씀이십니까?" 그가 솔직하고 진지하게 물었다.

"모스끄바로 가서서 끼찌에게 용서를 구하셨으면 해요." 그녀가 말했다.

"당신께선 그것을 바라지 않으십니다." 그가 말했다.

그는 그녀가 스스로 강요하여 그렇게 얘기했을 뿐, 진심이 아님을 꿰뚫어 보았다.

"만약 말씀하시는 것처럼 나를 사랑하고 계신다면……." 안나가 속삭였다. "제발 내 마음이 안정을 찾을 수 있게 해 주세요."

그의 얼굴이 환하게 빛났다.

"알고 계시지 않습니까. 당신은 내게 목숨 그 자체입니다. 그러나 안정이 무엇인지 난 모릅니다. 그래서 당신에게 드릴 수도 없습니다. 내 모든 것, 사랑이라면 전부 드릴 수 있습니다. 난 당신과 나를 따로 떼어 생각할 수 없습니다. 당신과 나는, 내게 하나입니다. 그러므로 나에게나 당신에게나, 앞으로도 평온 따윈 있을 수 없습니다. 절망과 불행이라면 있을 수 있겠지요…… 그렇지 않으면 행복, 그것도 끝없이 행복해질 가능성도 있습니다……. 정말로 그런 일이 불가능하다고 보십니까?"

그는 마지막 말을 그저 입술로만 중얼거렸으나 그녀는 알아들었다. 그녀는 마땅히 해야 할 말을 찾기 위해서 이성의 힘을 쥐어짰다. 그러나 의지와는 반대로, 오히려 사랑이 흘러넘치는 눈길로 그를 가만히 바라보기만 할 뿐, 한마디도 대답할 수 없었다.

'해냈다!' 브론스끼는 속으로 쾌재를 불렀다. '더 이상 어쩔 수 없을 것 같아서, 절망에 빠져 포기하려던 참이었는데, 것 봐! 그녀는 날 사랑하고 있어. 그리고 지금 그것을 고백하고 있어.'

"그럼 날 위해서라고 생각하고 들어 주세요. 그리고 앞으로 내 앞에서는 이런 애길 절대로 입에 담지 마세요. 그러면 우린 좋은 친구가 될 수 있을 거예요." 그녀는 입으로는 이렇게 말했으나 눈은 전혀 다른 이야기를 하고 있었다.

"우린 친구가 될 수 없습니다. 그것은 당신도 잘 아시잖아요. 그러나 우리 두 사람이 세상에서 가장 행복한 사람이 될지, 가장 불행한 사람이 될지는 당신 손에 달렸습니다."

그녀는 뭐라고 말하려 했으나 그가 가로막았다.

"내가 바라는 것은 오직 하나, 지금처럼 희망을 품고 괴로워할 권리를 주십시오. 만약 그것마저도 안 된다면, 제발 나에게 사라져 버리라고 명령하십시오. 그러면 난 사라지겠습니다. 내 존재가 당신에게 괴로움이 된다면, 두 번 다시 당신 앞에 나타나지 않겠습니다."

"난 당신을 그 어디로도 쫓아 버리고 싶은 생각은 없어요."

"그러시다면 아무것도 바꾸지 말고 전부 지금 그대로 내버려 두십시오." 그가 떨리는 목소리로 말했다. "저기, 당신 남편이 오셨군요."

정말로 그 순간, 까레닌이 늘 그렇듯 침착하고 느긋한 걸음걸이로 객실에 들어왔다.

그는 아내와 브론스끼 쪽을 힐끗 보고, 여주인 곁으로 다가가서 차를 한잔 받아들고 앉았다. 그 느릿하고 카랑카랑한 목소리를 울리며 언제나처럼 농담 섞인 말투로 누군가를 놀려 대듯 말하기 시작했다.

"부인의 랑부이예*4는 오늘도 전원 출석이군요." 그가 좌중을 둘러보면서 말했다. "미(美)의 여신들과 뮤즈들."

---

*4 'Ram-bouillet', 부인을 중심으로 한 프랑스 최초의 문학 살롱.

그러나 베뜨시 부인은 그의 이러한 말투, 그녀가 영어로 'sneering(냉소적)'이라고 부르는 이 태도를 견뎌 낼 수 없었다. 그녀는 총명한 여주인답게 곧 그를 국민개병제도라는 진지한 논제 속으로 끌어들였다. 까레닌이 곧 그 얘기에 열중하여, 정색하고 새로운 제도를 옹호하기 시작하자, 베뜨시 부인이 반론했다.

브론스끼와 안나는 여전히 자그마한 탁자 곁에 앉아 있었다.

"저쯤 되면 보기가 좋지 않죠." 한 부인이 눈으로 안나와 브론스끼, 까레닌을 가리키면서 속삭였다.

"그러니까 내가 아까 뭐랬어요?" 안나의 친구가 대답했다. 그러나 이 부인들뿐 아니라 객실에 있던 거의 모든 사람, 심지어 마흐까야 공작부인과 베뜨시까지도 사람들로부터 떨어져 오도카니 앉아 있는 두 사람 쪽을 마치 눈에 거슬린다는 듯이 몇 번이고 흘끔흘끔 바라보았다. 그러나 오직 한 사람, 까레닌만은 한 번도 그쪽을 보지 않고 현재의 화제에 열중하고 있었다.

모두가 불쾌한 인상을 주기 시작했음을 알아챈 베뜨시 부인은 까레닌의 청취자 역을 다른 사람에게 넘기고 안나에게 다가갔다.

"당신 남편의 명확하고 정확한 말씨에는 언제나 탄복한다니까요." 그녀가 말했다. "아무리 심오한 개념이라도 저분께서 말씀해 주시면 머리에 쏙 들어와 쉽게 이해된다니까요."

"정말, 그래요!" 안나는 베뜨시 부인의 얘기는 한마디도 알아듣지 못했지만 행복한 미소를 빛내며 대답했다. 그녀는 큰 탁자 쪽으로 옮겨 모두의 이야기에 끼어들었다.

까레닌은 반시간쯤 앉아 있다가 아내 곁으로 다가가서 함께 집으로 돌아가자고 권했다. 그러나 그녀는 남편의 얼굴은 보지도 않고, 남아서 식사하고 가겠다고 대답했다. 까레닌은 모두에게 인사를 하고 자리를 떴다.

안나의 마부인 뚱뚱하고 나이 든 타타르인은 반질반질 윤이 나는 가죽 외투를 껴입고 현관 앞 차도에서 추위에 떨면서, 점점 초조해하는 잿빛 부마(副馬)를 간신히 붙잡고 있었다. 한 하인이 안쪽 문을 열고 서 있었고, 문지기는 바깥문을 잡고 서 있었다. 안나는 조그마한 손을 민첩하게 놀리며 모피 외투 단추에 걸린 옷소매의 레이스를 빼내면서, 배웅하러 나온 브론스끼의 말을 고개 숙인 채 황홀하게 듣고 있었다.

"당신께서는 아무 얘기도 하지 않으셨습니다. 그리고 나도 아무것도 요구하지 않았다고 해 둡시다." 그가 말했다. "그러나 내게 필요한 것은 우정이 아닙니다. 내 인생에 행복이 있다면, 그것은 오직 당신께서 그토록 싫어하시는 그 한마디 말…… 그렇습니다, 바로 사랑입니다."

"사랑……."

그녀는 가슴속 깊은 곳에서 우러나오는 목소리로 천천히 되뇌었다. 그리고 레이스를 다 빼냄과 동시에 갑자기 이렇게 덧붙였다. "내가 그 말을 좋아하지 않는 이유는, 나에게는 그것이 너무나 큰 의미라, 당신은 도저히 상상할 수 없을 정도로 큰 의미를 담고 있기 때문이에요." 그녀는 브론스끼 얼굴을 뚫어지게 보았다.

"그럼, 안녕히!" 그녀는 그에게 손을 내밀고 나서 민첩하고 탄력 있는 걸음걸이로 문지기 옆을 지나 마차 속으로 사라졌다.

그녀 눈동자와 손의 감촉은 그를 불타오르게 했다. 그는 그녀의 손이 닿았던 자기 손바닥에 입을 맞췄다. 그리고 오늘 하룻밤 만에, 지난 근 두 달 동안보다도 훨씬 더 목적 달성에 다가섰다고 생각하며 행복에 젖어 집으로 돌아왔다.

8

까레닌은 아내가 브론스끼와 단둘이 멀리 떨어진 탁자에 앉아 무엇인가 열심히 이야기하던 것을 유별나거나 행실머리가 고약하다고 생각하지 않았다. 그러나 객실에 있던 다른 사람들이 그 광경을 왠지 야릇하고 부적절하며 상스럽게 받아들이고 있음을 눈치채자, 그에게도 그것이 꼴불견으로 느껴졌다. 그는 이를 아내에게 말할 필요가 있다고 판단했다.

집으로 돌아온 까레닌은 평소처럼 곧장 자기 서재로 가서 안락의자에 앉아, 책갈피 대신 페이퍼나이프를 끼워 두었던 교황제도에 관한 책을 펴고 언제나처럼 새벽 1시까지 읽었다. 이따금 그는 머릿속에서 무언가를 떨쳐내려는 것처럼 그 준수한 이마를 문지르거나 머리를 흔들기도 했다. 정해진 시간이 되자 그는 일어나 잘 준비를 했다. 안나는 아직 돌아오지 않았다. 그는 책을 옆구리에 끼고 위층으로 올라갔다. 그러나 오늘 밤 그의 마음은 언제나 하는 업무에 관한 생각 대신, 아내와 그녀에게 일어난 무언가 불쾌한 일로 가득 차 있었다.

그는 습관과는 달리 잠자리에 들지 않고 등 뒤로 손을 깍지 낀 채 방 안을 서성이기 시작했다. 무엇보다 먼저 이 새로운 상황에 대해서 잘 검토해 볼 필요가 있었으므로, 잠이나 자고 있을 때가 아니었다.

까레닌이 아까 아내에게 이야기해 둬야겠다고 결심했을 때만 해도, 그것이 매우 쉽고 간단한 일처럼 느껴졌다. 그러나 지금 새로운 사태에 대해 곰곰이 생각해 보니 지극히 복잡하고 곤란하게 느껴졌다.

까레닌은 샘이 많은 사내는 아니었다. 그의 소신을 따르면 질투는 아내를 모욕하는 것이며, 남편은 끝까지 아내를 신뢰해야 한다고 믿었다. 그러나 어째서 신뢰해야만 하는가, 즉 젊은 아내가 언제까지나 자신을 사랑하리라고 어째서 확신해야만 하는가에 대해, 그는 굳이 생각해 보지 않았다. 다만 한 번도 의혹이라는 것을 경험한 일이 없었기 때문에, 아내를 믿어 왔고 또 그래야 한다고 스스로 역설해 왔을 뿐이었다. 그러나 지금은 다르다. 질투란 수치스러운 감정이고 어디까지나 아내를 믿어야 한다는 신념에는 변함이 없지만, 자기가 무엇인가 불합리하고 부조리한 사태와 직면해 있는 것 같아 어찌할 바를 몰랐다. 까레닌은 인생을 마주한 것이었다. 즉 그의 아내가 자기 이외 다른 누군가를 사랑할 수도 있다는 현실과 맞닥뜨린 것이었다. 그에게는 그것이 몹시 불합리하고 이해할 수 없는 것으로 여겨졌다. 왜냐하면 그것이 인생 그 자체였기 때문이다. 까레닌은 평생 국무에 종사하며 그쪽 세계에서만 살았다. 즉 공무라는 거울에 비친 인생의 그림자만을 상대해 왔다. 그리고 인생 자체와 부딪칠 때마다 매번 그는 그것을 슬쩍 피해 왔다. 그래서 지금 그는 마치 절벽에 걸려 있는 다리를 안심하고 건너던 사람이, 별안간 그 다리가 중간에 부서졌고 그 밑에는 깊은 못이 입을 벌리고 있음을 깨달았을 때와 같은 감정을 느끼고 있었다. 이 심연(深淵)이야말로 인생 자체이며 다리는 까레닌이 살아온 인위적인 생활이다. 아내가 다른 사람을 사랑할 가능성이 있다는 문제가 그의 머릿속에 처음으로 떠오른 것이었다. 그는 그 사태에 전율했다.

그는 옷도 갈아입지 않고 램프 하나만 켜진 식당에 들어가, 규칙적인 걸음걸이로 울림 좋은 마루와 컴컴한 객실의 융단 위를 왔다 갔다 했다. 객실 소파 위에는 갓 완성된 그의 큼직한 초상화만이 희미하게 불빛을 받으며 걸려 있었다. 그는 또 아내 서재에도 들어가 보았다. 거기에서는 두 자루 촛불이 타오르며 그녀의 친척과 친구들 초상화, 책상 위에 놓인 낯익은 장식품들을 비추고 있었다. 그는 그녀의 방에서 나와 침실문 앞까지 갔다가 다시 발걸음을 돌려 왔던 길을 거꾸로 되돌아갔다.

이런 순서로 한 바퀴씩 돌 때마다, 그는 특히 식당 마루에서 발을 멈추고 혼잣말을 했다. '그래, 이것은 단호하게 해결하고 그만두게 해야 해. 내 의견을 밝히고 결정을 내리는 거야.' 이렇게 생각하고 그는 또 뒤로 물러섰다. '그러나 도대체 무엇을 토로한단 말인가? 어떤 결정을 내리지?' 그는 객실까지 오면서 스스로에게 물었으나 해답은 찾지 못했다. 그는 서재 쪽으로 꺾이는 곳에서 중얼거렸다.

'게다가 결국 무슨 일이 있었다는 건가? 아무 일도 없었잖아. 그녀는 오랫동안 그 사내와 이야기하고 있었어. 그게 어쨌다는 거야? 사교계 여자라면 누구와 얼마나 얘길 하든 이상할 것 없지 않은가. 그것을 질투하는 건 나와 그녀를 동시에 얕보는 짓이 아닌가.' 그는 아내 서재로 들어가면서 자신에게 말했다. 하지만 아까까지 그에게 그토록 큰 무게감을 가지던 이 이론도 지금은 아무런 무게감도 의미도 지니지 못했다. 그는 침실문 앞에서 다시 홀로 향했다. 그러나 그가 컴컴한 객실로 발을 들여놓으려 하자, 갑자기 귓전에서 그 어떤 목소리가 속삭였다. '그렇지 않다. 다른 사람들이 알아챌 정도면 정말로 뭔가 있다는 뜻이다.' 그는 또 식당에서 이렇게 생각했다. '그래, 이것은 어서 해결하고 그만두게 해야 해. 내 의견을 밝히고⋯⋯.' 다시 객실에서 옆으로 꺾기 전에, 그는 자신에게 이렇게 물었다. '어떻게 해결하지? 도대체 무슨 일이 있었단 말인가?' 또 자문하고 자답했다. '아무 일도 없었다.' 그리고 질투는 아내를 멸시하는 감정이라는 사실을 떠올렸지만, 그는 또 객실에 이르자 무엇인가가 일어났을 것이라고 확신했다. 그의 생각은, 걷고 있는 그의 몸처럼 무엇하나 새로운 것을 찾지 못하고 뱅뱅 동그라미를 그릴 뿐이었다. 그것을 깨달은 그는 이마를 문지르며 그녀의 서재에 주저앉았다.

거기에서, 공작석(孔雀石)으로 장식된 문진과 쓰다 만 편지가 놓여 있는 아내의 책상을 보면서 그의 생각은 갑자기 달라졌다. 그는 그녀에 대해, 그녀가 생각하고 느끼는 것에 대해 생각하기 시작했다. 그는 처음으로 그녀의 사생활, 사상, 소망을 생생하게 그려 보았다. 그러나 그녀에게도 그녀만의 생활이 있을 수 있고, 또 있어야만 한다고 생각하자 너무나 두려웠으므로 그는 냉큼 그것을 떨쳐 버렸다. 이것이야말로 그가 들여다보기 싫어했던 심연이었다. 타인의 입장에서 생각하고 느낀다는 것은 까레닌에게 낯선 심적 활동이었다. 그는 이런 정신활동을 유해하고 위험한 망상으로 여겨왔다.

그는 생각했다. '하지만 무엇보다 두려운 것은 하필이면 내 일이 완성에 가까워지는 지금(그는 자기가 통과시키려는 법안에 대해 생각했다), 안정과 힘이 절실히 필요한 이때, 이런 쓸데없는 일로 걱정해야 한다는 것이다. 그렇지만 어쩔 도리가 없지 않은가? 나는 불안과 걱정만 앞서서 그것을 똑바로 바라보지도 못하는 사람들과는 다르니까.'

"심사숙고하여 결론을 내리고 깨끗이 잊어버려야 해." 그는 소리 내어 중얼거렸다.

"그녀의 감정에 관한 문제, 그녀의 마음에 무슨 일이 일어났는지, 또 일어날 수 있는지 하는 문제는 내가 알 바 아니다. 그것은 그녀의 양심문제이고 종교가 담당할 일이다." 그는 지금 일어나는 문제에 적합한 판단 기준을 발견한 것 같아 한결 가벼운 마음으로 혼잣말했다.

"결국 이런 거야." 까레닌은 계속 스스로에게 말했다. "그녀 감정과 그 밖의 문제는 내가 관여할 수 없는 그녀의 양심문제야. 내 의무는 분명히 정의할 수 있어. 가장으로서 나는 그녀를 지도할 의무가 있고, 따라서 얼마쯤은 책임이 있으니, 발견한 위험을 지적하여 경계시켜야 하고, 상황에 따라서는 권한도 행사할 수 있어. 그래, 나는 그녀에게 주의를 주어야 해."

이리하여 까레닌의 머릿속에는 지금부터 아내에게 설교할 내용이 모두 명료하게 꾸며졌다. 어떻게 이야기할지 차근차근 생각하면서, 그는 고작 하찮은 가정사 때문에 이처럼 무의미하게 자기 시간과 지력을 소모해야 한다는 것을 유감스럽게 여겼다. 그럼에도 머릿속에서는 지금부터 하려는 말의 형식과 순서가 마치 보고서처럼 명백하고 정밀하게 정리되었다. '다음 사항을 분명히 말해 둬야 해. 첫째는 평판과 체면의 의미 설명, 둘째는 종교적 관점에 입각한 결혼의 의미 설명, 셋째는 필요하다면 아들에게 일어날 수도 있는 불행 지적, 넷째로 그녀 자신이 불행해진다고 언급하는 거야.' 그리고 그는 손바닥을 밑으로 향한 채 양손을 깍지 끼고 뒤로 힘껏 젖혔다. 손가락 관절이 뚜두둑 소리를 냈다. 손을 깍지 끼어 관절 소리를 내는 이 점잖지 못한 버릇은 언제나 그의 마음을 차분하고 개운하게 가라앉혀 줬는데, 특히 지금의 그에게 꼭 필요한 것이었다. 현관 쪽에서 마차 소리가 들렸다. 까레닌은 홀 한가운데서 발을 멈췄다.

계단을 오르는 여자 발소리가 났다. 말할 준비를 끝낸 까레닌은 깍지 낀 손가락에 힘을 꽉 주고 어느 마디에서 다시 소리가 나지 않을까 기대하면서 서 있었다. 손마디 하나가 뚜둑 소리를 냈다.

그는 층층대를 올라오는 가벼운 발소리를 들으며 그녀가 다가오고 있음을 느꼈다. 그러자 자기가 생각해 둔 이야기에 만족하고 있었음에도, 지금부터 나누게 될 대화를 생각하자 어쩐지 두려움을 느꼈다.

9

안나는 머리를 숙이고 바쉴르이끄*5에 달린 술을 만지작거리면서 들어왔다. 그녀 얼굴은 눈부시게 빛나고 있었으나, 그 광휘는 즐거움에서 오는 것과는 달랐다. 그것은 캄캄한 한밤중에 일어난 화재의 불길한 화염을 생각나게 했다. 남편을 보자 안나는 고개를 들어 마치 꿈에서 깨어난 것처럼 방긋 웃었다.

"아직 주무시지 않았어요? 별난 일도 있네요!" 그녀는 이렇게 말하고 바쉴르이끄를 벗더니, 멈추지도 않고 화장실로 쏙 들어갔다. "잘자요, 알렉세이." 그녀가 문 뒤쪽에서 인사했다.

"안나, 당신에게 할 말이 있어."

"어머, 나에게요?" 그녀는 깜짝 놀란 듯 말하고는 문 뒤에서 나와 그를 쳐다보았다.

"무슨 일인데요? 무슨 말씀이세요?" 그녀는 의자에 앉으면서 물었다. "좋아요, 그렇게 중요한 얘기라면 말씀해 보세요. 사실 괜찮다면 빨리 자고 싶지만요."

안나는 생각나는 대로 혀가 돌아가는 대로 지껄이고 있을 뿐이었지만, 자기의 그 능란한 거짓말 솜씨에 꽤 놀랐다. 그만큼 그녀의 말은 솔직하고 자연스러워서, 그저 자고 싶어서 참을 수 없다는 것처럼 들렸다. 그녀는 자신이 마치 꿰뚫을 수 없는 거짓의 갑옷을 두른 것 같았다. 또 어떤 눈에 보이지 않는 힘이 자기를 돕고 뒷받침해 주는 것처럼 느꼈다.

"안나, 당신에게 경고해 둘 게 있어." 그가 말했다.

"경고라고요?" 그녀가 물었다. "무슨 일로요?"

---

*5 모직 방한용 머릿수건.

그녀는 지극히 솔직하고 쾌활해 보였으므로, 남편만큼 그녀를 잘 알지 못하는 사람이라면 그 말의 울림이나 내용에서 부자연스런 점을 조금도 알아챌 수 없었을 것이다. 그러나 남편은 달랐다. 평소 그녀라면 그가 5분만 늦게 잠자리에 들어도 곧 알아채고 그 까닭을 캐물으려 할 것이고, 기쁜 일이든 슬픈 일이든 곧장 남편에게 털어놓으려고 했을 것이다. 그 점을 잘 아는 그에게는, 지금처럼 그녀가 그의 기분을 살피려고도 하지 않고 그녀 자신에 대해 말 한마디 하지 않으려는 것 자체가 매우 의미심장한 발견이었다. 그는 지금까지 언제나 그를 향해 열려 있던 그녀 마음 깊숙한 곳이 완전히 굳게 닫혀 버린 것을 알았다. 뿐만 아니라 그녀 어조에는 그 점에 대해 아무런 거리낌도 없었다. 오히려 분명하게 선언하는 것 같았다. '그래요, 닫혔어요. 그게 당연하고, 앞으로도 쭉 그럴 거예요.' 지금 그의 심정은, 겨우 집으로 돌아왔는데 문이 잠겨 있는 걸 발견했을 때 느낌과 비슷했다. '그래도 아직 열쇠는 찾을 수 있을 거야.' 까레닌은 생각했다.

"당신에게 경고하고 싶은 건 말이야." 그가 조용한 목소리로 말했다. "당신이 부주의하게 경솔한 행동을 하면 뭇사람 입에 오르내리게 될 수도 있다는 거야. 오늘 당신이 브론스끼 백작과(그는 이 이름을 딱딱 끊어 정확하고 침착하게 발음했다) 지나치게 열중하여 얘기하는 모습은 모두의 주의를 끌었다고." 그녀의 웃는 눈은 그 속을 알 수 없어, 그를 공포로 몰아넣었다. 그는 그 눈을 바라보고 이야기하면서도, 자기 말이 이미 아무 힘도 의미도 없음을 통감했다.

"당신은 언제나 그런 식이에요." 그녀는 마치 그의 얘기가 전혀 이해되지 않지만, 그래도 굳이 말하자면 마지막 한마디만은 이해했다는 얼굴로 대답했다. "내가 지루해하는 것도 마음에 들지 않고, 즐거워하는 것도 싫다는 거군요. 오늘은 상당히 즐거웠어요. 그게 당신 비위에 거슬리세요?"

까레닌은 움찔하며 몸을 떨더니 손가락을 꺾으려고 했다.

"아아 제발, 하지 마세요. 난 그 소리가 정말 싫어요." 그녀가 말했다.

"안나, 대체 왜 이래?" 까레닌은 꾹 참으며 움직이려던 손을 멈추고 조용히 말했다.

"당신이야말로 왜 이래요?" 그녀는 진심으로 놀랍다는 표정을 지으며 말했다. "날 보고 어떻게 하라는 거예요?"

까레닌은 잠시 입을 다물고 한 손으로 이마와 눈을 문질렀다. 그는 아내가 세상 사람들 앞에서 실수하지 않도록 주의를 주려던 애초의 의도와는 달리, 어느새 그녀의 양심에 대한 문제로 흥분하며, 자기가 만들어 낸 일종의 벽과 싸우고 있었다.

"내가 하려던 얘기는 이런 거야." 그는 냉정하고 침착하게 말을 계속했다. "끝까지 잘 들어주기를 바라. 당신도 알겠지만, 난 질투가 모욕적이고 비속한 감정이라고 생각하니까, 그것에 휘둘릴 생각은 결코 없어. 그렇지만 이 세상에는 일정한 예법이라는 게 있어서 그것을 어기면 반드시 벌을 받게 되지. 오늘 일은 내가 눈치챈 게 아니라, 그 자리 분위기로 볼 때 모두 눈치채고 있었어. 당신이 일반 상식에서 벗어난 행동을 했고, 그것을 계속하는 것은 바람직하지 못하다고."

"정말이지 이해를 못하겠어요." 안나가 어깨를 으쓱하며 말했다. '자기는 아무렇지도 않게 생각하면서' 하고 그녀는 생각했다. '다른 사람들 눈에 띄었기 때문에 걱정하는 거야.' "당신, 기분이 안 좋으신 모양이에요." 그녀는 이렇게 덧붙이고 일어나 문으로 나가려고 했다. 그러나 그가 그녀를 가로막으려는 듯 몸을 앞으로 내밀었다.

그는 안나가 여태까지 한 번도 본 적 없는 추하고 음울한 표정이었다. 그녀는 발을 멈추고, 머리를 뒤로 젖히거나 옆으로 기울이며 잰 손놀림으로 머리핀을 뽑기 시작했다.

"그럼 좀 더 듣죠." 그녀가 침착하고 비웃는 듯한 어조로 말했다. "아니 기꺼이 듣겠어요. 도대체 무슨 일로 그러는지 나도 알고 싶을 정도니까요."

그녀는 이렇게 말하면서, 사기가 정말 자연스럽고 침착하고 자신감 넘치는 어조로 교묘히 말을 골라서 쓰고 있음에 적잖이 놀랐다.

"나에게는 당신 감정을 꼬치꼬치 따지고 들 권리가 없어. 애당초 그것은 무익하고 유해하다고 생각해." 까레닌은 이야기를 시작했다.

"자신의 마음을 파헤치다 보면, 곧잘 모르는 편이 나을 뻔한 것들까지 끄집어 내는 수도 있으니까. 당신의 감정은 당신 양심에 맡겨 두겠소. 하지만 난 당신 앞에서, 나 자신 앞에서, 하느님 앞에서, 당신에게 당신 의무를 일깨워 줄 책임이 있어. 우리 삶은 인간의 손이 아니라 하느님에 의해 하나로 맺어져 있으니까 말이야. 이 결합을 부술 수 있는 것은 오직 죄악뿐이고, 그런 범죄는 무거운 벌로 다스려야 해."

"무슨 소린지 조금도 모르겠어요. 아, 어쩌나. 잠이 쏟아져 죽겠어요!" 그녀는 날렵한 손놀림으로 머리칼을 더듬어, 남은 머리핀을 찾으면서 말했다.

"안나, 제발 그런 식으로 얘기하지 말아 줘." 그가 부드럽게 말했다. "어쩌면 내가 오해하는 건지도 몰라. 그러나 지금 내가 하는 말은 당신을 위한 것이면서 동시에 나를 위한 것이기도 해. 난 당신 남편이고 당신을 사랑하고 있으니까."

순간 그녀 얼굴이 부드러워지고 눈동자에서 조소하는 듯한 불꽃도 꺼졌다. 그러나 사랑하고 있다는 한마디가 다시 그녀의 반발심을 돋았다. 그녀는 생각했다. '사랑한다고? 과연 이 사람이 사랑 같은 걸 할 수나 있을까? 만약 사랑이라는 말이 있다는 것을 들어본 적 없으면, 이이는 결코 사랑이라는 말을 쓰지도 않았을 거야. 그는 사랑이 무엇인지조차 모르는걸.'

"알렉세이, 솔직히 난 무슨 소린지 모르겠어요." 그녀가 말했다. "확실히 말씀해 주세요, 당신이 무엇을……."

"내 말을 끝까지 들어 봐. 난 당신을 사랑해. 그러나 난 지금 내 이야기를 하려는 게 아니야. 여기서 가장 중요한 건 우리 아들과 당신 자신이야. 거듭 말하지만 당신에게는 내 말이 전혀 무익하고 부당한 것으로 여겨질지도 몰라. 어쩌면 전부 내 망상이 낳은 것일지도 모르지. 만약 그렇다면 당신에게 용서를 빌겠어. 하지만 만약 당신에게 티끌만큼이라도 짐작가는 게 있다면, 당신도 잘 생각해 봤으면 좋겠어. 그리고 만약 가슴속에 하고픈 말이 있다면 제발 내게 얘기해 줘……."

까레닌은 자기도 모르는 사이에 준비해둔 것과는 전혀 다른 말을 하고 있었다.

"난 아무것도 말씀드릴 것이 없어요. 게다가……." 그녀는 간신히 미소를 억누르면서 불쑥 이렇게 말했다. "정말 이제 잘 시간이에요."

까레닌은 한숨을 몰아쉬고는, 더 이상 아무 말도 없이 침실로 가 버렸다.

그녀가 침실에 들어갔을 때, 그는 벌써 잠자리에 들어 있었다. 입술은 굳게 다물고 눈은 그녀 쪽을 보려고도 하지 않았다. 그녀는 자기 침대에 누워, 그가 다시 말을 걸어오기를 흠칫흠칫 기다렸다. 남편이 말을 걸어올까 두려웠지만, 또한 그것을 바라는 마음도 있었다. 그러나 그는 말이 없었다. 그녀는 오랫동안 꼼짝도 않고 기다리다가 어느새 그에 대한 것을 잊어버렸다. 그녀는 다른 사람을 생각했고, 그의 모습을 떠올렸다. 그러자 그 생각만으로 가슴이 고동 치고 꺼림칙한 환희로 가득 차오름을 느꼈다. 그때 별안간 그녀 귀에 차분하고 규칙적으로 코 고는 소리가 들렸다. 처음에는 까레닌도 자기 코 고는 소리에 깜짝 놀랐는지 뚝 그쳤으나, 또다시 코를 골기 시작했다. 두어 번 숨 쉬는 사이 에 코 고는 소리는 다시 일정하고 편안하게 들려왔다.

"늦었어, 늦었어. 이미 늦었어." 그녀는 미소 지으며 중얼거렸다. 그렇게 한동 안 눈을 뜬 채 가만히 누워 있던 그녀에게, 어둠 속에서 반짝이는 자신의 눈 빛이 보이는 듯한 기분이었다.

10

그날 밤 이후로 까레닌과 안나에게는 새로운 생활이 시작됐다. 이렇다 할 특별한 변화가 일어난 것은 아니었다. 안나는 언제나처럼 사교계로 출입했고, 특히 공작부인 베뜨시 집에 자주 드나들며 곳곳에서 브론스끼와 만났다. 까레 닌은 그 사실을 알면서도 아무것도 할 수 없었다. 그가 진지하게 설명을 요구 할 때마다 그녀는 태평하게 영문을 모르겠다며 넘을 수 없는 벽을 쌓으며 대 항했다. 겉으로 보기에는 아무런 변화도 없었으나 속으로는 완전히 달라졌다. 정치 활동에서는 뛰어난 실력을 자랑하는 까레닌도 이 방면에서는 자신의 완 전한 무력함을 실감했다. 그는 도살장 소처럼 온순하게 머리를 떨어뜨리고 머 리 위에 추켜들려 있는 도끼가 내려치기를 기다리는 느낌이었다. 그는 이 문제 를 생각할 때마다 늘 다시 한 번 노력해 봐야 한다고 느꼈다. 성의와 부드러움 과 신념을 가지면, 이직은 그녀를 구하고 정신차리게 할 수 있다고 느끼며, 날 마다 그녀와 얘기하려고 애썼다. 그러나 그가 막상 그녀에게 말을 꺼낼 때마 다, 그녀를 지배하는 사악과 허위의 입김에 그마저 지배당하는 느낌이 들어, 애초에 의도한 것과는 전혀 다른 엉뚱한 어조로 갈팡질팡 늘어놓고 마는 것이 었다. 그는 어느 틈엔가 습관적인 농담조로, 마치 진지하게 얘기하는 사람을 비웃듯이 그녀에게 이야기하고 있었다. 그러나 이런 말투로는 그녀에게 필요한 이야기를 할 수 없었다.

11

브론스끼로서는 거의 1년 동안, 지금까지의 모든 소망을 대신하는 유일무이

한 소망이었던 일, 안나에게는 불가능하고 두렵고 그래서 더한층 고혹적인 행복한 꿈같은 일, 그 소원이 마침내 이루어졌다. 파랗게 질린 그는 아래턱을 달달 떨며 그녀 앞에서 끊임없이 진정하라고 애원했다. 하지만 무엇을 어떻게 하란 것인지 자신도 알지 못했다.

"안나! 안나!" 그가 떨리는 목소리로 말했다. "안나, 제발!"

그러나 그의 목소리가 높아지면 높아질수록 그녀는 점점 더 머리를 낮게 떨어뜨렸다. 한때는 긍지가 높고 쾌활하며 도도했던 머리는 이제 지옥으로 얼룩져버린 수치심으로 짓눌렸다. 그녀는 그 머리와 몸을 수그리다 못해, 앉아 있던 소파에서 그의 발치로 하마터면 떨어질 뻔했다. 그가 만약 잡아 주지 않더라면, 그녀는 융단 위로 쓰러졌을 것이다.

"하느님! 용서하여 주옵소서!" 그녀는 그의 두 손을 자기 가슴 위로 꽉 끌어안으며 갈라진 목소리로 말했다.

그녀는 그저 몸을 낮추고 용서를 빌 수밖에 없다고 여길 만큼, 자기를 죄 많은 괘씸한 여자로 느꼈다. 그러나 그녀에게는 이제 이 세상에 그 말고는 아무도 없었기 때문에 그를 향해 용서를 구했다. 그녀는 그를 바라보다가, 몸서리나는 굴욕을 느끼고는 그 이상 한마디도 할 수 없었다. 그는 또 그 나름대로 자기가 죽인 시체를 바라보는 살인자가 된 기분이었다. 그에게 목숨을 빼앗긴 육체는 그들의 사랑, 즉 그 사랑의 첫 단계였다. 이렇게 참혹한 치욕의 대가를 무엇 때문에 치렀단 말인가. 그녀는 그것을 생각하자 구역이 치밀었다. 자신의 발가벗겨진 영혼에 대한 부끄러움이 그녀를 짓눌렀고, 그것이 그에게도 전해졌다. 그러나 살인자는 살해한 시체에 대한 공포가 아무리 크더라도 시체를 난도질하여 숨기고, 살인을 통해 손에 넣은 이익을 억척스럽게 누려야만 한다.

그래서 살인자는 마치 사랑하는 사람을 대하는 것처럼 시체에 달려들어 질질 끌고 다니며 난도질한다. 그도 꼭 그렇게 그녀의 얼굴과 어깨에 키스를 퍼부었다. 그녀는 그의 손을 붙잡은 체 꼼짝도 하지 않았다. 그렇다. 이 키스야말로 수치심의 대가로 사들인 것이다. 그리고 영구히 내 것이 된 이 손은 내 공범자 손이다. 그녀는 그 손을 들어 올려 입을 맞췄다. 그는 무릎을 꿇고 그녀 얼굴을 올려 보려 했으나, 그녀는 얼굴을 감추고 한마디도 하지 않았다. 마침내 그녀는 자기를 질타하듯이 몸을 일으키더니 그를 밀어젖혔다. 그녀의 얼굴은 여전히 아름다웠으나 그 아름다움 때문에 더한층 가여웠다.

"모든 것이 끝났어요." 그녀가 말했다. "나에게는 이제 당신 말고 아무도 없어요. 잊지 마세요."

"어찌 내 생명과 같은 당신을 잊겠습니까, 이 행복한 순간을 위해……."

"행복이라고요?" 그녀는 혐오와 공포가 어린 목소리로 말했다. 그러자 그 공포는 어느새 그에게로 옮겨졌다. "제발 부탁이에요, 더 이상 아무 말씀도 하지 마세요."

그녀는 얼른 일어서며 그에게서 멀리 떨어졌다.

"아무 말씀도 말아 줘요." 그녀는 같은 말을 되풀이했다. 그리고 그로서는 이해할 수 없는 싸늘한 절망의 표정을 띤 채 떠나갔다. 새로운 인생으로 들어가기에 앞서 느낀 부끄러움과 두려움과 즐거움이 뒤섞여, 말로 표현할 수 없는 감정을 느꼈다. 그녀는 그것을 부정확한 말로 입에 담아 속된 것으로 전락시키고 싶지도 않았다. 그래서 침묵을 선택한 것이었다. 그러나 그 뒤 하루가 지나고 이틀이 지나도, 그녀는 이 복잡한 감정을 모두 표현하기에 충분한 말을 찾아내지 못했을 뿐더러, 자신의 마음속에 일어났던 온갖 것들을 스스로 깊이 명료하게 생각할 정도의 지혜마저 잃어버리고 말았다.

그녀는 혼잣말로 중얼거렸다. '아니야, 지금은 도저히 생각할 수 없어. 나중에, 좀 더 마음이 가라앉은 뒤에 하자.' 하지만 그런 마음의 평화는 좀처럼 찾아오지 않았다. 그 대신 자기가 저지른 일, 앞으로 자기에게 닥칠 일, 자기가 해야 할 일에 대한 생각이 떠올라 공포가 엄습했다. 그럴 때마다 그녀는 두려움에 사로잡혀 얼른 그것들을 머릿속에서 내쫓아 버렸다.

"나중에." 그녀는 말했다. "더 마음이 진정되거든."

자기 생각을 지배할 수 없는 꿈속에서는 그녀의 상황이 추악한 모습으로 적나라하게 나타났다. 똑같은 꿈이 거의 매일 밤 그녀에게 찾아들었다. 두 사람이 동시에 자기 남편이고, 각각 자기를 마구 애무하는 꿈이었다. 까레닌은 그녀 손에 입을 맞추고 울면서 말했다. "이렇게 돼서 정말 다행이야." 브론스끼도 거기에 있었고 그 역시 그녀의 남편이었다. 그녀 자신도 지금까지 왜 그것을 불가능하다고 여겼는지 의아해하면서, 그들에게 이러는 편이 훨씬 간단하고, 두 사람도 다 만족하고 행복해질 거라고 웃으면서 설명해 주는 것이었다. 그러나 이 꿈은 악몽처럼 그녀를 압박했고, 그녀는 소스라치게 놀라면서 눈을 떴다.

12

모스끄바에서 막 돌아왔을 무렵, 레빈은 청혼을 거절당한 굴욕을 상기하고 부르르 떨며 얼굴을 붉힐 때마다 언제나 혼잣말을 뇌까렸다. '옛날 물리 시험에 낙제하고 유급되어 1학년에 도로 주저앉았을 때도, 만사가 다 끝장났다고 생각하면서 이렇게 얼굴을 붉히고 몸을 떨었지. 또 누이가 부탁한 일을 망쳐버렸을 때도, 역시 난 이제 틀렸다는 느낌이 들었어. 그러나 실제로는? 몇 해가 지난 지금에 와서 보면, 어째서 그런 일로 끙끙 앓았는지 놀랍기만 하잖아. 그러니 이번 슬픔도 틀림없이 그렇게 될 거야. 시간이 흐르면 이번 일에 대해서도 나는 태연해질 수 있겠지.'

그러나 석 달이 지나도 그는 냉담해질 수가 없었다. 처음과 마찬가지로 여전히 그것을 생각하면 쓰리고 괴로웠다. 그가 마음을 다잡을 수 없었던 것은, 벌써 오랫동안 가정생활을 동경해 왔고 또 마침내 자신도 결혼해도 좋을 만큼 성장했다고 느꼈는데, 여전히 독신인 데다가 전보다도 더한층 결혼으로부터 멀어져 버렸기 때문이었다. 주위 모든 사람이 느끼는 것처럼 그 자신도 자기 나이 또래의 사내가 독신으로 지내는 것은 별로 좋지 않다고 통감하고 있었다. 그는 모스끄바로 떠나기 전에, 평소 말벗으로서 좋아하던 순박한 농부이며 목부(牧夫)인 니꼴라이를 붙들고 얘기한 것을 기억했다.

"어때, 니꼴라이! 나도 장가를 들까 하는데." 그러자 니꼴라이는 매우 당연하다는 듯이 냉큼 이렇게 대꾸했다. "벌써 오래전에 때가 됐습죠, 나리." 그러나 결혼은 이제 그에게서 그 어느 때보다도 더 멀어지고 말았다. 그 자리에는 이미 임자가 있었다. 그렇다고 해서 자기 아내될 사람 자리에 그가 아는 그 어느 아가씨를 대치시켜 본들 도저히 불가능해 보일 따름이었다. 그뿐만 아니라 거절당했던 일과 그때 자기가 한 행동을 떠올리면 그는 참을 수 없는 부끄러움에 어찌할 바를 몰랐다. 그때 자신에게는 조금도 잘못하거나 꺼림칙한 부분이 없었다고 아무리 스스로 되뇌어도, 이 회상은 다른 비슷한 종류의 수치스러운 기억들과 마찬가지로 그의 몸을 떨리게 하고 얼굴을 화끈거리게 했다. 다른 남자들도 누구나 그렇지만 그의 과거에도 나쁜 일이라고 스스로 인정하는 행위들이 있었고, 본디 그러한 것 때문에 그는 분명 양심의 가책으로 괴로웠을 것이다. 그러나 이런 나쁜 짓의 기억보다 사소하면서도 수치스러운 그 기억이 그를 훨씬 더 괴롭혔다. 부끄러운 기억은 때가 돼도 결코 아물지 않았다. 더욱이 이러한 기억들과 함께 이번에는, 구혼 거절과 그날 밤 다른 사람들의 눈에 비쳤을 자신의 참담한 형상까지 겹쳤던 것이다. 그러나 시간과 일이 나름대로 제 구실을 했다. 괴로운 기억은 마을의 일상적이면서도, 눈에는 잘 보이지 않지만 중요한 온갖 일들로 차츰차츰 덮여 갔다. 한 주 한 주일을 거듭할 때마다 그가 끼찌를 떠올리는 횟수는 점점 줄어들었다. 그는 그녀가 이미 결혼했다든지, 혹은 오래지 않아 결혼할 것이라는 소식을 고대했다. 그는 그러한 소식이 썩은 이를 뽑아 버리는 것처럼 그의 아픔을 말끔히 없애 주길 바랐다.

그러는 사이에 봄이 왔다. 아름답고 화창한 봄, 늑장부리거나 기대를 저버리거나 하는 일도 없이, 초목도 짐승도 사람도 다같이 기뻐하는 보기 드물게 기막힌 봄이었다. 이 아름다운 봄 덕분에 레빈의 마음은 더욱 분발하여, 과거 모든 습관을 단호하게 버리고 독신생활을 자기 손으로 굳건히 세우자고 결의를 다졌다. 그가 마을로 돌아오면서 세웠던 계획의 대부분은 비록 실행되지 않았지만, 가장 중요한 것, 즉 청빈한 생활을 하겠다는 목표는 지켜왔다. 그는 방탕 뒤에 언제나 찾아오는 부끄러움에 괴로워하는 일이 없었으므로 담대하게 사람들 눈을 똑바로 볼 수 있었다. 2월에 그는 마리야 니꼴라예브나에게서 니꼴라이 형의 건강이 나빠졌지만 형은 치료를 받으려 하지 않는다는 편지를 받았다. 그래서 레빈은 모스끄바에 있는 형을 찾아가, 의사의 진단을 받고 외국 온천으로 요양 가도록 잘 설득했다. 뿐만 아니라 그는 형의 화를 돋우지 않고 여비를 빌려 주는 것까지 성공하여 스스로도 만족을 느꼈다.

봄에는 특별히 정성을 쏟아야 할 농업경영과 독서 이외에, 레빈은 이미 겨울부터 농업에 관한 저술에도 착수했다. 그 내용은 기후 및 토양과 함께 노동자 자질도 농업의 절대적인 요소로 받아들여야 하며, 따라서 농업에 관한 모든 학문적 분석도 토양과 기후 두 요소뿐만이 아닌, 노동자의 일정불변한 자질이라는 세 가지 요소를 바탕으로 이루어져야 한다는 것이었다. 즉 시골에 틀어박혀 있었음에도, 아니 어쩌면 틀어박혀 있었던 덕분에 그의 생활은 매우 충만해졌다. 그저 때때로 머릿속에 용솟음치는 사상을 아가피야 미하일로브나 할멈 이외의 다른 누구에게 전하고 싶은 충족되지 않는 욕구를 느끼곤 했을 뿐이었다. 물론 그는 그녀를 상대로 물리학이며 경영학이며, 그중에서도 철학에 대한 논의까지 하곤 했다. 특히 철학은 아가피야가 가장 좋아하는 분야였다.

봄은 오래도록 모습을 나타내지 않았다. 사순절 마지막 두 주간은 맑고 추운 날씨가 이어졌다. 낮에는 햇볕으로 눈이 녹았으나 밤에는 기온이 영하 9도까지 내려갔다. 녹은 눈이 다시 딱딱하게 얼어붙어, 길이 없는 곳에서도 썰매가 달릴 수 있을 정도였다. 부활절에도 눈이 한창이었다. 그 뒤 갑자기 부활절 주간의 이틀째부터 따뜻한 바람이 일고 먹구름이 뭉게뭉게 피어올라, 사흘 밤낮으로 따뜻한 비가 폭풍우처럼 내리쏟아졌다. 목요일이 되자 바람은 잠잠해지고, 짙은 잿빛 안개가 자연의 품 안에서 일어나는 변화를 감추기라도 하듯이 자옥이 끼었다. 안개 속에서 강물이 흘러 넘치고, 쩍쩍 소리를 내며 깨진 얼음덩이가 움직이기 시작했으며, 탁한 거품이 이는 시냇물이 기운차게 흘렀다. 부활절 다음 주일 월요일에는 저녁부터 안개가 걷히고 먹구름이 양털 모양 구름이 되어 흩어지자, 맑은 하늘이 드러나며 완연한 봄이 되었다. 이튿날 아침에는 눈부신 태양이 떠올라 수면에 덮인 엷은 얼음을 순식간에 녹였고, 따뜻한 공기는 깨어난 대지에서 피어오르는 수증기를 담뿍 머금어 아롱거렸다. 묵은 풀도, 바늘처럼 비쭉이 머리를 내민 어린 풀도 푸른 옷을 걸치고, 인동덩굴이며 구스베리며, 끈끈하고 알코올 냄새를 풍기는 자작나무 새 눈도 부풀었다. 황금빛 꽃을 흩뿌려놓은 듯한 버드나무 가지 위에는 벌통에서 풀려난 꿀벌이 붕붕거리면서 날아다녔다. 눈에 보이지 않는 종달새들은 우단 같은 녹지와 얼어붙은 그루터기가 남아 있는 경작지 위에서 노래를 부르고, 폭풍우로 흙탕물이 가득해진 웅덩이와 늪지에서는 댕기물떼새들이 지저귀며, 학과 거위들은 봄의 울음소리를 내지르면서 하늘 높이 날아갔다. 목장에서는 털갈이하느라 군데군데 털이 빠진 가축들이 목청을 높이고, 다리가 굽은 새끼 양들은 털이 깎여 우는 어미 주변을 뛰어다닌다. 발이 잰 어린애들은 깔깔거리며 맨발 자국을 남기면서 메마른 골목을 뛰어다니고, 못가에서는 빨래하는 아낙들의 즐거운 목소리가 떠들썩하고, 집집이 뜰 안에서 가래와 써레를 손질하는 농부들 도끼 소리가 울려 퍼졌다. 바야흐로 완연한 봄이 온 것이다.

13

레빈은 큼직한 장화를 신고 올 들어 처음으로 모피 외투가 아닌 두꺼운 모직 반코트를 입고, 햇살에 눈부시게 반짝이는 개울을 건너고 얼음 위와 차진 진흙탕 속을 걸으며 농장을 돌아보았다.

봄은 계획과 설계의 계절이다. 밖으로 나온 레빈은, 부풀어 오른 봉오리로 둘러싸인 새싹과 가지가 어디로 어떻게 뻗어나갈지 아직 잘 모르는 초봄 수목들처럼, 그가 좋아하는 농사에서 지금 어떻게 손을 대야 할지 자기 자신도 잘 몰랐다. 그러나 그는 머릿속에 훌륭한 계획과 설계가 가득 들어차 있는 느낌이 들었다. 먼저 그는 축사 쪽으로 갔다. 우리 안에 풀어놓은 소들은 털갈이를 마친 미끈한 털을 빛내면서 햇볕을 쬐다가, 들로 내보내 달라며 음매음매 울었다. 레빈은 아주 사소한 점까지 속속들이 알고 있는 소들을 한동안 대견스레 바라보고 나서, 암소들을 들로 내보내고 우리 안에는 송아지들을 몰아넣도록 일렀다. 목부는 기쁜 듯이 들에 나갈 준비를 시작했다. 가축담당 아낙네들은 치맛자락을 걷어 올리고 아직 햇볕에 그을지 않은 하얀 맨발로 진흙탕 속을 철퍼덕거리면서, 봄의 즐거움에 취해 울며 뛰어다니는 송아지들을 바깥 우리로 몰기 위해 마른 나뭇가지들을 손에 들고 뛰어다녔다.

올해 태어난 송아지들은 유달리 발육이 좋았다. 어린 송아지가 일반 농부들의 암소만큼 컸고, 생후 석 달밖에 안 된 빠바의 새끼는 1년 된 송아지와 덩치가 비슷했다. 레빈은 그 모습을 흐뭇하게 지켜보다가, 송아지들의 여물통을 밖으로 들어내고 울짱 안에서 그들에게 건초를 주도록 일렀다. 그러나 겨우내 쓰지 않았던 우리 안을 보니 지난 가을에 만들었던 울짱이 부서져 있었다. 그는 사람을 보내 탈곡기를 수리하라고 일러둔 목수를 불렀다. 그런데 목수는 탈곡기 대신, 시 육제 주간 사이에 이미 수리를 마쳤어야 할 써레를 이제야 고치고 있었다. 이 사실을 안 레빈은 굉장히 화가 났다. 그가 벌써 몇 해 동안 농장에서 계속되는 나태를 모조리 없애기 위해 온 힘을 기울여 싸워왔는데도, 그것이 또 되풀이되고 있다는 사실에 역정이 끓어올랐다. 살펴보니 울짱은 겨울 동안 쓸 일이 없었으므로 노동마(勞動馬)의 마구간에 넣어 두었으나, 송아지용이라고 대충 만든 탓에 망가지고 말았다. 더구나 이 일로, 다음의 사실이 밝혀졌다. 그가 무려 세 사람의 목수를 고용하여, 겨울 동안 써레와 그 밖의 농기구들을 잘 검사해서 수리해 두도록 일러뒀음에도 그대로 내버려뒀다가, 막상 써레질을 하러 나가야 할 때가 돼서야 겨우 써레를 수리하기 시작했다는 것이었다. 레빈은 집사를 불러오라고 했지만 곧바로 자기가 그를 찾으러 나섰다. 봄날의 모든 것처럼 빛나는 얼굴의 집사는 염소가죽으로 둘레를 꿰맨 가죽 외투를 입고 두 손으로 지푸라기를 뭉개면서 광에서 나왔다.

"어째서 목수가 탈곡기 수리를 하지 않지?"

"네, 어제 말씀드리려고 했는데, 써레부터 수리해야 해서요. 이제 슬슬 경작을 해야 하니까요."

"어째서 겨울에 해 두지 않았어?"

"그런데 주인님께선 목수들에게 무슨 볼일이신가요?"

"송아지를 넣을 마당의 울짱은 어디 있는 거야?"

"제자리에다 딱 내다 놓도록 일러 두었습니다만, 그치들은 도무지 쓸모라곤 없으니!" 집사가 손을 내저으면서 말했다.

"쓸모없는 건 그치들이 아니고, 집사가 문제야!" 레빈은 발끈 화를 내면서 말했다. "도대체 무엇 때문에 내가 자넬 고용했겠나!" 그가 소리쳤다. 그러나 이런 식으로 얘기해 봤자 아무 소용없음을 깨달은 그는 말을 중간에 자르고 한숨만 내쉬었다. "그래, 어때. 파종은 할 수 있겠나?" 그는 잠깐 입을 다물었다가 물었다.

"뚜르낀 건너편은 내일이나 모레쯤이면 할 수 있을 겁니다."

"토끼풀은?"

"바실리와 미쉬까를 보냈습니다. 둘이 씨를 뿌리고 있어요. 그러나 제대로 싹이 틀지 어떨진 모르겠습니다. 땅이 굉장히 질어서요."

"파종 면적은 몇 제샤찌나쯤?"

"6제샤찌나입니다."

"왜 전부 뿌리지 않고?" 레빈이 외쳤다.

토끼풀 씨를 20제샤찌는 뿌려야 하는데 겨우 6제샤찌나만 뿌렸다니, 이것이 또 그의 화를 돋웠다. 토끼풀 파종은 이론으로 보나 그의 경험으로 보나, 될 수 있는 한 빨리, 아직 눈이 남아 있을 무렵에 해야만 좋은 결과를 얻을 수 있다. 그런데 레빈은 아직 한 번도 그 시간에 맞춰 성공한 적이 없었다.

"일손이 부족합니다. 그치들이 무슨 도움이라도 되야 말이죠. 세 녀석은 오지도 않았고, 게다가 세묜도……."

"그럼 짚 일을 제쳐 놨어야지."

"물론 제쳐 놨습죠."

"모두 어딜 갔어?"

"다섯 명은 꼼뽀뜨(그는 혼합비료, 퇴비는 '꼼뽀스뜨'라고 해야 하나, 설탕에 졸인 과일인 '꼼뽀뜨'라고 말했다)를 만들고 있습니다. 네 명은 귀리를 옮기고 있어요. 썩으면 안되니까요, 나리."

레빈은 '썩으면 안되니까요' 라는 말이, 씨앗으로 쓸 영국산 귀리가 벌써 못쓰게 되었다는 뜻임을 잘 알고 있었다. 여기에서도 역시 그가 일러뒀던 일이 실행되지 않았던 것이다.

"그러니깐 내가 사순절 전부터 얘기했잖아. 통풍관을 고쳐두라고!" 그가 호통쳤다.

"걱정하지 마십쇼, 모두 다 시간 안에 맞출 수 있습니다."

레빈은 홧김에 손을 내젓고 귀리를 보러 광으로 갔다가 마구간으로 다시 돌아왔다. 귀리는 아직 못 쓰게 될 정도는 아니었다. 하지만 일꾼들은 그냥 낮은 쪽 광으로 떨어뜨려도 될 일을 쓸데없이 삽으로 퍼 옮기고 있었다. 그래서 그렇게 하도록 지시하고, 그중 두 사람을 토끼풀 파종하는 쪽으로 보낸 다음에야 집사에 대한 노여움도 가라앉혔다. 게다가 날이 굉장히 좋았으므로 언제까지나 역정을 내고만 있을 수도 없었다.

"이그나뜨!" 그는, 옷소매를 걷어붙이고 우물가에서 마차를 씻고 있던 마부한테 외쳤다.

"안장을 좀 놔 줘……."

"어느 말로 하실는지요?"

"음, 꼴삐꾸가 좋겠어."

"알았습니다."

말에 안장을 얹는 동안, 레빈은 화해할 생각으로 눈앞에서 어슬렁대며 바쁜 척하는 집사를 다시 불렀다. 그리고 앞으로의 봄철 일과 농사 계획에 대해서 이야기했다.

거름 운반은 풀베기를 시작할 무렵에는 모두 끝나도록 서둘러 착수할 것, 일부는 휴경지로 놔두고 멀리 떨어진 들도 빠뜨리는 데 없이 쟁기로 갈아엎어 둘 것, 풀베기도 하는 둥 마는 둥 할 것이 아니라 사람을 사서 모두 해치워 버릴 것.

집사는 레빈의 말에 주의 깊게 귀를 기울였다. 그리고 열심히 주인의 계획에 찬성하는 시늉을 했다. 그러나 그는 레빈이 잘 알고 있고 언제나 그를 화나게 하는 그런 꿈도 희망도 없는 침울한 얼굴을 하고 있었다. 그 얼굴은 이렇게 말하고 있었다. '그것은 모두 훌륭합니다, 그렇지만 억지로 되는 일이 아닙니다.'

이런 태도만큼 레빈을 슬프게 하는 것은 없었다. 그러나 이 태도는 사람을 몇 번 바꿔 봐도 어느 집사에게나 공통된 것이었다. 다들 그의 계획에 대해서는 이와 똑같은 태도였다. 그래서 레빈도 더는 화를 낼 생각이 없었다. 다만 서글프게 여기며 이른바 정체를 알 수 없는 '자연의 힘'과 더욱 힘차게 싸워야겠다고 다짐했다. 그것은 바로 '될 대로 되라'는 식의 태도였으며, 그는 끊임없이 이것에 저항해 왔다.

"되도록 시간에 맞추겠습니다, 나리." 집사가 말했다.

"맞추지 못할 리가 있겠나!"

"아무래도 사람을 열댓 명은 더 늘려야 합니다. 그런데 여간해선 모이지 않아요. 오늘 온 녀석들도 한여름에 70루블이나 달라고 하더군요."

레빈은 잠자코 있었다. 또다시 그 힘과 맞서야 했다. 그는 아무리 애써도 지금의 임금으로는 기껏해야 37명이나 38명 정도이지, 도저히 40명 이상의 일꾼을 들이기는 어렵다는 것을 알고 있었다. 40명을 고용한 적도 있었지만 그 이상은 없었다. 그렇다고 해도 아무튼 그는 싸우지 않을 수 없었다.

"정 그렇다면 수르나 체피로프까로 사람을 보내 봐. 구할 수 있는 데까지 구해 봐야지."

"보내 보긴 하겠습니다만." 바실리 표도로비치가 침울하게 말했다. "그런데 말들도 저렇게 쇠약해져서 말씀이에요."

"사 오면 될 거 아냐. 이제는 나도 어느 정도 알겠어." 그는 웃으면서 덧붙였다. "자네들이 되도록 적게, 흥뚱항뚱 일을 하려고 하니까 결과도 좋지 않은 거야. 올해에는 마음대로 하도록 놔두지 않겠어. 전부 내가 직접 할 테니까."

"그럼, 더욱더 주무실 시간이 없겠군요. 그야 저희도 주인어른이 봐주시는 편이 오히려 기쁩니다만……."

"자작나무골 저쪽에서 토끼풀 씨를 뿌리고 있댔지? 어디 한번 가 볼까." 그는 마부가 끌고 온 자그마한 암갈색 말 꼴삐끄에 올라탔다.

"개천은 건너실 수 없을 겁니다, 나리." 마부가 외쳤다.

"그래, 그럼 숲을 지나가지."

오랫동안 마구간에 갇혀 있던 말은 기운차게 뛰었고, 물웅덩이를 볼 때마다 콧김을 내뿜으며 고삐를 끌어당겼다. 레빈은 질척해진 마당을 가로질러 문을 지나 들로 향했다.

레빈은 축사나 광에서도 즐거웠지만, 이렇게 들로 나오니 더한층 기분이 유쾌해졌다. 건강한 말의 달리는 등 위에서 규칙적으로 흔들리면서, 눈과 공기의 따뜻하고 상쾌한 냄새를 들이마셨다. 숲 속 여기저기에 아직도 얼룩을 남기는 잔설을 밟고 지나며, 그는 나무껍질에 이끼가 되살아나고 새싹이 비어져 나올 듯이 부풀어 오른 자기의 나무 한 그루 한 그루를 바라보며 기쁨을 느꼈다. 숲을 빠져나오자 눈앞에는 갑자기 광활한 들판이 펼쳐졌다. 녹다 남은 눈이 군데군데 얼룩져 있을 뿐 한 점의 민둥한 땅도 습지도 없는 푸른 들이 매끄러운 벨벳 융단처럼 펼쳐져 있었다. 농부들의 말과 망아지가 그의 푸른 들을 짓밟는 광경도(그는 지나가던 농부에게 그것들을 내쫓도록 일렀다), 농부 이빠뜨의 빈정대는 듯한 멍청한 대답도 그를 화나게 하지 않았다. "어때, 이빠뜨. 곧 파종해야 하잖아?" 레빈이 묻는 말에 이빠뜨는 "그보다 먼저 땅부터 일궈야지요, 나리" 하고 대답했다. 앞으로 계속 나아갈수록 그는 점점 더 즐거웠고, 더욱더 멋진 농사 계획이 잇따라 꼬리를 물고 떠올랐다. 농지 전체에 남북으로 경계선을 따라 버드나무 울타리를 만들어 눈이 오랫동안 남아 있지 않도록 한다. 밭을 구분해서 그중 여섯 배미는 거름을 주고 세 배미는 목초를 심어 에비로 놓아둔다. 밭 반대쪽 맨 가장자리에 축사를 세우고 못을 판다. 거름을 받기 좋도록 가축용 이동 울짱을 만든다. 그러면 밀 300제샤찌나, 감자 100제샤찌나, 토끼풀 150제샤찌나로, 1제샤찌나도 헛되게 땅을 버려두지 않아도 된다.

그는 이런 공상을 하면서, 말이 밭을 밟지 않도록 주의 깊게 두렁을 따라 몰아, 토끼풀 씨를 뿌리는 일꾼들 쪽으로 다가갔다. 씨앗을 실은 짐수레는 두렁이 아닌 밭 가운데 있었고, 밀의 가을갈이 밭이 수레바퀴로 파헤쳐지고 말발굽에 짓밟혀 있었다. 두 일꾼은 두렁에 앉아 파이프 하나로 번갈아가며 담배를 돌려 피우고 있었던 모양이다. 씨앗이 뒤섞여 있는 짐수레의 흙덩이는 깨어지지도 않고 딱딱하게 굳어 덩어리째 방치되어 얼어붙어 있었다. 주인의 모습을 보자 일꾼 바실리는 짐수레 쪽으로 걸어갔고 미쉬까는 씨를 뿌리기 시작했다. 이것은 좋은 태도가 아니었지만 레빈은 일꾼들에게는 좀처럼 화를 내지 않았다. 바실리가 가까이 다가오자, 레빈은 말을 두렁 위로 끌어내도록 일렀다.

"괜찮아요, 나리. 밟혀도 저절로 되살아나니까요." 바실리가 대꾸했다.

"이러쿵저러쿵 말하지 마." 레빈이 말했다. "시키는 대로만 하면 돼."

"알았습니다." 바실리는 이렇게 대답하며 말 머리를 잡았다. "그런데 이 씨앗 말입니다. 나리." 그는 비위를 맞추면서 말했다. "확실히 1등품이에요. 다만 걷기가 좀 고될 뿐이지요! 마치 짚신에다 1뿌드짜리 저울추라도 달고 다니는 것 같단 말입니다."

"그런데 어째서 흙을 체로 치지 않았나?" 레빈이 물었다.

"손으로 이겨서 부수니까요." 바실리는 씨앗을 집어 들고 흙을 긁어모아 손바닥으로 비벼서 부수어 보였다.

체에 치지 않은 흙을 받아 온 것이 바실리의 잘못은 아니었지만 레빈은 그래도 화가 났다.

레빈은 화를 가라앉히고, 온갖 나쁜 것을 다시 좋게 되돌리는 방법, 지금까지 벌써 여러 번 성공했던 그 방법을 이번에도 쓰기로 했다. 그는 미쉬까가 한 발짝 옮길 때마다 들러붙는 큼직한 흙덩어리를 질질 끌고 굴리면서 걷는 것을 한참 보더니, 말에서 내려 바실리 손에서 씨앗 소쿠리를 빼앗아 직접 씨를 뿌리기 시작했다.

"자넨 어디까지 했지?"

바실리가 발로 표시해 둔 곳을 가리키자, 레빈은 씨앗을 섞은 흙을 힘껏 뿌리기 시작했다. 막상 해 보니 발을 떼어 놓기가 늪 속을 걷는 것처럼 힘들었다. 레빈은 한 두둑만 뿌리고도 땀범벅이 되어 발을 멈추고 소쿠리를 건네주었다.

"저어, 주인님. 여름에 가서 이 두둑을 가지고 저를 욕하셔선 안 됩니다." 바실리가 말했다.

"건 또 왜?" 레빈은 벌써 노동의 정신적인 효과를 느끼며 유쾌하게 말했다.

"여름이 되면 한번 보십시오. 한눈에 차이를 알 수 있을 테니까요. 저기, 저쪽이 작년 봄 제가 뿌린 곳이에요. 얼마나 잘 자랐는지 보세요! 전 말이지요, 나리, 친아버지를 위해 일하는 것처럼 온 힘을 다하고 있어요. 저 자신도 건성으로 일하는 게 싫어서 남들도 그렇게 하게 놔두지 않아요. 주인에게 좋으면 저희한테도 좋게 마련이니까요. 봐요, 저기 좀 보십시오." 바실리가 밭쪽을 가리켰다. "정말 마음이 설레지요."

"아아, 봄은 좋군. 바실리."

"그렇죠. 이런 봄은 늙은이들도 기억이 없을 정도라니까요. 이맘때 집에 다녀왔는데, 집에서도 노친네가 밀을 세 배미 정도 파종했지요. 머지않아 호밀과 분간하지 못할 만큼 무성해질 거라고 하더군요."

"자네는 밀을 심기 시작한 지 오래됐나?"

"주인님께서 재작년에 가르쳐 주시면서 두 메라*6 나눠주시지 않으셨습니까. 거기서 4분의 1은 팔고 나머지는 세 배미에 심었죠."

"그럼, 열심히 하게나. 흙덩이도 잘 비벼 부수도록 해." 레빈은 말이 있는 쪽으로 돌아가면서 말했다. "그리고 미쉬까도 신경을 써줘. 싹이 잘만 나오면 자네에겐 한 제샤찌나에 5코페이카씩 줄 테니까 말이야."

"고맙습니다. 그렇지 않아도 주인님께는 진심으로 감사하고 있습니다."

레빈은 말에 올라타고, 지난해 심은 토끼풀밭과 봄보리를 키우려고 쟁기질을 해 둔 쪽으로 가 보았다.

그루터기 위로 나온 토끼풀 싹은 놀라웠다. 모두 훌륭하게 겨울을 넘기고, 지난해 베어낸 밀 밑동에서 생생한 푸른 잎을 드러내고 있었다. 말은 반쯤 녹은 진흙에 발목 복사뼈까지 빠져 발을 뺄 때마다 쭉쭉 하고 소리를 냈다. 애초에 쟁기로 뒤엎어 놓은 곳을 말을 타고 지나가기란 불가능했다. 아직 얼음이 남아 있는 데는 다소 괜찮았지만, 녹아 버린 고랑 같은 데서는 말 다리가 복사뼈 위까지 쑥쑥 빠졌다. 경지는 아주 훌륭했다. 이틀쯤 지나면 써레질을 하고 씨앗을 뿌릴 수 있을 것 같았다. 모든 것이 잘 정돈되어 있었고 모든 것이 유쾌했다. 레빈은 돌아갈 때는 물이 빠져 있길 바라면서 개울 쪽으로 길을 잡았다. 그리고 정말로 바라던 대로 개울을 건너느라 두 마리 오리를 놀라게 했다. '분명 도요새도 있을 거야.' 그가 그렇게 생각하는데 마침 집 쪽으로 굽은 모퉁이에서 만난 산지기는 도요새에 대한 그의 예상에 확신을 심어 줬다. 레빈은 서둘러 식사를 마치고 저녁 새 사냥에 쓸 총을 준비해 두기 위해서 빠른

---

*6 용량의 단위, 1메라는 약 36리터.

걸음으로 귀로를 서둘렀다.

14

한창 즐거운 기분으로 집에 당도했을 때, 레빈은 바깥 현관 쪽으로부터 말방울 소리를 들었다.

'기차로 누가 온 모양이군.' 그는 생각했다. '마침 모스끄바에서 열차가 도착할 시각인데, 도대체 누굴까? 니꼴라이 형일까? 형편을 봐서 온천 요양을 가든지 아니면 나한테 올지도 모르겠다고 했으니까.' 처음에는 니꼴라이 형의 방문으로 지금 그의 이 즐겁고 행복한 기분을 망칠까 두렵기도 하고 불쾌하기도 했다. 그러나 그는 곧 이러한 감정을 부끄럽게 여기고, 얼른 마음의 두 손을 벌리고 끌어안는 것처럼 커다란 기쁨을 음미하며, 손님이 형이기를 빌고 또 기대했다. 그는 말을 재촉하여 아카시아 나무 그림자를 빠져나왔다. 그러자 이쪽으로 달려오는 말 세 필이 끄는 정거장 삯썰매와 거기에 탄 모피 외투 입은 신사가 보였다. 그는 형이 아니었다. 레빈은 '아아, 누군가 말벗이 될 만한 재미있는 사람이면 좋으련만' 하고 생각했다.

"아아!" 레빈은 두 손을 번쩍 위로 치켜들면서 반갑게 소리쳤다. "이거 정말 귀한 손님이군! 아, 정말 잘 왔네!" 그는 오블론스끼를 알아보고 외쳤다.

'이걸로 그녀가 결혼했는지, 아니면 언제 하는지를 분명히 알 수 있겠군.' 그는 생각했다.

그리고 이처럼 화창한 봄날에 그녀를 떠올려도 전혀 마음이 아프지 않다는 사실을 깨달았다.

"어때, 놀랐지?" 오블론스끼는 썰매에서 뛰어내리면서 말했다. 콧잔등 위며 볼, 눈썹에도 진흙이 튀어 들러붙어 있었으나, 그 얼굴은 쾌활함과 건강함으로 빛나고 있었다. "첫째로 자네를 만나고 싶었고." 그는 레빈을 껴안고 입을 맞추면서 말했다. "둘째로 철새 사냥, 셋째로 예르구쉬오보 숲을 팔려고 왔어."

"좋아, 좋아! 이 얼마나 화창한 봄인가! 그나저나 잘도 썰매를 타고 왔군 그래?"

"마차는 더 나빠요, 나리." 얼굴이 익은 마부가 대꾸했다.

"아무튼 자네가 찾아와 주다니, 정말 반가워." 레빈은 어린애가 기뻐하는 것처럼 진심어린 미소를 지으며 말했다.

레빈은 손님용 방으로 그를 안내하고, 여행가방과 상자에 든 총, 담배 주머니 같은 짐들도 그 방에 가져다 놓게 했다. 손님이 씻고 옷을 갈아입는 동안 그는 경지와 토끼풀에 관한 이야기를 하러 사무소로 갔다. 언제나 집안 체면을 지나치게 걱정하는 아가피야가 현관에서 그를 기다리고 있다가 식사에 대해 이것저것 물었다.

"뭐든 좋을 대로 해 줘, 그저 빨리만." 그는 이렇게 말하고 집사가 있는 쪽으로 갔다.

그가 돌아오자, 오블론스끼도 깨끗이 씻고 머리도 빗고서 만면에 웃음을 띠며 방에서 나왔다. 두 사람은 함께 위층으로 올라갔다.

"아아, 정말 기뻐. 간신히 자네에게 올 기회가 생겼어! 자네가 여기에서 무슨 비밀을 집행하고 있는지 겨우 밝혀낼 수 있게 됐다 이거야. 정말이지 난 자네가 부러워. 집도 멋지고, 모든 것이 매우 훌륭하군그래! 밝고 상쾌하고." 오블론스끼는 오늘 같은 포근한 봄날씨가 언제까지고 이어지는 건 아니라는 사실을 깜빡 잊고 있었다. "게다가 자네 유모도 정말 좋은 사람이야! 앞치마를 두른 귀여운 하녀가 있으면 더 좋겠지만, 자네의 수도사 같은 엄격한 생활 방식을 보면 이편이 가장 알맞을 거야."

오블론스끼는 재미있는 소식을 많이 전했다. 그중에서 특히 레빈의 흥미를 끈 것은, 형 세르게이가 이번 여름에 그의 마을로 오려고 한다는 소식이었다.

그러나 오블론스끼는 끼찌나 쉬체르바스끼 집안에 대해서는 한마디도 입을 열지 않았다. 그저 아내가 안부를 묻더라고 전할 뿐이었다. 레빈은 그 마음씀씀이에 감사하며 친구의 방문을 더욱 반갑게 여겼다. 언제나 그의 가슴속에는, 혼자 지내는 동안 주변 사람들에게 전할 수 없었던 생각과 감정이 헤아릴 수 없을 만큼 쌓여 있었다. 그래서 그는 이때다 싶어 오블론스끼에게 봄의 시적인 즐거움, 농사일의 실패나 계획, 읽은 책에 대한 의견과 감상까지, 특히 자신은 미처 몰랐지만 농사에 관한 온갖 낡은 서서 비평이 요점인 자기 저술의 내용에 대해 털어놓았다. 언제나 남의 이야기를 잘 들어주고 약간의 암시만으로도 만사를 곧잘 이해하는 오블론스끼는, 이번에도 특히 더더욱 열성적으로 그의 이야기를 들어주었다. 레빈은 그의 태도에서 일종의 새로운 것, 즉 자기에 대한 존경의 태도와 일종의 부드러움을 느꼈다.

특별히 맛있는 만찬을 준비하려고 했던 아가피야와 요리사의 노력은 허무하게 끝나 버렸다. 시장한 두 친구는 자쿠스카*⁷ 앞에 앉자마자, 버터를 바른 빵이며 훈제오리와 소금에 절인 버섯을 포식했다. 더구나 레빈은 요리사가 손님을 놀라게 하려고 특별히 정성을 기울여 만든 러시아식 만두 피로시키를 건너뛰고 빨리 수프를 내오라고 명령했다. 그러나 오블론스끼는 평소에 온갖 성찬을 먹어 보았음에도 이 모든 요리가 매우 훌륭하다고 느꼈다. 약술, 빵, 버터, 특히 훈제오리, 버섯, 쐐기풀 수프, 흰 소스를 뿌린 닭고기, 크림 산(産) 백포도주도 모두 진미였다.

"훌륭해, 훌륭해." 그는 고기를 먹은 뒤 굵직한 궐련에 불을 붙이면서 말했다. "자네한테 오니, 마치 시끄러운 배에서 사정없이 흔들리다가 간신히 조용한 기슭에 상륙한 느낌이야. 그럼, 자네 말은 노동자라는 요소야말로 연구되어야 할 과제고 그것이 농사 방식 선택에서 길잡이 역할을 한다 이거로군. 난 이런 문제엔 문외한이지만 그런 이론과 그 응용은 노동자들에게도 영향을 미치게 되겠군."

"그렇지. 그런데 잠깐, 난 지금 정치나 경제가 아니고 농사 문제에 대해서 얘기하는 거야. 농학은 자연과학이니까, 주어진 현상과 함께 노동자를 관찰할 때도 경제학적, 민속학적으로……."

이때 마침 아가피야가 잼을 들고 들어왔다.

"오, 아가피야." 오블론스끼는 자기의 통통한 손가락 끝에 입을 맞추며 말했다. "훈제오리고 약술이고, 정말 훌륭했어…… 그건 그렇고, 어때? 슬슬 시간이 되지 않았나?" 그가 덧붙였다.

레빈은 창문을 통해 앙상한 숲 우듬지 너머로 지는 해를 바라보았다.

"때가 됐네, 됐어." 그가 말했다. "꾸지마, 마차를 준비하게!" 그는 아래층으로 뛰어내려갔다.

오블론스끼도 아래로 내려와 돛천으로 만들어진 씌우개를 조심해서 벗기고, 반들반들한 상자를 열어 애용하는 값진 신형 총을 조립하기 시작했다. 술값을 톡톡히 받을 수 있겠다는 낌새를 맡은 꾸지마는 오블론스끼 곁을 떠나지 않고 딱 붙어 그에게 긴 양말이며 장화까지 신겨 주었다. 오블론스끼도 기꺼이 시중을 받고 있었다.

---

*⁷ 정식 식사 전에 술과 함께 먹는 간단한 전채 요리.

"이봐, 자네. 만약 랴빈이라는 상인이 오거든, 내가 그자에게 오늘 오라고 했으니까, 쫓아내지 말고 들어와서 기다리도록 일러 두게……."

"그자에게 숲을 팔 셈인가?"

"그래, 자넨 그 사낼 알고 있나?"

"그럼 알고말고. 잘 알지. 나도 그 사내하고 '확실하고 결단 있게' 거래한 적이 있어."

오블론스끼가 웃었다. '확실하고 결단 있게'란 그 상인의 입버릇이었다.

"응, 그는 깜짝 놀랄 만큼 우스운 말을 쓴다니까. 아니, 이 녀석은 벌써 주인이 어딜 가려는지 눈치챘군!" 그는, 끙끙거리면서 레빈에게 엉겨 붙어 그의 손이며 장화며 총을 핥는 라스까를 가볍게 손으로 두드려 주었다.

그들이 나왔을 때 마차는 벌써 입구 층층대 옆에 서 있었다.

"가깝지만 일단 마차를 준비시켜 뒀어. 아니면 걸어갈 건가?"

"아냐, 타고 가지." 오블론스끼는 마차로 다가가면서 말했다. 그는 자리에 앉아 호피 담요로 무릎을 덮고 담배에 불을 붙였다. "도대체 자네는 왜 담배를 피우지 않는지 모르겠어! 담배란 단순한 만족이 아니라 만족의 정점이자 그 상징이야. 이게 바로 삶의 보람이지! 정말 훌륭해! 이것이야말로 내가 원하는 삶이야!"

"그렇게 하면 되잖아. 아무도 말리지 않아." 레빈이 웃으면서 말했다.

"아니, 자넨 행복한 사내야. 자네가 사랑하는 것은 모두 갖고 있잖아. 말이 좋아서 말을 기르고 있고, 개를 좋아하니 개도 있고. 사냥도 할 수 있고 농장도 있으니 말일세."

"그건 아마도 내가 가진 것만으로 만족하고, 없는 것에 대해서 슬퍼하지 않는 탓이겠지." 레빈은 끼찌를 생각하며 이렇게 말했다.

오블론스끼는 그것을 눈치채고 그의 얼굴을 힐끗 쳐다보았으나 아무 말도 하지 않았다.

레빈은 오블론스끼가 타고난 날카로운 분별력으로, 자기가 쉬체르바스끼 집안 얘기를 꺼린다는 것을 알아채고 그것에 대해 한마디도 하지 않는 것이 고마웠다. 그러나 이제 슬슬 레빈도 자기를 이렇게까지 괴롭히는 사건에 대해 분명히 확인하고 싶었지만 그것을 입 밖으로 꺼낼 용기가 없었다.

"그래, 자네 쪽 사정은 어떤가?" 레빈은 손님을 앞에 두고 자기일만 생각하는 것은 좋지 않다고 여기고 이렇게 물었다.

오블론스끼의 눈이 유쾌하게 빛나기 시작했다.

"자넨 잘 모르겠지만, 밥이 있으니까 간식도 맛있다는 건 사실이야. 자네 말대로 하면 그것은 죄악이지만, 난 사랑 없는 삶은 인정할 수 없단 말이야." 그는 레빈의 질문을 자기 멋대로 해석하고는 말했다. "어쩔 수 있나, 난 그렇게 생겼는걸. 그리고 그런 일로 남에게 폐를 끼치지 않으니깐 말이지. 또한 나 자신에게는 충분한 만족을……."

"말인즉슨, 또 무슨 새로운 사건이라도 생겼나?" 레빈이 물었다.

"생겼지! 자네도 왜 알잖아, 오시안*8이 그리는 여인 같은…… 즉 꿈속에나 나올 법한 여인…… 그런 여인이 현실에도 있단 말이야…… 그리고 그런 여인들은 무서운 존재야. 여자란 아무리 연구해도 언제나 완전히 새로운 존재라니까."

"그렇다면 차라리 연구하지 않는 게 더 낫겠군."

"아니지. 어느 수학자가 얘기하지 않았나, 기쁨은 진리 발견이 아니라 탐구하는 과정에 있다고."

레빈은 말없이 듣고 있었지만, 아무리 애를 써도 친구 마음속으로 들어가 그 감정과 그러한 여자들을 연구하는 기쁨을 이해하기란 도저히 불가능했다.

15

사냥터는 그다지 멀지 않은 조그마한 백양나무 숲 속을 흐르는 개천 근처였다. 숲 가까이 도착한 레빈은 마차에서 내려, 벌써 눈이 녹아 이끼가 고개를 내민 질퍽한 풀밭 한구석으로 오블론스끼를 안내했다. 자기는 다른 쪽 가장자리 쌍갈진 자작나무 곁으로 돌아와서, 나지막한 마른 가지 갈래에 총을 기대어 놓고 웃옷을 벗더니, 허리띠를 고쳐 졸라매고 양손을 까딱까딱 움직여 보았다.

뒤를 따라온 잿빛 늙은 개 라스까는 그를 마주하고 주의 깊게 웅크리고 앉아서 귀를 쫑긋 세웠다. 해는 빽빽한 숲 저쪽으로 저물어 갔다. 황혼의 빛 속에서는 백양나무 숲 군데군데 점점이 박혀 자라는 자작나무의 축 늘어진 가

---

*8 3세기 켈트 족의 전설적인 시인.

지가 석양을 받으며 더욱 선명하게 도드라졌다. 그 가지에는 팽팽하게 부풀어 오른 잎눈들이 금방이라도 터질 것만 같았다.

숲이 깊어지는 곳에는 아직 눈이 남아 있고, 굽이진 좁은 개울이 흐르는 소리도 가늘게 들렸다. 작은 새들은 짹짹 지저귀며 때때로 이 나무에서 저 나무로 옮겨 다니는 것이 보였다.

완전한 정적 사이로, 가끔 눈이 녹고 풀이 자라면서 묵은 낙엽들을 밀어내느라 바스락거리는 소리가 들렸다.

"굉장해! 풀이 자라는 것이 들리기도 하고 보이기도 하는군!"

레빈은 햇 풀 옆에 쌓여 있는 바늘 모양의 축축한 회색 백양나무 낙엽들이 움직이는 것을 보고 혼잣말을 했다. 그는 선 채 귀를 기울이며 아래쪽을 훑어보았다. 질척질척한 이끼로 덮인 땅, 귀를 쫑긋 세우고 있는 라스까, 눈앞에서 산기슭까지 바다처럼 펼쳐져 있는 숲의 앙상한 우듬지, 하얀 구름 띠를 두르고 저물어 가는 어스레한 하늘…… 독수리 한 마리가 유연하게 날개를 치면서 저편 숲 위로 높이 날아갔다. 곧이어 또 한 마리가 같은 방향으로 똑같이 날아가며 사라졌다. 덤불 속 작은 새들이 점점 더 소리 높여, 분주하게 지저귀었다. 그다지 멀지 않은 곳에서 올빼미가 울기 시작했다. 그러자 라스까가 움찔하며 몸을 일으키더니 조심스럽게 서너 걸음 걸어나가서 옆으로 고개를 숙인 채 가만히 귀를 기울였다. 개천 저편에서 뻐꾸기 울음소리가 들려왔다. 그러나 뻐꾸기가 제대로 뻐꾹뻐꾹 하고 운 것은 두어 번으로, 이내 목이 쉰 소리를 내다가는 그대로 조용해지고 말았다.

"어허! 벌써 뻐꾸기가 있군!" 오블론스끼가 관목 뒤에서 나오며 말했다.

"응, 나도 들었어." 레빈은 숲의 정적을 깨뜨리기 싫은 듯 나직하게 대답했다. 숲 속에서는 자신의 목소리도 듣기 싫었다. "지금은 좀 일러."

오블론스끼의 모습은 다시 덤불 뒤로 사라졌다. 레빈쪽에서는 성냥불이 반짝하는 환한 불꽃과 뒤이은 빨간 담뱃불과 파르스름한 연기만 보였다.

찰칵! 찰칵! 오블론스끼가 공이치기를 당기는 소리가 들렸다.

"저건 뭐가 우는 건가?" 오블론스끼는 마치 망아지가 장난치면서 가느다란 목소리로 우는 것처럼 길게 끄는 울음소리 쪽으로 레빈의 주의를 돌리면서 물었다.

"아아, 자넨 모르나? 저건 수토끼야. 그러나 얘긴 나중에 하지! 잘 들어 봐,

온다!" 레빈은 공이치기를 당기며 거의 외치듯이 말했다.

멀리서 높고 가느다란 울음소리가 아련하게 들렸다. 그리고 사냥꾼에게는 귀에 익은 박자로 예의 2초 간격을 두고 규칙적으로 또 한 소리, 그리고 또 한 소리가 들렸다. 세 번째 이후에는 이미 그 특유의 목쉰 울음소리가 들리기 시작했다.

레빈이 잽싸게 좌우를 둘러보자 바로 정면 검푸른 하늘에, 백양나무 숲 부드러운 가지가 하나로 엉켜 있는 그 위로 작은 새 그림자가 보였다. 새는 똑바로 그를 향해 날아왔다. 빳빳한 천을 찢는 듯 귀에 거슬리는 커다란 울음소리가 귓가에서 들렸다. 이미 새의 긴 부리와 목이 분간되었다. 레빈이 겨냥함과 동시에 오블론스끼가 서 있던 덤불에서 빨간 섬광이 번쩍했다. 새는 화살처럼 쭉 떨어지다가 다시 위로 솟구쳐 높이 날아올랐다. 다시 섬광이 번쩍이며 총소리가 울렸다. 새는 공중에서 멈추기라도 하려고 애쓰는 것처럼 날개를 치다가 순간 정지하더니, 이내 둔탁한 소리를 내며 철벅하고 질퍽한 땅 위로 떨어졌다.

"빗맞았나?" 연기 때문에 앞이 보이지 않았던 오블론스끼가 외쳤다.

"여길 봐!" 레빈은 라스까를 가리키면서 말했다. 라스까는 한쪽 귀를 세우고 털이 복슬복슬한 꼬리 끝을 홰홰 흔들면서, 흐뭇한 기분을 조금이라도 길게 만끽하려는 것처럼 조용한 걸음걸이로, 웃는 듯한 표정을 지으며 총에 맞아 떨어진 새를 주인에게 물어 왔다.

"훌륭해. 자네 거야." 레빈은 기쁨과 동시에, 그 도요새를 잡은 사람이 자기가 아니었다는 것에 벌써 부러움을 느끼고 있었다.

"오른쪽 총신으로 쏜 건 완전히 빗나갔어." 오블론스끼가 총알을 재면서 대답했다. "쉿…… 왔다, 왔어."

정말로 새들의 날카로운 울음소리가 재빠르게 연이어 들렸다. 두 마리 도요새가 장난을 치느라 서로 쫓고 쫓기면서, 예의 특유의 목쉰 소리가 아니라 가느다란 휘파람 소리를 내며 사냥꾼들 머리 위로 날아왔다. 네 발의 총성이 울렸지만, 도요새들은 제비처럼 몸을 홱 날려 날쌔게 선회하더니 시야에서 사라져 버렸다.

사냥 성적은 아주 좋았다. 오블론스끼는 두 마리를 더 쏘았고, 레빈도 두 마리를 더 맞혔으나 그 가운데 한 마리는 찾지 못했다. 날이 어두워지기 시작했다. 해맑은 은빛 금성(金星)이 서쪽 하늘에 낮게 걸려 자작나무 뒤에서 부드럽게 빛나기 시작했고, 동녘 하늘에 높게 걸린 음울한 황소자리 으뜸별이 빨간 빛을 깜빡이고 있었다. 레빈은 머리 바로 위에서 큰곰자리 별들을 찾기도 하고 놓치기도 했다. 도요새는 이제 날아다니지 않았다. 그러나 레빈은 자작나무 가지보다 낮게 보이는 금성이 가지보다 높게 떠오르고, 큰곰자리 별들이 어디에서든 뚜렷하게 보일 때까지 조금 더 기다려 보기로 했다. 그러나 금성이 벌써 가지 위로 높이 떠오르고, 긴 자루가 달린 수레 같은 큰곰자리가 이미 검푸른 하늘에 선명하게 보이기 시작하는데도, 그는 여전히 기다리고 있었다.

"이젠 돌아가야지?" 오블론스끼가 말했다.

숲 속은 이미 조용해졌고 새 한 마리 울지 않았다.

"조금만 더 기다려 보세." 레빈이 대꾸했다.

"그래, 좋을 대로 해."

둘은 지금 서로 열댓 발짝쯤 떨어져 서 있었다.

"스찌바!" 레빈이 불쑥 말을 꺼냈다. "어째서 자네 처제가 이미 결혼을 했는지, 아니면 언제 하는지 말해 주지 않나?"

레빈은 현재 자신이 무척 굳건하고 침착하다고 느끼고 있었기 때문에 어떤 대답을 들어도 동요하지 않으리라 믿었다. 그러나 오블론스끼의 답변은 정말 의외였다.

"처젠 결혼 같은 건 생각해 보지도 않았고 지금도 생각하지 않아. 그러기는커녕 굉장히 건강이 나빠져서 의사가 외국으로 요양시켰어. 생명도 위험하지 않을까 걱정할 정도야."

"아니, 뭐라고!" 레빈이 외쳤다. "큰 병인가? 도대체 무슨 일이 있었기에? 어째서 그녀가……."

그들이 이렇게 얘기하는 동안, 라스까는 귀를 쫑긋 세우고 하늘을 바라보다가 나무라듯 그들을 돌아보았다.

'이런 때에 잡담이나 하다니.' 라스까는 생각했다. '새가 날아오고 있는데…… 왔다. 진짜라고. 왜 그렇게 태평한 거야…….'

그러나 바로 그 순간, 두 사람은 귀청을 찢는 듯한 날카로운 울음소리를 들었고 재빨리 총을 잡았다. 두 개 섬광이 번쩍이며 두 발의 총성이 동시에 일었다. 하늘 높이 날던 도요새가 곧바로 날개를 접더니 가느다란 어린 가지를 휘게 하면서 우거진 수풀 속으로 툭 떨어졌다.

"잡았다! 우리 둘이 맞혔어!" 레빈이 소리치며 라스까와 함께 도요새를 찾으러 숲 속으로 뛰어들어갔다. '아아, 그렇지, 지금 무엇 때문에 걱정했었지?' 그는 생각해 내려고 기억을 더듬었다. '맞아, 끼찌가 아프다지…… 하지만 내가 어떻게 해 줄 수도 없고, 정말 안됐군.'

"아아, 찾았니? 잘했어!" 그는 라스까 입에서 아직 따뜻한 새를 빼내어, 거의 가득 찬 사냥 자루에 밀어 넣었다. "찾았어, 스찌바!" 그가 외쳤다.

16

집으로 돌아오는 길에 레빈은 끼찌의 병과 쉬체르바스끼 집안 일정에 대해 자세하게 물었다. 그로서는 인정하기가 다소 양심에 찔리기는 했지만, 사실 그 소식에 기분이 좋았다. 왜냐하면 아직 희망이 있다는 것도 그렇지만, 그보다도 그를 그렇게 괴롭게 했던 그녀가 지금 괴로워하고 있다는 사실 때문이었다. 그러나 오블론스끼가 끼찌 병의 원인을 얘기하는 도중에 브론스끼의 이름이 나오자, 레빈은 그의 말을 가로막았다.

"내겐 남의 가정사를 꼬치꼬치 알 권리가 없어. 솔직히 얘기하자면 아무 흥미도 없단 말이야."

오블론스끼는 레빈이 방금 전까지 그토록 환하게 빛나다가 갑자기 음울해지자, 그가 익히 잘 아는 레빈의 급변하는 표정변화를 보고 넌지시 미소를 지었다.

"자네, 랴비닌과의 거래는 이미 얘기가 다 끝났나?" 레빈이 물었다.

"응, 끝냈어. 값이 좋았지, 3만 8천 루블이야. 8천은 선금으로, 나머진 6년 동안 할부로 주겠대. 난 이 일로 꽤 오랫동안 돌아다녔지만 아무도 그 이상은 부르지 않더군."

"그럼 자네는 그 숲을 거저 준 거나 마찬가지야." 레빈은 시무룩한 어조로 말했다.

"아니, 어째서 거저라는 거지?" 오블론스끼는 지금은 모든 것이 레빈 마음에 들지 않으리라는 것을 잘 알고 있었으므로 선량한 미소를 띠면서 말했다.

"그 숲은 줄잡아도 1제샤찌나에 500루블은 되니까." 레빈이 대답했다.

"아아, 자네도 어엿한 시골 농장주가 다 됐군!" 오블론스끼가 농담조로 말했다. "자네 그런 말투에는 우리 도시인에 대한 경멸이 가득 담겨 있어! 그러나 막상 사업을 하는 단계에선 언제나 우리가 한 수 위란 말이야. 염려 마, 나도 수판은 충분히 놔 봤으니까. 그 숲은 정말 굉장히 잘 팔렸어. 오히려 난 행여 그 녀석이 이 거래를 물러 달라지나 않을까 걱정할 정도야. 사실 그 숲은 목재 용이 아니라 태반이 땔감용이거든." 오블론스끼는 목재용이라는 말로 레빈에게 그의 생각이 옳지 않음을 확신시키려고 했다. "그것도 1제샤찌나에 30사젠 이상은 안 나와. 그런데 그 사낸 나에게 200루블이나 쳐주겠다는 거야."

레빈은 얕잡듯이 히쭉 웃었다. '뻔한 일이야. 유독 이 친구뿐만 아니라 도시 인들은 다 그렇지. 10년에 한두 번 시골에 오는 주제에, 시골말을 서너 마디 익 히면 뜻이 맞건 틀리건 가리지 않고 쓰면서, 무엇이든지 다 안다고 굳게 믿는 다니까. 목재용이니 30사젠은 나오니 하면서, 다 아는 척 떠벌리지만 실제로 는 아무것도 몰라.'

"난 자네가 관서에서 하는 일에 참견하려는 게 아니야." 그는 말했다. "오히려 필요하다면 내가 자네에게 묻지. 그런데 자넨 목재 거래에 대한 것까지 안다고 자신하는 모양이지만, 천만에. 그렇게 만만한 게 아니야. 자네, 혹시 나무는 세 어 보았나?"

"나무를 어떻게 다 셀 수 있겠어?" 오블론스끼는 어떻게든 친구의 언짢은 기분을 잠재우기 위해 웃는 얼굴로 말했다. "모래알이나 유성(遊星)의 광선 을 헤아리는 것과 마찬가지 아닌가. 뭐, 위대한 천재라면 할 수 있을지도 모르 지……."

"그렇지, 그러나 뛰어난 랴비닌한텐 그것이 가능하단 말이야. 어떤 상인이든 자네처럼 거저 주지 않는 한, 계산하지 않고 사는 녀석은 한 놈도 없어. 자네 숲은 나도 잘 알아. 해마다 그 근처로 사냥을 나가니까. 그 숲은 현금으로 5만 루블 값어친 있어. 그런데 그놈은 자네에게 연불로 2만 루블밖에 내지 않잖아. 말하자면 자네가 그에게 3만 루블을 진상하는 셈이지."

"괜한 소린 이제 그만하게." 하소연이라도 하듯 오블론스끼가 말했다. "그럼, 어째서 아무도 그만한 값을 부르지 않았단 말인가?"

"그 녀석이 미리 뒤꽁무니에서 상인들과 짰기 때문이야. 뒷돈으로 매수해 버 렸단 말이야. 난 녀석들하고 거래한 적이 있으니까 그들 수작은 잘 알아. 애초 에 그 녀석들은 상인이 아니라 브로커들이야. 그놈도 1할이나 1할 5푼의 제대로 된 거래 같으면 아예 손을 대지도 않아. 1루블짜리를 20코페이카로 살 수 있는 일만 노리는 놈들이라고."

"이제 그만하지! 자넨 지금 기분이 나빠서 그래."

"천만에, 나쁠 턱이 있어?" 레빈이 음울하게 대답했다. 어느새 마차가 집에 도착했다.

현관 앞에는 이미 살진 말을 두툼한 가죽끈으로 야물게 달아매고, 쇠붙이와 가죽을 튼튼하게 조여 맨 작은 농업용 마차가 서 있었다. 마차에는 랴비닌의 마부 일을 겸하는 지배인이 허리띠를 단단히 졸라매고 벌건 얼굴로 앉아 있었다. 랴비닌은 벌써 집 안에 들어가 있다가 현관에서 두 사람을 맞았다. 랴비닌은 깨끗이 면도한 커다란 턱에 키가 큰 중년의 수척한 사내로, 콧수염을 길렀고 툭 불거져 나온 눈은 흐릿했다. 등 뒤 허리께에 단추가 달린 기다란 남색 프록코트를 입고, 복사뼈 부분에 주름이 잡히고 장딴지께는 반듯하게 펴진 장화를 신고, 그 위에 큰 덧신을 신고 있었다. 그는 손수건으로 얼굴을 꼼꼼히 닦고 안 그래도 단정한 프록코트 앞자락을 여몄다. 그리고 마치 무엇인가를 붙잡으려는 듯이 오블론스끼에게 손을 내밀면서, 들어오는 두 사람을 웃는 얼굴로 맞았다.

"와 주셨군요." 오블론스끼가 그에게 손을 내밀면서 말했다. "참 잘 오셨소."

"감히 나리의 명령을 어길 수야 없지요. 길이 굉장히 엉망이었지만 한달음에 달려왔습죠. 실은 내내 걸어왔다고 해도 과언이 아닙니다만, 그래도 어떻게 시간에 맞춰 도착했죠. 레빈 나리, 안녕하세요." 그는 레빈을 향해 인사하고 악수를 하려고 했다. 그러나 레빈은 여전히 뚱한 얼굴로 그의 손을 못 본 체하며 도요새를 꺼냈다.

"사냥을 다녀오셨군요? 이것은 뭐라고 하는 새인가요?" 자못 얕보는 듯한 눈길로 도요새를 보면서 랴비닌이 덧붙였다. "뭐, 그래도 맛은 있겠군요." 그는 고생해서 이런 것을 잡을 만한 값어치가 있는지 매우 의심스럽다는 듯이 머리를 내둘렀다.

"서재로 가지?" 레빈이 부루퉁하게 눈살을 찌푸리면서 프랑스어로 오블론스끼에게 말했다. "자네들은 서재에서 얘길 하게."

"어디든 좋으실 대로 하시지요." 랴비닌이 이쪽을 업신여기는 듯 여유를 보이면서, 마치 다른 사람이라면 누구와 어떤 식으로 교섭할지 골머리를 썩일지도 모르지만, 자기는 언제 무슨 일을 하든 전혀 걱정 없다고 말하는 것 같았다.

서재로 들어가자 랴비닌은 습관대로 주위를 두리번거렸다. 성상을 찾는 듯했지만 막상 보고도 성호를 긋지는 않았다. 그는 책장이며 서가에 책이 가득 꽂혀 있는 것을 보고, 도요새를 보았을 때와 똑같이 어이없다는 듯이 냉소적인 표정으로 고개를 설레설레 저었다. 그는 이러한 것들이야말로 아무짝에도 쓸모없는 헛수고라고 단정을 지은 모양이었다.

"자 그럼, 돈은 가져왔소?" 오블론스끼가 물었다. "일단 앉으시오."

"그럼요, 돈은 아무 문제없습니다. 다만 그 전에 만나 뵙고 상의드릴 일이 있어서 말씀이에요."

"상의라니, 무슨 일인데? 자아, 우선 앉아요."

"예, 그럼." 랴비닌은 앉아서 몹시 거북한 모양새로 안락의자 등받이에 팔꿈치를 짚으면서 말했다. "조금 더 양보해 주셔야겠어요, 공작. 너무하십니다. 돈이라면 1코페이카까지 빠짐없이 준비되어 있어요. 돈 때문에 지장은 결코 없습니다만."

레빈은 총을 장롱에 넣어 놓고, 막 문밖으로 나가려다가 상인의 말을 듣고 발을 멈추었다.

"그렇지 않아도 자넨 이미 거저나 다름없이 숲을 손에 넣으려 하잖아. 이 친구가 너무 늦게 찾아오지만 않았어도 내가 값을 매겨 줬을 거야."

랴비닌은 일어서서 아무런 말도 없이 싱글벙글 웃으며 레빈을 위아래로 훑어보았다.

"너무 쩨쩨하십니다. 레빈 나리." 그는 웃는 얼굴로 오블론스끼를 돌아보았다. "이 댁에서는 이젠 절대로 뭘 거래할 수 없겠군요. 전에 밀을 산 적이 있는데 엄청난 값을 치러야 했지요."

"왜 내가 내 물건을 자네에게 거저 줘야 하지? 그건 길가에서 주운 것도 아니고 훔친 것도 아니란 말이야."

"죄송합니다만, 요즘 세상에서는 도둑질 같은 짓은 도저히 불가능하죠. 오늘날엔 철저하게 공개재판이 열리고, 모든 것은 공명정대하니까요. 도둑질 같은 건 어림없죠, 네. 저희는 정말 정직하게 상의했습니다. 그러나 그 숲은 흥정이 좀 비싸게 떨어져서 좀처럼 수지가 맞지 않을 것 같다 이 말씀입니다. 그래서 다만 얼마라도 좀 빼 주십사 하는 거죠."

"그럼 자네들 거래가 이미 끝난 건가, 아니면 아직 안 끝난 건가? 끝났다면 지금 새삼스럽게 값을 흥정할 수 있을 리가 없고, 만약 안 끝났다면……." 레빈이 말했다. "그 숲은 내가 사지."

갑자기 랴비닌 얼굴에서 미소가 싹 사라졌다. 대신 독수리같이 사납고 잔인한 표정이 드러났다. 그는 뼈마디가 불거진 손가락으로 잽싸게 웃옷 단추를 끄르더니, 셔츠와 조끼의 구리 단추와 시곗줄을 훤히 드러내며 얼른 두툼한 낡은 지갑을 꺼냈다.

"받으시죠, 숲은 이제 내 것이올시다." 그는 얼른 성호를 긋고 손을 내밀면서 말했다. "자아, 대금을 받으십시오. 숲은 이제 내 소유입니다. 이게 이 랴비닌의 거래요. 푼돈 가지고 다툴 생각은 없어요." 그는 잔뜩 찌푸린 얼굴로 지갑을 흔들며 말했다.

"내가 자네라면 이렇게 서둘진 않을 텐데." 레빈이 말했다.

"무슨 소린가." 깜짝 놀라며 오블론스끼가 말했다. "난 이미 계약을 했단 말일세."

레빈은 거칠게 문을 닫고 나갔다. 랴비닌은 문을 쳐다보며 쓴웃음을 짓고 머리를 저었다.

"저분은 아직 젊고 너무 순진하시군요. 솔직히 제가 이 숲을 사는 것은, 그러니까 저를 믿어 주십시오. 그저 오직 하나, 명예가 욕심나기 때문이죠. 오블론스끼 집안 숲을 산 것은 다름 아닌 이 랴비닌이다, 하는 말을 듣기 위해서일 뿐이에요. 어떻게 타산을 맞출지는 하느님 뜻에 달렸습니다. 정말이라니까요. 그럼, 이제 계약서에 서명을……."

한 시간 뒤에 상인은 단정하게 겉옷을 여미고 프록코트 단추를 채우고는 계약서를 호주머니에 넣고, 마구를 맨 튼튼한 농업용 마차를 타고 귀로에 올랐다.

"아아, 저런 지주란 것들은!" 그는 지배인에게 말했다. "하나같이 다 똑같다니까."

"정말 그렇죠." 지배인은 고삐를 주인에게 건네고, 가죽으로 된 진흙 방지용 가리개를 둘렀다. "거래는 어떠셨습니까, 주인 나리?"

"뭐 그럭저럭……."

17

오블론스끼는 상인이 석 달 치 선지급한 어음을 호주머니에 두툼하게 넣고 위층으로 올라갔다. 숲의 거래가 무사히 끝나고 돈도 손에 들어온 데다 사냥 성과도 좋았으므로, 그는 더없이 흐뭇했다. 그래서 그는 더욱 레빈의 언짢은 기분을 꼭 풀어 주고 싶었다. 그는 저녁식사를 하면서 모처럼 오늘 하루를 시작 때와 마찬가지로 유쾌하게 매듭짓고 싶었다.

실제로 레빈은 기분이 시원치가 않았다. 사랑하는 귀한 손님을 친절하고 정답게 대해 주어야 한다고 생각하면서도 자신을 억누를 수 없었다. 그의 마음은 끼찌가 결혼하지 않았다는 소식에 차츰차츰 취했다.

끼찌는 시집도 가지 않은 채 앓고 있다. 사랑한 사내에게 배신당했기 때문이다. 레빈은 이 모욕이 마치 자신에게 가해진 것만 같았다. 그녀는 브론스끼에게 차이고 레빈은 그녀에게 차였다. 따라서 브론스끼는 레빈을 모멸할 권리를 가진 셈이기 때문에 그의 적이었다. 그러나 레빈은 이 문제를 전부 제대로 생각하고 있었던 것은 아니다. 그저 그 속에 무엇인가 굴욕적인 요소가 있다고 어렴풋이 느꼈을 뿐이었다. 그래서 지금 그는 자기 기분을 상하게 한 그 상대에게 직접 화내는 게 아니라, 눈앞에 나타나는 온갖 것들에 트집을 잡고 화풀이를 하고 있었다. 멍청하게 팔아 치운 숲, 오블론스끼가 걸려들었을 뿐 아니라 그런 기만이 자기 집에서 이루어졌다는 사실에 그는 잔뜩 화가 났다.

"그래, 끝났나?" 그는 위층에서 오블론스끼를 맞으면서 말했다. "저녁식사나 할까?"

"그럼, 좋지. 정말 시골에 오면 어쩜 그렇게 빨리 시장기가 몰려오는지 모르겠어. 놀라울 정도야! 그런데 어째서 자넨 랴비닌에게 식사를 권하지 않았나?"

"흥, 그딴 녀석!"

"그렇지만 그자에 대한 자네 태도는 너무했어!" 오블론스끼가 말했다. "자넨 손도 내밀지 않았지. 어째서 악수조차 안 해 준 건가?"

"내가 하인과 악수하지 않는 것과 똑같은 이유야. 아니, 그 녀석에 비하면 하인들 쪽이 백배는 더 낫지."

"자네도 정말 대단한 보수주의자군그래! 계급 타파는 어디로 간 겐가?" 오블론스끼가 말했다.

"타파하고 싶은 사람들끼리 하라고 해. 난 반대야."

"자넨 정말 뼛속까지 보수주의자로군."

"사실, 난 내가 어떤 인간인지 생각해 본 적도 없어. 난 꼰스딴찐 레빈, 그뿐이야."

"그것도 기분이 몹시 지르퉁한 꼰스딴찐 레빈이렷다?" 오블론스끼가 웃으면서 말했다.

"그래, 난 굉장히 기분이 좋지 않아. 왠지 아나? 이렇게 말하긴 뭣하지만 자네의 그 어리석은 거래 때문이야……."

오블론스끼는 죄도 없이 심한 꾸지람을 듣고 토라진 사람처럼 순하게 눈살을 찌푸려 보였다.

"이제 그만해 둬!" 그가 말했다. "사실 누가 무언가를 팔 때, 거래가 끝난 직후 '그것은 훨씬 더 비쌀 텐데.' 이런 소릴 듣지 않은 적이 과연 있나? 그러나 팔려고 할 땐 아무도 그렇게 내려고 하지 않는단 말이야…… 아냐, 난 알아. 자넨 그 가엾은 랴비닌에게 뭔가 맺힌 게 있는 거야."

"그럴지도 모르지. 그러나 자넨 그 이유를 알고 있나? 자넨 또 나를 보수주의자니 뭐니 지독한 말로 부를지도 모르지. 하지만 나 역시 지주나 귀족 계급이 하나같이 영락해 가는 모습을 지켜보는 것이 화가 나고 분해. 나도 거기 속해 있고, 계급 타파니 뭐니 해도 거기 속한 것을 매우 자랑스럽게 여기고 있으니까. 더구나 이 영락이라는 것은 결코 사치의 결과가 아니야. 차라리 그런 거면 다행이지? 평생을 귀족답게 생활한다는 것은 귀족의 특성이고 귀족들만이 그렇게 할 수 있으니까. 그런데 요즈음엔 여기서도 농부들이 한참 땅을 사 모으고 있어. 그건 괜찮아. 귀족이 아무것도 안 하고 빈둥빈둥 놀고먹으니까, 농부가 일을 해서 쓸모없는 게으른 인간을 밀어내려는 거야. 그것은 당연해. 나도 농부들을 대하면서 굉장히 기뻐하고 있어. 하지만 말이야, 뭐랄까, 귀족이 그 세상 물정 모르는 순진함 때문에 일어나는 일과 가난해져 버리는 모습에 화가 치미는 거야. 어디서 폴란드인 소작농이 니스에 사는 귀족 부인의 훌륭한 소유지를 반값으로 샀는가 하면, 또 어디에선 상인이 1제샤찌나에 10루블 값어치가 있는 땅을 단돈 1루블로 빌리고 있어. 이번엔 또 자네가 아무런 까닭도 없이 그 사기꾼 녀석에게 3만 루블을 선물하고 말았지."

"그럼 어쩌란 말인가? 나무를 한 그루 한 그루 세란 말인가?"

"물론 그렇게 해야 하다마다. 이번만 해도 자넨 세지 않았지만 랴비닌은 셌

단 말이야. 덕분에 라비닌의 아이들은 생활비와 교육비를 손에 넣었고, 자네 아이들은 아쉽게도 그러지 못했지!"

"그야 말은 그렇지만, 그런 계산까지 다 한다는 건 뭔가 좀 그렇잖아. 우리한 텐 우리 본분이 있고 그들에겐 그들 본분이 있어. 그리고 그들로서는 벌이가 필요하단 말이야. 하여간 거래도 이미 끝났으니 이제 그만 하세나. 오오, 내가 굉장히 좋아하는 달걀 요리가 나왔군. 이제 아가피야가 또 그 귀한 약술을 내 올 테고……."

오블론스끼는 식탁에 앉아 이런 훌륭한 점심이며 저녁은 오랜만에 먹어 본 다며 아가피야를 치켜세우기 시작했다.

"손님께선 빈말로라도 그렇게 칭찬해주시지만 말이에요." 아가피야가 말했다. "저희 나리께선 그저 뭘 드려도, 설령 빵 껍질을 드려도 잠자코 드시고 얼른 나가 버리신답니다."

레빈은 아무리 자기를 추스르려고 애써도, 우울과 침묵에서 벗어날 수 없었다. 그에게는 오블론스끼에게 꼭 한마디 물어봐야 할 것이 있었다. 그러나 좀처럼 결심할 수 없을 뿐만 아니라, 그 말을 언제 어떻게 꺼내야 할지도 몰랐고 적당한 방법과 기회도 찾지 못했다. 오블론스끼는 어느새 아래층 자기 방으로 내려가 옷을 벗고 다시 한 번 얼굴을 씻은 뒤, 주름이 잡힌 자리옷으로 갈아 입고 누워 있었다. 그러나 레빈은 하염없이 온갖 쓸데없는 얘기만 지껄이면서 정작 중요한 것은 묻지도 못한 채, 친구 방에서 미적대며 우물쭈물하고 있었다.

"이 비누는 정말 훌륭하군." 레빈은 아가피야가 손님용으로 준비해 두었는데 오블론스끼가 쓰지 않았던 향기로운 비누 한 장을 꼼꼼히 바라보다가 포장지에서 꺼내며 말했다. "이것 보게, 정말 예술적이잖아?"

"그러게. 요즘에는 이것저것 가릴 것 없이 모두 개량되어 나오니까 말이야." 오블론스끼가 기분 좋게 하품하면서 젖은 목소리로 말했다. "이를테면 극장이나 유흥시설에도…… 아 아 아……." 그는 연방 하품했다. "어디를 가나 전등이 달렸고…… 아함……."

"그래, 전등." 레빈이 말했다. 그러더니 갑자기 비누를 내려놓고 물었다.

"맞아. 그런데 브론스끼는 요즘 어디에 있나?"

"브론스끼?" 오블론스끼가 하품을 뚝 그치고 말했다. "그 사낸 뻬쩨르부르그에 있어. 자네가 떠난 뒤 곧 떠났지. 그 뒤로는 한 번도 모스끄바엔 오질 않았어. 꼬스쨔, 사실대로 말할 테니 잘 듣게나." 그는 탁자에 팔꿈치를 짚고 한 손으로 혈색 좋은 잘생긴 얼굴을 괴며 말했다. 부드럽고 선량하며 졸린 듯한 두 눈이 별처럼 빛나고 있었다. "자네에게도 책임이 있어. 자넨 경쟁자를 두려워했단 말이지. 그러나 내가 볼 땐, 그때 자네에게 말했던 것처럼, 어느 쪽이 유력한지 가늠할 수 없었어. 왜 자넨 무조건 밀어붙이지 않았지? 그때도 자네에게 얘기했잖아, 그……." 그는 입을 벌리지 않고 턱만 움직여 하품했다.

'이 친구는 내가 청혼한 사실을 아는 것일까, 모르는 것일까?' 레빈은 그를 쳐다보면서 생각했다. '그런데 이 친구 얼굴엔 어딘가 영악한 외교관 같은 데가 있군.' 레빈은 자신이 얼굴을 붉히는 것을 느끼면서 말없이 오블론스끼 눈을 똑바로 바라보았다.

"만일 그때 처제에게 무슨 일이 있었더라도 그것은 외면적인 유혹이었어." 오블론스끼는 계속했다. "게다가 그 완벽한 귀족성향과 장래의 사회적 위치에 매료된 사람은 처제가 아니라 장모님이었지."

레빈은 눈살을 찌푸렸다. 이미 지난 일이라고 생각했던 거절의 모욕이 지금 막 받은 상처처럼 생생히 그의 가슴을 헤집었다. 그러나 그는 지금 자기 집에 있었고, 눈에 익은 벽도 도움을 주었다.

"아니, 잠깐만, 잠깐만." 그는 오블론스끼의 말을 가로막으면서 말을 꺼냈다. "자네 방금 귀족성향이라고 했지. 그럼 한마디 묻겠네. 브론스끼의 귀족성향이란, 아니 누가 됐든, 그 귀족성향이란 대체 뭔가? 그것이 나를 모욕할 수 있을 정도로 대단한 것인가? 자넨 브론스끼를 귀족이라고 보지만 난 그렇게 생각하지 않아. 그의 아버진 아무것도 없는 상황에서 간계를 부려 그 자리까지 기어올라왔고, 그의 어머닌 아무하고나 사귀는 여자지. 그런데 그런 인간을 어째서…… 아니야, 주제넘지만 내가 나를 포함해 귀족이라고 인정하는 사람은, 고도의 교양을 지녔고(재능과 지력은 별개의 문제지만) 과거의 가족사에서 삼사대에 걸친 명예로운 계통을 드러내 보일 수 있는 사람들, 내 아버지와 할아버지가 그랬던 것처럼 누구 앞에서도 결코 비굴하게 행동하거나 궁상을 떤 적이 없는 사람들뿐이야. 난 그런 사람들을 많이 알고 있어. 자넨 내가 숲의 나무를 세는 것을 비천하게 여기면서도 랴비닌에게 3만 루블이나 되는 돈을 거저 줬어. 자네는 봉급이니 뭐니 내가 모르는 수입이 있겠지만 나는 그렇지 않아. 그래서 난 조상에게 물려받은 것과 내가 일해서 얻은 것들을 소중히 여기는 거야....... 귀족이란 이런 우리네를 말하는 것이지, 이 세상 권력자들이 베푸는 것 하나로 만족하거나, 푼돈에 매수당하는 그런 인간들은 귀족이라고 할 수 없어."

"지금 자넨 누구 이야길 하고 있지? 나도 자네하고 생각이 같아." 오블론스끼는 레빈이 말한 푼돈에 매수당하는 인간 부류에 자기도 포함된다는 것을 알면서도 참으로 즐겁게 말했다. 그에게는 어쨌든 레빈의 기분이 되살아난 것이 진심으로 기뻤던 것이다. "도대체 누구 얘기야? 브론스끼에 관한 자네 얘긴 대부분 잘못됐지만 난 그 문제를 말하는 게 아니야. 똑똑히 말하지. 내가 만약 자네라면 나랑 같이 모스끄바로 가서......."

"아냐, 자네가 아는지 어떤지는 모르겠지만 난 이젠 아무래도 좋아. 그래, 솔직히 말하지. 난 청혼을 했다가 거절당했어. 그러니 이제 자네 처제와의 일은 나에겐 굉장히 괴롭고 부끄러운 기억이야."

"어째서? 그야말로 부질없는 생각이야!"

"이제 이런 얘긴 그만두지. 만약 내가 자네한테 심하게 굴었다면 용서해 주게." 레빈이 말했다. 모든 것을 다 털어놓자, 그는 다시 아침 무렵의 그로 되돌아와 있었다. "나한테 화가 나진 않았지, 스쩨바? 제발 화내지 말아 줘." 레빈은 이렇게 말하고는 웃으며 그의 손을 잡았다.

"그럼, 조금도 화나지 않았어. 화를 낼 까닭이 없잖나. 난 오히려 서로 흉금을 터놓고 얘기한 것 같아서 기뻐. 참, 어때? 아침 사냥도 제법 쏠쏠하지. 가 보지 않겠나? 난 이대로 자지 않고 있다가 사냥에서 돌아와 곧바로 역으로 갈까 생각하는데."

"응, 그거 좋지."

18

브론스끼의 내면은 온통 정열로 가득 차 있었음에도, 그의 외적인 생활은 변함없이 사교계와 연대의 온갖 인맥과 이해관계로 이루어진 익숙한 궤도를 순탄하게 달리고 있었다. 연대의 이해관계는 브론스끼의 생활에서 중요한 위치를 차지했다. 그것은 그가 연대를 사랑하기 때문이며, 또 그 이상으로 그가 연대 안에서 사랑받고 있기 때문이었다. 연대에서는 모두 브론스끼를 좋아할 뿐만 아니라 그를 존경하고 자랑스럽게 여겼다. 막대한 재산에 훌륭한 교양과 재능을 지녀 어느 방면으로 가더라도 성공과 명예와 영달이 보장된 이 사내가, 그런 가능성을 모조리 무시하고 온갖 인생의 이해관계 가운데 연대와 동료를 무엇보다도 중시했기 때문이다. 브론스끼는 자기에 대한 동료의 이러한 견해를 알고 있었다. 그래서 단순히 이 생활을 사랑했지만, 자기 위에 확립된 이 견해에 부응하는 것도 의무로 여겼다.

당연한 얘기지만 그는 자신의 사랑에 대해서 동료 누구에게도 얘기하지 않았다. 아무리 흐트러진 술자리에서도 말실수하지 않았다(하긴 그는 어떤 상황에서도 자제력을 잃을 만큼 취한 적이 없었다). 특히 경솔한 동료 중에서 그의 불륜에 대해 넌지시 아는 척 하려고 하면 철저하게 입단속을 했다. 그럼에도 그의 사랑은 온 도시 안에 알려졌으며, 너 나 할 것 없이 까레닌 부인과 그의 관계를 어느 정도 짐작하고 있었다. 젊은 사람들 대부분은 그의 사랑이 매우 힘들다는 점을 부러워했다. 말하자면 까레닌의 높은 지위 때문에 그 둘의 관계가 세상에 소문나기 쉽다는 점이 선망의 대상이었다.

전부터 안나를 부러워하면서도 그녀가 고결한 부인으로 칭송받는 것에 진저리가 났던 젊은 부인들은 대부분 기회가 왔음을 기뻐하며, 그녀에게 경멸의 말을 퍼부어 주기 위해 만반의 준비를 했고, 평판이 뒤집히기만을 손꼽아 기다렸다. 그녀들은 기회가 왔을 때 그녀에게 던질 진흙덩이를 준비하고 있었다. 나이가 지긋하거나 지위가 높은 사람들은, 바짝바짝 조여오는 추문의 낌새를 못마땅하게 여겼다.

브론스끼 어머니는 아들의 불륜을 알고 처음에는 기뻐했다. 그녀의 생각에 상류사회에서의 정사만큼, 전도양양한 젊은 사내를 눈부시게 장식해 주는 것은 없었다. 또 일찍이 자기의 어린 아들 얘기만 하며 또 그토록 그녀 마음에 좋은 인상을 남겼던 까레닌 부인조차도, 역시 자기가 아는 여느 아름다운 상류 부인들과 조금도 다를 바 없는 한 여자일 뿐이라는 사실을 알게 되었기 때문이다.

그러나 요즈음에 와서, 그녀는 아들이 모처럼 주어진 출세에 아주 중요한 지위를 제안받고도 단순히 까레닌 부인과 만날 수 있는 연대에 남기 위해서 이를 거절하고, 그 때문에 윗사람들의 반감을 샀다는 것을 알게 되자, 자신의 생각을 바꿨다. 또 이 관계에 대해 들은 모든 정보를 종합해 볼 때, 그것이 그녀가 장려할 만한 화려하고 우아한 사교계 정사가 아니라, 아들을 어리석은 행동으로 끌어들일 수 있는 그 '젊은 베르테르'식(式)의 파멸적인 사랑이라는 점도 그녀 마음에 들지 않았다. 그녀는 아들이 갑자기 모스끄바를 떠난 뒤로 아직 그를 보지 못했기 때문에, 큰아들을 통해 찾아오도록 일러 보냈다.

형도 역시 동생에게 불만을 품고 있었다. 그것이 어떤 종류의 사랑인가, 즉 큰가 작은가, 열정적인가 그렇지 않은가, 불륜인가 아닌가 하는 문제는 그에겐 아무래도 좋았다(그는 자신도 가정을 가진 몸으로 무희를 정부로 두고 있기도 했으므로 이런 문제에 대해서는 관대했다). 그러나 그는 이 사랑이 으레 비위를 맞춰야 할 사람들에게서 불만을 사고 있다는 사실을 알고, 동생의 행위를 나무랐다.

군복무와 사교 이외에 브론스끼에겐 또 하나의 다른 일, 승마가 있었다. 그는 열렬한 말 애호가였다.

마침 올해에는 장교들의 장애물 경마가 열리기로 되어 있었다. 브론스끼는 이 경마에 참가할 양으로, 영국산 순수혈통종 암말을 샀다. 그는 사랑에 열중하면서도, 절도 있는 태도로 눈앞에 다가온 경마 준비에 전념했다.

이러한 두 정열은 서로 방해하지 않았다. 그러기는커녕 그에게는 오히려 정사와는 상관없는 어떤 일이나 취미가 필요했다. 그가 심신의 상쾌함을 되찾고 너무나도 가슴을 짓누르는 감정으로부터 한숨 돌리기 위해서는.

19

끄라스노예 셀로*⁹에서 경마가 열리는 날, 브론스끼는 여느 때보다도 빨리 비프스테이크를 먹으러 연대의 장교 클럽 식당으로 갔다. 그의 체중은 규정대로 정확히 4.5뿌드였기 때문에 딱히 엄격하게 절제할 필요는 없었지만, 더 이상 살이 찌면 안 되었으므로 곡류나 당분류는 피했다. 그는 하얀 조끼 위에 프록코트를 걸치고 단추를 끄른 채 탁자에 팔꿈치를 괴고 앉아, 주문한 비프스테이크를 기다리면서 접시 위에 놓인 프랑스 소설책을 들여다보았다. 그러나 그가 책을 펼친 것은 다만 드나드는 사관들과 대화를 피하기 위해서일 뿐, 마음속으로는 끊임없이 생각을 거듭하고 있었다.

그는 오늘 경마가 끝난 뒤 안나와 만나기로 한 약속을 생각했다. 그러나 그

---

*9 붉은 마을.

는 그녀를 벌써 사흘이나 보지 못한 데다, 그녀의 남편도 외국에서 돌아왔으므로 정말로 오늘 만날 수 있을지 확신이 서지 않았고, 또 확인할 방법도 몰랐다. 저번에 그녀와 만난 곳은 사촌 누이 베뜨시의 별장이었다. 그는 까레닌가의 별장에는 되도록 발을 멀리했다. 이번에야말로 가보자고 마음먹었었지만 어떤 식으로 접근해야 좋을지 곰곰이 궁리하고 있었다.

'그래. 베뜨시의 부탁을 받고 안나가 경마에 갈지 어떨지 물어보기 위해서 들렀노라고 얘기하자. 아무렴, 가야지.' 그는 책에서 고개를 들면서 단단히 결심했다. 그녀를 만날 수 있다는 행복을 생생하게 머릿속으로 그리자 얼굴빛이 환해졌다.

"우리 집으로 심부름꾼을 보내, 당장 삼두마차를 준비하도록 일러둬." 그는 따뜻한 은접시에 담긴 비프스테이크를 가져온 보이에게 이렇게 말하고 접시를 끌어당겨 먹기 시작했다.

옆 당구장에서는 당구를 치는 소리와 함께 얘기 소리와 웃음소리가 들렸다. 입구에 두 사관이 나타났다. 견습사관학교에서 이쪽 연대로 부임한 지 얼마 안 된 한 사람은 마르고 약해 보이는 얼굴의 젊은 사내였다. 손목에 팔찌를 낀 또 한 사람은 자그마한 눈이 기름 속에 빠진 것 같이 살찌고 나이 많은 사관이었다.

브론스끼는 그들을 보자 눈살을 찌푸리고 못 본 척하면서 책에 몸을 굽히고는 독서와 식사를 같이하기 시작했다.

"오호, 경주를 위한 보신이라도 하고 있나?" 살찐 사관이 그의 맞은편에 앉으면서 말했다.

"보시다시피." 브론스끼는 뿌루퉁한 얼굴로 입을 닦으면서 그를 쳐다보지도 않고 대꾸했다.

"자넨 살찌는 게 두렵지도 않나?" 그는 젊은 사관을 위해 의자를 내어 주면서 말했다.

"뭐라고?" 브론스끼는 가지런한 이를 드러내 보이면서 혐오스런 표정으로 퉁명스럽게 말했다.

"살찌는 게 두렵지 않느냐고?"

"여기, 셰리 와인!" 브론스끼는 질문에는 대꾸도 하지 않고 주문하더니 책을 반대쪽으로 옮기고 읽기를 계속했다.

뚱뚱한 사관은 술 메뉴를 집어 들고 젊은 사관 쪽으로 얼굴을 돌렸다.

"마시고 싶은 걸 골라 봐." 그는 젊은 장교에게 메뉴를 건네고 그의 얼굴을 쳐다보면서 말했다.

"저어, 라인 와인으로 하죠." 젊은 사관이 곁눈으로 머뭇머뭇 브론스끼 쪽을 살피며, 겨우 돋아나기 시작한 콧수염을 손가락으로 잡으려고 애썼다. 그는 브론스끼가 돌아보지도 않는 것을 보고 일어섰다.

"당구장으로 가십시다." 그가 말했다.

뚱뚱한 사관도 얌전하게 일어서서 나란히 문으로 향했다.

이때 훤칠한 키에 날렵해 보이는 기병 대위 야쉬빈이 식당으로 들어왔다. 그는 턱을 든 채 경멸하듯이 두 사관한테 고개를 끄덕여 인사하고 브론스끼에게 다가왔다.

"아아! 여기 있었군!" 그가 큼직한 손으로 브론스끼의 견장을 툭 치며 외쳤다. 브론스끼는 귀찮다는 듯 돌아보았으나, 그 얼굴에는 곧 특유의 침착하고 흔들림없는 온화한 미소가 떠올랐다.

"현명하군, 알료쉬아." 기병 대위가 커다란 저음으로 말했다.

"지금 먹고 한잔해 두는 게 정답이지."

"먹고 싶은 생각도 없지만 말이야."

"저기, 단짝들이시구면." 야쉬빈은 마침 밖으로 나가는 두 사관을 얕보듯이 힐끔 쳐다보면서 덧붙였다. 그는 의자 높이에 비해 너무나 긴, 통이 좁은 승마용 바지를 입은 다리를 옹색하게 오그리고 브론스끼 곁에 앉았다. "어째서 어젯밤 끄라스노예 셀로 극장에 오지 않았나? 누메로바란 여배우의 연기가 제법 괜찮았지. 자넨 어디 있었어?"

"난 뜨베르스까야 부인 집에 눌러앉고 말았지." 브론스끼가 대답했다.

"그랬군!" 야쉬빈이 고개를 끄덕였다.

노름꾼이며 방탕아인 야쉬빈은 온갖 규범을 무시할 뿐만 아니라 오히려 무도덕주의를 신봉하는 사내로, 연대에서는 브론스끼의 가장 친한 친구였다. 브론스끼는 그가 동이째 술을 들이붓거나 한숨도 자지 않아도 끄떡없는 그 비범한 체력과 상관이며 동료 사이에서 언제나 두려움과 존경을 불러일으키고, 아무리 술을 마셔도 영국 클럽에서 몇만 단위의 큰 승부를 거는 일류 노름꾼으로 대접받을 만큼 언제나 세심하고 빈틈없는 강인한 정신력을 사랑했다. 또한 브론스끼가 그를 사랑하고 존경하는 특별한 이유는, 야쉬빈이 자기를 집안과 재산 때문이 아닌 한 인간으로서 사랑해주기 때문이었다. 그래서 브론스끼도 많은 사람 중 오직 그에게만은 자신의 사랑을 얘기하고 싶다고 생각했다. 그는 야쉬빈이 겉으로 보기엔 모든 감정을 멸시하는 것처럼 보이지만, 실은 오직 그만이 현재 자기의 온 생명을 가득 채운 이 불꽃 같은 열정을 이해해 주리라 느꼈다. 그뿐만 아니라 야쉬빈이라면 틀림없이 소문과 비방 따위에 휩쓸리지 않고 자기의 이 감정을 제대로 이해해 주리라, 다시 말하면 이 사랑이 농담이나 일시적 장난이 아닌 진지하고 중대한 것이라는 점을 알아주고 또 믿어 주리라 확신했다.

브론스끼는 자신의 사랑에 대해 그에게 얘기하지는 않았지만, 그가 모든 것을 알고 또 제대로 이해하고 있음을 깨닫고 있었다. 그는 그것을 친구 눈동자에서 읽는 것이 기뻤다.

"아아, 그랬군!" 야쉬빈은 브론스끼가 어젯밤에는 뜨베르스까야 집에 있었다는 대답에 이렇게 말하고는, 그 새카만 눈을 반짝이며 왼쪽 콧수염을 잡아 언제나의 나쁜 버릇대로 그것을 입속에 밀어 넣었다.

"그러는 자넨 어제 어땠나? 좀 땄나?" 브론스끼가 물었다.

"8천쯤, 그런데 그중 3천은 상대가 좋지 않아서 못 받을 것 같아."

"뭐야, 그럼 나 때문에 잃어도 괜찮겠군." 브론스끼는 웃으면서 말했다(오늘 경마에서 야쉬빈은 브론스끼한테 크게 걸었던 것이다).

"질 까닭이 없어. 그저 마호쯘만이 좀 위협적이지만."

그리하여 화제는 오늘 경마에 대한 예상 쪽으로 옮겨 갔다. 지금 브론스끼가 생각할 수 있는 것은 그 정도였다.

"가지, 난 다 먹었으니." 브론스끼가 일어서서 문 쪽으로 갔다. 야쉬빈도 거대한 다리와 긴 등을 쭉 펴고 일어섰다.

"난 식사는 아직 이르지만 마실 것은 마셔야겠어. 곧 뒤따라가지. 어이, 여기 포도주!" 그는 호령으로 유명해진, 유리창을 부르르 울릴 만큼 중후한 목소리로 외쳤다. "아냐, 역시 필요 없어!" 그가 곧 주문을 취소했다. "자네, 집으로 가지? 나도 같이 가겠어."

그는 브론스끼와 함께 나섰다.

20

브론스끼는 널찍하고 깨끗한 두 칸짜리 핀란드풍 오두막에서 묵고 있었다. 이 야영지에서도 뻬뜨리쓰끼와 함께 지냈다. 브론스끼가 야쉬빈과 같이 오두막으로 돌아왔을 때 뻬뜨리쓰끼는 아직 자고 있었다.

"일어나, 이제 충분히 잤잖아." 야쉬빈은 칸막이벽 안쪽으로 가서, 머리칼을 흐트러뜨린 채 베개에 코를 처박고 자는 뻬뜨리쓰끼 어깨를 툭툭 쳤다.

뻬뜨리쓰끼는 갑자기 벌떡 일어나 무릎 꿇더니 주위를 둘러보았다.

"자네 형님이 오셨었어." 그가 브론스끼에게 말했다. "제기랄, 굳이 날 깨워서는 다시 오겠다나 어쩐다나 하지 않겠어?" 이렇게 말하고 그는 다시 담요를 끌어당기면서 베개에 몸을 던졌다. "됐으니까 날 좀 그냥 내버려둬, 야쉬빈." 그는 담요를 걷어 젖히려는 야쉬빈에게 짜증스럽게 대들었다. "이러지 말라니까!" 그가 몸을 이리저리 뒤치더니 눈을 떴다. "그보다도 뭘 마시면 좋을지나 얘기해 봐. 입속이 텁텁해서……"

"보드까가 최고지." 야쉬빈이 굵직한 목소리로 대답했다. "어이, 쩨레쉬첸꼬! 주인 나리께 보드까하고 오이 좀 갖다 드려라." 그가 외쳤다. 그는 자기 목소리가 마음에 든 모양이었다.

"보드까라고? 정말이렷다?" 뻬뜨리쓰끼가 얼굴을 찌푸리고 눈을 비비면서 물었다. "자네도 마시겠나? 그럼 같이 마시자! 브론스끼, 마시려나?" 뻬뜨리쓰끼는 일어나 몸뚱이에 호피 담요를 두르면서 말했다.

그는 칸막이벽 문에서 나오더니 두 손을 들고 프랑스어로 노래를 하기 시작했다. "그 옛날 뚤라에 왕이 있었노라. 브론스끼, 한잔하겠어?"

"시끄러워." 브론스끼는 하인이 가지고 온 프록코트를 걸치며 말했다.

"어딜 가려고?" 야쉬빈이 물었다. "어, 마차까지 준비했네?" 그는 포장을 씌운 마차가 오두막으로 다가오는 것을 보고 이렇게 덧붙였다.

"마구간에 가는 거야. 또 말 때문에 브랸스끼한테도 들러야 하고." 브론스끼는 말했다.

브론스끼는 실제로 뻬쩨르고프에서 10베르스따*¹⁰쯤 떨어진 곳에 사는 브랸스끼한테 말 값을 보내 주기로 약속했으므로, 틈을 내어 잠깐 들를 생각이

---

*10 길이의 단위. 1베르스따는 1,067킬로미터.

었다. 그러나 친구들은 곧 그가 거기에만 가는 게 아님을 금방 깨달았다.

삐뜨리쓰끼는 노래를 계속하면서 윙크를 하고, 마치 "그 브랸스끼가 누군지는 다 알고 있다" 하고 말하는 것처럼 입을 실룩거렸다.

"늦지 않도록 조심해!" 야쉬빈은 이 말만 했고, 화제를 바꾸기 위해 창밖을 바라보면서, 자기가 양도했던 마차용 말에 대해 물었다. "내 밤색 말은 어때, 도움이 되나?"

"잠깐만!" 삐뜨리쓰끼가 벌써 밖으로 나가려는 브론스끼를 불렀다. "자네 형님이 편지하고 무슨 쪽지를 두고 갔어. 기다려 봐, 어디다 뒀지?"

브론스끼가 발을 멈췄다.

"어디 있어?"

"어디 있느냐고? 바로 그게 문제야!" 삐뜨리쓰끼는 집게손가락을 코에서 이마로 옮기면서 심각한 어조로 말했다.

"빨리 말해 봐, 장난치지 말고!" 브론스끼가 빙그레 웃으면서 재촉했다.

"난로는 때지도 않았어. 여기 어디 있을 텐데."

"실없는 얘기는 됐고, 도대체 어디 있다는 거야?"

"아니, 정말로 못 찾겠어. 혹시 내가 꿈을 꾼 건가? 잠깐만, 잠깐만! 뭘 그렇게 투덜거릴 것까진 없잖아! 자네도 어제 나처럼 술을 한꺼번에 네 병씩 마셔 봐, 어디서 나가떨어졌는지도 잊을 테니깐. 조금만 기다려 봐, 곧 생각해 낼 테니까!"

삐뜨리쓰끼는 칸막이벽 안쪽으로 가서 침대에 누웠다.

"가만있어 봐! 내가 이렇게 자고 있었는데 자네 형님이 여기 이렇게 서 있었고. 그래, 그래, 맞아…… 여기 있군!" 삐뜨리쓰끼가 침대 밑으로 손을 넣어 편지를 꺼냈다. 자기가 거기에 숨겨 두었던 것이다.

브론스끼는 편지와 쪽지를 받았다. 그것은 예상했던 대로, 찾아오지 않는 그를 꾸짖는 어머니 편지와 상의할 일이 있다는 형의 쪽지였다. 브론스끼는 그것들이 모두 똑같은 일에 관한 것임을 알고 있었다. '그게 대체 자기들이랑 무슨 상관이람!' 브론스끼는 이렇게 생각하며 마차 안에서 천천히 읽을 요량으로 편지를 대충 구겨서 프록코트 단추 사이에 쑤셔 넣었다. 오두막 입구에서 두 사관과 딱 마주쳤다. 한 사람은 그와 같은 연대, 다른 한 사람은 다른 연대 소속 장교였다.

브론스끼의 숙소는 언제나 모든 장교의 아지트였다.

"어딜 가시나?"

"뻬쩨르고프에 일이 있어."

"싸르스꼬예에서 말은 왔나?"

"왔어, 나도 아직 보진 못했지만."

"마호찐의 글라지아또르*¹¹가 절뚝거린다는 소문이야."

"설마! 그보다 이 진흙탕 속을 어떻게 달릴 생각이지?" 다른 한 사람이 말했다.

"오오, 지원군이 왔군!"

뻬뜨리쓰끼가 새로운 손님들을 보고 외쳤다. 그의 앞에는 보드까와 소금에 절인 오이를 놓은 쟁반을 든 종졸이 서 있었다. "야쉬빈이 기분을 상쾌하게 하려면 이걸 마시라더군."

"정말 어제 당신한텐 두 손 두 발 다 들었어." 손님 가운데 하나가 말했다. "밤새도록 잠도 못 자게하고 말이지."

"아니, 그보다 결말이 대단했지?" 뻬뜨리쓰끼도 지껄였다. "볼꼬프 녀석이 지붕 위로 기어올라가서 '난 슬퍼' 하고 말하지 않겠어. 그래 내가 말했지! '풍악을 울려라, 장송행진곡을!' 녀석은 장송곡을 들으면서 지붕 위에서 잠이 들어 버렸단 말이야."

"마셔. 보드까를 쭉 들이켜, 그다음 레몬을 잔뜩 넣은 소다수를 마시는 거야." 야쉬빈이 뻬뜨리쓰끼 위에 버티고 서서 어린애에게 억지로 약을 먹이는 어머니처럼 말했다. "그런 뒤에 마지막으로 샴페인을 조금, 그렇지, 작은 병 정도."

"이거 정말 좋은 충고군. 잠깐만, 브론스끼. 한잔하자."

"아냐, 난 실례하지. 오늘은 안 마셔."

"왜 그래, 체중이 늘까 봐 걱정하는 기야? 뭐, 그럼 우리끼리 마시지. 이봐, 소다수와 레몬을 가져 와."

"브론스끼!" 그가 벌써 현관으로 나갔을 때 누군가가 외쳤다.

"뭐야?"

---

*11 말 이름, 격투사란 뜻.

"자네 머리나 좀 깎게. 안 그럼 거추장스러울 거야. 특히 그 벗겨진 데가 말이야."

실제로 브론스끼는 아직 젊은데도 벌써 머리가 벗겨지려 하고 있었다. 그는 가지런한 이를 내보이며 즐겁게 껄껄거렸다. 그리고 숱이 줄어든 머리에 모자를 눌러쓰고 밖으로 나와 마차에 올라탔다.

"마구간으로!"

그는 이렇게 말하고 나서, 대충 훑어나 볼 셈으로 편지를 꺼내려고 손을 넣었다. 그러나 이내 말을 살펴보기 전까지는 다른 일에 마음을 빼앗기지 말아야겠다고 고쳐 생각했다. '그래, 나중에 보자……'

21

임시 마구간인 목조 바라크는 경마장 바로 옆에 있었다. 그의 말은 어제 거기에 도착할 예정이었다. 그는 아직 말을 보지 못했다. 요즈음 며칠 동안 그저 조마사(調馬師)한테 맡겨 놓기만 했을 뿐 직접 타 보지도 않았으므로, 그는 자기 말이 어떤 상태로 도착했고 지금 어떤 상태인지 전혀 몰랐다. 그가 마차에서 미처 내리기도 전에, 그의 말 시중을 드는 소년이 멀리서 그의 마차를 발견하고 조마사를 불러냈다. 목이 긴 장화에 짧은 재킷을 입고 턱밑에만 조금 수염을 남긴 파리한 영국인이, 기수 특유의 서툰 걸음걸이로 팔꿈치를 펴고 몸을 좌우로 흔들면서 그를 맞으러 나왔다.

"어때, 프루프루는?" 브론스끼가 영어로 물었다.

"아주 좋습니다, 나리." 영국인 말은 어쩐지 목구멍 안쪽에서 울리는 것처럼 들렸다. "들어가지 않는 게 좋아요." 그가 모자를 들면서 덧붙였다. "재갈을 물려 놔서 말이 잔뜩 약이 올라 있으니깐요. 가지 않는 게 좋습니다. 말을 화나게 할 뿐이에요."

"아냐, 가보겠어. 한 번 봐 두고 싶으니깐."

"그럼 가시죠." 영국인은 여전히 무뚝뚝한 얼굴로 입은 열지 않은 채 이렇게 말하고는 두 팔꿈치를 내저으면서 꼴사나운 걸음걸이로 앞장섰다.

그들은 바라크 앞 작은 마당으로 들어갔다. 깨끗한 점퍼를 입은 말쑥하고 민첩한 마구간지기 소년이 손에 빗자루를 든 채 손님들을 맞고 그들 뒤를 따랐다. 바라크 안에는 우리마다 한 마리씩, 모두 다섯 마리 말이 있었다. 브론스끼는 그의 중요한 적수(敵手) 마호찐의, 신장이 164cm쯤 되는 글라지아또르라는 밤색 말도 오늘 틀림없이 여기에 끌려와 있으리라는 것을 알았다. 브론스끼는 자기 말보다 아직 본 적 없는 글라지아또르가 훨씬 더 보고 싶었다. 그러나 브론스끼는 경마 예의상 다른 말을 보아서도 안 될뿐더러 그 말에 관해 묻는 것조차도 점잖은 짓이 아님을 잘 알고 있었다. 그가 통로를 지나갈 때 소년이 우연히 왼쪽에서 두 번째 우리 문을 열었다. 브론스끼 눈에 털빛이 적갈색인 커다란 말과 그 하얀 발이 들어왔다. 그것이 글라지아또르임을 알았지만, 활짝 펼쳐진 남의 편지에서 눈을 돌리는 기분으로 얼굴을 획 돌리고 프루프루의 우리 쪽으로 걸음을 옮겼다.

"여기에 있는 말은 마흐…… 마흐…… 아, 정말 그 이름은 발음하기 어려워요." 영국인이 손톱 밑에 때가 낀 손가락으로 글라지아또르의 우리를 가리키면서 어깨너머로 말했다.

"마호찐 말인가? 그래, 그가 내 유일한 적수지." 브론스끼가 말했다.

"만약 당신께서 저것을 타신다면……." 영국인이 말했다. "나도 당신에게 걸겠습니다만."

"프루프루는 좀 신경질적이니까, 이쪽이 더 강할지도." 브론스끼는 자기 승마술을 칭찬받고 싱글벙글하면서 말했다.

"장애물 경기에서는 승마술과 'pluck'이 전부니까요." 영국인이 말했다.

브론스끼는 자기가 pluck, 즉 위세와 담력에 있어서, 그것을 충분히 갖췄다고 느꼈을 뿐만 아니라, 온 세계 누구도 자기보다 더 담대한 사람은 없다고 확신하고 있었다.

"그런데 말이 더 이상 땀을 뺄 필요가 없다는 건 틀림없겠지?"

"그럼요." 영국인이 대꾸했다. "저어, 너무 큰 소리로 말씀하시지 마십시오. 말이 흥분하니까요." 그는 바로 앞에 닫혀 있는 우리 쪽을 고개로 가리키며 덧붙였다. 그 안에서는 짚 위에서 발을 바꾸어 딛는 말발굽 소리가 들렸다.

조마사가 문을 열자 브론스끼는 하나뿐인 조그마한 들창으로 빛이 희미하게 비치는 우리 속으로 들어갔다. 우리에는 재갈을 물린 흑갈색 말이 새로 깐 짚을 발로 허비적거리면서 서 있었다. 어두컴컴한 우리에 익숙해지자, 브론스끼 눈앞에 애마의 온몸이 저절로 떠올랐다. 프루프루는 중키의 말로 체격이 흠잡을 데가 없다고는 할 수 없었다. 이 암말은 우선 전체적으로 골격이 가늘었다. 가슴통은 앞으로 떡 벌어져 있었지만 가슴팍은 좁았다. 방둥이는 살짝 처진 듯하고, 앞발과 특히 뒷발이 눈에 띄게 굽어 있었다. 사지의 근육도 그다지 굵진 않았지만 그 대신 배띠 언저리가 유난히 넓었다. 특히 승마 훈련으로 홀쭉하게 들어간 아랫배와 좋은 대비를 이루고 있었다. 다리뼈도 무릎 아래는 정면에서 보면 마치 손가락처럼 가늘게 보였지만 옆에서 보면 유달리 굵었다. 전체적으로 늑골을 제외하고는 마치 양쪽에서 납작하게 눌린 것처럼 앞뒤로만 길게 잡아 늘여 놓았다. 그러나 이 말에게는 그 모든 결점을 가리는 뛰어난 장점이 있었다. 바로 혈통이었다. 피는 속일 수 없다고, 영국인이 말하는 그 혈통이었다. 엷고 부드럽고 새틴처럼 미끈한 피부 밑에 종횡으로 그물처럼 뻗은 혈관 사이로 튀어나온 근육은 뼈로 착각할 만큼 탄탄했다. 생기 있게 빛나는 눈이 툭 불거진 머리는 콧날쯤에서 떡 퍼져 있었고, 혈색 좋은 점막으로 덮인 콧구멍이 벌름 튀어나와 있었다. 온몸, 특히 그 머리 부분에 정력적이면서도 부드러운 표정이 어려 있었다. 그저 입 구조가 달라서 사람 말을 못할 뿐이라고 생각되는 동물이 있는데, 프루프루도 그런 현명한 동물 중 하나였다.

브론스끼에게는 최소한 자신이 지금 그 말을 보고 느끼는 것을 말이 모두 이해하는 것만 같았다.

브론스끼가 우리로 들어가자, 말은 깊게 숨을 들이쉬고 흰자위에 핏발이 설 만큼 봉긋이 도드라진 방울눈을 옆으로 흘기며 침입자들을 바라보았다. 그리고 재갈을 흔들어대며 따각따각 하고 발을 번갈아 디뎠다.

"이거 보십시오, 정말 흥분했잖습니까." 영국인이 말했다.

"워, 괜찮아! 워워!" 브론스끼는 말 쪽으로 다가가면서 달래듯이 말했다. 그러나 그가 가까이 다가가면 갈수록 말은 점점 더 흥분했다. 그러나 그가 머리 바로 옆까지 다가서자 말은 갑자기 다소곳해져서, 엷고 부드러운 피부 아래 근육이 바르르 떨기 시작했다. 브론스끼는 그 다부진 목을 어루만지고 날렵한 목덜미를 쓰다듬으며, 반대쪽으로 넘어가 얽힌 갈기를 쓸어 바로잡아 준 뒤, 박쥐 날개처럼 넓게 퍼져 부푼 콧구멍 가까이 자기 얼굴을 들이댔다. 말은 요란스레 소리내며 들이쉰 공기를 널찍한 콧구멍으로 내뿜고 몸을 떨더니, 뾰족한 귀를 쫑긋 세우면서 마치 주인의 소매를 잡기라도 하려는 것처럼 단단한 검은 입술을 브론스끼한테 내밀었다. 그러나 말은 물린 재갈을 생각해 내자 그것을 떨어뜨리려고 또다시 늘씬한 발을 끊임없이 구르기 시작했다.

"진정해, 착하지, 자아 가만히 있어!" 그는 다시 한 번 손으로 말 볼기짝을 쓰다듬어 주고는, 말 상태가 매우 훌륭한 사실에 기쁨을 느끼며 우리 밖으로 나왔다.

말의 흥분이 브론스끼에게도 전해졌다. 온몸의 피가 심장으로 몰려와 말과 마찬가지로 힘껏 뛰거나 마구 물어뜯고 싶어졌다. 그것은 두려우면서도 즐거운 기분이었다.

"그럼 자네만 믿겠네." 그는 영국인에게 말했다. "6시 반에 그곳에서 만나세."

"알았습니다." 영국인이 말했다. "그런데 어딜 가십니까, 각하?" 그는 지금까지 거의 한 번도 쓴 적 없는 '각하'라는 호칭을 쓰면서 불쑥 물었다.

브론스끼는 깜짝 놀라 뒤돌아보았다. 그는 그 질문의 대담함에 놀라 영국인 눈이 아닌 이마를 보았다. 그러나 영국인의 질문은 그를 주인이 아니라 기수(騎手)로 보기 때문임을 이해하고 이렇게 대꾸했다.

"브랸스끼한테 가 봐야 하지만 한 시간쯤 지나면 집으로 돌아올 거야."

'오늘 대체 몇 번이나 이 질문을 받는지!' 하고 생각하자, 좀처럼 그런 일이 없는 그가 얼굴을 다 붉혔다. 영국인은 그를 눈여겨보았다. 그리고 마치 브론스끼가 어디를 가려는지 알았다는 듯 이렇게 덧붙였다.

"경주를 앞두고는 무엇보다도 마음을 차분히 가라앉히셔야 합니다. 화를 내신다거나 마음을 어지럽히신다거나 하는 일은 금물입니다."

"알겠네!" 브론스끼는 빙그레 웃으면서 대꾸하고 마차에 뛰어올라 뻬쩨르고프로 가라고 지시했다.

말이 몇 걸음 떼기도 전에, 아침부터 비를 뿌릴 것 같던 먹구름이 몰려와 순식간에 머리 위를 뒤덮더니 소나기를 쏟았다.

'공교롭군!' 브론스끼는 마차 포장을 올리면서 생각했다. '안 그래도 땅이 질 퍽한데 이래서야 정말 늪이나 마찬가지겠는 걸.' 그는 포장을 친 마차에 혼자 앉아서 어머니 편지와 형의 쪽지를 꺼내 훑어보았다.

아니나 다를까 거기에 적힌 내용은 모두 똑같은 것들뿐이었다. 모든 사람이, 어머니도 형도 모두 한결같이 그의 애정 문제에 마땅히 간섭해야 한다고 생각하고 있었다. 이런 간섭이 그의 마음에 여간해서는 좀처럼 느끼지 않는 적의를 끓어오르게 했다. '그들과 이 일이 무슨 상관이란 말인가? 어째서 다들 내 일로 걱정하는 것을 자기들 의무라고 생각하지? 왜 자꾸 나한테 귀찮게 달라붙는 거야? 그들이 이것을 이해할 수 없는 일로 받아들이기 때문일까? 만약 이것이 저속하지만 평범한 사교적인 관계였다면, 그들은 틀림없이 날 성가시게 하지 않겠지. 그러나 그들도 느끼고 있다. 이것이 예사로운 일이 아니고, 단순한 장난이 아니며, 그녀가 나에게는 목숨보다도 소중하다는 것을 말이야. 그들은 바로 그 점을 이해할 수 없어서 화가 난 거야. 우리 운명이 어떻든, 또 앞으로 어떻게 되든, 그것은 우리가 만든 것이고, 우린 그것을 후회하지 않아.' 그는 자기와 안나를 합쳐서 '우리'라고 말했다. 그리고 그는 생각했다. '그런데 그들은 우리에게 삶의 방식을 가르쳐 주지 못해 안달이다. 행복이 뭔지도 모르는 주제에. 이 사랑을 잃는다면 우리에겐 행복도 불행도 없고, 목숨까지 잃고 만다는 것을 알지도 못하는 주제에 말이지.'

그가 이렇게 간섭해 오는 모든 사람한테 화를 낸 것은, 말하자면 마음속으로는 이러한 모든 사람의 간섭이 정당하다고 느꼈기 때문이었다. 그는 그와 안나를 결합시키는 사랑이 순간적인 세상의 흔한 정사(情事)와 다르다고 느꼈다. 그러한 일시적인 감정이라면, 흔히 사교계 불륜이 그렇듯이 두 사람 모두에게 즐겁거나 슬픈 추억 이외에는 아무런 흔적도 남기지 않고 사라져 버릴 것이다. 그는 자기와 그녀의 입장의 괴로움을 통감하고 있었다. 두 사람 관계가 세상 사람 눈에 노출될 수밖에 없는 한, 어떤 일이 있어도 그들의 사랑을 숨기고 거짓말하고 속여야만 했다. 더구나 두 사람을 하나로 묶은 정열이 높아져서 서로 사랑 이외에는 전부 다 잊고 싶을 때일수록, 남의 눈을 의식하고 능청을 떨고 속이고 거짓말해야만 했다.

본디 거짓말을 싫어하는 브론스끼는 그런 허위와 기만을 끊임없이 되풀이해야 했던 경우들을 하나하나 생생하게 떠올렸다. 특히 선명한 기억은 이 기만과 거짓말의 필요성에 대한 부끄러움을 그녀에게서 보았을 때였다. 그럴 때마다 그는 안나와 관계를 맺은 이후로 이따금 덮쳐오는 묘한 낯선 감정을 경험했다. 그것은 무언가에 대한 극도의 혐오감이었다. 그러나 그것이 까레닌에 대해선지, 자기 자신에 대해선지, 사교계 전체에 대해선지 잘 구분이 가지 않았다. 하여튼 그는 이 묘한 감정을 늘 마음속으로부터 쫓아내려 했다. 지금도 그는 머리를 부르르 흔들고는 하던 생각을 계속했다.

'그래. 그녀는 이제까지 불행했지만 의연하고 차분했어. 하지만 지금 그녀는 비록 그런 기색을 보이지는 않을지언정 의연함과 차분함을 잃고 말았지. 그렇다. 이런 것에 종지부를 찍어야 해.' 그는 마음속으로 다짐했다.

그리하여 그의 머릿속에 처음으로 이런 허위에 끝을 내야겠다는, 그것도 빠를수록 더 좋다는 명료한 생각이 떠올랐다. '그녀도 나도 모든 것을 버려야만 한다. 그리고 서로 사랑만을 안고 어디론가 숨어 버려야 한다.' 그는 혼잣말했다.

22

소나기는 오래가지 않았다. 브론스끼가 이미 고삐 없이 진창 속을 전력으로 달려 준 부마들을 이끌고 뻬쩨르고프에 도착했을 때, 태양은 다시 얼굴을 내밀고 있었다. 큰길 양쪽에 늘어선 별장의 지붕과 정원의 해묵은 보리수는 흠뻑 젖어 반짝이고, 나뭇가지에서는 물방울이 즐거운 듯 떨어지고, 지붕에서는 빗물이 세차게 흘러내리고 있었다. 그는 이 소나기가 경마장을 얼마나 엉망으로 버려 놓았을지 이미 생각하지 않았고, 오히려 이 비 덕택에 틀림없이 그녀가 집에 혼자 있으리라는 생각에 기뻤다. 이즈막 온천에서 돌아온 까레닌이 아직 뻬쩨르부르그에 발이 묶여 있다는 것을 알고 있었기 때문이었다.

그녀가 혼자 있기를 바라면서, 브론스끼는 언제나처럼 남들 눈을 피해 다리 앞에서 마차를 내려 집까지 걸어갔다. 그는 한길에서 현관 층층대 쪽으로 가지 않고 곧바로 마당으로 들어섰다.

"주인어른께선 오셨나?" 그가 정원사한테 물었다.

"아뇨, 아직 이십니다. 마님이라면 계십니다. 그런데 저, 현관으로 들어오시지요. 그쪽에 사람이 있으니까 문을 열어 드릴 겁니다." 정원사가 대답했다.

"아냐, 난 뜰로 해서 가겠어."

그녀가 혼자라는 것을 확인한 그는 그녀 앞에 불쑥 나타나고 싶었다. 그가 오늘 오겠다는 약속도 하지 않았고, 또 그가 설마 경마 직전에 찾아오리라고는 생각하지도 못했을 테니까, 그녀가 분명히 깜짝 놀랄 거라는 기대에 가슴이 두근거렸다. 그는 소리가 나지 않도록 군도를 꽉 쥐고 양쪽에 꽃이 심어진 좁다란 길의 모래를 주의 깊게 밟으면서, 정원으로 향한 테라스 쪽으로 걸어갔다. 지금 브론스끼는 오는 길에 생각했던 자기 처지의 어려움과 괴로움에 대해서 이미 말끔히 잊고 있었다. 머릿속에는 오직 한 가지 생각밖에 없었다. 이제 곧 상상 속 그녀가 아닌, 살아 있고 실제로 존재하는 그대로의 그녀를 볼 수 있다. 그는 소리가 나지 않도록 발을 조심스레 디디면서 완만한 테라스 층층대를 올라갔다. 그때 갑자기 그가 언제나 잊고 있으면서도 그녀의 관계에서 가장 괴로운 문제인, 의심쩍은 눈동자로 그를 노려보는 듯한 그녀 아들을 떠올렸다.

이 소년은 그들 관계에서 다른 누구보다도 큰 장애물이었다. 그가 옆에 있을 때는 브론스끼도 안나도, 남들 앞에서 입에 올리지 못할 만한 것은 아예 말하지 않았을뿐더러, 어린아이가 이해하지 못할 내용을 암시하는 것마저도 삼가고 있었다. 그들이 그 문제에 대해 따로 상의하지도 않았지만 저절로 그렇게 되었다. 이 어린아이를 속이는 것은 자신을 모욕하는 일이라고 여겼다. 소년 앞에서 그들은 그저 단순한 친구 사이처럼 애기를 주고받았다. 그러나 이렇게 조심했음에도 불구하고 브론스끼는 이 소년이 종종 이해할 수 없다는 눈으로 자기를 노려보는 것을 느꼈다. 또 그에 대한 태도에서도 기묘한 망설임과 서먹함, 무관심과 수줍음의 그림자를 보았다. 마치 이 어린애가, 그와 자기 어머니 사이에 자신이 이해할 수 없는 무엇인가 중대한 관계가 있다고 느끼는 것 같았다.

실제로 소년은 자기가 두 사람 관계를 이해할 수 없다고 느끼고 있었다. 자기가 이 아저씨한테 어떤 감정을 품어야 옳을지 도무지 알 수 없었다. 감정 표출에 민감한 아이의 본능으로 소년은 확실히 느끼고 있었다. 아버지도 가정교사도 유모도, 모두가 브론스끼를 탐탁지 않게 여길뿐더러 언급조차 하지 않지만 언제나 혐오와 공포의 눈길로 그를 보고 있다는 것, 그런데도 유독 어머니만이 그를 가장 친근한 벗으로 여기고 있다는 것을 분명히 깨닫고 있었다.

'도대체 어떻게 된 일일까? 저 아저씨는 도대체 누구지? 저 사람을 나는 어떻게 사랑해야 되는 걸까? 그것을 모른다는 건 내 잘못이야. 내가 바보거나 나쁜 아이라서야.' 아이는 생각했다. 바로 거기서, 살피는 듯한 의혹을 가진 표정과 다소 적의를 품은 듯한 표정, 그렇게도 브론스끼를 꺼림칙하게 했던 수줍음과 서먹서먹함이 비롯된 것이다. 이 아이의 존재는 늘 브론스끼의 마음에 까닭없는 일종의 야릇한 혐오감을 불러일으켰다. 그는 그것을 요즘 들어 몇 번이나 경험했다. 이 아이가 있으면 브론스끼도 안나도 마치 망망대해로 나서는 항해사가 된 느낌이었다. 나침반을 보면 자기 배가 지금 굉장한 속력으로 내달리는 방향이 본디 나아가야 할 방향과 전혀 다르지만, 자기 힘으로는 배를 멈추지도 못하고 시시각각으로 더욱더 멀어지기만 한다. 또한 옳은 방향에서 벗어났다고 자인하는 일은 결국 파멸을 인정하는 것과 마찬가지였다.

인생에 대해 순진무구한 눈을 가진 이 아이는 그들이 알면서도 알고 싶어하지 않는 것한테서 얼마나 떨어져 있는지를 나타내 주는 나침반이었다.

그러나 이번에 세료쥐아는 집에 없었다. 안나는 오로지 혼자서 테라스에 앉아, 산책하러 나갔다가 비를 만났을 아들이 돌아오기만을 기다리고 있었다. 그녀는 아들을 찾으러 하인과 하녀를 보내고 자기는 집에 남았다. 큰 자수가 놓인 하얀 옷을 입고 테라스 한쪽 구석 꽃그늘에 앉아 있던 그녀는 브론스끼가 오는 것을 알아채지 못했다. 그녀는 곱슬곱슬한 검은 머리를 숙이고 난간 위 차가운 물뿌리개에 이마를 지그시 누른 채, 그에게는 낯익은 반지를 낀 아름다운 두 손으로 물뿌리개를 꼭 붙잡고 있었다. 그 모습, 머리와 목덜미, 손의 아름다움은 볼 때마다 새롭고 매번 예기치 못했던 것처럼 브론스끼를 놀라게 했다. 그는 멈춰 서서 넋을 잃고 그녀를 바라보았다. 하지만 이내 그가 그녀한테 접근하려고 막 한 발을 내디뎠을 때, 그녀는 벌써 그가 다가오는 것을 느끼고 물뿌리개를 밀어젖히며 불타는 듯한 얼굴을 돌렸다.

"무슨 일 있으십니까? 어디가 편찮으세요?" 그는 그녀에게 다가가면서 프랑스어로 물었다. 그는 대뜸 그녀한테 뛰어가려고 했으나, 보는 눈이 있을지도 모른다는 생각에 테라스 문 쪽을 돌아보며 얼굴을 붉혔다. 이렇게 남의 눈을 두려워하면서 주위를 둘러봐야 한다고 느낄 때마다 그는 언제나 얼굴을 붉혔다.

"아녜요, 난 아무렇지도 않아요." 그녀는 일어나 그가 내민 손을 확 쥐었다. "생각지도 못했어요…… 당신께서 오시리라고는."

"아니! 손이 왜 이렇게 찹니까!" 그가 말했다.

"갑자기 오셔서 깜짝 놀랐을 뿐이에요." 그녀가 말했다. "난 지금 세료쥐아를 기다리고 있었어요. 산책하러 나갔거든요. 머지않아 이리로 올 거예요."

아무렇지 않은 척하려 노력했음에도, 그녀 입술이 달달 떨리고 있었다.

"갑자기 찾아온 점, 용서하십시오. 그렇지만 당신을 만나지 않고는 하루를 버틸 수가 없습니다." 그는 평소처럼 프랑스어로 말을 이었다. 그들 사이에서는 못 견디게 차가운 느낌이 드는 러시아어의 '귀하'라는 말과 너무 친밀해서 위험하게 들리는 '너'라는 말을 피하기 위해서였다.

"어머나, 어째서 사과하세요? 난 이렇게나 기쁜 걸요!"

"하지만 어디 편찮으시거나 걱정거리가 있는 것 같아 보이는군요." 그는 그녀의 손을 잡은 채 그녀 위로 몸을 구부리면서 말했다. "무얼 생각하고 있었죠?"

"언제나 한 가지 생각뿐이죠." 그녀는 생긋 웃으면서 대답했다.

그녀 말은 사실이었다. 언제 어느 때든 무엇을 생각하고 있느냐고 물으면 그녀는 틀림없이 이렇게 대꾸할 수 있었다. 오직 한 가지, 자기 행복과 자기 불행에 대해서 생각하고 있었다고. 그가 그녀를 찾아온 지금 이 순간에도 그녀는 생각했다. '어째서 다른 사람들, 이를테면 베뜨시한테는(안나는 베뜨시가 남몰래 뚜쉬께비치와 사귀는 것을 알고 있었다) 이런 일이 아무것도 아닌데 자기는 이렇게 괴로울까?' 특히 오늘은 어떤 사정 때문에 이 생각이 더한층 그녀를 괴롭혔다. 그녀는 브론스끼에게 경마에 관해 물었다. 그는 그 질문에 대답하면서, 그녀가 불안해하는 것을 보고 기분을 풀어주기 위해 극히 가벼운 어조로 경마 준비에 관한 모든 것을 얘기하기 시작했다.

'얘기할 것인가, 말 것인가?' 그녀는 그의 차분하고 부드러운 눈을 보면서 생각했다. '하지만 이분은 너무 행복해 보이고 이처럼 경마에 열중하고 있으니까 얘기해 봤자 제대로 이해해 주지 않을 테고, 이 일이 우리에게 어떤 의미를 갖는지도 완전히 이해할 수 없을 거야.'

"그런데 당신은 내가 들어왔을 때 생각하고 있었던 것을 아직 말해 주지 않으셨죠." 그는 자기 얘기를 뚝 끊고 말했다. "자아, 얘기해 주십시오!"

그녀는 대꾸하지 않았다. 살짝 고개를 숙이고, 긴 속눈썹 그늘 속에서 반짝반짝 빛나는 두 눈을 치켜뜨며 미심쩍게 그를 찬찬히 쏘아보았다. 잡아 뜯은 나뭇잎을 만지작거리는 그녀 손이 부들부들 떨렸다. 그것을 본 그의 얼굴에, 언제나 그녀 마음을 뒤흔드는 공손함과 노예적인 복종의 표정이 나타났다.

"틀림없이 무슨 일이 있었군요. 내가 모르는 슬픔을 당신 혼자 끌어안고 있다는 것을 알면서 단 1분도 마음 편하게 있을 수 없습니다. 얘기해 줘요, 제발!" 그가 애원했다.

'그래, 만약 이 사람이 이 일의 진정한 의미를 이해해 주지 않는다면 난 그를 용서하지 못할 거야. 이분을 시험하는 것보다는, 차라리 얘기하지 않는 게 낫지 않을까?' 그녀는 여전히 그를 쳐다보면서 생각에 잠겼지만, 나뭇잎을 쥔 손은 점점 더 크게 떨렸다.

"제발 부탁입니다!" 브론스끼는 그녀 손을 잡고 같은 말을 되풀이했다.

"얘기해야 할까요?"

"그럼, 그럼요······."

"나, 임신했어요." 그녀는 조용한 목소리로 천천히 말했다.

나뭇잎은 그녀 손에서 더한층 세차게 떨었다. 그러나 그녀는 그에게서 눈을 떼지 않고 그의 반응을 지켜보았다. 그는 하얗게 질려 무엇인가를 얘기하려다 생각을 바꾼 듯 그녀 손을 놓고 고개를 떨어뜨렸다. '아아, 이분은 이 일의 의미를 완전히 이해했어.' 이렇게 생각한 그녀는 고마움을 담아 그의 손을 꼭 쥐었다.

그러나 브론스끼가 이 소식의 의미를, 여성인 자신과 마찬가지로 이해했다고 생각한 것은 안나의 착각이었다. 이 소식을 듣자 그는 마치 발작처럼, 때때로 그를 엄습했던 누군가에 대한 기이한 혐오감을 열 배나 더 강하게 느꼈다. 하지만 그와 동시에 자기가 각오했던 위기가 드디어 닥쳐왔으며, 더 이상 그녀 남편한테 감추기만 할 것이 아니라 어떻게든 한시바삐 이 부자연스러운 상태를 해결해야 한다고 이해했다. 그러나 그것과는 별개로 그녀의 동요는 육체적으로 그에게도 통했다. 그는 감동과 공손함을 담은 눈길로 그녀를 바라보고 그 손에 입을 맞추더니, 일어서서 말없이 테라스를 이리저리 거닐었다.

"알았습니다." 그는 결연한 태도로 그녀에게 다가가 말했다. "나와 당신은 우리 관계를 일시적인 불장난으로 여기지 않았습니다. 지금이야말로 우리 운명은 결정되었습니다. 이제 끝내야 합니다." 그는 주위를 두리번거리면서 말했다. "우리를 둘러싼 이 허위를."

"끝낸다고요? 도대체 어떻게 끝낸단 말씀이에요, 알렉세이?" 그녀가 조용히 말했다.

그녀는 이제 평온함을 되찾았고 얼굴에는 부드러운 미소가 빛났다.

"남편을 떠나, 우리 삶을 하나로 합치는 겁니다."

"우리 삶은 이미 하나예요." 그녀는 겨우 들릴락말락한 목소리로 대꾸했다.

"그렇죠. 그렇지만 완전히 말입니다, 완전히 하나가 되는 거예요."

"하지만 어떻게? 알렉세이, 가르쳐 줘요. 어떻게 한다는 거죠?" 그녀는 곤경에 빠진 자신의 처지를 서글프게 비웃듯이 말했다. "이런 상황에서 빠져나갈 길이 있기나 한가요? 난 그이의 아내인걸요."

"어떤 상황이든 출구는 있습니다. 마음만 먹는다면요." 그가 말했다. "어떻게 되든 당신의 지금 상황보다는 낫습니다. 난 알아요. 모든 것이 당신을 괴롭히고 있죠. 세상도, 남편도, 자식도."

"아아, 남편은 아니에요." 그녀는 순박한 냉소를 띠며 말했다. "왠지 남편은 머릿속에 없어요. 그는 존재하지 않는 거나 마찬가지예요."

"거짓말. 난 당신을 알아요. 당신은 남편 때문에 괴로워하고 있어요."

"하지만 그이는 아무것도 모르는 걸요." 이렇게 말한 순간, 그녀 얼굴에 갑자기 불타는 듯한 홍조가 피어올랐다. 볼이며 이마며 목까지 온통 빨갛게 물들었고, 눈에는 부끄러운 눈물이 글썽거렸다. "남편 얘긴 이제 그만 해요."

23

브론스끼는 비록 이때처럼 단호한 태도는 아닐지언정, 벌써 몇 차례 그녀에게 자신들의 처지를 판단케 하려고 시도했다. 그리고 그때마다 지금 그녀가 그의 호소에 응수한 것처럼 피상적이고 경박한 핑계에 부딪치곤 했다. 마치 이 문제 속에는 그녀가 설명할 수도 없고, 혹은 설명하고 싶지도 않은 무엇인가가 자리잡고 있는 것 같았다. 이 문제에 관해 얘기를 꺼내는 순간, 진정한 안나는 그녀 안으로 깊이 자취를 감춰 버리고 대신 전혀 딴판인 이상하고 생경한 이해할 수 없는 여인, 그가 혐오하고 두려워하는 여인이 나타나 그의 앞에 장벽을 치는 것만 같았다. 하지만 그는 오늘이야말로 모든 것을 말해 버리겠다고 결심했다.

"남편이 알든 말든……." 브론스끼는 평소의 단호하고 차분한 어조로 말했다. "그가 알든 말든 우리에겐 조금도 상관없어요. 어차피 언젠가 우리는…… 아니, 당신은 이대로는 있을 수 없어. 특히 이젠."

"그럼 당신은 내가 어떻게 해야 좋다는 거예요?" 그녀는 가볍게 빈정거리는 듯한 어조로 물었다. 아까까지는 행여 그가 자기 임신을 가볍게 받아넘기지나 않을까 두려웠지만, 지금은 그가 그것을 빙자해서 무슨 손을 써야 한다는 결론을 끄집어 내자 화가 났다.

"그에게 모든 것을 얘기하고 헤어지는 거예요."

"그렇군요. 그럼 가령 내가 그렇게 한다고 쳐요." 그녀가 말했다. "당신은 그 결과가 어떻게 될지 아세요? 지금부터 모조리 설명해 드리죠." 조금 전까지만 해도 부드러웠던 그녀 눈에 불쾌한 빛이 타올랐다. "남편은 분명 이렇게 말하겠죠. 당신이 외간 남자를 사랑하고, 그 사내랑 죄 많은 관계를 맺었다고? (그녀는 남편 흉내를 내며 과연 까레닌이 쓸 법한 '죄 많은'이라는 단어를 힘주어 말했다) 난 당신한테 그것이 종교와 사회와 가족 관계에 어떤 결과를 미칠지 미리 경고해 뒀어. 당신은 내 말을 들으려고 하지 않았지. 이제 와서 난 내⋯⋯ 명예를 욕보이는 짓은 용서할 수 없어⋯⋯." '그리고 내 아들의 명예도' 하고 그녀는 덧붙이려 했지만 아들 얘기는 도무지 농담처럼 넘길 수 없었다. "자기 명예니 뭐니, 그 비슷한 것을 들고 나오겠죠." 그녀는 덧붙였다. "하여튼 남편은 그 관료적인 태도로 명료하고 정확하게 말할 거예요. 나를 자유의 몸으로 풀어 줄 수는 없지만, 자기 힘이 닿는 한도 내에서 비난을 피할 좋은 방법을 찾겠다고요. 그리고 자기가 얘기한 것을 아무렇지도 않게 실행할 거예요. 바로 이것이 우리에게 일어날 결과지요. 그 사람은 인간이 아니고 기계니까, 더욱이 한번 화가 나면 무서운 기계가 되니까요." 그녀는 이렇게 이야기하면서 까레닌의 모습과 말하는 품새며 성격의 세세한 점까지 떠올렸다. 남편에게서 찾아낼 수 있는 모든 결점을 그 앞에서 들춰내며, 자신이 남편에게 범하고 있는 그 무서운 죄에도 불구하고 그의 어떤 점도 용서하려 하지 않았다.

"그렇지만 안나." 브론스끼는 그녀를 달래기 위해 타이르는 듯한 부드러운 목소리로 말했다. "역시 그에게 얘기해야만 해요. 그런 뒤 그의 반응에 따라 대응해야 돼요."

"그럼 어떡한다는 거예요, 달아나기라도 할까요?"

"달아나지 못할 것도 없죠. 난 이런 상태를 더 이상 지속할 수 있으리라곤 생각지 않습니다. 그것도 나를 위해서가 아니에요, 당신이 괴로워한다는 것을 잘 알기 때문이요."

"그렇군요, 도망쳐서 난 당신의 정부가 되란 말씀이죠?" 그녀가 성난 투로 말했다.

"안나!" 그가 부드럽게 꾸짖듯이 말했다.

"그래요." 그녀는 계속했다.

"그래요, 당신 정부가 되어 모든 것을 잃겠죠⋯⋯."

그녀는 '아들을 잃는다'고 말하고 싶었지만 그 말만큼은 도저히 입 밖으로 내놓을 수 없었다.

브론스끼는 그토록 강인하고 성실한 성품의 그녀가 어째서 이 거짓된 상태를 참고, 거기에서 빠져나오려고 하지 않는지 이해할 수 없었다. 그러나 그는 그 주된 까닭이, 실은 그녀가 차마 말하지 못했던 아들 때문임을 미처 몰랐다. 그녀는 아들을 생각하면, 장차 아들이 아버지를 버린 어머니에게 어떤 태도로 대할지를 생각하면, 자기가 저지른 일이 너무 두려워서 상황을 제대로 판단하기는커녕 그것과 직면할 수가 없었다. 그 결과 여느 여자들처럼 모든 것을 지금 그대로 수습하고, 아들의 장래라는 두려운 문제를 잊기 위해, 그릇된 판단과 확신으로 그저 자신을 안심시키려고 애쓰고 있었던 것이다.

"정말 부탁이에요, 제발." 그녀는 별안간 그의 손을 잡고 지금까지와는 전혀 다른 진지하고 부드러운 어조로 말했다. "제발 내 앞에서 이 얘긴 다시는 꺼내지 마세요."

"그렇지만 안나……"

"절대로, 그냥 내게 맡겨요. 내 처지의 비열함도 끔찍함도 잘 알고 있으니까요. 하지만 이것은 당신 생각처럼 그렇게 손쉽게 해결될 문제가 아네요. 그러니 나한테 맡겨 두고 내가 하는 대로 따라 줘요. 절대로 내 앞에서 이 얘긴 하지 마세요. 약속해 주시겠죠?…… 아니, 아네요, 확실히 약속해 주세요!"

"무엇이든 약속하겠습니다. 그렇지만 내 마음이 편치 않아요. 특히 이런 얘길 들은 뒤엔 더더욱. 당신이 이렇게 불안해하는데 내가 어찌 편히 있겠습니까……"

"저요?" 그녀가 말을 이었다. "그래요, 그야 나도 때로는 괴로운 일이 있어요. 하지만 시간이 지나면 괜찮아져요. 당신이 앞으로 이런 얘기만 절대 하지 않으신다면 그냥 지나갈 거예요. 당신이 그 얘길 꺼내기만 하면 괴로워지니까요."

"저로선 모를 일이로군요." 그가 말했다.

"저도 알아요." 그녀가 그의 말을 가로막았다. "당신의 그 곧은 성품에 거짓말한다는 것이 얼마나 괴로운 일인지는 잘 알고 있어요. 가엾은 사람. 난 때때로 당신이 나 때문에 자신의 삶을 망쳐 버리고 말았다는 생각을 해요."

"나도 지금 똑같은 걸 생각했습니다." 브론스끼가 말했다. "어째서 당신이 나 같은 사람 때문에 모든 것을 희생할 수 있었을까. 당신을 불행으로 몰아넣은 나 자신을 용서할 수 없습니다."

"내가 불행하다고요?" 그녀는 그의 옆으로 바짝 다가가 꿈꾸는 듯한 사랑의 미소로 그의 얼굴을 바라보면서 말했다. "난 굶주린 사람이 마침내 먹을 것을 얻은 듯한 느낌인 걸요. 어쩌면 그 사람은 추울지도 몰라요. 입고 있는 옷이 너덜너덜해져서 부끄러울지도 모르지만, 그는 불행하지 않아요. 내가 불행하다고요? 아녜요, 나의 행복이······."

그녀는 집으로 돌아온 아들 목소리를 듣자 재빨리 테라스를 힐긋 보며 벌떡 일어섰다. 그녀 눈동자는 그에게 익숙한 불꽃으로 타오르고 있었다. 그녀는 민첩하게 반지로 뒤덮인 아름다운 손을 들어 그의 머리를 잡고 찬찬히 얼굴을 들여다보았다. 그리고 자기 얼굴을 가까이 가져가, 미소로 벌어진 입술로 그의 입과 두 눈에 얼른 입을 맞추고 밀어냈다. 그대로 떠나려는 그녀를 그가 불러 세웠다.

"언제?" 그가 황홀한 눈으로 바라보면서 속삭였다.

"오늘 밤 1시에." 그녀는 이렇게 속삭이고 무거운 한숨을 내쉬며, 특유의 경쾌하고 빠른 걸음걸이로 아들을 맞으러 나갔다.

세료쥐아는 큰 뜰에서 비를 만나 유모와 함께 정자에서 비를 피하는 중이었다.

"그럼 있다 봐요." 그녀는 브론스끼에게 말했다. "지금 곧 경마장에 가야 해요. 베뜨시가 데리러 오겠다고 약속했거든요."

브론스끼는 시계를 들여다보고 부랴부랴 떠났다.

24

까레닌가의 테라스에서 시계를 보았을 때, 브론스끼는 시곗바늘을 보면서도 그것이 몇 시를 가리키는지 모를 정도로 뒤숭숭하고 오만가지 생각에 사로잡혀 있었다. 그는 한길로 나와 주의 깊게 진창을 피하면서 마차 쪽으로 걸어갔다. 지금이 몇 시이고 브랸스끼의 집에 갈 시간이 있는지 어떤지도 생각하지 못할 만큼, 그의 마음은 안나에 대한 정열로 가득 차 있었다. 흔히 그렇듯이, 그에게는 기억의 피상적인 능력만 남아 그저 이 뒤에 무엇을 하기로 되어 있다고 지시할 뿐이었다. 그는 벌써 비스듬히 기운 무성한 보리수 그늘 아래 마부석에서 졸고 있던 마부 옆으로 다가갔다. 그리고 땀에 젖은 말 위를 얼기설기 날며 윙윙거리는 모기와 파리떼를 잠시 넋 놓고 바라보다가, 마부를 깨워 마차에 올라타고 브랸스끼한테 가도록 일렀다. 그는 7베르스따를 달리고 나서야 비로소 제정신이 들어 시계를 보았고, 벌써 5시 반이며 자기가 늦었다는 사실을 깨달았다.

이날에는 몇 차례 경주가 예정되어 있었다. 호위병들 경주 뒤에 사관들의 2베르스따 경주와 4베르스따 경주가 있는데, 그다음이 그가 참가할 장애물 경주이다. 그래서 자기 차례까지는 맞출 수 있겠으나, 만약 이대로 브랸스끼한테 갔다 오자면 이미 온 궁정 사람들이 모두 모인 다음에 뻔뻔스레 등장하는 꼴이 될 것이다. 그것은 예의에 어긋나는 일이었다. 그러나 그는 브랸스끼에게 오늘 가겠다고 이미 약속했으므로 그냥 그대로 갈 것을 결심하고, 마부에게 말을 아끼지 말고 속도를 내라고 명령했다.

그는 브랸스끼 집에 도착하여 겨우 5분 만에 부랴부랴 마차를 돌렸다. 이 쾌속 드라이브는 그의 마음을 가라앉혔다. 안나와의 관계에 존재하는 온갖 괴로움, 좀전의 대화 뒤에 남은 모호한 문제들도 모두 그의 머릿속에서 날아가 버렸다. 그는 지금 설레는 마음으로 경주에 관한 것과 어떻게든 제시간에 닿겠지 하는 것만 멍하니 생각하고 있었다. 이따금 오늘 밤의 행복한 밀회에 대한 기대가 상상 속에서 강렬한 섬광을 내뿜으며 불타올랐다.

경마장에 가까워질수록 경마대회 분위기가 물씬 배어 나왔다. 별장지며 뻬쩨르부르그에서 경마장으로 향하는 마차들을 앞지르는 사이에, 그의 머릿속은 눈앞에 닥친 경주 생각으로 가득 부풀어 올랐다.

그의 숙소에는 이미 아무도 없었다. 모두 경마장으로 가서, 오직 하인만 문 옆에서 그를 기다리고 있었다. 그가 옷을 갈아입는 동안, 하인은 벌써 두 번째 경주가 시작되었으며, 많은 나리들이 그를 찾으러 왔었고, 마구간에서도 소년이 두 차례나 뛰어왔었다고 알렸다.

브론스끼는 서두르는 기색도 없이 옷을 갈아입고(그는 결코 당황하거나 자제력을 잃지 않았다), 바라크로 마차를 몰도록 일렀다. 바라크에서는 벌써 경마장을 둘러싸고 있는 마차와 보행자, 병사의 물결과 군중이 들끓는 관중석이 보였다. 그가 바라크에 들어서자마자 동시에 종소리가 울리는 것으로 보아 아마 두 번째 경주가 시작된 모양이었다. 마구간으로 가는 길에 그는 발목이 하얀 적갈색 말인 마호찐의 글라지아또르를 만났다. 그 말은 파란색으로 테를 둘러 귀를 크게 강조하는 파란색과 오렌지색이 섞인 마의(馬衣)를 걸치고 경마장으로 끌려가는 중이었다.

"조마사는 어디 있나?" 그는 마구간지기에게 물었다.

"안에서 말에 안장을 놓고 있습니다."

활짝 열린 우리 안을 들여다보니, 프루프루에게 벌써 안장을 다 얹고 이제 막 끌어내리던 중이었다.

"늦지 않았나?"

"괜찮아요, 괜찮아요." 영국인이 말했다. "마음 졸이지 마십시오."

브론스끼는 온몸을 부들부들 떠는 아름답고 사랑스러운 말의 모습에 다시 한 번 시선을 던지고, 간신히 이 매력적인 생물에서 떨어져 바라크를 나왔다. 그는 때마침 누구의 주의도 끌지 않는 가장 적당한 순간에 관중석 옆에 마차를 댔다. 마침 2베르스따 경주가 끝나 갈 무렵이라, 모든 이의 시선이 앞서고 있는 근위 기병과 그를 뒤따르는 경기병이 젖먹던 힘을 다하여 말을 몰면서 결승점으로 돌진하는 모습에 쏠려 있었다. 트랙 중앙에서, 또 안팎에서 사람들이 결승점 쪽으로 몰려들었고, 근위 기병대 장교와 병사 무리가 큰 소리를 지르면서 동료의 승리를 환호했다. 경기가 끝났음을 알리는 종이 울리는 것과 거의 동시에, 브론스끼는 눈에 띄지 않게 군중의 중심을 가르며 들어갔다. 우승을 한 키 큰 진흙투성이 기병 사관이 안장 위에 앉아, 땀으로 까맣게 젖어 가쁘게 숨을 몰아쉬는 잿빛 수말의 고삐를 늦추기 시작했다.

수말은 온 힘을 다해 달리면서 그 큰 몸뚱이의 빠른 속도를 줄였다. 기병 사관은 마치 악몽에서 깨어난 사람처럼 주위를 둘러보고 간신히 웃음을 지어 보였다. 동료와 낯선 사람의 무리가 그의 주위를 둘러쌌다.

브론스끼는 관중석 앞을 자유롭게 서성거리며 수다 떠는 최고 상류층 무리를 일부러 조심스레 피했다. 그는 안나도 베뜨시도 그의 형수도 거기 있다는 것을 알았지만, 마음을 어지럽히지 않기 위해 일부러 다가가지 않았다. 그러나 끊임없이 마주치는 친지들이 하나하나 그를 붙들고, 지금까지의 경기 상황을 들려주기도 하고 그에게 늦은 까닭을 묻기도 했다.

기수들이 수상하기 위해서 관중석으로 불려 나와 일동이 그쪽으로 얼굴을 돌렸을 때, 형 알렉산드르가 다가왔다. 금몰장식을 단 참모 대령인 형은 브론스끼와 마찬가지로 중간 정도 키에 다부진 체격이지만, 동생보다 훨씬 미남인 데다 혈색도 좋았다. 한잔 걸쳤는지 코가 빨개져서는 자못 사람 좋아 보이는 소탈한 얼굴이었다.

"내 쪽지 받았니?" 형이 물었다. "넌 언제 가 봐도 자리에 없더구나."

형 알렉산드르는 방탕한 생활, 특히 술꾼으로 유명했지만 그럼에도 지극히 귀족적인 사람이었다. 그는 지금 심히 불쾌한 문제에 대해 동생과 얘기하면서도, 주변 사람들 시선을 의식하여 마치 무엇인가 대단찮은 일로 농담이라도 나누는 양 웃는 얼굴을 하고 있었다.

"받았습니다. 그러나 형님이 무엇을 그렇게 걱정하시는지 잘 모르겠어요." 브론스끼가 말했다.

"내가 걱정하는 건 말이다. 바로 좀 전까지 네가 여기에 없었다는 거야. 있어야 할 곳에 있지도 않고, 심지어 월요일에는 뻬쩨르고프에서 널 본 사람이 있다는 거야."

"세상엔 그저 당사자들 판단에 맡겨야 할 일이 있는 법입니다. 형님이 지금 걱정하시는 일도 바로 그런……."

"기다려, 그래가지곤 군인이라고 할 수 없어. 그리고……."

"부탁이니 쓸데없이 간섭하지 말아 주시길 바랍니다. 그뿐이에요."

브론스끼의 잔뜩 찌푸린 얼굴이 창백해지고 쑥 내민 아래턱이 부들부들 떨리기 시작했다. 그에게 이런 일은 좀처럼 없었다. 그는 매우 선량한 사람답게 여간해서는 화내는 일이 없었으나, 일단 화가 나서 턱이 떨리기 시작하면 걷잡을 수 없게 된다. 형도 그것을 잘 알고 있었으므로 유쾌한 듯이 활짝 웃었다.

"난 그저 어머니 편지를 전하려고 했을 뿐이야. 어머님께 답장이나 보내거라. 그리고 경주 전에 흥분하면 안 돼. 행운을 빈다." 그는 싱글벙글 웃으면서 이렇게 덧붙이고 동생 곁을 떠났다.

그러나 곧 뒤를 이어 또다시 정답게 인사를 건네는 목소리가 브론스끼 발을 붙잡았다.

"친구를 못 본 체하긴가! 오랜만일세!"

오블론스끼였다. 그는 이 뻬쩨르부르그의 화려한 분위기 속에서도, 모스끄바에서와 다름없이 혈색 좋은 분홍빛 얼굴과 화려하고 매끄럽게 다듬은 구레나룻을 반짝반짝 빛내고 있었다.

"난 어제 왔어. 자네가 승리하는 순간을 지켜보려니 벌써부터 기쁘구먼. 언제 만날 수 있겠나?"

"내일 장교 클럽으로 와." 브론스끼가 말했다. 용서를 구하는 뜻으로 그의 외투 소매를 쥐었다가, 벌써 장애물 대경주에 출발할 말들이 끌려오는 경마장 중앙으로 걸어갔다.

경주를 마친 말들은 땀에 함초롬히 젖어 괴로운 듯이 할딱거리면서 마부들에게 끌려 마구간으로 갔다. 그리고 다음 경주에 나갈 기운이 펄펄 넘치는 말들이 나타났다. 대부분이 영국산 말로, 머리 덮개를 쓰고 배를 끈으로 야무지게 졸라맨 모습이 크고 괴상하게 생긴 새처럼 보였다. 유난히 배가 팽팽한 아름다운 프루프루는 그 길고 탄력 있는 흰 목을 마치 용수철처럼 움직이면서 오른쪽으로 끌려나왔다. 프루프루 바로 옆에서 마부가 귀가 처진 글라지아또르의 마의를 벗기고 있었다. 훌륭한 방둥이와 발굽 위에 바로 붙은 듯한 유달리 짧은 발목, 거대하고 아름다운 체격에 완전히 균형 잡힌 수말의 모습은 브론스끼의 시선을 사로잡았다. 그는 자기 말이 있는 데로 가려다가 또다시 한 지인에게 붙들렸다.

"아아, 저기 까레닌이!" 그와 얘기하던 중에 지인이 말했다. "부인을 찾는 모양이군. 부인은 관중석 한복판에 있는데. 자네는 그녀를 만났나?"

"아니, 보지 못했어." 그는 이렇게 대꾸하고 지인이 안나가 있다고 가리킨 관중석은 돌아보지도 않고 자기 말한테 다가갔다.

먼저 안장의 정도를 조절할 필요가 있었지만, 브론스끼가 미처 살펴보기도 전에, 제비뽑기로 번호와 출발점을 정하기 위해서 기수들은 관중석 쪽으로 호출되었다. 진지하고 엄숙하며 대부분 창백한 얼굴을 한 17명 사관이 관중석 앞에 모여 번호를 뽑았다. 브론스끼는 7번이었다. 말에 올라타라는 호령이 들렸다.

브론스끼는 다른 기수들과 함께, 자기가 지금 모든 사람의 주목을 받고 있다는 것을 느끼고 긴장한 태도로 자기 말에게 다가갔다. 그는 긴장하면 언제나 그렇듯이 유연하고 침착해졌다. 조마사 꼬르드는 영광스러운 자리에 어울리는 정장 차림을 하고 있었다. 단정하게 단추를 잠근 프록코트, 양쪽 볼을 찌를 정도로 빳빳하게 풀을 먹인 옷깃, 둥글고 검은 모자에 목이 긴 구두 차림이었다. 그는 여느 때처럼 침착하고 당당한 태도로 직접 말 앞에 서서 양손으로 고삐를 쥐고 있었다. 프루프루는 열병이라도 걸린 것처럼 줄곧 떨고 있었다. 화염으로 가득 찬 눈동자가, 다가오는 브론스끼를 곁눈질로 노려보았다. 브론스끼가 배띠 상태를 확인하려고 띠 밑에 손가락을 밀어 넣자, 말은 더한층 세차게 노려보며 잇바디를 드러내고 귀를 쫑긋 세웠다. 영국인은 자기가 얹은 안장을 검사하는 그에게 쓴웃음을 지으며 입술을 실그러뜨렸다.

"타십시오, 걱정하실 것 없습니다."

브론스끼는 마지막으로 다시 한 번 경쟁자들을 둘러보았다. 달리기 시작하면 그들을 볼 여유가 없음을 알기 때문이다. 두 사람은 이미 출발지점으로 말을 몰고 있었다. 만만치 않은 경쟁자 중 한 사람이자 브론스끼의 친구인 갈리씬은 기수를 거부하는 적갈색 수말 둘레를 뺑뺑 돌고 있었다. 통이 좁은 승마 바지를 입은 왜소한 체격의 경기병은 영국 기수를 흉내 내며, 고양이처럼 몸을 구부리고 빠르게 말을 몰았다. 꾸조블레프 공작은 파랗게 질린 얼굴로 그라보프스끼 목장에서 온 순종 암말에 올라앉아 있었고 영국인이 그 말고삐를 잡고 있었다. 브론스끼와 그의 친구 모두 꾸조블레프가 신경이 유달리 '나약한' 주제에 자존심은 대단하다는 것을 잘 알았다. 그들은 그가 무슨 일에나 겁을 먹으며, 특히 군마에 타는 것조차 두려워한다는 점을 알고 있었다. 그런 그는 지금 그것이 무서운 일이므로, 즉 기수가 목을 다칠 때를 대비해 모든 장애물 옆에 의사며 적십자 표시를 붙인 병원 마차와 간호사가 대기하고 있기 때문에, 굳이 달릴 결심을 한 것이었다. 그와 눈이 마주치자 브론스끼는 부드럽게 격려하듯이 그에게 눈짓을 해 보였다. 그러나 그는 오직 한 사람 가장 두려운 경쟁자인, 글라지아또르에 올라타 있는 마호찐만은 쳐다보지 않았다.

"서두르시면 안 됩니다." 꼬르드가 브론스끼한테 말했다. "한 가지만 기억해 두세요. 장애물 앞에선 고삐를 죄어도 늦춰도 안 됩니다. 말이 원하는 대로 내맡겨 두십시오."

"좋아, 알았어." 브론스끼는 고삐를 잡고 대꾸했다.

"될 수 있으면 처음부터 선두에 서십시오. 하지만 설사 뒤로 처지시더라도 마지막까지 포기하여선 안 됩니다."

말이 미처 움직일 사이도 없이, 브론스끼는 부드럽고 힘찬 동작으로 강철 톱니 모양 등자에 왼발을 걸치고 그 다부진 몸뚱이를 가뿐하게 들어, 삐거덕거리는 가죽 안장에 야무지게 올라앉았다. 그가 오른발을 반대쪽 등자에 디디고 나서 익숙한 손짓으로 손가락 사이에서 두 줄 고삐를 가지런히 고르자, 꼬르드가 손을 놓았다. 프루프루는 마치 어느 발부터 먼저 내디뎌야 할지 모르는 것처럼, 긴 목으로 고삐를 끌어당기면서 유연한 등에 올라탄 기수를 용수철처럼 흔들며 움직이기 시작했다. 꼬르드는 빠른 걸음으로 그 뒤를 따랐다. 흥분한 말이 기수를 속이려는 듯 이쪽저쪽으로 고삐를 당겼다. 브론스끼는 몇 마디 말을 건네고 손으로 쓰다듬으며, 말을 진정시키려고 애썼지만 좀처럼 쉽지 않았다.

그들은 출발점으로 향하며, 첫 번째 장애물인 둑이 쌓인 시냇물 쪽을 지나가고 있었다. 앞뒤로도 많은 기수가 있었는데 문득 브론스끼 등 뒤 진창길에서 무섭게 달려오는 말발굽 소리가 들렸다. 마호찐이 순간 발목이 하얗고 귀가 늘어진 글라지아또르를 몰며 그를 앞질러 갔다. 마호찐은 큼직한 이를 드러내면서 빙그레 웃었다. 브론스끼가 성난 듯이 그를 노려보았다. 브론스끼는 본디 그를 좋아하지 않는데다가 더욱이 지금 그는 가장 위험한 경쟁자였다. 그런 그가 일부러 바로 옆으로 뛰어나가면서 자기 말을 놀라게 하자, 버럭 화가 치밀었다. 프루프루도 덩달아 달리려고 왼발을 크게 내디디며 두어 걸음 달리려 했으나, 고삐가 죄어진 것에 성을 내며 기수를 떨어뜨릴 기세로 불규칙한 걸음을 디뎠다. 꼬르드도 눈살을 찌푸린 채 달음박질하다시피 하여 브론스끼의 뒤를 따라왔다.

25

모두 17명의 사관이 경주에 참가했다. 경기는 관중석 앞에 펼쳐진 4베르스따 둘레의 큰 타원형 코스에서 행해진다. 이 코스에는 9가지 장애물이 설치되었다. 우선 개울, 관중석 바로 앞에 있는 높이 1.5미터의 거대한 울타리, 물이 없는 호(濠), 도랑, 비탈길, 아일랜드 방책이 있었다. 가장 어려운 장애물 중 하나인 아일랜드 방책은, 말라죽은 삭정이를 쟁인 둔덕 너머에 말한테 보이지 않는 도랑이 또 하나 있어 말이 한 번에 두 장애물을 동시에 뛰어넘지 못하면 끝장이었다.

그다음에는 또 두 개의 도랑과 물이 없는 호가 하나 있고, 결승점은 관중석 맞은편 정면이었다. 경주의 출발은 둥근 주로가 아니라 거기에서 200미터쯤 떨어진 옆쪽에서 시작하는데, 그 사이에 첫 번째 장애물이 있었다. 그것은 2미터 정도 넓이로 둑이 쌓인 내였는데, 뛰어넘든 건너가든 기수들 마음대로였다.

기수들은 세 차례나 출발선에 정렬했으나 그때마다 누군가의 말이 먼저 뛰어나갔으므로, 몇 번이고 처음부터 다시 해야만 했다. 노련한 출발 신호수인 세스뜨린 대령도 슬슬 화를 내기 시작했다. 네 번째에 드디어 이렇게 외칠 수 있었다.

"출발!"

기수들이 일제히 달려나갔다.

모든 관중의 시선과 망원경은 기수들이 정렬하기 시작했을 때부터 그 오색 찬란한 무리의 기수들에게 쏠려 있었다.

"나갔다! 뛰기 시작했다!" 출발을 기다리며 숨을 죽이고 있던 관중의 목소리가 여기저기에서 봇물 터지듯 튀어나왔다.

관중은 경기를 조금이라도 더 잘 보려고, 때를 지어 혹은 따로따로 이리저리 정신 사납게 옮겨 다니기 시작했다. 동시에 출발한 기수 집단이 1분 만에 앞뒤로 길게 늘어났다. 둘씩 혹은 셋씩, 앞서거니 뒤서거니 하면서 첫 번째 장애물인 내 쪽으로 접근하고 있었다. 관중에겐 그들이 모두 동시에 뛰어나간 듯 보였지만, 기수들에게는 1~2초 차가 큰 의미가 있었다.

흥분하여 너무나 신경이 날카로워진 프루프루는 출발에서 그 첫 순간을 놓치고 몇 마리 말들에게 뒤처졌다. 그러나 아직 내까지 이르기도 전에, 브론스끼는 무작정 고삐를 잡아당기는 말을 온 힘을 다해 제어하면서 손쉽게 세 마리를 앞질렀다. 이제 그의 앞에는 바로 코앞에서 거침없이 방둥이를 규칙적으로 흔드는 마호찐의 적갈색 글라지아또르와 살았는지 죽었는지 모를 꾸조블레프를 태운 아름다운 다이아나뿐이었다.

처음 몇 분 동안 브론스끼는 자신도 말도 제어할 수 없었다. 첫 번째 장애물이 코앞에 나타나기 전까지 말 움직임을 지배하지 못했던 것이다. 글라지아또르와 다이아나는 거의 동시에 내 위로 훌쩍 뛰어올라 건너갔다. 프루프루도 어느 틈에 마치 새처럼 그들 뒤를 이어 높이 뛰어올랐다. 브론스끼는 자기 몸뚱이가 공중으로 떠오른 뒤에야, 건너편에서 꾸조블레프가 다이아나와 함께 거의 자기 말 발밑에서 몸부림을 치는 것을 보았다(꾸조블레프가 도약 뒤에 고삐를 늦췄기 때문에 말이 그를 태운 채 거꾸로 곤두박질 쳤던 것이다). 브론스끼가 이 자세한 사정을 안 것은 나중 일이지만, 지금은 그저 프루프루가 내려설 자리에 다이아나 발이나 머리가 있지나 않을까 하는 생각뿐이었다. 그러나 프루프루는 마치 먹잇감을 노리고 땅에 착지하는 고양이처럼 공중에서 발과 등을 움직이더니, 넘어진 말을 훌쩍 뛰어넘으며 그대로 내달렸다.

'오오, 씩씩하고 귀여운 녀석!' 브론스끼는 생각했다.

내를 넘고 나서야 브론스끼는 완전히 말을 다룰 수 있게 되었다. 그는 큰 울타리는 마호찐 다음에 넘고, 그 앞 장애물 없는 200사젠 정도의 코스에서 그를 추월할 생각으로 속도를 늦추기 시작했다.

큰 울타리는 황실 관람석 바로 앞에 있었다. 그가 악마(이 울타리의 별명이었다) 쪽으로 다가가는 순간, 황제와 황족들, 군중과 모든 사람이 그들을, 바로 그와 말 한 마리 정도 거리를 두고 앞서 달리는 마호찐를 보고 있었다. 브론스끼는 사방에서 쏟아지는 시선을 느꼈다. 그러나 그는 자기 말의 귀와 목, 그를 향해서 달려드는 것처럼 보이는 지면, 언제나 일정한 거리를 유지한 채 앞쪽에서 장단을 맞추듯 재빠르게 달리는 글라지아또르 방둥이와 하얀 발목 이외에는 아무것도 보이지 않았다. 글라지아또르는 휙 하고 뛰어오르자마자 어디에도 부딪친 기색 없이 짤막한 꼬리를 휙 내저으며 브론스끼 시야에서 사라졌다. "브라보!" 누군가가 외쳤다.

그 순간 브론스끼의 눈앞에서 울타리 판자가 번뜩였다. 말은 동작 변화를 조금도 일으키지 않고 뛰어올랐다. 울타리 판자가 눈앞에서 사라졌고 그저 등 뒤에서 무엇인가 딱 하고 부딪치는 소리가 났을 뿐이었다. 앞서 달리는 글라지아또르 때문에 약이 바짝 오른 말이 울타리 앞에서 너무 빨리 뛰어오르는 바람에, 뒷발굽이 목책을 스쳤던 것이다. 그렇지만 말의 속도는 달라지지 않았다. 브론스끼는 튕겨 오른 진흙을 얼굴에 뒤집어쓰면서, 다시 아까와 같은 간격을 유지하며 글라지아또르가 달리는 것을 알았다. 그는 또다시 자기 앞에 그 말의 방둥이와 짧은 꼬리와 똑같은 거리에서 날쌔게 움직이는 하얀 발을 보았다.

브론스끼가 이제 마호찐을 앞질러야겠다고 생각한 바로 그 순간, 프루프루도 그의 의중을 이해하고는 아무런 신호도 주지 않았는데도 굉장한 속도를 내면서, 가장 유리한 쪽인 밧줄이 쳐진 안쪽 코스로 파고들어 마호찐에게 접근하기 시작했다. 그러나 마호찐이 안쪽을 내주지 않았다. 브론스끼가 바깥쪽에서라도 추월할 수 있겠다고 생각한 순간, 이미 프루프루는 벌써 방향을 바꾸어 반대쪽으로 앞지르기 시작했다. 땀으로 벌써 거무스름한 프루프루 어깨가 글라지아또르 방둥이와 나란해졌다. 얼마간 그들은 나란히 달렸다. 그러나 다음 장애물 앞에서, 브론스끼는 밖으로 크게 돌지 않도록 고삐를 움직여 비탈길에서 재빨리 마호찐을 앞질렀다. 진흙으로 더럽혀진 상대 얼굴이 흘끗 보였다. 그가 히죽 웃은 것 같았다. 브론스끼는 마호찐을 추월하긴 했지만 바로 뒤에서 그의 기색을 느꼈다. 바로 등 뒤에서 규칙적인 말발굽 소리와 조금도 지친 기색 없이 활기찬 글라지아또르의 흔들림 없는 간헐적인 숨소리가 들려왔다.

다음 두 장애물인 도랑과 울타리는 쉽게 넘었다. 그러나 브론스끼에게는 글라지아또르의 거친 콧김과 발소리가 더한층 가깝게 느껴졌다. 그는 말에 박차를 가했다. 대견하게도 말이 가뿐하게 속력을 올렸다. 글라지아또르 굽 소리가 또다시 아까와 같은 거리에서 들려왔다.

브론스끼는 선두를 달렸다. 바로 그가 원하고 꼬르드가 충고한 대로의 전개였다. 이제 그는 승리를 확신했다. 흥분, 환희, 프루프루에 대한 애정이 더욱더 부풀어 올랐다. 그는 뒤를 돌아보고 싶었지만 꾹 참았다. 글라지아또르한테 남아 있다고 생각되는 만큼의 여력을 자기 말도 비축하도록, 자기 마음을 진정시키고 말한테 지나치게 박차를 가하여 재촉하지 않으려고 애썼다. 이제 단 하나 가장 어려운 장애물이 남아 있었다. 그것만 맨 먼저 넘으면 그의 승리는 확실했다. 그는 아일랜드 방책 쪽으로 말을 몰았다. 프루프루와 그가 멀리서 이 방책을 보았을 때, 사람과 말 모두 순간적인 망설임에 사로잡혔다. 그는 말 귀에서 주저하는 빛을 읽고 채찍을 들어 올렸지만, 곧 이러한 의혹이 근거 없음을 알았다. 말은 무엇을 어떻게 해야 할지 다 알고 있었다. 말은 속력을 더하여 그가 기대했던 모습 그대로 땅을 박차고 뛰어올라 그대로 반동에 몸을 맡겼다. 그 힘은 프루프루를 멀리 도랑 저편으로 실어 날랐다. 프루프루는 힘들이지 않고 착지하여 변함없는 속력과 박자로 계속 질주했다.

"브라보, 브론스끼!" 장애물 주변에 서 있는 사람들의 외침이 들렸다. 그는 그것이 자기 연대 동료와 친구들의 목소리임을 알고 있었다. 야쉬빈의 목소리가 들렸지만, 그 모습은 눈에 들어오지 않았다.

'오오, 대견한 녀석!' 그는 뒤에서 일어나는 소리에 귀를 기울이면서 프루프루에 대해서 생각했다. 등 뒤에서 글라지아또르 굽 소리가 들리자 '뛰어넘었군!' 하고 생각했다. 이제 마지막으로 남은 장애물은 2아르쉰 너비의 물이 찬 도랑뿐이었다. 브론스끼는 그 도랑에는 눈길도 주지 않고, 크게 앞질러 이기고 싶은 마음에 질주 리듬에 맞춰 말 머리를 올렸다 내렸다 하면서 고삐를 둥그렇게 가누었다. 그는 말이 최후의 여력을 다해 달리고 있음을 느꼈다. 말의 어깨와 목이 흠뻑 젖었을 뿐만 아니라 갈기와 머리와 뾰쪽한 귀에도 땀방울이 송알송알 배어 나와 맺혀 있었고, 호흡도 거칠고 가빴다. 그러나 그는 이 여력만으로도 남은 200사줴니는 충분히 달리고도 남음을 알고 있었다. 브론스끼는 자기 몸이 더욱더 지면에 가까워지고 동작이 특유의 유연함을 띠는 느낌으로 보아, 말이 또다시 속력을 확 끌어올렸음을 알았다. 말은 작은 도랑을 대수롭지 않다는 듯 훌쩍 뛰어넘었다. 새처럼 가벼운 도약이었다. 그러나 바로 그때, 말 움직임에 미처 따라가지 못한 브론스끼가 터무니없게도 아무것도 모르고 안장에 앉는, 도저히 용서할 수 없는 끔찍한 실수를 저지르고 말았다. 별안간 몸의 방향이 바뀌자, 그는 무엇인가 두려운 일이 일어났음을 느꼈다. 무슨 일이 일어났는지 똑똑히 깨닫기도 전에, 벌써 적갈색 수말의 하얀 발이 바로 그의 옆에서 번뜩이더니, 마호쩐이 질풍처럼 옆을 지나갔다. 브론스끼 한쪽 발이 지면에 닿았고, 그의 말이 그 발 위로 덮쳐왔다. 그가 아슬아슬하게 발을 빼내는 순간, 말이 쿵 하고 옆으로 나가떨어졌다. 말은 괴로운 듯이 숨을 헐떡거리며 땀에 흠뻑 젖은 그 가느다란 목을 움직여 일어나려는 허망한 노력을 되풀이했다. 말은 그의 발 밑에서 총을 맞고 떨어진 새처럼 버둥거렸다. 브론스끼의 부주의한 동작이 말 등뼈를 부러뜨린 것이다. 그러나 이 사실을 그가 이해한 것은 훨씬 나중의 일이었다. 지금은 그저 마호쩐이 빠르게 멀어져 가고 있는데, 자기는 비틀거리면서 혼자 진흙투성이 땅에 서 있고, 눈앞에서 프루프루가 쓰러진 채로 괴롭게 숨을 내뿜으면서 그를 향해 목을 늘이고 그 아름다운 눈으로 자신을 쳐다보는 것을 느낄 뿐이었다. 아직 무슨 일이 일어났는지 전혀 깨닫지 못한 브론스끼는 고삐를 잡아당겨 말을 일으켜 세웠다. 말은 또다시 물에 나온 물고기처럼 바르작거리며 간신히 앞발을 세웠으나, 방둥이를 들어 올릴 힘이 없어 이내 비틀거리면서 다시 옆으로 쓰러졌다. 흥분으로 얼굴이 일그러지고 파랗게 질린 브론스끼는 아래턱을 떨면서 구두 뒤축으로 말의 배를 걷어차고 다시 한 번 고삐를 끌어당겼다. 그러나 말은 움직이지 않았다. 말은 콧잔등을 땅바닥에 틀어박고 불타는 눈동자로 그저 주인을 올려다볼 뿐이었다.

"아아!" 브론스끼는 머리를 움켜쥐고 신음했다. "아아, 내가 무슨 짓을 했단 말인가!" 그가 소리쳤다. "경주에 졌다! 그것도 수치스럽고 용서할 수 없는 나의 실수로! 이 불쌍하고 귀여운 말을, 내가 망쳐 버리다니! 아아! 내가 무슨 짓을 했단 말인가!"

관중과 의사, 조수며 그의 연대 사관들이 달려왔다. 비참하게도 그는 자신이 무사하며 아무런 상처도 입지 않았음을 알았다. 말은 등뼈가 부러졌으므로 총을 쏘아 죽이기로 결정했다. 브론스끼는 사람들의 질문에 대꾸할 수도 없었고 그 누구와 얘기할 수도 없었다. 그는 홱 몸을 돌려 떨어진 모자를 주우려고도 하지 않고 넋을 잃은 듯 경마장을 걸어나갔다. 그는 너무 불행했다. 난생처음 그는 가장 지독한 불행, 어디까지나 자기 잘못으로 일어난 돌이킬 수 없는 불행을 경험했다.

야쉬빈이 모자를 가지고 뒤쫓아와 그를 집까지 바래다주었다. 30분쯤 지나자 브론스끼는 제정신이 들었다. 그러나 이 사건은 그의 생애에서 가장 뼈아프고 괴로운 기억으로 오래도록 그의 마음에 남았다.

26

아내를 대하는 까레닌의 태도는 표면상으론 예전과 다름없었다. 유일한 차이는 그가 이전보다 훨씬 바빠졌다는 것이었다. 예년과 마찬가지로 그는 겨울철 고된 업무로 그르친 건강을 회복하기 위해서 봄이 옴과 동시에 외국 온천으로 떠났다. 그리고 언제나처럼 7월에 돌아와 전보다 더한 정력으로 자기 일에 매달렸다. 또 늘 그랬듯이 아내는 별장으로 갔고 그는 뻬쩨르부르그에 남았다.

뜨베르스까야 공작부인의 야회 뒤에 그런 얘기를 한 이래로, 그는 자기 의혹과 질투에 대해 다시는 안나한테 말하지 않았다. 그의 희롱하는 듯한 장난기 어린 평소의 말투는 그런 태도를 유지하는데 더할 나위 없이 편리했다. 그는 아내에게 다소 냉담해졌을 뿐이다. 최초 그 깊은 밤의 대화에서 그녀가 정직하게 이야기하길 거부한 것에 대해 약간 불만을 느끼는 것 같았다. 그녀에 대한 그의 태도에 노여움의 기색은 있었지만 그 이상은 없었다. '당신은 나하고 터놓고 얘기하려 하지 않았어.' 그는 마음속으로 아내한테 말하는 투로 중얼거렸다. '하지만 그건 당신 손해야. 이제는 당신이 아무리 졸라도 내가 얘기를 거부하겠어. 자업자득이야.' 그는 마음속으로 이렇게 말했다. 그것은 마치 불을 끄려다 실패한 사람이 자기의 덧없는 노력에 대해 화를 내며 '에잇, 될 대로 되라! 다 타버려라!' 하고 내뱉는 것과도 같았다.

직무에 있어선 총명하고 세심한 그도 아내에 대한 자기 태도의 어리석음은 조금도 깨닫지 못했다. 그 까닭은, 현재의 자기 처지를 깨닫는 것이 너무나 두려워서, 마음속에 가족, 즉 아내와 아들에 대한 감정을 담아 둔 상자를 야무지게 닫아 자물쇠로 잠그고 봉인해 버렸기 때문이었다. 사려 깊은 아버지였던 그는 겨울 끝 무렵부터 유달리 아들에게 냉담해졌고, 아내한테 하듯이 야유하는 태도로 대했다. 심지어 '어이! 젊은이!' 하고 아들을 부를 정도였다.

까레닌은 올해처럼 업무가 많았던 해는 처음이라고 생각했고, 또 사람들에게도 곧잘 그렇게 얘기했다. 그러나 그는 자기가 스스로 올해에 여러 가지 일을 일부러 찾아다녔고, 봉인된 시간이 길어질수록 더욱더 두려워진다는 사실을 의식하지 못했다. 실은 그것이 아내와 가족에 대한 감정과 생각이 들어 있는 예의 그 상자를 열지 않기 위한 하나의 방편이었던 것이다. 만약 누군가가 까레닌에게 아내 행실에 대해 어떻게 생각하는가 물을 권리가 있다 하더라도, 부드럽고 온화한 그는 분명 아무 대꾸도 하지 않을 것이다. 다만 그런 질문을 한 사람에게 굉장히 화를 냈을 것이다. 이런 이유로 까레닌 얼굴에는, 아내 건강 따위를 묻기만 해도 어쩐지 냉정하고 엄격한 빛이 나타났다. 그는 아내의 행동과 감정에 대해서는 아무것도 생각하고 싶지 않았고, 또 실제로도 생각하지 않았다.

까레닌의 별장은 뻬쩨르고프에 있는데, 언제나 여름이 되면 백작부인 리지야 이바노브나가 이웃으로 와서 안나와 빈번하게 교제를 했다. 그러나 올해 리지야 부인은 뻬쩨르고프 생활을 취소하고 한 번도 안나를 찾아오지 않았으며, 까레닌에게도 안나가 베뜨시나 브론스끼와 친하게 지내는 것이 얼마나 꼴불견인지 암시했다. 까레닌은 자기 아내가 그런 의혹이나 의심을 받을만한 부정한 여자가 아니라며 엄중하게 그 얘기를 중단시켰다. 하지만 그 뒤로 그는 리지야 부인을 피하게 됐다. 이미 세상 많은 사람이 그의 아내를 업신여기고 무시한다는 것을 알려고 하지 않았고, 실제로 알지도 못했다. 또 어째서 유달리 아내가, 베뜨시의 별장이 있고 브론스끼 연대 야영지와도 가까운 싸르스꼬예로 가겠다고 우겼는지 이해하려고 하지 않았고, 또 이해하지도 못했다. 그는 이 문제에 대해 생각하는 일을 스스로 금했고 실제로도 생각하지 않았다. 그러나 동시에 마음속으로는, 결코 자신에게 그렇다고 말한 적도 없고 또 증거는커녕 혐의 한 조각 없음에도 불구하고, 자기가 배신당한 남편이라는 사실을 똑똑히 알고 깊은 슬픔에 잠겨 있었다.

아내와 행복한 생활을 누린 과거 8년간, 그는 세상 부정한 아내들과 배신당한 남편들을 보고 얼마나 마음속으로 중얼거렸던가? '어째서 그렇게 될 때까지 내버려 두지? 어째서 그런 추악한 상황을 해결해 버리지 않는 걸까?' 그러나 그 불행이 자기 발등에 떨어지자, 그는 상황을 해결할 방법을 생각하기는 커녕 그 사실을 인정하려고조차 하지 않았다. 그는 너무나 무섭고 부자연스러워서 인정할 엄두가 나지 않았다.

외국에서 돌아온 뒤 까레닌은 두 차례 별장을 찾았다. 한 번은 가족끼리 식사를 하고 또 한 번은 손님들을 초대해 야회를 열었으나, 예년처럼 그대로 하룻밤을 머무는 일은 절대 없었다.

경마가 열린 날은 까레닌에게 특히 바쁜 날이었다. 하지만 그는 아침 일찍 그날 일정을 생각하면서, 점심을 일찌감치 먹고 곧 별장의 아내한테 들렀다가 경마를 보러 가기로 했다. 경마장에는 궁정의 명사들이 대거 참석하므로 그도 얼굴을 비춰야만 했다. 그가 아내를 찾아가는 것은 예의상 일주일에 한 차례는 들르기로 스스로 정했기 때문이었다. 또한 그날은 15일로, 관례에 따라 생활비를 건네는 날이었다. 그는 아내에 대해서 여기까지 생각하고 나면, 평소 자기 생각을 지배하는 습관대로 그 이상 아내에 관한 생각의 범위가 넓어지지 않도록 했다.

그날 아침 까레닌은 매우 바빴다. 전날 밤 리지야 이바노브나 백작부인이 그에게, 현재 뻬쩨르부르그에 머물고 있는 유명한 중국 여행가가 쓴 작은 책자와 더불어, 그 여행가는 여러모로 대단히 흥미롭고 유용한 인물이므로 꼭 만나 달라는 편지를 보냈다. 밤사이 책자를 다 읽지 못한 까레닌은 아침에야 겨우 그것을 손에서 놓을 수 있었다. 그러고 나자 청원자들이 나타났고, 보고·접견·임명·파면·상여금과 연금과 봉급의 분배·통신 등등 꽤 많은 시간을 잡아먹는 까레닌의 일상 업무가 이어졌다. 그다음에는 개인적인 용무로 의사와 집사의 방문을 받았다. 집사와의 일은 그다지 시간이 걸리지 않았다. 그는 그저 까레닌에게 필요한 돈을 건네고, 재정 상태에 대해 간단한 보고를 했을 뿐이다. 올해에는 사교비가 많이 들어 적자가 났다는, 그다지 달갑지 않은 내용이었다. 반면에 뻬쩨르부르그의 유명한 의학박사이자 까레닌의 친구인 의사는 오랜 시간 머물다 갔다. 까레닌은 그가 찾아오리라곤 생각지도 않았기 때문에 그의 내방에 깜짝 놀랐다. 박사가 굉장히 면밀하게 그의 건강 상태를 묻고, 몸속 소리를 들어보고 두드리거나 만져 반응을 살핀 뒤 간장을 진단하자 더욱 놀랐다. 까레닌은 몰랐지만 그의 벗인 리지야 이바노브나가 올해 그의 건강이 좋지 않아 보인다며 박사에게 왕진을 부탁한 것이었다. "나를 위해서 그렇게 해 주세요" 하고 리지야 부인은 박사에게 부탁했다.

"전 러시아를 위해서 하겠습니다, 부인." 박사가 대답했다.

"정말 소중한 분이니까요!" 백작부인이 덧붙였다.

박사는 까레닌 상태에 크게 불만을 표시했다. 까레닌은 간장이 현저하게 비대해지고 영양 상태도 나빠져서 온천이 아무런 효과도 없었던 것이다. 박사는 그가 운동을 되도록 많이 하고 정신적인 긴장을 줄여 무엇보다 마음의 고통을 피하라고 처방했지만, 까레닌으로서는 숨을 쉬지 말라는 것이나 다름없는 불가능한 지시였다. 의사가 떠나자 까레닌 마음속에는, 몸속 어딘가 좋지 않은 데가 있는데 그것은 도저히 고칠 수 없을 거라는 불쾌한 의식만 남았다.

까레닌 집을 나오던 박사는 현관 층층대 위에서 까레닌의 비서 슬류진을 만났다. 그들은 대학 동창으로 자주 만나지는 못했지만 서로 존경하는 친숙한 사이였다. 그래서 박사는 누구에게도 얘기하지 않았을 까레닌 건강 상태에 대한 의견을 솔직하게 털어놓았다.

"자네가 보러 와 줘서 정말 기뻐." 슬류진이 말했다. "그분 건강은 정말 좋지가 않아. 내가 볼 땐…… 그래, 자네의 진단은?"

"그게 말이야." 박사는 마차를 가져오도록 슬류진 머리 너머로 마부에게 손짓하면서 말했다. "이런 거야." 박사가 하얀 손으로 염소 가죽 장갑의 손가락을 잡아당기면서 말했다. "악기 현을 느슨하게 풀어놓고 그것을 끊으려고 해 봐. 쉽게 끊어지지 않아. 하지만 이제 더 이상 당겨지지 않을 만큼 잡아당기면 그 위에 손가락 하나만 갖다 대도 현은 당장 끊어지고 말아. 지분은 자기 직무에 대해 끈기 있고 성실하시기 때문에, 극도로 긴장되어 팽팽하게 당겨진 현이나 마찬가지야. 더구나 다른 방면으로도 괴로운 압박이 있으신 것 같아." 박사는 의미심장하게 눈썹을 올리며 말을 맺었다. "그런데 경마엔 갈 건가?" 박사가 다가온 마차를 향해 층층대를 내려가면서 덧붙였다. "그럼, 물론이지. 꽤 시간이 걸릴 거야." 박사는 뭔가 슬류진의 말을 잘 알아듣지 못하고 이렇게 대답했다.

턱없이 많은 시간을 잡아먹고 나간 박사에 이어 그 유명한 여행가가 찾아왔다. 까레닌은 방금 다 읽은 책자에 대한 내용과 그 방면에 대해 전부터 갖추고 있던 지식을 활용해서, 깊은 조예와 넓은 시야로 여행가를 놀라게 했다.

한편 여행가 방문과 동시에 상경해 있는 한 지방장관의 내방도 알려졌다. 그 사람과는 교섭해야 할 일이 있었다. 장관이 돌아가자 이번에는 비서와 함께 하루 업무를 정리하고, 또한 심각하고 중대한 일로 어떤 명사를 방문해야만 했다. 까레닌은 언제나의 식사 시간인 5시에야 겨우 돌아와 비서와 식사를 같이하고는, 그에게 별장에 들렀다가 경마장을 다녀와야겠으니 동행해 달라고 부탁했다.

자신은 깨닫지 못했지만, 까레닌은 요즈음 아내와 만날 때는 늘 제삼자를 입회시키려고 애썼다.

27

안나가 2층 거울 앞에 서서 안누쉬까의 도움을 받으며 드레스 마지막 리본을 핀으로 고정하고 있을 때, 현관 앞 차도 쪽에서 자갈 위를 구르는 마차 바퀴 소리가 들렸다.

'베뜨시가 오기에는 아직 이른데.' 그녀는 이렇게 생각하며 창문으로 내다보자, 마차 한 대와 거기서 쑥 나와 있는 검은 모자와 낯익은 까레닌 귀가 보였다. '어머나, 공교롭게도. 설마 묵고 가려는 걸까?' 그녀는 생각했다. 그녀는 그 때문에 일어날 수 있는 일들과 너무나도 고약하고 끔찍한 결과에 두려움을 느꼈지만, 순간의 망설임도 없이 쾌활하고 환한 얼굴로 그를 맞으러 뛰어나갔다. 그리고 그녀는 자기 안에 이미 친숙한 허위와 기만의 영혼이 숨 쉬고 있음을 느끼면서, 곧 그 영혼에 몸을 맡기고 자신도 무슨 말을 하는지 모르는 채 입에서 나오는 대로 지껄이기 시작했다.

"어머나, 정말 잘 오셨어요!" 그녀는 남편에게 손을 내밀고, 가족이나 다름없는 슬류진에게는 웃는 얼굴로 인사를 건네면서 말했다. "당신, 주무시고 가시겠죠, 그렇죠?" 이것이 허위의 영혼이 그녀에게 귀띔한 첫마디였다. "일단은 같이 외출해요. 하지만 전 베뜨시와 함께 가기로 벌써 약속을 해 버렸거든요. 그분이 날 데리러 올 거예요."

까레닌은 베뜨시 이름을 듣자 눈살을 찌푸렸다.

"오오, 난 살아 있는 나무를 억지로 갈라 놓을 생각은 없어." 그는 예의 그 익살이 섞인 어조로 말했다. "난 슬류진과 가겠어. 의사도 걷는 게 좋다고 했으니까, 산책이나 하면서 온천에 쉬러 온 기분이나 내지."

"어쨌든 서두르실 것은 없어요." 안나가 말했다. "차 드시겠어요?" 그녀는 벨을 울려 하인을 불렀다.

"차를 가져오렴. 그리고 세료쥐아한테 아버지께서 오셨다고 얘기해. 아 참, 당신 몸은 어떠세요? 슬류진, 여긴 처음이시죠. 보세요, 테라스가 정말 훌륭하죠?" 그녀는 줄곧 두 사람을 번갈아 보며 지껄였다.

그녀의 이야기는 아주 솔직하고 자연스러웠지만, 그녀는 너무 수다스럽고 말이 빨랐다. 그녀 자신도 그것을 느꼈다. 특히 자기를 찬찬히 쳐다보는 슬류진의 호기심에 찬 눈빛이 마치 자기를 관찰하는 것처럼 보였으므로 더더욱 자각하지 않을 수 없었다.

슬류진은 곧 테라스 쪽으로 나갔다.

그녀는 남편 옆에 앉았다.

"당신, 안색이 그다지 좋지 않군요." 그녀가 말했다.

"응." 그가 고개를 끄덕였다. "오늘 의사가 찾아와서 한 시간이나 빼앗겼지. 분명 내 친구 누군가가 박사를 보낸 거겠지. 그만큼 내 건강이 귀중한 모양이오······."

"그래서 의사는 뭐라고 그래요?"

그녀는 그에게 건강과 일에 관한 것을 묻고는 휴가를 내고 이쪽 별장으로 옮겨 오도록 권했다.

이러한 모든 것들을 그녀는 쾌활하고 재빠르게, 묘하게 눈을 반짝이면서 말했다. 그러나 까레닌은 그녀 어조에서 아무런 의미도 찾으려고 하지 않았다. 그는 그저 그녀 말에 귀를 기울여 그 말이 갖는 직접적인 의미만을 부여할 뿐이었다. 그리고 가볍게 농담까지 섞어 가며 대꾸했다. 어딜 보든 조금도 특별한 것 없는 대화였지만, 훗날 안나는 이 짧은 순간을 부끄러움이라는 쓰라린 아픔 없이는 떠올릴 수 없었다.

가정교사 뒤를 따라 세료쥐아가 들어왔다. 만약 까레닌이 주의해서 잘 관찰했다면, 세료쥐아가 먼저 아버지를 본 다음, 다시 쭈뼛쭈뼛하며 어머니를 당황한 눈으로 바라보는 것을 알아챘을 것이다. 그러나 그는 아무것도 볼 생각이 없었고, 또 실제로 보지도 못했다.

"어이, 젊은이! 많이 컸군. 이젠 정말이지 아주 어른이 다 됐는걸. 잘 있었나, 젊은이."

그는 놀란 세료쥐아에게 손을 내밀었다.

세료쥐아는 전부터 아버지를 대할 때면 늘 주눅이 들었지만, 요즈음 아버지가 그를 '젊은이'라고 부르면서부터, 또 브론스끼가 자신의 아군인가 적군인가 하는 수수께끼가 찾아든 뒤로는 더한층 아버지를 꺼리게 되었고 서먹서먹했다. 그는 마치 구조라도 바라듯이 어머니를 돌아보았다. 그저 어머니와 단둘이 있을 때만 안심할 수 있었다. 까레닌은 그새 가정교사에게 말을 걸면서 아들 어깨를 계속 잡고 있었는데, 세료쥐아는 대단히 불안해하며 어찌할 바를 몰랐다. 안나 눈에는 그가 금방이라도 울음을 터뜨릴 듯 보였다.

아들이 들어오자마자 얼굴이 붉어졌던 안나는 세료쥐아가 난처해하는 걸 보고 재빨리 다가가 아들 어깨에서 남편 손을 뗐다. 그녀는 아들한테 입맞추고 나서 테라스로 데리고 나갔다가 자기만 곧 돌아왔다.

"이제 떠날 시간이 다 됐는데." 그녀는 자기 시계를 들여다보며 말했다. "베뜨시는 왜 안 온담……."

"아, 그렇지." 까레닌은 자리에서 일어나더니 손을 깍지 끼고 손가락을 우둑우둑 꺾었다. "오늘은 당신한테 돈을 건네려고 들렀어. 꾀꼬리도 동화만 먹고 살 순 없으니까 말이야." 그가 말했다. "분명히 당신에게 필요하겠거니 싶어서."

"아녜요, 괜찮아요. 필요 없어…… 아니 필요해요." 그녀는 남편을 쳐다보지도 않고 머리끝까지 새빨개져서 말했다. "당신, 경마 끝나면 이리 돌아오실 거죠?"

"암, 그렇고말고." 까레닌이 대답했다. "저기 뻬쩨르고프의 영광, 뜨베르스까야 공작부인께서 오시는군." 그는 아주 작은 차체를 굉장히 높게 올린 영국풍 마차가 현관 앞에 도착한 것을 창문으로 보고 덧붙였다. "굉장한 마차로군! 훌륭한걸! 자아, 그럼 우리도 가볼까."

베뜨시 부인은 마차에서 나오지 않았다. 목구두를 신고 목도리를 두르고 검은 모자를 쓴 그녀의 하인만이 현관까지 달려왔다.

"그럼 다녀올게!" 안나는 아들에게 입을 맞췄다. 그리고 까레닌에게 다가가 손을 내밀었다. "당신이 와 주서서 정말 기뻐요."

까레닌은 그녀 손에 입을 맞췄다.

"자, 그럼 또 만나요. 가기 전에 차 드시러 오세요. 기다리고 있을게요!" 그녀는 환한 얼굴로 즐겁게 나갔다. 그러나 그에게서 벗어나자마자, 그녀는 자기 손에서 그의 입술이 닿은 부분을 생생하게 느끼며 혐오감에 몸을 떨었다.

28

까레닌이 경마장에 나타났을 때, 안나는 벌써 상류층 사람들이 모여 있는 특별석에 베뜨시와 나란히 자리를 잡고 앉아 있었다. 그녀는 멀리서도 남편을 알아보았다. 그녀에게는 두 사람, 남편과 애인이 삶의 두 중심이었다. 그래서 오감의 도움 없이도 그녀는 그들의 접근을 감지할 수 있었다. 그녀는 멀리서부터 남편의 접근을 느끼고, 무의식중에 사람들의 물결을 가르며 움직이는 그를 주시하고 있었다. 관중석까지 오는 동안, 남편은 아랫사람들의 아첨하는 듯한 인사에 겸손하게 답례하고, 동료와는 정답고 허심탄회한 태도로 인사를 나누면서, 권세 있는 사람들과 마주치면 그 시선이 자신에게 오길 기다렸다가 그의 귀 끝을 누르는 둥글고 큼직한 모자를 벗어 보였다. 남편의 그러한 방식을 잘 아는 안나로서는 그 모든 것들이 메스껍게 여겨졌다. '야망, 오직 위로 올라가려는 욕심, 저이 마음속에 있는 것은 오직 그것뿐이야.' 그녀는 생각했다. '고상한 견해, 문화에 대한 사랑, 종교 그 모든 게 그저 출세하기 위한 수단에 불과해.'

그녀는 남편이 부인석 쪽을 흘끗흘끗 쳐다보는 것을 보고(그는 똑바로 그녀가 있는 쪽을 보았으나, 모슬린이며 리본, 깃이며 양산, 꽃의 바다 속에서는 아내를 알아볼 수가 없었다), 그가 자기를 찾고 있음을 알았다. 그러나 그녀는 일부러 남편을 알아채지 못한 척했다.

"까레닌!" 베뜨시 부인이 그에게 소리쳤다. "부인 찾으시죠? 바로 여기 계세요!"

그는 특유의 싸늘한 미소로 답했다.

"여긴 어찌나 화려한지 아찔하군요." 그는 이렇게 말하며 그녀들이 있는 관중석 안으로 들어왔다. 그는 아내에게, 방금 전에 막 헤어졌던 아내를 대하는 듯한 미소를 지었고, 베뜨시 부인이며 그 밖의 다른 친지들에게 각각 필요한 정도의 예의를 차렸다. 말하자면 부인들한테는 익살을 피우고 남자들과는 간단한 인사말을 주고받았다. 아래쪽 귀족관람석 바로 옆에 까레닌이 평소 존경하는 시종무관이 서 있었다. 까레닌은 박식함과 교양으로 이름 높은 그를 상대로 얘기를 시작했다.

마침 다음 경주까지 쉬는 시간이었으므로 두 사람의 이야기를 방해하는 것은 아무것도 없었다. 시종무관은 경마를 비난했고 까레닌은 그것을 변호하면서 반박했다. 안나는 그의 날카롭고 억양 없는 목소리를 한마디도 놓치지 않고 들었다. 그의 말 한 마디 한 마디가 그녀에겐 허위처럼 여겨지며 귀를 따갑게 찔러댔다.

4베르스따 장애물 경주가 시작되자, 그녀는 몸을 앞으로 구부려 곁눈질도 하지 않고 브론스끼가 말에게 다가가서 올라타는 것을 바라보았다. 그러는 사이에도 그녀 귀에는 남편 입에서 그칠 줄 모르고 흘러나오는 메스꺼운 목소리가 들려 왔다. 그녀는 브론스끼에 대한 걱정으로 괴로웠다. 그러나 그보다 더 그녀를 괴롭힌 것은, 귀에 익은 어조로 끝없이 이어질 듯한 남편의 날카롭고 높은 목소리였다.

'난 나쁜 여자다, 타락한 여자다.' 그녀는 생각했다. '그렇지만 난 거짓말 하는 건 싫어. 거짓말은 참지 못하겠어. 그러나 남편에게는 허위가 생명의 숨결이야. 그는 모든 것을 다 알고 있고, 모든 것을 다 꿰뚫고 있으면서 아무것도 느끼질 못해. 그래서 저렇게 태연하게 얘기할 수 있는 거야. 만약 그가 날 죽이든지 브론스끼를 죽여 버리든지 하면, 오히려 난 그를 존경했겠지. 하지만 그런 일은 일어나지 않아. 저이한테 필요한 것은 그저 허위와 체면밖에 없으니까.'

안나는 자기가 남편한테 무엇을 기대하는지, 남편이 어떤 사람이 되었으면 하고 바라는지는 생각해보지도 않고 속으로 이렇게 중얼거렸다. 그녀는 이렇게까지 자기를 화나게 하는 남편의 모습과 오늘따라 유난히 이 쓸데없는 대화가, 그의 마음속에 있는 혼란과 불안의 표현에 지나지 않는다는 것을 조금도 깨닫지 못했다. 마치 다리를 다친 아이가 아픔을 잊어 보려고 깡충깡충 뛰면서 근육을 움직이듯, 까레닌에겐 머릿속에 자꾸만 떠오르는 아내에 대한 상념을 억누르기 위해선 아무래도 정신적인 활동이 필요했다. 아내와 브론스끼가 같은 공간에 있고 더욱이 브론스끼 이름이 끊임없이 언급되고 있었기 때문이다. 펄쩍 뛰어오르는 행동이 아이에게 자연스러운 것처럼, 매끄럽고 재치 있게 말을 하는 일이 그에게는 자연스러웠던 것이다. 그래서 그는 끊임없이 지껄였다.

"군인, 즉 기병의 경마에서 위험이란 불가결한 요소예요. 영국이 군사상 역사적으로 가장 눈부신 기병술을 자랑할 수 있는 것도, 영국이 사람과 동물의 이 힘을 부지런히 발전시킨 덕택이지요. 스포츠라고 하는 것은 말입니다, 제생각에는 큰 의의가 있어요. 그러나 우리는 언제나 그 가장 피상적인 면만을 보는 겁니다."

"피상적인 게 아녜요." 뜨베르스까야 공작부인이 말했다.

"어느 사관은 늑골이 두 개나 부러졌대요."

까레닌은 이를 드러내 보일 뿐 그 이상 아무런 의미도 없는 익숙한 미소를 지었다.

"그렇지만 부인, 피상적인 게 아니라 본질적인 거라고 해도 문제는 그게 아니에요." 이렇게 말하고 그는 다시 장군 쪽으로 얼굴을 돌리고 진지하게 이야기했다. "경기자는 스스로 그것을 직업으로 선택한 군인이라는 사실을 잊으시면 안 됩니다. 또 동전에 뒷면이 있듯이 모든 직업에는 이면이 있습니다. 요컨대 경마는 곧 군인의 직무입니다. 권투나 스페인식 투우 같은 종류의 추악한 경기는 야만의 표상입니다. 그렇지만 전문적인 경기는 진보의 표상이지요."

"그렇지 않아요, 난 이제 두 번 다시 보러 오지 않겠어요. 나에겐 너무나 자극이 심해요." 공작부인 베뜨시가 말했다. "그렇지 않아요, 안나?"

"확실히 흥분을 걷잡을 수 없지만, 그렇다고 눈을 뗄 수도 없어요." 다른 부인이 말했다. "만약 내가 고대 로마인이었다면 어떤 경기도 절대 놓치지 않았을 거예요."

안나는 한마디도 하지 않고 망원경으로 한곳만 보고 있었다.

이때 키가 큰 장군이 귀족관람석을 가로질러 지나갔다. 그러자 까레닌은 이야기를 뚝 끊고 황급히, 그러나 점잖게 일어서서 그 장군에게 허리를 굽혀 인사했다.

"당신은 경주에 참가하지 않으십니까?" 장군이 그에게 농담을 건넸다.

"네, 평소 훨씬 더 어려운 경주를 하고 있거든요." 까레닌이 공손히 대답했다. 이 대답에 특별한 의미는 없었지만, 장군은 대단히 지혜로운 사람한테서 총명한 대꾸를 들었다는 표정으로, '소스의 풍미'를 분명히 음미했다는 시늉을 해 보였다.

"입장에 따라 차이가 있지요." 까레닌은 자리에 앉으면서 다시 말을 계속했다. "바로 경기자와 관람자죠. 관람자가 이런 구경거리를 보고 기뻐한다는 건 분명 문화 수준이 낮다는 증거입니다. 저도 그것엔 동감입니다만……."

"공작부인, 거십시다!" 아래쪽에서 베뜨시에게 말을 거는 오블론스끼 목소리가 들렸다. "부인은 누구한테 거시겠습니까?"

"안나와 난 꾸조블레프 공작한테 걸겠어요." 베뜨시가 대답했다.

"난 브론스끼한테, 장갑 한 켤레."

"그래요, 좋아요!"

"그나저나 여긴 전망이 참 좋군요!"

까레닌은 주위에서 사람들이 얘기하는 동안은 잠자코 있었으나 이내 또 말을 계속했다. "나도 동의합니다, 그러나 남성 경기라고 하는 것은……."

그는 계속하려고 했지만, 그 순간 기수들이 뛰어나갔으므로 모든 대화가 딱 그쳤다. 까레닌도 입을 다물었다. 모두 몸을 일으켜 개울 쪽으로 얼굴을 돌렸다. 까레닌은 경마 자체에는 흥미가 없었으므로, 기수들은 거들떠보지도 않고 지친 눈으로 멀거니 구경꾼들을 둘러보기 시작했다. 그리고 그의 시선이 안나 얼굴에 멈췄다.

그녀 얼굴은 파리하게 굳어 있었다. 그녀는 분명히 오직 한 사람 외에 누구도, 아무것도 보지 않고 있었다. 부채를 꼭 쥔 손을 부들부들 떨면서 숨을 멈췄다. 한동안 그녀를 보고 있던 그는 얼른 눈을 돌려 다른 사람들의 얼굴을 비교해보았다.

'그래. 저 부인도 다른 부인들도 다들 굉장히 흥분하고 있지 않은가. 즉 아주 자연스러운 일이야.' 까레닌은 속으로 말했다. 더 이상 그녀를 보지 않으려고 결심했지만, 시선은 저도 모르게 그녀 쪽으로 이끌렸다. 그는 또다시 그 얼굴에서 눈을 멈추었다. 거기에 아주 뚜렷이 그려진 것을 읽지 않으려고 애썼으나, 그의 의지와는 상관없이 알고 싶지 않았던 것을 읽고 아연실색하고 말았다.

개울에서 꾸조블레프가 낙마한 최초 사건은 일동을 들끓게 했다. 그러나 까레닌은 안나의 창백하지만 의기양양한 얼굴을 보고 그녀가 주시하던 사람이 떨어진 것은 아니라는 사실을 역력히 알았다. 마호찐과 브론스끼가 큰 울타리를 뛰어넘고 그 뒤를 따르던 사관이 바로 거기에서 머리부터 거꾸로 떨어져 중상을 입어 공포의 술렁임이 관중 전체에 번졌을 때에도, 안나는 사고를 알아채지도 못하고 주위 사람들이 왜 술렁이는지조차 모르는 것 같았다. 그는 더욱더 집요하게 그녀 얼굴을 쳐다보았다. 안나는 말을 달리는 브론스끼 모습에 완전히 정신이 팔려 있으면서도, 옆에서 노려보는 남편의 싸늘한 시선을 느꼈다.

그녀는 살짝 고개를 돌려 무슨 일이냐는 듯이 남편을 한 번 보고는 가볍게 눈살을 찌푸리며 다시 얼굴을 돌려 버렸다.

"아아, 이제 아무래도 좋아." 마치 그녀는 그에게 이렇게 선언한 것처럼 그 뒤로는 한 번도 남편을 보지 않았다.

경주 상황은 매우 안 좋았다. 17명 기수 가운데 절반 이상이 낙마해서 몸을 다쳤다. 끝판에 이르자 사람들이 더욱더 흥분했다. 그리고 그 흥분은 황제까지도 유감을 표시하면서 더욱 증폭되었다.

29

모든 사람이 고래고래 불만의 화살을 퍼부었다. 누군가 '이건 검투사와 사자의 싸움이나 다를 바 없다'고 외친 말을 되풀이하며, 모두 경주의 참혹함을 실감했다. 따라서 브론스끼가 말에서 떨어져 안나가 큰 소리로 비명을 지른 것도, 그것만으로는 대수로운 일이 아니었다. 그러나 곧이어 안나 얼굴에 나타난 변화는 차마 눈뜨고 보기 어려울 정도였다. 그녀는 완전히 이성을 잃고, 조롱 안 새처럼 떨며 몸부림치기 시작했다. 벌떡 일어나 어딘가로 가려고 하다가 베뜨시 쪽으로 얼굴을 돌리고 말했다.

"여기서 나가요, 가요."

그러나 베뜨시는 그 말을 듣지 못했다. 그녀는 몸을 숙여, 그녀 옆으로 다가온 장군과 얘기를 나누고 있었다.

까레닌은 안나에게 다가가 점잖게 손을 내밀었다.

"같이 나가지, 당신이 괜찮다면." 그가 프랑스어로 말했다. 그러나 안나는 장군 얘기에 귀를 기울이느라 남편 목소리를 알아채지도 못했다.

"역시 다리가 부러졌나 봐요." 장군이 말했다. "정말이지 전혀 듣도 보도 못한 일이군요."

안나는 남편에게 대꾸도 하지 않고 망원경을 들어 브론스끼가 떨어진 곳을 보았다. 그러나 워낙 멀리 떨어져 있는 데다 사람들이 잔뜩 몰려 있어 아무것도 분간할 수 없었다. 그녀는 망원경을 내리고 막 일어서려고 했다. 그때 한 사관이 달려와서 황제에게 무엇인가를 아뢰었다. 안나는 몸을 앞으로 쑥 내밀고 귀를 기울였다.

"스찌바! 스찌바!" 그녀는 오라버니를 향해 소리쳤다.

그러나 오블론스끼도 그 소리를 듣지 못했다. 그녀는 다시 나가려고 했다.

"다시 한 번 내 손을 당신에게 내밀지, 여길 나갈 생각이라면." 까레닌이 그녀 손을 잡으려고 하면서 말했다.

그녀는 혐오의 빛을 띠고 몸을 빼더니 그의 얼굴을 쳐다보지도 않고 대답했다.

"아녜요. 내버려 두세요, 난 가지 않겠어요."

그녀는 그때 한 사관이 브론스끼가 떨어진 곳에서 경기장을 가로지르며 관중석 쪽으로 뛰어오는 것을 보았다. 베뜨시가 그에게 손수건을 흔들었다. 사관은 관중에게, 기수는 다치지 않았으나 말 등뼈가 부러졌다는 소식을 전했다.

그 말을 듣자 안나는 털썩 주저앉으며 부채로 얼굴을 가렸다. 까레닌이 보는 앞에서 그녀가 울음을 터뜨렸고, 눈물뿐만 아니라 가슴을 격하게 들먹이며 오열을 쏟아내고 있었다. 까레닌은 몸으로 그녀를 가려 그녀에게 정신을 가다듬을 시간을 주었다.

"이걸로 세 번째야. 자, 내 손을 잡아." 그가 잠시 뒤 그녀에게 얼굴을 돌리며 말했다. 안나는 그를 쳐다보면서도 무슨 말을 해야 할지 몰랐다. 베뜨시 부인이 그녀를 거들었다.

"아녜요, 까레닌. 안나는 내가 데리고 왔고, 갈 때도 바래다 드리기로 약속했어요." 베뜨시가 말참견을 했다.

"미안하지만, 공작부인." 그는 점잖게 미소를 지으면서도 딱딱한 눈으로 상대를 쳐다보았다. "안나는 기분이 좋지 않은 모양이니 나와 함께 돌아가는 게 나을 것 같습니다."

안나는 깜짝 놀란 듯 주위를 돌아보고는 얌전히 일어서서 남편 손에 자기 손을 얹었다.

"그에게 사람을 보내 상태를 물어보고 알려 드릴게요." 베뜨시가 그녀에게 속삭였다.

까레닌은 평소처럼 관중석 출구에서 마주친 사람들과 인사를 주고받았다. 따라서 안나도 언제나 그렇듯이 사람들 질문에 대꾸하고 말을 건네야 했다. 그러나 그녀는 완전히 얼이 빠져 꿈이라도 꾸는 것처럼 남편 팔에 기대어 걸어갔다.

'다치진 않았을까? 정말 괜찮을까? 과연 그가 올까? 오늘 그이를 만날 수 있을까?' 하고 그녀는 생각했다.

그녀는 묵묵히 까레닌 마차에 올라, 붐비는 마차들 사이를 조용히 빠져나갔다. 까레닌은 그런 장면을 목격했음에도 여전히 자기 아내의 진정한 모습에 대해 생각하기를 꺼렸다. 그는 그저 표면적인 조짐을 보았을 뿐이었다. 그녀의 점잖지 못한 몸가짐을 보았고, 그 점을 그녀에게 주의시키는 것이 자기 의무라고 여겼다. 그러나 그것만 말하고 그 이상 이야기하지 않기란 그에게 지극히 어려운 문제였다. 그래서 그녀가 얼마나 부적절하게 행동했는지를 얘기하려고 입을 열었으나, 무심코 전혀 엉뚱한 말을 내뱉고 있었다.

"그건 그렇고 어째서 우린 저런 잔인한 구경거리를 좋아하나 몰라. 정말이지 내가 볼 땐……." 그가 말했다.

"무슨 말이죠? 모르겠군요." 안나가 얕잡듯이 말했다.

그는 발끈해서 곧바로 얘기하려던 주제를 꺼냈다. "당신한테 한마디 해야겠어." 그는 말문을 열었다.

'아아, 담판이다.' 이렇게 생각하자 그녀는 두려워졌다.

"말해 두지만, 오늘 당신 몸가짐은 점잖지 못했어." 까레닌은 프랑스어로 말했다.

"나의 어디가 점잖지 못하던가요?" 그녀는 그에게 고개를 홱 돌리고 눈을 똑바로 들여다보며 큰 소리로 말했다. 아까처럼 무언가를 숨기는 듯한 쾌활함은 온데간데없는 결연한 태도였다. 그녀는 그 단호한 표정 밑에 자기가 맛보고 있는 공포를 간신히 억누르고 있었다.

"쉿, 조심해." 그는 마부 쪽으로 열려 있는 창문을 가리키며 주의를 주었다.

그는 몸을 일으켜 유리창을 올려 닫았다.

"무엇이 점잖지 못하다는 거죠?" 그녀는 거듭 물었다.

"기수 중 한 사람이 낙마했을 때 당신이 동요를 숨기지 못한 점 말이야."

그는 그녀의 반박을 기다렸으나, 그녀는 앞만 바라볼 뿐 말이 없었다.

"난 진작부터 당신한테, 사교장 어떤 험담꾼도 당신에 대해 이러니저러니 입을 놀리지 못하도록 잘 처신하라고 당부했어. 전에는 당신의 마음속을 문제 삼았던 적도 있지만, 이제 더는 그걸로 나무랄 생각은 없어. 지금 난 드러난 태도를 말하는 거야. 당신은 점잖지 못했으니, 그것을 두 번 다시 되풀이하지 말라고."

그녀는 그의 말을 거의 듣고 있지 않았다. 남편에 대해 공포를 느끼면서도, 브론스끼가 다치지 않았다는 애기가 정말일까 하는 것만 생각하고 있었다. 기수는 무사하지만 말 등뼈가 부러졌다는 게 과연 그에 관한 이야기였을까? 남편이 말을 끝마쳤어도, 그녀는 그저 비웃는 듯한 억지 미소를 지을 뿐 한마디 대꾸도 없었다. 그의 얘기를 듣지 않았기 때문이다. 한편 까레닌은 대담하게 말을 꺼내긴 했지만, 자기가 무슨 말을 하는 건지 똑똑히 알게 되자 그녀가 느끼는 공포가 그에게도 전해졌다. 그는 그녀의 미소를 보고 기묘한 착각에 빠졌다.

'이 여자는 내 억측을 비웃고 있다. 그래, 분명히 지금도 그때와 같은 말을 늘어놓겠지. 내 의심에는 근거가 없고, 말도 안 된다고.'

모든 것이 폭로되려는 지금 이 순간, 그는 아내가 예전처럼 그의 의심이 가소롭고 근거 없는 기우에 지나지 않다고 비웃어 주기를 간절히 바랐다. 그는 자기가 안 사실이 너무나 무서웠기에 지금은 어떤 말이라도 믿고 싶은 심정이었다. 그러나 두려움에 찬 음울한 그녀 표정에는 이제 더 이상 위선의 기색조차 보이지 않았다.

"어쩌면 내가 잘못 알았는지도 몰라." 그가 말했다. "그렇다면 사과할게."

"아녜요, 당신은 착각하지 않았어요." 그녀는 그의 싸늘한 얼굴을 절망적으로 쳐다보면서 천천히 말했다. "잘못 아신 게 아니에요. 그때 난 정말로 이성을 잃었고 지금도 어찌할 바를 모르겠어요. 당신 말을 들으면서도 그를 생각하고 있었어요. 난 그를 사랑해요. 난 그의 애인이에요. 난 당신을 견딜 수가 없어요. 두렵고, 미울 뿐이에요…… 그러니 날 어떻게 하든 당신 마음대로 하세요."

그녀는 이렇게 말하고 마차 구석에 몸을 던지며 두 손으로 얼굴을 가린 채 흐느껴 울었다. 까레닌은 꼼짝도 하지 않았고 앞만 바라보았다. 그러나 그의 얼굴은 갑자기 죽은 사람처럼 장엄하고 무게가 있게 굳어 버렸고 그 표정은 별장까지 가는 내내 변하지 않았다. 집에 도착하자 그는 여전히 굳은 표정으로 얼굴을 아내에게 돌렸다.

"그렇군! 그래도 어쨌든 겉으로는 체면을 지켜 주길 바라오." 그의 목소리가 떨리기 시작했다. "내가 그, 내 명예를 지킬 방법을 찾아서 당신한테 명시할 때까진."

그는 먼저 마차에서 내려 그녀가 내리는 것을 도와주었다. 그는 하인들 눈을 의식하여 가만히 쳐다보는 그녀 손을 꼭 쥐고는 그대로 마차를 타고 뻬쩨르부르그로 돌아갔다.

그 직후 공작부인 베뜨시의 심부름꾼이 안나에게 쪽지를 가지고 왔다.

'알렉세이 안위를 알아보도록 사람을 보냈더니, 자신이 직접, 자기 몸은 조금도 이상이 없으나, 절망에 빠져 있다고 답신이 왔어요.'

'그럼 그이가 올 수 있겠구나!' 그녀는 생각했다. '아아, 남편에게 다 얘기해 버리길 잘했다.'

그녀는 시계를 보았다. 아직 세 시간 정도 남았다고 생각하자 마지막으로 만났을 때의 세세한 기억들이 그녀의 피를 끓어오르게 했다.

'아아, 정말 환하구나! 곤란하긴 하지만 난 그이 얼굴을 보는 게 좋고, 이 환상적인 빛도 좋아…… 하지만 남편은! 아아, 그래…… 하지만 다행이야. 남편과의 일을 매듭지을 수 있어서."

30

사람들이 모이는 곳이면 어디나 그렇듯이, 쉬체르바스끼가족이 찾아간 독일 자그마한 휴양지에도 한 사람 한 사람에게 일정불변의 지위를 부여하는 통상적인 사회적 결정체가 형성되어 있었다. 꼭 물방울이 찬 기운에 부딪치면 눈송이 같은 일정한 형체가 되는 것처럼, 휴양지에 오는 사람은 누구나 곧 자기에게 적합한 지위를 얻기 마련이었다.

쉬체르바스끼 공작 부부와 그 영애도, 그들이 빌린 주택과 명성, 또 그들이 만난 지인들의 격에 따라, 곧 그들에게 어울리는 일정한 지위로 하나의 결정체가 되었다.

올해 이 휴양지에는 독일의 진짜 대공비(大公妃)가 머물렀는데, 그 결과 예의 사회적인 결정체가 더한층 강화되었다. 쉐체르바스끼 공작부인은 자기 딸을 꼭 공비(公妃)에게 보이고 싶었으므로, 도착한 지 이틀 만에 교분을 쌓는 의식을 치렀다. 끼찌는 빠리에서 공수해 온 '아주 평범한', 즉 지극히 화사한 여름 드레스를 걸치고, 매우 공손하고 우아하게 공비를 찾아뵈었다. 대공비가 이렇게 답했다.

"하루빨리 그 고운 얼굴에 장밋빛이 돌아오기를 빕니다."

이를 계기로 쉐체르바스끼가(家)는 일정한 생활방식이 견고하게 정해져서, 이제 거기에서 빠져나올 수 없게 되어 버렸다. 이렇게 쉐체르바스끼가는 어느 영국 귀부인 가족, 독일 백작부인과 최근 전쟁에서 다친 그 아들, 스웨덴 학자, 카누트 씨와 그 누이와도 가까워졌다. 하지만 쉐체르바스끼가의 주된 교제 상대는 따로 있었다. 모스끄바 귀부인 마리야 예브게니예브나 르찌쉬체바와 그 딸, 그리고 역시 모스끄바에서 온 대령이었다. 끼찌는 르찌쉬체바 딸의 발병 원인이 자기와 마찬가지로 사랑이었기 때문에 마음에 들지 않았다. 모스끄바의 대령은 끼찌가 어렸을 적부터 그 군복과 견장으로 알고 있었던 사람인지라, 이런 곳에서 현란한 넥타이를 하고 옷깃을 풀어헤친 모습과 조그만 눈이 매우 우스꽝스러웠다. 게다가 끈질기게 쫓아다니며 떨어지지 않았기 때문에 그는 남을 짜증나게 했다. 이러한 상태가 확고하게 정해지자 끼찌는 지루해서 견딜 수가 없었다. 더구나 아버지가 칼스바트로 떠나고 어머니와 단둘이 남게 되니 더욱 그러했다. 그녀는 이미 아는 사람들한테서는 이제 어떤 새로운 것도 얻을 수 없으리라고 느끼자 그들에게 흥미를 잃었다. 휴양지에서 그녀의 가장 큰 흥밋거리는 이제 모르는 사람들을 관찰하고 추측하는 일이었다. 끼찌는 언제나 사람들 속에서 가장 아름다운 것만 상상하는 성격이었는데, 모르는 사람들을 상대로는 그런 경향이 특히 강했다. 그래서 지금도 끼찌는 미지의 사람들이 어떤 사람들인지, 서로 어떤 관계이고 성격은 어떤지 추측하면서, 마음속으로 가장 놀랍고 아름다운 특징을 상상하고 그 관찰에 대한 확증을 찾아내고 있었다.

그 사람들 가운데 특히 그녀의 마음을 끈 러시아 여성은, 쉬딸리 부인이라고 불리는 병든 러시아 부인과 함께 왔다. 쉬딸리 부인은 상류계급에 속하는 사람이지만 병이 깊어 외출도 제대로 못 했고, 그저 가끔 날씨 좋은 날에만 휠체어를 타고 온천장에 나타날 뿐이었다. 그러나 끼찌의 어머니인 공작부인은 그녀가 병 때문이라기보다 오히려 그 오만한 성격 탓에 러시아인 그 누구와도 교제하지 않는 것이라고 해석했다. 러시아 여성은 쉬딸리 부인 병구완을 하고 있었는데, 끼찌가 본 바로는 그 밖에도 이 휴양지 많은 중환자와도 친하게 지내면서 지극히 자연스럽게 그들의 시중을 들었다. 끼찌의 관찰에 따르면, 이 러시아 여성은 쉬딸리 부인 친척도 아니었고 또 고용된 간병인도 아니었다. 쉬딸리 부인은 그녀를 바레니까라고 불렀고, 다른 사람들은 '마드무아젤 바레니까'라고 부르고 있었다. 끼찌가 그녀와 쉬딸리 부인의 관계, 그리고 그녀가 모르는 다른 사람들과의 관계를 관찰하는데 흥미를 느낀 것은 말할 것도 없다. 그녀는 뿐만 아니라 흔히 있는 일이지만, 이 마드무아젤 바레니까에게 말로 표현할 수 없는 호감을 느꼈고, 때때로 마주치는 눈동자를 통해서 그녀도 자기를 맘에 들어 한다는 것을 느꼈다.

마드무아젤 바레니까가 젊지 않은 것은 아니었지만 왠지 젊음이 없는 사람 같았다. 그녀는 열아홉으로도 보였고 서른으로도 보였다. 자세히 그녀 용모를 뜯어보면, 얼굴빛은 좋지 않았지만 상당히 예쁜 편이었다. 만약 몸이 그렇게까지 마르지 않고, 중키에 비해 머리가 조금 큰 것만 빼면, 그런대로 맵시 있는 여자였을 것이다. 그러나 남자들에게 매력적으로 비칠 리 없었다. 그녀는 마치, 아직 꽃잎이 남아 있고 아름답지만, 이미 시들어 향기를 잃은 꽃과 흡사했다. 게다가 그녀가 남자 눈을 끌 수 없는 또 다른 이유는, 끼찌에게 흘러넘칠 정도로 많은 것, 즉 내면에 깃든 생명의 불꽃과 자기 매력에 대한 자각이 그녀에게는 거의 없었기 때문이다.

그녀는 언제나 일에 쫓기는 듯했고, 그것은 분명한 사실이었다. 따라서 다른 것에 흥미를 보일 여유가 없어 보였다. 이렇게 자기와는 정반대인 처지가 특히 끼찌의 마음을 끌었다. 끼찌는 그녀와 그 생활방식 안에서야말로 지금 자기가 괴로울 정도로 원하는 삶의 본보기를 찾을 수 있을 것 같았다. 지금 끼찌에게는 남자에 대한 사교계 젊은 처녀의 태도가, 마치 고객을 기다리며 상품을 진열하는 상인처럼 수치스럽고 꺼림칙하게 여겨졌지만, 그녀는 그런 것을 초월한 진정한 삶의 기쁨과 존엄성을 추구하고 있었다. 이 미지의 벗을 관찰하면 할수록, 끼찌는 더욱더 이 여성이야말로 자기가 평소 마음속으로 그리던 완전무결한 인간이라고 확신했고 더한층 그녀와 사귀기를 바라게 되었다.

두 처녀는 날마다 하루에도 몇 번씩 얼굴을 대했고, 마주칠 때마다 끼찌의 눈은 말했다. '당신은 누구세요? 당신은 어떤 분이세요? 당신은 정말 내가 생각하는 것처럼 훌륭한 분인가요? 그렇지만, 부디⋯⋯.' 그리고 그녀의 눈동자는 덧붙였다. '내가 억지로 당신과 친해지기를 바란다고는 생각하지 마세요. 난 그저 당신한테 탄복하며 당신을 사랑할 따름이니깐요.'

그러면 미지의 벗은 눈으로 이렇게 대답했다. '나도 당신을 사랑하고 있어요. 당신은 정말, 정말 귀여운 분이에요. 내게 시간만 있다면 한결 더 많이 당신을 사랑할 텐데.'

실제로 끼찌는 바레니까가 언제나 바쁜 것을 보았다. 그녀는 온천장에서, 러시아인 가족의 아이들을 데리고 돌아가기도 하고, 환자에게 가운을 갖다 둘러 주기도 하며, 화를 내는 환자를 달래주거나, 누군가를 위해서 커피용 과자를 골라 사다주기도 했다.

쉬체르바스끼가족이 여기 온 지 얼마 되지 않았을 때, 아침 온천장에 사람들의 불쾌한 주의를 끌면서 두 남녀가 나타났다. 남자는 기장이 맞지 않는 짧고 낡아 빠진 외투를 입었는데, 매우 큰 키에 손도 크고, 허리가 구부정하며 눈빛이 순박한 듯하면서도 동시에 무서운 인상을 주었다. 여자는 지극히 꼴사나운 천박한 옷차림에, 살짝 얽기는 했지만 얼굴은 참했다. 그 두 사람이 러시아인이라는 것을 알게 되자, 끼찌는 벌써 상상 속에서 그들에 대한 아름답고 감동적인 이야기를 만들어 내기 시작했다. 그러나 공작부인이 요양인 명부를 통해 그들이 니꼴라이 레빈과 마리야 니꼴라예브나라는 것을 확인하고 끼찌한테 이 니꼴라이라는 남자가 얼마나 나쁜 사람인지를 설명했으므로, 두 사람에 대한 공상은 순식간에 깨끗이 사라져 버렸다. 어머니에게 그런 얘기를 들어서라기보다 그가 꼰스딴찐 레빈의 형이라는 점 때문에, 끼찌에겐 그들이 갑자기 극도로 불쾌하게 여겨졌던 것이다. 니꼴라이는 그 머리를 달달 떠는 버릇 때문에 그녀 마음속에 억제할 수 없는 혐오감을 끓어오르게 했다.

끼찌는 자기를 끈덕지게 뒤쫓는 그의 부리부리하고 사나운 눈 속에 증오와 조소의 감정이 담겨 있는 것 같아서, 그와 마주치지 않으려고 애썼다.

31

날씨가 나쁜 날이었다. 아침나절 내내 비가 내렸으므로 환자들은 우산을 들고 산책로에 몰려들었다.

끼찌는 어머니와 함께, 프랑크푸르트에서 산 유럽풍 코트를 입고 잔뜩 뽐내고 있는 모스끄바의 대령과 나란히 걷고 있었다. 그들은 반대쪽 산책로를 거니는 레빈을 피하느라 오로지 한쪽으로만 걷고 있었다. 바레니까는 검정 옷에 차양이 처진 검정 모자를 쓰고, 눈먼 프랑스인 부인 손을 끌면서 산책로 끝에서 끝까지 거닐었다. 그녀와 끼찌는 마주칠 때마다 언제나 정다운 시선을 주고받았다.

"어머니, 나 저분하고 얘기해도 괜찮죠?" 끼찌는 미지의 벗을 눈으로 좇으며 그녀가 분수 쪽으로 가려는 것을 알아채고 거기에서 만날 수 있으리라 예상하며 이렇게 물었다.

"글쎄, 네가 그렇게도 바란다면 내가 먼저 저 아가씨에 대해서 알아보고 말을 걸어 보지." 어머니가 대답했다. "그런데 넌 저런 아가씨한테 왜 그렇게 신경 쓰는 거니? 아마 평범한 말벗일 텐데. 원한다면 내가 쉬딸리 부인과 친분을 맺어 보지. 옛날 그분의 의자매를 알았으니까." 공작부인은 거만하게 고개를 쳐들면서 덧붙였다.

끼찌는 어머니가 쉬딸리 부인에 대해서, 그녀가 자기와 사귀기를 피하는 눈치라 분개하고 있다는 것을 알고 있었다. 그래서 굳이 우겨대지는 않았다.

"정말 어쩌면 저렇게 멋진 분이 다 있을까요!" 그녀는 바레니까가 프랑스인 부인에게 컵을 건네는 것을 보면서 말했다. "저것 좀 봐요, 얼마나 자연스럽고 상냥한지를."

"난 네가 그렇게 열을 올리는 게 도저히 이해가 안 되는구나." 공작부인이 말했다. "자, 그만 돌아가자꾸나." 그녀는 니꼴라이가 동행한 여자를 데리고 독일인 의사와 무엇인가 큰 소리로 핏대를 올리며 얘기하면서 그들 쪽으로 다가오는 것을 알아채고 덧붙였다.

그들이 돌아가려고 몸을 돌렸을 때, 별안간 크게 떠드는 목소리를 넘어 고래고래 소리 지르는 고함이 들려왔다. 니꼴라이가 발을 멈추고 고함을 쳤고, 의사도 마찬가지로 잔뜩 약이 올라 받아치고 있었다. 지나가던 사람들이 그들 주위로 모여들었다. 공작부인은 끼찌를 데리고 허둥지둥 그 자리를 떴다. 대령은 무슨 일인지를 알아보려고 군중 속으로 끼어들었다.

한참만에 대령이 그녀들을 따라왔다.

"무슨 일이었어요?" 공작부인이 물었다.

"수치입니다. 추태예요!" 대령이 대꾸했다. "외국에서 저런 러시아인과 한데 어울리는 것은 정말 딱 질색이에요. 그 키 큰 사내는 의사랑 말다툼 끝에 그가 제대로 치료하지 않는다며 마구 악담을 퍼붓고, 지팡이까지 휘두르지 뭡니까. 정말 부끄러워요!"

"어머나, 그게 무슨 꼴이람!" 공작부인이 말했다. "그래서 어떻게 끝났어요?"

"다행히 그때 그…… 버섯 같은 모자를 쓴 아가씨가 끼어들었죠. 그녀도 러시아 사람인 모양이에요." 대령이 말했다.

"마드무아젤 바레니까죠?" 기쁜 듯이 끼찌가 물었다.

"그래요, 맞아요. 그분이 누구보다도 먼저 재치를 발휘해 그 사내 팔을 잡고 다른 곳으로 데리고 가 버렸어요."

"거 봐요, 어머니." 끼찌가 어머니한테 말했다. "어머닌 이래도 내가 그분을 좋아하는 것이 놀랍다고 하시겠어요?"

이튿날 미지의 벗을 관찰하던 끼찌는, 벌써 마드무아젤 바레니까가 니꼴라이와 그 일행인 부인에게도 그녀의 다른 '피보호자'들과 마찬가지로 대하는 것을 알아챘다. 그녀는 그들 곁으로 가서 얘기도 나누고, 외국어를 전혀 못하는 부인을 위해 통역 노릇까지 해 주었다.

끼찌는 어머니한테 바레니까와의 교제를 허락해 줄 것을 더 열심히 간청했다. 공작부인은 왠지 거드름을 피우는 듯한 쉬딸리 부인에게 먼저 고개를 숙이고 교제를 청하는 것이 언짢기는 했지만, 꾹 참고 바레니까에 대하여 자세히 조사했다. 그녀는 이 교제에 유리한 점은 적지만 그만큼 딱히 나쁠 것도 없다는 결론을 내리고 자신이 먼저 바레니까에게 접근해서 그녀와 친분을 맺었다.

공작부인은 딸이 분수 쪽으로 가고 바레니까가 빵집 앞에 서 있을 때를 골라서 그녀한테 다가갔다.

"잠깐 실례할게요." 그녀는 품위 있는 미소를 띠고 말했다. "실은 내 딸이 당신한테 홀딱 반해 버렸어요." 그녀가 말했다. "당신은 아마 날 모르실 거예요. 난……."

"아니요, 물론 알고 있습니다. 공작부인." 바레니까는 황급히 말했다.

"어제 당신은 우리의 그 불쌍한 동포에게 커다란 친절을 베풀어 주셨지요!"

공작부인이 말했다.

바레니까 얼굴이 빨갛게 물들었다.

"무슨 말씀이신지 잘 모르겠어요. 전 별로 아무것도 한 일이 없는 것 같은데요." 그녀가 말했다.

"무슨 소리, 당신이 그 니꼴라이를 구설수에서 구해 주셨지 않아요."

"네, 그 동행한 여자분이 절 부르셔서, 전 그분 마음을 가라앉혀 드리려고 했을 뿐이에요. 그분은 병환이 아주 심각해서 의사 선생님께 역정을 내고 계셨어요. 전 그런 환자들을 돌보는 데 익숙하거든요."

"그래요, 들었어요. 숙모님이시죠, 쉬딸리 부인과 같이 멘톤에 사신다면서요. 난 그분의 의자매와 아는 사이예요."

"아녜요, 그분은 숙모님이 아닙니다. 제가 어머님이라고 부르긴 하지만 혈연 관계는 아니에요. 전 그분 양녀랍니다." 다시 얼굴을 붉히면서 바레니까는 대꾸했다.

이러한 말이 지극히 자연스러운 데다가 그녀의 성실하고 솔직한 표정이 더할 나위 없이 귀여웠으므로, 공작부인은 비로소 끼찌가 왜 바레니까를 좋아하는지 그 까닭을 이해했다.

"그래서 그 니꼴라이의 상태는 어떤가?" 공작부인이 물었다.

"그분께선 곧 여길 떠나실 모양이에요." 바레니까가 대답했다.

이때 끼찌는 어머니가 자기의 미지의 벗과 얘기하는 것을 보고 기쁨으로 얼굴을 빛내면서 분수 쪽에서 돌아왔다.

"자아, 끼찌, 네가 그렇게도 가까이하고 싶어 하던 마드무아젤……"

"바레니까예요." 미소를 띠면서 바레니까가 거들었다. "모두 그렇게 부르세요."

끼찌는 기뻐서 얼굴을 붉히며 한참 동안 말없이 새로운 친구의 손을 쥐고 있었다. 상대의 손은 악수에 응하지는 않았지만 그녀 손 안에서 가만히 있었다. 마드무아젤 바레니까는 조용하고 기쁜 듯하면서도 왠지 슬픔이 어린 미소를 지으며, 크지만 아름다운 가지런한 이를 드러냈다.

"나도 진작부터 친해지고 싶었어요." 그녀가 말했다.

"그렇지만 당신께선 무척 바쁜 몸이시니까……"

"어머, 그렇지 않아요. 난 조금도 바쁘지 않아요." 바레니까가 대답했다. 그러나 바로 그때 환자의 딸인 자그마한 러시아인 소녀 둘이 그녀를 향해 달려왔기 때문에 그녀는 새로운 벗을 남겨 두고 떠나야 했다.

"바레니까, 어머니가 부르세요!" 소녀들이 외쳤다.

바레니까는 그들 뒤를 따라갔다.

32

공작부인이 바레니까의 과거, 쉬딸리 부인과의 관계, 그리고 쉬딸리 부인에 대해서 자세하게 알아본 내용은 다음과 같았다.

쉬딸리 부인에 대해서는, 그녀가 남편을 호되게 괴롭힌 악녀라는 이야기와 남편의 방탕으로 괴로워하는 피해자라는 이야기가 있었는데, 어쨌든 병약하고 곧잘 흥분하는 여자였다. 그녀는 남편과 이미 헤어지고 난 뒤 첫아이를 낳았으나, 아이는 태어나자마자 죽어 버렸다. 그러자 그녀의 예민한 성질을 잘 아는 친척들이 그 일로 그녀까지 죽지 않을까 염려한 나머지, 뻬쩨르부르그의 같은 집에서 같은 날 밤에 태어난 궁정 요리사 딸을 데려와 죽은 아이와 몰래 바꿔치기했다. 그 아기가 바레니까였다. 쉬딸리 부인은 나중에 바레니까가 자기 딸이 아니라는 것을 알았으나 그녀를 계속 길렀다. 더욱이 그 뒤 곧 바레니까의 친척이 한 사람도 남지 않고 모조리 죽어 버렸기 때문에 더욱 그럴 수밖에 없었다.

쉬딸리 부인은 벌써 10년 남짓 남유럽에 들어앉아 침대를 떠나는 일 없이 늘 집에서만 살아왔다. 어떤 이는, 종교심이 돈독한 덕행 있는 부인이라는 그녀의 사회적 지위가 스스로 의도적으로 조작한 것이라고 얘기하고, 또 다른 이는 그녀가 표면만이 아니고 진심으로 가까운 사람들에게 자선을 베풀기 위해서 사는 지극히 고결한 부인이라고 얘기했다. 그러나 쉬딸리 부인의 종교가 무엇인지, 천주교인지 신교인지 또는 정교인지 아는 사람은 아무도 없었다. 오직 한 가지, 그녀가 모든 교회와 모든 종파의 최고 지위에 있는 사람들과 두루 친하다는 것만은 확실했다.

바레니까는 그녀와 함께 줄곧 외국에서 살았다. 쉬딸리 부인을 아는 사람이라면 모두 마드무아젤 바레니까를 잘 알고 있었고 또한 사랑했다.

이 같은 사정을 모조리 알고 나자, 공작부인은 자기 딸과 바레니까의 교제에서 조금도 나무랄 만한 것을 찾아내지 못했다. 더욱이 바레니까의 행실이 아주 훌륭하고 교육도 잘 받았으며 프랑스어와 영어를 유창하게 구사했다. 무엇보다 중요한 것은 쉬딸리 부인이 병 때문에 공작부인과 친하게 지낼 수 없음을 유감스럽게 생각한다는 뜻을 그녀를 통하여 알려 왔기 때문에 더더욱 반대할 이유가 없었다.

바레니까와 친구가 되고서 끼찌는 점점 더 이 벗에게 마음이 끌렸으며, 매일같이 그녀에게서 새로운 가치를 발견했다.

공작부인은 바레니까가 노래를 잘 부른다는 말을 듣고, 저녁에 자기 저택에서 노래를 불러 달라고 청했다.

"끼찌가 반주를 할 수 있고, 집에는 피아노도 있으니까요. 그다지 좋은 건 아니지만, 당신이 찾아주시면 굉장히 기쁠 거예요." 공작부인은 언제나처럼 선웃음까지 지으며 말했다. 끼찌는 이 웃음이 오늘따라 유난히 불쾌하게 여겨졌다. 바레니까가 그다지 마음 내켜 하지 않는 것을 눈치챘기 때문이었다. 하지만 바레니까는 그날 저녁에 악보집을 들고 찾아왔다. 공작부인은 르찌쉬체바 부인과 그 딸, 그리고 대령을 초대했다.

바레니까는 안면이 없는 사람들이 동석해도 전혀 개의치 않는지 곧 피아노 옆으로 다가갔다. 그녀는 직접 반주를 하지 못했으나 노래는 놀라울 만큼 잘 불렀다. 피아노를 잘 치는 끼찌가 노래에 맞춰 반주했다.

"아니, 정말 이만저만한 재주가 아닌데요." 바레니까가 첫 번째 곡을 훌륭하게 부르고 나자 공작부인이 말했다.

르찌쉬체바 부인과 그 딸도 감사와 칭찬의 말을 늘어놓았다.

"저것 좀 봐요." 대령이 창밖을 바라보면서 말했다. "당신의 노랫소리를 들으려고 사람들이 저렇게나 많이 모였어요." 아닌 게 아니라 창문 밖에는 꽤 많은 사람이 모여 있었다.

"여러분이 기뻐하시니 저도 참으로 기쁩니다." 바레니까는 단순한 어조로 꾸밈없이 대답했다.

끼찌는 자랑스럽게 친구를 보고 있었다. 끼찌는 그녀의 노래에도, 그 목소리에도, 그 용모에도 감탄했지만, 무엇보다 바레니까가 분명히 자기의 노래 같은 것은 조금도 대단하게 생각하지 않고 온갖 찬사에도 전혀 무관심한 그 태도에 매혹되었다. 그녀는 그저 이렇게 묻는 듯했다. '더 불러야 하나요, 그렇지 않으면 이제 그만 할까요?' 그 점에 끼찌는 더 감동했다.

'만약 나였다면······.' 끼찌는 속으로 생각했다. '필시 한껏 뽐냈겠지! 저 창밖에 모인 군중을 보고 얼마나 기뻐했을까! 그러나 이분은 조금도 그런 내색을 하지 않아. 그저 어머니 부탁을 거절하지 못하고 어머니를 즐겁게 해 주고 싶은 생각뿐이야. 이분 속에는 도대체 무엇이 있는 것일까? 무엇에도 구애받지 않고, 혼자 차분하게 있을 수 있는 이 힘은 대체 어디서 오는 것일까? 어떻게든 그걸 찾아내서 나도 이분처럼 되고 싶어.' 끼찌는 상대의 침착한 얼굴을 쳐다보면서 생각했다.

공작부인이 한 곡 더 불러 줄 것을 청하자, 바레니까는 피아노 바로 옆에 반듯이 서서 가무잡잡한 야윈 손으로 박자를 맞추며, 앞서와 같이 유연하고 또렷하게, 그리고 훌륭하게 다른 곡을 불렀다.

악보집에 실린 다음 곡은 이탈리아 가곡이었다. 끼찌는 서곡을 치고 바레니까를 돌아보았다.

"그건 넘어가죠." 바레니까가 얼굴을 연분홍빛으로 물들이면서 말했다.

끼찌는 깜짝 놀라 의아한 눈으로 바레니까 얼굴을 바라보았다.

"그럼 다른 곡을." 그녀는 책장을 넘기면서 황급히 말했다. 순간, 이 노래에 무슨 곡절이 있구나 하고 짐작했다.

"아녜요." 바레니까는 손으로 악보집을 누르고 방긋 웃으면서 대답했다. "그냥 이 곡을 부를게요." 그러더니 그녀는 역시 침착하고 냉정하고 훌륭하게 그 노래를 불렀다.

노래가 끝나자, 일동은 또다시 그녀에게 감사의 뜻을 표하고 차를 마시러 별실로 자리를 옮겼다. 끼찌는 바레니까와 함께 바로 집 옆에 있는 자그마한 뜰로 나갔다.

"틀림없이 그 노래에 어떤 추억이 얽혀 있는 거지요?" 끼찌가 물었다. "말씀하시지 않아도 괜찮아요." 그녀는 재빨리 덧붙였다. "그저 제 말이 맞았는지 틀렸는지만 말씀해 주세요."

"아니요, 이야기해 드릴게요." 바레니까는 솔직히 말하며 대답도 기다리지 않고 말을 이었다. "그래요, 추억이 있어요. 그것도 한때는 몹시 괴로운 추억이었어요. 실은 어떤 분을 사랑한 적이 있는데, 그분께 곧잘 그 노래를 불러 드리곤 했죠."

끼찌는 눈이 휘둥그레져서 할 말을 잃고 감동하여 바레니까 얼굴을 바라보았다.

"우리는 서로 사랑했어요. 하지만 그분 어머니 반대로 그분은 다른 사람과 결혼했어요. 그는 지금 여기서 그리 멀지 않은 곳에 살아요. 가끔 마주치기도 하죠. 나 같은 사람에게도 이런 사랑의 사연이 있으리라곤 미처 생각 못했죠?" 그녀가 말했다. 그 아름다운 얼굴에서 한때는 온몸을 환하게 빛냈을 불꽃이 희미하게 가물거렸다.

"어찌 생각하지 못했을 턱이 있겠어요? 만약 내가 남자라면 당신을 한번 안 이상, 다른 사람을 사랑할 수는 없을 거예요. 다만, 어떻게 그분은 어머님 말씀대로 당신을 잊고, 당신을 불행하게 할 수 있었는지 이해하지 못하겠어요. 그에겐 정이라고 하는 것이 없었던가 봐요."

"오오, 아니에요, 그분은 아주 좋은 분이에요. 그리고 저도 불행하지 않아요. 반대로 난 아주 행복해요. 그건 그렇고, 오늘 밤은 이제 그만 부를까요?" 그녀는 집 쪽으로 발을 돌리면서 덧붙였다.

"당신은 정말, 정말로 근사한 분이에요!" 끼찌는 이렇게 외치더니 그녀를 붙들고 입을 맞췄다. "아, 털끝만큼이라도 당신을 닮을 수만 있다면 좋으련만!"

"어머나, 어째서 남을 닮을 필요가 있죠? 당신은 지금 그대로도 멋진 분이에요." 바레니까는 예의 온화하고 지친 듯한 미소를 띠면서 말했다.

"아녜요, 난 조금도 멋지지 않아요. 부디, 들려주세요…… 잠깐만, 조금 더 앉아 있어요." 끼찌는 그녀를 또다시 자기 옆 벤치에 앉히면서 말했다. "정말 당신은 그가 당신 사랑을 무시하고 당신을 버렸다는 것이 분하지 않으세요?"

"그렇지만 그인 날 무시하지 않았는걸요. 그는 분명히 날 사랑했어요. 다만 어머님을 거역하지 못하는 착한 아들이었을 뿐이죠……."

"그래요, 그렇지만 만약 그분께서 어머니의 뜻을 따른 것이 아니라 그저 자기 의지로 그랬다면요?" 끼찌는 이미 자기 비밀을 털어놓고 만 것이나 다름없으며, 부끄러움 때문에 빨갛게 달아오른 자기 얼굴이 무엇보다 분명하게 그 사실을 드러내고 있다고 느꼈다.

"만약 그렇다면 그분 행위는 옳지 않으니까 나도 분하게 생각하겠죠." 바레니까는 자기가 아닌 끼찌에 대한 것으로 화제가 이미 바뀌었음을 분명하게 깨닫고 이렇게 대답했다.

"그렇지만 모욕은요?" 끼찌가 말했다. "그 모욕은 잊을 수가 없어요, 어떻게 잊을 수 있겠어요." 끼찌는 마지막 무도회에서 음악이 멈춘 순간, 자신의 눈길을 회상하면서 말했다.

"무엇이 모욕이에요? 당신이 나쁜 게 아니잖아요?"

"나쁜 정도가 아녜요. 치욕이었어요."

바레니까는 고개를 내젓고 끼찌 손 위에 자기 손을 포갰다.

"뭐가 그렇게 치욕이라는 거죠?" 그녀가 물었다. "당신도 당신한테 냉담한 남자에게 사랑을 고백한 적은 없지 않아요?"

"물론이죠. 난 한마디도 얘기하지 않았어요. 하지만 그분은 알고 있었어요. 눈빛과 태도로 알 수 있잖아요. 난 백 년을 산다고 해도 결코 잊지 못할 거예요."

"그럴까요? 난 이해가 가지 않아요. 문제는 당신이 지금도 그분을 사랑하는가 아닌가 하는 거잖아요." 바레니까는 마침내 모든 것을 확실하게 알았다는 듯이 말했다.

"난 그를 미워하고 있어요. 나 자신을 용서할 수 없어요."

"그건 또 왜요?"

"치욕, 모욕이……."

"하지만 만약 모든 사람이 당신처럼 그렇게 예민하다면." 바레니까가 말했다. "이 세상에 그런 기분을 경험하지 않은 처녀는 한 사람도 없을 거예요. 하지만 그런 것은 전혀 중요하지 않아요."

"그럼 무엇이 중요한데요?" 끼찌는 호기심과 놀라움이 담긴 눈으로 상대의 얼굴을 바라보았다.

"어머, 중대한 것은 얼마든지 있어요." 바레니까가 웃으면서 말했다.

"어떤 것인데요?"

"그야 많지요." 바레니까는 뭐라고 설명해야 좋을지 몰라 이렇게 대답했다. 마침 이때 창문 안쪽에서 공작부인의 목소리가 들려왔다.

"끼찌, 바람이 차구나. 숄을 걸치든지 아니면 안으로 들어오너라."

"정말, 벌써 시간이 이렇게 됐어요!" 바레니까는 일어서면서 말했다. "난 또 베르테 부인께도 들러야 해요. 그분께서 부탁하셨거든요."

끼찌는 그녀 손을 잡고 불타는 호기심과 간절함이 가득 찬 눈동자로 그녀에게 물었다. '뭐죠, 뭐예요? 그 가장 중요한 게. 무엇이 당신에게 그 같은 안정

을 주는 거예요? 언젠가 꼭 나한테 가르쳐 주세요!'

그러나 바레니까는 끼찌 눈동자가 무엇을 묻는지조차도 깨닫지 못했다. 그녀는 그저 이 길로 베르테 부인한테 들렀다가 어머니가 차를 드실 시간인 12시까진 집에 돌아가야 한다는 것만 생각하고 있었다. 그녀는 방에 들어가 악보집을 주섬주섬 거둬 들고 일동에게 인사를 하고 돌아가려고 했다.

"괜찮다면 제가 바래다 드리죠." 대령이 말했다.

"그래요, 이런 밤중에 어떻게 혼자서 가실 수 있겠어요?" 공작부인이 맞장구를 쳤다. "하다못해 빠라쉬아라도 데리고 가세요."

끼찌는 바레니까가 자기를 바래다주겠다는 사람들 말에 간신히 미소를 억누르는 것을 보았다.

"아녜요, 전 언제나 혼자 걸어 다니는걸요. 무슨 일이 있었던 적은 한 번도 없었답니다." 그녀는 모자를 집어 들고 이렇게 말했다. 그리고 끼찌에게 다시 한 번 입을 맞추더니, 무엇이 중요한 것인지는 결국 애기하지 않고 악보집을 옆구리에 낀 채 가벼운 걸음걸이로, 여름밤의 희미한 어둠 속으로 자취를 감췄다. 무엇이 중요한가, 무엇이 그녀에게 그런 침착함과 위엄을 주는가 하는 비밀을 남긴 채.

33

끼찌는 쉬딸리 부인과도 친한 사이가 되었다. 이 교제는 바레니까에 대한 우정과 더불어 그녀에게 강력한 영향을 주었을 뿐만 아니라 그녀의 슬픔도 위로해 주었다. 그녀는 이 교제 덕분에 과거의 자신과는 아무런 상관없는 새로운 세계, 고상하고 순결한 세계가 자기 앞에 펼쳐졌고, 그 꼭대기에 서면 과거를 차분한 마음으로 바라볼 수 있었다. 거기에는 지금까지 끼찌가 몸을 맡겨 온 본능적인 삶 외에 정신적인 삶이 존재했다. 그 생활의 밑바탕은 바로 종교였는데, 그것은 끼찌가 어렸을 적부터 알던 것과는 전혀 달랐다. 그것은 미망인 회관 부속교회에서 알게 된 사람들과 마주 앉아 참가하는 미사나 철야기도와도, 신부의 가르침에 따라 슬라브어 경문을 암송하는 종교와도 달랐다. 그것은 숭고하고 신비로운 일련의 아름다운 사상과 감정이 결부된 종교로, 단지 시키는 대로 믿기만 하는 게 아니라 사랑할 수도 있었다.

끼찌는 이 모든 것을 말로 이해한 것이 아니었다. 쉬딸리 부인은 끼찌와 이야기할 때, 마치 자신의 젊은시절을 연상시키는 사랑스러운 딸을 대하는 태도로 말했다. 다만 딱 한번, 모든 인간의 비애를 구원해 주는 것은 사랑과 신앙뿐이고, 우리에 대한 그리스도의 사랑으로 본다면 무익한 슬픔이란 없다는 것을 잠깐 비쳤을 뿐, 그나마도 곧 다른 화제로 돌려 버렸다. 그러나 끼찌는 그녀 일거수일투족에서, 짤막한 말 한마디에서, 끼찌가 '거룩하게' 표현한 그 눈동자 속에서, 특히 바레니까를 통해서 알게 된 그녀 삶 속에서, 자기가 지금까지 몰랐던 그 '중요한 것'을 깨달았던 것이다.

그러나 쉬딸리 부인 심성이 아무리 숭고하고 그 일생이 아무리 감동적이며 그 말이 아무리 고상하고 부드러워도, 끼찌는 저도 모르게 그녀 안에서 당혹스러운 어떤 특징을 알아채지 않을 수 없었다. 끼찌는 그녀 친척에 관한 것을 꼬치꼬치 물으면서, 쉬딸리 부인이 기독교 이념에 어긋나는 경멸의 웃음을 흘리는 것을 놓치지 않았다. 또한 그녀는 우연히 그 집에서 천주교 사제와 자리를 같이했을 때, 쉬딸리 부인이 줄곧 램프 갓의 그림자 뒤에 숨어서 독특한 엷은 미소를 띠는 것도 보았다. 참으로 사소하기 그지없는 발견이었지만, 그것은 그녀 마음을 어지럽히고 쉬딸리 부인에 대한 의혹을 불러 일으켰다.

반면에 일가친척도 친구도 없이 슬픈 환멸을 품은 채 아무것도 바라지 않고 아무것도 아쉬워하지 않는 외로운 바레니까는, 끼찌가 언제나 마음속으로 그리던 가장 완전한 존재였다. 그녀가 바레니까를 통해서 알게 된 것은, 오직 자신을 잊고 남을 사랑하는 사람만이 평안하고 행복하고 훌륭한 여성이 될 수 있다는 사실이었다. 끼찌도 그런 사람이 되기를 원했다. 무엇이 '가장 중요한 것'인지 똑똑히 이해한 지금, 끼찌는 그 발견만으로 만족하지 않고, 곧 온 힘을 기울여 눈앞에 새롭게 펼쳐진 생활에 온몸을 던졌다. 바레니까 이야기를 통해 쉬딸리 부인이며 그녀가 거론한 사람들이 무슨 일을 하는지 알게 된 끼찌는 벌써 미래의 생활 계획을 마음속에 그렸다. 그녀는 바레니까에게 곧잘 이야기로 들은 쉬딸리 부인의 조카딸 알린처럼, 앞으로 어디에 살든 불행한 사람들을 찾아 그들에게 최선의 도움을 주고 복음을 전하며, 병자와 죄인과 죽음에 이른 사람들에게 복음서를 읽어 주리라 결심했다. 알린처럼 죄인에게 복음서를 읽어 주는 생각은 유달리 끼찌를 사로잡았다.

하지만 이러한 것들은 끼찌가 어머니나 바레니까에게도 밝히지 않은 은밀한 공상이었다. 그러나 그 계획을 본격적으로 실현하기까지 아직 먼 훗날의 일이지만, 끼찌는 그 기회를 기다리면서 이미 병자와 불행한 사람들이 얼마든지 넘쳐 나는 이 온천장에서 바레니까를 본받아 자기의 새로운 원칙을 펼칠 기회를 쉽게 찾아낼 수 있었다.

처음에 공작부인은 끼찌가 쉬딸리 부인과 특히 바레니까에게 몹시 심취했다는 것만 알아챘다. 끼찌는 바레니까의 활동을 흉내낼 뿐만 아니라 어느 틈에 걸음걸이, 말투, 눈을 깜박거리는 버릇까지 그녀를 따라하고 있었다. 그러나 이윽고 공작부인은 딸 내면에서 그러한 동경과는 상관없이 어떤 일종의 중대한 정신적인 전환기가 형성되어 가는 것을 목격했다.

공작부인은 끼찌가 이전과는 달리, 밤마다 쉬딸리 부인에게 받은 프랑스어 복음서를 읽는 것을 보았다. 또 그녀는 사교계 친지들을 피하고 바레니까가 보살피는 병자들, 특히 병을 앓는 화가 뻬뜨로프의 가난한 가족과 가까이 지냈다. 끼찌는 분명히 이 가족을 위해 간호사 역할을 맡는 일을 영광으로 여겼다. 이런 일들은 모두 좋은 일이었으므로, 공작부인도 그것에 반대할 이유가 없었다. 더더군다나 뻬뜨로프의 아내는 매우 훌륭하고 점잖은 부인인 데다, 끼찌의 활동을 알게 된 대공비도 그녀를 '위안의 천사'라고 부르면서 칭찬을 아끼지 않는 데야 더 말할 나위 없었다. 이는 모두 도가 지나치지만 않는다면 지극히 좋은 일이 틀림없으리라. 하지만 공작부인이 볼 때 딸이 극단으로 흐를 것 같아 그녀에게 이렇게 주의를 주었다.

"무슨 일이든 극단으로 흘러선 안 돼."

그러나 딸은 아무 대답도 하지 않았다. 그녀는 그저 마음속으로, 그리스도의 가르침을 바탕으로 하는 일에 지나침은 있을 수 없다고 생각했다. 누가 한쪽 뺨을 치거든 다른 쪽 뺨도 내 주어라, 저고리를 벗기거든 바지도 벗어 주라는 말씀에 따르는 것에 대체 어떤 지나침이 있을 수 있겠는가? 하지만 공작부인은 이런 지나침이 마음에 들지 않았다. 그보다도 더 그녀 비위를 거스르는 것은, 끼찌가 그녀에게 속마음을 속속들이 밝히기를 꺼리는 듯하다는 것이었다. 아닌 게 아니라 끼찌는 자기의 새로운 견해와 감정을 어머니에게 숨겼다. 그러나 그것은 어머니를 존경하지 않거나 사랑하지 않아서가 아니고, 다만 상대가 자기 어머니였기 때문일 뿐이다. 그녀는 설령 다른 사람에겐 털어놓는다 해도, 어머니에게만은 털어놓고 싶지 않았다.

"어째선지 안나 빠블로브나가 이즈막에는 집에 오지 않는구나." 한번은 공작부인이 뻬뜨로프 부인에 대해서 이렇게 말했다. "그분을 부르러 사람을 보냈는데 뭔가 언짢은 일이라도 있나 보더라."

"글쎄요, 전 모르겠던데요, 어머니." 끼찌는 얼굴을 붉히고 말했다.

"넌 한동안 그 집에 가지 않았지?"

"내일 그분들과 함께 등산하기로 약속했어요." 끼찌가 대답했다.

"거 잘됐구나, 잘 다녀오너라." 공작부인은 딸의 당황한 얼굴을 의아하게 생각하며 대꾸했다.

그날 저녁때 식사하러 온 바레니까는, 안나 빠블로브나가 내일 등산을 취소했다는 말을 전했다. 공작부인은 끼찌가 또다시 얼굴을 붉히는 것을 알아챘다.

"끼찌, 너 뻬뜨로프 부부와 무슨 언짢은 일이라도 있었니?" 공작부인은 딸과 둘만 남게 되었을 때 물었다. "왜 그분은 애들을 보내는 것도 자기가 오는 것도 뚝 그쳐 버렸을까?"

끼찌는 그들 사이에는 아무 일도 없었고, 어째서 안나 빠블로브나가 자기에게 불만을 품은 듯이 구는지 조금도 이해되지 않는다고 대답했다. 끼찌의 말은 거짓 없는 진실이었다. 그녀는 안나 빠블로브나가 왜 자기에 대한 태도를 바꿨는지를 몰랐다. 그러나 대충은 짐작하고 있었다. 그녀가 추측한 내용을 어머니에게 얘기할 수 있는 것도 아니었고 자신에게도 말로 표현하지 못할 것이었다. 그것은 설사 알아도 스스로에게조차 얘기할 수 없는 사정이 있었다. 그것이 만약 오해라면 너무나 무섭고 부끄러운 일이었기 때문이다.

그녀는 기억 속에서 몇 번이고 빠짐없이 이 가족에 대한 자기 태도를 되짚어 보았다. 만날 때마다 안나 빠블로브나의 둥글고 선량한 얼굴에 드러나던 순박한 기쁨의 빛을 떠올렸다. 또한 아픈 남편에 대한 은밀한 상의, 환자에게 금지된 일에서 그의 마음을 딴 데로 돌리고 산책하도록 꾀어내기 위해 둘이서 한 의논, 그녀를 '나의 끼찌'라 부르며 그녀 없이는 잠자리에 들려고도 하지 않았던 막내아들을 떠올렸다. 모든 일이 그 얼마나 순조로웠던가! 이어 그녀는 갈색 코트를 두르고 야윌 대로 야윈 목이 긴 뻬뜨로프 모습을 떠올렸다. 성긴 고수머리, 처음에는 무섭게 보였던 의혹이 담긴 파란 눈, 그녀 앞에서는 건강하고 쾌활하게 보이려고 애쓰던 그의 병적인 노력을 생각했다. 그녀는 또 처음에는 모든 폐병 환자에 대해 느꼈던 혐오감을 뻬뜨로프에게서도 느끼고, 어떻게든 그것을 극복하려고 애썼던 일이며, 무엇인가 그에게 어떻게 말을 걸까

고심하던 때를 떠올렸다. 또한 그가 그녀를 바라볼 때 그 수줍어하는 듯한 감상적인 눈동자, 그것에 대해 그녀가 느꼈던 동정과 어색함, 선행을 하고 있다는 자각이 뒤얽힌 기묘한 감정을 돌이켜 생각했다. 이러한 모든 것이 그 얼마나 좋았던가! 그러나 그것은 모두 처음 얼마 동안뿐이었다. 며칠 전을 경계로 모든 것들이 갑자기 망그러지고 말았다. 위선적인 친절로 끼찌를 맞이한 안나 빠블로브나가 줄곧 그녀와 남편을 감시하게 되었다.

남편이 끼찌를 볼 때마다 드러낸 그 감상적인 기쁨이, 안나 빠블로브나가 냉담하게 변하게 된 원인이었을까?

'그래.' 끼찌는 생각해 냈다. 부인이 그저께 못마땅한 얼굴로 이렇게 말했다. "이처럼 줄곧 당신만 기다리고 있었어요. 굉장히 쇠약해졌으면서도 당신이 오시지 않으면 커피도 안 마시려고 하지 뭐예요." 이때, 그녀의 착한 됨됨이와는 동떨어진 어떤 부자연스러운 구석이 있었다.

'맞아, 어쩌면 내가 남편에게 가운을 건네주었던 일이 그녀를 불쾌하게 했는지도 몰라. 별반 아무렇지도 않은 일인데, 그는 오히려 내가 거북함을 느낄 만큼 황송하게 받아 들고 오래오래 고마워했으니까. 게다가 그분이 그처럼 훌륭하게 그려 주신 내 초상화, 그리고 무엇보다도 그 당황한 듯한 부드러운 시선! 그래, 틀림없이 그거야!' 끼찌는 두려움에 떨면서 되풀이했다. '아냐, 그럴 리 없어. 틀림없이 그렇지 않을 거야! 어쩜 그리 불쌍한 사람일까!' 그녀는 뒤이어 이렇게 혼잣말했다. 이 의혹이 그녀의 새로운 생활에서 느끼던 매력을 완전히 해치고 말았다.

34

온천 요양의 체류 일정이 끝나 갈 무렵, 칼스바트에서 바덴과 키싱겐으로 러시아인 친지들을 찾아다니며 '러시아 정신을 만끽'하고 온 쉬체르바스끼 공작이 가족들 곁으로 돌아왔다.

공작과 공작부인의 외국 생활에 대한 견해는 전혀 상반된 것이었다. 공작부인은 모든 것을 달갑게 받아들였다. 그녀는 러시아 사회에서 이미 확고한 지위에 올라 있음에도, 외국에서는 어울리지도 않게 유럽 귀부인을 흉내내려고 애썼다. 그러나 그 일종의 연기는 그녀에게 어딘지 어색했다. 그녀는 본디 철저한 러시아 귀부인이었기 때문이다. 그러나 공작은 반대로 외국 것이라면 그 무엇도 마음에 들지 않았고, 유럽풍 생활을 경원시하여 러시아풍 습관을 고수했으며, 외국에서는 일부러 실제 이상으로 유럽인과는 거리가 먼 사람으로 보이려고 애썼다.

공작은 야위어 뺨의 살이 축 처져서 돌아왔으나 기분은 매우 좋았다. 완전히 회복된 끼찌를 보자 더한층 신명이 났다. 그러나 쉬딸리 부인과 바레니까와 끼찌의 친교에 대한 보고와 끼찌 마음에 일어난 일종의 변화에 대한 부인의 관찰담은 공작의 마음을 불안하게 했다. 그것은 자기 이외에 딸의 흥미를 끄는 온갖 것들에 대한 질투와 딸이 자신의 영향에서 벗어나 그의 손이 닿지 않는 곳으로 가 버리지나 않을까 하는 두려움이었다. 그러나 이 같은 불쾌한 소식도, 특히 칼스바트 온천에서 더한층 고조된 그의 타고난 온후함과 쾌활함의 바다 속으로 가라앉고 말았다.

여행에서 돌아온 다음날, 공작은 긴 외투를 입고, 풀기가 빳빳한 칼라로 싸인 투실투실한 뺨에 러시아인다운 주름살을 잡으면서, 대단히 흐뭇한 기분으로 딸과 함께 온천장에 갔다.

산뜻한 아침이었다. 작지만 새뜻하고 예쁜 뜰이 있는 집들, 맥주 탓에 얼굴과 손까지 빨개진 채 즐겁게 일하는 독일인 하녀들이며 빛나는 태양이 마음을 기쁘게 했다. 그러나 두 사람이 온천장에 가까워질수록, 병자들을 마주치는 일이 더욱 잦아졌다. 그들의 모습은 쾌적하게 정돈된 독일의 일상 속에서 한결 비참하게 보였다. 그러나 끼찌는 이 대조적인 모순에는 더는 놀라지 않았다. 빛나는 태양, 싱싱한 녹음의 광채, 울려 퍼지는 음악은, 그녀에게는 모두 낯익은 병자들을 둘러싼 자연스러운 틀이며, 병자가 회복되기도 하고 악화하기도 하는 배경이었다. 그녀는 그것을 열심히 관찰하고 주시해 왔다. 그러나 공작에게는 6월 아침의 빛과 반짝임, 최신 유행 왈츠를 연주하는 관현악의 울림, 그 가운데에서도 건강해 보이는 하녀들 모습이, 유럽 구석구석에서 모여들어 침울하게 어슬렁거리는 이런 송장이나 다름없는 사람들과 어우러지자, 그것이 무엇인가 흉측하고 기형적인 것처럼 여겨졌다.

공작은 조금 전까지 가장 사랑하는 딸과 팔짱을 끼고 걸으면서 일종의 자랑스러움을 느끼며 젊음이 되돌아온 것 같은 기분이었으나, 이제는 자기의 능숙한 걸음걸이며 퉁퉁하게 기름진 팔다리가 어쩐지 거북하고 부끄럽게 여겨졌다. 그는 마치 많은 사람 앞에서 발가벗고 있는 듯한 기분을 느꼈다.

"새 친구들에게 날 소개해 주려무나." 그는 팔꿈치로 딸의 손을 누르면서 말했다. "난 이 변변치 않은 소덴이란 곳도 마음에 드는구나. 널 이렇게 회복시켜 줬으니 말이다. 한데 여긴 아무래도 좀 우울하구나. 저건 누구지?"

끼찌는 도중에 만난, 안면이 있는 사람이든 없는 사람이든 이름을 낱낱이 아버지한테 말했다. 정원 입구께에서 그들은 눈먼 베르테 부인과 그녀를 시중드는 여인을 만났다. 공작은 끼찌 목소리를 알아들은 프랑스 노부인이 기쁘게 활짝 웃는 것을 보자 자못 만족스러웠다. 그녀는 곧 프랑스인 특유의 과장된 태도로 공작에게 말을 걸며, 그가 이처럼 훌륭한 딸을 둔 것에 찬사를 보내고, 본인 앞에서 끼찌를 보배니 진주니 위안의 천사니 하고 부르면서 하늘 끝까지 추켜세웠다.

"아니, 그럼 제 딸이 제2의 천사란 말씀이시군요." 방긋 웃으면서 공작이 말했다. "딸의 말에 따르면 마드무아젤 바레니까가 천사 제1호니까요."

"오오! 마드무아젤 바레니까, 그분은 진짜 천사예요. 말할 것도 없지요." 베르테 부인이 말을 받았다.

그들은 산책로에서 바레니까와 만났다. 그녀는 멋스러운 빨간 가방을 들고 맞은편에서 그들 쪽으로 바삐 걸어왔다.

"아버님께서 돌아오셨어요!" 끼찌가 그녀에게 말했다.

바레니까는 언제나 그러하듯이 솔직하고 자연스럽게 허리를 굽혀 인사를 하고는 곧 공작과 얘기를 나누기 시작했다. 그녀는 다른 사람들을 대할 때와 마찬가지로 소박하고 자연스러운 태도였다.

"물론 당신을 알지요, 아주 잘 알고 있어요." 공작은 미소를 띠고 그녀에게 말했다. 그 말투에서 끼찌는 자기 벗이 아버지 마음에 들었음을 눈치채고 기뻐했다. "어디를 그렇게 바삐 가시는 길입니까?"

"어머님이 저 앞에 와 계세요." 그녀는 끼찌를 돌아보면서 말했다. "어머님께선 밤새 한잠도 주무시질 못했어요. 그래서 의사 선생님께서 바깥으로 나가보라고 권하셨죠. 전 어머님 일감을 가지러 갔다가 오는 길이에요."

"그러니까 저 아가씨가 천사 제1호란 말이지!" 바레니까가 멀어지자 공작이 말했다.

끼찌는 아버지가 바레니까를 조롱하려고 생각했었는데, 그녀가 마음에 들었기 때문에 도저히 그러지 못하고 참는 것을 보았다.

"자아, 그럼 이제부터 네 친구들을 다 만나 보자." 그가 덧붙였다. "쉬딸리 부인도 말이야. 만약 날 기억해 주기만 한다면."

"아니, 아버님께선 그분을 아세요?" 끼찌는 쉬딸리 부인 이름을 입에 담음과 동시에 공작 눈에 피어오른 조소의 불꽃을 알아채고 불안하게 물었다. "그 남편과 알던 사이라 그분에 대해서도 조금은 알지. 그분이 아직 경건주의로 흐르기 전 일이지만."

"경건주의가 뭔가요, 아버지?" 끼찌는 자기가 그렇게도 높이 평가했던 쉬딸리 부인 내면에 명칭이 있다는 사실 자체에 놀라면서 물었다.

"나도 잘은 모른단다. 그저 그 부인이 무슨 일이든 어떤 불행에 부딪쳐도, 심지어 남편이 죽은 것까지도 하느님께 감사한다는 것만 알 뿐이야. 뭐, 결과적으론 우스운 얘기지. 생전에 그 부부는 사이가 지독하게 나빴거든. 음? 저건 누구냐! 정말 참혹한 얼굴이로군!" 살이 빠져 뼈만 앙상한 다리 때문에 기묘하게 주름이 잡힌 흰 바지와 갈색 외투를 입은 작달막한 병자가 벤치에 걸터앉아 있는 것을 보고 공작이 말했다.

그 신사가 성긴 고수머리 위에 쓰고 있던 밀짚모자를 살짝 들어 올리자, 모자 때문에 붉은 자국이 남은 훤한 이마가 드러났다.

"화가인 뻬뜨로프 씨예요." 끼찌는 얼굴을 붉히며 대답했다. "그리고 저분이 부인이에요." 끼찌가 안나 빠블로브나를 가리키며 덧붙였지만, 그녀는 두 사람이 가까이 다가오자 마치 일부러 그러는 것처럼, 길에서 뛰어다니던 아들 쪽으로 가 버렸다.

"정말 가여운 사람이로군. 그래도 얼굴은 썩 다정한 모습인걸!" 공작이 말했다. "어째서 그냥 지나친 거냐? 저 사람은 너에게 무엇인가 얘기를 하고픈 모양이던데."

"그럼 같이 가 봐요." 끼찌는 결연하게 몸을 돌리면서 말했다.

"오늘은 몸이 좀 어떠세요?" 그녀가 뻬뜨로프에게 물었다.

뻬뜨로프는 지팡이를 의지하고 일어서서 머뭇머뭇 공작을 쳐다보았다.

"이 아이 아빕니다." 공작이 말했다. "처음 뵙겠습니다."

화가는 고개를 숙여 인사하더니, 기묘하게 반짝이는 하얀 이를 드러내면서 빙그레 웃었다.

"어제는 한참 기다렸어요, 아가씨." 그가 끼찌에게 말했다.

그는 이렇게 말하면서 약간 비틀거렸다. 그리고 또다시 휘청거리면서 일부러 그렇게 한 것처럼 보이려고 애썼다.

"저도 갈 생각이었지만, 모두 가시지 않기로 했다는 안나 빠블로브나의 전갈을 바레니까한테서 들었거든요."

"아니 뭐라고요, 가지 않다뇨?" 뻬뜨로프는 벌게진 얼굴로 이내 기침을 하더니 눈으로 아내를 찾았다. "안나, 안나!" 그가 큰 목소리로 불렀다. 그러자 그 가늘고 하얀 목에 새끼줄같이 굵은 혈관이 솟았다.

안나 빠블로브나가 옆으로 다가왔다.

"왜 당신은 아가씨에게 우리가 가지 않기로 했다고 전갈을 했지!" 화가는 나오지 않는 목소리를 짜내어 노엽게 속삭였다.

"안녕하세요, 아가씨!" 안나 빠블로브나가 이전의 친밀한 태도와는 전혀 다른 억지웃음을 지으면서 말했다. "뵙게 되어 정말 영광입니다." 그녀는 공작 쪽으로 몸을 돌렸다. "돌아오시길 계속 기다리고 있었어요, 공작님."

"어째서 아가씨에게 우리가 가지 않는다고 전갈을 보냈느냔 말이야!" 화가는 더한층 화를 내며 다시 한 번 갈라진 소리로 말했다. 목소리가 마음대로 나오지 않기 때문에 자기가 말하고 싶은 표현을 제대로 전할 수가 없는 것이 자못 분해 보였다.

"어머, 어쩌나. 난 또 못 가는 줄로만 여기고 있었죠." 화가의 아내가 짜증을 내면서 대답했다.

"어째서, 언제⋯⋯." 그는 기침하며 손을 한번 내저었다.

공작은 모자를 들어 인사하고서 딸을 데리고 자리를 떴다.

"저런, 저런!" 그는 탄식했다. "오오, 불행한 사람들이야!"

"맞아요, 아버지." 끼찌가 맞장구쳤다. "게다가 그분에겐 애들이 셋이나 있는데 식모도 없고 재산도 거의 없어요. 그저 학사원에서 무엇인가 조금 받고 있을 뿐이에요." 그녀는 자기에 대한 안나 빠블로브나의 기묘한 태도 변화로 말미암은 동요를 억누르려고 애쓰면서, 생기 있는 어조로 얘기했다.

"아, 저기 쉬딸리 부인이 있어요." 끼찌는 조그마한 휠체어를 가리켰다. 거기에는 수많은 쿠션에 둘러싸여 잿빛과 하늘빛 천으로 뒤덮인 몸뚱이가 양산 아래 누워 있었다.

쉬딸리 부인이었다. 그 뒤에는 휠체어를 밀어 주는 독일인 노동자가 건장한 체격에 무뚝뚝한 얼굴로 서 있었다. 옆에는 끼찌가 이름만 아는 금발의 스위스인 백작이 서 있었다. 몇 사람의 병자가 휠체어 근처에서 발을 멈추고 무엇인가 진귀한 것이라도 보듯 부인을 바라보고 있었다.

공작은 그녀 곁으로 다가갔다. 그때 끼찌는 아버지의 눈 속에서 조금 전에 그녀를 당황케 한 조소의 불꽃이 이는 것을 보았다. 그는 쉬딸리 부인에게 가까이 가서, 요즘엔 아무도 안 쓸 것 같은 완벽한 프랑스어로 유난히 친절하고 부드럽게 입을 열었다.

"날 기억하고 계신지 모르겠습니다만, 감히 기억에 호소하려 합니다. 당신께서 내 딸에게 베풀어 주신 호의에 사의를 표하고 싶기 때문입니다." 그는 모자를 벗어 손에 든 채 그녀에게 말했다.

"알렉산드르 쉬체르바스끼 공작이시지요." 쉬딸리 부인은 그의 얼굴을 향해 그 거룩한 눈을 들어 올리면서 말했다. 끼찌는 그 눈에서 불만스런 기색을 읽었다. "만나 뵙게 되어 영광이에요. 난 정말 당신 따님한테 반해 버렸답니다."

"건강이 여전히 좋지 않으십니까?"

"네, 이제는 익숙해졌지만요." 쉬딸리 부인은 이렇게 말하고 공작을 스위스인 백작에게 소개했다.

"당신께선 거의 변하지 않으셨군요." 공작은 그녀에게 말했다. "한 11년이나 뵙지 못했는데 말이지요."

"그래요, 하느님께선 십자가의 고난을 주시면서 동시에 그것을 짊어질 힘도 주시니까요. 때로는 이런 생활이 무엇을 위해 계속되고 있는가 놀라곤 하지만…… 아아, 반대쪽에서부터!" 그녀는 바레니까가 숄로 자신의 발을 감싸는 방식이 잘못되었는지, 벌컥 화를 내며 소리질렀다.

"분명 선(善)을 쌓기 위해서겠죠." 공작은 눈웃음을 지으면서 말했다.

"그것은 우리가 판단할 일이 아녜요." 쉬딸리 부인은 공작 얼굴에 드러난 표정의 의미를 알아채고 이렇게 대꾸했다.

"그럼, 그 책을 보내 주시겠어요, 백작? 정말 고마워요." 그녀는 젊은 스위스인에게 얼굴을 돌리며 말했다.

"오오!" 그때 공작은 근처에 서 있던 모스끄바에서 온 대령을 발견하고 외쳤다. 그는 쉬딸리 부인에게 인사를 하고, 딸과 새로 길동무가 된 대령과 함께 그 자리를 떠났다.

"저것이 우리의 귀족계급이라는 거군요, 공작!" 쉬딸리 부인이 자기와 친분을 맺지 않는 것에 대해서 언짢게 여기던 모스끄바의 대령이 짐짓 냉소를 섞어 조롱하려고 애쓰면서 말했다.

"예전과 달라진 게 없군." 공작이 대답했다.

"그럼 당신께선 앓기 전의 저 부인을 아십니까, 공작? 저렇게 병들어서 드러눕기 전부터요?"

"네, 그녀는 나와 알고 지낼 무렵 쓰러졌으니까요." 공작이 말했다.

"10년 동안 일어선 적이 없다더군요……."

"누워만 있는 건 다리가 짧은 탓입니다. 아주 볼품없어서……."

"아버지, 말씀이 너무 심하세요!" 끼찌가 외쳤다.

"독설가들이 그렇게 얘기한다는 거야. 아무튼 네 바레니까는 몹시 혹사를 당하고 있더구나." 그는 덧붙였다. "아아, 저렇게 병을 앓는 부인들이란!"

"아니, 그렇지 않아요, 아버지!" 끼찌가 열을 올리며 반박했다. "바레니까는 저분을 존경하고 있어요. 게다가 저분은 얼마나 좋은 일을 많이 하시는지 몰라요! 아무나 붙잡고 물어 보세요! 저분과 알린 쉬딸리를 모르는 사람은 없으니까요."

"그럴지도 모르지." 그는 그녀의 손을 팔꿈치로 누르면서 말했다. "하지만 말이다, 선행은 누구에게 물어보아도 아무도 아는 사람이 없도록 하는 것이 좋단다."

끼찌는 입을 다물어 버렸다. 할 말이 없었기 때문이 아니라, 아버지에게도 자기 비밀스런 생각을 털어놓고 싶지 않았기 때문이다. 그러나 이상하게도 그녀는 절대 아버지 견해에는 따르지 않겠다, 아버지를 자신의 성지(聖地)에 발을 들이지 못하게 하겠다고 단단히 마음먹고 있었음에도, 지난 1개월 동안 마음속 깊이 간직해 온 쉬딸리 부인의 그 숭엄한 모습이 흔적도 없이 사라져 버리고 만 것을 느꼈다. 마치 벗어 던져 놓은 옷을 보고 사람이라고 생각했는데, 실은 그것이 그저 허울 좋은 빈껍데기임을 알아 버린 것처럼.

끼찌에게 남은 것이라곤, 다만 모습이 볼품없어서 누워만 있고 숄로 다리를 감싸는 것이 서툴다며 죄도 없는 바레니까를 괴롭히는, 다리가 짧은 부인뿐이었다. 그리고 아무리 상상력을 동원해도, 더는 예전의 쉬딸리 부인의 이미지를 회복할 수 없었다.

35

공작은 자기의 즐거운 기분을 가족은 물론 친지에게도, 심지어 쉬체르바스끼가족이 머물고 있는 집 주인인 독일인에게까지도 전염시켰다.

끼찌와 함께 온천장에서 돌아온 공작은 대령과 르찌쉬체바 부인, 바레니까에게 커피를 함께 마시자고 초대하고, 뜰 안의 밤나무 밑으로 탁자와 의자를 옮겨 그곳에 점심 준비를 하도록 일렀다. 집주인도 하녀들도 그의 쾌활함에 덩달아 활기를 띠었다. 그들은 그의 통 큰 기질을 잘 알고 있었다. 반시간쯤 지나자 위층에서 살고 있던 함부르크 출신의 병을 앓는 의사도 밤나무 아래 모인 이 건강한 사람들의 즐거운 러시아식 모임을 부러운 듯 창문으로 내다볼 만큼 수선을 부렸다. 동그라미를 그리며 너울거리는 나뭇잎 그늘에서 하얀 식탁보 위에 커피포트며 빵이며 버터며 치즈며 차가운 들새 고기를 차려 놓고, 라일락빛 리본이 달린 머리장식을 한 공작부인이 사람들에게 커피와 샌드위치를 돌리고 있었다. 반대편에 자리잡은 공작은 신나게 음식을 먹으면서 커다란 목소리로 유쾌하게 지껄였다. 그는 자기 옆에 온갖 기념품을 늘어놓았는데, 여기저기 온천장에서 사 모은 온갖 종류의 밀짚 세공물이며 조각한 조그마한 나무상자며 페이퍼나이프 같은 것들이었다. 공작은 그것을 일동과 하녀인 리스헨과 집주인에게까지 나누어 주었다. 그는 집주인과 우스꽝스러울 만큼 서툰 독일어로, 끼찌 병을 고친 것은 온천이 아니고 주인의 훌륭한 요리, 특히 그 말린 자두가 든 수프였느니 하면서 농담을 했다. 공작부인은 남편의 러시아식 습관을 놀리고 있었으나, 그녀도 온천장에 온 뒤로 한 번도 그런 적이 없었을 만큼 활발하고 즐거워 보였다. 대령은 언제나처럼 공작의 농담에 싱글싱글 웃고 있었지만 유럽에 관해서는 나름대로 주의 깊게 연구해 왔다고 자부했으므로, 공작부인 편을 들었다. 선량한 르찌쉬체바 부인은 공작이 우스운 얘기를 할 때마다 몸을 흔들며 웃었다. 공작의 농담에 바레니까마저 끼찌가 여태까지 한 번도 본 적이 없었을 만큼, 작은 소리로 쿡쿡거리며 그칠 줄 모르고 웃느라 녹초가 되었다.

이러한 유쾌함은 끼찌에게도 전염되었지만, 그녀는 다른 데 정신을 빼앗겨 도무지 헤어나지 못했다. 그녀는 아버지가 그녀의 벗과 그녀가 그렇게도 사랑했던 생활에 대해 그 특유의 유쾌한 견해로 바라보면서 무의식중에 자기 마음속에 던진 문제를 풀 수가 없었다. 이 문제와 더불어 자신과 뻬뜨로프 일가의 관계 변화도, 요즈음 완전히 명백하게 불쾌한 형태로 표명된 번민의 씨앗이었다. 다들 즐거워하는데 자기 혼자 그 분위기에 탈 수 없었다. 그 사실이 더한층 그녀를 괴롭혔다. 마치 어렸을 적에 무엇인가의 벌로 자기 방에 갇혀 있는 동안 바깥에서 언니들의 즐거운 웃음소리가 들려올 때 느꼈던 것과 같은 기분이었다.

"그래, 무엇을 할 양으로 이렇게 많이 사 오셨죠?" 공작부인이 웃는 얼굴로 커피 잔을 남편에게 내밀면서 물었다.

"산책하러 나갔다가 문득 가게에 들르면 말이야, 주인이 자꾸 물건 하나 팔아 주십시오 한다고. '각하, 나리, 전하'라고 치켜세우면서 말이야. '전하'라는 말이 나오면 과연 이쪽도 참을 수 없게 된단 말이야. 그러다가 보면 10탈레르는 어딘가로 사라지고 없단 말이지."

"그러니까 그저 지루했기 때문이었다 이거죠." 공작부인이 말했다.

"물론 그렇고말고. 따분하고 지루해서 참을 수 없을 지경이었지."

"어떻게 지루할 수가 있나요, 공작? 지금 독일엔 이렇게 재미있는 것이 잔뜩 있잖아요." 르찌쉬체바 부인이 말했다.

"그래요, 나도 재미있는 것들은 다 알아요. 말린 자두가 든 수프도 알고 완두콩 소시지도 알고 있습니다. 다 알아요."

"아니, 뭐, 기호에 따라 다르긴 하겠지만 공작, 독일 사회질서는 정말 재미있지 않아요?" 대령이 말했다.

"어디가 그렇게 흥미로우시죠? 독일 사람들은 마치 동전처럼 얄팍한 만족에 젖어 있어요. 모든 것을 정복했다고 우쭐하니까요. 그렇지만 난 무엇에 만족해야 하죠? 난 아무도 정복한 적이 없어요. 그러기는커녕 구두도 직접 벗어서 내 손으로 문밖에 정리해 놓아야 하거든요. 아침에 일어나면 곧바로 옷을 갈아입고, 살롱으로 끔찍한 싸구려 차를 마시러 가야만 합니다. 그러나 러시아에서는 어떻습니까! 느긋하게 일어나서 무언가 마음에 들지 않으면 한차례 화도 내고, 완전히 정신이 깨면 그때 모든 것을 찬찬히 잘 생각해 보고, 조금도 서두를 필요가 없단 말이지요."

"하지만 시간은 황금입니다. 당신께서는 그 점을 잊고 있으세요." 대령이 말했다.

"어떤 시간이냐에 따라 다르지요! 50코페이카에 통째로 넘겨 줘 버리고 싶은 때가 있는가 하면, 또 어떤 돈으로도 바꿀 수 없는 30분도 있어요. 그렇지 않니, 까쩨니까? 왜 그렇게 침울하니?"

"난 아무렇지도 않아요."

"아니, 어딜 가려고? 조금만 더 앉아 계세요." 공작이 바레니까를 향해 말했다.

"전 이제 집에 가 봐야 해요." 바레니까는 자리에서 일어서면서 또다시 쿡쿡거리다 웃음을 터뜨렸다.

웃음을 그치고 나서 그녀는 인사를 하고 모자를 가지러 집 안으로 들어갔다. 끼찌는 그 뒤를 따라갔다. 지금 그녀에게는 이제 바레니까 마저도 다른 사람처럼 보였다. 별로 나쁘게 보인 것은 아니지만, 그녀가 지금까지 멋대로 상상하던 것과는 완전히 달라 보였다.

"아아, 정말 오랜만에 이렇게 웃었어요!" 바레니까가 양산과 가방을 챙기면서 말했다. "아버님은 정말 재미있는 분이시군요!"

끼찌는 잠자코 있었다.

"다음엔 언제 만날까요?" 바레니까가 물었다.

"어머니께서 뻬뜨로프 댁에 가시고 싶다고 하셨는데, 당신은 거기 안 가시나요?" 끼찌는 바레니까를 떠보고자 넌지시 둘러 물었다.

"가야죠." 바레니까가 대답했다. "그분들은 여길 떠날 준비를 하고 있어요. 난 짐 꾸리는 일을 돕기로 약속했어요."

"그래요, 그럼 나도 가겠어요."

"아녜요, 그럴 것까진 없어요."

"왜요? 왜, 왜요?" 끼찌는 눈을 휘둥그레 뜨고 바레니까를 그냥 보내지 않을 양으로 그녀의 양산을 붙잡으면서 물었다. "잠깐 기다려요, 어째서죠?"

"특별한 이유는 없어요. 아버님께서도 돌아오셨고, 게다가 당신 손까지 빌리면 그분들도 편치 않으실 테니까요."

"아녜요, 분명히 말씀해 주세요, 어째서 당신은 내가 뻬뜨로프 댁에 가는 것을 못마땅하게 여기시죠? 그렇지요, 당신은 좋게 생각하지 않으시지요? 어째서죠?"

"그렇게 말한 적 없어요." 바레니까가 차분히 태연하게 말했다.

"아니, 부탁이니 말씀해 주세요!"

"전부 얘기하란 건가요?" 바레니까가 물었다.

"그래요, 모조리, 모조리요!" 끼찌가 재빨리 말했다.

"뭐, 특별한 일은 아녜요. 그저, 미하일 알렉세예비치(이것이 화가의 이름이었다)가 전에는 빨리 돌아가고 싶어 했는데 요즘엔 떠나고 싶어 하지 않아요." 가볍게 웃으면서 바레니까가 말했다.

"그래서! 그래서요!" 끼찌는 우울한 눈빛으로 바레니까를 바라보면서 보챘다.

"그래서 어떻게 된 영문인지, 안나 빠블로브나는 그분이 돌아가기 싫은 이유가 당신이 여기 계시기 때문이라고 했어요. 물론 얼토당토않은 얘기지만, 그래도 그 때문에, 당신 때문에 말다툼이 일어났어요. 당신도 아시겠지만 병자는 툭하면 흥분하여 성을 내기 일쑤니까요."

끼찌는 한층 더 얼굴을 찌푸리고 입을 다물어 버렸다. 바레니까는 그녀를 달래고 진정시키려고 애쓰며 혼자서 말을 계속했다. 끼찌가 당장에라도 폭발할 것처럼 보였지만, 그것이 눈물로 터져 나올지 말로 터져 나올지는 알 수 없었다.

"그러니까 당신은 가시지 않는 편이 좋을 거예요…… 부디 이해해 줘요. 그리고 화내지 마요."

"자업자득이에요, 자업자득!"

끼찌는 바레니까 손에서 양산을 덥석 빼앗고 친구의 시선을 피하면서 재빠르게 말했다. 바레니까는 친구의 어린애 같은 분노에 살며시 웃고 싶은 충동을 느꼈지만 상대에게 상처를 줄까 두려웠다.

"어째서 자업자득이에요? 이해가 가지 않는군요." 그녀가 말했다.

"왜냐하면 내가 한 것이 모두 위선이었으니까요. 마음에서 우러나온 것이 아니었기 때문에 천벌을 받을 거예요. 대체 남의 집 바깥주인에게 내가 무슨 볼일이 있다는 거죠? 결국 부부 싸움의 원인까지 되고, 부탁받지도 않았는데 쓸데없이 참견한 꼴이잖아요. 그것은 모두 위선이었기 때문이에요! 위선! 위선!"

"하지만 당신이 위선적인 일을 할 필요가 어디에 있었나요?" 바레니까는 조용히 말했다.

"아아, 정말 어리석고 추악한 짓이었어요! 나한테는 아무런 필요도 없었는데…… 모두 위선이었어요!" 끼찌는 손에 든 양산을 폈다 접었다 하면서 말했다.

"그러나 대체 무엇 때문에?"

"남들 앞에서, 나 자신 앞에, 하느님 앞에서 조금이라도 잘 보이고 싶었어요. 모두를 속일 셈이었어요. 그렇지만 앞으로는 더 이상 그런 유혹에 지지 않겠어요! 악인은 될지언정 최소한 나한테는 정직하고 싶어요. 거짓말쟁이는 되지 않겠어요!"

"어머, 누가 거짓말쟁이란 말씀이죠?" 비난하는 듯한 어조로 바레니까가 말했다. "당신 말을 들으면, 마치……."

그러나 끼찌는 격정의 발작에 사로잡혀 상대가 말을 끝맺지 못하도록 가로막았다.

"난 조금도 당신 얘길 하는 게 아녜요. 당신은 완벽한 분이에요. 네, 그래요, 당신이 어디까지나 완전무결한 분임을 난 잘 알아요. 그렇지만 아쉽게도 나는 그렇지 못했어요! 그게 아니라면 이런 일은 없었을 거예요. 하지만 어쩔 수 없죠. 난 이대로 살겠어요. 안나 빠블로브나가 나랑 무슨 상관이 있겠어요! 그 사람들은 그들이 하고 싶은 대로 살면 돼요. 그리고 난 내가 좋을 대로 살면 그만이죠. 난, 나 이외의 다른 사람이 될 수는 없어요…… 모든 것이 잘못이었어요, 잘못이었다고요……."

"도대체 무엇이 잘못이죠?" 바레니까는 그녀 말을 이해할 수 없다는 듯 물었다.

"모든 게 다 잘못이에요. 난 감정에 따라 살 수밖에 없지만 당신은 원칙에 따라 살고 있어요. 난 그저 단순히 당신을 사랑했지만, 당신은 틀림없이 나를 구원하고, 나를 가르치기 위해서만 사랑했을 거예요!"

"그것은 오해예요." 바레니까가 말했다.

"난 남 얘기를 하는 게 아니에요, 내 얘기를 하는 거예요."

"끼찌!" 어머니의 목소리가 들려 왔다. "이리 오렴. 아버님께 네 산호를 보여 드려."

끼찌는 무뚝뚝한 표정으로 친구와 화해도 하지 않은 채, 탁자 위에 놓인 산호 상자를 집어 들고 어머니한테 갔다.

"아니, 무슨 일이 있었니? 왜 그렇게 얼굴이 빨개?" 어머니와 아버지가 입을 모아 그녀한테 물었다.

"아무 일도 없었어요." 그녀는 대꾸했다. "곧 돌아올게요."

그리고 도로 뛰어갔다.

'아직 거기 있다!' 그녀는 생각했다. '뭐라고 얘기해야 하나. 아아, 대체 내가 무슨 짓을 한 거야, 내가 뭐라고 지껄였담! 어째서 그녀에게 상처를 줬을까! 어떻게 해야 좋담? 뭐라고 얘기하지?' 끼찌는 그런 생각을 하며 문 옆에서 걸음을 멈췄다.

모자를 쓰고 양산을 손에 든 바레니까는, 끼찌가 망가뜨린 양산의 용수철을 살펴보며 탁자 옆에 앉아 있었다. 문득 그녀가 고개를 들었다.

"바레니까, 용서해요, 제발 용서해 줘요!" 그녀에게 다가가면서 끼찌는 속삭였다. "방금 내가 무슨 말을 했는지 모르겠어요. 나는……"

"나도 정말 당신을 슬프게 할 생각은 아니었어요." 바레니까가 미소를 지으면서 말했다.

화해는 이루어졌다. 그러나 아버지가 돌아온 이래, 끼찌가 지금까지 살던 세계는 완전히 달라져 버렸다. 그녀는 자기가 알게 된 것을 모두 부정하지는 않았다. 그러나 자기가 되고 싶다고 바라던 대로 실제로도 될 수 있다고 생각하며, 자기를 속여 왔음을 깨달았다. 그녀는 마치 꿈에서 깨어난 것 같았다. 위선이나 자기기만 없이 그녀가 도달하고 싶었던 경지를 고집한다는 일이 얼마나 어려운지를 통감했다. 게다가 그녀는 자기가 지금 살고 있는 세계, 즉 슬픔이며 병이며 죽음을 향해 가는 사람들로 가득 찬 세계의 온갖 괴로움에 절절히 동감했다. 그 세계를 사랑하기 위해서 스스로 강요했던 노력이 너무도 괴롭게 여겨져서, 한시바삐 맑은 공기 속으로, 러시아로, 언니인 돌리가 아이들을 데리고 이사했다는 예르구쉬오보로 돌아가고 싶었다.

그러나 바레니까에 대한 그녀의 사랑은 절대로 줄어들지 않았다. 헤어질 때 끼찌는 그녀에게 꼭 러시아의 자기 집을 찾아 달라고 거듭 부탁했다.

"끼찌가 결혼할 때 가겠어요." 바레니까가 말했다.

"난 절대 결혼하지 않겠어요."

"그럼 나도 갈 일은 없겠군요."

"그럼, 난 당신을 초대하기 위해서라도 결혼하겠어요. 꼭이에요, 약속을 잊지 말아 주세요!" 끼찌가 말했다.

박사의 판단은 옳았다. 끼찌는 완전히 나아서 러시아로 돌아왔다. 이전처럼 태평스럽고 쾌활하지는 않았지만 차분함을 지니게 되었다. 모스끄바에서 겪었던 슬픔은, 한낱 추억으로 저물었다.

제3편

1

꼬즈느이쉐프는 지친 머리를 식히기 위해 평소처럼 외국으로 가는 대신, 5월 말에 시골의 동생한테 찾아갔다. 그의 지론에 따르면 전원생활이야말로 최상의 생활이었다. 이번에도 그 생활을 즐기기 위해서 동생 집으로 온 것이다. 레빈은 이번 여름에는 니꼴라이 형이 오지 않으리라 생각하던 참이어서 더한층 즐거웠다. 그러나 꼬즈느이쉐프 형을 사랑하고 존경했지만 레빈에겐 시골에서 형과 같이 있는 것이 왠지 거북했다. 시골에 대한 형의 태도가 어쩐지 어색하고 심지어 불쾌했던 것이다. 레빈에게 시골은 생활의 장, 즉 기쁨과 슬픔과 노동을 위한 곳이었다. 그러나 꼬즈느이쉐프에게 시골은 노고의 피로를 푸는 휴식처이자 한편으로는 그 효과를 믿고 기꺼이 복용하는 어지러운 도시생활에 효험 있는 해독제였다. 레빈은 시골이 의심할 여지도 없이 유익한 노동의 무대라는 점에서 좋아했다. 그러나 꼬즈느이쉐프는 시골에서 아무것도 하지 않아도 되고 또 그래야 한다는 점에서 특히 좋아했던 것이다.

뿐만 아니라 꼬즈느이쉐프의 농민에 대한 태도도 왠지 레빈 눈에 거슬렸다. 꼬즈느이쉐프는 민중을 사랑하고 또 이해한다는 말을 입에 담으면서 자주 농민들과 이야기를 나누었다. 그는 거들먹거리거나 자만하지 않고 능란하게 해치웠다. 그리고 그러한 대화 하나하나에서 수집한 자료를 농민이 지닌 장점의 표시와 자기가 농민을 잘 이해하고 있다는 증거로 곧잘 인용했다. 농민에 대한 이러한 태도가 레빈 마음에 들지 않았다. 레빈에게 농민은 그저 공동 작업에 참가하는 중요한 협력자에 지나지 않았다. 물론 그는 농민을 존경했고, 스스로 얘기하듯이 어쩌면 농촌의 아낙네인 유모의 젖을 통해 그에게 흡수되었을 혈족적인 애정을 품고 있었다. 또 공동 작업 동지로서 이따금 이러한 사람들의 역량과 온후함과 고결함에 감탄한 적도 있었다. 하지만 그 공동 작업에 다른 자질들이 요구되는 경우에는, 그들의 나태함과 흐리멍덩함이며 과음과 실속없는 빈말 때문에 화가 머리끝까지 치민 적도 잦았다. 만약 누군가 그에게 농민을 사랑하느냐고 묻는다면 뭐라고 대답해야 할지 몰라 난감했을 것이다. 그는 농민도 대부분의 사람에 대해서와 마찬가지로, 사랑하기도 했고 싫어하기도 했다. 물론 선량한 그는 사람들을 싫어하기보다는 사랑할 때가 잦았으므로 농민에 대해서도 마찬가지였다. 그러나 그는 농민을 어떤 특수한 존재로서 사랑한다든지 싫어한다든지 하는 짓은 할 수 없었다. 왜냐하면 그는 단순히 농민과 같이 생활하고 또 모든 이해관계가 농민과 밀접한 관련이 있을 뿐 아니라, 스스로도 농민의 일부라고 생각하고 자신이나 농민에게서도 어떤 특수한 성질이나 결함을 발견하려 하지 않았으며, 자기를 농민과 대립시켜서 생각할 수도 없었기 때문이다. 더구나 그는 주인으로, 중재인으로, 또 특히 조언자로(농민들은 그를 신뢰하여 40베르스따 밖에서까지 그의 의견을 구하러 왔다) 오랫동안 농민들과 매우 가까운 생활을 해 왔지만, 농민에 대해서는 아무런 편견도 주관도 없었다. 따라서 그는 농민을 이해하느냐는 질문에, 농민을 사랑하느냐는 질문과 마찬가지로 대답하지 못했을 것이다. 그에게는 농민을 이해한다고 말하는 것은 인간을 이해한다고 말하는 것과 다름없었다. 그는 평소 온갖 종류의 사람들, 그가 선량하고 재미있는 사람들이라고 여기는 농민까지 포함하여 그들을 관찰해 왔다. 그리고 그들 가운데에서 부단히 새로운 특징을 찾아, 이를 통해 그들에 대한 이전 견해를 변경하고 새로운 의견을 구축했다.

꼬즈느이쉐프는 정반대였다. 그는 자기가 혐오하는 생활과 대조해서 전원생활을 사랑하고 칭찬하듯이, 농민에 대해서도 그가 좋아하지 않는 계급 사람들과 대조해서 사랑하고, 또 일반 사람들과는 상반된 존재로서 농민을 이해했다. 그의 조직적인 두뇌 속에는 농민 생활에 대한 몇 가지 일정한 형식이 명백히 완성되어 있었다. 그중 일부는 실제 농민 생활에서 추출된 것이었지만 대부분은 도시인 생활을 반대로 뒤집어 놓았을 뿐이었다. 따라서 그가 민중에 대한 자기 의견과 동정적인 태도를 바꾸는 일은 결코 없었다.

형제 사이에서 농민에 대한 의견 차이가 일어날 때는 꼬즈느이쉐프가 언제나 동생을 굴복시켰다. 그에겐 농민의 성격, 특징, 취미 등에 대해서 뚜렷한 견해가 있는 데 반해, 레빈은 이렇다 할 견해가 없었기 때문에 논쟁에서 언제나 자가당착에 빠져 버리고 말았다.

꼬즈느이쉐프가 보기에 그의 막냇동생은 바탕이 고운(그는 프랑스어로 이렇

게 표현했다) 훌륭한 마음씨를 지녔지만, 이성에 있어서는 상당히 민활하긴 해
도 순간적인 인상에 좌우되기 쉽고 그 때문에 모순에 빠지기 쉬운 의협심 많
은 사람이었다. 그는 맏형으로서 친절을 베풀어 이따금 동생에게 사물의 진
의를 설명해 주었다. 그러나 동생은 너무나 쉽게 설득되었으므로 그와 토론할
맛은 나지 않았다.

레빈은 형을 해박한 지식과 교양을 겸비한, 만인의 행복을 위한 천부적인
활동 능력을 부여받은 대단히 고결하고 훌륭한 사람으로 보고 있었다. 그러
나 마음속 깊은 곳에서는, 나이를 먹고 더욱 가깝게 형을 알게 될수록, 자기에
게는 전혀 없다고 느꼈던 이 공익에 이바지하는 활동 능력이 실은 장점이 아
니라 어떤 결함의 표출이 아닌가 하는 의문이 떠올랐다. 그것은 선량하고 정
직하고 고상한 욕구나 취미의 결함이 아닌 생명력의 결함, 이른바 정(情)의 결
함, 헤아릴 수 없을 만큼 주어지는 인생의 행로 가운데 하나를 선택하고 그 하
나에 전념케 하는 의욕의 결함이었다. 형을 자세히 알게 될수록, 그는 형을 비
롯한 다른 많은 사회활동가가 정에 이끌려 만인에 대한 사랑으로 인도된 것이
아니라, 그 일을 하면 좋다는 사실을 이성으로 판단해 그것에 얽매여 있음에
지나지 않음을 한층 분명히 알게 되었다. 이 고찰 과정에서 레빈의 신념을 더
공고하게 해 준 것은, 형이 만인의 행복이니 영혼의 불멸이니 하는 문제를 염
려할 때, 체스의 승부나 새로운 기계의 구조를 연구할 때와 조금도 다름없는
태도를 보인한다는 사실의 발견이었다.

이 밖에도 레빈이 형과 시골에서 같이 지내는 게 거북살스러운 이유가 또
있었다. 시골에서는, 특히 여름철만 되면 레빈은 눈코 뜰 새 없이 농사일에 쫓
겼으므로 그날 해야 할 일만 하는 데도 여름의 긴긴해가 모자랄 정도였다. 그
런데도 형은 휴식을 취하고 있었기 때문이다. 더구나 그는 비록 지금은 저술
작업을 밀어둔 채 유유자적하고 있지만, 지적 활동이 몸에 밴 사람들 누구나
가 그렇듯이, 자기 머리에 떠오른 사상을 깔끔하게 압축된 형식으로 표현하여
그것을 누군가에게 들려주기를 좋아했다. 이 경우 지극히 평범하고 자연스러
운 청취자는 동생이었다. 그래서 아무리 둘이 다정하고 허물없는 사이라 해도,
레빈은 형을 혼자 내버려두기가 어쩐지 꺼림칙했다. 꼬즈느이쉐프는 양지바른
풀밭에 누워 햇볕을 쬐면서 한가롭게 지껄이기를 좋아했다.

"넌 믿어지지 않을 거야." 그가 동생에게 말했다. "나에게 이런 시골의 태평

함이 얼마나 큰 즐거움인가를. 머릿속이 텅 비어서 생각이라든가 하는 것이 흔적도 없거든."

그러나 레빈은 가만히 앉아 그의 이야기를 듣고 있기가 지루했다. 더구나 그는 자기가 없으면 농부들이 미처 다 갈지도 않은 밭에다 거름을 낼 것이고, 지켜보지 않는다고 아무렇게나 뿌려 버릴지 모른다며 안절부절못했다. 또 쟁기 하나만 보아도, 보습을 나사로 단단히 죄어 두지 않고 그냥 쓰다가 나중에 가서 "이렇게 부실한 쟁기가 또 어디 있담, 안드레예브나라는 구식 쟁기가 훨씬 낫구먼" 하고 뒤에서 욕지거리할 것이 뻔했다.

"이 찜통더위 속을 걸어 다니다니, 적당히 해 두어라." 형이 충고했다.

"아닙니다. 그저 잠깐 사무실에 다녀오는 것뿐인데요." 레빈은 이렇게 내뱉고는 서둘러 들로 뛰어나가는 것이었다.

2

6월 초에는 유모이자 가정부인 아가피야가, 막소금에 갓 절인 버섯 항아리를 지하창고로 옮기다가 발을 헛디뎌 손목을 삐고 말았다. 이제 막 학교를 졸업한 정도의 젊고 수다스러운 군의관이 왔다. 그는 손을 진찰하더니 관절이 어긋나진 않았다며 찜질을 해주었다. 그리고 남아서 저녁까지 들고 갔다. 그는 저명한 꼬즈느이쉐프와 나눈 담소가 참으로 영광인지, 사물에 대한 자신의 교양 있는 견해를 보이려고, 지방행정의 결함을 자랑스러운 얼굴로 비난하면서, 시골 풍문을 있는 대로 끄집어 내놓았다. 꼬즈느이쉐프는 열심히 그것을 들으며 묻기도 하다가, 새로운 청취자 등장에 고무되어 자기도 얘기에 열중해서 적확하고 요긴한 견해를 몇 가지 제시했고, 젊은 의사는 공손하게 경청했다. 화려하고 열띤 대화 뒤에는 으레 그렇듯이, 그는 동생에게도 익숙한 예의 정신적 고양 상태에 빠졌다. 의사가 돌아가자 그는 낚싯대를 들고 냇가로 가자고 졸랐다. 그는 낚시를 좋아했는데, 마치 자기 정도쯤 되는 사람이 그런 쓸데없는 일에 흥미를 둘 수 있다는 것을 자랑스럽게 여기는 눈치였다.

밭과 목초지를 둘러보러 나가야 했던 레빈은 형에게 마차로 데려다 주겠다고 제의했다.

바야흐로 여름이 절정을 맞이하고 있었다. 올해 수확은 벌써 결정되었으며, 이듬해 파종에 대한 걱정이 시작되고 풀베기도 가까워진 무렵이었다. 호밀마다 한결같이 이삭을 내밀며, 회녹색 아직 여물지 않은 가벼운 이삭이 바람에 흔들리고 있었다. 들쑥날쑥한 녹색 귀리 밭에는 갈색 잡초가 점점이 섞여 있고, 메밀은 벌써 무성하게 자라 지면을 뒤덮고 있다. 가축들에게 밟혀 돌처럼 굳어졌던 휴경지도, 쟁기가 먹지 않는 길만을 남기고 벌써 절반이나 갈아엎어 일구는 때였다. 밭으로 내온 보송보송한 거름 더미가 꿀 같은 풀 냄새와 함께 아침저녁으로 냄새를 풍기고, 지대가 낮은 땅에는 뽑혀진 수영 줄기의 거무끄름한 무더기와 함께 냇가 풀밭이 끝없는 바다처럼 펼쳐져서 낫을 기다리고 있었다.

이맘때는, 해마다 되풀이되고 그때마다 농부의 온 힘을 쥐어짜내는 수확이 시작되기 전의 짧은 휴식기로 들어가는 때였다. 게다가 올해에는 풍작이 예상되었다. 말끔히 갠 무더운 여름날과 이슬에 흠뻑 젖는 짧은 밤이 계속되고 있었다.

형제가 풀밭까지 가려면 숲을 빠져나가야 했다. 꼬즈느이쉐프는 어둑하게 그늘진 쪽에 노란 턱잎으로 얼룩얼룩한, 꽃을 피우려는 큰 보리수나무와 에메랄드처럼 번쩍이는 금년생 나무들 가지를 가리키면서, 가는 내내 울창하게 우거진 숲의 아름다움에 감탄하여 시종 지칠 줄을 몰랐다. 레빈은 자연의 아름다움에 대해 이야기하는 것도 듣는 것도 좋아하지 않았다. 그에게 말이란, 눈으로 본 대상의 아름다움을 앗아 가는 것일 뿐이었다. 그래서 그는 형의 말에 맞장구를 치면서도 어느 틈에 다른 것을 생각하고 있었다. 숲을 빠져나오자 그의 주의는 온통, 언덕배기에 자리한 휴경지에 쏠려 있었다. 어떤 데는 노란 풀이 덮여 있고 어떤 데는 네모반듯하게 구획이 져 있고, 어떤 데는 거름 무더기들이 쌓여 있고 어떤 데는 밭갈이가 되어 있었다. 일구어진 들에는 달구지가 줄을 지어 가고 있었다. 레빈은 달구지 수를 세어 보고, 필요한 것들이 모두 반출되고 있다는 사실에 만족했다. 이번에는 풀밭을 보고 풀베기 문제를 생각하기 시작했다. 그는 언제나 건초 수확에서, 무엇인가 특히 강한 감동을 경험했다. 풀밭으로 다가간 레빈은 말을 세웠다.

촘촘한 풀 아랫동에 아직 아침 이슬이 맺혀 있었다. 꼬즈느이쉐프는 발을 적시기 싫어서, 농어가 잡히는 버들 숲 옆까지 가 달라고 부탁했다. 레빈은 자기 풀을 짓밟는 것이 무척 안타까웠지만 하는 수 없이 풀밭으로 마차를 몰았다. 키가 큰 풀은 수레바퀴며 말 다리에 부드럽게 휘감겼고, 축축한 수레바퀴의 바퀴살이며 바퀴통에 씨앗이 달라붙었다.

형은 낚시 도구를 가다듬고 덤불 옆에 자리를 잡고 앉았다. 레빈은 말을 옆으로 데려가 매어 놓고 나서, 바람에도 움직이지 않는 드넓은 회녹색 풀밭의 바다 속으로 들어갔다. 여문 씨앗을 품은 비단결 같은 풀은, 물기가 있는 저지에서는 거의 허리까지 닿았다.

풀밭을 가로질러 큰길로 나온 레빈은 벌통을 어깨에 메고 걸어오는 한 노인을 만났다. 그는 오른쪽 눈이 부르터 있었다.

"어때? 벌은 잡았나, 포미치?" 레빈이 물었다.

"잡긴요, 레빈 나리! 그저 내 것이나 놓치지 않은 게 다행이죠. 아까도 두 번이나 도망쳤습니다만…… 다행히 애들이 쫓아가 줬죠. 나리 밭을 갈던 녀석들인데, 곧장 말을 풀어 쫓아가 줬습죠……."

"그건 그렇고. 어때 포미치, 풀을 베야 할까 그렇잖으면 조금 더 기다려야 할까?"

"글쎄 말입니다! 우리는 성(聖) 베드로 제(祭)까진 기다립니다만. 하지만 나리는 언제나 일찍 베시니까요. 뭐, 괜찮겠죠. 풀은 아주 잘됐습니다. 말먹이로 아주 좋아요."

"날씨는 어떻게 생각하지?"

"그걸 어찌 알 수 있겠습니까. 하지만 아마 괜찮겠지요."

레빈은 형한테 돌아갔다. 아무것도 잡지 못했지만 꼬즈느이쉐프는 지루해하기는커녕 굉장히 기분이 좋아 보였다. 레빈은 형이 의사와의 얘기에 자극을 받아 좀 더 지껄이고 싶어 한다는 것을 알았다. 그러나 레빈은 당장에라도 집으로 돌아가서 내일까지 풀베기 삯꾼을 구하라고 지시하여, 마음에 몹시 걸리는 풀베기 문제를 해결하고 싶어 견딜 수 없었다.

"슬슬 돌아가십시다." 그가 말했다.

"뭘 그리 서두르느냐? 조금만 더 있자. 그런데 넌 왜 그렇게 젖었니? 아무것도 잡히진 않지만 그래도 좋구나. 사냥이든 낚시든 자연을 상대로 한다는 점이 좋은 거야. 자아, 이 빛나는 금속 같은 물 좀 봬! 정말 아름답지 않니?" 형이 말했다. "이런 풀밭이 있는 냇가에 오면 언제나 수수께끼가 하나 떠오른단 말이야, 알고 있니? 풀이 물더러 말하길 말이야, 우린 흔들리고 있다, 흔들리고 있다."

"그런 수수께낀 모릅니다." 레빈은 대수롭지 않게 대답했다.

3

"아니, 들어 봐. 난 너에 대해 생각하고 있었어." 꼬즈느이쉐프가 말했다. "그 의사 얘기로는, 너희 시골에서 일어나는 일은 정말 눈뜨곤 못 볼 정도인 모양이구나. 그 친구는 그만하면 아주 어리석지는 않아. 그래서 너한테 다시 한 번 얘기하는데 말이야, 네가 의회에 나가지 않는다든가 지방의회 사업을 멀리하는 것은 좋지 않아. 성실한 인물들이 그렇게 멀어지면 모든 것이 엉망진창이 될 게 뻔한 노릇이니까. 우리가 아무리 돈을 대 봤자 모두 그들의 봉급이 될 뿐, 학교도 병원도, 산파도 약방도 없어질 거야."

"나도 노력했어요." 레빈은 나직한 목소리로 마지못해 대답했다. "그렇지만 되지가 않아요! 별수 없잖아요!"

"무엇이 무리였단 거냐? 사실 난 도무지 이해가 안 된다. 냉담함이나 무능 때문은 아니라고 보는데. 혹 단순한 게으름이 아니냐!"

"그 어느 것도 아닙니다. 난 노력했습니다. 그리고 아무것도 할 수 없다는 것을 깨달았습니다." 레빈이 말했다.

그는 형이 하고자 하는 말을 잘 이해할 수 없었다. 시내 건너 밭을 가만히 바라보면서 무엇인가 검은 형체를 보았으나, 그것이 말인지 아니면 말에 탄 집사인지 분간할 수 없었다.

"어째서 아무것도 할 수가 없지? 넌 시험 삼아 해 보다 뜻대로 되지 않자 굴복하고 만 것이겠지. 어째서 좀 더 자존심을 세우지 않느냐?"

"자존심?" 레빈은 형 말에 부루퉁해 대답했다. "무슨 소린지 모르겠군요. 가령 대학에서, 남들은 적분 계산을 이해하는데 나 혼자만 못한다는 말을 들었다면 그땐 자존심이 필요하겠죠. 그렇지만 지방의회 일은 자존심과 상관없어요. 자존심 운운하려면 먼저, 이 일에는 일정한 재능이 필요하다는 확신과 그 이상으로 이 일이 대단히 중대하다는 신념을 지니고 달려들어야 하니까요."

"뭐라고! 그럼 이 일이 중대하지 않다는 거냐?" 이번에는 꼬즈느이쉐프가, 동생이 자기가 열중하는 일에 무게를 두지 않자, 무엇보다 자기 말을 귓전으로도 듣지 않는 것에 모욕을 느끼며 말했다.

"나한테는 중대하다고 여겨지지 않습니다. 흥미조차 일지 않으니 어쩔 수 없잖아요······?" 레빈은 그가 아까 보았던 검은 물체가 집사였고, 그가 밭을 갈던 농부들을 돌려보내는 중이라고 이해하면서 대답했다. 농부들은 쟁기를 뒤집어엎어 놓고 있었다. '그럼 벌써 다 갈았단 말인가?' 그는 생각했다.

"하지만 좀 들어 봐." 형이 아름답고 총명한 얼굴을 찌푸리면서 말했다. "무슨 일에나 한계가 있는 법이야. 괴짜나 혹은 성실한 인간으로 허위를 미워하며 지내는 것도 대단히 좋아. 나도 잘 알아. 그렇지만 네가 지금 얘기하는 것은 의미가 아예 없거나, 아니면 지극히 나쁜 의미가 있는 거야. 어째서 넌 중대하지 않다는 말을 할 수가 있니, 네 입으로 사랑한다고 단언하는 농민들이······."

'난 한 번도 단언 같은 건 한 적이 없어.' 레빈은 속으로 생각했다.

"······도움도 받지 못하고 죽어가고 있어. 산파가 없으니 무지한 아낙네들이 아기를 제대로 못 받아 죽이고 있어. 농부들은 배우지 못해서 말단 관리가 하라는 대로 할 수밖에 없고. 네 손에 그들을 구할 수 있는 수단을 줬는데도 넌 구하려고 하질 않아. 왜냐하면 네 생각엔 그것이 중대한 일이 아니기 때문이지."

꼬즈느이쉐프는 동생을 궁지로 몰았다. 넌 스스로 할 수 있는 일도 깨닫지 못할 만큼 사리에 어두우냐, 그렇지 않으면 자신의 안정과 허영 때문에, 또는 뭔가를 희생하기 싫어서 그 일을 할 마음이 없느냐, 어느 쪽이든 선택하라고.

레빈은 이렇게 된 이상 형 말에 깨끗이 굴복하든가 아니면 공공사업에 대한 박애심 부족을 고백할 수밖에 없다는 느낌이 들었다. 그러나 그것은 모욕적이었고 본의가 아니었다.

"어쨌든 간에." 그는 결연한 어조로 말했다. "나한테는 불가능해 보여요······."

"뭐라고? 돈을 잘 분배해서 의료 지원을 하는 게 무리라고?"

"내 생각으론 그래요······ 우리 고장은 4천 제곱 베르스따나 되는 데다가, 눈석임도 있고 눈보라가 치기도 하고 바쁜 농사철도 있습니다. 나는 우리 지역 전체에 의료상의 도움을 줄 수 있다고는 생각지 않아요. 게다가 첫째로, 나는 의학을 믿지 않아요."

"아니 잠깐만, 그것은 오해야······ 난 너한테 천 가지 예라도 제시할 수 있어······ 그렇다면 학교는 어때?"

"학교가 무슨 소용이 있어요?"

"무슨 말이야? 교육의 이로움에 의문이 있을 수 없지 않느냐? 그것이 너에게 유익했다면 다른 사람들에게도 유익할 게야."

레빈은 자기가 정신적으로 막다른 골목에 이르렀음을 느꼈다. 그래서 발끈 달아오른 나머지 무시코 공공사업에 무관심해 진 주요 원인을 토로해 버렸다.

"어쩌면 그것은 모두 좋은 일인지도 모릅니다. 하지만 어째서 내가 전혀 이용하지도 않을 병원이나, 내 아들을 보낼 생각도 없고 농부들도 아이들을 보내고 싶어 하지 않는 학교를 세우는 데 힘을 쏟아야 합니까? 난 애들을 꼭 학교에 보내야 한다고는 생각하지 않아요." 그가 말했다.

꼬즈느이쉐프는 이 의외의 말에 잠시 얼떨떨했다. 그러나 그는 곧 새로운 공격 작전을 짰다. 그는 잠시 침묵하며 낚싯대 하나를 거둬 올렸다가 다시 고쳐 던지고 나서 씩 웃으며 동생을 돌아보았다.

"잘 들어라…… 먼저 병원은 꼭 필요해. 당장만 해도 우리는 아가피야를 위해서 군의관을 부르지 않았니."

"하지만 그 손은 굽은 채로 낫지 않을 걸요."

"그거야 아직 모르지…… 그리고, 농부든 노동자든 읽고 쓸 줄 아는 편이 너에게도 더 필요하고 가치 있지 않을까?"

"아닙니다, 아무에게나 물어보세요." 레빈은 딱 부러지게 대꾸했다. "학식이 있는 자는 노동자로서 훨씬 열등합니다. 길 하나도 제대로 고치지 못하고, 다리를 놓으면 금방 이것저것 다 훔쳐 가 버리니까요."

"그렇지만." 꼬즈느이쉐프는 벌레 씹은 얼굴로 말했다. 그는 모순이라든가, 특히 지금처럼 이랬다저랬다 연방 화제를 옮기고 무엇에 대꾸해야 할지 모를 만큼 전혀 맥락 없이 새로운 논거를 끄집어내는 토론을 좋아하지 않았다. "그렇지만 요점은 그게 아니야. 잘 봐, 넌 교육이 농민에게 유익하다는 것은 인정하겠지?"

"인정합니다." 레빈은 불쑥 대답하고 나서 곧 자기가 마음에도 없는 소리를 지껄이고 말았음을 알아챘다. 만약 그것을 인정하면, 자기가 여태까지 한 얘기는 빈말이고 아무런 의미도 없음을 증명하는 꼴이다. 어떻게 증명될지는 몰랐지만, 그것이 분명 의심할 여지없이 논리적으로 입증되리라는 것만은 알고 있었다. 그래서 그는 그 입증을 기다렸다.

증명은 레빈이 예상했던 것보다 훨씬 간단했다.

"만약 그 점을 인정한다면……." 꼬즈느이쉐프가 말했다. "그렇다면 넌 성실한 인간으로서 그런 사업을 사랑하고 그것에 공명하지 않을 수 없을 거야. 따라서 그것을 위해 노력해야겠다고 바라지 않을 수 없겠지.”

“하지만 난 아직 그 사업이 좋은 일이라고는 인정하지 않아요.” 레빈은 얼굴이 빨갛게 달아오르는 것을 느끼며 말했다.

“어째서? 방금 그렇다고 얘기했잖아?”

“말하자면 난 그것을 좋은 일이라고도, 가능한 일이라고도 판단할 수가 없습니다.”

“노력해 보지도 않고 그런 말을 할 순 없어.”

“그럼 그렇다고 합시다.” 레빈은 찬성하지도 않으면서 이렇게 말했다. “일단 그렇다고 해 둡시다. 그렇지만 난 역시 무엇 때문에 내가 그런 일에 신경을 써야 하는지 모르겠어요.”

“무슨 뜻이지?”

“기왕 얘기가 이렇게 되었으니, 어디 철학적인 견지에서 설명해 주세요.”

“여기서 왜 철학을 끄집어내는지 그 까닭을 모르겠군.” 꼬즈느이쉐프는 동생에게 철학에 대해서 논할 자격을 인정하지 않는 듯한(레빈은 그렇게 느꼈다) 말투로 말했다. 이것이 레빈의 비위를 거슬렀다.

“말하자면 이런 겁니다!” 그는 잔뜩 열을 올리며 말했다. “난 우리의 모든 행동의 원동력은 역시 개인의 행복이라고 생각해요. 그런데 지주 귀족으로서 난, 오늘날의 지방제도에서 무엇 하나 내 행복을 증진할 만한 것을 찾아내지 못했습니다. 도로는 좋아지지 않고 더 이상 나아질 수도 없습니다. 내 말은 그 나쁜 길 위에서도 나를 태우고 달립니다. 나에게는 의사도 병원도 필요 없습니다. 치안판사도 그래요. 나는 한 번도 그들 신세를 진 적이 없고 앞으로도 그럴 겁니다. 학교는 나에게 아무 소용이 없을뿐더러 아까 말씀드렸던 것처럼 오히려 해로울 정도예요. 나한테 지방제도라는 것은 그저 1제샤찌나에 18코페이카의 세금을 바쳐야 하고, 일부러 도회로 나가 빈대가 있는 여인숙에 묵으며 온갖 쓸데없고 야비한 얘기를 들어야 할 뿐, 개인적인 이해(利害)와는 하나도 관계없단 얘깁니다.”

“이거 봐!” 꼬즈느이쉐프는 미소를 머금으며 동생의 말을 가로막았다. “우리 귀족들로 하여금 농노해방을 위해서 온갖 애를 쓰게 한 것은 개인적인 이해가 아니야. 그래도 우린 그것을 해치웠잖니.”

"아닙니다!" 더욱더 흥분하여 달아오른 레빈이 형의 말을 가로챘다. "농노해방은 다른 문제죠. 거기에는 개인적인 이해가 있었습니다. 그것은 우리, 즉 모든 선량한 사람들을 억압하던 멍에를 스스로 벗어던지려는 시도였으니까요. 그렇지만 주 의회 의원이 되어서 자기가 살지도 않는 마을에 청소부가 몇 명 필요한지, 하수관을 어떻게 부설해야 할지를 논의하고, 배심원이 되어서 햄을 훔친 농부를 재판하기 위해 변호사와 검사의 온갖 어리석은 변론이며 논고를 여섯 시간이나 들은 뒤에, 재판장이 그 바보 알료쉬아 영감에게 '피고, 당신은 햄을 훔친 사실을 시인하십니까?', '뭐어?' 하고 문답하는 것을 들어야 한다는 것은……."

레빈은 어느 틈에 주제에서 벗어나 재판장과 바보 알료쉬아 흉내를 내고 있었다. 그는 그러한 것이 문제 요점과 상관이 있다고 생각했던 것이다.

그러나 꼬즈느이쉐프는 어깨를 으쓱했다.

"그래, 그래서 넌 도대체 무슨 얘기를 하고 싶은 거냐?"

"난 다만, 난…… 나의 이해와 관련된 권리는 언제나 온 힘을 다해 지킬 것이라는 얘기입니다. 아직 학생일 적에 헌병들이 집을 수색하고 편지를 조사했을 때도 난 온 힘을 기울여서 이러한 권리, 나의 교육과 자유의 권리를 지키고자 했습니다. 또 난 내 아이들과 형제들, 나 자신의 운명과 관계가 깊은 병역의 의무도 이해하고 있습니다. 난 나와 관련된 문제에 대해서는 숙고할 준비가 되어 있습니다. 그렇지만 지방청의 돈 4만 루블을 어떻게 할당해야 하는가, 바보 알료쉬아를 재판해야 하는가는 난 알지도 못하고 또 알고 싶지도 않습니다."

레빈은 마치 둑이 무너지기라도 한 것처럼 거침없이 얘기했다. 꼬즈느이쉐프는 씩 웃었다.

"그러면 내일 네가 피고 위치에 놓인다 하더라도, 넌 이전의 형사 재판소에서 조사를 받는 편이 낫다는 거군그래?"

"내가 피고가 될 턱이 없죠. 난 절대로 사람을 찔러 죽이는 짓은 하진 않으니까요. 그러니까 나한테 그런 것은 필요 없습니다. 생각해 봐도 말입니다!" 그는 또다시 당면한 문제와는 전혀 동떨어진 화제로 말머리를 옮겼다. "우리의 지방제도 기관이란, 오순절(五旬節)에 우리가 유럽에서 자생하는 숲을 흉내내려고 자작나무 가지를 땅에 꽂는 것과 같습니다. 난 그런 장식용 자작나무 가지 따위에 정성껏 물을 준다든가 그것을 믿는다든가 할 생각이 없습니다."

꼬즈느이쉐프는 도대체 그들의 논쟁 중 어디에서 이런 자작나무니 하는 것이 튀어나왔는지 모르겠다는 뜻으로 그저 어깨를 움츠렸다. 하지만 그는 아우가 무슨 말을 하려는가는 충분히 이해하고 있었다.

"잠깐만, 이런 식이면 토론이 안 되잖아." 그가 지적했다.

그러나 레빈은 자기도 알고 있는 결점, 만인의 행복에 대한 무관심을 변명하고 싶었으므로 말을 계속했다.

"난 말입니다." 레빈이 말했다. "어떤 활동이라도 그것이 개인적인 이해에 기초를 두지 않는다면 굳건할 수 없다고 봅니다. 이것은 일반적인 진리, 철학적인 진리입니다." 그는 단호한 어조로, 자기한테도 다른 사람들과 마찬가지로 철학을 논할 자격이 있다는 것을 보여 주려는 듯이 '철학적'이라는 말에 특히 힘을 주면서 말했다.

꼬즈느이쉐프는 다시 한 번 미소를 지었다. '이 녀석에게도 역시 자기 경향에 따른 나름의 철학이 있군.' 그는 생각했다.

"뭐, 철학이니 하는 얘기는 그만하지." 그가 말했다.

"예부터 철학 과제는 말하자면 개인의 이해와 공공의 이해 사이에 있는 필연적인 관련을 찾아내는 것이지만, 지금 중요한 건 그게 아냐. 지금은 네 비유를 바로잡아 주는 게 더 중요하지. 자작나무는 그냥 꽂는 것이 아니라 심는 거야. 또 어떤 것은 파종해서 키운 것이지. 그리고 키우려면 충분히 보살펴 주어야 해. 미래가 있고, 역사를 가진 국민이라고 불릴 수 있는 것은, 오직 자국 제도가 중대하고 의미 있음을 알고 그것을 존중하는 국민뿐이니까 말이야."

꼬즈느이쉐프는 레빈으로서는 이해할 수 없는 철학사 영역으로 논점을 옮기고 그의 견해의 오류를 하나하나 지적해 줬다.

"네가 공공사업에 부정적인 것은, 언짢게 들릴지도 모르지만, 우리 러시아인의 나태와 지주근성 때문이라고 할 수밖에 없어. 그렇지만 난 확신하고 있어, 그런 일시적인 미망(迷妄)은 곧 사라지고 말 거야."

레빈은 잠자코 있었다. 그는 이 논쟁에서 완전히 졌다는 사실을 느꼈다. 동시에 자기가 말하려고 했던 것이 형에게 제대로 전해지지 않았음을 느꼈다. 그는 어째서 그것이 전해지지 않았는지 몰랐다. 자기 생각을 명백히 얘기하지 못했기 때문인지, 혹은 형이 그의 말을 이해하려 하지 않았기 때문인지, 그렇잖으면 이해할 수 없었기 때문인지. 그러나 그는 이러한 생각에 깊이 파고들지 않았고, 형에게 반박하지도 않은 채 전혀 다른 자기 자신의 일에 대하여 생각하기 시작했다.

꼬즈느이쉐프는 마지막 낚싯대를 거두었고, 레빈은 매어 두었던 말을 풀었다. 그들은 마차를 타고 그곳을 떠났다.

4

형과 얘기하는 동안 레빈의 마음을 차지하고 있던 자신의 일이란 다음과 같은 것이었다. 지난해 어느 날, 풀베기를 보러 나갔다가 집사에게 크게 화가 난 레빈은 마음을 가라앉히는 평소의 방법을 활용해 보았다. 농부 손에서 낫을 빼앗아 자신이 풀베기를 시작한 것이었다.

그는 그 일이 매우 마음에 들었으므로 그 뒤에도 서너 차례 되풀이하다가 집 앞 풀밭까지 혼자서 다 베어 버렸다. 그래서 올해에는 초봄부터 풀을 베는 시기가 되면 농부들과 함께 날마다 풀베기를 해야겠다고 계획을 세운 터였다. 그런데 형이 온 뒤부터 그는 벨까 말까 망설이기 시작했다. 모처럼 와 준 형을 며칠씩 혼자 놔두기가 어쩐지 거북스러웠던 것이다. 게다가 그런 짓을 해서 형한테 웃음거리가 되는 것도 싫었다. 그러나 조금 전 풀밭을 지나면서 풀을 벨 때의 기분을 떠올린 그는 구애받을 것 없이 베러 나가야겠다고 거의 마음을 굳혔다. 그리고 형과의 논쟁 뒤 그는 또다시 이 계획을 생각해 낸 것이다.

'육체적인 운동이 필요하다, 그렇잖으면 내 성질은 아주 못쓰게 될 거다.' 이렇게 생각한 그는 형이나 농부들 앞에서 풀베기가 아무리 거북할지라도 반드시 하기로 결심했다.

그날 저녁 레빈은 사무실로 가서 작업 지시를 하고, 내일 근방에서 가장 넓고 좋은 깔리노프 풀밭을 벨 일꾼을 모으러 마을마다 사람을 보냈다.

"그리고 수고스럽겠지만 내 낫을 찌뜨한테 보내서 날을 세워 내일 가지고 오라고 해 줘, 형편을 봐서 나도 같이 벨 테니까." 그는 대수롭지 않은 척 애쓰면서 말했다.

"알았습니다." 집사가 히죽 웃으며 대답했다.

저녁에 차를 마시는 동안 레빈은 형한테도 이 사실을 알렸다.

"한동안 날씨가 맑을 것 같으니 내일부터 풀베기를 시작하렵니다."

"나도 그 일은 좋아하지." 꼬즈느이쉐프가 말했다.

"난 아주 좋아합니다. 가끔 직접 농부들과 함께 베기도 하죠. 내일은 온종일 해 볼 생각이에요."

꼬즈느이쉐프는 고개를 쳐들고 신기하다는 듯 동생 얼굴을 쳐다보았다.

"뭐라고? 그러니까 농부들하고 똑같이, 온종일?"

"네, 정말 즐거워요." 레빈이 말했다.

"신체 단련으로는 그만이겠구나. 그런데 네가 과연 그것을 견디어 낼 수 있 겠느냐?" 꼬즈느이쉐프는 조금도 비웃는 기색 없이 말했다.

"전에도 해 봤어요. 처음엔 꽤 괴로웠지만 이내 길이 들더군요. 중도에서 그 만둔다든가 하지는 않을 것 같아요……."

"음, 그래! 그런데 농부들은 그것을 어떻게 보느냐? 틀림없이 이상한 나리라 고 웃을 것 같은데."

"아니, 난 그렇게 생각하지 않아요. 하여간 그것은 유쾌하면서도 동시에, 생 각 자체를 할 겨를도 없을 만큼 고된 일이니깐요."

"그렇지만 네가 어떻게 농부들하고 같이 점심을 먹겠니? 라피뜨 와인이니 칠면조 불고기를 그리 가져오게 한다는 것도 좀 쑥스럽잖아."

"아니, 식사는 그들이 쉬는 동안에 잠깐 집에 돌아와서 할 생각입니다."

이튿날 아침, 레빈은 여느 때보다도 일찍 일어났으나 경영상의 문제로 시간 을 끌었기 때문에, 말을 달려 풀베기를 하는 곳에 도착했을 때는 삯꾼들이 벌 써 두 번째 두둑을 베고 있었다.

언덕 위에서 내려다보니, 이미 풀베기가 끝난 산 밑 풀밭 일부가 검은 그림 자처럼 펼쳐져 있었고, 잿빛 두둑에 삯꾼들이 출발점께에서 벗어던져 놓은 웃 옷 무더기들이 보였다. 그쪽으로 가까워질수록, 외투를 입거나 셔츠 바람이기 도 한 농부들이 띄엄띄엄 낫을 내두르면서 잇따라 긴 열을 지어 나가는 모습 이 눈에 들어왔다. 세어보니 마흔두 명이었다.

그들은 예전에는 저수지였던 울퉁불퉁한 풀밭을 천천히 걸어가고 있었다. 레빈은 자기 집 일꾼 대여섯 명을 알아보았다. 저쪽에는 아주 긴 흰 셔츠를 입 은 예르밀 영감이 구부정하게 몸을 구부리고 낫을 휘두르고 있었고, 이쪽에는 전에 레빈 집에서 마부살이를 했던 젊은 바시까가 기운차게 한 줄 한 줄 베고 있었다. 또 풀베기로는 레빈의 스승 격인, 몸집이 작고 야윈 농부 찌뜨도 있었 다. 그는 허리를 굽히지도 않고 선두에 서서 마치 낫을 가지고 놀기라도 하듯이 가벼운 손놀림으로 남들보다 널찍한 두둑을 쓱쓱 베어 나가고 있었다.

레빈은 말에서 내려 말을 길가에 매어 놓고 찌뜨한테 다가갔다. 그는 덤불 속에서 낫 한 자루를 꺼냈다.

"잘 갈아 뒀습죠, 나리. 면도날처럼 대기만 하면 저절로 베일 겁니다." 찌뜨는 웃는 얼굴로 모자를 벗고 그에게 낫을 건네면서 말했다.

레빈은 낫을 받아들고 살펴보았다.

자기 두둑을 끝내고 땀투성이가 된 쾌활한 일꾼들이 잇따라 길로 나와서 웃는 낯으로 주인에게 인사를 했다. 그들은 모두 레빈을 바라보고 있었으나 아무도 입을 열지 않았다. 그 가운데 양피 재킷을 입은, 키가 훤칠하고 수염이 없는 주름진 얼굴의 영감이 나와서 그에게 이렇게 말했다.

"아시겠죠, 나리. 일단 일을 시작하면 중도에 주저앉든가 해선 안 되십니다." 그가 말했다. 레빈은 일꾼들 틈에서 킥킥거리는 웃음소리를 들었다.

"주저앉지 않도록 해 보지." 그는 찌뜨 뒤에 서서 일이 시작되기를 기다렸다.

"아시겠죠." 영감은 되풀이 말했다.

찌뜨가 자리를 내어 주자 레빈은 그의 뒤를 따라서 풀을 베기 시작했다. 길가라 풀이 짧았고 오랫동안 풀을 베지 않은 데다가 자기한테 쏠린 많은 사람의 눈길에 얼떨떨했으므로, 레빈은 힘껏 낫을 내둘렀지만 처음 한동안은 제대로 베지 못했다. 등 뒤에서 이런 소리가 들렸다.

"대는 것이 서툴군, 자루가 너무 높아. 어이구 저 구부리는 꼴 좀 봐." 한 사람이 말했다.

"발뒤꿈치에다 더 힘을 줘야지." 다른 한 사람이 말했다.

"뭐, 괜찮아, 이내 익숙해질 거야." 이어서 영감의 목소리가 들렸다. "저 봐, 시작하셨군…… 그렇게 욕심을 부리시다간 지쳐 버리실 텐데…… 아무튼 주인이시니깐, 자기 땅을 위해 애쓰는 것도 무리는 아니지! 그런데 저것 좀 보라지, 벤 자국이 들쑥날쑥하구먼! 우리가 그랬다면 대번에 한 대 야물게 얻어터졌을 텐데."

풀은 차츰 부드러워졌다. 레빈은 그들 얘기를 들으면서도 대꾸는 하지 않고 될 수 있는 대로 잘 베려고 애쓰면서 찌뜨 뒤를 따라갔다. 그렇게 100발짝쯤 나아갔다. 찌뜨는 좀처럼 지친 기색도 없이 멈추려고도 하지 않고 줄곧 앞으로 나아갔다. 그러나 레빈은 이제 더는 견디지 못할 것 같은 생각이 들었다.

그만큼 지쳐 버렸다.

그는 자기가 최후의 힘을 쥐어짜서 낫을 내두르는 것을 느끼고, 찌뜨한테 좀 쉬자고 해야겠다고 마음먹었다. 그런데 그때 마침 찌뜨가 일손을 멈추고, 허리를 구부리더니 풀을 뜯어서 낫을 문질러 닦기 시작했다. 레빈은 허리를 쭉 펴고 한숨을 길게 내뿜으면서 주위를 둘러보았다. 그의 뒤를 따르던 한 농부 역시 지쳤는지 레빈 옆까지도 따라오지 못하고 냉큼 멈춰서 낫을 갈기 시작했다. 찌뜨는 자기의 낫과 레빈의 낫을 차례로 갈았다. 그리고 그들은 다시 앞으로 나아갔다.

이번에도 마찬가지였다. 찌뜨는 조금도 멈추지 않고 지친 기색도 없이 낫을 휘두르며 앞으로 나아갔다. 레빈은 뒤처지지 않으려고 애쓰면서 그의 뒤를 따랐으나 점점 힘들어졌다. 그리고 이제 힘이 하나도 남아 있지 않다고 느낀 바로 그 순간, 찌뜨는 발을 멈추고 낫을 갈았다.

이렇게 해서 그들은 첫째 두둑을 마쳤다. 이 긴 두둑이 레빈에게는 특히 괴로운 것처럼 여겨졌다. 마침내 한 두둑을 다 베고 난 찌뜨가 낫을 어깨에 둘러메고 느릿느릿한 걸음걸이로 자기 뒤꿈치가 남긴 발자국을 따라 되돌아가기 시작하고, 레빈도 자기가 벤 자국을 따라 마찬가지로 되돌아 걷기 시작하자, 비 오듯 흘러내리는 땀이 코끝에서 방울방울 떨어지고 등이 온통 물속에 들어갔다 나온 것처럼 흠씬 젖어 축축했지만 그는 기분이 무척 상쾌했다. 특히 자기도 이런 일을 견디어 낼 수 있다는 자부심이 그를 한층 즐겁게 했다.

다만 그의 만족스러운 기분을 잡치는 것은 그저 자기 두둑이 잘 베어져 있지 않다는 것뿐이었다. '낫을 손으로만 내두르지 말고 온몸으로 베도록 해야겠다.' 그는 자로 잰 듯이 반듯한 찌뜨의 두둑과 무늬라도 놓은 것같이 울룩불룩한 자기 두둑을 견주어 보면서 이렇게 생각했다.

첫 번째 두둑은 레빈도 알아차렸던 것처럼 찌뜨가 주인을 시험해 볼 양으로 특별히 빠르게 나아갔던 데다, 유난히 길었다. 그에 비하면 나머지 두둑들은 한결 손쉬웠다. 그래도 레빈은 농부들에게 뒤처지지 않으려면 온 힘을 쥐어짜내야 했다.

그는 농부들에게 뒤지지 않겠다는 생각과 최대한 잘 베어야 한다는 일념 이외에는 아무것도 생각하지 않았고 바라지도 않았다. 그저 사악 사악 하고 베이는 낫 소리를 들으며, 자기 앞에서 쑥쑥 멀어져 가는 찌뜨의 반듯한 뒷모습, 풀을 베고 난 자리의 반달 같은 풀 모양, 자기 낫의 날 언저리로 천천히 물결치면서 쓰러져 가는 풀과 꽃 우듬지, 끝까지 가면 한숨을 돌릴 수 있는 저 앞쪽 두둑 머리를 볼 뿐이었다.

일이 한창일 때 별안간 그는 땀이 흠뻑 밴 뜨뜻한 어깨 언저리에 어디서 왔는지 모르는 냉기의 상쾌한 감촉을 느꼈다. 찌뜨가 낫을 가는 사이에 하늘을 우러러보았다. 갑자기 무거운 먹구름이 나지막하게 하늘을 덮으며 굵은 빗방울을 쏟아내고 있었다. 몇몇 농부들은 웃옷을 벗어놓은 쪽으로 뛰어가서 그것을 걸쳤다. 그러나 다른 이들은 레빈과 마찬가지로 그 시원한 비를 만끽하며 즐거운 듯 어깨를 으쓱했다.

한 두둑 또 한 두둑 일이 진행됐다. 긴 두둑이 있으면 짧은 두둑도 있었고, 풀이 좋은 두둑이 있으면 나쁜 두둑도 있었다. 레빈은 시간관념 자체를 까맣게 잊고 지금이 이른 시간인지 늦은 시간인지도 전혀 몰랐다. 이제 그의 일에서 그에게 커다란 기쁨을 주는 변화가 일어나기 시작했다. 한창 일하는 중간에 문득 그가 지금 하는 일이 힘들다는 사실을 잊어버리는 순간이 찾아왔다. 몸이 한결 가벼워졌다. 더구나 그런 순간에 벤 두둑은 거의 찌뜨의 그것처럼 고르고 훌륭하게 베어졌다. 그러나 그가 한번 정신이 들어 일을 잘해야겠다고 의식하기 시작하면, 갑자기 일은 또 어려워졌고 두둑도 잘 깎이지 않았다.

또 한 두둑을 끝내고 나서 그가 다음 두둑을 시작하려고 하는데, 찌뜨가 일손을 멈추더니 아까 그 영감에게 다가가 무언가 귓속말로 속삭였다. 두 사람은 해를 올려다보았다. '무슨 얘기를 하는 거지? 어째서 다음 줄로 옮겨가지 않을까?'

레빈은 농부들이 벌써 쉴 새 없이 4시간이나 일했으며, 슬슬 식사할 시간이 됐다는 것도 알아채지 못하고 생각했다.

"식사 때가 됐습니다. 나리." 영감이 말했다.

"저런, 벌써 시간이 그렇게 됐나? 그럼 먹어야지."

레빈은 낫을 찌뜨한테 건네고, 빵을 가지러 웃옷이 있는 쪽으로 걸어가는 농부들과 함께, 약간 비에 젖은 기다랗게 베인 두둑들을 지나 말이 있는 곳으로 갔다. 거기에서 비로소 그는 자기가 날씨를 잘못 가늠했다는 것과 비에 풀이 젖어버렸다는 것을 알았다.

"풀이 비에 젖어 못 쓰게 되지 않을까." 그가 말했다.

"뭘요, 나리. 비 오는 날 베고 갠 날 거둬들이라는 말도 있잖습니까!"

영감은 말했다.

레빈은 말을 풀어, 커피를 마시러 집으로 향했다.

집에서는 꼬즈느이쉐프가 막 잠자리에서 일어나 있었다. 그가 옷을 갈아입고 식당으로 나오기 전에, 레빈은 커피를 마시고 나서 다시 풀 베는 곳으로 떠났다.

5

식후에 레빈은 처음 장소가 아니라, 일부러 자기 옆으로 오라고 불러준 익살꾼 영감과 지난해 가을에 갓 결혼해 올여름 처음으로 풀베기에 나온 젊은 농부 사이에 끼게 되었다.

영감은 몸을 반듯이 펴고 규칙적인 큰 걸음으로 구부정한 다리를 옮기면서, 보기에는 평범하게 걸어가며 손을 내젓는 정도로밖에 여겨지지 않는 정확하고 한결같은 동작으로 마치 장난이라도 치듯, 키가 큰 풀 줄기를 차례차례 베어 눕히면서 앞으로 나아갔다. 마치 그가 아닌 예리한 낫 자체가 저절로 물기가 많은 풀을 서걱서걱 베어 나아가는 것만 같았다.

레빈 뒤를 따르는 젊은이는 미쉬까였다. 풀을 꼬아 머리에다 질끈 동여맨 그의 젊고 귀염성 있는 얼굴은 고된 작업으로 일그러져 있었다. 그러면서도 그는 남의 시선을 받으면 금방 벙글벙글 웃음을 지어 보였다. 보아하니 일 때문에 우는소리를 하느니 차라리 죽어 버리는 편이 더 낫다고 여기는 듯했다.

레빈은 그들 사이를 나아갔다. 한더위에도 풀베기가 그다지 고되다고는 여겨지지 않았다. 온몸을 적신 땀이 그를 시원하게 해 주었고, 등과 머리와 팔꿈치까지 소매를 걷어 올린 팔에 내리쬐는 태양은 노동할 힘과 끈기를 북돋아 주었다. 게다가 자기가 무엇을 하는지 생각하지 않아도 되는 무의식 상태가 더욱 자주 찾아왔다. 그럴 때면 낫이 저절로 풀을 베었다. 행복한 순간이었다. 그보다 더 즐거운 순간은 두둑과 맞닿아 있는 냇가까지 풀을 베어 나아갔을 때, 영감이 낫을 축축한 짙은 풀로 닦고 나서 맑은 냇물에 씻은 뒤 생철통에 물을 떠서 레빈에게 대접했을 때였다.

"어떻습니까, 저의 *끄바스*[1]가! 좋죠?" 영감이 눈을 찡긋하면서 말했다.

---

*1 러시아 전통 청량음료.

아닌 게 아니라 풀잎이 동동 뜬 생철통의 녹슨 맛이 나는 이 미적지근한 음료는 레빈이 지금까지 마셔 본 것 중에서 가장 맛있었다. 그 뒤에는 곧 유유하고 행복하게 낫을 손에 들고 한갓진 걸음을 옮겼다. 그 사이 흐르는 땀을 닦고, 가슴 가득히 공기를 들이마시고, 풀 베는 일꾼들의 긴 행렬이며 둘레 숲과 들에서 일어나는 일들을 바라볼 수도 있었다.

레빈은 풀베기를 하면 할수록 더한층 무아경의 순간을 자주 느끼게 됐다. 그럴 때는 손이 낫을 내두르는 것이 아니라 마치 낫이 자의식을 갖고 생명에 찬 육체를 움직이기라도 하듯, 마치 요술에 걸린 것처럼 그가 일에 대해 아무 생각도 하지 않는데도 정확하고 정밀하게 일이 저절로 진행되었다. 이것이 가장 행복한 순간이었다.

다만 무의식에서 깨어나 어떻게 베어야 하나 하고 생각해야만 할 때—작은 언덕이며 제초되지 않은 단단한 마디풀을 깎아야 할 때는 고통스러웠다. 영감은 그것을 거뜬히 해치웠다. 작은 언덕에 이르면 영감은 동작을 바꾸어 어떤 데서는 자루 쪽으로, 어떤 데서는 낫 끄트머리로 양쪽에서 짧은 타격을 가하여 거침없이 베어 나갔다. 그러면서도 그는 줄곧 자기 앞에 펼쳐져 있는 것에 주의를 기울였다. 산딸기를 따서 먹거나 레빈한테 주기도 하고, 낫 끄트머리로 잔가지를 걷어 젖히기도 하고, 낫 바로 밑에서 둥지를 찾아 빤히 관찰하여 메추라기가 날아오르게 하고, 길에 나온 뱀을 잡아 포크로 찌르듯 낫으로 들어 올려 레빈에게 보이고는 내던지기도 했다.

레빈에게도 그의 등 뒤에 있는 젊은 사내에게도 이런 동작의 전환은 어려웠다. 둘 다 그저 긴장된 운동을 되풀이하며 일에 열중해 있었으므로, 동작을 변경하면서 동시에 눈앞에서 일어나는 것들을 관찰할 여유는 없었다.

레빈은 시간이 가는 것을 느끼지 못했다. 만약 누군가 그에게 몇 시간이나 베었느냐고 묻는다면 그는 30분 정도라고 대답했을 것이다. 그러나 벌써 점심 때가 가까워 오고 있었다. 새 두둑에 돌입하면서 영감은, 키가 큰 풀숲이며 길을 지나 빵이 든 보따리와 누더기 조각으로 마개를 한 끄바스 병을 무거운 듯이 들고 여기저기에서 그들 쪽으로 모여드는 사내애들과 계집애들에게 레빈의 주의를 유도했다.

"저거 보세요, 딱정벌레들이 기어오고 있습니다!" 그는 아이들 쪽을 가리키면서 말하고는 손으로 이마를 가리고 해를 보았다.

두 두둑을 더 베고 나서 영감은 일손을 멈췄다.

"자아 나리, 점심을 먹어야죠!" 그가 딱 잘라 말했다. 내 있는 데까지 풀을 다 벤 일꾼들이 두둑을 가로질러 웃웃이 놓인 곳으로 갔다. 거기에는 점심을 가져 온 아이들이 그들을 기다리면서 둘러앉아 있었다. 농부들이 모두 모였다. 멀리서 온 자는 달구지 밑에, 가까이 있는 자는 그 위로 베어낸 풀을 잔뜩 던져둔 덤불 나무 그늘에.

레빈은 그들 가까이에 자리를 잡았다. 그는 거기를 떠나고 싶지 않았던 것이다.

주인을 어려워하는 태도는 벌써 오래전에 자취를 감추었다. 농부들은 점심밥을 먹을 준비했다. 어떤 이는 손을 씻고 젊은 패들은 내로 뛰어들었다. 다른 이들은 쉴 곳을 만들어 빵이 든 보자기를 끄르고 끄바스 병의 마개를 뺐다. 영감은 컵 속에 빵을 부수어 넣고 그것을 숟가락 자루로 으깨고는 생철통의 물을 붓고 그 위에 다시 한 번 빵을 잘게 짓이겨 소금을 뿌리더니, 동쪽을 향해 기도를 올렸다.

"자아, 나리, 제 빵죽이올시다." 그는 컵 앞에 무릎을 꿇고 앉아 이렇게 말했다.

빵죽이 매우 맛있었으므로 레빈은 집으로 식사하러 가려던 것을 그만뒀다. 그는 영감과 식사를 같이하면서 그의 가정사에 귀를 기울였고, 영감이 흥미를 보일 법한 범위 내에서 자기 일이며 온갖 사정에 대한 얘기를 들려주었다. 그는 형보다도 이 영감이 더 친근하게 느껴졌다. 이 사내에게 호감을 느끼며 자기도 모르게 빙그레 웃었다. 영감이 재차 일어나 기도를 올리고, 그대로 풀다발을 베개 삼아 그늘 속에 눕자, 레빈도 똑같이 따라 했다. 그러자 뙤약볕 속에서 끈덕지게 들러붙으며 땀에 전 얼굴과 몸뚱이를 간질이는 파리나 벌레에도 아랑곳없이 곧 잠이 들었다. 그리고 태양이 덤불 건너편으로 돌아서 그를 내리쬐기 시작했을 무렵에야 겨우 눈을 떴다. 영감은 진작 일어나 젊은이들 낫을 손질해주고 있었다.

레빈은 주위를 둘러보았다. 몰라볼 정도로 모든 것이 바뀌어 있었다. 풀로 뒤덮였던 질펀한 벌판이 홀렁 깎여, 향기로운 건초의 열(列)을 지으면서 비스듬한 저녁 햇살을 받아 일종의 특별하고 새로운 광채를 내고 있었다. 주변 잡초를 베어 도드라진 냇가의 관목, 아까까지는 보이지 않았으나 지금은 그 물굽이가 강철처럼 반짝이는 시냇물, 굼실굼실 일어날 준비를 하는 사람들, 아직 베다 남은 풀밭의 깎아지른 듯한 풀 벽, 그리고 헐벗은 풀밭 위를 빙글빙글 나는 독수리, 이 모든 것들이 너무나 신선했다. 정신이 들자 레빈은 이제 얼마쯤 베었는지, 또 오늘 안으로 얼마나 더 벨 수 있을지 생각하기 시작했다.

마흔두 명의 인원만으로도 일이 꽤 많이 진척되어 있었다. 농노제 시대라면 서른 자루의 낫으로 이틀은 걸렸던 큰 풀밭이 이미 거의 다 베어져 있었다. 남은 데라곤 그저 짧은 두둑이 남은 구석 쪽뿐이었다. 그러나 레빈은 오늘 안으로 되도록 많이 베어 두고 싶었으므로 벌써 저물어 가는 해를 원망스럽게 여겼다. 그는 아무런 피로도 느끼지 않았다. 그저 더욱더 빨리, 가능한 한 많이 일을 끝내놓고 싶은 의욕이 있을 뿐이었다.

"어때, 마쉬낀 고지도 좀 베면 말이야. 자넨 어떻게 생각하나?" 그가 영감에게 물었다.

"글쎄올시다. 해가 얼마 남지 않아서 말씀이에요. 젊은 녀석들에게 술값이라도 좀 쥐여 주시겠죠?"

오후 새때에 일꾼들이 또다시 자리를 잡고 앉아 쉬면서, 담배를 피우는 사람들은 한 대씩 피우기 시작했을 때, 영감이 젊은이들에게 '마쉬낀 고지를 베면 술값이 나온다'고 알렸다.

"그래요, 베자고요! 가자, 찌뜨! 빨리 해치우자고! 밥이야 밤에 먹으면 어때. 합시다!" 여기저기서 와자지껄한 목소리들이 들렸다. 일꾼들은 나머지 빵을 먹고 나서 일자리로 돌아갔다.

"자아, 젊은이들, 달려들자꾸나!" 찌뜨가 이렇게 말하고 거의 달음질치듯 앞장서서 베어 나아갔다.

"나아가자, 나아가자!" 영감이 그들 뒤에서 베어 나아가다가 순식간에 앞지르면서 말했다. "먼저 베어 버린다! 정신 차리지 않으면!"

젊은이도 늙은이도 마치 경쟁이라도 하듯이 풀을 베었다. 그러나 아무리 서둘러도, 그들은 풀을 버려 놓는다든가 하지 않았다. 풀은 변함없이 반듯하고 훌륭하게 쌓여 나갔다. 한쪽 구석에 남아 있던 부분을 5분 만에 다 베어 버렸다. 아직 뒤쪽 패들이 자기 두둑을 미처 다 베기도 전에, 앞쪽 패들은 벌써 웃옷을 어깨에 척척 걸치고 길을 가로질러 마쉬낀 고지로 향했다.

그들이 생철통을 떨그렁거리면서 마쉬낀 고지의 울창한 골짜기로 들어섰을 때, 태양은 벌써 나무 끝에 비스듬히 걸려 있었다. 지대가 낮은 땅 한가운데에는 풀이 허리께까지 닿을 만큼 길었고, 부드럽고 연하고 잎이 넓었으며, 숲 속에서는 여기저기 며느리밥풀이 흩어져 있었다.

세로로 벨 것인가 가로로 벨 것인가 잠깐 상의하고서 프로호르 예밀린이 앞장섰다. 몸집이 크고 거무스름한 그는 풀베기 명수로 정평이 난 일꾼이었다. 그가 맨 먼저 한 두둑을 베고 다시 돌아와 옆 줄을 베어 나아갔다. 다른 사람들도 그의 뒤를 이어 먼저 골짜기를 따라 산기슭으로 내려갔다가 이어서 산등성마루 숲 바로 언저리까지 올라가면서 풀을 베었다. 해는 숲 너머로 기울고 있었다. 벌써 이슬이 내리기 시작했다. 언덕 꼭대기에 있는 일꾼들은 햇빛을 받았으나, 안개가 피어오르는 지대 낮은 땅과 반대쪽 비탈에서는 이슬에 젖은 상쾌한 그늘로 들어갔다. 일은 한창 고비에 이르렀다.

물기를 머금은 싱싱한 소리와 함께 벨 때마다 알싸한 향기를 풍기는 풀이 높게 줄지어 눕혀졌다. 덜그렁하고 생철통 소리가 나기도 하고 낫이 서로 부딪치는 소리, 쓱쓱 하고 숫돌로 낫을 가는 소리와 함께 여기저기에서 짧은 두둑 쪽으로 몰려든 풀 베는 일꾼들이 기운차게 소리를 지르며 서로 경쟁하듯 나아갔다.

레빈 역시 쭉 젊은 사내와 영감 사이에 있었다. 양피 재킷을 입은 영감은 아까와 마찬가지로 익살맞고 움직임도 쾌활했다. 숲에서는 싱싱한 풀 속에서 습기로 띵띵하게 부풀어 오른 자작나무 버섯이 끊이지 않고 낫에 걸려 사방으로 튀어 올랐다. 그런데 영감은 버섯을 발견할 때마다 허리를 구부려 주워서 호주머니에 넣었다. 그때마다 이렇게 중얼거렸다. "이것도 할멈한테 선물해야지."

축축하고 부드러운 풀을 베는 일은 아무것도 아니었지만 골짜기 가파른 벼랑을 오르내리는 것은 고통스러웠다. 그러나 영감은 예사로웠다. 앞서와 마찬가지로 낫을 내두르며 그 큼직한 짚신을 신은 발을 좁은 보폭으로 야무지게 딛고 떼면서 느릿느릿 비탈을 기어올라갔다. 비록 온몸이 부들부들 떨리면서 흘러내린 잠방이가 흔들거렸으나, 풀 하나, 버섯 하나도 놓치지 않았으며 언제나 똑같은 가락으로 농부들이나 레빈을 상대로 익살을 부렸다. 레빈은 그 뒤를 따랐다. 그는 맨손으로도 기어오르기 어려울 만큼 험준한 언덕배기를 이렇게 낫을 손에 들고 오르면서, 몇 번이나 이번에는 틀림없이 떨어지리라고 생각했다. 그러나 그는 올라가야 할 만큼 끝까지 올라갔고 해야 할 일을 해냈다. 그는 어떤 외부의 힘이 자기를 움직이는 듯한 느낌을 받았다.

6

일꾼들은 마쉬긴 고지의 풀을 다 베고 마지막 두둑도 끝났으므로 웃옷을 입고 즐겁게 귀로에 올랐다. 말에 올라탄 레빈은 농부들과 작별을 서운해하며 집으로 말을 몰았다. 언덕배기에서 뒤를 돌아다보았지만, 지대가 낮은 땅에서 자욱하게 피어오르는 안개 때문에 그들 모습은 보이지 않았다. 그저 유쾌하고 거친 애기 소리와 껄껄거리는 웃음소리, 낫이 서로 부딪치는 소리가 들릴 뿐이었다.

레빈이 헝클어진 머리칼을 땀에 젖은 이마에 들러 붙이고, 등이며 가슴이며 까맣게 보일 만큼 그을려 땀으로 범벅이 되어 쾌활하게 수선을 부리면서 형의 방으로 쑥 들어섰을 때는, 벌써 오래전에 식사를 끝낸 꼬즈느이쉐프가 우편으로 막 도착한 신문이며 잡지를 뒤적거리면서 레몬과 얼음이 든 물을 마시던 참이었다.

"저흰 오늘 풀밭을 죄다 베어 버렸어요! 아아, 정말 대단했어요. 놀랄 만큼 상쾌해요. 그런데 형님께선 어떻게 지내셨습니까?" 레빈은 어제의 불쾌한 논쟁 같은 것은 말끔히 잊고 이렇게 말했다.

"이거 봐! 도대체 그게 무슨 꼴이야!" 꼬즈느이쉐프는 우선 못마땅하게 동생 모습을 훑어보면서 말했다. "하여간 그 문, 문부터 좀 닫아!" 그가 소리쳤다. "틀림없이 열 마리 들어왔을 거야."

꼬즈느이쉐프는 파리를 무척 싫어했으므로 자기 방에서는 밤에만 창문을 열고, 방문조차 기를 쓰고 닫도록 하고 있었다.

"괜찮아요, 한 마리도 들어오지 않았어요. 만약 들어왔으면 내가 잡죠. 그나저나 오늘 내가 느낀 기쁨은 형님께선 좀 믿기 어려우실 겁니다. 형님은 온종일 뭘 하셨어요?"

"나도 잘 지냈어. 그런데 너 정말 온종일 풀을 벴니? 그렇다면 틀림없이 이리처럼 배를 주렸겠구나. 꾸지마가 널 위해 식사를 준비하고 있어."

"아니, 난 배고프지 않아요. 거기서 먹었어요. 그보다 가서 좀 씻고 오겠어요."

"그래, 그러려무나, 나도 곧 너한테 갈 테니까." 꼬즈느이쉐프가 고개를 내젓고 동생 얼굴을 쳐다보면서 말했다. "어서 가거라, 어서." 그는 웃는 얼굴로 덧붙이고 자기도 책들을 주섬주섬 주워 거두며 방을 나갈 준비를 했다. 그도 갑자기 즐거운 기분이 되어 동생과 헤어지고 싶지 않았던 것이다. "그런데 비가 왔을 땐 어디에 있었지?"

"비라뇨? 그냥 좀 후드득 떨어지고 말던걸요. 그럼 금방 다녀오겠습니다. 어쨌든 형님께서도 유쾌한 하루를 지내셨다 이거죠? 정말 잘됐어요." 레빈은 옷을 갈아입으러 나갔다.

5분 뒤 형제는 식당에서 만났다. 레빈은 먹고 싶은 생각이 없었지만, 처음에는 그저 꾸지마의 기분을 상하게 하고 싶지 않아서 식탁 머리에 앉았으나, 막상 한 숟가락을 뜨고 보니 밥맛이 무척 좋았다. 꼬즈느이쉐프는 빙그레 웃으면서 동생을 바라보고 있었다.

"아아 참, 너에게 편지가 왔더군." 그가 말했다. "꾸지마, 미안하지만 아래층에서 좀 가져다줘. 그리고 방문을 잘 닫도록 주의하고."

편지는 오블론스끼에게 왔다. 레빈은 그것을 소리 내어 읽었다. 오블론스끼는 뻬쩨르부르그에서 이렇게 써 보냈다.

'난 돌리한테 편지를 받았어. 그녀는 예르구쉬오보에 가 있는데 모든 것이 여의치 않은 모양이야. 미안하지만 그녀를 한번 찾아가서 조언이라도 좀 해주지 않겠나. 자넨 모든 것을 알고 있으니까. 자넬 만나면 틀림없이 반가워할 거야. 그녀는 가엾게도 지금 혼자야. 장모님 일가는 모두 함께 아직도 외국에 있어.'

"그렇군! 꼭 찾아가 봐야겠다." 레빈이 말했다. "같이 가시겠습니까? 그분은 정말 좋은 부인이에요. 그렇잖아요?"

"그 마을은 여기서 가까우냐?"

"30베르스따 떨어진 곳이에요. 아니 한 40베르스따쯤 될까요. 그렇지만 길이 좋아서 기분 좋게 갈 수 있습니다."

"거 좋군." 역시 싱글벙글하면서 꼬즈느이쉐프가 말했다. 그는 동생을 보고만 있어도 무조건 기분이 좋았던 것이다.

"그건 그렇고 네 식욕도 대단하구나!" 그는 접시 위에 코를 박을 듯이 숙인 동생의 검붉게 그은 얼굴과 목을 바라보면서 말했다.

"아니, 진짜 맛있어요! 형님께선 믿지 못하실지도 모르지만, 온갖 쓸데없는 망상을 떨치는 데 이만큼 효험이 있는 것도 없을 거예요. 난 Arbeitskur(노동요법)이라는 새로운 용어를 의학에 도입해야 한다고 생각해요."

"글쎄, 너한테는 그런 게 필요 없을 것 같은데."

"네, 하지만 갖가지 신경성 환자한테는 효과가 있을 거예요."

"그래, 직접 경험해 볼 필요가 있지. 실은 나도 풀 베는 데로 너를 보러 가려고 했었는데 더위를 견딜 수가 없어서 숲에서 더는 못 나갔단다. 그늘에서 조금 쉬었다가는 숲을 지나 마을로 갔지. 거기서 네 유모를 만나, 너에 대한 농부들의 견해를 한번 떠보았어. 그런데 내가 보기에 그들은 네가 풀을 베는 것을 그다지 찬성하지 않는 것 같더구나. 유모 말에 따르면 '나리들이 할 일이 아니다' 라는군. 아마 대체로 그들 머릿속에는 이른바 '나리들'의 일에 대해 굉장히 완고한 일종의 기준이 있는 것 같아. 그러니 그들의 해석에 따른 일정한 영역 밖으로 나리들이 나오는 것을 도저히 용납할 수 없는 거지."

"그럴지도 모르죠. 그렇지만 그건 제가 오늘날까지 아직 한 번도 느껴 본 적이 없었을 만큼 커다란 만족을 주었어요. 게다가 그다지 나쁠 것도 없고. 그렇잖아요?" 레빈이 대꾸했다. "그들 마음에 들지 않는다고 해도 어쩔 수 없어요. 난 아무것도 아니라고 여깁니다만. 어떻습니까?"

"즉." 꼬즈느이쉐프가 말을 계속했다. "넌 너의 오늘 하루에 아주 만족하고 있구나."

"아주 만족스럽습니다. 그 넓은 풀밭을 전부 베어 버렸으니깐요. 게다가 또 얼마나 좋은 영감하고 사귀었는지 몰라요! 얼마나 즐거웠는지 형님께선 상상할 수도 없으실 겁니다!"

"그렇군, 만족스러운 하루였군그래. 실은 나도 마찬가지야. 첫째, 난 체스의 수를 둘 풀었어. 하나는 특히 재미있는 거야. 졸(卒)벌리기라고 하는 건데, 나중에 보여 줄게. 그리고 또 어제 우리가 했던 얘기를 생각해 보았지."

"뭐요? 어제 얘기라뇨?"

식사를 마친 레빈은 행복한 듯 눈을 가늘게 뜨고 큰 숨을 내뿜으면서 물었지만, 어제 무슨 얘기를 했었는지는 조금도 생각해 낼 수 없었다.

"난 네 생각도 어느 정도 옳다는 것을 발견했어. 우리 의견이 서로 다른 점은, 넌 개인적인 이해를 원동력으로 보는 데 반해서, 난 어느 정도 교양을 갖춘 사람에게는 모두 만인의 행복이라는 공익 관념이 있어야 한다고 여기는 데 있어. 네 말에도 일리가 있다는 것은, 물질적 이해관계를 수반하는 활동에는 그편이 더욱 바람직하기 때문이야. 그러나 넌 프랑스인이 말하는 'primesautiére(충동적인)' 성질이 너무 강해. 넌 매우 정력적인 활동을 하든가 그렇지 않으면 아무것도 하지 않거나, 둘 중 하나니까."

레빈은 형의 말을 듣고는 있었지만 아무것도 이해하지 못했고 또 알려고도 하지 않았다. 그는 그저 형이, 자기가 조금도 이해하지 못했다는 사실을 단번에 눈치채 버릴 만한 질문을 하지 않았으면 하고 바랄 뿐이었다.

"그렇지, 이봐." 꼬즈느이쉐프가 레빈 어깨에 손을 대면서 말했다.

"네, 물론이죠. 어쨌든 난 내 생각만 고집하고 싶지는 않아요." 레빈은 어린애같이 겸연쩍은 미소를 띠고 대꾸했다. '그런데 내가 뭘 가지고 논쟁을 했더라?' 그는 생각했다. '물론 나도 옳고 형도 옳다. 그걸로 된 거야. 지금은 사무실에 가서 지시해 둬야지.' 그는 허리를 쭉 펴고 웃으면서 일어섰다. 꼬즈느이쉐프도 마찬가지로 미소 지었다.

"저쪽에 가려는 게지? 같이 가자." 그는 싱싱함과 젊음이 그 몸에서 넘쳐흐르는 동생과 떨어지기 싫어서 이렇게 말했다. "같이 가자꾸나. 만약 볼일이 있거든 사무실도 같이 가자."

"아아 이런!" 레빈은 꼬즈느이쉐프가 소스라쳤을 만큼 큰 소리로 외쳤다.

"왜 그래, 대체 무슨 일이야?"

"아가피야 손은 어때요?" 레빈이 자기 머리를 한 대 탁 치면서 말했다. "그녀에 관한 걸 까맣게 잊어버리고 있었어!"

"한결 나아졌어."

"그래요, 하여튼 그녀한테 얼른 뛰어갔다가 오겠습니다. 형님께서 모자를 채 쓰시기 전에 돌아오겠어요."

그는 소리 나는 장난감처럼 구두 뒤축을 요란하게 딸그락거리면서 층층대를 뛰어내려갔다.

7

오블론스끼는 관청에 근무하지 않는 사람이면 좀처럼 이해가 가지 않지만 근무하는 사람이면 누구나 공명하는, 지극히 자연스럽고 중요하며 근무에 반드시 병행되는 필수적인 의무, 즉 상급 관청에 얼굴도장을 찍기 위해 뻬쩨르부르그로 나왔다. 그가 이 의무 수행을 위해 집안의 거의 모든 돈을 긁어다가 즐겁고 유쾌하게 경마장이며 별장에서 신나게 지내는 동안, 돌리는 되도록 비용을 절약할 목적으로 아이들을 데리고 시골로 떠났다. 그녀는 자기 지참 재산인 예르구쉬오보 마을로 옮겨 왔는데, 그곳은 올봄에 오블론스끼가 숲을 매각한 곳으로 레빈이 사는 뽀끄로프스꼬예에서 50베르스따 정도 떨어진 지점에 있었다.

예르구쉬오보에는 큼직한 낡은 저택이 있었지만 안채는 벌써 오래전에 헐렸고, 아버지 쉬체르바스끼 공작 소유였을 때 별채만 다시 수리하고 확장해 놓았다. 그곳은 별채답게 한쪽 옆면으로 마차가 다니는 길을 끼고 있고 남향도 아니었지만, 한 20년 전 돌리가 아직 어렸을 때는 넓고 편리했었다. 그러나 지금은 이 별채도 낡고 쇠락해 있었다. 봄에 오블론스끼가 숲을 팔러 갈 때, 돌리는 그에게 집을 둘러보고 필요한 수리를 시켜 놓도록 부탁했다. 오블론스끼는 아내에게 죄의식을 느끼는 남편들이 으레 그렇듯이 그녀의 생활상의 편의에는 크게 신경썼으므로, 직접 집을 돌아보고 필요하다고 느낀 것에 대해서 모두 지시를 하고 왔다. 그의 생각으로는, 가구의 크레톤 사라사는 전부 새로 갈고 커튼을 달고 뜰을 청소하고 연못에 다리를 놓고 화초를 심는 일이 필요했다. 그러나 그는 그 밖의 꼭 필요한 것을 대부분 잊었으므로 그러한 미흡함이 나중에 돌리를 몹시 괴롭혔다.

오블론스끼가 아무리 사려 깊은 아버지이자 남편이 되려고 애써도, 도저히 자기는 처자가 있는 몸이라는 것을 염두에 두고 살 수 없었다. 그에게는 독신자 기질이 있었고 모든 것이 그 성향을 통해 판단되었다. 모스끄바로 돌아온 그는 득의에 찬 얼굴로 아내에게 만반의 준비가 되어 있고, 집도 낙원 같으니까 꼭 갔다 오라고 알렸던 것이다. 오블론스끼에게는 아내가 시골로 떠나는 것이 어느 면으로 보나 대단히 즐거운 일이었다. 애들은 건강해지고 비용은 절감되며, 자기는 자유의 몸이 된다는 삼박자를 고루 갖추는 것이다. 돌리도 여름 동안 시골로 옮기는 것이 애들을 위해서, 특히 성홍열 뒤 회복이 시원치 않은 딸을 위해서 꼭 필요하다고 생각했다. 또 그녀를 줄곧 괴롭히는 장작 장수며 어물전, 구둣방에 대한 자질구레한 부채와 비굴한 기분에서 벗어나고 싶은 마음도 있었다. 게다가 그녀는 한여름에 외국에서 돌아올, 앞서부터 휴양을 지시받았던 동생 끼찌를 자기가 있는 곳으로 데려와야겠다고 생각하고 있었으므로 시골로 간다는 것이 더한층 즐거웠다. 끼찌는 온천지에서 그녀에게, 두 사람의 유년시절의 추억으로 가득 찬 예르구쉬오보에서 돌리와 함께 여름을 보내는 것만큼 즐거운 일은 없다고 편지에 적어 보냈던 것이다.

전원생활의 처음 며칠 동안 돌리는 매우 큰 어려움을 겪었다. 어렸을 때 시골생활을 경험했던 그녀에게는, 시골은 도시의 온갖 불쾌한 일들로부터의 피난처이고 비록 그곳의 생활이 깔끔하지는 않아도(이러한 점에 돌리는 쉽게 순응했다) 그 대신 값싸고 편리하며, 무엇이든 있고, 무엇이든 싸고, 무엇이든 손에 넣을 수 있을 뿐더러 아이들에게도 좋다는 인상이 남아 있었다. 그러나 지금 안주인으로서 시골에 와 보니 모든 것이 그녀가 생각하던 것과는 전혀 딴판이라는 사실을 깨달을 수밖에 없었다.

그들이 도착한 이튿날 큰 비가 왔다. 한밤중에 복도며 아이들 방에 비가 새서 침대를 객실로 옮겨야 했다. 하인 방에는 식모도 없었다. 소를 치는 하녀 말에 따르면, 암소 아홉 마리 중 어떤 것은 새끼를 배고 있고 어떤 것은 너무 어리거나 너무 늙었고 나머지 것들은 젖통이 굳어 있었다. 그래서 버터고 우유고 아이들 몫도 모자랐다. 달걀도 없었다. 암탉도 만족스럽게 손에 넣을 수가 없었다. 굽거나 삶아 먹을 수 있는 것은 보랏빛 힘줄이 많은 늙은 수탉뿐이었다. 마루를 닦을 하녀를 구할 수 없었다. 모두 감자밭에 나가 있었다. 한 마리 있는 말은 억세서 멍에를 얹기만 하면 사납게 날뛰었으므로 마차도 탈 수 없었다. 목욕을 할 곳도 없었다. 냇가는 온통 가축들에게 짓밟혀 더러웠고 또 길에서 환히 내다보였다. 가축들이 뚫린 울타리를 지나 뜰 안으로 들어오기 때문에 산책조차 불가능했다. 그 가운데에서도 큰 소리로 우는 무서운 황소는 지금이라도 뿔을 들이밀며 받을 기세로 달려들 것만 같았다. 옷을 넣을 변변한 장롱도 없었다. 그나마 있는 것은 문이 닫히지 않거나 누가 옆을 지나가기만 해도 저절로 열렸다. 밥솥도 질항아리도 없었다. 빨래를 삶을 솥도 없었고 하녀 방에는 다리미판조차 없었다.

돌리는 처음에는 안정과 휴식은커녕, 그녀 표현을 빌리자면 '무서운 재앙'을 만나 완전히 절망하고 말았다. 그녀는 필사적으로 온갖 수를 써보려고 애썼으나 앞길이 막막함을 통감하며 쉴 새 없이 북받쳐 오르는 눈물을 꾹 누를 뿐이었다. 의젓하고 예의바른 풍채로 오블론스끼 눈에 들어 문지기에서 발탁된 중사 출신의 집사는, 돌리의 어려운 처지에 아무런 동정도 베풀지 않고 자못 공손하게 이처럼 말했다. "도저히 어떻게 할 수가 없어요. 쓸모없는 놈들뿐이니 말씀이에요." 그러면서 그는 무엇 하나 도우려 하지 않았다.

상황은 손 쓸 방도가 없어 절망적으로 보였다. 그러나 오블론스끼 집안에도 어느 가정에나 다 있듯이 눈에 띄지는 않지만 매우 중요하고 유익한 사람이 한 명 있었다. 바로 마뜨료나 필리모노브나 할멈이었다. 그녀는 모든 것이 '말끔히 수습되리라(이것은 그녀의 입버릇으로 나중에는 하인 마뜨베이까지 덩달아 쓰게 되었다)'는 말로 안주인을 달래고, 자기는 서두르지도 동요하지도 않으면서 행동을 개시했다.

그녀는 먼저 집사의 아내와 사귀더니, 첫날에 벌써 그녀와 집사와 셋이서 아카시아 나무 아래에서 차를 마시며 여러 가지 일을 상의했다. 이내 그 아카시아 나무 밑에는 마뜨료나의 클럽이 생겼다. 집사의 아내와 마을 장로와 서기로 조직된 클럽을 통해 생활의 어려움이 조금씩 완화되어 갔고, 일주일 뒤에는 실제로 '모든 것이 말끔히 수습되었다.' 지붕을 수리했고, 식모로 마을 장로의 대모(代母)가 들어왔고, 암탉을 샀고, 암소가 젖을 내게 됐고, 뜰은 말뚝으로 울타리를 쳤고, 목수가 다듬이 방망이도 만들었고, 장롱에는 고리를 달아 제멋대로 열리는 일이 없어졌고, 군복천을 씌운 다리미판은 안락의자 팔걸이에서 옷장 사이에 걸쳐져서 하녀 방에서도 다림질 냄새가 나게 되었다.

"자아, 어때요! 마님께선 줄곧 비관만 하셨지만." 마뜨료나가 다리미판을 가리키면서 말했다.

짚 울타리를 친 목욕탕까지 만들어졌다. 딸 릴리는 목욕을 하게 되었다. 돌리가 기대했던 것과는 전혀 다르고, 평온하다고는 할 수 없지만 편한 전원생활이 일부분이나마 실현되었다. 사실 여섯 아이를 데리고 편안히 지낸다는 것은 바랄 수도 없는 일이다. 하나가 병에 걸리면 다른 애도 병에 걸릴 듯하고, 무엇이 모자르다며 불평을 하거나 불량스러운 말을 내뱉는 아이도 있으므로 걱정할 일이 그치지를 않았다. 지극히 드문드문 짧고 조용한 한때도 있었다. 그러나 이러한 마음 쓰임과 걱정이 돌리에게는 오직 바랄 수 있는 유일한 행복이었다. 만약 그런 근심거리마저 없었다면 그녀는 줄곧, 자기를 사랑하지 않는 남편에 대해서만 혼자서 이리저리 생각해야 했을 것이다. 그러나 그와 상관없이, 병에 대한 불안이며 아픈 아이를 간호하거나 아이들 가운데서 나쁜 경향의 징후를 보는 슬픔이 어머니에게 그 아무리 괴로운 것이라고 할지라도, 요즈음에는 벌써 아이들 자체가 조그마한 기쁨을 선사하며 그녀 슬픔을 메워주고 있었다. 그런 기쁨은 매우 작아서 마치 모래 속 사금처럼 눈에 띄지 않았으므로, 불행한 순간 그녀에게는 슬픔, 즉 모래알밖에 보이지 않았다. 그러나 행복한 순간도 분명 찾아왔고 그런 순간 그녀에게는 기쁨, 즉 황금만 보였다.

이제 그녀는 한적한 전원 속에서 그러한 기쁨을 더욱더 느끼게 됐다. 아이들을 바라보면서 종종 그녀는 자기가 잘못 생각하고 있다는 것을, 어머니 눈으로 아이들을 너무 관대하게 편파적으로 보고 있다는 것을 스스로에게 확신시키기 위해 온 힘을 다했다. 그러나 역시 자기한테는 훌륭한 아이들이, 제각기 성질은 다르지만 흔히 볼 수 없을 정도로 훌륭한 아이들이 여섯이나 있다고 속으로 뿌듯하지 않을 수 없었다. 그렇게 그녀는 아이들 탓에 행복했고 자랑스러웠다.

8

5월 말, 이미 모든 것이 얼마쯤 정돈됐을 무렵에야 그녀는 시골의 불편함을 하소연했던 편지에 대한 남편 답장을 받았다. 그는 그녀에게 두루두루 주의가 미치지 못했던 점을 사과하면서 기회가 닿는 대로 곧 가겠다고 약속했다. 그러나 그런 기회는 좀처럼 오지 않았고, 돌리는 6월 초까지 시골에서 혼자 지냈다.

성 베드로 주간 일요일에 돌리는 아이들이 성찬(聖餐)을 받을 수 있도록 마차로 기도식에 나갔다. 본디 돌리는 동생들과 어머니, 친구들과 정답게 철학적인 얘기를 할 때면 자주 종교에 대한 회의적 태도를 보여 그들을 놀라게 하곤 했다. 그녀에게는 윤회라는 그녀만의 기묘한 종교가 있어서 그것을 굳게 믿었으므로, 교회의 교리 같은 것은 거의 개의치 않았다. 그러나 가정에서 그녀는 그저 모범을 보여 주는 정도가 아니라 충심으로 엄격하게 교회의 모든 요구를 준수했다. 그래서 아이들이 벌써 1년이나 성찬을 받지 않은 것이 몹시 마음에 걸렸기 때문에, 마뜨료나 필리모노브나의 찬성과 공감에 힘입어 이번 여름에 그것을 해치워 버려야겠다고 결심했던 것이다.

돌리는 며칠 전부터 아이들에게 입힐 옷을 여러 가지로 생각하고 있었다. 그리하여 새 옷을 짓게 하고 뜯어고치고 세탁하고, 솔기며 주름장식을 만지고 단추를 달고 리본을 준비했다. 그런데 영국인 가정교사가 지은 따냐의 옷이 돌리 기분을 몹시 잡쳐 놓았다. 영국인 여자는 시접을 잘못된 곳에 꿰매고 또 소매를 너무 깊이 파내서 옷을 전혀 못쓰게 하고 말았다. 따냐에게 입혀 보니 어깨를 죄어 매우 답답해 보였다. 그러나 마뜨료나가 섶을 대고 케이프를 두르는 방법을 생각해 냈다. 그래서 그 일은 그럭저럭 수습되었으나 하마터면 영국 여자와는 한바탕 말다툼을 벌일 뻔했다. 그러나 당일 아침에는 모든 것이 다 원만했다. 9시(그때까지 기다려 달라고 신부에게 부탁해 두었다)가 되자 잘 차려입은 아이들이 즐거움으로 얼굴을 빛내며 현관 층층대 밑 마차 앞에 나란히 서서 어머니가 나오기를 기다리고 있었다.

마뜨료나의 조처로 마차에는 부리기 어려운 보론 대신 집사의 말 부르이가 매여 있었다. 돌리는 몸치장하느라 꾸물거리며 시간을 보내고서 드디어 하얀 무명옷을 입고 마차를 타러 나왔다.

돌리는 이것저것 생각하느라 설레는 가슴으로 머리를 빗고 옷을 입었다. 한때 그녀도 아름다움으로 남의 마음에 들기 위해, 즉 자기를 위해 몸단장을 했었다. 그러나 점점 나이를 먹어 감에 따라 단장하는 것을 차츰 싫어하게 되었다. 자신이 아리따움을 잃어가고 있다는 사실을 알고 있었기 때문이다. 그러나 지금 그녀는 또다시 만족과 행복을 느끼며 몸치장을 하게 되었다. 다만 지금의 그녀는 자신을 위해서도 아름답게 보이기 위해서도 아닌, 이 훌륭한 아이들의 어머니로서 남들 앞에 부끄럽지 않도록 몸단장을 한 것이다. 마지막으로 다시 한 번 거울을 보고 그녀는 자신의 모습에 매우 흡족했다. 그녀는 아름다웠다. 그러나 그것은 이전에 그녀가 무도회 같은 곳에서 바랐던 아름다움이 아니라, 지금 현재 품고 있는 목적에 어울리는 아름다움이었다.

교회에는 농부들과 하인들, 그들의 아낙들 말고는 아무도 없었다. 그러나 돌리는 자기 아이들과 자기가 불러일으킨 감탄을 보았다. 혹은 본 것 같은 기분이 들었다. 아이들은 화려한 옷으로 꾸며진 모습이 아름다웠을 뿐만 아니라 몸가짐을 얌전히 하는 것이 귀여웠다. 사실 알료쉬아만큼은 그다지 좋다고는 할 수 없었다. 그는 시종 고개를 틀어 자기 재킷 뒤쪽을 보려고 했다. 그러나 그것 역시 몹시도 사랑스러웠다. 따냐는 마치 어른처럼 의젓하게 동생들을 보살펴 주었다. 막내딸 릴리는 온갖 것에 대해서 천진난만하게 놀라는 모습이 못 견디게 귀여웠고, 성찬을 받으며 그녀가 "좀 더 주세요" 하고 말했을 때는 누구도 웃지 않을 수 없었다.

집으로 돌아오면서도 아이들은 무엇인가 숭엄한 일이 있었다는 것을 느낀 듯 굉장히 얌전을 빼고 있었다.

집에서도 모든 일이 흡족하게 잘되었다. 그런데 점심식사 때 그리쉬아가 휘파람을 분 데다가 심지어 영국인 가정교사에게 혼나고도 그만두지 않았으므로, 달콤한 파이를 받지 못했다. 돌리가 만약 그 자리에 있었더라면 이런 중요한 날에 벌까지 주진 않았을 것이다. 그러나 가정교사가 한 번 내린 처분을 번복할 수도 없었으므로, 돌리도 그리쉬아한테는 파이를 주지 않겠다는 그녀 결단에 동의할 수밖에 없었다. 이 일이 대수롭지는 않았지만 모두의 즐거운 마음에 살짝 금을 긋고 말았다.

그리쉬아는 형 니꼴리니까도 휘파람을 불었는데 그는 벌을 받지 않았고, 자기는 파이 때문에 우는 것은 아니며, 그런 것은 아무래도 좋고, 그저 불공평한 대우를 받은 것이 분하다고 울면서 투덜거렸다. 그 모습이 너무나 안타까웠던 돌리는 가정교사와 상의해서 그리쉬아를 용서해 주기로 마음먹고 아이에게 갔다. 그런데 도중에 홀을 지나다가 그녀는 눈에 눈물이 핑 돌 만큼 가슴이 찡한 아름다운 정경을 목격하고는, 독단으로 아들을 용서하고 말았다.

벌을 받고 있던 아이는 홀 한쪽 구석의 창가에 앉아 있었다. 그리고 곁에 접시를 손에 든 따냐가 서 있었다. 그녀는 인형에게 먹이고 싶다는 핑계로 가정교사에게 자기 몫의 파이를 방으로 가져가도 좋다는 허락을 받고, 그것을 동생한테 가져온 것이었다. 그는 또다시 불공평하다고 울면서, 파이를 입에 넣었다. 그리고 흐느끼면서 이렇게 말하고 있었다. "누나도 먹어. 응, 같이 먹자...... 응, 같이."

따냐도 처음에는 그리쉬아에 대한 연민뿐이었지만 나중에는 자기가 착한 일을 했다는 자각에 감동하여 마찬가지로 눈물이 글썽거렸다. 동생 말에 그녀도 사양하지 않고 같이 먹었다.

어머니를 보고 아이들은 깜짝 놀랐다. 그러나 그 얼굴에서 자기들이 잘못하지 않았다는 것을 깨닫자, 곧 벙글벙글 웃음을 머금고 한입 가득히 넣은 파이를 우물거리면서 두 손으로 입을 쓱쓱 닦기 시작했다. 기쁨으로 빛나는 얼굴이 온통 눈물과 잼 범벅이 되어 버렸다.

"어머나, 어떡한담! 새하얀 새 옷을! 따냐! 그리쉬아!" 어머니는 옷을 더럽히지 못하게 하려고 잔소리를 하면서도, 눈물이 그렁그렁한 눈으로 행복에 겨운 환희의 미소를 띠고 있었다.

그녀는 아이들에게서 새 옷을 벗겼다. 계집애에게는 블라우스가, 사내아이한테는 헌 재킷이 주어졌다. 그녀는 버섯 따기와 목욕을 가기 위해 대형 마차에 말을 매라고, 다시 한 번 집사한테는 괴롭겠지만 부르이를 멍에에 채우도록 일렀다. 귀청이 터질 듯한 환성이 아이들 방에서 일어났고, 목욕을 하러 떠나는 바로 그 순간까지 그치지 않았다.

그들은 바구니 하나 가득 버섯을 땄다. 릴리까지도 자작나무 버섯을 찾아냈다. 이전에 가정교사 미스 훌리가 버섯을 찾아내어 그녀한테 가르쳐 주곤 했는데, 오늘은 릴리 스스로 큼직한 자작나무 버섯을 찾아낸 것이다. 일동은 환호성을 올렸다. "릴리가 버섯을 찾아냈다!"

그 길로 내에 가서 말을 자작나무 그늘에 세워 놓고 모두 목욕탕 쪽으로 갔다. 마부인 쩨렌찌는 쇠파리를 쫓으려고 줄곧 꼬리를 내두르는 말을 나무에 매고 나자, 풀을 밟아 뭉개고는 자작나무 그늘에 드러누워 싸구려 잎담배를 태우기 시작했다. 그칠 새 없이 터져 나오는 아이들의 즐거운 외침이 그가 있는 데까지 들려왔다.

아이들을 모두 돌보고 그들이 장난을 못하게 하는 것은 매우 고된 일이고, 저마다 조금씩 크기가 다른 양말이며 팬티며 신을 정확히 기억하는 것도 끈이나 단추를 풀거나 매어주는 일도 무척 성가셨지만, 돌리 자신도 평소 목욕을 좋아했고 아이들 건강에도 좋다고 생각하기에 그녀로서는 이렇게 아이들 전부와 함께 목욕하는 것이 무엇보다도 즐거웠다. 그들의 작고 오동포동한 발을 손에 잡고 일일이 양말을 신겨주고, 발가벗은 조그마한 몸뚱이를 두 손으로 감싸 안아 물속에 담그고, 즐거운 듯한 혹은 깜짝 놀란 듯한 아이들의 외침을 듣기도 하고, 놀란 듯 눈을 동그랗게 뜨고 숨을 할딱거리면서 물을 철퍼덕거리는 작은 천사들 얼굴을 보는 것은 그녀에게 크나큰 즐거움이었다.

아이들 절반이 벌써 옷을 다 입었을 때, 약초를 캐고 돌아가던 잘 차려입은 시골 아낙네들이 목욕탕 쪽으로 다가와서 수줍은 듯 발을 멈추었다. 마뜨료나가 물속에 떨어진 수건과 셔츠를 말릴 양으로 그들 중 한 명을 불렀다. 그것을 계기로 돌리도 아낙네들을 상대로 이야기하기 시작했다. 처음에 아낙네들은 손으로 입을 가리고 킥킥 웃기만 할 뿐 돌리의 질문도 이해하지 못하는 것 같았다. 그러나 이내 용기를 내어 이야기를 나누고 진심으로 아이들을 잔뜩 치켜세웠으므로 곧 그녀의 마음을 끌어당겨 버렸다.

"어머나, 좀 봐. 아주 미인이야. 피부가 마치 설탕처럼 하야네요." 아낙네 한 명이 따냐한테 정신이 팔려 고개를 끄덕이면서 말했다. "그런데 야위었군요."

"그래요, 병을 앓았거든요."

"어머, 너도 목욕을 다 했니?" 다른 한 명이 갓난애를 보면서 말했다.

"아니에요, 이 애는 아직 태어난 지 겨우 석 달밖에 되지 않았답니다." 돌리가 자랑스러운 태도로 대꾸했다.

"어머나, 그래요!"

"그쪽은 애가……?"

"넷 있었는데 둘만 남았어요, 사내애하고 계집애예요. 밑에 아이는 이번 사육제 때 젖을 뗐어요."

"그럼 몇 살인가요?"

"두 살이에요."

"어째서 그렇게 오래도록 젖을 먹였지요?"

"저희 풍습인걸요……."

이렇게 하여 이야기는 돌리에게 가장 흥미로운 분야로 넘어갔다. 아이를 낳을 때는 어떻게 했는가? 아이들은 무슨 병을 앓았나? 남편은 어디에 있는가? 자주 오는가?

돌리는 이 아낙네들과 헤어지고 싶지 않았다. 그만큼 그들과의 이야기가 재미있었고, 그들과 자기 관심사가 모두 똑같았다. 돌리에게 가장 즐거웠던 건, 아낙네들이 모두 그녀한테 아이가 이렇게나 많은데 그들 모두 예쁘고 착하다는 사실에 감탄하는 것을 분명히 보였던 것이다. 아낙네들은 돌리를 웃기기도 하고 영국 여자를 화나게도 했다. 자신은 이유도 모른 채 웃음거리가 되었기 때문이었다. 젊은 아낙네 가운데 한 명이, 맨 마지막으로 옷을 입고 있던 이 가정교사를 가만히 관찰하다가, 그녀가 세 번째 속치마를 입는 것을 보고 결국 이렇게 말해 버렸다. "글쎄 좀 봐, 싸고 또 싸고, 아무리 감싸도 다 못 싸겠군그래!" 그러자 모두 깔깔거리며 자지러지게 웃었던 것이다.

9

목욕을 끝내고 아직 머리가 축축한 아이들에게 둘러싸인 돌리가 머리에 손수건을 얹은 채 집 가까이 왔을 때 마부가 말했다.

"어떤 나리께서 걸어오십니다. 뽀끄로프스꼬예 분 같은데요."

돌리는 앞쪽을 바라보았다. 회색 모자와 회색 외투 차림으로 이쪽을 향해 다가오는 친숙한 레빈의 모습이 보이자 매우 기뻤다. 그녀는 언제나 그를 보면 기뻤으나, 지금은 특히 자기의 행복한 모습을 그에게 보이게 되어 기뻤다. 누구도 레빈 이상으로 그녀의 훌륭함을 이해해 주는 사람은 없었다.

그녀를 보자 그는, 자기가 상상하고 있던 장래의 가족생활 광경 하나를 맞닥뜨린 것 같은 느낌이 들었다.

"당신께선 병아리를 줄줄이 달고 있는 암탉 같으시군요, 돌리."

"아아, 정말 반가워요!" 그녀는 그에게 손을 내밀면서 말했다.

"반갑다고요? 그럼 기별이라도 좀 주시지 그러셨어요. 우리 집에는 지금 형님이 와 계세요. 난 스찌바 편지를 받고서야 당신이 여기 와 계신다는 걸 알았다고요."

"스찌바한테서요?" 의외라는 얼굴로 돌리가 되물었다.

"네, 그 친구가 당신이 여기에 와 계신다고 알려 주었죠. 내가 뭐라도 당신에게 도움을 줄 수 있을 거라고 생각한 모양이에요." 레빈은 그렇게 말하고 나자 갑자기 어찌할 바를 모르더니, 말을 멈추고 보리수나무 열매의 새순을 따서 질근질근 씹으며 묵묵히 대형 마차 옆에서 계속 걸었다. 그가 당황한 까닭은, 본디 남편이 해야 할 일에 남의 도움을 받는다는 것이 돌리에게는 필시 불쾌한 일이리라 여겼기 때문이다. 그녀는 실제로 자기 가정사를 남한테 자꾸 떠맡기는 남편의 이 버릇을 좋아하지 않았다. 그리고 그녀는 즉시 레빈이 그것을 알아채고 있음을 이해했다. 이 뛰어난 이해력과 섬세함 때문에 돌리가 레빈을 좋아하는 것이다.

"물론 나도 그것이," 레빈이 말했다. "그저 당신께서 날 만나고 싶어 하신다는 뜻임을 알았지요. 그래서 굉장히 기뻤습니다. 물론 당신과 같은 도시 여성에게는 이곳 생활이 자못 불편하시겠지요. 그러니까, 만약 무슨 일이 있으시거든 서슴지 마시고 말씀해 주셨으면 합니다."

"아녜요, 그렇지 않아요!" 돌리가 말했다. "처음엔 정말 곤란했지만, 지금은 저희집 할멈 덕분에 상황이 아주 좋아졌어요." 돌리가 마뜨료나를 가리키자, 그녀는 두 사람이 자기 얘기를 하고 있다는 것을 알고는 레빈한테 기쁘고 정답게 웃는 얼굴을 돌렸다. 유모는 그를 잘 알았고, 그가 막내 아가씨에게 훌륭한 배우자감이라는 것도 알고 있었으므로 혼담이 결정되기를 바라던 사람 중 하나였다.

"같이 타시죠, 우리가 이쪽으로 붙어 앉을 테니까요." 마뜨료나가 그에게 말했다.

"아닙니다. 난 좀 걷겠습니다. 얘들아, 누가 나랑 같이 말하고 경쟁해 보겠니?"

아이들은 레빈에 대해 거의 알지 못했고, 언제 그를 만났는지도 기억하지 못했다. 그러나 아이들은 그에게 흔히 환심을 사려는 위선적인 어른들을 대할 때 보이는 어색함과 혐오가 뒤섞인 기묘한 감정을 나타내지 않았다. 그런 어른들은 종종 아이들의 이런 태도에 호된 무안을 당하기도 했다. 위선은 가장 총명하고 통찰력이 뛰어난 어른도 속일 수가 있다. 그러나 아이들만은, 그들이 비록 지극히 어리석고, 또 그것을 아무리 교묘하게 숨긴다 하더라도 곧 그 위선을 감지하고 혐오감을 드러낸다. 레빈에게는 설사 어떤 결점이 있더라도 위선만은 전혀 없었으므로, 아이들은 그에게 어머니 얼굴에서 발견한 것과 똑같은 정다움을 나타냈다. 그의 부름에 응해 위의 두 아이가 곧장 마차에서 뛰어내려 그와 함께 내달렸다. 마치 유모나 미스 홀리, 어머니와 함께 뛰는 것처럼 친숙한 태도였다. 심지어 릴리까지 그한테 가고 싶다고 졸라 대는 통에 어머니는 딸을 그에게 건넸다. 그는 아이를 어깨 위에 앉히고 같이 뛰었다.

"걱정하지 마십시오, 돌리!" 그는 아이들 어머니한테 환하게 웃어 보이면서 말했다. "절대 떨어뜨린다거나 다치게 하지 않을 테니까요."

그의 민첩하고 힘차고 주의 깊고 세심한, 지나칠 만큼 조심스러운 동작을 보고 그녀도 완전히 마음을 놓았고, 그를 보면서 자못 즐겁다는 듯이 푸근한 미소를 띠었다. 이러한 시골에서 아이들과 자기에게 호의를 베풀어 주는 돌리를 상대하고 있으면, 레빈은 종종 어린애처럼 명랑한 기분을 맛보았다. 돌리는 그의 그런 점을 특히 좋아했다. 아이들과 함께 뛰어가면서 그는 그들에게 체조를 가르쳐 주기도 하고, 서툰 영어로 미스 홀리를 웃기기도 하고, 돌리에게 시골에서의 자기 일에 대해 들려주기도 했다.

점심식사 뒤에 돌리는 그와 단둘이 테라스에 앉아 끼찌에 대한 이야기를 시작했다.

"알고 있으세요? 끼찌가 곧 여기로 와서 나하고 같이 여름을 보내기로 했어요."

"정말입니까?" 그는 얼굴을 붉히며 물었으나 곧 화제를 바꾸기 위해 이렇게 말했다. "그럼 암소를 두어 마리 보내 드릴까요? 만약 꼭 대금을 치르고 싶으시면 한 달에 5루블씩 내주십시오. 당신께서 싫다고 여기시지만 않는다면."

"아닙니다. 친절은 감사하지만, 이제 여기도 정리가 다 됐으니까요."

"그럼, 댁의 소들이나 한번 살펴볼까요? 괜찮으시다면 먹이 주는 법을 지시해 두겠습니다. 모두 먹이기 나름이니까요."

레빈은 그저 화제를 바꿀 요량으로, 돌리에게 암소란 단순히 여물을 우유로 바꾸는 기관에 불과하다는 등 목축이론을 늘어놓기 시작했다. 이런 이야기를 하면서도 그는 끼찌에 대한 상세한 소식을 무척 듣고 싶었지만 동시에 그것이 두려웠다. 그 같은 고통을 거쳐 간신히 얻은 안정을 파괴당하는 일이 두려웠던 것이다.

"네, 하지만 그러려면 누군가가 옆에서 일일이 관리해야 하지 않나요, 그 일을 해 줄 사람이 누가 있겠어요?" 돌리는 내키지 않는다는 태도로 대꾸했다. 그녀는 지금 마뜨료나 덕분에 대충 가사가 정리되어 있었으므로 더는 무엇을 바꿀 마음이 없었다. 게다가 그녀는 레빈의 농업적 지식을 믿을 수 없었다. 소가 우유를 생산하는 기관이라는 의견도 어쩐지 의심스러웠다. 그녀에게 그런 종류의 의견은 그저 농업을 뒤범벅으로 만들 뿐이라고 여겨졌다. 그녀가 생각할 때 모든 일은 훨씬 간단했다. 마뜨료나가 설명했던 것처럼 그저 뻬스뜨루프며 벨로빠하한테 제대로 먹이와 물을 주고, 요리사가 부엌의 구정물을 세탁부의 암소를 위해 빼돌리지 못하도록 하기만 하면 그뿐이었다. 그것은 명백했다. 그러니 가루 사료나 풀 사료에 대한 레빈의 의견은 어쩐지 미심쩍고 애매하게만 느껴졌다. 그리고 무엇보다도 그녀는 끼찌에 대한 얘기가 하고 싶었다.

10

"끼찌는 나한테 고독과 안정보다 더 절실한 것은 아무것도 없다고 적어 보냈어요." 돌리는 얼마 동안의 침묵을 깨고 말했다.

"그래, 건강은 회복되었습니까?" 레빈은 동요하면서 물었다.

"네, 덕분에 이제 완전히 회복된 모양이에요. 난 그 애한테 마음의 병이 있다고는 절대 믿지 않았지만."

"아, 정말 다행이군요!" 이렇게 말하고 가만히 이쪽을 바라보는 레빈 얼굴에서, 돌리는 애처로운 무언가를 발견했다.

"그런데 말씀이에요, 레빈." 돌리는 특유의 그 선량하고 장난스러운 미소를 지으면서 말했다. "어째서 당신은 끼찌한테 화를 내고 계시죠?"

"내가요? 나는 화내고 있지 않습니다." 레빈이 말했다.

"아녜요, 당신께선 화를 내고 있어요. 그럼 어째서 모스끄바에 오셨을 때, 저희한테도 그렇고 부모님한테도 들르지 않으셨어요?"

"돌리." 그는 머리끝까지 새빨개지면서 말했다. "당신같이 상냥한 분이 그것을 알아채지 못하시다니 놀라울 정도입니다. 어째서 날 단순히 가엾게 여겨 주시지 않는 건가요? 다 알면서."

"내가 무엇을 알고 있다는 거죠?"

"내가 청혼했다가 거절당한 것 말입니다." 레빈이 불쑥 말했다. 그러자 조금 전까지 끼찌에게 느꼈던 모든 부드러운 감정이 그의 마음속에서 모욕에 대한 분노의 감정으로 바뀌어 버렸다.

"어째서 당신은 내가 그것을 알고 있다고 생각하신 거죠?"

"모르는 사람이 아무도 없으니까요."

"당신은 오해하고 있어요. 나는 전혀 모르고 있었는걸요. 대충 짐작은 하고 있었지만."

"네에! 하지만 이젠 다 아시는 거죠."

"내가 아는 것이라고는 그저 무슨 일이 있었고, 그 때문에 끼찌가 몹시 괴로워했다는 것, 그리고 그 애가 그에 대한 애기는 무슨 일이 있어도 꺼내지 말아 달라고 간청했던 것뿐이에요. 나한테도 애기하지 않을 정도였으니까 다른 사람에게 했을 리가 없어요. 그런데 두 사람 사이에 도대체 무슨 일이 있었나요? 좀 들려주세요."

"벌써 당신께 말씀드렸을 텐데요."

"언제요?"

"내가 마지막으로 댁에 들렀을 때."

"그렇지만 아세요?" 돌리가 말했다. "난 그 애가 불쌍해서 견딜 수가 없어요. 당신은 그저 자존심 때문에 괴로운 것뿐이잖아요."

"그럴지도 모르죠." 레빈이 말했다. "그렇지만……."

그녀는 그를 가로막았다.

"그렇지만 그 애는, 그 불쌍한 아이는 정말이지 너무나 가엾고 가여워서 못 견디겠어요. 이제야 모든 것을 다 알겠어요."

"죄송합니다만." 그가 일어서면서 말했다. "난 이만 실례하겠습니다. 돌리, 다음에 또 뵙겠습니다."

"어머나, 잠깐만 기다려 주세요." 그녀는 그의 옷소매를 붙잡으면서 말했다. "잠깐만, 좀 앉으세요."

"하지만, 제발, 그 얘기만은 하지 마십시다." 그는 자리에 앉았다. 동시에 지금까지 파묻어 버렸거니 하고 여겼던 희망이 그의 가슴속에서 별안간 고개를 쳐들고 꿈틀거리며 올라오는 것을 느꼈다.

"내가 당신에게 호의가 없었다면." 이렇게 말하는 돌리 눈에는 눈물이 글썽거리고 있었다. "만약 내가 당신을 이 정도로 잘 알지 않았더라면……."

이미 죽었다고 여겼던 감정이 더욱더 생생하게 되살아나 고개를 쳐들면서 레빈의 마음을 차지해 버렸다.

"그래요, 이제야 난 모든 걸 똑똑히 알았어요." 돌리가 이야기를 계속했다. "당신은 잘 모르실 거예요. 자기가 자유롭게 선택할 수 있는 당신네 남자들은 자기가 누구를 사랑하고 있는지 언제나 정확하게 알고 있어요. 그러나 기다리는 처지인 처녀는, 그 여자답고 처녀다운 수줍음 때문에 당신네 남자들을 멀리서 바라보기만 할 뿐이니 무슨 말이든 액면 그대로 받아들이고 맙니다. 그러한 처녀한테 자기 스스로도 무엇이라고 설명해야 좋을지 모를 감정을 경험하는 일이 흔히 있게 마련이지요."

"그렇겠지요. 하지만 만약 그 마음이 아무것도 말하지 않는다면……."

"아녜요. 마음은 얘기하고 있어요. 그렇지만 생각해 보세요. 당신네 남자들은 한 처녀에게 관심을 두게 되면 그 집에 드나들면서 친해지고, 잘 관찰하고,

자기가 사랑하는 것을 발견할 때까지 기다렸다가, 그녀를 사랑한다는 것을 충분히 확인하고 난 뒤에 청혼하거든요……."

"글쎄요, 꼭 그렇다고 얘기할 수는 없죠."

"아뇨, 결국 마찬가지예요. 하여튼 당신네는 당신네 사랑이 무르익든가, 후보가 둘이면 그 중 누가 더 나은지 우열을 가늠하고야 청혼하죠. 처녀의 마음 따위는 아무도 신경쓰지 않아요. 여자도 자기 스스로 선택하라고 말은 하지만 여간해서는 그럴 수 없어요. 그저, '네', '아니오' 하고 대꾸하는 것이 고작이에요."

'그렇다, 나하고 브론스끼가 저울질을 당했다.' 레빈은 생각했다. 그러자 그의 마음속에서 되살아났던 희망이 다시 죽어 버렸고, 그저 슬픔에 마음이 터져 버릴 것 같았다.

"돌리." 그가 말했다. "옷이라든가 다른 상품을 고를 때는 그렇기도 하겠죠. 그러나 사랑하는 사람을 그렇게 고를 순 없습니다. 게다가 선택은 이미 끝났습니다. 그걸로 된 겁니다…… 돌이킬 수 있는 일이 아니지요."

"아아, 오만이에요, 오만!" 돌리는 그 오만한 자존심을 여자만이 아는 별개의 감정과 견주고, 그 저속함을 경멸하는 투로 말했다. "당신이 청혼할 무렵 끼찌는 마침 답변을 할 수 없는 처지였어요. 그 애 마음에 동요가 있었어요, 당신이냐 브론스끼냐 망설였어요. 더구나 브론스끼는 날마다 보았지만 당신은 오랫동안 뵙지 못했으니까요. 만약 그 애가 조금만 더 나이가 들었더라면, 예를 들어 내가 그 아이였더라면 갈팡질팡하는 일은 없었을 거예요. 애초부터 난 브론스끼는 딱 질색이었으니 뒤도 돌아보지 않았겠죠."

레빈은 끼찌의 답변을 생각해 냈다. "아녜요, 그럴 수 없어요……." 이렇게 그녀는 말했다.

"돌리." 그는 열없는 어조로 말했다. "나에 대한 당신의 신뢰는 고맙게 여기고 있습니다. 그러나 역시 당신이 오해하고 있다고 생각해요. 하여간 내가 옳건 옳지 않건, 당신이 혐오하는 그 오만이라는 것이 나로 하여금 까쩨리나 알렉산드로브나에 대한 생각을 불가능하게 만들고 있습니다. 이해해 주십시오. 도저히 불가능합니다."

"꼭 한마디만 여쭙겠어요. 아시겠지만 난 내 아이처럼 사랑하는 동생에 대해 말씀드리는 거예요. 더구나 그 애가 당신을 사랑하고 있었다고 말씀드리려는 건 아니에요. 그저 나는 그때 그 애의 거절이 그 무엇도 증명해 주진 않는 다는 것만 말씀드릴 뿐이에요."

"난 모르겠군요!" 레빈은 펄쩍 자리를 차고 일어서면서 말했다. "아아, 당신이 지금 얼마나 나를 괴롭히는지 전혀 모르시는군요! 그것은 마치 아이를 잃은 사람에게 당신 아이는 이러이러한 아이였으니 살아 있다면 참으로 기쁘겠다고 말하는 격이지 않습니까. 그러나 아이는 이미 죽었습니다. 죽어 버렸습니다. 죽었다고요……."

"정말 당신은 이상한 분이시군요." 돌리는 서글픈 미소를 띠고 레빈의 흥분한 모습을 바라보면서 말했다. "그래요, 이걸로 나도 더욱 확실하게 알게 됐어요." 그녀가 깊은 생각에 잠긴 듯한 어조로 계속했다. "그럼 당신은 끼찌가 오더라도 여기에는 와 주시지 않겠군요?"

"네, 오지 않겠습니다. 물론 그녀를 피할 생각은 털끝만치도 없습니다만, 되도록 그녀가 나 때문에 불쾌함을 느끼지 않도록 삼갈 생각입니다."

"어머나, 정말, 정말 당신은 이상한 분이시군요." 돌리가 부드러운 눈빛으로 그의 얼굴을 쳐다보면서 되풀이했다. "그럼, 좋아요. 이 이야기는 없었던 일로 하죠. 어머, 어쩐 일이니, 따냐?" 돌리는 그때 마침 들어온 딸을 보고 프랑스어로 물었다.

"내 삽 어디 있어, 엄마?"

"엄마가 프랑스어로 물었으니 너도 프랑스어로 대답해야지."

계집애는 얘기하려고 했지만 삽이라는 프랑스어를 기억해 내지 못해 말이 막히고 말았다. 소녀는 어머니 도움으로 겨우 다시 프랑스어로, 삽이 어디에 있는지 물을 수 있었다. 이것도 레빈한테는 불쾌하게 여겨졌다. 그에게는 돌리의 가정과 그녀의 아이들을 포함한 모든 것이, 이전과 같은 귀염성을 모조리 잃어버리고 만 듯 여겨졌다.

'어째서 그녀는 아이들에게 굳이 프랑스어로 얘기하는 것일까?' 그는 생각했다. '이 얼마나 부자연스럽고 위선적인 행동인가! 아이들도 그것을 느끼고 있다. 프랑스어를 배우면서 순수함을 잃고 있어.' 그는 돌리가 벌써 이 문제를 수십 번이나 생각하고 거듭 생각한 끝에, 그래도 다소 순수함을 희생시키는 한이 있더라도 이런 방법으로 아이들을 가르칠 수밖에 없다고 판단했다는 것을 알지 못하고, 혼자서 속으로 생각했다.

"그런데 어디를 그렇게 서둘러 가시려고요? 조금만 더 계세요." 레빈은 차 마시는 시간까지 머물렀지만 쾌활한 기분은 온통 자취를 감춰 버리고 불편함만 남았다.

차를 다 마신 그는 마차 채비를 시킬 양으로 현관으로 나갔다. 다시 돌아와 보니 돌리가 어두운 얼굴로 눈에는 눈물이 가득한 채 잔뜩 흥분해 있었다. 레빈이 나간 바로 그 순간, 오늘 그녀의 행복과 아이들에게 품었던 자랑이 별안간 송두리째 날아가 버린 사건이 일어났다.

그리쉬아와 따냐가 공을 서로 빼앗으려고 싸운 것이다. 돌리가 아이 방에서 나는 고함을 듣고 쫓아가 보니 두 아이 꼴이 말이 아니었다. 따냐는 그리쉬아의 머리칼을 잡아당기고 있었고, 그리쉬아는 분노로 일그러진 얼굴을 한 채 두 주먹으로 누나를 닥치는 대로 때리고 있었다. 그 광경을 본 순간 돌리 마음속에서 무엇인가가 탁 하고 끊어졌다. 마치 칠흑 같은 암흑이 그녀의 삶을 덮친 것만 같았다. 자기가 그토록 자랑하던 아이들이 그저 지극히 평범한 아이들일 뿐만 아니라 난폭하고 야만적인 기질에, 교육도 잘되어 있지 않은 폭력적인 악동이라는 사실을 깨달았던 것이다.

그녀는 이제 그 이외의 것에 대해서는 얘기할 수도 생각할 수도 없었다. 그리고 레빈에게 자기 불행을 이야기하지 않을 수 없었다.

레빈은 그녀의 가여운 모습을 보고, 그런 건 조금도 대수로운 것이 아니고, 싸움쯤은 어느 아이나 다 하는 것이라고 얘기하면서 그녀를 달래려고 애썼다. 그러나 말은 이렇게 하면서도 레빈은 속으로 생각했다. '아니, 난 내 아이들과 무리하게 프랑스어로 얘기한다든가 하지는 않겠어. 그래도 저렇게 자라지는 않을 거야. 그저 응석만 받아주지 않고 이상한 버릇만 들이지 않으면 그들은 저절로 잘 자라게 마련이야. 그렇고말고. 내 아이들은 저렇게 되진 않을 거야.'

작별인사를 하고 떠나는 그를 그녀는 붙들지 않았다.

11

7월 중순 무렵에 뽀끄로프스꼬예에서 20베르스따쯤 떨어진 누님네 마을 장로가 농사의 경과며 풀베기에 대해 보고를 하러 레빈을 찾아왔다. 누님 소유지의 주요 수입원은 강변 풀밭이었다. 일찍이 그곳 건초는 1제샤찌나 20루블꼴로 농부들에게 팔리고 있었으나, 그곳을 관리하게 되면서 레빈은 풀밭을 돌아보고 훨씬 값어치가 있다고 판단하여 1제샤찌나 25루블로 값을 정했다. 그런데 농부들이 그 값을 내지 않는 데다가, 레빈의 추측대로 다른 구매자들까지 방해했다. 그러자 레빈은 직접 그리 찾아가서 풀 일부분은 날삯꾼의 손으로, 일부분은 배당제(配當制)로 거두어들이도록 처리했다. 본바닥 농부들은 온갖 수단을 다 동원해 이 새로운 방법을 방해했으나, 일은 착착 진척되어 첫해에는 그 풀밭에서 거의 두 배의 수입을 올렸다. 재작년과 작년에도 농부들의 반대는 여전히 계속되었으므로 수확은 똑같은 방식으로 이루어졌다. 그런데 올해는 농부들이 3분의 1 배당으로 풀베기 전부를 인수했다. 그리하여 지금 장로가, 풀베기가 끝났다는 것과 비가 올까 걱정이 되어 서기를 불러 이미 그의 입회 아래 수확을 구분했고, 지주의 몫으로 열한 더미를 긁어모아 두었다는 보고를 하러 온 것이었다. 가장 큰 풀밭에서 얼마나 건초가 나왔느냐는 질문에 대한 애매한 대답이며, 허가도 없이 분배를 한 장로의 성급함이며, 그의 모든 태도에서 레빈은 이 풀베기에 뭔가 개운치 않은 구석이 있음을 느끼고 자신이 직접 조사하러 가야겠다고 마음먹었다.

점심때 마을에 도착한 레빈은 형의 유모 남편인 친한 노인의 집에 말을 맡기고, 그에게서 풀베기에 대한 자세한 상황을 들을 생각으로 양봉장에 있는 노인한테 갔다. 수다스럽고 풍채가 훌륭한 영감인 빠르메느치는 반갑게 레빈을 맞아, 자기 일터를 안내하면서 꿀벌과 올해 벌떼 상태에 대한 자세한 이야기를 모조리 들려주었다. 그러나 풀베기에 대한 레빈의 질문에는 우물우물하면서 제대로 답하지 못했다. 이것이 더한층 레빈의 예상을 굳혔다. 그는 들판으로 나가서 건초 더미를 조사했다. 더미 하나가 쉰 수레씩은 되어야 할 터인데 아무리 보아도 그만한 양이 아니었다. 레빈은 증거를 잡아 농부들의 부정을 파헤치기 위해, 즉시 건초를 운반했던 짐수레들을 가져 오게 해서 한 더미를 헐어 창고로 운반하라고 시켰다. 그 더미에서는 겨우 서른두 수레 분밖에 나오지 않았다. 처음에 붕긋하던 것이 마르면서 부피가 줄었을 뿐이라고 장로가 시종 변명하며, 모든 일은 하느님 앞에서 정직하게 행해졌다고 맹세했지만, 레빈은 건초가 자기 명령 없이 분배된 것이니까 그것 한 더미당 쉰 수레씩 칠 수 없다고 강력히 주장했다. 오랜 옥신각신 끝에 이 말썽은, 문제의 열한 더미를 쉰 수레씩 쳐서 농부들이 자기 몫으로 인수하고 지주의 몫은 다시 분배한다는 것으로 마무리되었다. 이 같은 실랑이와 건초 더미의 분배는 오후의 새 때까지 계속됐다. 마지막 건초가 분배되고 나자 레빈은 나머지 감시를 지배인한테 맡기고, 자기는 금작화 수술대로 표시한 건초 더미에 올라앉아 농민들로 들끓는 풀밭을 멀거니 바라보고 있었다.

그의 바로 앞에서 흐르는 내의 굽이가 만든 조그마한 늪 건너 쪽에서 낭랑한 목소리로 즐겁게 떠들어대는 아낙네들의 얼룽덜룽한 행렬이 움직이고 있었고, 말리기 위해 흩어 널어놓은 건초가 잿빛의 꾸불꾸불한 벽이 되어 담녹색 그루터기 위로 순식간에 뻗어 나아가고 있었다. 아낙네들 뒤로는 쇠스랑을 든 농부들이 뒤따랐다. 그리고 그 벽에는 폭이 넓고 고가 높은, 불룩한 건초 더미들을 쌓아 올리고 있었다. 벌써 다 치워진 왼쪽 풀밭에는 짐수레가 덜거덩거리며 지나가고, 건초 더미가 큼직한 쇠스랑으로 하나하나 헐려 사라져 가고 있었다. 그리고 짐수레에는 말의 방둥이까지 뒤덮을 만큼 향기로운 건초가 가득 실려 운반되어 갔다.

"풀을 거둬들이기엔 아주 훌륭한 날씨군요! 좋은 건초가 될 겁니다!" 노인이 레빈 옆에 와 앉으면서 말했다. "이건 뭐 차(茶)지 건초가 아녜요! 저 주워 올리는 모습 좀 보십시오! 영락없이 새끼 오리들한테 알곡을 뿌려 주는 것 같죠!" 그는 점점 높아져 가는 풀더미를 가리키면서 덧붙였다. "점심 뒤부터 거의 반은 정리했군요."

"애야, 이게 마지막이냐?" 노인은, 짐수레 마부석에 서서 삼으로 꼰 고삐 끝을 홰홰 내두르면서 옆을 지나가는 젊은 농부한테 외쳤다.

"마지막이에요, 아버지!" 젊은이는 고삐를 당겨 말을 세우면서 외치고는 싱글벙글하면서, 짐수레 안에 앉아 역시 생긋이 웃는 얼굴이 발그레한 아낙네를 돌아보았다. 다시 말을 몰았다.

"저건 누구야? 아들인가?" 레빈이 물었다.

"우리 막둥이에요." 노인은 상냥한 미소를 띠고 말했다.

"괜찮은 젊은이군!"

"네, 정말 귀여운 녀석입죠."

"벌써 장가들었나?"

"네, 지난 강림절부터니 꼭 만 이태가 되죠."

"오오, 그래. 그래 자식은?"

"자식은요 무슨! 만 1년을 아무것도 모르고 수줍어하기만 해서 말씀이에요." 노인이 대꾸했다. "그건 그렇고, 저 건초! 정말 흠잡을 데가 없어요!" 노인은 화제를 바꾸려고 되풀이했다.

레빈은 한층 더 주의 깊게 이반 빠르메노프와 그의 아내를 지켜보았다. 두 사람은 그리 멀지 않은 데서 건초를 쌓고 있었다. 이반 빠르메노프는 수레 위에 올라서서, 젊고 예쁜 아내가 처음에는 두 손으로 안아 올리다가, 나중에는 쇠스랑으로 솜씨 있게 건네는 큼직한 건초 다발을 받아 판판하게 다지고 있었다. 젊은 아낙은 힘도 들이지 않고 즐겁고 능숙하게 일했다. 큼직하게 뭉쳐져 있는 건초 다발을 쇠스랑으로 들어 올리는 일은 쉽지 않았다. 그녀는 먼저 다발을 가지런히 펴서 쇠스랑을 찔러 넣고 탄력 있고 재빠른 동작으로, 빨간 허리띠를 맨 허리를 크게 구부려 온 체중을 쇠스랑에 실은 뒤 하얀 앞치마 밑으로 드러난 풍만한 가슴을 튕겨 올리듯 휙 하고 몸을 펴면서, 두 손으로 쇠스랑을 단단히 쥐고 건초 다발을 수레 위로 높이 던져 올렸다. 그러면 이반은 그녀가 조금이라도 쓸데없는 노고에서 벗어나게 해 주려고 애쓰면서, 두 팔을 넓게 벌려 던져진 다발을 받아 수레에 쌓아 올렸다. 아내는 마지막 풀을 갈퀴로 긁어 건네고 나자 목덜미에 들러붙은 풀잎을 털어 내고, 볕에 그을리지 않은 하얀 이마 위로 내려온 빨간 머릿수건을 바로잡더니, 짐을 묶기 위해서 수레 밑으로 기어들어갔다. 이반은 그녀에게 가로대 묶는 법을 가르치고 있었는데, 그때 그녀가 얘기한 무엇 때문에 큰 소리로 껄껄거리고 웃었다. 둘의 표정에는 이제 막 눈뜬 힘차고 풋풋한 사랑이 담겨 있었다.

12

짐은 다 꾸려졌다. 이반은 수레에서 뛰어내려, 살이 투실투실하게 찐 말의 고삐를 잡았다. 아내는 갈퀴를 짐 위에다 던져 놓고 힘찬 걸음걸이로 두 손을 크게 흔들면서, 마치 춤이라도 추려는 듯이 모여 있는 아낙네들 쪽으로 갔다. 도로로 나온 이반은 짐을 가득 실은 수레 행렬에 끼어들었다. 아낙네들은 갈퀴를 어깨에 메고 갖가지 화려한 색깔의 옷들을 빛내면서, 높다랗고 쾌활한 목소리로 수선거리며 수레 뒤를 따라갔다. 한 아낙네가 거칠고 야성적인 목소리로 노래를 뽑아 후렴 부분까지 부르고 나자, 곧이어 쉰 명 남짓한 다른 아낙네들이 굵직한 목소리, 가느다란 목소리, 기운찬 목소리 등 다양한 목소리로 그 노래를 처음부터 되풀이했다.

아낙네들이 노래하며 다가오자 레빈에게는 마치 시끌벅적한 천둥을 품은 먹구름이 다가오는 것만 같았다. 먹구름은 밀려들자마자 그를 삼켜 버렸다. 그도 그가 누워 있던 건초 더미도 그 밖의 더미와 짐수레도 저 멀리 이어져 있는 온 풀밭도, 모든 것이 외침과 휘파람 소리와 박자 소리가 뒤섞인 이 야성적이고 신바람 난 노래 장단에 휩쓸려 뒤흔들렸다. 레빈은 문득 이 건강한 즐거움이 부러워서 자기도 이러한 생의 환희를 담은 표현에 끼어들고 싶어졌다. 그러나 그는 어떻게 할 수 없었다. 그냥 그대로 누워 보고 듣고 할 수밖에 없다. 사람들이 노랫소리와 함께 그의 시야와 귓전에서 사라져 버리자, 자기의 고독과 육체적인 무위와 세상에 적의를 품고 있는 자기라는 인간에 대한 괴로운 우수의 감정이 레빈을 사로잡았다.

건초 때문에 다른 누구보다도 끈질기게 다투며 그에게 화를 내고 그를 속이려 했던 농부 중 몇 사람이 모두 즐겁게 인사를 하며 지나갔다. 그들은 분명히 그에게 아무런 악의도 품지 않았고, 그를 속이려 했던 것에 대해서도 뉘우치기는커녕 그 일을 기억조차 하지 못했다. 그러한 것들은 모두 즐거운 공동 작업의 바다 속으로 잠겨 버린 것이다. 하느님은 하루를 주고 또 힘을 주었다. 그 하루도 힘도 노동에 바쳐졌고, 보수는 바로 그 노동 자체에 있었다. 누구를 위한 노동인가? 노동의 결과는 무엇인가? 그러한 것은 아무래도 좋은 쓸데없는 생각에 지나지 않았다.

레빈은 지금까지도 때때로 이런 생활에 마음을 빼앗겼고 이런 삶을 영위하는 사람들에게 선망을 품었다. 오늘은 특히 이반과 그 젊은 아내의 관계에서 받은 인상 때문인지, 자기가 지금까지 해 온 번잡하고 무위하고 인공적인 개인 생활을 이 노동 중심적이고 순수하며 공동의 아름다운 생활로 바꾸는 것도 자신의 의지 하나에 달렸다는 생각이 난생처음으로 명백하게 솟구쳐 올랐다.

그의 옆에 앉아 있던 노인은 벌써 오래전에 집으로 돌아갔다. 사람들도 모두 뿔뿔이 흩어졌다. 가까이 사는 사람들은 집으로 돌아갔고, 먼 동네 사람들은 풀밭에서 저녁을 먹고 하룻밤을 지낼 채비를 했다. 사람들 눈에 띄지 않았던 레빈은 건초 더미에 누운 채 보고 듣고 생각하기를 계속했다. 풀밭에서 하룻밤을 새울 양으로 남은 사람들은 짧은 여름밤을 거의 한잠도 자지 않고 지냈다. 처음 저녁밥을 먹을 동안은 즐거운 애기 소리와 웃음소리가 들렸고, 이

내 그것들은 노래며 웃음소리로 바뀌었다.

긴긴 노동의 하루는 그들에게 쾌활함 말고 아무런 흔적도 남기지 않았다. 새벽녘이 가까워지자 모든 것이 고요해졌다. 들리는 것은 그저 늪 속에서 그치지 않고 개골개골 우는 개구리 소리와 동이 트기 전 피어오른 안개 속에서 콧김을 내뿜는 말의 숨소리뿐이었다. 번뜩 정신이 든 레빈은 건초 더미에서 일어나 별을 우러러보고 밤이 지나간 것을 알았다.

'자, 그럼 난 결국 뭘 해야 한담? 그리고 그것을 어떻게 해야 하나?' 그는 이 짧은 밤을 새워 가며 생각하고 느낀 것을 자기 나름대로 정리해 보고자 이렇게 자문해 보았다. 그가 생각하고 느낀 것은 모두 세 갈래 방향으로 나뉘었다. 하나는 자기의 낡은 생활의 부정(否定), 무용한 지식의 부정, 아무런 쓸모도 없는 교양의 부정이었다. 이 부정은 그에게 즐거움을 가져다주었고 또한 그에게는 쉽고 간단했다. 두 번째 사상은 그가 앞으로 하고자 하는 생활에 대한 것이었다. 그는 그 삶을 소박하고, 순결하고, 정당한 생활로 분명하게 그리고 있었고, 그 속에서야말로, 자기가 현재 고통스럽게 그 부족을 통감하는 만족과 안정과 가치를 발견할 수 있으리라 확신했다. 그런데 세 번째 사상은, 낡은 옛 생활에서 새로운 생활로 전향하는 첫걸음을 어떻게 내디뎌야 할 것인가 하는 문제에서 방황하고 있었다. 이 점에 관해서는 무엇 하나 확실하게 그려낼 수 없었다. '결혼을 할까? 일을 늘려서 일하지 않을 수 없는 상황을 만들까? 뽀끄로프스꼬예를 떠나야 할까? 땅을 사야 하나? 농민들의 공동체 사회에 끼어들 것인가? 농부의 딸과 결혼할까? 도대체 난 어떻게 해야 하지?' 그는 또다시 스스로에게 물어보았으나 해답은 찾을 수 없었다. '하여간 밤새 한잠도 못 잤으니 뚜렷한 판단을 내릴 수 없는 게 당연하지.' 이렇게 그는 중얼거렸다. '나중에 다시 잘 생각하자. 다만 이 하룻밤이 내 운명을 결정지은 것만은 확실해. 내가 지금까지 그리던 가정생활의 꿈이니 하는 것들은 모두 무의미하고 부질없는 것이야.' 그는 속으로 생각했다. '모든 것은 그보다 훨씬 간단하고 훨씬 뛰어나다……'

'아아, 정말 아름답군!' 그는 머리 위의 하늘 한복판에, 하얀 양털 구름이 마치 진주조개 같은 신비한 무늬를 그리는 것을 쳐다보면서 생각했다. '정말 이 아름다운 밤에는 모든 것이 아름답다! 그건 그렇고, 어느 틈에 저렇게 조개 모양이 만들어졌을까? 조금 전에 하늘을 올려다보았을 때는 두 줄기 하얀 띠 외

엔 아무것도 없었는데. 그래, 이것과 마찬가지로 내 인생관도 어느 틈엔지 바뀌어 버렸다!'

그는 풀밭에서 걸어 나와 넓은 길을 따라 마을 쪽으로 발길을 옮겼다. 바람이 산들산들 불면서 주위가 잿빛으로 흐려졌다. 어둠에 대한 빛의 완전한 승리인 새벽에 앞서서 반드시 찾아드는 어두운 한순간이 닥친 것이다. 추위에 몸을 움츠리면서 레빈은 땅에 시선을 떨어뜨리고 발걸음을 재촉했다. '어? 누군가가 오나 보군.' 그는 방울 소리를 듣고 고개를 쳐들었다. 그가 걸어가는 풀로 덮인 큰길의 마흔 발짝쯤 떨어진 앞쪽에서 말 네 필이 끄는 마차가 달려오고 있었다. 뒤의 말이 수레바퀴 자국을 피해 가려다가 수레 채에 부딪혔으나, 숙련된 마부는 마부석에 비스듬히 앉은 채 수레바퀴 자국을 따라 채를 가누었으므로 바퀴는 편평한 데를 굴러갔다.

레빈은 그러한 것들만 보았을 뿐, 마차에 탄 사람에 대해서는 생각하지도 않고 무심코 마차 속을 흘깃 보았다.

마차 한쪽 구석에서는 노파가 졸고 있었다. 창가에는 아마도 금방 잠에서 깬 것 같은 젊은 처녀가 두 손으로 하얀 모자의 작은 리본을 만지면서 앉아 있었다. 총명하고 생각이 깊어 보이는 여성은, 레빈과는 거리가 먼 심오하고 복잡한 내면생활에 잠긴 표정으로 그의 머리 너머로 떠오르는 해를 바라보고 있었다.

그 모습이 레빈 시야에서 막 사라지려던 순간, 그녀의 진실 어린 눈이 그를 흘깃 보았다. 그녀는 그를 알아보고 깜짝 놀란 듯한 기쁨으로 얼굴을 환하게 빛냈다.

그가 잘못 볼 리 없었다. 그 눈은 이 세상에 오직 하나밖에 없었다. 그에게 있어서 온 세상과 삶의 의의를 하나로 집중시켜 줄 수 있는 유일한 존재였다. 그것은 그녀였다. 끼찌였다. 그는 그녀가 기차역에서 예르구쉬오보로 가는 길이라는 것을 알았다. 그러자 이 불면의 하룻밤 내내 레빈의 마음을 뒤흔들었던 온갖 계획, 그가 내린 온갖 결의들이 순식간에 자취를 감추어 버렸다. 그는 농부의 딸과 결혼하려던 아까의 공상을 되새기며 혐오감을 느꼈다. 그저 저기에서만, 자꾸자꾸 멀어지며 반대쪽으로 가 버린 그 마차 속에서만, 요즈음 그토록 그를 괴롭히던 삶의 수수께끼를 해결할 가능성을 발견했던 것이다.

그녀는 더는 내다보지 않았다. 마차의 삐거덕거리는 용수철 소리는 이미 사라지고 간간이 방울 소리만 희미하게 들렸다. 개 짖는 소리로, 벌써 마차가 마을까지 지났음을 알 수 있었다. 뒤에 남은 것이라고는 텅 빈 들판과 앞에 보이는 마을, 황량한 한길에 혼자 터벅터벅 걷는 고독한 자신뿐이었다.

그는 하늘을 올려다보았다. 조금 전까지 감탄하던 진주조개 같은 구름을 다시 한 번 보고 싶었다. 자기를 위해 그 밤의 상념과 감정의 상징이 되어 주었던 그 구름. 그러나 하늘에는 이제 조개 비슷한 것도 없었다. 이를 수 없는 높은 곳에서는 이미 신비한 변화가 이루어지고 있었다. 진주조개는 벌써 흔적도 없었다. 대신 하늘 반쪽을 가득 채우며, 멀어질수록 점점 더 조각조각으로 헤진 양털 구름이 융단처럼 펼쳐져 있었다. 하늘은 파랗게 걷혀갔고, 똑같은 부드러움과 한결같은 지고함으로 뭔가 의혹이 담긴 그의 눈길에 대꾸하고 있었다.

"아니." 그는 스스로에게 말했다. "이 소박하고 노동적인 생활이 아무리 좋아도, 난 그리 돌아갈 수는 없어. 난 그녀를 사랑하니까."

13

까레닌과 가장 가까운 사람들밖에 모르지만, 겉으로 보기에 철저히 냉정하고 사려 깊은 이 인물에게 그러한 일반적인 성격과는 모순되는 약점이 하나 있었다. 사실 그는 어린아이와 여자의 눈물을 예사롭게 보고 들을 수 있는 사람이 아니었다. 눈물을 보면 그는 갑자기 혼란에 빠져 완전히 판단력을 잃고 말았다. 그의 사무실의 서기장이며 비서관은 그 점을 잘 알고 있었으므로, 여자 청원자한테 용건을 그르치고 싶지 않다면 결코 울어서는 안 된다고 미리 일러줬다. "울면 그분께서 화를 내실 테고, 그러면 그 자리에서 면담이 중지될 테니까요." 그들은 충고했다. 그리고 실제로 그런 일이 생기면 눈물 때문에 야기된 까레닌의 정신적 혼란은 성급한 노여움으로 표현되기 일쑤였다. "난 할 수 없습니다. 해 드릴 수 있는 일이 아무것도 없습니다. 미안하지만 좀 나가 주실까요!" 그럴 때에 그는 대개 이렇게 외치는 것이었다.

경마에서 돌아오는 길에 안나가 브론스끼와의 관계를 밝히고는 바로 두 손으로 얼굴을 가리며 울음을 터뜨렸을 때도, 까레닌은 그녀에 대한 분노가 소용돌이치는 와중에도 눈물이 가져오는 그 정신적 혼란의 폭주를 느꼈다. 그는 그것을 자각하고 또 자기 감정의 표출이 지금 상황에 알맞지 않다고 깨달았기에, 온갖 생명의 포효를 가슴속에 억누르려고 애썼다. 그 결과 옴짝달싹하지도 않고 그녀 쪽을 보지도 않았다. 또 이 때문에, 안나를 소스라치게 놀라게 한 그 기괴한 죽은 사람 같은 창백한 표정이 그의 얼굴에 나타났던 것이다.

집에 도착하자, 그는 그녀를 마차에서 부축해서 내려주고, 있는 힘을 다해 자기를 억누르며 언제나처럼 공손한 태도로 그녀에게 작별을 고하고는, 대수롭지 않은 말을 몇 마디 했다. 그는 그녀에게 자기 결심은 내일 알리겠노라고 말했다.

최악의 의혹을 확증한 아내의 말은 까레닌 마음에 잔인한 아픔을 주었다. 이 고통은 아내의 눈물 때문에 그녀에 대한 생리적인 연민이라는 기괴한 감정 작용으로 더한층 증대되었다. 그러나 마차 안에 혼자 남게 된 까레닌은 놀라기도 하고 기쁘기도 했다. 왜냐하면 자기가 그 연민으로부터, 요즘 들어 계속 그를 괴롭히던 의혹과 질투의 고통에서도 완전히 자유로워진 것을 느꼈기 때문이다.

그는 오랫동안 앓던 이를 빼 버린 사람과 같은 느낌을 경험했다. 무시무시한 아픔과 무엇인가 자기 머리보다도 더 큰 것이 턱에서 쑥 뽑혀 버린 것 같은 느낌 뒤에 환자는 아직 자신의 행복을 믿지 못하는 채로 이런 기분을 문득 느낀다. 아주 오랫동안 자기 생활에 괴로움을 주고 늘 신경이 쓰여 어찌할 바를 모르던 것이 사라져 버렸고, 자기는 또다시 살고 생각하며, 앓던 이 이외의 것에 흥미를 둘 수 있으리라고 실감한 것이다. 바로 이 느낌을 까레닌은 경험했다. 기괴하고 격렬한 아픔이 있었지만 그것은 이제 지나가 버렸다. 그는 자기가 또다시 삶을 되찾았고, 이제 아내에 대한 것만이 아닌 다른 것도 생각할 수 있다고 느꼈다.

'명예심도 인정도 없고 신앙도 없는 타락한 계집! 이것은 나도 평소에 알고 있었다. 언제나 보고 있었다. 다만 그녀를 가엾게 여기며 스스로 속이려 했을 뿐이었지.' 그는 속으로 이렇게 말했다. 그러자 그는 실제로 자기가 언제나 그것을 꿰뚫고 있었던 것 같은 느낌이 들었다. 그는 이전에는 별반 나쁘다고 여기지 않던 그들의 지난날을 하나하나 상기해 보았다. 그러자 지금은 그 세세한 점들이 그녀가 이전부터 타락한 계집이었음을 명백히 드러내는 증거처럼 보였다. '내 인생을 그런 여자와 맺었던 것이 실수였어. 그러나 이 가운데 내가 잘못한 것은 하나도 없으니 내가 불행해질 이유는 없지. 나쁜 것은 내가 아니니까.' 그는 자기한테 말했다. '그녀가 잘못한 거야. 난 이제 그녀가 어찌 되든 상관없어. 나에게 그녀는 더는 존재하지 않으니까……'

그녀에 대해서와 마찬가지로 아들에 대한 그의 감정도 일변해 버렸으므로, 아내와 아들의 앞날에 대한 모든 것도 일체 그의 마음을 끌지 못했다. 지금 그의 마음을 사로잡는 것이라고는, 그녀가 타락하면서 그에게 튀긴 진흙을 털어낸 뒤 활동적이고 명예롭고 유익한 자기 인생의 길을 계속 걸어 나아가려면 어떻게 하는 것이 가장 좋고 가장 점잖고, 자기에게 가장 이롭고 가장 정당할 것인가 하는 문제 하나뿐이었다.

'그 하찮은 계집이 죄를 저질렀다고 해서 내가 불행해질 순 없지. 난 오직 그녀 때문에 빠진 이 불쾌한 상황에서 빠져나갈 제일 나은 방법을 찾아내기만 하면 된다. 그리고 난 그것을 발견할 것이다.' 그는 더한층 미간을 찌푸리면서 중얼거렸다. '이런 일을 당한 것은 내가 처음도 아니고 마지막도 아니다.' 그러자 역사적 사건은 말할 것도 없고, 「아름다운 헬레네」를 통해서 만인의 기억에 되살아난 메넬라오스를 비롯하여 현대 상류사회에서 아내가 부정을 저지른 남편들의 실례가 줄줄이 까레닌 머릿속에 떠올랐다. '다리얄로프, 뽈따쁘스끼, 까리바노프 공작, 빠스꾸진 백작, 드람…… 그렇지, 드람…… 성실하고 유능한 인물까지…… 세묘노프, 챠긴, 시고닌.' 까레닌은 이런 식으로 생각해 냈다.

'설령 이러한 사람들한테 불합리한 조소가 쏟아졌다고 하더라도, 난 그 속에서 결코 불행 이외의 것은 본 적이 없고 언제나 그들을 동정해 왔다.'

까레닌은 스스로 이렇게 말했지만 그것은 사실이 아니었다. 그는 결코 이런 불행에 동정하지 않았고, 아내에게 배반당한 남편 이야기를 들으면 들을수록 스스로를 더욱더 높이 평가했던 것이다. '이것은 누구에게나 일어날 수 있는 불행이다. 그 불행이 나에게도 찾아들었다. 문제는 어떻게 하면 이 상태를 가장 잘 극복할 수 있느냐 하는 것뿐이다.' 그는 자기와 똑같은 처지에 빠졌던 사람들이 취한 방법을 낱낱이 검토하기 시작했다.

'다리얄로프는 결투를 했다……' 결투는 특히 그가 본능적으로 소심한 사람이었고 또한 자기도 그 사실을 잘 알고 있었으므로, 젊었을 적에는 까레닌 마음을 유난히 끌었다. 그는 자기에게 권총을 겨눈 모습을 상상만 해도 두려웠기에 지금까지 어떤 무기도 사용해 본 적이 없었다. 이 공포심은 젊은시절부터 자주 결투를 떠올리며 자기 생명을 위험에 드러내 놓아야 할 상황에 대해 상상케 했다. 사회적으로 확고한 지위와 성공을 거두고 나서는 오랫동안 이 감정을 잊고 있었다. 그러나 감정의 타성은 숨길 수 없다. 까레닌은 한번 떠올리고 나자 자신의 소심함에 대한 공포가 여전히 날카롭게 빛나고 있고, 자기는 어떤 일이 있어도 결투는 하지 않으리라는 것을 잘 알면서도, 역시 결투라는 문제를 이리저리 관찰하고 생각하지 않을 수 없었다.

'의심할 것도 없이 우리 사회는 아직 매우 미개하니까(영국과는 비교도 안 될 만큼) 대다수 사람이(이 가운데는 까레닌이 존중하는 사람들도 포함되어 있었다) 결투를 호의적으로 볼 것이다. 그러나 결투로 무엇을 얻을 수 있단 말인가? 가령 내가 결투를 신청한다 치자.' 그는 혼잣말을 중얼거리며, 결투 신청 뒤에 지낼 하룻밤과 자기한테 겨눌 권총을 생생하게 그려 보고는 저도 모르게 부르르 몸을 떨었다. 그리고 자기는 결코 그런 짓은 하지 않으리라는 것을 깨달았다. '가령 내가 그 사내한테 결투를 신청했다고 하자. 그래서 결투 방법을 배우고.' 그는 계속 생각했다. '결투 장소에 선다, 방아쇠를 당긴다.' 그는 눈을 감으며 자기한테 말했다. '그리고 내가 그 사내를 죽인다면.' 여기까지 생각하자 까레닌은 이 어리석은 상념을 쫓아낼 양으로 머리를 흔들었다.

'죄를 지은 아내와 아들에 대한 태도를 분명히 밝히기 위해 사람을 죽인다는 것에 어떤 의미가 있는가? 그렇게 하면 아내에게도 똑같은 처분을 내릴 수밖에 없지 않은가? 그리고 아마, 아니 확실히 죽거나 상처입는 쪽은 바로 나일 것이다. 무고한 희생자인 내가 살해되든가 상처를 입다니. 더한층 무의미한 일이 아닌가. 어디 그뿐이랴. 내 쪽에서 결투를 신청하는 것 자체가 성실하지 못한 행동이다. 내 친구들은 무슨 일이 있어도 내게 결투 같은 것을 시키지 않을 것이기 때문이다. 러시아가 요구하는 국가적 인물의 생명이 위험에 노출되는 것을 누가 허용하겠는가. 그렇다면 어떻게 되지? 말하자면 난 사건이 위험한 지경까지 도달하지 않으리라는 것을 알면서도, 결투를 신청하여 어떤 허명(虛名)을 드날리려는 꼴이 되지 않겠는가. 이것은 정당하지 않아. 기만이다. 타인도 나도 속이는 거야. 결투는 도저히 불가능하다. 그리고 누구 하나 나한테 그런 것을 바라지도 않는다. 내 목표는 어디까지나 공직 활동을 지장 없이 계속해 나가는 데 필요한 명성을 유지하는 것이다.' 지금까지도 까레닌은 공무상 활동에 큰 의의를 두었지만, 지금은 그것이 더한층 중요하게 여겨졌다.

결투를 비판하고 배척한 다음에는 그가 생각해 낸 예의 그 남편들 가운데 몇 사람이 선택한 이혼이라는 또 다른 출구 쪽으로 생각을 돌렸다. 그러나 그가 알고 있는 이혼의 예를 머릿속에서 샅샅이 뒤적거려 봤지만(이혼사례는 그가 잘 알고 있는 상류사회에는 무척 많았다) 까레닌은 이혼의 목적이 그가 바라는 목적 같은 경우를 하나도 찾아내지 못했다. 어떤 예를 보더라도 남편은 정숙하지 못한 아내를 양도하든가 팔아넘겼다. 그리고 자신이 지은 죄 때문에 정식 재혼이 불가능한 여자는, 새로운 남편과 가공의 준합법적인 관계를 맺고 있었다. 까레닌은 자기의 경우 그러한 법률상 이혼, 말하자면 죄 있는 아내를 쫓아내는 것만으로 그치는 이혼은 불가능하다는 것을 알았다. 자기를 둘러싼 복잡한 생활환경은 아내의 범행 증거로서 법률이 요구하는 그 추악한 입증을 허용하지 않을 것이기 때문이다. 또한 민감한 처지에 있는 그로서는, 설사 증거가 있다손 치더라도 그것을 겉으로 드러내어 이용할 수 없으며, 그랬다가는 세평 앞에서 그녀보다도 오히려 그 자신이 품위를 잃게 될 것이다.

이혼 시도는 다만 그의 높은 사회적 위치를 비방하고 공격하는 적들에게 뜻밖의 기회가 될 체면 깎아 먹기일 뿐이다. 주요한 목적, 소란을 최소한의 소동으로 누르고 자기 지위를 옹호하는 것은 이혼을 통해서도 얻어지지 않았다. 뿐만 아니라 이혼하거나, 아니 이혼하려는 낌새만 보여도 아내는 남편과의 관계를 단절하고 애인과 결합할 것이 분명했다. 까레닌은 이제 완전한 경멸적인 무관심으로 아내를 대했지만, 그래도 그녀에 대한 하나의 감정, 즉 그녀가 아무런 장애도 없이 브론스끼와 결합하여 그 저지른 죄로 득을 보는 것은 용서할 수 없다는 감정이 남아 있었다. 이 불안은 까레닌을 극도로 자극했다. 그는 생각만으로도 마음이 무거워 부지중에 끙끙 앓으면서 마차 안에서 일어나 자리를 바꾸고는, 그대로 오랫동안 눈살을 찌푸린 채 추위에 예민한 두 다리를 폭신한 담요로 꽉 싸매고 있었다.

'정식 이혼 외에도 까리바노프며 빠스꾸진이며 그 착실한 드람이 선택했던 것과 같은 수단을 취할 수도 있다. 바로 아내와의 별거다.' 그는 다소 마음이 가라앉자 생각을 이어나갔다. 하지만 이 수단 역시 이혼의 경우와 똑같은 치욕이라는 결함을 수반한다. 게다가 무엇보다도, 이 역시 정식 이혼과 마찬가지로 아내를 브론스끼 품 속에다 던져 주는 셈이었다. '아니, 그런 짓을 할 수 없다. 할 수 없다!' 그는 다시 담요를 고쳐 싸면서 큰 소리로 외쳤다. '난 불행해선 안 된다. 그리고 아내와 그 사내가 행복해서도 안 돼!'

그가 진상을 모르던 무렵 그토록 그를 괴롭히던 질투 감정은, 아내의 고백으로써 극심한 아픔과 함께 앓던 이를 뽑힌 순간 말끔히 사라져 버렸다. 대신 곧 새로운 감정이, 단순히 그녀가 득을 보지 못하도록 할 뿐만 아니라 그 죗값을 치르도록 해야겠다는 욕구가 생겨났다. 그는 그 감정을 스스로 의식하고 있지 않았지만 마음속으로는 그녀가 그의 평화와 명예를 파괴한 대가로 고통받기를 원했던 것이다. 그래서 다시 한 번 결투·이혼·별거 조건을 하나하나 검토하고, 다시 그것들을 부정한 끝에 까레닌은 자기가 취할 방법은 그저 하나밖에 없다는 것을 확인했다. 이 사건을 세상에는 비밀에 부친 채 그들 관계를 끊어 놓기 위해서, 스스로는 인정할 수 없는 이유였지만 그녀를 벌하기 위해서, 온갖 수단을 다하여 그녀를 지금 이대로 자기 곁에 억눌러 두는 것이었다.

'난 그녀에게 분명히 밝혀야 한다. 그녀가 가족들을 빠뜨려 놓은 괴로운 상태를 두루 생각한 결과 이렇게 결심했다고, 다른 어떤 방법보다도 표면적인 status quo(현상유지)가 서로를 위해서 최선이며, 이 현상유지는 내 의지에 따라 그녀가 애인과 관계를 끊는다는 단호한 조건 아래서만 승낙된다는 것을 알려야 한다.' 이미 최종 결론까지 내렸을 때, 이 결심을 증명이라도 하듯 까레닌 머리에 또 하나 중대한 생각이 떠올랐다. '이 결심을 통해서만 난 종교에 들어맞는 행동을 취할 수 있다.' 그는 혼잣말로 중얼거렸다. '이 결심에 따라야만 난 죄지은 아내를 멀리하지 않고 그녀한테 뉘우칠 기회를 줄 수 있으며, 나아가 그것이 나에게는 아무리 괴로운 일일지라도 내 힘의 일부를 그녀의 뉘우침과 구원에 바칠 수 있다.'

까레닌은 자기가 아내에게 정신적인 감화력을 미칠 수 없다는 사실과 이 같은 갱생 시도를 아무리 해도 한낱 거짓 이외에는 아무것도 얻지 못한다는 것을 잘 알고 있었다. 그는 이토록 괴로움을 맛보면서 한 번도 종교에 의지하려고는 하지 않았다. 그럼에도 지금 그의 결심이 그가 생각하는 종교의 요구와 들어맞자, 이 종교적 승인이 그에게 충분한 만족과 약간의 안정을 주었다. 사회의 종교에 대한 냉담과 무관심 속에서도 항상 그 기치를 높이 들어왔던 자기가 이토록 중대한 사건을 맞닥뜨리면서 예의 종교 교리에 따라서 행동하지 않았다고는 아무도 얘기할 수 없으리라고 생각하니 못 견디게 기뻤다. 까레닌은 앞으로의 일을 차근차근 생각해 보아도, 아내와 자기 관계가 어째서 예전과 같아서는 안 되는지 그 까닭을 찾을 수 없었다. 물론 그는 이제 그녀에 대한 존중을 결코 돌이킬 수 없으리라. 그러나 그녀가 나쁘고 부정한 아내라는 이유로, 그가 자기 생활을 파괴하고 괴로워할 까닭은 조금도 없었고 또 있을 수도 없었다. '그래. 시간이 지나면 모든 것이 원만하게 처리되어 우리 관계도 이전처럼 회복되겠지.' 까레닌은 생각했다. '말하자면 내가 내 생활의 흐름에 부조화를 느끼지 않을 정도로는 회복될 것이다. 그녀는 불행해야 마땅하지만 나는 죄가 없다. 그러니 난 불행해서는 안 된다.'

14

뻬쩨르부르그에 도착할 무렵에 까레닌은 이 결심을 완전히 굳혔을 뿐만 아니라 아내한테 써 보낼 편지까지 머릿속에서 꾸미고 있었다. 문지기가 방으로 들어서자, 그는 관청에서 온 편지며 서류들을 훑어보고 나중에 자기 서재로 가져오도록 명했다.

"말은 풀어놔도 괜찮아, 그리고 손님은 아무도 받지 말게." 그는 '받지 말게'라는 말에 특히 힘을 주면서, 한창 기분이 좋을 때 으레 나타나는 어떤 만족스러운 말투로 문지기의 물음에 답했다. 서재로 들어간 까레닌은 두 차례 방안을 거닐고 나서, 그보다도 한발 앞서 들어온 하인이 벌써 여섯 자루의 촛불을 켜놓은 큼직한 책상 옆에 발을 멈추었다. 그는 손가락을 뚜둑뚜둑 꺾은 뒤 문방구들을 챙기면서 자리에 앉았다. 책상 위에다 팔꿈치를 짚고 머리를 옆으로 기울여 잠시 생각하더니, 곧바로 단숨에 편지를 써 내려갔다. 그는 첫머리에서 그녀에 대한 호칭을 생략하고 프랑스어로 '당신'이라는 대명사를 사용했다. 이 대명사는 대응하는 러시아어가 갖는 만큼의 싸늘함은 없었다.

우리의 마지막 만남에서 난 당신에게 이 사건에 대한 내 결심을 알려 줄 생각임을 이야기해 두었소. 모든 것을 면밀하게 숙고한 결과, 당신에게 그 약속을 이행할 목적으로 이 편지를 쓰고 있소. 내 결심은 다음과 같소. 당신의 행위가 어떤 것이든, 난 내가 하느님의 힘으로 맺어진 우리 인연을 끊을 권리를 가진 자라고는 생각지 않소. 가정은 일시적인 감정이나 자유의지는 물론 심지어 죄에 의해서조차도 파괴될 수 없소. 그러므로 우리 생활은 이전과 같이 영위되어야 하오. 이것은 나를 위해서도 당신을 위해서도, 또한 우리 아들을 위해서도 필요한 것이오. 난 당신이 이 편지의 원인이 된 사건에 대해서 이미 뉘우쳤고 또 뉘우치고 있다는 것, 그리고 우리 불화의 원인을 근절하고 과거를 잊기 위해 내게 협력해 주리라는 것을 끝까지 믿는 바이오. 그렇지 않다면 당신과 당신 아들에게 무엇이 기다리고 있을지 스스로 충분히 짐작할 수 있으리라 보오. 또한 이 문제에 대해서는 언젠가 직접 만나 더욱 상세히 상의하기를 희망하고 있소. 별장 생활의 계절도 끝나가니 난 당신이 되도록 빨리, 늦어도 화요일까지는 뻬쩨르부르그로 돌아오길 바라오. 귀가에 필요한 준비는 모두 지시해 놓겠소. 내가 이런 희망이 실현되는 것에 특히 의미를 두고 있음을 유념해 주기 바라오.

A · 까레닌

　추신. 필요하리라 예상되는 경비를 이 편지와 함께 보내오.

　그는 편지를 다시 한 번 읽어 보고 만족했다. 특히 돈을 동봉한다는 것을 생각해 내서 만족스러웠다. 무자비한 말도 비난도 없지만 그렇다고 관대한 척하지도 않았다. 하여간 그것은 아내의 귀가를 위한 황금 다리였다. 그는 편지를 접어 큼직하고 두툼한 상아 페이퍼나이프로 반반하게 누르고 돈과 함께 봉투에 넣은 다음, 잘 정돈된 필기구를 쓸 때마다 언제나 느끼는 만족을 맛보며 벨을 눌렀다.

　"이것을 내일 아침까지 별장에 있는 안나에게 전하도록 속달로 보내게나." 그는 이렇게 말하고 일어섰다.

　"알았습니다. 각하. 차는 서재에서 드시겠습니까?"

　까레닌은 서재로 차를 가져오라고 이르고 묵직한 페이퍼나이프를 만지작거리면서 안락의자 쪽으로 갔다. 의자 옆에는 램프와 그가 막 읽기 시작한 이집트 상형문자에 대한 프랑스어 책이 준비되어 있었다. 의자 위에는 금테 액자를 끼운 타원형 캔버스에 유명한 화가가 훌륭하게 그려낸 안나의 초상화가 걸려 있었다. 까레닌은 그것을 힐끔 쳐다보았다. 마치 담판을 짓던 어젯밤처럼, 속을 알 수 없는 그녀 눈이 비웃듯이 뻔뻔스럽게 그를 내려다보고 있었다.

　화가가 솜씨 있게 그린 머리 위 검은 레이스, 검은 머리카락, 무명지에 여러 개의 반지를 낀 하얗고 아름다운 손, 이러한 것들을 보자 까레닌은 참기 어려울 만큼 오만하고 도도한 인상을 받았다. 잠깐 초상화를 바라보던 까레닌은 입술이 떨려 '부르르' 하고 소리가 날 정도로 크게 한숨을 쉬고 얼굴을 돌렸다.

얼른 안락의자에 몸을 던지고 책을 펼쳤다. 그러나 아무리 읽으려고 애써도, 도저히 이집트 상형문자에 대한 이전의 생생한 흥미를 불러일으킬 수가 없었다. 그는 아내에 대해서가 아니라 요즈음 그의 정치적인 활동 가운데 일어난, 최근 그의 직무상 가장 중요한 흥미를 형성하던 어떤 복잡한 사건에 대해서 생각하고 있었다. 지금 그는 자기가 그 어느 때보다도 더한층 이 복잡한 사건을 추구(推究)하고 있으며, 이 사건 일체를 천명하여 관계(官界)에서의 그의 지위를 높임과 동시에 그의 적들을 실각시키고, 나아가 나라에 매우 큰 이익을 가져올 획기적인 사상—자화자찬이 아니라 정말로 그랬다—이 그의 머릿속에 싹트고 있음을 알았다.

하인이 차를 놓고 방을 나가자마자, 까레닌은 일어서서 책상 쪽으로 갔다. 사건 서류가 든 손가방을 책상 한가운데로 밀어 놓고 간신히 알아챌 정도의 만족스러운 미소를 띠면서, 그는 필통에서 연필을 뽑아 당면한 그 복잡한 사건에 대해 그가 미리 요청해 둔 어수선한 보고서들을 탐독했다. 정치가로서 까레닌의 본질적이고 이색적인 특질, 출세한 관리라면 누구나 가진 그의 집요한 명예심과 조심성, 성실함, 그리고 자신감과 함께 그의 경력을 만들어 올린 특질은 다음과 같았다. 즉 피상적인 관료주의를 멸시하고, 서류의 불필요한 왕복을 줄이고, 사건과 가능한 한 직접적인 관계를 갖고, 경비를 절감하는 것이다. 그런데 6월 2일 유명한 위원회에서 자라이스크현의 농지 관개사업에 관한 안건이 제시되었다. 그것은 그의 관하에 속한 사업으로, 알맹이가 없는 낭비와 비능률적인 서류만능주의의 좋은 예 가운데 하나였다. 까레닌은 이 비난이 정당하다고 인정했다. 자라이스크현 관개사업은 그의 전전임자(前前任者)가 착수한 것이었다. 그리고 실제로 이 사업에 막대한 돈이 소비되었고 지금도 소비되고 있지만 아직 아무런 성과도 나타나지 않고 있다. 이 사업은 어떤 결과도 가져오지 못할 것이 확실했다. 까레닌은 취임과 동시에 그것을 알아보고 손을 대고자 했으나, 지위가 아직 불안정한 초창기에는 너무나도 많은 사람의 이해관계가 얽혀 있는 이 일에 함부로 손대는 것이 지혜로운 처사가 아니라고 판단했다. 이후로는 줄곧 다른 일에 쫓겨 이 사업에 대한 것을 말끔히 잊어버리고 있었다. 그리고 이 일은 모든 사업과 마찬가지로 관성에 의해 저절로 진척되고 있었다(많은 사람이 이 사업으로 생계를 꾸려 가고 있었다. 특히 그중에는 정말로 진실하고 음악을 좋아하는 일가도 있었다. 그 집안 딸들은 모두 현악기를 잘 탔다. 까레닌은 이 일가와 정답게 사귀고 있었고 맏딸 결혼식에서는 대리부모 노릇을 하기도 했다). 이 문제는 그에게 적의를 품은 관청에서 제출한 것으로, 까레닌이 생각하기에 그것은 비열한 짓이었다. 왜냐하면 어느 관청이나 이보다 더한 문제를 얼마든지 끌어안고 있지만 일종의 관리 사회의 예의에 따라 누구도 그것을 굳이 문제 삼지 않았기 때문이다. 그러나 이미 결투의 장갑이 던져진 이상, 그는 과감히 그것을 받아들여 자라이스크현의 농지 관개 위원회의 활동을 탐구하고 검증하기 위한 특별위원회 설치를 요구했다. 대신 그는 이제 적들에게 한 치의 양보도 하지 않았다.

또한 그는 이민족 대우개선 문제에 대해서도 특별위원회를 요구했다. 이 문제는 6월 2일 위원회에서 우연히 제기되었는데, 까레닌은 이를 이민족의 비참한 상태 때문에 잠시도 유예할 수 없는 문제라고 열렬히 주장했다. 그러나 그에게 적의를 품고 있던 관청의 몇몇 부서가 그들의 상태는 지극히 양호하고, 제기된 개혁이 오히려 그들 번영을 저해할 수 있으며, 만약 거기에 무엇인가 문제가 있다면 그것은 그저 법률에 따라 제정된 방법을 까레닌의 관청이 실행하지 않았기 때문이라고 공격했다. 그래서 지금 까레닌은 다음과 같은 요구를 제출하려고 계획했다. 첫째로 즉각 이민족에 대한 현지 조사를 위촉할 새로운 위원회를 조직할 것, 둘째로 만약 이민족의 상황이 실제로 위원회의 수중에 있는 공문서에 기록된 것과 같다면 그들의 비참한 상황의 원인이 어디에 있는가를 정치적, 행정적, 경제적, 인종학적, 물질적, 종교적 견지에서 조사하기 위해 또 다른 새 연구위원회를 조직할 것, 셋째로 오늘날 이민족이 처한 것과 같은 불리한 사정을 미연에 방지하기 위해서 최근 10년간 해당 관청에서는 어떤 수단을 취해 왔는가 하는 보고를 반대측 관청에 요구할 것, 마지막으로 위원회에 제출된 보고서 1863년 12월 5일부 제17015호 및 1864년 6월 7일부 제18308호에서 보는 바와 같이, 어째서 해당 관청이 법의 제18조 및 제36조 주석의 근본정신에 완전히 상반된 행동을 취했는지에 대한 설명을 요구할 것. 이상의 고안 요령을 재빨리 쓰는 사이에 까레닌 얼굴은 활기에 찬 분홍빛으로 뒤덮였다.

한 장의 종이를 빽빽이 채우고서 그는 일어나 벨을 누르고 필요한 사항을 조사해 보내라는 쪽지를 집무처 서기장에게 보내도록 했다. 그러고는 다시 일어서서 방 안을 거닐며 또다시 초상화를 쳐다보고, 눈살을 찌푸리며 얕보는 듯한 웃음을 띠었다. 그는 또다시 이집트 상형문자에 대한 책을 조금 읽으며 그것에 대한 흥미를 회복한 다음, 11시에 침실로 갔다. 침대에 누워 아내와의 사건을 생각했을 때, 그것은 더 이상 그에게 이전의 음울한 모습으로는 비치지 않았다.

15

안나는 그녀의 처지가 난처하므로, 남편에게 모든 것을 고백하라고 브론스끼가 얘기했을 때는 발끈 성이 나서 완강하게 반대했다. 그러나 그녀도 마음속으로는 자기 입장이 거짓되고 욕된 것이라고 여기고 진심으로 그러한 상황을 바꾸고 싶었다. 그녀는 남편과 함께 경마장에서 돌아오는 도중 흥분한 나머지 모든 것을 토로해 버렸다. 그때는 비록 쓰라린 마음의 아픔을 경험했지만 그녀는 한편으론 오히려 기쁘기도 했다. 그래서 남편이 그녀를 남겨 놓고 가 버린 뒤에 그녀는 생각했다. 이걸로 되었다, 이제는 모든 것이 드러났으니, 적어도 앞으로는 삶에 허위며 기만은 없으리라. 이제 그녀의 처지가 영구히 결정되리라는 것에는 의심할 여지도 없다. 이 새로운 위치가 좋지는 않을지라도 하여튼 분명하고 더 이상 애매한 점도 거짓된 점도 없을 것이다. 그런 것을 토로하여 자신과 남편에게 주었던 고통도 이렇게 분명히 드러남으로써 보상되겠지 하고 그녀는 생각했다. 그날 밤 그녀는 브론스끼와 만났다. 그러나 그에게 남편과의 일에 대해서는 아무 말도 하지 않았다. 자기의 입장을 분명히 밝히기 위해선 그에게 이야기할 필요가 있었는데도 말이다.

이튿날 아침 눈을 떴을 때, 맨 먼저 그녀의 머리에 떠오른 것은 자기가 남편한테 한 말이었다. 그러한 말은 지금 생각해보니 어떻게 그처럼 기괴하고 난폭한 말들을 입에 담을 수 있었는지 도저히 이해할 수 없을 정도였고, 그 일이 어떤 결과를 부를지 도저히 상상할 수도 없었다. 하지만 그녀의 그 말들은 벌써 입 밖으로 나왔고, 까레닌은 아무런 말도 없이 떠나버렸다. '난 브론스끼를 만났으면서도 그이한테는 얘기하지 않았다. 그가 막 떠나려고 했을 때 다시 불러서 얘기하려고도 했지만, 처음 본 순간 얘기하지 않은 것이 어쩐지 야릇하다는 생각이 들어 그만둬 버렸다. 정말 난 그처럼 말하고 싶었으면서도 어째서 하지 못했을까?' 이 물음에 답변이라도 하듯 불타는 부끄러움의 홍조가 그녀 얼굴을 물들였다. 그녀는 자기를 억누르던 것이 무엇인지 깨달았다. 그녀는 부끄러웠던 것이다. 어제 저녁에는 깨끗이 해결되었다고 여겨졌던 그녀의 처지가, 지금은 갑자기 반대일 뿐만 아니라 빠져나갈 길도 없는 것처럼 막막하게 느껴졌다. 전에는 미처 생각하지도 못했던 명예의 실추에 대한 두려움이 용솟음쳤다. 남편이 어떤 태도로 나올지 생각하는 것만으로도 이런저런 무서운 상념이 떠올랐다. 지금이라도 당장 집사가 그녀를 쫓아내기 위해 찾아오고 그녀의 치욕이 온 세상에 알려질 것이라는 상념이 머릿속에 떠올랐다. 그녀는 집에서 내쫓기면 어디로 갈 것인가 자문해 보았으나 답은 찾아내지 못했다.

그녀는 브론스끼에 대해 생각하는 동안, 그가 이제 자기를 사랑하지 않고 거북해하니 그에게 몸을 맡길 수도 없으며 그 때문에 그에게 적의를 품고 있다고 생각했다. 그녀가 남편한테 했던 말, 지금도 끊임없이 머릿속에서 되뇌고 있는 그 말은 자기가 모든 사람에게 얘기했고, 모든 사람이 그것을 다 들어 버린 듯한 기분이 들었다. 그녀는 같이 사는 사람들과 눈도 마주칠 수 없었다. 그녀는 아래층으로 내려가서 아들과 가정교사를 보기는커녕 하녀를 부를 생각조차 할 수 없었다.

아까부터 그녀의 방문 밖에서 낌새를 살피던 하녀가 결국 스스로 그녀 방에 들어왔다. 안나는 의아하게 그 눈을 보고 깜짝 놀란 듯이 얼굴을 붉혔다. 하녀는 벨이 울린 것 같았다고 말하면서 승낙도 없이 들어온 것을 사죄했다. 그녀 손에는 갈아입을 옷과 편지가 들려 있었다. 편지는 베뜨시 부인이 보냈다. 오늘 아침 자기 집에 리자 메르깔로바 부인과 쉬똘르쓰 남작부인이 그들의 숭배자인 깔루쥐쓰끼와 스뜨레모프 영감과 함께 크리켓을 하러 모인다는 것이었다. '풍속 연구 겸 꼭 한번 보러 오세요. 기다리고 있겠습니다.' 그녀는 이처럼 끝을 맺었다.

안나는 편지를 다 읽고 나서 무겁게 한숨을 내쉬었다.

"아무것도, 아무것도 필요 없어." 그녀는 화장대 위의 유리병과 솔을 정리하던 안누쉬까한테 말했다. "이제 가도 좋아. 나도 곧 옷을 갈아입고 나갈 테니까. 아무것도, 아무것도 필요 없어."

안누쉬까가 나갔지만 안나는 옷을 갈아입으려고도 하지 않고 머리와 손을 축 내려뜨린 채 그대로 앉아 있었다. 그래도 가끔 어떤 몸짓이라도 하려는 것처럼, 무엇인가를 얘기라도 하려는 것처럼 움찔하면서 온몸을 떨었지만 다시 그 상태로 얼어붙고 말았다. '나의 하느님! 나의 하느님!' 그러나 그렇게 애절한 '나의 하느님'도 그녀에게는 아무런 의미가 없었다. 자기 처지에 대한 구원을 종교에서 찾는다는 생각은, 자기가 교육받아 온 종교를 아직 한 번도 의심한 적이 없었음에도 불구하고, 까레닌에게서 구원을 찾는 것만큼이나 그녀와는 인연이 먼 것이었다. 종교에서 구원을 찾으려면 먼저 그녀에게 삶의 모든 의의를 형성하는 그것을 포기해야만 가능함을 이미 알고 있었기 때문이다. 그녀는 그저 괴로웠을 뿐만 아니라 오늘까지 경험한 적 없는 새로운 정신 상태 앞에 두려움을 느끼기 시작했다. 지친 눈에 때때로 사물이 이중으로 비치는 것처럼, 자기 마음속에서도 모든 것이 이중으로 분열되어 가는 것을 느꼈다. 그녀는 이따금 자기가 무엇을 두려워하고, 무엇을 바라는지도 모르게 되었다. 그녀가 두려워하거나 바라는 것이 이미 일어난 일인지 아니면 앞으로 일어날 일인지, 그리고 자기가 도대체 무엇을 바라고 있는지 그녀는 전혀 알지 못했다.

'아아, 내가 대체 무슨 짓을 하고 있담!' 그녀는 갑자기 머리 양쪽에 아픔을 느끼고 혼잣말을 했다. 문득 제정신이 들자 그녀는 자기가 두 손으로 관자놀이께 머리카락을 꽉 쥐고 있다는 것을 알았다. 그녀는 깜짝 놀라 자리를 차고 일어나 방 안을 걷기 시작했다.

"커피가 준비됐습니다. 그리고 선생님과 세료쥐아 도련님께서 기다리고 계십니다." 안누쉬까가 다시 돌아와서, 여전히 똑같은 모습으로 있는 안나를 보고 말했다.

"세료쥐아? 세료쥐아가 어쨌는데?" 안나는 오늘 아침 처음으로 아들의 존재를 생각해 내고 갑자기 활기를 띠며 물었다.

"무슨 잘못을 저지르신 모양이에요." 안누쉬까가 싱글벙글하면서 대답했다.

"무슨 잘못을?"

"저쪽 골방에 복숭아가 몇 개 있었는데 몰래 한 개 드신 모양이에요."

아들에 대한 생각이 안나를 조금 전까지의 절망적인 처지에서 단숨에 구해 냈다. 그녀는 자기가 근년에 맡아 왔던 소임이 다분히 과장된 것이기는 하지만 일부분은 진실한, 아들을 위해 사는 어머니 역할을 기억해 냈다. 그리고 자기가 이런 상황 속에서도 남편과 브론스끼에 대한 관계와는 상관없는 그녀만의 독자적인 영토가 있다는 것을 깨닫고는 더할 수 없는 기쁨을 느꼈다. 그 왕국은 바로 아들이었다. 설령 어떤 지경에 이르더라도 그녀는 아들을 버릴 수는 없었다. 남편이여 나를 욕보이고 내쫓아라. 브론스끼여 나에게 냉담하고 자신의 독립적인 생활을 계속하라(그녀는 또다시 분노와 비난으로써 그를 생각했다). 그러나 어찌 되든 아들을 버릴 수는 없다. 내게는 삶의 목적이 있다. 그러므로 그녀는 아들을 빼앗기지 않기 위해, 아들과 함께하는 삶을 지키기 위해 확실한 행동을 취해야만 한다. 될 수 있는 대로 빨리, 지금 당장이라도 아들을 빼앗기기 전에 손을 써야 한다. 아들을 데리고 여길 떠나는 것이다. 이것이 지금 그녀가 해야 하는 유일한 의무이다. 그녀는 마음을 가라앉히고 이 괴로운 상황에서 벗어나야 했다. 그리고 아들과 관련된 당면 문제에 대처해야겠다는 생각과 당장이라도 그를 데리고 어딘가로 떠나야겠다는 생각이 그녀에게 안정을 주었다.

그녀는 재빨리 옷을 갈아입고 아래로 내려가서 결연한 걸음걸이로 객실에 들어갔다. 언제나처럼 커피와 세료쥐아와 가정교사가 그녀를 기다리고 있었다. 새하얀 옷을 입은 세료쥐아는 거울 앞 탁자 옆에 서서 등과 머리를 구부리고 자기가 가져온 꽃으로 무언가를 만들고 있었다. 그 긴장한 표정은 그녀가 익히 알고 있던 영락없는 아버지의 그것이었다.

가정교사는 유달리 엄한 표정을 하고 있었다. 세료쥐아는 습관적인 지르는 듯한 목소리로 외쳤다. "아아, 어머니!" 소년은 망설이듯이 멈췄다. 꽃을 내던지고 어머니한테 달려갈 것인지 그렇잖으면 화환을 마저 완성해 그것을 가지고 갈 것인지 결정하지 못했다.

가정교사는 인사를 하고 세료쥐아가 한 장난에 대해서 또렷또렷한 어조로 장황하게 이야기를 꺼냈다. 그러나 안나는 그 말에 귀를 기울이지 않았다. 그녀는 이 여자도 같이 데리고 갈 것인지를 생각하고 있었다. '아니, 데리고 가지 말자.' 그녀는 마음먹었다. '아들과 둘이서만 가는 거야.'

"그래요, 그것은 정말 좋지 않군요." 안나는 이렇게 말하고서 아들 어깨를 잡고, 엄격한 데라고는 조금도 없어 오히려 아들 마음을 기쁘게 한 조심스럽고 곤란한 듯한 눈동자로 아들을 들여다보고 입을 맞췄다. "이 애와 둘이 있게 해줘요." 그녀는 깜짝 놀란 가정교사에게 이렇게 말하고는 아들 손을 쥔 채 커피가 준비된 탁자 머리에 앉았다.

"엄마! 난…… 난…… 아무것도……." 그는 복숭아를 먹은 벌로 자신을 기다리는 것이 무엇인지를 그녀 표정에서 알아내려고 애쓰면서 말했다.

"세료쥐아." 그녀는 가정교사가 나가자마자 말했다. "그건 나쁜 짓이야. 그렇지만 이제 두 번 다시 하지 않을 거지? 넌 엄마가 좋으니?"

그녀는 눈시울이 뜨거워짐을 느꼈다. '내가 정말 이 애를 사랑하지 않을 수가 있을까?' 깜짝 놀라면서도 동시에 기쁜 듯한 아들 눈동자를 바라보면서 그녀는 생각했다. '과연 이 애가 아버지와 한속이 되어 나를 벌하거나 하는 일이 생길까? 나를 가엾게 여기지 않는 그런 일이 있을까?' 눈물이 벌써 그녀 얼굴을 타고 흘러내리고 있었다. 그것을 숨기기 위해서 그녀는 벌떡 일어나 거의 뛰듯이 테라스로 나갔다. 요 며칠간 계속되던 천둥과 번개를 동반한 폭풍우가 그치자 쌀쌀하고 활짝 갠 날씨가 시작됐다. 비에 씻긴 나뭇잎 사이로 맑은 햇살이 쏟아지고 있는데도 공기는 차가웠다. 그녀는 추위와 맑은 공기 속에서, 새로운 힘을 가지고 그녀를 사로잡은 마음속 공포로 부르르 몸을 떨었다.

"가렴, 마리에뜨 선생님한테 가렴." 그녀는 뒤따라 나오려던 세료쥐아한테 이렇게 말하고 테라스의 밀짚 자리를 따라 걷기 시작했다.

'나는 정말로 용서받지 못할까? 모두 이렇게 될 수밖에 없었다는 것을 아무도 이해해 주지 않을까?'

그녀는 계속 자문하면서 서성거렸다. 발을 멈추고, 씻긴 잎이 싸늘한 햇빛을 받아 반짝반짝 빛나는 사시나무 가지가 바람에 한들거리는 것을 쳐다보면서 그녀는 깨달았다. 그들은 자기를 용서하지 않을 것이다. 그 무엇도 그 누구도 이제는 저 하늘과 저 녹음처럼 자기에게 매정한 존재가 될 것이다. 그러자 그녀는 또다시 자기 마음속에서 모든 것이 이중으로 갈라지기 시작함을 느꼈다. '별 수 없다, 생각해 봤자 별 수 없어.' 그녀는 자기한테 말했다.

'떠나야 해. 하지만 어디로? 어디로 가지? 누구를 데리고? 그렇지, 모스끄바로 가자. 밤차로. 안누쉬까와 세료쥐아를 데리고 꼭 필요한 것만 챙겨 가는 거야. 그러나 먼저 그 두 사람한테 편지를 써야 해.' 그녀는 총총걸음으로 집 안으로 돌아가 자기 서재로 들어가서 탁자 앞에 앉아 남편에게 펜을 들었다.

'그런 일이 있은 이상, 나는 이제 당신 집에 머물 수 없습니다. 난 떠나겠습니다. 아들은 데리고 가겠습니다. 난 법률을 모르므로 아들이 부모 중 어느 쪽에 딸려야 하는지 모릅니다. 그러나 난 그 애를 데리고 가겠어요. 그 애 없이는 살아갈 수가 없으니까요. 제발 관대한 마음으로 아이만은 제게

맡겨 주세요.'

여기까지 그녀는 단숨에 써 내려갔다. 그러나 그의 마음에 있다고 생각해
본 적도 없는 관용에 호소하고, 이 편지를 무엇인가 감동적인 문구로 맺어야
한다는 필요가 저절로 그녀 손을 멎게 했다. '내 죄와 뉘우침에 대해서 말씀드
리는 것은 할 수 없습니다. 왜냐하면······.' 또다시 그녀는 자신의 생각에서 일
관성을 잃고 줄거리를 찾아내지 못해 펜을 멈췄다. '아냐.' 그녀는 생각했다. '아
무것도 필요 없어.' 그녀는 편지를 찢은 다음, 관대함을 운운하는 대목을 빼고
다시 고쳐 쓰고서 봉했다.

또 한 사람, 브론스끼에게도 편지를 써야 했다. '난 남편한테 모든 것을 털어
놨습니다.' 그녀는 이렇게 썼으나 뒤를 이어 나갈 힘이 없어서 오랫동안 가만
히 앉아 있었다. 이것은 너무나도 노골적이고 여자답지 못한 표현이었다. '그
리고 그에게 내가 뭐라고 쓸 수 있을까?' 그녀는 부끄러움에 얼굴이 붉어졌다.
그의 침착한 태도가 떠오르자, 그에 대한 분노로 한 줄밖에 쓰지 않은 편지를
갈가리 찢어 버렸다. '아무것도 애기할 필요 없다.' 그녀는 자신에게 말하며 압
지가 붙은 페이퍼홀더를 접고, 2층으로 가서 가정교사를 비롯한 일동에게 오
늘 모스끄바로 떠난다는 뜻을 밝히고 곧 짐 꾸리기에 착수했다.

16

별장의 방마다 문지기며 정원사며 하인들이 짐을 나르면서 돌아다녔다. 장
롱과 옷장들은 모두 활짝 열렸다. 노끈을 사기 위해서 심부름꾼이 두 차례나
가게로 뛰어갔고, 마루에는 신문지가 널려 있었다. 짐 가방 두 개와 몇 개의
커다란 보따리, 끈으로 묶인 담요들이 현관으로 들려 나왔다. 사륜마차 한 대
와 삯마차 두 대가 현관 층층대 밑에서 대기하고 있었다. 안나는 짐 꾸리기에
바빠 마음속 혼란을 잊은 채 서재의 책상 앞에 서서 손가방을 정돈하고 있었
다. 그때 안누쉬까가 별장으로 다가오는 우편 마차의 삐거덕거리는 소리 쪽으
로 그녀의 주의를 돌렸다. 창문으로 내다보니, 까레닌의 심부름꾼이 현관에서
초인종을 울리고 있었다.

"가서 무슨 일인지 알아보고 와." 그녀는 이렇게 말하고서 무슨 일에도 놀라
지 않을 정도로 마음의 준비를 단단히 하고 두 손을 무릎 위에 놓고 안락의자

에 앉았다. 하인이 까레닌 글씨가 쓰인 두툼한 편지를 가지고 왔다.

"심부름꾼은 답장을 받아 오라는 분부를 받은 모양입니다."

"알았어." 그녀는 하인이 나가자마자 떨리는 손으로 겉봉을 뜯었다. 띠지로 묶은 빳빳한 지폐 뭉치가 그 속에서 떨어졌다. 그녀는 편지를 고쳐 쥐고 먼저 끝에서부터 읽었다. '귀가에 필요한 준비는 모두 시켜 놓겠소. 내가 이 희망이 실행되는 것에 특히 의미를 두고 있음을 유념해 주기 바라오.' 그러고 나서 거꾸로 거슬러가며 전체를 대충 훑은 다음, 다시 한 번 처음부터 고쳐 읽었다. 그녀는 편지를 다 읽고 나자 오싹 소름이 끼치며, 전혀 예기치 못했던 무서운 불행이 자기 위로 무너져 내렸음을 알았다.

오늘 아침 그녀는 남편한테 그런 식으로 얘기한 것을 후회하고 그 말을 되돌릴 수만 있다면 하고 절실하게 바랐다. 그리고 이 편지는 그 이야기를 없던 것으로 하는, 그녀가 바라던 결말을 주고 있었다. 그러나 지금 이 편지는 그녀가 상상할 수 있는 그 무엇보다도 무서운 것으로 비쳤다.

"그가 옳다! 옳아!" 그녀는 중얼거렸다. '물론 그는 언제나 옳고, 기독교인이고, 관대하지! 그렇지만 비열하고 추악한 인간이야! 그리고 이 사실은 나 이외에는 누구 하나 아는 사람이 없고 앞으로도 없을 거야. 나조차 그것을 제대로 설명할 수 없는 걸. 세상 사람들은 말하지, 그는 신앙심이 두텁고 도덕적이고 정직하고 총명한 사람이라고. 그렇지만 그들은 내가 본 것을 보지 못할 뿐이야. 그들은 그가 지난 8년 동안 얼마만큼 내 생활을 압박하고 내 안에 살아 숨 쉬던 것을 억압했는지 몰라. 나는 사랑 없이는 살 수 없는 여자인데 그는 그것을 단 한 번도 생각해 주지 않았어. 그가 매사에 날 모욕하고 그런 자신에게 만족해 온 것을 아무도 모르기 때문이야. 내가 애쓰지 않았나? 삶의 의의를 찾아내려고 온 힘을 다해서 애쓰지 않았을까? 그를 사랑하려고 노력하지 않았나? 더는 남편을 사랑할 수 없게 됐을 때, 아들을 사랑하려고 해 보지 않았느냔 말이야. 그러나 때가 왔어. 난 더 이상 자신을 속일 수는 없으며 내가 살아 있다는 것, 나는 죄가 없고 다만 하느님이 나라는 존재를 사랑과 삶이 필요한 몸으로 만들어 놓았다는 것을 깨달았어. 그런데 지금 이것은 도대체 무엇인가? 차라리 그가 날 죽이려 한다든가 그를 죽이려 한다면, 난 어떤 일이라도 참고 용서해 주었을 텐데. 그러나 아니야, 그는……'

'어째서 난 그가 어떻게 나올지 미리 짐작하지 못했을까? 그의 비열한 성격에 딱 맞는 짓을 할 것이 뻔한데. 그렇게 그는 어디까지나 옳은 사람으로 통하면서, 파멸의 구렁텅이에 있는 나를 더욱더 무자비하고 비참하게 망쳐 놓겠지…….'

"당신과 당신 아들에게 무엇이 기다리고 있는지 스스로 충분히 짐작할 수 있으리라 보오." 그녀는 편지의 한 문구를 생각해 냈다. '이것은 아들을 빼앗겠다는 위협이다. 아마 그들의 그 대단한 법률로는 충분히 가능하겠지. 그러나 그 사람이 어떤 생각으로 이런 말을 하는지, 내가 모를 줄 안단 말인가? 그는 아들에 대한 내 사랑도 믿지 않든가, 언제나 비웃던 것처럼 경멸하고 있어. 그러나 그는 내가 아들을 버리지 않을 것이고 버릴 수 없다는 것을 알고 있어. 설사 내가 사랑하는 사람과 하나가 되더라도 아들 없이는 제대로 살아갈 수 없다는 것도. 또 만약 내가 아들을 버리고 남편한테서 도망가 버리면 그야말로 난 가장 비열하고 추악한 여자가 된다는 것도. 그는 내가 그런 짓을 할 수 있는 인간이 못된다는 것도 전부 꿰뚫어 보고 있는 거야.'

"우리 생활은 이전과 같이 영위되어야 하오." 그녀는 편지의 다른 문구를 떠올렸다. '우리 생활은 이전부터 무척 괴로웠고 특히 요즈음에는 더욱 끔찍했어. 그런 것을 이제 와서 어떻게 하자는 걸까? 그도 다 알고 있어. 내가 호흡하고 있고 다른 사람을 사랑하고 있다는 것을, 스스로 후회할 리 없다는 것을. 이전대로 살아봤자 거짓과 기만 외에는 아무것도 얻을 수 없다는 것도 알 텐데. 그러나 그는 언제까지나 나를 괴롭힐 필요가 있어. 나는 그 사람을 알아. 난 그가 물속의 물고기처럼 거짓 속을 헤엄치고 돌아다니며 기뻐할 수 있는 사람임을 알아. 하지만 싫어. 난 무슨 일이 있어도 그에게 그런 기쁨을 주지 않을 거야. 난 그가 나를 옭아매려고 하는 그 허위의 거미줄을 잘라내고 말겠어. 어떻게 돼도 상관없어, 될 대로 돼라지. 어떤 것이든 허위와 기만보다는 훨씬 나아!'

'그렇지만 어떻게? 오오, 하느님! 오오, 하느님! 나처럼 불행한 여자가 이 세상에 또 있을까요?……'

"아냐, 난 단호히 물리쳐야 해!" 그녀는 자리를 차고 벌떡 일어나 눈물을 억누르면서 외쳤다. 그리고 남편에게 다시 편지를 쓰려고 책상으로 다가갔다. 그러나 그녀는 마음속 깊숙한 곳에서 자기에게는 무엇 하나 물리칠 힘이 없으며, 또 지금까지 상황이 아무리 거짓투성이의 수치스러운 것이라 할지라도 거기서 빠져나갈 힘도 없다는 사실을 벌써 충분히 감지하고 있었다.

그녀는 책상 앞에 앉았다. 그러나 펜을 드는 대신 책상에 두 손을 올려놓고는, 그 위에 머리를 얹고 흐느끼다가 어린애처럼 온 가슴을 들먹거리면서 울음을 터뜨렸다. 그녀는 자신의 처지가 명확해지고 끝장을 보고 싶었던 꿈이 영원히 무너져 버렸음을 슬퍼했다. 그녀는 지레 모든 것이 예전 그대로 남으리라는 것을, 아니 오히려 훨씬 나빠질 것임을 알고 있었다. 그녀가 오늘날까지 누려 왔고 오늘 아침까지만 해도 그처럼 시시하게 여겨졌던 사회적인 지위가 실은 자기에게 귀중한 것이고, 그것을 남편이며 아들을 버리고 애인한테 달려간 비천한 여자라는 그런 수치스러운 지위와 바꿀 만한 힘이 없다는 것, 또 자기가 아무리 애쓴들 있는 그대로의 자신보다 더 강해질 수 없으리라는 것을 느꼈다. 그녀는 결코 사랑의 자유를 경험하지 못할 것이다. 그리고 영원히 같이 살 수 없는 외간 남자와의 부끄러운 관계 때문에 남편을 속이는 죄 많은 아내로서, 언제 들킬지 몰라 전전긍긍할 것이다. 그녀는 자신이 그렇게 되리라는 것을 알았다. 동시에 그것이 너무나도 끔찍했기 때문에 그 결말을 상상조차 할 수 없었다. 그래서 그녀는 참지 못하고, 마치 벌을 받은 아이처럼 펑펑 울었던 것이다.

가까이 다가오는 하인 발소리에 제정신을 차린 그녀는 얼굴을 감추며 편지를 쓰는 시늉을 했다.

"심부름꾼이 답장을 기다리고 있습니다." 하인이 말했다.

"답장? 그래." 안나가 말했다. "조금만 더 기다리게 해, 다 쓰면 부를 테니까."

'내가 무엇을 쓸 수 있을까?' 그녀는 생각했다. '나 혼자서 무엇을 결정할 수 있을까? 내가 아는 게 뭐지? 나는 어떻게 하고 싶은 걸까? 나는 무엇을 사랑하고 있지?' 또다시 그녀는 마음속에서 사물이 이중으로 분열되기 시작한 것을 느꼈다. 그녀는 이 감정에 두려움을 느끼며 자기에 대한 고민에서 마음을 돌릴 수 있는 게 무엇인지 생각하다가, 제일 먼저 떠오른 생각에 매달렸다. '아무래도 알렉세이(그녀는 마음속으로 브론스끼를 이렇게 불렀다)를 만나야겠어. 내가 해야만 할 일을 가르쳐 줄 수 있는 사람은 오직 그 뿐이야. 베뜨시한테가 보자. 거기서 그를 만날 수 있을지도 몰라.' 그녀는 어제 그에게 베뜨시 집에는 가지 않겠다고 말했을 때 그가 그럼 자기도 가지 않겠다고 대꾸한 것을 말끔히 잊고 있었다. 그녀는 책상으로 가서 남편한테 답장을 썼다. '당신의 편지 잘 받았습니다. A' 이 한 마디만 쓰고 벨을 눌러 하인에게 편지를 건넸다.

"떠나는 것은 그만두겠어." 그녀는 방에 들어온 안누쉬까한테 말했다.

"아주 가지 않는 건가요?"

"아니, 내일까지 짐은 그대로 놔둬. 마차도 그대로 두고. 난 공작부인한테 좀 다녀올 테니까."

"옷은 어떤 것으로 준비할까요?"

17

베뜨시가 안나를 초대한 크리켓 시합의 멤버는 귀부인 두 사람과 그들의 숭배자들로 구성될 예정이었다. 이 두 부인은 뭔가의 모방을 다시 모방한 듯한 '사교계 7대 불가사의'라는 별명으로 불리는, 뻬쩨르부르그의 신흥 엘리트 모임을 대표하는 거물이었다. 이 귀부인들은 분명 최상류층 모임에 속해 있었지만, 그것은 안나가 속해 있는 사교계와는 적대 관계에 있었다. 게다가 뻬쩨르부르그 유력자 중 한 사람으로 리자 메르깔로바의 숭배자인 스뜨레모프 영감은 직무상 까레닌의 적수였다. 이 모든 관계를 고려하여 안나는 가길 꺼린 것이다. 오늘 아침 베뜨시가 일부러 편지를 보낸 것도, 안나가 거절한 걸 알고서 그런 것이었다. 그러나 지금 안나는 브론스끼를 만날 수 있다는 희망 때문에 갑자기 가기로 마음을 바꾸었다.

안나는 다른 손님들보다도 먼저 베뜨시의 집에 도착했다.

그녀가 들어서려는 순간 구레나룻을 깨끗이 빗어 내린, 시종(侍從)처럼 보이는 브론스끼의 하인과 마주쳤다. 그는 문에서 멈추고 모자를 벗으면서 그녀에게 길을 비켜 주었다. 안나는 그를 알아본 순간 그제야 브론스끼가 어제, 오늘은 오지 않겠다고 얘기한 것을 기억해 냈다. 아마도 그는 양해의 편지를 들려 보낸 것이리라.

그녀는 현관에서 겉옷을 벗으면서, 하인이 R자를 시종처럼 발음하며 '백작한테서 공작부인에게' 하고 말하면서 쪽지를 건네는 것에 귀를 기울였다.

그녀는 그에게 주인이 어디에 있는지 묻고 싶었다. 그녀는 되돌아가서 그에게 편지를 보내 집으로 부르든가 아니면 자기가 그에게 찾아가고 싶었다. 그러나 그 무엇도 불가능한 일이었다. 벌써 안쪽에서 그녀의 도착을 알리는 벨소리가 울렸고, 베뜨시 부인의 하인이 어느 틈에 그녀가 안으로 들어가기를 기다리면서 열린 문 뒤에 비스듬히 서 있었다.

"마님께선 뜰에 계십니다. 지금 여쭙는 중입니다만, 괜찮으시다면 뜰로 가시겠습니까?" 다른 하인이 알렸다.

불안정하고 애매한 상태는 집에 있을 때와 마찬가지였다. 아니 오히려 더한 층 심했다. 무엇 하나 마음대로 할 수 없고 브론스끼를 만날 수도 없는 이런 곳에서, 그녀의 지금 기분과는 전혀 상반된 알지도 못하는 사람들 속에 섞여 있어야 했기 때문이다. 그러나 그녀는 오늘 옷차림이 자기에게 딱 어울린다는 것을 알고 있었다. 게다가 그녀는 여기에 있으면 혼자가 아니었다. 주위에는 그녀에게 낯익은 화려하고 나른한 공기가 감돌고 있었으므로 집에 있을 때보다 기분이 한결 가벼웠다. 그녀는 무엇을 해야 할지 스스로 생각할 필요도 없었다. 모든 것이 저절로 굴러 가기 때문이다. 놀랍도록 우아한 하얀 옷을 입고 그녀에게 다가온 베뜨시를 맞아, 안나는 언제나처럼 그녀에게 활짝 웃어 보였다. 베뜨시는 뚜쉬께비치와 또 한 사람, 친척 아가씨와 같이 걸어왔다. 시골에 사는 그 처녀의 부모는 딸이 유명한 공작부인 집에서 여름을 보낸다는 것을 크나큰 행복으로 여기고 있었다.

아마 안나에게 어딘지 평소와 다른 데가 있었으리라. 베뜨시는 곧 어찌 된 일인지 물었다.

"잠을 좀 설쳤어요." 안나는 저쪽에서 다가오는, 그녀 생각에 브론스끼의 편지를 가져온 하인을 쳐다보면서 대꾸했다.

"당신께서 와 주셔서 정말 기뻐요." 베뜨시가 말했다. "나도 조금 지쳐서 여러분께서 오시기 전에 차나 한 잔 마시려던 참이었어요. 당신께선 좀 자리를 비켜 주시겠어요?" 그녀는 뚜쉬께비치를 향해서 말했다. "마쉬아하고 같이 크리켓 경기장을 좀 살펴봐 주세요. 바로 저기, 풀을 베어 놓은 데요. 그동안 저 흰 차를 마시면서 흉금을 터놓고 애기할게요. 편하게 수다나 좀 떨어요. 어때요?" 그녀는 안나에게 웃어 보이며, 양산을 쥔 그녀 손을 꼭 잡았다.

"그래요, 가뜩이나 오늘은 오래 머무를 수 없으니 더 그래요. 실은 브레제 노부인한테 들러야 하거든요. 벌써 백 년 전에 해 놓은 약속이라서요." 안나가 말했다. 그녀 천성에 안 맞는 거짓말도 사교계에 나온 이후로는 간단하고 자연스러운 것이 되었을 뿐만 아니라 만족까지 가져다주었다. 무엇 때문에 그녀가 조금 전에는 생각지도 않았던 것을 입에 담았는가는 자신도 도저히 설명할 수 없을 것이다. 그녀가 그렇게 말한 것은, 그저 브론스끼가 오지 않는다면 자신의 자유를 확보해 두고 어떻게든 그와 만날 방법을 찾아야 한다고 여겼기 때문이었다. 그러나 어째서 그녀가 하필이면 그 많은 사람 가운데 늙은 여관(女官) 브레제의 이름을 들었던가는 그녀도 좀처럼 설명할 수 없었다. 그러나 나중에 가서 생각해 보니, 그녀가 브론스끼와 만나기 위한 최고의 방법으로 그 이상의 묘안이 없었다.

"아녜요, 오늘은 무슨 일이 있어도 당신을 보내지 않겠어요." 베뜨시는 주의 깊게 안나 얼굴을 쳐다보면서 대꾸했다. "정말이지 내가 당신을 사랑하지 않았다면 틀림없이 화를 냈을 거예요. 당신은 마치 내 친구들과 교제하면 명예를 더럽히기라도 하는 것처럼 말씀하시잖아요. 아, 우리 차는 작은 객실로 내줘." 그녀는 하인 쪽으로 얼굴을 돌리고 언제나처럼 눈을 가늘게 뜨면서 말했다. 그녀는 그에게서 편지를 받아 냉큼 읽어 내렸다. "브론스끼가 우릴 배신했군요." 그녀는 프랑스어로 말했다. "올 수 없다고 적어 보냈어요." 그녀는 안나에게 브론스끼가 크리켓 경기 이외에 다른 의미가 있으리라곤 전혀 생각해 본 적도 없는 것처럼, 지극히 자연스럽고 단순한 말투로 덧붙였다.

안나는 베뜨시가 모든 것을 안다는 사실을 알고 있었으나, 그녀가 자기 앞에서 브론스끼에 대해 이야기하는 것을 듣노라면 언제나 그 순간 이 여자는 아무것도 모른다고 착각해 버렸다.

"그래요?" 안나도 그런 것에는 전혀 흥미가 없다는 듯 무심한 어조로 말하고 웃음을 머금으면서 하던 이야기를 계속했다. "당신 친구 분들이 누구의 명예를 더럽힐 수 있겠어요?" 이러한 말놀이, 본심을 감춘 대화는 다른 여자들과 마찬가지로 안나에게도 많은 흥미를 끌었다. 그녀 마음을 사로잡은 것은 숨겨야 할 필요도, 숨기는 목적도 아닌, 숨기는 과정 그 자체였다. "그야 내가 교황만큼 정직하다고는 할 수 없지만." 그녀가 말했다. "스뜨레모프며 리자 메르깔로바, 이분들은 사교계 꽃 중의 꽃 아니겠어요. 게다가 어디에 가시더라도 환영을 받는 분들이고요. 더구나 나는……." 그녀는 '나'라는 말에 특히 힘을 주었다. "결코 사람을 가리거나 옹졸하지 않아요. 오늘은 그저 시간이 없을 뿐이에요."

"아녜요, 당신은 어쩌면 스뜨레모프와 만나는 것이 싫으신 게 아닌가요? 그러나 우린 상관없잖아요? 그분과 까레닌이 위원회에서 충돌하든 우리가 상관할 일은 아니니까요. 그러나 사교계에서 그분은 내가 아는 한 가장 좋은 분이에요. 게다가 크리켓 애호가이고요. 당신도 만나 보면 아시게 될 거예요. 그야 리자를 연모하는 모습은 좀 우습긴 하지만, 그래도 그분께서 그 우스운 처지에서 어떻게 빠져나가시는지도 볼만하거든요! 아무튼 그분은 정말 좋은 분이에요. 그런데 당신은 사포 쉬똘르쓰를 모르시던가요? 이분은 새로워요. 정말 새로운 가락을 가진 사람이에요."

베뜨시가 이런 것들을 단숨에 지껄이는 동안에도 안나는 그녀의 명랑하고 총명한 눈동자에서, 그녀가 다소는 자기의 처지를 이해하고 무엇인가 궁리하고 있는 것을 느꼈다. 그들이 있는 곳은 서재를 겸한 작은 객실이었다.

"그건 그렇고, 알렉세이에게 답장을 써야겠어요." 베뜨시는 책상 앞에 앉아 서너 줄 써서 봉투에 넣었다. "저녁식사를 하러 오라고 적었어요. 내 집에 귀부인 한 분이 상대 남자분 없이 혼자 남게 되었다고요. 어때요, 이러면 되겠죠? 아, 죄송한데 잠깐 실례하겠어요. 그리고 미안하지만 이것 좀 봉인해서 들려보내 주시지 않겠어요?" 그녀가 문 앞에서 말했다. "나는 몇 가지 지시해 둘게 있어서요."

안나는 1분도 망설이지 않고 베뜨시의 편지를 가지고 탁자 앞에 앉았다. 편지 내용은 읽지도 않고 아래쪽에 이렇게 덧붙였다. '꼭 만나 뵈어야 할 일이 있습니다. 브레제 댁 뜰까지 와 주세요. 6시에 기다리고 있겠습니다.' 그녀가 편지를 봉하자, 베뜨시가 돌아와 그녀 앞에서 그것을 심부름꾼한테 건넸다.

쌀랑하고 아담한 객실 작은 탁자에 차를 내오자, 손님들이 오기 전까지 이야기나 하자던 베뜨시 부인 말대로 '편안한 수다'가 시작되었다. 화제는 그들이 기다리고 있는 사람들에 대한 것으로, 특히 리자 메르깔로바가 그 이야기의 중심이었다.

"그분은 정말 귀여운 분이에요, 난 언제나 그분이 좋았어요." 안나가 말했다.

"당신은 그분을 사랑해야 해요. 그분은 벌써 당신한테 홀딱 반했거든요. 어제도 경마가 끝나고 우리 집에 들렀다가 당신이 계시지 않으니까 몹시 실망했어요. 그분 말씀이 당신은 진짜 로맨스 소설 여주인공 같아서, 자기가 만약 남자라면 당신을 위해 어떤 어리석은 짓도 기꺼이 저질렀을 거라지 뭐예요. 그러자 스뜨레모프가 그분한테, 당신은 평소에도 그런 짓만 하고 있지 않으냐고했지요."

"그런데 참, 얘기해 주시지 않겠어요? 난 도무지 모르겠는데요." 안나는 그렇게 말을 꺼냈지만, 그 앞에 잠시 짬을 둔 목소리에서, 자기는 쓸데없는 질문을 하는 것이 아니며 그녀 질문은 자기에게 매우 중요하다는 뜻을 뚜렷이 읽을 수 있었다. "어디 좀 말해 봐요. 그분과 깔루줘스끼 공작, 미쉬까라고 했던가요? 그들 관계는 어떤가요? 두 분이 같이 계신 모습은 별로 본 적이 없어요. 도대체 어때요?"

베뜨시는 눈웃음을 띠고 안나 얼굴을 찬찬히 들여다보았다.

"새로운 방법이에요." 그녀가 말했다. "요즘에는 모두 이 방법을 선택하시더군요. 다소의 희생은 어쩔 수 없다는 거겠죠. 그러나 그 방법을 타파하는 방법도 있답니다."

"그래요, 그런데 실제로는 어때요, 그분과 깔루줘스끼와의 관계는?"

베뜨시가 느닷없이 우스워서 참을 수 없다는 듯 웃어 대기 시작했다. 그녀에게는 흔하지 않은 일이었다.

"그건 이봐요, 마흐까야 공작부인 영역 안으로 침입하는 거예요. 정말이지 가공할만한 어린아이의 질문이군요." 그러면서도 베뜨시는 아무리 억누르려 해도 억누를 수 없다는 듯이, 잘 웃지 않는 사람이 이따금 웃어 댈 때의 그 전염적인 웃음을 터뜨렸다. "그것은 당사자들한테 직접 물어보세요." 그녀는 너무 웃느라 눈물까지 흘리며 간신히 말했다.

"당신께선 웃고 계시지만 말이에요." 말하는 안나도 어느 틈에 따라 웃고 있었다. "그러나 난 전혀 이해할 수가 없어요, 특히 남편된 사람의 역할을."

"남편이요? 리자 메르깔로바의 남편은 숄을 들고 그분 뒤를 따라다니면서 언제든지 뒷바라지할 준비를 하고 있어요. 하지만 사실 그 앞에 무엇이 있을지는 누구도 그 이상을 알고 싶어 하지 않아요. 잘 알다시피 훌륭한 사교계에서는 화장 비결에 대해서조차 떠들지도 않고 생각하지도 않잖아요. 이것도 마찬가지예요."

"그나저나 당신은 롤란다끄 부인 축하 파티에 가시나요?" 안나는 화제를 바꾸기 위해서 물었다.

"가지 않을 생각이에요." 베뜨시는 이렇게 대꾸하고서 친구 쪽은 보지 않은 채 조심스럽게 조그마한 장미색 찻잔에 향기로운 차를 따랐다. 그녀는 안나 쪽으로 잔을 내밀고 자기는 궐련을 꺼내어 은제 파이프에 꽂아 피우기 시작했다.

"보시는 것처럼 나는 행복한 위치에 있어요." 그녀는 정색하고 찻잔을 들면서 입을 열었다. "하지만 난 당신에 대해서도, 리자에 대해서도 이해해요. 리자는 마치 어린아이처럼 무엇이 좋고 나쁜지도 모르는 순진한 분들의 전형이에요. 최소한 아주 젊었을 때는 정말로 아무것도 몰랐어요. 그런데 요즈음엔 그분께서도 이 몰이해(沒理解)라는 것이 자기한테 어울린다고 알고 있지요. 그러니까 지금은 어쩌면 일부러 모른 체하는 것인지도 몰라요." 베뜨시가 희미하게 미소를 머금으면서 말했다. "그러나 그분에게는 역시 그것이 가장 잘 어울려요. 그러니까 당신도 알다시피 똑같은 것을 가지고도 비극적으로 보고 괴로워할 수도 있고, 그저 단순하게 오히려 즐거운 것으로 볼 수도 있는 거예요. 어쩌면 당신은 사물을 너무 비극적으로 보시는 편일지도 몰라요."

"아아, 난 내가 나를 아는 만큼 다른 사람들도 알고 싶어요." 안나는 진지한 생각에 잠긴 듯한 어조로 말했다. "난 다른 사람들보다 나쁜 인간일까요, 좋은 인간일까요? 난 나쁜 편이라고 생각해요."

"무서운 아이군요, 무서운 아이." 베뜨시는 되풀이 말했다. "그건 그렇고, 저기 모두 오셨어요."

18

발소리와 사내의 목소리, 그리고 여자 목소리와 웃음소리가 들리더니 이어 기다리던 손님들이 들어왔다. 사포 쉬똘르쓰와 바시까라는 넘치는 건강으로 빛나는 젊은이였다. 언뜻 보아도 사내한테는 쇠고기며 버섯이며 부르고뉴 포도주의 영양분이 충분히 공급된 것이 분명했다. 바시까는 두 부인에게 인사하고 얼굴을 흘끗 보았으나 그것은 그저 잠시였다. 그는 사포 뒤를 따라 객실로 들어와 마치 그녀에게 착 날라붙은 것처럼 그녀 뒤를 졸졸 따라 객실 안을 거닐면서, 그녀를 집어삼켜 버리기라도 하려는 듯 반짝이는 눈을 그녀에게서 떼지 않았다. 사포 쉬똘르쓰는 눈동자가 검은 금발의 여자였다. 그녀는 뒤축이 높은 구두를 신은 발을 종종거리며 활발하게 방 안에 들어와 사내처럼 힘차게 두 부인의 손을 꼭 쥐었다.

안나는 아직 한 번도 이 새로운 유명 인사를 만난 적이 없었으므로 그 아름다움과 빈틈없는 화장 솜씨와 대담한 태도에 깊이 감동했다. 머리는 자기 머리와 가발이 섞인 부드러운 금빛 머리칼을 큼직하고 더부룩하게 묶어 올렸는데, 그 머리 크기가 균형 있고 불룩하게 내밀어져 한껏 노출된 가슴과 똑같을 정도였다. 걸음걸이도 너무나 당당했기 때문에 그 한 걸음 한 걸음 내디딜 때마다 무릎이며 허벅다리 윤곽이 옷 밑으로 뚜렷하게 드러났다. 어깨와 가슴을 한껏 노출하고 하체와 등은 감춘 그녀의 조그맣고 날렵한 육체가, 몇 겹으로 겹쳐져 흔들리는 산 같은 옷 뒤 어디쯤에서 끝나는 것일까 하는 의문이 무심코 저절로 일어날 정도였다.

베뜨시는 곧 그녀를 안나에게 소개했다.

"글쎄, 좀 들어 보세요. 저희가 하마터면 군인 두 명을 치어 죽일 뻔했지 뭐예요." 사포는 느닷없이 이야기를 시작하면서, 눈짓을 하다 웃기도 하고 한쪽으로 너무 돌아간 치마를 도로 잡아당기기도 했다. "바시까와 같이 마차로 왔는데…… 아아, 참, 두 분과는 초면이죠." 이렇게 말하며 그녀는 그의 성을 불러 젊은 사내를 소개했다. 그러고 나서 자기 과실, 즉 처음 만나는 부인 앞에서 그를 바시까라고 친숙하게 불러 버린 것을 깨닫고는 얼굴을 붉히며 깔깔 웃었다.

바시까는 다시 한 번 안나에게 인사를 했지만 아무 말도 건네지 않았다. 그는 사포에게 얼굴을 돌렸다.

"내기는 당신께서 졌습니다, 저희가 먼저 도착했으니깐요. 자아, 벌금 내셔야죠." 그가 빙그레 웃으면서 말했다.

사포는 더한층 즐겁게 웃음을 터뜨렸다.

"지금이 아니라도 괜찮죠." 그녀가 말했다.

"그야 상관없습니다. 나중에라도 받을 테니까요."

"좋아요, 좋아요, 아아, 참!" 그녀는 갑자기 안주인을 돌아보았다. "내 정신 좀 봐…… 깜박 잊고…… 나 말이에요, 손님을 한 분 모시고 왔어요. 바로 이분이에요."

사포가 같이 왔다가 깜박 잊었다는 손님은 나이는 젊지만 신분이 대단히 높은 사람이었다. 그래서 두 부인은 일어서서 그를 맞았다. 그는 사포의 새로운 숭배자였다. 그도 지금은 바시까와 함께 그녀 뒤를 줄곧 쫓아다니고 있었다.

곧 깔루쥐쓰끼 공작과 스뜨레모프를 동반한 리자 메르깔로바가 도착했다.

리자는 동양풍의 나른한 얼굴과 검은 머리에, 남들 이야기처럼 이루 말할 수 없는 아름다운 눈을 가진 여자였다. 그 수수한 의상 취향은(안나는 곧 그것을 알아보고 훌륭하다고 여겼다) 그녀 아름다움과 완전히 조화되었다. 사포가 야무지고 단정한 반면, 리자는 부드럽고 느슨한 여자였다.

안나 취향으로는 리자 쪽이 훨씬 매력적이었다. 베뜨시는 안나에게 리자가 일부러 순진한 어린애 흉내를 내는 것이라고 말했다. 그러나 안나는 그녀를 본 순간 그것이 진실이 아님을 느꼈다. 그녀는 분명히 분별없는 어리광쟁이였지만, 동시에 사랑스럽고 유순한 여자였다. 분위기는 사포와 같았고, 사포와 마찬가지로 그녀에게도 두 숭배자—하나는 젊고 하나는 늙었지만—가 마치 실로 꿰맨 것처럼 달라붙어 눈으로 그녀를 집어삼키려고 하고 있었다. 그러나 그녀에게는 어딘지 모르게 그녀를 둘러싼 것보다 더 고고한 데가 있었다. 그녀에게는 유리에 섞인 진짜 다이아몬드의 광휘가 있었던 것이다. 이 광휘는 그녀의 뭐라 형언할 수 없는 아름다운 눈 속에서 번뜩이고 있었다. 검은 눈동자가 뿜어내는 지친 듯하면서도 정열적인 눈빛은 놀랄 만큼 진지했다. 이 눈을 보면 누구나 그녀를 속속들이 알게 된 듯한 느낌을 받았고, 그것을 안 이상 사랑하지 않을 수 없었다. 안나를 보자 그녀 얼굴은 갑자기 기쁨의 미소로 활짝 밝아졌다.

"아이, 정말 당신을 뵙게 되어 반가워요!" 그녀는 안나에게 다가가면서 말했다. "어제 경마장에서 당신 곁으로 가려 했는데 어느 틈에 벌써 당신께선 돌아가셨더군요. 어제는 무슨 일이 있어도 당신을 뵙고 싶었건만. 하여간 어젠 정말 무서웠어요." 그녀는 온통 흉금을 털어놓는 것 같은 눈동자로 안나를 쳐다보면서 말했다.

"그래요. 나도 그렇게 흥분하게 될 줄은 꿈에도 생각하지 못했어요." 안나는 얼굴을 붉히면서 말했다. 이때 모두 뜰로 나가려고 자리에서 일어섰다.

"난 가지 않겠어요." 리자가 웃는 얼굴로 안나 옆에 다가앉으면서 말했다. "당신도 가지 않으시죠? 정말 크리켓 같은 게 뭐가 재미있다는 걸까요!"

"어머나, 난 굉장히 좋아하는걸요." 안나가 말했다.

"어머, 그래서 당신은 지루하지 않으신 거군요? 당신을 쳐다보고 있으면 나까지 마음이 즐거워져요. 당신은 정말 살아 있군요. 난 그저 모든 게 지루할 뿐이에요."

"어째서 지루해하세요? 당신은 뻬쩨르부르그의 가장 명랑한 사교 모임에 속해 계시잖아요." 안나가 말했다.

"그렇다면 저희 모임 외의 사람들은 더 지루해할지도 모르겠군요. 그러나 저희도, 적어도 나는 재미있기는커녕 굉장히 말할 수 없이 지루해요."

사포는 궐련에 불을 붙이고 두 젊은이를 데리고 뜰로 나갔다. 베뜨시와 스뜨레모프는 차를 앞에 두고 남아 있었다.

"어머나, 지루하시다고요?" 베뜨시가 끼어들었다.

"사포 말로는 어제 당신 댁에서 굉장히 재미있게 지냈다고 하던걸요."

"아아, 아니에요, 정말 우울했어요!" 리자 메르깔로바가 말했다. "경마가 끝나고 모두 우리 집에 모였어요. 하지만 모이는 사람이 같으니 하는 짓도 언제나 똑같은 거예요! 정말 모두 똑같아요. 밤새 소파에서 이리저리 뒹굴고 뭉그적거리고 있었을 뿐인걸요. 거기에 무슨 재미가 있겠어요? 아니, 정말 당신은 어떻게 지루해하지 않고 배겨나실 수 있으세요?" 그녀는 또다시 안나한테 얼굴을 돌렸다. "왜냐하면 첫눈에 바로 알 수 있어요. 이분은 행복할 수도 불행할 수도 있지만 지루한 것만은 모르는 부인이라고. 정말 좀 가르쳐 주세요, 어떻게 하면 그럴 수 있죠?"

"별로 어떻게 하는 건 아녜요." 안나는 그 끈질긴 질문에 얼굴을 붉히면서 대꾸했다.

"아니, 바로 그게 최상의 비결이라오." 스뜨레모프가 말참견을 했다. 그는 50줄로 머리는 반백이었지만 아직 젊어 보였고, 몹시 못생기기는 했지만 특색이 있는 총명한 얼굴의 사내였다. 리자 메르깔로바는 그의 처조카였다. 그는 자기의 자유로운 시간은 모조리 그녀와 함께 보내고 있었다. 안나를 만나자, 직무상 까레닌의 적인 그 상류사회의 현명한 사내답게 자기 적의 아내에게 유달리 친절하게 대하려고 애썼다.

"아무것도 하지 않는다." 그는 엷은 미소를 띠면서 안나 말을 받았다. "그것이야말로 최상의 방법이죠. 오래전부터 당신한테 줄곧 그리 얘기해 오지 않았소." 그는 리자 메르깔로바를 돌아보았다. "지루하지 않으려거든, 지루하다는 생각을 하지 말아야 합니다. 그것은 불면증을 피하려면, 잠을 이루지 못할 것이라는 두려움을 버려야 하는 것과 똑같은 얘기지요. 까레닌 부인께서 말씀하신 것도 바로 그거요."

"만약 제 말이 그렇게 해석된다면 정말 영광이에요. 왜냐하면 지금 하신 말씀은 현명할 뿐만 아니라 진실하니까요." 안나가 살며시 웃으며 말했다.

"아녜요, 그보다 왜 잠을 이룰 수 없는가, 왜 지루해하지 않을 수 없는가, 그것을 얘기해 주세요."

"잠을 잘 자기 위해서는 일을 해야만 합니다. 즐거워하기 위해서도 또한 일을 해야 하고요."

"하지만 아무도 내가 일을 하길 원하지 않는데 내가 무엇 때문에 일을 하겠어요? 게다가 난 일부러 착한 체할 수도 없고 또 하고 싶지도 않아요."

"당신은 좀처럼 바로잡히지 않겠군." 스뜨레모프는 그녀를 보지도 않고 말하며 다시 안나 쪽으로 얼굴을 돌렸다.

그는 안나와 이따금 만났으므로 평범한 화제 말고는 아무것도 얘기할 수가 없었다. 그러나 그는 그녀가 언제 뻬쩨르부르그로 돌아갈 작정인가, 백작부인 리지야 이바노브나가 그녀를 얼마나 좋아하는가 하는 지극히 평범하고 속된 화제를 다루면서도, 그녀에게 기쁨을 주고 존경 아니 그 이상의 것까지 표현하고 싶다는 진심 어린 표정을 띠면서 말했다.

그때 뚜쉬께비치가 들어와 크리켓 시합을 시작하기 위해 모두 기다리고 있다고 알렸다.

"어머나, 안 돼요, 제발 가지 마세요." 리자 메르깔로바는 안나가 돌아가려고 하는 것을 알고 이렇게 간청했다. 스뜨레모프도 가세했다.

"그러면 너무나 대조가 심해요." 그가 말했다. "이런 자리에 계셨다가 브레제 노인한테 가신다니요. 게다가 당신이 가시면, 그분에게 험담할 절호의 기회를 줄 뿐이에요. 하지만 여기 계시면 당신께선 우리에게 전혀 다른, 험구와는 정반대인 지극히 아름다운 감정을 불러 일으키실 수 있어요." 그는 이렇게 그녀를 설득하고자 했다.

안나는 잠시 마음을 결정짓지 못하고 생각에 잠겼다. 이 총명한 사내의 살가운 말, 리자 메르깔로바가 보여 준 어린애 같은 순진한 호의, 이 익숙한 사교계의 분위기, 이러한 것들은 모두 그녀를 편안하게 해 주었다. 반면에 이제부터 그녀 앞에는 차라리 여기 남아서 모든 것을 고백할 괴로운 순간을 조금이라도 뒤로 미루면 안 될까 하고 망설일 만큼 괴로운 일이 기다리고 있었다. 그러나 이대로 아무 결정도 내리지 않으면 집에서 혼자 있을 때 무엇이 기다리고 있을지, 아까 두 손으로 머리카락을 움켜잡던 생각만 해도 등골이 오싹한 자기 모습을 떠올리자, 그녀는 결연히 인사를 하고 그곳을 빠져나왔다.

19

브론스끼는 겉으로는 경박한 사교생활에 취해 있는 것처럼 보이지만 실은 야무지지 못한 것을 아주 싫어하는 성격이었다. 아직 사관학교에 다니던 젊은 시절, 그는 한 번 돈이 궁해 돈을 빌려 달랬다가 거절당하는 모욕을 경험한 일이 있었다. 이후로 그는 두 번 다시 자신을 그런 상태에 빠지지 않도록 유념해 왔다.

언제나 신변을 정연하게 해 두기 위해서 그는 경우에 따라 차이는 있지만 대체로 한 해에 다섯 차례쯤 혼자 방 안에 들어앉아 자신의 재정상황을 점검했다. 그는 이것을 결산 또는 대청소라고 불렀다.

경마가 있은 이튿날 느지막이 잠에서 깬 브론스끼는 면도도 목욕도 하지 않고 하얀 하복을 걸친 채 탁자 위에 돈과 청구서며 편지를 늘어놓고 일에 착수했다. 뻬뜨리쓰끼는 으레 그럴 때 브론스끼가 잔뜩 화가 나 있다는 것을 알았으므로, 잠에서 깨어 친구가 책상머리에 앉아 있는 것을 보자 슬그머니 옷을 갈아입고 방해가 되지 않도록 나가 버렸다.

사람은 누구나 자기를 둘러싼 온갖 복잡한 사정을 절실히 깨달으면, 해결의 실마리도 보이지 않는 그런 복잡한 상황이 자기 한 개인의 예외적이고 특수한 것이라고 독단하고, 다른 사람들 역시 자기와 마찬가지로 그들 나름의 복잡한 사정에 처해 있으리라고는 좀처럼 생각하지 못한다. 브론스끼도 그렇게 여기고 있었다. 그래서 그는 다소 자랑스러운 마음과 그 나름대로 근거를 가지고, 가령 다른 작자들이 이런 어려운 상태에 놓이게 되면 이미 빼도 박도 못하고 불미스런 행동을 저질렀을 거라고 상상하지 않을 수 없었다. 그는 지금이야말로 자기도 뒷날 낭패를 보지 않으려면 이쯤에서 자기 경제 상황을 정리하고 명확히 해 둬야 한다고 통절히 느끼고 있었다.

가장 쉬운 일로 브론스끼가 착수한 첫 번째 작업은 돈 문제였다. 편지지에 그 자디잔 필적으로 부채를 합산해 본 결과 그는 자기가 1만 7천 루블의 채무가 있다는 사실을 발견했다. 백 단위는 계산을 쉽게 하기 위해 생략했다. 다음으로 현금과 은행 잔액을 합산해 보니, 수중에 있는 돈은 1천8백 루블 뿐이고 새해까지는 한 푼도 들어올 가망이 없었다. 그는 부채표(負債表)를 다시 훑어보고 그것을 셋으로 분류하여 고쳐 썼다. 첫째 분류에는 당장 갚아야 하든가 혹은 청구와 동시에 즉시 낼 수 있도록 돈을 준비해두어야 할 부채를 넣었다. 그런 부채가 대략 4천 루블이었다. 1천5백 루블은 말 값이고, 나머지 2천5백 루블은 브론스끼 눈앞에서 사기 도박꾼한테 걸린 젊은 동료 베네쁘스끼에 대한 보증금이었다. 브론스끼는 그 자리에서 돈을 내려고(그들은 그의 방에서 도박을 하고 있었다) 했지만, 베네쁘스끼와 야쉬빈이 그 돈을 내는 것은 자기들이지 승부에도 끼지 않았던 브론스끼가 아니라고 주장했던 것이다. 그 일은 그것으로 좋았다. 그러나 브론스끼는 그저 입으로 베네쁘스끼에 대한 보증을 서겠다고 얘기한 것에 지나지 않았지만, 이 추잡한 놈들을 상대하려면 자기가 언제든지 그 돈을 준비해 두고 있다가 사기꾼 바로 앞에 내동댕이치며 찍소리 못하게 만들어야 함을 알고 있었다. 그래서 이 첫 번째 가장 중요한 부류의 돈만 해도 4천 루블은 있어야 했다.

둘째 부류의 8천 루블은 비교적 덜 중요한 빚이었다. 이것은 주로 경마에 관한 귀리며 건초의 청부 상인, 영국인 조교사, 마구상에 치를 대금이었다. 이 부채에 대해서도 귀찮은 일을 완전히 막으려면 역시 2천 루블쯤은 마련해 두어야 했다. 상점이며 호텔, 양복점에 지급할 마지막 부류는 아무런 고려도 필요하지 않았다. 그래서 당장 적어도 6천 루블이 필요했으나 수중에는 불과 1천8백 루블밖에 없었다. 세상 사람들이 추정하는 대로 브론스끼 수입이 정말 10만 루블쯤 된다면 이 정도의 빚으로는 곤란할 턱이 없었다. 그러나 문제는 그의 실제 수입이 그에 훨씬 못 미친다는 것이다. 연간 10만에서 20만 루블의 수입을 너끈히 가져오는 막대한 아버지의 유산은 아직 형제들 사이에 분배되지 않았다. 그리고 형이 스스로 커다란 빚을 걸머지고 있으면서 재산 한 푼 없는 12월 당원*2 모 공작의 딸 바랴 치르꼬바야와 결혼했을 때, 그는 자기가 연 2만 5천 루블만 받겠다고 말하고 아버지 영지에서 나오는 모든 수입을 형에게 넘겨주어 버렸던 것이다. 브론스끼는 그때 형한테, 자기는 결혼이라도 하기 전에는 그것으로 충분하며 그 결혼도 아마 평생 하지 않을 것이라고 말했다. 그래서 그 무렵 가장 비용이 드는 연대에 대장으로 재직하는 데다 막 결혼을 한

---

*2 1825년 12월 14일 농노제와 전제정치 폐지를 위해 반란을 일으킨 혁명가들.

형은, 이 선물을 받지 않을 수 없었다. 그런데 여태까지는 개별적인 재산을 소유하고 있던 어머니가 정해진 2만 5천 루블 외에 해마다 2만 루블 정도 돈을 주었으므로, 브론스끼는 그 돈을 모조리 써가며 생활해 왔다. 그러나 최근에 어머니는 그의 여자문제와 그가 멋대로 모스끄바를 떠나와 버린 일로 말다툼을 하고 나서는 송금을 끊어 버렸다. 그 결과 이미 4만 5천 루블의 생활에 젖어 버린 브론스끼는 올해에 2만 5천 루블밖에 수입이 없었으므로 지금 곤경에 빠진 것이다. 하지만 이 궁지에서 빠져나가기 위해 어머니에게 손을 벌릴 수는 없었다. 전날 받은 그녀의 편지는, 그가 상류사회 전체의 추문거리로 번질 생활을 버리고 사교계 및 군대 생활에서 성공을 지향한다면 언제든지 돕기를 주저하지 않겠다는 암시를 주고 있었다. 이것이 그의 기분을 몹시 상하게 했다. 그를 매수하려는 어머니의 의도는 마음 깊은 곳까지 그를 모욕했고 그녀에 대한 그의 마음을 더한층 싸늘하게 만들어 버렸다. 그러나 지금에 와서 안나의 관계에서 생각지 못한 전개가 예상되고, 형에 대한 그 관대한 제안이 너무 경솔했으며, 미혼인 그에게도 10만 루블의 모든 수입이 필요하다는 것을 아무리 통감한다고 할지라도, 한 번 뱉은 제안을 이제 와 되 삼킬 수는 없었다. 그런 짓은 도저히 할 수 없었다. 그것은 그저 형수 얼굴을 떠올리는 것만으로도 충분했다. 그 사랑스럽고 뛰어난 바랴는 기회가 있을 때마다 그의 관대한 마음씨를 잊지 않고 있으며 고마워하고 있다고 되풀이 말했던 것이다. 그러니 한번 준 것을 도로 빼앗는다는 것은 불가능했다. 그것은 여자를 때린다든가 도둑질을 한다든가 거짓말을 하는 것과 마찬가지로 있을 수 없는 일이었다.

그가 할 수 있는 일, 해야 할 일은 단 하나였다. 브론스끼는 일각의 주저도 없이 결심했다. 그것은 별 어려움도 있을 수 없는 고리대금업자한테서 1만 루블의 돈을 빌리는 것과 동시에 지출 전체를 줄이고 경마용 말도 판다는 것이었다. 이렇게 결심한 그는 그때까지 몇 차례나 그의 말을 사고 싶다고 청해 왔던 롤란다끄에게 편지를 썼다. 그러고 나서 영국인 조교사와 고리대금업자를 부르러 사람을 보내고 계산서에 따라 수중에 있던 돈을 나누었다. 이런 일들을 끝내고 나자, 그는 어머니에게 냉랭하고 신랄한 답장을 썼다. 그 뒤 종이 끼우개에 넣어둔 안나의 편지를 세 통 꺼내어 다시 읽더니 태워 버리고, 어제 그녀와의 대화를 떠올리며 생각에 잠겼다.

20

브론스끼의 생활이 행복한 가장 큰 이유는, 해야 할 것과 하지 말아야 할 것을 모두 명백하게 한정하는 그 나름의 규칙이 있었기 때문이다. 이러한 규칙은 극히 작은 범위의 생활에만 적용되었으나, 그 대신 절대 의심할 여지가 없었고 그는 결코 이 범위 밖으로 나가는 일이 없었으므로 아직 단 한 순간도 해야만 할 일을 망설인 적은 없었다. 이 규칙은 다음 사항을 뚜렷이 규정하고 있었다. 사기 도박꾼에게 떼인 돈은 내야 하지만 양복점에는 그럴 필요가 없다. 남자에게는 거짓말을 해서는 안 되지만 여자에게는 상관없다. 남을 속여서는 안 되지만 남편은 속여도 된다. 모욕을 용서할 수는 없지만 남을 모욕하는 것은 괜찮다. 이러한 규정은 모두 불합리하고 별로 바람직하지 않을지는 몰라도 최소한 의심할 여지가 없었으므로, 그것만 지키면 브론스끼는 안심하고 고개를 꼿꼿이 들고 다닐 수 있었다. 그러나 최근에는 안나와의 관계가 원인이 되어, 브론스끼는 그의 규칙이 반드시 모든 사정을 해결할 수는 없음을 느끼기 시작했다. 그리고 장래에 닥쳐올 곤란과 의혹을 생각하면 벌써 그에 대처할 길잡이의 실마리조차 찾아낼 수 없을 지경이었다.

그가 생각하기에 안나와 그 남편에 대한 그의 현재 관계는 단순하고 뚜렷한 것이다. 그것은 그가 준수해 온 규칙 법전에 따라 명백하고 정확하게 정해져 있었다.

어엿한 상류사회 부인인 안나가 그에게 사랑을 속삭였고 그도 그녀를 사랑했다. 따라서 그녀는 그에게 정당한 아내와 같거나 그보다도 더한 존경을 받을 자격이 있는 부인이었다. 그는 말이나 암시로 그녀를 모욕하는 것은 물론, 그녀가 숙녀로서 받아야 할 존경을 나타낼 수 없을 정도라면, 차라리 먼저 자기 손을 끊어 버렸을 것이다.

사회에 대한 태도도 마찬가지로 명백했다. 세상 사람들은 모두 그들의 관계를 알 수도 있고 의심할 수도 있지만 누구도 감히 그것을 입 밖에 내놓아서는 안 됐다. 누가 만약 그런 짓을 했을 때는, 당장 그 사람 입을 다물게 하고 사랑하는 여자의 있지도 않은 명예를 존중하도록 할 만큼의 각오는 하고 있었다.

남편에 대한 태도는 무엇보다도 명백했다. 안나가 자기를 사랑한 순간부터 브론스끼는 그녀에 대한 자기의 권리만을 침해할 수 없는 유일한 것이라고 단정했다. 남편은 그저 쓸모없는 방해물에 지나지 않았다. 의심할 것도 없이 남편은 가엾은 처지에 있었지만 그렇다고 어떻게 할 수 있겠는가. 남편이 가진 권리라곤 오직 하나, 무기를 손에 들고 보상을 요구하는 것이었다. 그리고 브론스끼는 그것에 당장에라도 응할 각오가 되어 있었다.

그러나 요즘에 와서 그와 그녀 사이에 새로운 내면적인 관계가 나타났고, 그 모호성이 브론스끼를 두렵게 했다. 어제야 비로소 그녀는 그에게 임신했다는 사실을 밝혔다. 그리고 그는 이 소식과 그녀가 기대하는 것이, 오늘날까지 그의 삶을 이끌어 온 규칙 법전으로 충분히 결정되지 않는 무언가임을 느꼈다. 사실 그것은 말 그대로 아닌 밤중에 홍두깨였던지라, 그녀가 임신 사실을 털어놓은 순간, 그의 마음은 그녀에게 남편을 버리라는 요구를 하라고 속삭였다. 그는 그것을 입 밖에 내놓았다. 그러나 지금에 와서 곰곰이 생각해 보자, 그것만은 피하는 게 제일이라는 사실을 알았다. 하지만 그와 동시에 속으로는 그것이 나쁘지 않을까 하는 걱정도 있었다.

'그녀에게 남편을 버리라는 것은 나하고 같이 살자는 의미가 된다. 나는 그럴 준비가 되어 있을까? 수중에 돈도 없는데 어떻게 그녀와 사랑의 도피를 한단 말인가! 뭐 돈 문제는 어찌어찌 해결됐다 치고…… 공무에 몸담고 있는 내가 그녀를 데리고 어디로 갈 수 있단 말인가! 그러니까 그렇게 말한 이상 실행할 준비를 해 두어야만 한다. 말하자면 돈을 마련하고 퇴역을 해야 한다.' 그리고 그는 생각에 잠겼다. 퇴역할 것인가 어쩔 것인가 하는 물음에 이끌려 또 다른 문제가 머리에 떠올랐다. 그것은 혼자서만 남몰래 생각하고 겉으로 드러내지 않았지만, 그의 온 생애를 좌우할 수 있는 꽤 중대한 관심사였다.

공명은 그의 어린시절부터 오랜 꿈이었다. 그 욕망은 자기 자신에게조차 털어놓으려고 하지 않았지만, 지금도 그의 연애감정과 싸우고 있을 정도로 치열한 것이었다. 사교계와 군무에 내디딘 첫발은 성공적이었다. 그러나 2년 전 그는 터무니없는 잘못을 저지르고 말았다. 독립적이고 자유분방한 정신을 과시하여 승진을 빨리하려는 속셈에서, 거절이 오히려 자기 값어치를 올리는 일이라고 여기고는 자기에게 제공된 지위를 거절해 버렸던 것이다. 그러나 그 결과 그의 대담함이 증명됐을 뿐 사람들은 그를 그대로 내버려 두었다. 그래서 그는 하는 수 없이 독립적인 인간으로 행동하면서 누구한테도 불만을 품지 않았고, 또 누구한테 모욕을 당했다고도 여기지 않는다는 태도를 유지했다. 그저 사람들이 그냥 간섭하지 말고 내버려 두면, 자기에게는 그것이 즐거우니까

하고 얘기라도 하는 듯한 입장을 지극히 세심하고 현명하게 지켜 왔다. 그러나 사실은 그가 지난해 모스끄바로 떠났을 때부터 그런 즐거운 기분은 이미 끝나 있었다. 하려고만 하면 무엇이든 할 수 있지만 아무것도 하지 않는 자유로운 사내라는 그의 입장도 슬슬 퇴색하기 시작하여, 많은 사람이 그가 정직하고 선량하며 의협심이 많을 뿐 아무런 능력도 없는 사내라고 평가하기 시작했음을 느끼고 있었던 것이다. 세간에 물의를 일으키고 주의를 들끓게 했던 까레닌 부인과의 관계는 그에게 새로운 광휘를 주어 한때 그를 파먹고 있던 공명심의 벌레를 잠시나마 달래주었으나, 일주일쯤 전부터 또 이 벌레가 새로운 힘을 가지고 눈을 떴다. 그것은 그의 소년시절 이래의 친구 세르뿌호프스꼬이가 2계급 승진을 하여, 그처럼 젊은 장교에게는 여간해선 주어지지 않는 훈장을 받고 얼마 전에 중앙아시아에서 돌아왔기 때문이었다. 두 사람은 어울리는 친구들도 같고 사는 세계도 같으며, 견습 사관학교 동기로 공부에서나 운동에서나 또 공명심에 대한 공상에서도 언제나 서로 경쟁 상대가 되어 왔다.

그가 뻬쩨르부르그에 오자마자 사람들은 그가 마치 새로 뜬 일등성(一等星)이라도 되는 양 추어올렸다. 자기와 동갑이자 동창이었던 그가 이제는 장군이 되어 정치에 영향을 미칠 수 있는 임무를 위해 대기하고 있었다. 한편 브론스끼는 독립적이고 화려한 생활을 누리며 아름다운 여자의 사랑을 얻고 있다고는 하나, 실은 그렇게 독립적으로 사는 것이 허용될 수 있는 일개 기병 대위에 지나지 않았다. '물론 나는 세르뿌호프스꼬이를 부러워하지도 않고 또 부러워할 리도 없다. 그러나 그의 승진은 나에게 그저 때를 기다리기만 하면, 나 같은 사내의 승진은 아마 굉장히 빠르리라는 것을 가르쳐 주고 있다. 3년 전에는 그도 나하고 똑같은 지위에 있었다. 그러나 내가 군직(軍職)에서 물러나는 것은 자기 배를 태우는 것이나 다름없다. 이대로 군대에 머물러 있기만 하면 나는 아무것도 잃지 않는다. 그녀도 현재 상황을 바꾸고 싶지 않다고 얘기했다. 그래, 내게는 그녀의 사랑이 있으니 세르뿌호프스꼬이를 부러워할 이유가 없다.' 그는 유연한 손짓으로 콧수염을 꼬면서 탁자 앞에서 일어나 방을 거닐었다. 그의 눈이 유난히 밝게 빛났다. 그는 자기 상황을 정리한 뒤면 언제나 느끼는 씩씩하고 즐거운 기분에 빠져 있었다. 모든 것이 지금까지의 계산 뒤처럼 개운하고 분명해졌다. 그는 면도하고 냉수욕을 한 뒤 옷을 갈아입고 방을 나섰다.

21

"여어, 자넬 데리러 왔어. 오늘은 지갑 세탁이 꽤 오래 걸렸군그래." 방 밖에서 마주친 뻬뜨리쓰끼가 말했다. "어때, 이제 끝났나?"

"끝났어." 브론스끼는 눈만 웃으면서, 조심스럽게 콧수염을 매만졌다. 너무 조급한 행동은 모처럼 정리해둔 질서를 파괴해 버릴 염려가 있기라도 한 듯한 태도였다.

"자넨 언제나 그 일을 한 뒤에는 마치 사우나를 마치고 나온 것 같더군." 뻬뜨리쓰끼가 말했다. "난 그리쓰꼬(그들은 연대장을 이렇게 불렀다) 집에서 왔어. 모두 자네를 기다리고 있네."

브론스끼는 대꾸하지도 않고 무엇인가 다른 것을 생각하면서 동료 얼굴을 쳐다보고 있었다.

"그럼, 이 음악은 거기에서 나오는 거야?" 그는 아까부터 들려오는 관악의 폴카며 왈츠의 익숙한 음색에 귀를 기울이면서 말했다. "무슨 잔치야?"

"세르뿌호프스꼬이가 와 있어."

"아아!" 브론스끼가 말했다. "난 또 그런 줄도 몰랐지." 그의 눈이 더한층 밝게 빛났다. 자기는 사랑이 있기 때문에 행복하며, 그 사랑을 위해 공명심을 희생했다. 한번 이렇게 결심한 이상(최소한 그런 입장을 떠맡은 이상) 브론스끼는 이미 세르뿌호프스꼬이에게 부러움을 느끼지 않았고, 그가 연대에 왔으면서도 맨 먼저 자기한테 찾아오지 않았다는 사실에 대해서도 아무런 섭섭함이 없었다. 세르뿌호프스꼬이는 다정한 친구였고, 브론스끼는 단순히 그가 온 것을 반갑게 여겼다.

"아아 그래, 거 정말 반갑군."

연대장 제민은 큼직한 지주의 저택에서 살고 있었다. 일동은 모두 널찍한 아래층 테라스에 모여 있었다. 뜰에 들어선 브론스끼 눈에 처음으로 들어온 것은, 보드까 통 옆에서 하얀 하복을 입은 합창대와 사관들에게 둘러싸여 있는 연대장의 쾌활한 모습이었다. 그는 테라스의 첫 층층대까지 나와, 오펜바흐의 카드리유를 연주하는 악단에 못지않은 커다란 목소리로 한쪽에 서 있던 몇몇 사병들에게 손을 흔들어 무엇인가를 명령하고 있었다. 사병 한 무리와 상사와 하사 서너 명이 브론스끼와 함께 테라스 쪽으로 다가갔다. 일단 탁자가 있는 데까지 돌아온 연대장은 샴페인 잔을 들고 다시 층층대 위로 나와 축배의 인사를 했다. "우리의 지난날의 동료이자 용감한 장군 세르뿌호프스꼬이 공작을 위하여. 만세!"

연대장에 이어 세르뿌호프스꼬이도 역시 술잔을 손에 들고 미소를 띠면서 나왔다.

"어이, 자넨 점점 더 젊어지는군, 본다렌꼬." 그는 자기 정면에 서 있는, 재복무를 하고 있으면서도 아직 젊어 보이는 볼이 빨간 상사를 향해서 말했다.

브론스끼는 3년 만에 세르뿌호프스꼬이를 보았다. 그는 구레나룻을 길러 어딘지 나이가 들어 보였지만 여전히 풍채가 의젓했고, 그 얼굴과 온몸에서 아름다움보다도 부드러움과 품위가 느껴지는 점도 예전과 다름이 없었다. 오직 하나 브론스끼가 그에게서 알아챈 변화는 이른바 자신의 성공이 모든 사람에게 인정받고 있다고 확신하는 자들의 얼굴에 깃든 그 차분하고 끝없이 반짝이는 빛이었다. 그런 빛을 알고 있는 브론스끼는 즉각 그것을 세르뿌호프스꼬이한테서 발견했던 것이다.

층층대를 내려온 세르뿌호프스꼬이는 브론스끼를 보았다. 환희의 미소가 그의 얼굴에 번졌다. 그는 브론스끼에게 인사를 하고 머리를 옆으로 까딱 젖히며 술잔을 들어 보였다. 그 몸짓으로, 아까부터 몸을 쭉 펴고 환영의 입맞춤을 하기 위해서 입술까지 내밀고 있는 상사에게 먼저 가 봐야 한다는 뜻을 나타낸 것이다.

"오오, 드디어 왔군!" 연대장이 외쳤다. "야쉬빈 얘기로는 또 우울해하고 있다더니."

세르뿌호프스꼬이는 씩씩한 젊은 상사의 촉촉하고 싱싱한 입술에 입을 맞추고 손수건으로 입을 닦으면서 브론스끼한테로 다가왔다.

"정말 반가워!" 그는 브론스끼 손을 쥐고 한쪽으로 끌고 가면서 말했다.

"자네도 저 친구를 따라가게!" 연대장은 브론스끼를 가리키며 야쉬빈에게 말하고 사병들한테 내려갔다.

"어째서 어제 경마에 오지 않았나? 난 거기에서 자넬 만나리라고 생각했는데." 브론스끼는 세르뿌호프스꼬이를 돌아보면서 말했다.

"가긴 갔는데 늦었어, 미안하게 됐네." 그는 이렇게 덧붙이고 부관한테 얼굴을 돌렸다. "이건 내가 주는 거야. 여기에 있는 사람 머릿수대로 분배하도록 일러 줘." 그는 이렇게 말하고 허둥지둥 지갑에서 백 루블 지폐 석 장을 꺼내며 갑자기 얼굴을 붉혔다.

"브론스끼! 뭘 좀 먹겠나, 그렇잖으면 마시겠나?" 야쉬빈이 물었다. "어이, 여기 공작에게 뭐 먹을 것 좀 갖다 드려! 자아, 한잔해."

연대장 집에서의 잔치는 꽤 오래 계속되었다.

사람들은 몹시 많이 마셨다. 그들은 세르뿌호프스꼬이를 위로 번쩍 들어 올렸다 내려놓았다. 이어 연대장도 헹가래쳤다. 그러고 나서 연대장은 군악대 앞에서 뻬뜨리쓰끼와 함께 춤을 추었다. 그 뒤 연대장은 상당히 취했는지 뜰 벤치에 앉아 야쉬빈을 상대로 프러시아보다 우월한 러시아, 특히 기병대의 우월함에 대해서 논증하기 시작했다. 향연도 잠시 조용해졌다. 세르뿌호프스꼬이는 손을 씻으러 집 안 화장실에 갔다가 브론스끼를 발견했다. 브론스끼가 세수를 하고 있었다. 그는 웃옷을 벗고 털이 잔뜩 뒤덮인 붉은 목덜미를 세면기의 물구멍 밑에 대고 양손으로 머리와 얼굴을 문지르고 있었다. 다 씻고 나서 브론스끼는 세르뿌호프스꼬이 옆으로 와서 앉았다. 작은 소파에 나란히 앉은 두 사람은 서로에게 아주 흥미로운 이야기를 시작했다.

"자네 얘긴 줄곧 마누라한테 듣고 있었어." 세르뿌호프스꼬이가 말했다. "그녀와 자주 만나 줘서 고마워."

"그녀는 형수 바랴와 친한 사이라 말이야. 그 두 사람은 내가 뻬쩨르부르그에서 만나서 유일하게 즐거운 부인들이야." 싱글벙글 웃으면서 브론스끼는 대꾸했다. 그가 웃는 까닭은 이야기가 어떻게 전개될지 훤히 보이는 데다가 그것이 자기에게 유쾌했기 때문이다.

"유일하다고?" 역시 미소를 머금으면서 세르뿌호프스꼬이가 되물었다.

"아니, 나도 자네에 대해선 알고 있어. 딱히 자네 아내를 통해서만 들은 건 아냐." 브론스끼는 엄격한 표정을 지어 그 암시를 막으며 말했다. "자네 성공은 굉장히 기쁘지만 조금도 놀랍지는 않았어. 난 그 이상을 기대하고 있었으니까 말이야."

세르뿌호프스꼬이는 빙그레 웃었다. 그는 분명히 자기에 대한 그런 평가가 달가웠고, 그러한 마음을 숨길 필요를 느끼지 못했다.

"사실인즉, 난 반대로 그 이하의 것을 예기하고 있었어. 그러나 난 기뻐, 굉장히 기뻐. 난 야심가야, 이것이 내 약점이지. 그건 나도 인정해."

"하지만 이봐, 자네도 아마 이만큼 성공하지 않았다면 그런 고백은 하지 않았겠지." 브론스끼가 말했다.

"난 그렇게는 생각하지 않아." 또다시 미소를 띠면서 세르뿌호프스꼬이가 말했다. "출세를 못하면 살 값어치가 없다고까지는 얘기하지 않아. 그러나 지루할 것 같아. 자화자찬일지도 모르지만 난 스스로 선택한 활동분야에서 어떤 재능이 있는 모양이야. 그러니 설혹 어떤 것일지라도, 내 손아귀에 권력이 들어온다면 내가 아는 다른 많은 사람의 수중에 있을 때보다 훨씬 더 잘 쓰이리라 생각해." 성공에 대한 의식으로 얼굴을 빛내며 세르뿌호프스꼬이가 말했다. "그러니까 권력에 가까워지면 가까워질수록 나도 더한층 만족하는 거지."

"글쎄, 자네라면 아마 그럴 거야. 그렇지만 그것을 모든 사람에게 적용할 수는 없어. 나도 한때는 같은 의견을 가지고 있었어. 그러나 지금은 그것만을 위해서 살 이유는 없다고 봐." 브론스끼가 말했다.

"그거야! 바로 그거, 이거 봐!" 웃으면서 세르뿌호프스꼬이는 말했다. "아까 자네 얘길 들었다고 말한 게 그거야. 자네가 승진을 거절했다는 그 일 말이야…… 물론 난 과연 자네답다고 감탄했어. 하지만 무슨 일에든 방법이라는 게 있지 않은가. 내가 생각하기에 자네의 행동 자체는 좋았지만, 그 방법을 그르쳤어."

"끝난 일은 끝난 일이야. 자네도 알겠지만 난 내가 한 짓은 절대로 이러쿵저러쿵하지 않아. 그래서 언제까지나 속 편하게 살 수 있지."

"속이 편하다고? 얼마 동안은 그렇겠지. 그러나 자넨 그것으로 만족할 수 없어. 나도 자네 형님한텐 이런 얘긴 하지 않아. 그분은 너글너글한 도련님 같으니까. 흡사 이 집의 주인처럼 말이야. 봐, 들리지?" 그는 '만세' 하고 외치는 소리에 귀를 기울이면서 덧붙였다. "저분은 저것으로 매우 즐거워. 그러나 자넨 그것으로 만족할 사람이 아니야."

"만족한다고는 안 했어."

"그래, 문제는 그것만이 아냐. 자네 같은 인물이 필요하다는 얘기야."

"누구에게?"

"누구에게? 이 사회에 말이야. 러시아에는 인물이 필요해. 정당이 필요하지. 그렇잖으면 모든 것이 엉망이 되고 말아. 아니 이미 그렇게 되고 있어."

"말하자면 뭐가 필요하다는 거야? 러시아 공산당에 맞서서 버티고 있는 베르쩨네프당(黨) 얘기야?"

"아냐." 세르뿌호프스꼬이는 그런 어리석고 못난 얘기를 입에 담다니 유감이라는 듯이 얼굴을 찌푸렸다. "그런 건 모두 얼토당토않은 얘기야. 그런 놈들은 언제나 지금까지도 있었고 앞으로도 있을 거야. 애당초 공산당이니 하는 것은 존재하지도 않아. 음모를 좋아하는 사람들은 유해하고 위험한 당파라는 걸 만들지 않고는 못 배기겠지. 낡아빠진 수법이야. 내 말은 그게 아니고, 자네나 나 같은 독립적이고 유력한 사람들이 권력을 쥔 정당이 필요하다는 거야."

"어째선가?" 브론스끼는 두서너 유력한 인물의 이름을 들면서 물었다. "왜 이 사람들은 독립적인 사람들이 아니라는 거지?"

"그들에게는 바로 재산의 독립이라는 것이 없기 때문이야. 아니, 태어날 때부터 없었기 때문이야. 그들은 가문도 없고, 우리처럼 태양 가까운 곳에서 태어나지 못했기 때문이지. 그런 놈들은 매수하려고만 하면 돈이나 달콤한 말로 얼마든지 가능해. 다만 그들이 자기 지위에 매달리기 위해서는 적당한 사상을 생각해 내야만 하지. 그리하여 그들은 자신들도 믿지 않는 유해무익한 포부며 정책을 들고 나온단 말이야. 결국 이런 종류의 정책은 모두 그저 관사(官舍)에 눌어붙어 높은 봉급을 받기 위한 수단에 지나지 않아. 그들의 카드를 들여다보면 사실 별것도 아니야. 물론 나 자신은 내가 그들보다 떨어지리라고는 조금도 생각하지 않지만, 어쩌면 그들보다 나쁘고 어리석은지도 몰라. 하지만 나나 자네는 확고하고 중대한 장점을 갖고 있어. 그들처럼 쉽게 매수되지 않는다는 점이야. 그리고 현재는 그 어느 때보다 이런 인물이 더더욱 절실해."

브론스끼는 주의 깊게 듣고 있었다. 그러나 말의 내용보다 이 문제에 대한 세르뿌호프스꼬이 태도에 더 흥미를 느꼈다. 자기가 아직 기병 중대의 이익 이외에는 특별히 흥미를 두지 않는 때에, 상대는 벌써 이 세계에 동감과 반감을 품고 이미 권력과 싸울 생각을 하고 있다. 브론스끼는 동시에 세르뿌호프스꼬이가 사물을 고찰하고 이해하는 뛰어난 능력과 자기가 속한 사회에서는 좀처럼 볼 수 없는 그러한 지력과 변설을 딛고 유력한 인물이 되리라는 것을 깨달았다. 그래서 부끄러운 일이지만, 그를 부러워하지 않을 수 없었다.

"하지만 나에겐 그 일을 위한 가장 중요한 자질이 하나 빠져 있어." 브론스끼는 대답했다. "권력욕이 없다는 거야. 한때는 있었지만 지금은 완전히 사라져 버렸어."

"실례지만, 그것은 진실이 아니야." 빙그레 웃으면서 세르뿌호프스꼬이가 말했다.

"아니야, 진실이야, 진짜라고. '지금은' 그래." 브론스끼는 되도록 진심을 말하려고 덧붙였다.

"그렇군, '지금은'이라면 얘기가 다르지. 영원히 그렇다는 뜻이 아니니까."

"그럴지도 모르지." 브론스끼가 말했다.

"자넨 그럴지도 모른다고 얘기하지만." 세르뿌호프스꼬이는 상대 마음을 짐작이라도 한 듯이 말을 계속했다. "내 생각으로는 그게 확실해. 그래서 일부러 자넬 만나러 온 걸세. 자네 행동은 물론 잘못되지 않았어. 그것은 나도 잘 알아. 그러나 언제까지고 계속 그래선 안 돼. 내가 자네에게 부탁하고 싶은 건 행동의 자유를 허용해 달라는 것뿐이야. 내가 뭐 자넬 끌어올려 주겠다는 게 아니야…… 하지만 그렇다고 나쁠 것도 없지 않은가? 자네야말로 날 몇 차례나 도와줬잖아! 아니, 난 우리 우정이 그렇게 얕다고 여기지 않아. 그럼." 그는 브론스끼에게 여자처럼 부드럽게 웃어 보이면서 말했다. "나에게 행동의 자유를 주고 연대를 나오게. 그러면 내가 눈에 띄지 않게 끌어올릴 테니까."

"아니, 말했잖아. 나에겐 아무것도 필요 없어." 브론스끼가 말했다. "모든 것이 현재 그대로 있으면 그것으로 그만이야."

세르뿌호프스꼬이는 자리에서 일어나 그 앞에 버티고 섰다.

"자넨 모든 것이 현재 그대로 있으면 그만이라고 했지. 그 의미는 나도 다 알아. 그런데 말이야, 우린 동갑이야. 그리고 아마 여자는 자네가 나보다 더 많이 알 거야." 세르뿌호프스꼬이의 미소와 몸짓은 브론스끼에게, 그의 아픈 데를 신중하고 조심스럽게 찌르겠지만 두려워할 필요는 없다고 말하고 있었다. "그러나 난 기혼자야. 그리고 '천 명의 여자를 아는 것보다 사랑하는 한 사람의 아내를 제대로 아는 것이 모든 여자를 아는 것이다'라고 누군가가 말했지."

"곧 가죠!" 브론스끼는 연대장이 그들을 부른다고 전하러 온 사관한테 크게 외쳤다.

브론스끼는 지금 세르뿌호프스꼬이가 자기에게 얘기하려는 것을 끝까지 듣고 그 내용을 확인하고 싶었다.

"내 의견은 그래. 여자들이란 남자의 활동에 가장 큰 장애물이야. 여자를 사랑하면서 무엇인가를 하기란 어려워. 그러나 그런 지장 없이 여자를 사랑하는 편리한 방법이 딱 하나 있지, 바로 결혼이야. 가만있자, 어떻게 설명해야 자네에게 내 생각을 잘 전할 수 있을까." 비유를 좋아하는 세르뿌호프스꼬이가 말했다. "그렇지! 무거운 짐을 나르면서 두 손으로 무엇인가를 하려면, 짐을 등에다 잡아매야 하잖아? 그게 바로 결혼이야. 나도 결혼하고 나서야 비로소 느꼈지. 결혼을 했더니 갑자기 손이 자유로워진 거야. 그러나 결혼도 하지 않고 이무거운 짐을 질질 끌고 다닌다면 손이 막혀 아무것도 할 수 없어. 마잔꼬프랑끄루뽀프를 봐. 그들은 여자 때문에 출셋길을 완전히 날려 버리지 않았나."

"상대가 그런 여자들이니까!" 브론스끼는 그 두 남자가 관계하고 있던 프랑스 여인과 여배우를 상기하면서 말했다.

"그러나 사교계에서 여자의 지위가 확고하면 확고할수록 결과는 더욱 좋지 않아. 그것은 흡사 두 손으로 무거운 짐을 질질 끄는 수준을 넘어서 남의 짐을 빼앗는 거나 마찬가지야."

"자넨 한 번도 사랑을 해 본 적이 없지." 브론스끼는 앞쪽을 멀거니 쳐다보고 안나에 대해 생각하면서 조용히 말했다.

"그럴지도 몰라. 그러나 내가 지금 한 말을 잘 기억해 둬. 그리고 또 한 가지, 여자들은 모두 남자들보다 실리적이야. 우린 사랑을 어떤 거대한 것으로 여기지만 그들한테는 일상다반사야."

"곧, 지금 곧 간다고!" 그는 화장실에 들어온 하인을 향해서 이렇게 말했다. 그러나 예상과 달리 하인은 그들을 부르러 온 것이 아니었다. 하인은 브론스끼에게 편지를 전했다.

"뜨베르스까야 공작부인의 심부름꾼이 편지를 가지고 왔습니다."

브론스끼는 편지를 뜯어보고 갑자기 얼굴을 붉혔다.

"머리가 좀 아프군. 이만 집으로 돌아가겠네." 그는 세르뿌호프스꼬이에게 말했다.

"그래, 그럼 잘 가게. 행동의 자유는 줄 텐가?"

"그 이야기는 나중에 하지. 뻬쩨르부르그에서 만날 테니."

22

벌써 5시가 넘었으므로 시간에 늦지 않기 위해서, 아울러 누구나가 알고 있는 자기 말을 타지 않기 위해서 브론스끼는 야쉬빈의 삯마차에 올라타고 전속력으로 달리라고 일렀다. 낡아 빠진 사인승 삯마차는 텅 비어 있었다. 그는 한

쪽 구석에 앉아 앞자리에 다리를 올리고 생각에 잠겼다.

주머니 정리가 말끔히 끝났다는 막연한 의식, 자기를 쓸모 있는 인물로 친 세르뿌호프스꼬이의 우정과 칭찬에 대한 막연한 회상, 무엇보다 밀회에 대한 기대, 이 모든 것이 하나로 융합하여 생의 환희라는 감정을 만들어냈다. 이 감정은 그가 무의식중에 미소를 날릴 정도로 강렬한 것이었다. 그는 두 다리를 앞좌석에서 내려 한쪽 다리를 다른 쪽 무릎 위에 올려놓고, 어제 낙마했을 때 다친 탄력 있는 장딴지를 주무르고는, 뒤로 몸을 젖혀 몇 차례 가슴 가득히 숨을 토했다.

'훌륭하다, 정말 훌륭해!' 그는 스스로에게 말했다. 그는 이전에도 종종 자기 육체를 의식하고 즐거움을 경험했으나 지금처럼 자기와 자기 육체를 사랑한 적은 한 번도 없었다. 강인한 다리에 가벼운 통증을 느끼는 것도 즐거웠고 숨을 쉴 때마다 가슴 근육이 움직이는 감각도 즐거웠다. 안나에게는 그처럼 절망적으로 작용한 활짝 갠 시원한 8월의 날씨도 그에게는 고무적일 만큼 발랄한 것으로 여겨졌고, 냉수욕으로 뜨거워진 그의 얼굴이며 목에 상쾌함을 주었다. 콧수염에서 풍기는 향유 냄새가 신선한 공기 속에서 유난히 유쾌하게 느껴졌다. 마차의 창밖으로 보이는 이 서늘하고 맑은 공기 속의 모든 것이 창백한 일몰의 빛 속에서 그 자신처럼 싱싱하고 즐겁고 힘차게 여겨졌다. 지는 해의 햇살에 반짝반짝 빛나는 집들의 지붕, 담이며 건물 모서리의 날카로운 윤곽, 이따금 만나는 행인과 마차의 모습, 가만히 움직이지 않는 나무며 풀의 녹음, 반듯한 두둑으로 구획된 감자밭, 집이며 나무며 덤불이며 감자밭의 두둑까지도 지면에 드리우는 비스듬한 그림자…… 이 모든 것이 지금 막 완성되어 니스가 칠해진 훌륭한 풍경화처럼 아름다웠다.

"서둘러, 더 빨리!" 그는 창밖으로 목을 내밀고 마부에게 말하면서 호주머니에서 3루블 지폐를 꺼내, 돌아다본 마부에게 내밀었다. 마부의 손이 램프 옆에서 무엇인가를 찾는가 싶더니, 채찍이 윙 하는 소리가 들렸고 마차는 쏜살같이 탄탄한 포장도로를 달렸다.

'아무것도, 난 아무것도 바라지 않는다. 이 행복만 있으면.' 그는 창과 창 사이에 있는 벨의 상아 버튼을 보면서, 마지막으로 만났을 때의 안나를 떠올리며 생각했다. '앞으로 나아갈수록 나는 그 여인이 더욱더 사랑스럽게 느껴진다. 자아, 여기가 브레제 부인의 국유(國有) 별장 정원인데, 그녀는 여기 어디쯤 있을까? 어디에? 어째서? 왜 그녀는 굳이 이런 곳에서 만나자고 했을까, 왜 그 말을 굳이 베뜨시의 편지에 적어 보냈을까?' 그는 지금에 와서야 비로소 그것을 생각했다. 그러나 이미 생각하고 있을 겨를이 없었다. 그는 가로수길까지 들어서기 전에 마부에게 멈추라고 하고 문을 열어, 아직 달리고 있는 마차에서 뛰어내려 집 쪽으로 이어진 가로수길로 들어갔다. 가로수길에는 아무도 없었다. 문득 오른쪽을 돌아보니 그녀 모습이 눈에 들어왔다. 얼굴은 베일로 덮여 있었으나 그는 이내 환희의 눈동자로 그녀만의 독특한 걸음걸이, 날렵한 어깨선과 머리의 각도를 알아차렸다. 순간 일종의 전류 같은 것이 그의 온몸을 짜르르 스쳐 지나감을 느꼈다. 그는 새로운 힘으로 탄력이 있는 다리의 경쾌한 움직임에서부터 숨을 쉴 때마다 부풀어 오르는 폐의 운동까지 자기의 육체를 느꼈다. 그리고 무엇인가 그의 입술을 떨리게 했다.

그녀는 곁으로 다가와 그의 손을 꼭 쥐었다.

"내가 불렀다고 노여워하진 않으시겠죠? 난 꼭 당신을 만나야 했어요." 그녀가 말했다. 베일 밑으로 보이는 진지하고 엄격한 입술 모양은 금방 그의 기분을 바꾸어 놓았다.

"노여워할 리가요! 그런데 당신은 어떻게 이런 곳까지 오셨습니까?"

"그런 것은 아무래도 상관없어요." 그녀는 그의 손 위에 자기 손을 포개면서 말했다. "잠깐 걸어요, 드릴 말씀이 있어요."

그는 무슨 일이 일어났고 이 밀회는 즐거운 게 아니라는 것을 알아챘다. 그녀 앞에서 그는 자기 의지가 없었다. 그래서 그녀의 불안의 원인을 알기 전부터 어느 틈에 벌써 같은 불안이 자기에게도 전염된 것을 느꼈다.

"무슨 일입니까? 무슨 일이 있었어요?" 그는 팔꿈치로 그녀의 팔을 누르면서 그 얼굴빛으로 속내를 읽으려고 애썼다. 묵묵히 서너 걸음 걷던 안나가 결심한 듯이 갑자기 발을 멈췄다.

"어제는 말씀드리지 않았지만." 그녀는 거칠고 무겁게 숨을 내쉬면서 말을 꺼냈다. "남편하고 같이 집으로 돌아가는 도중 난 모든 걸 밝히고 말았어요…… 이제 그분의 아내로 있을 수 없다는 것까지…… 모두 얘기해 버렸어요."

그는 무의식중에 온몸을 기울이고, 그것으로 그녀의 괴로운 처지를 달래 주려는 듯이 그녀의 말을 찬찬히 귀담아듣고 있었다. 그러나 그녀가 말을 마치자마자 그는 갑자기 몸을 반듯이 폈다. 그의 얼굴에는 오만하고 엄격한 표정이 떠올랐다.

"그렇지, 그렇지, 그편이 더 나아요. 천 배나 더 나아요! 물론 그것이 얼마나 괴로웠을지는 잘 알고 있습니다." 그가 말했다.

그러나 그녀는 그 말은 듣고 있지 않았다. 그녀는 그의 표정에서 마음을 읽어내려고 애썼다. 그러나 그 얼굴빛이 맨 처음 그의 머리에 떠오른 생각, 즉 이제 결투는 피할 수 없다는 생각을 비추고 있었음을 알 수는 없었다. 그녀는 결투라는 것 자체를 떠올린 적이 한 번도 없었으므로 그 찰나의 딱딱한 표정을 전혀 다른 의미로 해석해 버렸다.

남편의 편지를 받았을 때부터 그녀는 마음속으로 이미 모든 것들이 이전대로 남을 것이며, 지위와 아들을 버리고 애인한테 달려갈 만큼의 힘이 자기에게 없다는 것을 알고 있었다. 베뜨시 부인 집에서 보낸 오전 내내 이 생각은 더욱 확고해졌다. 그러나 이 밀회는 역시 그녀에게는 다시없이 중요한 것이었다. 그녀는 이 밀회가 둘의 상황을 아주 달라지게 하여 그녀를 구해 줄 것을 바라고 있었다. 그래서 만약 그가 이 소식을 듣자마자 1초의 주저도 없이 단호하고 열렬하게, 모든 것을 버리고 자기와 함께 도망가자고 말했다면 그녀는 아들을 버리고 그와 함께 떠났을 것이다. 그러나 이 소식은 그에게 그녀가 기대하던 변화를 일으키지 않았다. 그는 다만 무엇인가로 분개한 것 같은 태도를 보였을 뿐이다.

"괴롭다든가 하는 일은 조금도 없었어요. 그저, 저절로 그렇게 돼 버리고 말았어요." 그녀는 안달스런 어조로 말했다. "그리고 이것을……." 그녀는 장갑 속에서 남편의 편지를 꺼냈다.

"알았어요, 알았어요." 그는 그녀의 말을 가로막으며 건네받은 편지를 읽으려고도 하지 않고 그녀를 달래려 애썼다. "내가 원하던 것, 내가 바라던 것은 오직 내 삶을 당신의 행복에 바치기 위해서 현재 상황을 타파하는 것뿐이오."

"어째서 굳이 그런 말씀을 하세요?" 그녀가 말했다. "내가 그것을 의심이라도 하는 줄 아시나요? 내가 만약 의심하고 있다면……."

"저기 오는 게 누굴까?" 갑자기 브론스끼가 이쪽을 향해서 걸어오는 두 부인을 가리키면서 말했다. "어쩌면 우리를 알지도 몰라요." 그는 그녀를 끌듯이 잡아당기며 허둥지둥 옆길로 빠졌다.

"어머나, 난 이제 조금도 상관없어요!" 그녀가 말했다. 그 입술은 떨리고 있었다. 그에게는 베일 밑으로 자기를 바라보는 그녀 눈이 야릇한 악의를 품은 것 같았다. "문제는 그런 것이 아녜요. 내가 그걸 의심할 리 없잖아요. 그렇지만 남편이 이런 걸 써 보냈다고요. 읽어 보세요." 이렇게 말하고 그녀는 또다시 발을 멈추었다.

브론스끼는 편지를 읽으면서 또다시 아까 그녀와 남편의 결렬을 들었을 때처럼, 배신당한 남편에 대한 느낌과 그의 관계가 자연스럽게 불러일으키는 감정 속으로 부지불식간에 끌려 들어갔다. 이처럼 그의 편지를 손에 들고 있자니, 오늘이나 내일 안에 자기 앞으로 도착할 결투장이며, 자기가 지금처럼 싸늘하고 거만한 표정으로 허공에 총을 쏘고는 배신당한 남편의 총알 앞에 노출될 터인 결투가 저절로 그려졌다. 그러자 아까 세르뿌호프스꼬이한테 들은 이야기며 아침에 자기 자신이 생각했던 것, 즉 자기를 구속하지 않는 것이 좋다는 생각이 머릿속에서 번득였다. 그러나 그러한 생각을 그녀한테 전할 수는 없었다.

편지를 다 읽은 그는 다시 그녀에게 시선을 돌렸으나 그 눈동자에는 조금도 강직함이 없었다. 그녀는 곧 그가 혼자서 전부터 이 문제를 생각하고 있었음을 깨달았다. 그리고 알았다. 그가 설사 무슨 말을 하든지 그의 생각을 모조리 털어놓지는 않으리라는 것을, 즉 자기의 마지막 희망이 조각나 버렸음을 깨달았다. 이것은 그녀가 기대하던 결과가 아니었다.

"당신은 이제 그가 어떤 사람인지 아셨을 거예요." 그녀는 떨리는 목소리로 말했다.

"그는……."

"아니 잠깐만, 난 이렇게 돼서 오히려 기뻐요." 브론스끼는 가로막았다. '제발, 나한테 끝까지 얘기하게 해 주세요.' 그는 애원하는 눈빛으로 이렇게 자신의 말을 해명할 틈을 줄 것을 그녀에게 간청하면서 덧붙였다. "내가 기뻐하는 이유는 그것이 가능하지 않은 일이기 때문이에요. 그의 생각처럼 지금 이대로 있다든가 하는 것은 도저히 불가능하니까요."

"어째서 불가능한가요?" 안나는 간신히 눈물을 억누르면서, 그의 대답에는 분명히 아무런 무게도 두지 않고 물었다. 그녀는 이것으로 자기 운명이 결정됐다고 느꼈다.

브론스끼는 도저히 피할 수 없는 결투 뒤에 지금 이대로의 상태를 유지할 수 없다고 얘기하고 싶었으나 그만 다른 얘기를 하고 말았다.

"계속 될 리 없어요. 그러니까 이렇게 된 이상 당신이 당장 그를 버리기를 난 바라고 있어요. 간절히 바랍니다." 이렇게 말한 그는 어찌할 바를 모르고 얼굴을 붉혔다. "나한테 모든 것을 일임해 주십시오. 우리 둘의 생활을 쌓고 향후의 전망을 세울 수 있도록. 내일⋯⋯." 그는 말을 이으려 했으나 그녀는 끝까지 듣지 않았다.

"그럼 아들은!" 그녀는 외쳤다. "그분이 뭐라고 썼는지 보셨잖아요? 아들도 버리라는 거예요. 그러나 난 그런 짓은 할 수 없어요, 또 하고 싶지도 않아요."

"하지만 좀 생각해 봐요, 어느 쪽이 나을까요? 아들을 두고 가는 것과 지금의 굴욕적인 상태를 유지하는 것 중에?"

"누구에게 굴욕적이라는 거죠?"

"모든 사람에게죠, 그 가운데서도 특히 당신에게."

"굴욕적이라니⋯⋯ 그런 표현은 그만두세요. 그런 말은 나한테는 아무런 의미가 없어요." 그녀가 떨리는 목소리로 말했다. 그녀는 더는 그에게서 거짓말을 듣고 싶지 않았다. 그녀에게 남은 것은 오직 그의 사랑뿐이었으며 그녀는 그를 계속 사랑하고 싶었다. "아시나요? 당신을 사랑하게 되면서부터 내 모든 것이 완전히 바뀌고 말았다는 사실을. 나한테는 이제 오직 한 가지만 중요할 뿐이에요. 오직 하나, 당신의 사랑이에요. 그러니까 당신의 사랑이 내 것이기만 한다면, 난 그 무엇도 굴욕이라고 여기지 않고 자랑스럽고 굳세게 서 있을 수 있어요. 난 나의 처지가 자랑스러워요. 왜냐하면⋯⋯ 그것은⋯⋯ 그 자랑은⋯⋯." 그녀는 자기의 자랑이 무엇인지 끝까지 얘기하지 못했다. 부끄러움과 절망의 눈물이 그 목소리를 막아 버렸다. 그녀는 말을 멈추고 흐느껴 울기 시작했다.

그도 또한 무언가가 목구멍으로 치밀어 올라 코를 찌르는 것을 느꼈다. 그는 난생처음으로 울음이 터져 나올 것 같았다. 무엇이 그렇게까지 마음을 움직였는지는 스스로도 알 수 없었다. 그는 그녀가 가여웠다. 게다가 자기는 그녀를 구할 수 없다고 느끼면서, 동시에 그녀를 불행하게 한 사람은 자신이고, 자기가 무엇인가 나쁜 짓을 저질렀다고 자각한 것이다.

"이혼은 영 틀렸단 말입니까?" 그가 힘없이 말했다. 그녀는 대꾸하지 않고 고개만 끄덕여 보였다. "그럼, 아들을 데리고 그와 헤어지면 되잖아요?"

"그래요, 하지만 그것도 모두 남편에게 달렸으니까요. 난 이제 그에게 가야만 해요." 그녀는 쌀쌀하게 말했다. 모든 것이 예전 그대로 남으리라는 그녀의 예감은 결국 적중했다.

"화요일엔 나도 뻬쩨르부르그에 가겠습니다. 그럼 모든 것이 결정지어질 겁니다."

"네." 그녀가 말했다. "그러나 이 얘긴 이제 하지 않기로 해요."

안나의 마차가 다가왔다. 그녀는 아까 마차를 돌려보내면서 나중에 브레제 부인의 뜰 샛문 쪽으로 데리러오라고 일러 놓았던 것이다. 안나는 브론스끼와 헤어져서 집으로 떠났다.

23

6월 2일 월요일에는 위원회의 정기 모임이 열렸다. 까레닌은 회의실로 들어가 언제나처럼 위원들이며 의장과 인사를 나누고 자기 자리에 앉아 앞에 준비된 서류 위에 손을 놓았다. 그 서류에는 그에게 필요한 참고 사항이며 그가 지금부터 발표하려는 제안의 개요가 적혀 있었다. 그러나 그에게는 그러한 것들이 필요하지 않았다. 그는 모두 기억하고 있었으므로 발언할 내용을 머릿속에서 되풀이해 보는 것조차 불필요하다고 여겼다. 때가 되어 자기 앞에서 쓸데없이 냉담한 표정을 꾸미려고 애쓰는 반대자의 얼굴을 보면, 지금 준비하는 것보다도 훨씬 더 훌륭한 연설이 저절로 술술 흘러나오리라는 것을 알았기 때문이다. 그는 자기 연설 내용 한 마디 한 마디가 의미심장할 만큼 훌륭한 것이 되리라고 느꼈다. 그러나 정례 보고에 귀를 기울이고 있을 때는 악의라곤 전혀 없는 평화로운 얼굴을 하고 있었다. 그래서 혈관이 불거진 그의 하얀 손이 앞에 놓인 흰 종이의 양끝을 기다란 손가락으로 조용히 만지작거리며, 지친 듯한 표정을 띤 채 머리를 옆으로 약간 기울인 모습만으로는 아무도 다음을 예상하지 못했다. 곧 그의 입에서 엄청난 말이 튀어나와 의회를 아수라장으로 만들어, 의원들이 서로의 발언을 가로막으며 절규하고, 결국 의장으로 하여금 질서를 유지하라고 소리치게 하는 사태를 가져오리라고는.

보고가 끝나자 까레닌은 예의 조용하고 카랑한 목소리로 이민족의 대우 문제에 관해서 두서너 의견을 이야기하고 싶다는 뜻을 밝혔다. 온 이목이 그에게 쏠렸다. 까레닌은 기침을 한 번 하더니 반대자 쪽은 보지 않고, 연설할 때면 언제나 그러듯이 바로 앞에 앉아 있는 사내, 위원회에서 아직 한 번도 의견을 표명한 적 없는 몸집이 작은 온순한 노인을 대상으로 삼고 똑바로 바라보며 의견을 진술하기 시작했다. 문제가 근본적이고 조직적인 법규에 이르자 반대자가 자리를 차고 일어서서 항변을 시작했다. 같은 위원회의 일원이자 똑같이 급소를 찔린 스뜨레모프도 변명을 시작했다. 그러자 회의장에는 순식간에 파란이 휘몰아쳤다. 하지만 까레닌은 승리를 거두었다. 그의 제의를 받아들여서 세 개의 위원회가 새로 조직되었다. 이튿날 뻬쩨르부르그의 일부 모임은 온통 이 회의의 이야기로 들끓었다. 까레닌의 성공은 그가 예상한 것보다 더 큰 것이었다.

이튿날인 화요일 아침에 눈을 뜬 까레닌은 먼저 만족스러운 기분으로 어제의 승리를 상기했다. 그리고 집무처 서기장이 그의 비위를 맞출 양으로 귀에 들어온 위원회의 소문을 전했을 때에는, 무관심한 척하려 애쓰면서도 그만 씩 웃지 않을 수 없었다. 서기장과 일을 하면서 그는 오늘이 화요일, 즉 안나한테 돌아오라고 일러 놓았던 그날이라는 것을 까맣게 잊고 있었다. 그래서 하인이 그녀의 도착을 알려 왔을 때에는 깜짝 놀라 약간 불쾌한 기분에 휩싸였다.

안나는 아침 일찍 뻬쩨르부르그에 도착했다. 그녀의 전보를 받고 그녀를 맞으러 마차를 보냈으니, 까레닌은 그녀의 도착을 알 수도 있었다. 그러나 그는 그녀가 도착했을 때 마중을 나가지 않았다. 그녀는 그저 그가 아직 출근하지 않았고 서기장과 일하고 있다는 기별만 받았다. 그녀는 자기가 도착했음을 남편에게 알리라고 일러 놓고 자기 방으로 들어가 그가 오기를 기다리면서 짐을 정리했다. 그러나 한 시간이 지나도록 그는 오지 않았다. 그녀는 뭔가 지시한다는 핑계로 식당에 가서, 그가 나오기를 기대하며 일부러 목청을 높여 지껄였다. 그러나 그는 서기장을 보내느라고 서재의 문 있는 데까지 나온 듯한 기미가 보였는데도 역시나 오지 않았다. 그녀는 언제나처럼 그가 곧 근무처로 나가리라는 것을 알고 있었으므로 서로의 관계를 분명히 밝히기 위해서 그 전에 한 번 그를 만나고 싶었던 것이다.

그녀는 홀을 지나 굳은 결심과 함께 그한테 발길을 돌렸다. 그녀가 그의 서재로 들어섰을 때 그는 출근할 준비가 다 된 제복 차림으로 자그마한 탁자 위에 팔꿈치를 짚고 멍하니 앉아 앞을 바라보고 있었다. 그녀는 그가 그녀를 알아채기 전에 그를 보았고, 남편이 자기에 대해 생각하고 있음을 알았다.

그녀를 보자 그는 일어서려고 하다가는 그만두었다. 그 순간 그의 얼굴이 안나가 아직 한 번도 본 적이 없었을 만큼 갑자기 확 붉어졌다. 그는 얼른 일어서서 그녀를 맞았지만, 시선은 그녀의 눈이 아니라 더 위쪽인 이마와 머리에 꽂혀 있었다. 그는 그녀에게 다가가 손을 잡고 앉기를 청했다.

"당신이 돌아와 줘서 정말 기뻐." 그는 그녀 옆에 앉으면서 무엇인가 더 얘기하려다가 우물거리고 말았다. 이후로도 몇 차례 얘기를 꺼내려다가는 그만두었다. 그녀는 미리 이 면담에 대한 마음의 준비를 했고 그를 경멸하고 나무랄 속셈이었지만, 정작 얼굴을 대하고 나자 할 말을 찾지 못했을 뿐만 아니라 그가 가엾기까지 했다. 둘 사이에는 꽤 오랜 침묵이 흘렀다.

"세료쥐아는 건강하고?" 그는 대꾸를 기다리지도 않고 덧붙였다. "난 오늘은 집에서 식사를 못해. 그만 나가 봐야겠어."

"난 모스끄바로 갈 생각이었어요." 그녀가 말했다.

"아니, 당신이 돌아온 것은 정말, 정말 잘한 일이오." 그는 이렇게 말하고 또다시 입을 다물어 버렸다.

그녀는 그가 얘기를 꺼내기 어려워 한다는 것을 깨닫고 자신이 먼저 입을 열었다.

"알렉세이 알렉산드로비치." 그녀는 그를 쳐다보면서, 자기 머리 위에 얼어붙어 있는 그의 눈동자를 똑바로 응시하며 정색하고 말했다. "나는 죄를 지은 여자예요, 더러운 여자예요. 그러나 난 전과 마찬가지로, 그때 당신께 말씀드렸던 대로 아무것도 바뀌지 않았어요. 이곳에 돌아온 것도 난 아무것도 바꿀 수 없다는 것을 말씀드리기 위해서예요."

"난 그런 것을 묻지 않았소." 그가 갑자기 확고한 태도로, 증오에 찬 시선으로 그녀를 똑바로 노려보면서 말했다. "말하지 않아도 알고 있소." 발끈한 탓에 그는 자기의 언어 구사 능력을 충분히 회복한 모양이었다. "하지만 그때도 얘기했고 편지로도 적어 보낸 것처럼." 그는 날카롭고 가는 목소리로 지껄여댔다. "난 그런 것을 알아야 할 의무가 없다는 것을 재삼 말해 두겠소. 지금 그 말은 듣지 않은 걸로 하지. 애당초 세상에는 이런 유쾌한 소식을 남편한테 서둘러 전해주는, 당신 같은 친절한 아내들만 있는 것도 아니고." 그가 '유쾌한'이라는 말에 특히 힘을 주었다. "이 일이 세상에 알려져서 내 이름에 먹칠을 하기 전까지 이번 일은 없었던 일로 덮어둘 셈이오. 그러니 우리의 관계는 지금까지처럼 유지해야 한다는 것과 만약 당신이 자신의 명예를 더럽히는 짓을 했을 때는 나도 내 명예를 지킬 방법을 찾아낼 작정이라는 것만은 알려 주겠소."

"그렇지만 우리 사이는 지금까지처럼 유지할 수 없어요." 안나는 깜짝 놀라 그를 쳐다보며 겁먹은 목소리로 말했다.

또다시 남편의 차분한 태도를 보고 어린애처럼 새된 놀림조의 목소리를 듣자, 그녀의 마음속에서 그에 대한 혐오감이 지금까지의 연민을 몰아내 버렸다. 그녀는 이제 두렵기만 했다. 그러나 무슨 일이 있어도 자기 입장을 분명하게 하고 싶었다.

"난 더는 당신의 아내로 지낼 수 없어요, 내가 그런……."

그녀가 말을 꺼내자 그는 심술궂고 차갑게 웃었다.

"당신이 선택한 생활방식은 물론 당신의 이성에도 영향을 주고 있겠지. 내 경우는 존경인지 경멸인지, 즉 그 둘이 너무 커서…… 요컨대 난 당신의 과거를 존경해. 그러나 현재는 경멸하지…… 당신이 내 말에 대해서 내린 해석 따윈 도저히 받아들일 수 없어."

안나는 한숨을 길게 내뿜고 고개를 떨어뜨렸다.

"그나저나 이해가 가지 않는군. 당신처럼 훌륭한 독립심을 지닌 여성이." 그는 잔뜩 흥분하면서 계속했다. "자기 부정을 남편 앞에 직접 폭로하고, 그러고도 아무런 자책을 느끼지 않는 사람이, 남편에 대한 아내의 의무 수행을 왜 그렇게 꺼리느냔 말이야."

"알렉세이 알렉산드로비치! 당신은 도대체 나더러 어떻게 하라는 말씀이세요!"

"내가 원하는 건, 내가 여기에서 그 사내를 만나는 일이 없을 것과 당신이 세상으로부터도 하인들에게서도 손가락질을 당하지 않도록 처신하는 것…… 즉 당신도 그 사내를 만나지 않을 것, 이것뿐이오. 이 정도는 아무것도 아니라고 여기오. 대신 당신은 아내로서 의무를 이행하지 않으면서도 훌륭한 아내로서 권리를 누릴 수 있으니까 말이오. 내가 당신한테 얘기하고 싶은 것은 이것뿐이오. 난 이제 나가 봐야 하오, 식사는 밖에서 하겠소."

그는 일어나 문으로 향했다. 안나도 같이 일어섰다. 그는 말없이 인사를 하고 그녀를 먼저 보내 주었다.

24

레빈이 건초 더미에서 지냈던 하룻밤은 그에게 무의미하지 않았다. 지금까지 해 온 농업경영에 진절머리를 치며 완전히 흥미를 잃고 만 것이다. 훌륭한 풍작이었는데도 올해처럼 일이 꼬이고 그와 농부들 사이에 불화와 알력이 생겼던 해는 없었다. 아니 적어도 그는 그렇게 생각했다. 그리고 이 실패와 알력의 원인을 지금에 와서는 그도 완전히 이해했다. 노동 자체에서 그가 경험한 기쁨, 그 결과 생겨난 농부들과의 친밀한 관계, 그들과 그 생활에 대한 부러움, 자신도 그런 생활로 옮아가고 싶다는 바람. 그날 밤에는 이 모든 것이 그에게 더는 공상이 아니라 분명한 의지로 나타났고, 그는 어떻게 하면 실행할 수 있을지 구체적으로 고민했다. 그것이 지금까지의 농업에 대한 그의 견해를 완전히 바꾸어 버렸다. 그래서 이제 그 속에서는 절대로 이전과 같은 흥미를 찾아낼 수 없게 되었고, 또 모든 사건의 발단인 농민에 대한 자기의 불쾌한 태도를 인정할 수밖에 없게 되었다.

빠바와 같은 우량종 암소 떼, 쟁기로 뒤엎고 거름을 뿌린 땅, 산울타리로 둘러싸인 아홉 군데의 반반한 들, 깊이 거름을 준 90제샤찌나의 밭, 몇 대의 파종기 등, 이러한 것들은 모두 만약 그 자신이나 혹은 그와 뜻을 같이한 동료와 협력하여 이루었다면 훌륭한 것이 되었을 터이다. 그러나 이제 그는 분명히 깨달았다(농업의 주요한 요소는 노동자이어야 한다는 농업에 관한 그의 저술 작업이 이 점에서 그를 많이 도왔다). 그는 자기가 써 왔던 방법이 그와 노동자들 사이의 그저 잔인하고 검질긴 투쟁일 뿐이라는 것, 그리고 이 투쟁의 한쪽에서 그가 가장 좋다고 생각되는 형태를 좇아 모든 것을 고치려고 끊임없이 긴장된 노력을 쏟은 반면, 상대 쪽에는 사물의 자연스러운 질서가 있다는 것을 보았다. 그리고 그가 볼 때 이 투쟁에서 그는 온 힘을 다했지만 상대는 아무런 노력도 의지도 보이지 않았으므로, 그 결과 일은 누구의 이익도 되지 않았고 훌륭한 농기구며 축사며 땅이 전혀 보람 없이 못쓰게 되었을 뿐이었다. 또한 농업경영의 의미를 확실히 자각한 지금에 와서는 무엇보다 이 사업에 쏟아 부은 정력이 완전히 헛된 노력으로 그쳤을 뿐만 아니라, 그 정력의 목적 자체가 지극히 무가치한 것이었음을 통감할 수밖에 없었다.

애당초 무엇을 위한 투쟁이었을까? 그는 한 푼이라도 더 벌기 위해서 애쓰는 데(그는 그렇게 하지 않을 수 없었다. 왜냐하면 그가 조금이라도 신경을 덜 쓰면 농부들에게 지급할 돈이 모자랄지도 몰랐으므로), 농부들은 그저 일을 차분하고 즐겁게, 말하자면 익숙한 방식대로 하려고 고집했을 뿐이다. 그는 노동자 하나하나가 되도록 많이 일하고, 키며 써레며 탈곡기를 부수지 않도록 애쓰고, 자기들이 하는 일의 취지를 잊지 않기를 바랐다. 그러나 노동자들은 될 수 있는 대로 즐겁게 쉬엄쉬엄, 특히 태평하게 모든 것을 잊고 아무 생각 없이 일하고 싶어 했다. 올여름 레빈은 곳곳에서 한 발짝마다 그것을 목격했다. 한번은 잡풀이며 쓴 쑥이 섞여 씨앗을 받기에 알맞지 않은 나쁜 밭을 골라, 건초로 할 토끼풀을 베러 사람들을 보냈다. 그러나 그들은 집사의 분부라는 핑계로 씨앗을 얻으려고 남겨둔 좋은 곳을 몇 제샤찌나나 베어놓고 나서, 훌륭한 건초가 될 거라며 그를 달래기까지 했다. 그러나 그는 그곳이 베기 쉬워서 그들이 그렇게 한 것을 빤히 꿰뚫고 있었다. 또 베어낸 풀을 말리는 기계를 보냈더니 처음 몇 줄 만에 벌써 부서져 버렸다. 농부들에겐 그 돌아가는 날개 밑의 운전대에 멍하니 앉아 있는 것이 지루했기 때문이었다. 그들은 그에게 이렇게 말했다. "걱정하실 것 없습니다. 아낙네들이 꼼꼼하게 뒤집어 말릴 테니까요."

말이 끄는 쟁기도 써 봤지만 부적당했다. 농부들 머리로는 들린 보습을 내려야 한다는 생각을 못해, 힘으로 뒤집어엎어 말을 괴롭히고 땅만 버려 놓았다. 그런데도 그들은 레빈에게 걱정하지 말라고 했다. 말이 밀밭에 멋대로 들어가는 일도 있었다. 농부들이 너나없이 밤 당번이 되기를 싫어하여, 그래서는 안 된다고 일러 놓았는데도 교대로 밤 당번을 서다가, 바니까가 온종일 일을 하고 피곤해서 잠이 들어 버린 것이다. 그는 자기 잘못을 뉘우치고 이렇게 말했다. "마음대로 하십시오."

우량종 송아지 세 마리한테 먹이를 잘못 주어서 죽어 버린 일도 있었다. 물통도 없이 클로버 밭에다 풀어놓는 바람에 배탈이 나서 죽어 버렸다. 하지만 그들은 그 사실을 숫제 믿으려고도 하지 않았다. 오히려 위안이랍시고 이웃마을에서는 사흘 동안에 112마리가 죽었느니 하는 얘기를 했다. 이런 것들은 모두 어느 누가 레빈이나 그의 경영 방식에 악의가 있어서 한 짓은 아니었다. 오히려 레빈은 그들이 자기를 좋아하고, 자신을 순진한 나리(최상의 찬사이다)로 친다는 사실을 알고 있었다. 그런데도 결과가 이렇게 돼 버린 것은 그저 그들이 즐겁게 흥뚱항뚱 일하고 싶어 했고, 그의 이해득실이 그들에겐 그저 관심도 없고 불가해할 뿐만 아니라 그들의 지극히 정당한 이해와는 절망적일 정도로 상반된 것이기 때문이었다. 벌써 오래전부터 레빈은 농사에 대한 자기 태도에 불만을 느끼고 있었다. 말하자면 자기가 탄 작은 배가 침수되는 것을 알면서도, 그 새는 물구멍을 찾지도 못하고, 찾아내려고도 하지 않았던 것이다. 그러나 이제 더는 자신을 속일 수 없었다. 지금까지 해 온 농업경영에 흥미를 잃었을 뿐만 아니라 오히려 싫어졌으므로, 더는 그것에 전념할 기력이 없어져 버렸다.

게다가 30베르스따 떨어진 곳에 그가 그토록 보고 싶어 하면서도 만나지 못하는 끼찌 쉬체르바스까야가 있다는 상황이 겹친 것이다. 돌리는 저번에 찾아갔을 때, 나중에 끼찌를 만나러 또 오라고 권했다. 찾아와서 다시 한 번 청혼하면 이번엔 틀림없이 수락할 거라고 암시했다. 레빈 자신도 끼찌를 우연히 봤을 때 자기가 그녀를 변함없이 사랑하고 있음을 깨달았다. 그러나 그는 그녀가 거기 있다는 것을 알면서 오블론스끼의 집을 찾아갈 수 없었다. 그가 그녀에게 청혼하고 거절당했다는 사실이 그와 그녀 사이에 넘을 수 없는 담을 쌓아버린 것이다. '난 그녀가 바라던 사람의 아내가 될 수 없었다는 이유만으로 내 아내가 되어 달라고 사정할 수는 없다.' 이렇게 생각하자 그는 그녀에 대한 차가운 적의가 치솟아 올랐다. '난 나무라는 마음 없이 그녀와 이야기할 수 없을 것이다. 또 노여움 없이는 그녀를 볼 수도 없을 것이다. 그러면 그녀도 더한층 나를 싫어하게 되겠지. 당연한 일이다. 그뿐만 아니라 돌리한테 그런 이야기를 들은 뒤에 어떻게 천연덕스레 그곳을 찾아갈 수 있으랴? 과연 그녀가 나한테 이야기했던 것을 이해하지 못한 척 시치미를 뗄 수 있을까? 자못 관대한 얼굴로 그녀를 용서하러, 자비를 베풀러 가다니. 마치 용서와 사랑을 베푸는 선인인 양!⋯⋯어째서 돌리는 내게 그런 말을 했을까? 우연히 그녀를 만났다면 모든 일이 저절로 풀렸을지도 모른다. 그러나 지금에 와서는 그것이 불가능하다. 불가능해!'

돌리는 그에게 편지로, 끼찌를 위한 여성용 안장을 빌려 달라고 부탁했다. '당신께 여성용 안장이 있다는 말씀을 들었습니다.' 그녀는 이렇게 썼다. '가능하면 당신께서 손수 가져와 주시기를 바랍니다.'

이것은 레빈에겐 참을 수 없는 일이었다. 그렇게 총명하고 우아한 부인이 어째서 이처럼 동생을 욕되게 할 수 있을까! 그는 편지를 열 통이나 썼다가 찢어버렸다. 결국 아무런 답장 없이 안장만 달랑 보냈다. 그는 자기가 갈 수 없는 이상, 머잖아 찾아가겠다고 쓸 수는 없었다. 그렇다고 무슨 볼일이 있다거나 달리 갈 데가 있어서 갈 수 없다고 써 보내는 것도 더한층 거북스러웠다. 그래서 그는 답장 없이, 무엇인가 부끄러운 짓을 한 것 같은 꺼림칙한 기분으로 안장만 보내 주었다. 그리고 이튿날 완전히 싫증이 난 농사일을 모조리 집사한테 맡기고 친구인 스비야쥐스끼를 만나러 먼 시골로 떠났다. 그 친구의 소유지 근처에는 도요새가 서식하는 훌륭한 늪이 많았다. 게다가 친구는 최근에도 그에게, 오래전부터 한 번 들르겠다는 계획을 실행하라고 편지를 보냈던 것이다. 수로프스끼군(郡)의 도요새가 있는 늪은 벌써 오랫동안 레빈을 유혹해 왔으나 농사 때문에 쭉 여행을 보류해 왔다. 지금 그는 쉬체르바스끼 집에서, 특히 일에서 빠져나와 특히 그에게는 온갖 슬픔에 대한 가장 좋은 위안인 사냥을 떠나게 되어 더없이 기뻤다.

25

수로프스끼군에는 철도도 역마차도 없었으므로 레빈은 자기 여행 마차를 타고 갔다. 중간쯤 왔을 때 그는 말에게 먹이를 주기 위해서 부유해 보이는 한 농부 집에 들렀다. 볼 언저리가 희끗희끗한 붉은 턱수염을 덥수룩하게 기른 대머리의 활발한 노인이 문을 열고, 뜨로이까가 지나가도록 문설주에 몸을 밀어붙일 듯이 비켜섰다. 노인은 새롭게 잘 치워진 큼직하고 깨끗한 마당의 불에 탄 가래 따위가 들어 있는 헛간 처마 밑에 마차를 대라고 마부에게 지시하고, 레빈한테 객실로 들어가자고 청했다. 말쑥한 옷차림을 하고 맨발에 덧신을 신은 소녀가 허리를 구부린 채 새 현관의 마루를 닦고 있었다. 그녀는 레빈 뒤에서 뛰어들어온 개에 놀라 고함을 질렀으나 곧 개가 얌전하게 있는 것을 보자, 이번에는 방금 전 자기가 놀란 것을 웃어 댔다. 그녀는 옷소매를 걷어 올린 손으로 레빈에게 객실 입구를 가리키고 또다시 허리를 구부려 아름다운 얼굴을 감춘 채 부지런히 마루를 닦았다.

"차를 한 잔 드시겠어요?" 그녀가 물었다.

"네, 주세요."

객실은 칸막이가 처져 있고 네덜란드식 벽난로가 있는 큼직한 방이었다. 성화(聖畵) 밑에는 색무늬가 있는 탁자와 벤치와 의자 두 개가 놓여 있었다. 입구 가까이에는 식기장이 있었다. 창문은 닫혀 있고 파리도 거의 없었으며 모든 것이 정결했으므로, 레빈은 뛰어오느라 흙탕물을 뒤집어쓴 라스까가 마루를 더럽히지나 않을까 걱정이 되어 문 옆의 구석에 가만히 있으라고 명령했다. 그는 방 안을 대충 둘러보고 나서 뒷마당으로 나가 보았다. 덧신을 신은 그 아름다운 소녀는 작대 끝에 달린 빈 통을 디룽디룽 흔들면서 우물로 물을 길러 가는 중이었다.

"오오, 기운이 넘치는구나!" 노인이 유쾌하게 외치면서 레빈 옆으로 다가왔다. "그런데 나리, 스비야쥐스끼 댁에 가시는 길이죠? 그분도 곧잘 저희 집에 들르신답니다." 그는 층층대 난간에 팔꿈치를 짚으면서 장황스레 떠벌이기 시작했다.

노인이 스비야쥐스끼와의 친분에 대해서 한참 이야기하는 사이에 대문이 또다시 삐거덕거리더니 들에서 돌아온 농부들이 쟁기며 써레를 끌고 마당으로 들어왔다. 쟁기와 써레에 매인 말들은 살지고 덩치도 컸다. 농부들은 모두 집안 식구들인 것 같았다. 둘은 사라사 셔츠를 입고 챙이 달린 모자를 쓴 젊은이였고, 다른 두 사람은 삼베 셔츠를 입은 머슴이었는데, 한 사람은 노인이고 한 사람은 새파란 젊은이였다. 집주인 노인은 말 가까이 다가가 농기구며 마구를 풀기 시작했다.

"뭘 갈고들 왔나?" 레빈이 물었다.

"감자밭을 갈고 왔습죠. 땅뙈기 좀 갖고 있거든요. 애, 페도뜨. 악대말은 끌어내지 마. 여물통 옆에다 묶어두고, 다른 놈을 채우거라……."

"그건 그렇고 아버지. 보습을 가져 오라고 일러 놨는데, 도착했수?" 노인의 아들인 듯한 키가 크고 건장한 사내가 물었다.

"저기…… 썰매 안에 있어." 노인이 벗긴 고삐를 둘둘 말아 땅바닥에다 내던지면서 대답했다. "모두 밥 먹는 동안 채워 놓아라."

아까 본 아름다운 소녀가, 어깻죽지가 축 늘어질 정도로 물이 가득 든 통을 메고 현관으로 들어왔다. 어디에선지 다른 아낙네들도 나타났다. 젊고 예쁜 아낙네들이며 중년 아낙네들, 험상궂게 생긴 할멈들이며 어린애들이 딸려 있거나 그렇지 않은 아낙네들 등 가지각색이었다.

싸모바르가 부글부글 소리를 내며 끓어오르기 시작했다. 농부들과 집안 식구들은 말의 손질을 끝내고 밥을 먹으러 갔다. 레빈은 마차 안에서 음식을 꺼내 와 같이 차를 마시자고 노인에게 청했다.

"저어, 오늘은 벌써 마셨습니다만." 노인은 분명히 그 제의를 기뻐하면서 말했다. "그렇지만 대접으로 한 잔 더 들까요."

차를 마시는 동안 레빈은 노인의 농사짓는 방법을 자세히 들었다. 노인은 10년 전에 어느 여지주한테 120제샤찌나의 땅을 빌렸으나 지난해에 그것을 모두 사들였고 다시 이웃 지주한테 300제샤찌나의 땅을 더 빌렸다. 그 땅의 가장 척박한 일부는 남에게 빌려 주고 남은 40제샤찌나의 밭을 자기 가족과 두 머슴만으로 경작하고 있었다. 노인은 일이 잘 안 풀린다고 하소연했다. 그러나 레빈은 노인이 그저 예의상 그렇게 말할 뿐 실은 일이 굉장히 잘되어 나가고 있다는 것을 알았다. 만약 정말로 사정이 좋지 않았다면, 그는 제샤찌나 당 150루블이나 내고 땅을 사지도 않았을 테고, 세 아들과 조카를 장가들이지도 못했을 것이며, 두 차례나 화재를 당하고도 두 차례 모두 전보다 더 좋은 집을 짓지도 못했을 것이다. 노인은 우는소리를 하면서도, 자기의 부유한 삶이며 아들들과 조카와 며느리들, 심지어는 말과 소, 특히 무엇보다 이만한 농사를 훌륭히 지어 나가고 있음을 자랑했는데, 그도 그럴 만했다.

노인과의 이야기에서 레빈은 그가 개혁도 굳이 싫어하지 않는다는 것을 알았다. 노인은 감자를 많이 심었다. 레빈이 마차를 타고 오면서 본 바로는, 레빈의 감자밭에서는 감자가 겨우 꽃을 피우기 시작했으나, 이쪽에서는 벌써 꽃이 지고 열매를 맺기 시작했다. 노인은 감자밭을 가는 데 지주에게서 빌린 신형 쟁기를 쓰고 있었다. 그는 밀도 갈았다. 호밀을 솎아 낼 때에는 그 솎아 낸 것으로 말을 먹인다는 노인의 세심한 주의가 특히 레빈에게 감동적이었다. 그동안 레빈은 호밀이라는 이 훌륭한 사료가 헛되이 버려지는 것을 보고 몇 차례나 그것을 거두려고 생각했지만 언제나 그 일은 불가능에 그쳤다. 그러나 그 일이 이 농부의 집에서는 성공하고 있었던 것이다. 노인은 이 사료를 여간 칭찬하는 게 아니었다.

"어린 계집애들한테 시키면 간단해요. 그냥 묶어서 길가에 날라 놓으면 나머지는 수레가 싣고 가는 거죠."

"그런데, 우리 같은 지주는 머슴들하고 잘 화합이 되지 않아서 말이야." 레빈은 차가 든 컵을 그에게 건네며 말했다.

"아, 감사합니다." 노인은 대꾸하면서 컵을 받았으나, 씹다 남은 덩어리를 가리키면서 설탕을 사양했다. "머슴들한테 시켜서 좋은 일은 아마 어디에도 없

을 겁니다." 그가 말했다. "그저 분쟁만 생길 뿐이에요. 스비야쥐스끼 나리의
땅만 봐도 그래요. 저흰 그게 어떤 땅인 줄 잘 알고 있습죠, 굉장합니다. 그런
데도 별 대단한 수확은 없거든요. 그 모두가 관리 소홀 탓이지요!"

"하지만 당신도 일꾼들을 고용하고 있잖아?"

"저희는 다 같은 농사꾼이니까요. 구석구석까지 눈이 갑니다. 일 못하는 녀
석은 냉큼 쫓아 버리고 우리만으로도 해나갈 수 있으니까요."

"아버지, 피노겐 오빠가 타르를 꺼내 달라고 하던데요." 덧신을 신은 소녀가
들어와서 말했다.

"그럼 실례하겠습니다, 나리!" 노인은 일어서면서 말하고는 연거푸 성호를 그
어 레빈에게 사의를 표하고 나갔다.

레빈이 자기 마부를 부르러 부엌문 쪽으로 갔을 때, 온 집안 사내들이 둘러
앉아 식사하고 있었다. 여자들은 서서 심부름을 하고 있었다. 젊고 통실통실
한 아들이 죽을 한입 가득 넣고 무엇인가 재미있는 이야기를 하여 모두 껄껄
거렸는데, 그중에서도 수프를 그릇에다 부어 주고 다니던 덧신을 신은 소녀가
가장 즐겁게 웃고 있었다.

레빈이 이 농가에서 받은 풍요로운 인상에는 덧신을 신은 소녀의 어여쁜 얼
굴이 크게 작용했다는 사실은 있을 법한 일이다. 하여튼 이 인상은 레빈에게
쉽사리 잊을 수 없을 만큼 강렬한 것이었다. 노인네 집에서부터 스비야쥐스끼
의 집까지 가는 내내, 그는 마치 이 인상 속에 무엇인가 유달리 그의 주의를
환기하는 것이라도 있는 듯 되풀이해서 이 농가를 떠올렸다.

26

스비야쥐스끼는 이 군의 귀족 회장이었다. 그는 레빈보다 다섯 살 많았고
오래전에 결혼했다. 그의 집에는 아직 젊은 처제인, 레빈도 호감을 느끼는 처
녀가 함께 살았다. 레빈도 스비야쥐스끼 부부가 이 처녀를 그한테 시집보내려
한다는 것을 알고 있었다. 그는 소위 신랑감이라고 불리는 젊은이들이 다들
그렇듯이 그 사실을 잘 알고 있었지만, 그 일에 대해서는 굳게 입을 다물고 아
무에게도 얘기하지 않았다. 또한 그는 자기가 결혼을 하고 싶어 하고 또 어느
점으로 보더라도 이 지극히 매력적인 처녀가 필시 훌륭한 아내가 되리란 것도
잘 알고 있었으나, 그녀와 결혼한다는 것은(설사 그가 끼찌를 사랑하지 않았다

손 치더라도) 흡사 하늘로 날아오르는 것만큼이나 불가능한 일로 여기고 있었다. 그리고 이 사정은 그가 스비야쥐스끼를 찾아가는 만족감을 망치는 것이었다.

사냥하러 오라는 스비야쥐스끼의 편지를 받았을 때도 레빈은 곧 그것을 생각했다. 하지만 그럼에도 그는, 스비야쥐스끼가 자기를 그런 눈으로 보고 있다고 생각하는 것은 아무런 근거도 없는 자기의 쓸데없는 걱정에 지나지 않는다고 단정하고 결국 가기로 한 것이다. 그뿐만 아니라 마음속 깊숙한 곳에서는 한번 자기를 시험해 보고 싶다, 그 처녀를 만나 다시 한 번 자기 마음을 저울질해 보고 싶다는 희망이 꿈틀거렸다. 또한 스비야쥐스끼의 가정생활은 더할 나위 없이 즐거워 보였고, 스비야쥐스끼 자신도 레빈이 아는 한 가장 모범적인 지방 행정관으로 그에게는 언제나 무척 흥미로운 인물이었다.

스비야쥐스끼는 레빈이 언제나 기이하게 여기는 인물이었다. 그의 사상은 결코 독창적인 것은 아니었지만, 지극히 일관적이며 자신만의 세계를 형성하고 있었다. 인생도 극도로 견고한 틀을 가지고 있어서 사상과는 완전히 무관하게, 아니 거의 언제나 모순된 방향으로 독자적인 길을 걷고 있었다. 스비야쥐스끼는 대단히 자유주의적인 사람이었다. 그는 귀족계급을 멸시했고 그들 대부분을 소심함 때문에 대놓고 활동하지 않을 뿐인 농노주의자들로 간주했다. 그는 또 러시아를 투르크와 마찬가지인 망한 나라로 치부하고, 러시아 정부는 너무 빈약하여 그 정치를 진지하게 비판할 가치조차 없다고 여겼다. 그러면서도 그는 관계에 진출한 모범적인 귀족 회장이었고 외출할 때는 언제나 지위를 나타내는 모자표와 붉은 테두리가 달린 제모(制帽)를 썼다. 그는 인간다운 삶은 그저 외국에서만 가능하다고 생각하여 기회만 있으면 외국으로 가서 생활했다. 그러나 동시에 러시아에서도 지극히 복잡한 농업 방식을 채용했고 러시아에서 벌어지는 모든 일에 대단한 흥미를 보이며 지지했고, 무슨 일이든 다 알고 있었다. 그는 러시아 농부를 원숭이에서 인간으로의 진화 과정에 있는 동물로 여기고 있었다. 그러나 지방의회 선거 때에는 자기가 먼저 나서서 농민들과 악수를 했고 그들의 의견을 경청했다. 그는 신도 악마도 믿지 않았으나 목사들의 생활 상태 개선과 교구 감소 문제에는 세심히 마음을 쓰며, 자기 마을에 교회를 존속시키기 위해 유달리 진력했다.

여성 문제에 있어서 스비야쥐스끼는 여성의 완전한 자유와 특히 여성의 일할 권리를 옹호하는 과격파였지만, 자기 아내와는 자식 없이도 정다운 가정생활을 꾸려 나가 모든 사람이 부러워할 만큼 행복하게 살고 있었다. 그는 아내가 자신의 생활과 남편과의 공동생활을 될 수 있는 대로 훌륭하고 즐겁게 지내는 일 이외에는 아무것도 하지 않고 또 할 수도 없게 만들었다.

만약 레빈이 사람의 가장 좋은 측면만 보는 특성이 있지 않았다면 스비야쥐스끼의 성격은 그에게 아무런 곤란도 의문도 주지 않았을 것이다. 그저 '바보' 아니면 '불한당'이라고 생각해 버리면 모든 것이 정리될 것이기 때문이다. 그러나 레빈은 그를 바보라고 단언할 수 없었다. 스비야쥐스끼는 틀림없이 총명한 사람일 뿐만 아니라 지극히 교양 높고 그 교양을 대단히 단순하게 취급하는 사람이었다. 그는 모르는 것이 없었지만 부득이한 경우에만 그런 지식을 겉으로 드러냈다. 더욱이 그를 불한당이라고 할 수도 없었다. 스비야쥐스끼는 의심할 여지없이 바르고 착하고 총명한 사람인 데다 끊임없이 유쾌하고 활발하게 일을 했으며 주위 사람들에게서 높은 평가를 받았다. 분명히 의도적으로 나쁜 짓을 한 적은 한 번도 없었을 것이고 전혀 할 수도 없는 사람이었다.

레빈은 그를 이해하려고 노력했지만 결국 이해하지 못하고, 언제나 살아 있는 수수께끼처럼 그와 그의 생활을 지켜보고 있었다. 레빈은 그와 친밀한 사이였으므로 스비야쥐스끼 인생관의 뿌리를 캐려고 온갖 시도를 해왔으나 늘 허사에 그쳤다. 레빈은 모든 사람에 대해 열려 있는 스비야쥐스끼 마음의 응접실 문에서 자신이 한 걸음 더 안으로 들어가려고 할 때마다 그가 가볍게 당황하는 것을 알아챘다. 흡사 레빈에게 간파당하는 것을 우려하는 듯 간신히 알아차릴 정도의 두려움 어린 눈으로 선량하고 쾌활한 어조로 살며시 흘려 넘기는 것이었다.

자기 농업경영에 환멸을 느끼고 있는 현재의 레빈은 스비야쥐스끼 집에서 묵는 것이 특별히 즐거웠다. 자기에게도 남들한테도 만족스러운 이 행복한 비둘기 부부의 모습과 그들의 잘 정돈된 보금자리를 보는 것은 그한테 커다란 즐거움을 줄 것이고, 현재 자기 생활에 불만을 느끼는 그로서는 어떻게 해서든 스비야쥐스끼가 명쾌함과 확실함과 즐거움을 누리는 비결을 파헤쳐 보고 싶었다. 그 밖에 레빈은 스비야쥐스끼한테 가면 인근 지주들을 만나게 되리라는 것을 알고 있었다. 그는 그들과 이야기하며 수확이 어떻다든가 소작인의 임금이 어떻다든가 하는 농사에 관한 소식을 듣는 것이 매우 흥미로웠다. 레빈도 그런 이야기는 보통 무엇인가 지극히 천한 화제로 간주하기 마련이라는 것을 알고 있었지만, 지금의 그에게는 오직 그것만이 가장 중대하게 여겨졌다. '아마 이런 화제는 농노 시대에는 필요하지 않았을 것이다. 또 영국에서도 전혀 중요하지 않겠지. 두 경우 모두 조건 자체가 분명히 정해져 있으니까. 그러나 오늘날 우리나라에서는 이것들이 모두 한 차례 전복되었다가 겨우 자리를 잡아 가는 중이므로, 그러한 조건들이 어떻게 수습될 것인가 하는 문제가 유일한 중대 문제이다.'

사냥은 레빈의 기대에 미치지 못했다. 늪이 바짝 말라 버려 도요새가 전혀 없었다. 그는 온종일 돌아다녀 겨우 세 마리밖에 못 잡았지만, 그 대신 사냥을 나가면 언제나 그렇듯이 굉장한 식욕과 고조된 기분, 격렬한 육체적인 운동에 늘 수반되는 고양된 정신 상태로 돌아왔다. 그리고 사냥터에서는 아무것도 생각하지 않으려고 해도 어느 틈에 또다시 노인과 그 가족이 머릿속에 떠올랐다. 이 인상은 마치 스스로에게 단지 주의를 환기시킬 뿐만 아니라 무언가 그와 관련된 문제의 해결을 다그치는 것 같았다.

저녁에 차를 마실 때 후견에 관한 어떠한 문제로 찾아온 두 지주와 함께, 레빈이 기대하던 그 가장 흥미 있는 이야기가 시작되었다.

레빈은 안주인 옆에 자리를 잡았으므로 그녀와 그의 정면에 앉은 그녀의 동생과 대화를 해야만 했다. 안주인은 둥근 얼굴에 금발의 자그마한 여자로, 보조개와 미소로 빛나고 있었다. 레빈은 그녀를 통해서, 그녀의 남편이 어떤 사람인가라는 그에게는 중대한 수수께끼를 풀어 보려고 애썼다. 그러나 그는 너무나 거북스러웠으므로 자유롭게 사고할 수 없었다. 거북한 이유는 그를 위해서(그에겐 이렇게 여겨졌다) 특별히 새하얀 젖가슴께를 사다리꼴로 도려낸 옷을 입은 그녀의 여동생이 정면에 앉아 있었기 때문이다. 가슴 자체는 더없이 하얬는데도, 아니 이 네모꼴로 파인 옷이 어쩌면 너무 하얬으므로, 레빈의 사고의 자유를 빼앗아버린 것이다. 그는 추측이긴 하지만 이 가슴이 파인 옷이 그를 위한 것이라 혼자 상상하고, 자기는 그것을 볼 자격이 없다고 생각하여 눈을 돌리려 애썼다. 그러나 이런 옷이 준비됐다는 것만으로도 그는 벌써 자기한테 죄가 있다고 느꼈다. 아무래도 자기가 누군가를 속이는 것 같았고, 무엇인가 변명해야만 한다고 생각했지만, 도저히 그것을 입으로 설명할 수 없을 것 같은 야릇한 기분이었다. 그래서 줄곧 얼굴이 붉어지고 불안하고 겸연쩍었다. 그의 거북스러움은 해사한 처제에게도 전염됐다. 그러나 안주인은 그것을 알아채지 못했는지 일부러 그녀를 이야기 속으로 끌어들였다.

"당신은 그처럼." 부인은 시작된 이야기를 계속했다. "남편이 러시아에 대해서는 아무런 흥미도 없다고 말씀하시지만 그것은 정반대예요. 물론 남편은 외국에서도 즐겁게 계시지만 결코 여기에 있을 때만큼은 아니에요. 여기에선 정말 자기 세계에 있는 것처럼 느껴지는걸요. 그는 아무리 일이 산더미처럼 쌓여 있어도 무슨 일에나 흥미를 보이는 천성을 지녔으니까요. 참, 당신은 우리 학교를 가 보신 적이 없으시던가요?"

"보았어요…… 그 담쟁이로 덮인 조그마한 건물 말이죠?"

"네, 거기가 나스쨔의 직장이에요." 그녀가 동생을 가리키면서 말했다.

"직접 가르치시나요?" 레빈은 파인 젖가슴께를 보지 않으려고 노력하면서 물었다. 그러나 그는 그녀를 보기만 하면 어디에 눈을 두어도 저절로 그 부분만 시야에 들어오는 것을 느꼈다.

"네, 내가 직접 가르쳐 왔고 앞으로도 그럴 작정이에요. 지금은 훌륭한 여선생이 한 분 와 계세요. 그래서 체조 수업도 시작했어요."

"아니, 감사합니다만 이제 차는 그만 들겠습니다." 레빈은 차를 거절하며 자기가 실례되는 말을 했다고 느꼈지만 더는 대화를 계속할 기력이 없어 얼굴을 붉히면서 일어섰다. "굉장히 재미있는 얘기가 들려오는군요." 이렇게 덧붙인 그는 주인과 두 지주가 자리 잡고 있는 탁자의 다른 끝쪽으로 다가갔다. 스비야쥐스끼는 탁자를 향해 비스듬히 앉아 팔꿈치를 짚은 쪽의 손으로 찻잔을 돌리면서, 다른 손으로 턱수염을 쭉 잡아당겨 마치 냄새라도 맡으려는 듯이 코 있는 데까지 들어 올렸다가는 도로 놓곤 했다. 그 검은 눈을 반짝반짝 빛내며, 희끗희끗한 콧수염의 잔뜩 흥분한 지주 얼굴을 똑바로 들여다보는 품이 분명 그 이야기를 재미있어 하고 있었다. 지주는 농민에 대해 불평하고 있었다. 레빈이 보기에 스비야쥐스끼는 지주의 불평을 일거에 분쇄해 버릴 답변을 알면서도 그의 입장으로선 입 밖에 낼 수 없으므로, 아주 싫지도 않다는 듯이 지주의 희극적인 말을 듣고 있었다. 레빈은 그것을 분명히 알 수 있었다.

수염이 희끗희끗한 지주는 완고한 농노주의자로 예부터 시골에서 살아온 근농가였다. 레빈은 그 증거를 그 구식의 낡을 대로 낡아 평소에는 잘 걸치지 않을 것이 뚜렷한 프록코트에서, 미간을 잔뜩 찌푸린 초롱초롱한 눈방울에서,

유창한 러시아어에서, 오랜 경험으로 버릇이 되었음이 분명한 명령적인 말투에서, 그리고 무명지에 낡은 결혼반지를 낀 햇볕에 그을려 불그레한 큼직하고 훌륭한 손의 결연한 동작에서도 찾을 수 있었다.

27

"지금까지 쌓아 온 것을…… 모진 고생을 다 해서 쌓아 온 걸…… 버리는 데 미련이 없다면 나도 모든 일에서 손을 털고, 다 팔아 치우고 나서 스비야쥐스끼처럼 외국으로 훌쩍 떠날 텐데 말씀이에요…… '아름다운 엘레나'라도 보러 말이에요." 지주가 쭈그러진 영리한 얼굴을 쾌활한 미소로 반짝이면서 말했다.

"그런데 좀처럼 단념하지 않으시는 걸 보면." 스비야쥐스끼가 말했다. "틀림없이 그만큼 수지가 맞는 모양이에요."

"이익이래 봤자 그저 뭘 사지도 빌리지도 않고 내 집에서 살고 있다는 것 정도예요. 그리고 또 언젠가는 농부들도 조금 더 현명해질 거라고 기대하고 있죠. 그렇지 않으면 언제까지나 술이나 퍼마시는 지독한 생활에서 벗어나지 못할 테니까요! 뭐든 모조리 술로 바꿔 버리지 뭐예요. 그러니 굶어 죽기 일보 직전이지만 그런 놈들을 머슴으로 들여 봐요, 온갖 피해를 다 받고도 도리어 이쪽이 치안판사 앞까지 끌려나가는 판국이라니까요."

"그 대신 당신도 치안판사에게 고소하면 될 게 아녜요." 스비야쥐스끼가 말했다.

"이쪽에서 고소한다고요? 어림도 없어요! 그랬다가는 세상이 시끄러워서 견딜 재간이 없어요! 최근에 내 공장에선 고용인이 계약금만 받아 내빼버렸답니다. 그런데 치안판사가 어떻게 했는지 아세요? 무죄 판결을 내렸어요. 그나마 힘이 되는 것은 그저 지방 재판소하고 촌장뿐이에요. 촌장은 그런 녀석을 옛날처럼 매로 호되게 치니까요. 그렇지 않은 날에는 깨끗이 포기하고 세상 끝까지 줄행랑이나 쳐야죠!"

지주는 분명히 스비야쥐스끼를 놀리고 있었다. 그러나 그는 성을 내기는커녕 오히려 흥을 내고 있었다.

"그렇지만 우린 그렇게 하지 않고 자기 일을 계속 해 나가고 있지요." 그는 미소를 지으면서 말했다. "나도 그렇고, 레빈도 그렇고, 저분도 그렇고."

그는 다른 지주를 가리켰다.

"그래요, 미하일 뻬뜨로비치도 그럭저럭 계속 하고는 있지만 어디 한번 물어보세요. 그것이 어디 합리적인 경영이라고 할 수 있겠소?" 지주는 젠체하며 '합리적'이라는 단어를 사용했다.

"내 방법은 지극히 간단해요." 미하일 뻬뜨로비치가 말했다.

"하느님 덕택으로 말씀이에요. 우리는 그저 가을 조세로 낼 돈만 마련해 두면 그만이에요. 농부들이 '나리, 제발 도와주십시오' 하면 불쌍하기도 하죠. 같이 사는 이웃들이니까요. 그럼 3분의 1만 받겠노라 하면서 이렇게 다짐해 두죠. '잘 기억해 둬, 너희들. 내가 너희를 도와주었으니 너희도 필요할 땐 날 도와야 해. 귀리를 심을 때나 풀을 벨 때, 밀을 거두어들일 때도 말이야.' 이렇게 얘기하고는 한 집당 얼마간 일을 해야 한다고 약속을 받아 두죠. 그러지 않으면 농민 중에도 무책임한 놈들이 있으니까요."

레빈은 이미 오래전부터 이런 가부장적인 수법은 알고 있었으므로 스비야쥐스끼와 눈짓을 하여 미하일 뻬뜨로비치의 말을 가로막고 다시 희끗희끗한 콧수염의 지주한테 얼굴을 돌렸다.

"그럼, 당신 의견은 어떻습니까?" 그가 물었다. "앞으로는 어떻게 농업을 경영해야 할까요?"

"글쎄요, 미하일 뻬뜨로비치처럼 하는 것도 좋겠죠. 뭇갈림으로 그들에게 맡긴다든가, 지대(地代)를 받고 빌려 준다든가, 그렇게 할 수는 있어요. 그러나 바로 이 방법으로는 국가 재산 전체를 해치게 될 뿐이에요. 농노시대에는 아홉 배의 수확을 내던 땅에서 뭇갈림을 하니까 세 배의 수확밖에 내지 못해요. 농노해방이 러시아를 망쳐 놓은 셈이지요!"

스비야쥐스끼는 미소를 머금은 눈으로 레빈을 쳐다보았고 간신히 알아챌 정도의 비웃는 몸짓을 해 보였다. 하지만 레빈은 지주의 말이 우스꽝스럽다고 생각하지 않았다. 그는 오히려 스비야쥐스끼보다도 지주의 말에 수긍했다. 어째서 농노해방이 러시아를 피폐케 했는가를 증명하는 지주의 말 대부분이 그에게는 지극히 진실하고 새로워 반박할 수 없는 것처럼 여겨졌다. 지주는 분명히 자기 생각을 얘기하고 있었는데, 이것 자체가 극히 드문 일이었다. 게다가 그 생각은 한갓진 두뇌를 움직여야겠다는 바람에서 생긴 것이 아니라, 그가 오랫동안 시골의 고독한 생활 속에서 온갖 방면으로부터 생각하고 생각한 끝에 얻은 실생활 그 자체에서 키워낸 사상이었다.

"말하자면 문제는 모든 진보를 권력이 만든다는 데 있어요." 그는 자신의 교양을 자랑하듯이 말했다. "뾰뜨르 대제나 예까쩨리나 여제, 알렉산드르의 개혁을 생각해 보세요. 유럽 역사도 마찬가지예요. 더욱이 농업부문에서의 진보야 말할 것도 없죠. 감자만 봐도 말입니다, 우리나라엔 권력에 의해 도입된 거예요. 지금은 쟁기로 밭을 갈지만 처음부터 그랬던 건 아니에요. 그것도 다른 데서 들여온 관습으로 아마 봉건시대였겠지만 역시 강제적으로 도입했겠죠. 현대에는 우리 지주가 농노제 밑에서 개량 설비를 써서 농사를 지었어요. 건조기나 키, 비료 운반기나 그 밖의 온갖 개량 농기구는 모두 우리가 자기 권세와 능력으로 들여온 겁니다. 농부들은 처음엔 반대했지만 나중엔 우릴 본받게 됐죠. 그런데 지금은 농노제 폐지와 함께 우린 권력을 빼앗겨 버렸어요. 그래서 한번 최고 수준까지 올라갔던 우리 농업도 가장 야만스럽고 원시적인 상태로 되돌아갈 곤경에 빠진 겁니다. 난 그렇게 생각해요."

"하지만 어째서지요? 만약 지금의 농업이 합리적이라면 사람을 고용해서 경영할 수 있을 텐데." 스비야쥐스끼가 말했다.

"권력이 없으니까요. 그럼 어디 한번 여쭙겠는데, 도대체 난 누구의 힘을 빌려 경영을 하면 좋을까요?"

'그래! 노동력이야말로 농업에서 가장 중요한 요소다.' 레빈은 생각했다.

"물론 농민을 고용하면 되죠."

"고용된 농민들은 열심히 일하려는 마음도 없고, 편리한 농기구로 일한다든가 하는 걸 싫어해요. 그들 특기라곤 그저 한 가지, 돼지처럼 술을 진탕 마시고 잔뜩 취해서 우리가 준 것을 닥치는 대로 버려 놓고 마는 것이 고작이에요. 말한테 물을 너무 많이 줘서 위가 처지게 하고, 좋은 마구는 결딴을 내고, 수레바퀴까지 빼다가 팔아서 술 마셔 버리고, 탈곡기 안에 나사를 던져 넣어서 부수려고 하고. 아무튼 그들은 자기네한테 이질적인 것은 무엇이든 싫은 거에요. 농업의 전반적인 수준이 떨어진 것도 모두 이 때문이죠. 땅덩어린 내팽개쳐진 채 잡초가 무성하거나 아니면 농부들한테 분배되어, 한때는 백만 부셸이 수확되던 곳이 이젠 십만 정도밖에 산출되지 않아요. 말하자면 재산 전체가 줄어든 셈입니다. 만약 어지간히 주의해서 하기만 했더라면……."

그는 이런 폐해가 없는 농노해방에 관한 자기의 독자적인 견해를 펼치기 시작했다.

레빈은 이 대목에는 흥미가 없었지만, 지주의 이야기가 끝나자 맨 처음의 화제로 되돌아가서 스비야쥐스끼가 자기의 진지한 의견을 발표하도록 들쑤셨다.

"농업 수준이 떨어지고 있다는 것과, 현재 우리와 농부들의 관계에서는 유익하고 합리적인 농업이 이루어질 수 없다는 것, 이것은 완전한 진실이야." 그가 말했다.

"난 그렇게 여기지 않아." 스비야쥐스끼가 이번에는 정색을 하고 대꾸했다. "난 그저 우리에게는 농업을 경영할 능력이 없으며, 우리가 농노제 시대에 해왔던 농업은 훌륭하기커녕 오히려 너무나 저급했다고 생각해. 우린 기계도 없고 좋은 가축도 없고 진정한 방침도 없어. 계산마저 모르는 형편이니 말이지. 아무 지주에게나 어디 한번 물어보게, 그들은 무엇이 이익이고 무엇이 손해인지조차도 모르는 지경이야."

"이탈리아식 부기법이로군." 지주가 빈정대며 말했다. "그런 것으론 제아무리 계산해 봤자 전제가 되는 것이 자꾸 망가져 버리니 이익이 나올 턱이 없어요."

"문제는 어째서 망가지느냐는 거예요. 빈약한 탈곡기며 당신네 러시아식 압착기니 하는 것은 고장이 나겠지만 내 증기식 기계엔 그런 염려가 없어요. 말도 러시아산 그 뭐라고 얘기해야 좋을까? 그러니까 꼬리를 잡아당겨야 겨우 움직이는 게으름뱅이 말 같으면 곧 망칠 테지만 페르슈롱종(種) 말이나 하다 못해 복마라도 부려 봐요. 그런 걱정 없어요. 문제는 그것뿐이에요. 즉 우린 농업 수준을 더욱더 높여야만 해요."

"그렇죠, 스비야쥐스끼! 당신처럼 주머니 사정만 허락된다면야, 그러나 난 큰 아들놈은 대학에 다니고 작은놈들은 중학교에 보내고 있습죠. 그러니 좀처럼 페르슈롱종 말을 살 만큼 여유가 없어서 말이에요."

"은행에서 빌리면 되잖아요."

"그랬다간 기둥뿌리까지 경매에 부치게요? 그럴 순 없죠!"

"난 농업 수준을 더 이상 높이는 게 필요하다고도 또 가능하다고도 생각하지 않아." 레빈이 말했다. "나도 현재 그것을 하고 있고 또 돈도 있어. 그렇지만 무엇 하나 제대로 돌아간 적이 없어. 은행은 도대체 누구한테 유익한지 모르겠고. 적어도 내가 농업에 출자한 돈은 결국 모두 손실이었어. 축사를 지어도 그렇고, 기계를 들여도 그렇고."

"그건 정말 틀림없죠." 입수염이 희끗희끗한 지주가 만족한 듯이 웃어 젖히면서 동의했다.

"더욱이 그건 나 혼자만 그런 게 아녜요." 레빈은 계속했다. "난 합리적인 방법을 취하는 모든 지주 얘길 하고 있는 거야. 아주 드문 예외를 제하고는 다들 경영에서 손실을 보고 있어. 그렇지, 자네는 어떤가? 자네 농업은 이익이 있는가?"

이렇게 말한 순간 레빈은 스비야쥐스끼 눈 속에서, 언제나 그가 스비야쥐스끼 마음의 응접실에서 그 안으로 침입하려고 할 때마다 보이는 예의 그 두려움을 보았다. 뿐만 아니라 이 질문은 레빈으로서도 전혀 공정한 것이라고 할 수 없었다. 조금 전 차를 마실 때 여주인이 그에게, 그들은 이번 여름에 모스끄바에서 독일인 회계전문가를 초청하여 500루블의 보수로 그들의 사업을 조사시킨 결과 3천 루블쯤 손실 본 것을 발견했다고 들려주었기 때문이다. 그녀는 정확한 액수는 기억하지 못했지만 독일인은 4분의 1코페이카까지 계산하고 갔다고 했다.

지주는 스비야쥐스끼의 농업 이익이라는 화제가 나오자, 이웃인 군(郡) 귀족 회장의 벌이가 얼마나 되는지 다 알고 있다는 듯이 빙그레 웃었다.

"아마 이익은 안 날 거야." 스비야쥐스끼가 대꾸했다. "그것은 그저 내가 하고 있는 경영이 서투르든가, 아니면 지대(地代)를 올리기 위해서 자금을 투자하는 것이든가 둘 중 하나야."

"아아, 지대라고!" 레빈은 불쾌한 듯이 외쳤다. "유럽에서라면, 말하자면 가해진 노력으로 땅이 좋아지는 곳에선 지대가 있을 수 있겠지. 그렇지만 우리나라에선 노력을 쏟아 부을수록 토질이 더욱더 나빠지고 있단 말이야. 즉 땅의 힘이 점점 사라지고 있으니 지대라는 것은 있을 수가 없어."

"어째서 지대가 없을 수 있어? 법률로 정해져 있는데."

"그렇다면 우린 법률 권외에 있는 거야. 지대니 하는 건 우리에게 아무런 설명도 해 주지 않아. 아니 오히려 머리를 어지럽힐 뿐이야. 아니 오히려, 자네가 한번 설명해 보게, 도대체가 지대론이라는 것이……."

"여러분, 요구르트는 어때요? 마쉬아, 여기 요구르트나 나무딸기 좀 내오라고 해." 그는 아내한테 얼굴을 돌렸다. "올핸 나무딸기가 꽤 늦게까지 남아 있군."

그러더니 스비야쥐스끼는 매우 기분 좋은 얼굴로 일어나 한옆으로 갔다. 그 태도로 보아서 그는 분명히, 레빈이 지금 막 시작됐다고 생각한 이야기를 벌써 끝난 것으로 여기는 듯했다. 레빈은 말상대를 잃었으므로 이번에는 지주를 향해서, 모든 곤란은 우리가 노동자의 특성과 습관을 알려고 하지 않는 데서 생기는 것이라는 사실을 입증하려고 애쓰면서 말을 계속했다. 그러나 독자적으로 사고하는 고독한 사색가가 다 그렇듯이, 지주는 남의 의견에 대해서는 이해가 무뎠고 자기 의견만 유달리 고집했다. 그는 끝까지 이렇게 주장했다. 러시아 농부는 돼지다. 돼지 같은 불결한 환경과 그 생애가 좋은 것이다. 그러니까 그들을 돼지우리에서 끌어내리려면 권력이 필요하다. 하지만 그것이 없다. 매질을 해야 하는데 오늘날 우리는 완전히 자유주의자들이 되어서, 천 년 동안 써온 몽둥이를 갑자기 변호사니 금고(禁錮)니 하는 제도로 바꿔 버렸다. 더구나 감옥에서는 쓸모도 없고 썩은 냄새 나는 농부들에게 훌륭한 수프를 대접하고 한 사람당 세제곱 피트의 공간까지 확보해 주었다.

"어째서 그렇게 생각하시나요?" 레빈은 화제를 처음으로 돌리기 위해 말했다. "노동이 생산성을 갖는 관계를 노동자들과 우리 사이에서 발견할 수 없다고 생각하는 이유는 뭡니까?"

"러시아 국민에게 그런 것은 영원히 바랄 수 없어요! 권력이 사라졌으니까요." 지주는 대꾸했다.

"그럼 어떻게 해야 새로운 조건을 찾아낼 수 있을까요?" 스비야쥐스끼는 요구르트를 먹고 궐련에 불을 붙이고 다시 토론꾼들에게 다가오면서 말했다. "실은 노동자들에게 바랄 수 있는 관계는 벌써 다 연구했고 정해져 있어요." 그가 말했다. "야만 시대의 유물인 연대 보증이니 하는 원시적인 공동체는 자연적으로 소멸했고 농노제도 철폐되어 이제 남은 것은 그저 자유노동뿐이죠. 그리고 그 형식도 이미 결정되고 정돈되어 있으니까 마지못해 그것을 채용해야만 해요. 자영농, 삯꾼, 소작인, 이것 말고는 선택의 여지가 없습니다."

"그러나 유럽도 그 형식에는 만족하지 않잖아요."

"그래서 새로운 무엇인가를 찾는 거지요. 그리고 틀림없이 발견할 겁니다."

"그게 바로 내가 아까부터 얘기하던 거야." 레빈이 말했다. "즉 어째서 우린 스스로 그것을 찾아내려고 하지 않느냐는 거지."

"하지만 그건 뭐랄까, 철도 부설법을 처음부터 새로 고안하는 것과 마찬가지기 때문이야. 그것은 이미 다 고안돼 있고 정리돼 있으니까 말이지."

"하지만 만약 그것이 우리한테 맞지 않는다면, 만약 잘못된 것이라면?" 레빈이 되물었다. 그러자 그는 또다시 스비야쥐스끼 눈에서 예의 그 두려움을 보았다.

"그건 마치 우리도 유럽이 찾고 있는 것을 매우 손쉽게 먼저 찾아냈다고 떠들어 대는 식이지 않은가! 그런 논의는 나도 다 알고 있어. 그런데 실례지만 말이야, 노동자 대우 문제에 관해 지금까지 유럽에서 검토해 온 일을 자넨 다 알고 있나?"

"아니, 잘 몰라."

"이 문제는 오늘날 유럽에서 가장 뛰어난 식자들의 머릿속을 차지하고 있지. 슐체델리치 파(派)…… 그리고 가장 자유주의적인 라살*³파의 노동문제에 관한 방대한 저술, 뮐하우젠의 실험적인 제도, 이러한 것들은 벌써 어엿한 사실로 나타나고 있어. 자네도 알고 있지 않은가."

"나도 귀동냥은 하고 있지만 몹시 막연한 수준이야."

"아냐, 자넨 말만 그렇게 할 뿐, 분명히 모두 나 이상으로 소상히 알고 있을 거야. 난 물론 사회학 교수는 아니지만 이 문제에는 흥미가 있어. 그러니까 자네도 만약 흥미가 있다면 한번 연구해 보게."

"그런데 그들은 결국 어떤 결론에 도달했나?"

"잠깐만 실례하겠어……."

지주들이 자리에서 일어섰기 때문에, 스비야쥐스끼는 또다시 그 마음의 골방을 들여다보려는 레빈의 불쾌한 버릇을 가로막고 손님들을 배웅하러 나갔다.

28

이날 밤 레빈에겐 부인들과 같이 있는 것이 견딜 수 없을 만큼 지루했다. 그가 지금 느끼는 농업에 대한 불만은 자기만의 특별한 상태가 아니고 러시아 농업에 공통된 일반적인 사정이며, 여기 오다가 본 노인의 집 같은 노동환경을 곳곳에 만드는 것이 결코 공상이 아니라 당장 해결해야 할 과제라는 생각이 전에 없이 그의 마음을 흔들어 놓았다. 그에겐 이 문제가 해결될 수 있고, 꼭

---

*3 1825~1864. 독일의 철학자. 독일 사회민주당을 창설.

그렇게 되게끔 애써야 하는 것으로 여겨졌다.

　부인들과 헤어지면서 내일은 모두 같이 말을 타고 국유림에 있는 신기한 낭떠러지를 보러 가기 위해 하루 더 묵을 것을 약속하고 나서, 레빈은 잠자리에 들기 전에 스비야쥐스끼가 권한 노동문제에 관한 책을 빌리러 주인의 서재에 들렀다. 스비야쥐스끼의 서재는 책장으로 둘러싸인 큼직한 방으로, 탁자 두 개가 있었다. 하나는 방 한가운데에 있는 큼직한 사무 탁자, 또 하나는 램프 둘레에 여러 다른 나라의 최신간 신문과 잡지를 별 모양처럼 늘어놓은 둥근 탁자였다. 사무 탁자 옆에는 갖가지 서류를 보관한 금색종이로 표시된 서랍이 달린 정리장이 놓여 있었다.

　스비야쥐스끼는 책을 들고 흔들의자에 앉아 있었다.

　"뭘 보고 있나?" 그는 둥근 탁자 옆에 발을 멈추고, 잡지를 뒤적거리던 레빈에게 물었다.

　"아, 그렇지, 거기에 아주 재미있는 논문이 있어." 스비야쥐스끼는 레빈이 손에 들고 있는 잡지를 보고 말했다. "그 논문을 보면." 그는 유쾌하고 발랄한 어조로 덧붙였다. "폴란드 분할의 가장 큰 주범은 프리드리히가 아니었어. 실은……."

　그는 특유의 명쾌한 어조로 이 새롭고 몹시 중대하며 흥미로운 발견을 간단히 얘기했다. 레빈은 무엇보다 농사에 대한 생각으로 머릿속이 꽉 차 있었지만, 주인의 말에 귀를 기울이며 속으로 이렇게 자문했다. '도대체 이 사내 마음속에는 무엇이 도사리고 있는 것일까? 도대체 왜, 어째서 폴란드 분할이니 하는 것에 흥미를 두는 거지?'

　스비야쥐스끼가 이야기를 마치자 레빈은 무심코 이렇게 물었다. "그래서 그게 어떻다는 거야?"

　하지만 그것이 달리 어떻다는 게 아니었다. 그저 '실은 이랬다'는 얘기가 재미있었을 뿐이었다. 그러나 스비야쥐스끼는 어째서 왜 그것이 자기한테 흥미로운지 설명하지 않았고 설명할 필요도 느끼지 않았다.

　"그래, 그런데 나한테는 화를 잘 내는 그 지주가 정말이지 재미있더군." 레빈은 한숨을 내쉬고 말했다. "그는 현명한 사내야, 꽤 진실된 얘기를 했어."

　"아니 이런, 당치도 않아! 그자는 뼛속까지 굳은 농노주의자야. 그 무리가 다 그렇듯이!" 스비야쥐스끼가 말했다.

"하지만 자넨 그런 무리의 귀족 회장이잖나."

"그건 그렇지만 난 다른 방면으로 그들을 지도할 생각이야." 쓴웃음을 지으며 스비야쥐스끼는 말했다.

"내가 재미있었던 건 말이야." 레빈이 말했다. "그 사내 얘기가 진실이기 때문이야. 우리 사업, 즉 합리적인 농업은 성립할 수 없어. 할 수 있는 것은 그저 그 온화한 지주가 하는 고리대금업 같은 농업이거나, 그렇지 않으면 지극히 단순한 농업이거나 둘 중 하나야. 이건 도대체 누구 책임일까?"

"물론 우리 자신이지. 그러나 그 사업이 완전히 실패했다는 것은 진실이 아니야. 실제로 바실리치꼬프 집에선 훌륭히 이루어지고 있으니까."

"그건 공장이니까……."

"그러나 난 역시 자네가 왜 그렇게 느끼는지를 모르겠군. 농민은 물질적으로도 정신적으로도 발달 정도가 지극히 낮으니까, 그들이 본 적도 없는 걸 무조건 반대했다고 해서 하나도 이상할 건 없잖아. 유럽에서 합리적인 농업이 성립한 것은 농민들이 교육을 받았기 때문이야. 그렇다면 러시아에서도 농민 교육을 소홀히 할 수 없어, 요는 이것뿐이야."

"농민을 교육한다니, 어떻게 한다는 거야."

"농민을 교육하려면 세 가지 조건이 필요해. 첫째도 학교, 둘째도 학교, 그리고 셋째도 학교야."

"하지만 자넨 방금, 농민들은 물질적으로도 발달 수준이 지극히 낮다고 하지 않나. 그런데 교육이 무슨 도움이 된단 말인가?"

"아니 이거 봐, 자네 말을 듣고 있자니 「병자에의 충고」라는 소설이 생각나는군. '설서가 나게 하는 약을 써 보면 괜찮을 겁니다.' '써 보았습니다만 더 심해질 뿐이에요.' '거머리로 피를 뽑아 보십시오.' '해 보았습니다. 더 도져 나빠질 뿐이에요.' '그럼, 이제 하느님께 비는 수밖에 다른 도리가 없군요.' '해 보았습니다. 더 악화할 뿐이에요.' 지금 우리 대화가 꼭 그거야. 내가 경제 정책을 운운하니 자네는 나빠질 뿐이라고 하고. 사회주의를 들먹여도 나빠질 뿐, 교육을 내놓아도 역시 나빠질 뿐이라 하니."

"그럼, 학교가 무슨 도움이 되나?"

"그들에게 새로운 욕구를 주게 되지."

"아니, 바로 그게 내가 도무지 이해할 수 없는 점이야." 레빈은 벌컥 열을 올려 반박했다. "내 질문은, 학교가 어떻게 그들의 물질적 상태를 개선하는 데 도움이 되느냐는 거야. 그런데 자네 얘긴 이래. 학교와 교육이 그들에게 새로운 욕구를 주게 된다고. 그러나 그것은 더한층 나빠, 왜냐하면 그들에겐 그 욕구를 채울 만한 힘이 없기 때문이야. 그러니까 난 덧셈이니 뺄셈이니 교리문답이니 하는 것이 어떻게 그들의 물질적 상태를 개선하는 데 도움이 되는지 도저히 이해할 수 없어. 그저께 저녁에 난 갓난애를 안은 한 아낙네를 만났어. 어딜 가느냐고 물으니 그녀가 대꾸하더군. '아기가 징징 우는 병이 걸려서, 무당에게 데려가는 길이에요.' 그래서 난 또 물었어. '그 무당이 어떻게 우는 것을 고치나?' '아기를 닭장 속의 홰에다 앉혀 놓고 주문을 외죠.'"

"거봐, 자네 말 속에 답이 있지 않나! 무지한 아낙네가 아기의 우는 병을 고친답시고 아기를 홰에다 앉혀 놓는 그런 짓을 그만두게 하기 위해서 당장 필요한 것이 바로……." 스비야쥐스끼가 자못 유쾌하게 웃으면서 말했다.

"아니, 그게 아냐!" 레빈은 언짢은 얼굴로 말했다. "내 얘긴즉, 학교와 교육으로 농민을 구하려고 하는 것이 꼭 이 요법과 마찬가지라는 거야. 농민이 가난하고 무지하단 걸, 어린애가 우는 병이 났다고 그 아낙네가 아는 것과 마찬가지로 우린 확실히 알고 있어. 그러나 이 빈곤과 무지라는 불행을 어째서 학교가 구제할 수 있는지는, 닭장 속의 홰가 어째서 우는 병의 약이 되는지를 모르는 것과 마찬가지로 이해할 수 없는 거야. 구제해야만 하는 것은 농민의 가난 그 자체가 아닌가."

"그럼 자넨 최소한 그 점에선 자네가 그렇게 싫어하는 스펜서와 의견이 일치하는군그래. 그도 역시 교양은 생활의 유복함과 편의의 결과, 말하자면 이른바 빈번한 세척(洗滌)의 결과일 순 있어도 독서며 계산 능력의 결과는 아니라고 얘기하니까……."

"거참, 나의 주장이 스펜서와 일치한다니 영광이랄지 유감이랄지. 하여튼 난 그런 것은 이미 오래전부터 알고 있었어. 학교니 하는 것은 아무 도움도 되질 않아. 도울 수 있는 것은 농민이 더욱더 부유해지고 여가를 얻게 되는 경제조직이야. 그게 있어야 학교도 자연히 생긴다고."

"하지만 유럽 어디에서나 지금 학교 교육은 의무가 돼 있어."

"그럼 자네는 어떻게 생각하나? 그 점에서 스펜서한테 찬성하나?" 레빈이 물었다.

스비야쥐스끼 눈에 번쩍 하고 놀라움의 표정이 떠올랐지만 그는 웃는 얼굴로 말했다. "아니, 그보다 그 우는 병이라는 예는 탁월하군, 정말 자네가 직접 들은 얘긴가?"

레빈은 이런 식으로는 도저히 이 사내의 생활과 사상과의 연계를 찾아낼 수 없음을 깨달았다. 분명히 그는 논의의 결론이 어디로 향하든 전혀 개의치 않았다. 그에겐 그저 논의의 과정만이 필요한 것이다. 그래서 그 과정이 막다른 길로 들어서면 그는 불쾌해했다. 그럴 때는 무엇인가 유쾌한 방향으로 화제를 돌려 그것을 피했다.

도중에 들렀던 농가를 비롯하여 이날의 온갖 인상은 강하게 레빈의 마음을 움직였다. 오늘 하루의 인상과 사상의 기본적인 방향이 되었다. 단순한 사교수단일 뿐인 사상을 품고 명백히 그것과는 다르지만 레빈으로선 알 수 없는 어떤 생활 원칙을 지키고 있으면서, 동시에 '다수자'로 불리는 군중과 함께하며 자기 사상과는 상반된 여론을 이끄는 사랑스러운 스비야쥐스끼. 실생활의 고뇌를 통해 얻은 그 의견은 전적으로 옳지만 러시아의 완전한 계급과 최고 계급을 싸잡아 비난하는 점은 옳지 않은 그 격정적인 지주. 일에 대한 자신의 불만과 모든 것을 개선할 방법을 찾아낼 수 있다는 막연한 희망. 이러한 것들이 모두 융화되어 속마음의 동요와 머지않아 해결되리라는 기대가 뒤섞여 하나의 감정을 형성하고 있었다.

자기에게 주어진 방에 혼자 남은 레빈은, 손발을 움직일 때마다 느닷없이 요동치는 스프링이 든 침대에 누워서도 오랫동안 잠을 이루지 못했다. 생각해 보면 스비야쥐스끼와의 대화에서 재치 있는 말이 많이 나왔으나 레빈은 조금도 재미가 없었다. 그러나 지주의 주장은 생각해 볼 필요가 있었다. 레빈은 자신도 모르게 그의 말을 그대로 떠올리고 자기가 했던 대답을 마음속으로 정정했다.

'그렇다. 난 이렇게 말해야 했다. 당신은 우리 농업이 진보하지 못하는 이유가 농민이 온갖 개량을 싫어하기 때문이고, 그래서 권력으로 그들을 강제해야 한다고 말씀하셨습니다. 만약 농업이라는 것이 본디 그런 개량 없이는 전혀 진보하지 못한다면 당신 의견은 옳습니다. 그러나 농업이 진보하는 곳도 있습니다. 더구나 그것은 여기 오는 도중에 내가 본 노인의 집에서처럼 농부들이 자기 습관을 좇아서 일하는 곳에서만 진보할 수 있어요. 우리 두 사람이 공통으로 농업에 대해 불만을 가진 것을 보면, 우리나 농민 중 어느 한 쪽이 잘못된 겁니다. 우린 벌써 오랫동안, 노동자의 특성을 헤아려 보지 않고 자기의 방법, 즉 유럽의 방법을 강요해 왔습니다. 그러니까 여기서, 어디 한번 노동자를 관념적인 노동력이 아닌 고유의 본성을 갖춘 '러시아 농부'로서 구체적으로 인정하고 그에 맞춰 농업을 세워 보십시오—한번 생각해 보세요—난 이렇게 얘기했어야 했다. 가령 당신이 그 노인과 같은 방침을 취하여, 노동자들에게 노동 성과에 흥미를 갖게 하는 방법을 찾아내고, 개량에 대해서도 그들이 승인하는 정도의 중용을 찾게 되면, 당신은 땅을 피폐케 하는 일 없이 이전보다 2~3배의 수확을 올릴 겁니다. 그리고 수확 절반을 노동자들에게 주세요. 그래도 당신 손에 남는 몫은 전보다 커질 테고 노동자들의 몫도 더 많아질 겁니다. 이렇게 실행하기 위해선 농업경영 수준을 낮게 설정하고, 농부들로 하여금 성공적인 농업에 흥미를 갖도록 해야 합니다. 그럼, 어떻게 해야 하느냐, 이것은 따로 자세히 풀어봐야 하겠지만, 그것이 가능하다는 점엔 의심할 여지가 없습니다.'

이 생각은 레빈을 격렬한 흥분으로 이끌었다. 그는 이 생각을 실행에 옮길 세부적인 방안을 요모조모 궁리하느라 그날 밤 절반을 뜬눈으로 지냈다. 내일 하루 더 머물 심산이었으나, 날이 새는 대로 집으로 돌아가야겠다고 마음먹었다. 더구나 가슴이 파인 옷을 입은 스비야쥐스끼의 처제가 그의 마음속에, 굉장히 좋지 않은 행동을 한 뒤의 부끄러움과 후회에 흡사한 감정을 일으켰다. 또 하나 한시도 지체하지 않고 돌아가야 할 중대한 이유가 더 있었다. 가을갈이가 시작되기 전에 새로운 제안을 농부들에게 내놓고 새로운 방식 위에서 파종이 이루어지도록 조처해야 했다. 그는 지금까지의 방침을 완전히 바꿔 버리기로 한 것이다.

29

레빈의 계획은 실행하는 데 많은 어려움이 뒤따랐다. 그러나 그는 힘이 미치는 데까지 있는 힘을 다해 노력하여 비록 바랐던 수준에는 이르지 못했지만, 노력한 보람이 있음을 스스로 인정할 수 있을 만큼의 경지에는 도달했다. 그러나 한 가지 무엇보다도 곤란한 점은, 농사가 벌써 진행되고 있는 이상 그것을 모두 중지하고 처음부터 다시 시작할 수는 없으므로 이 움직이는 기계를 중도에 고쳐야만 한다는 것이었다.

그가 그날 저녁에 집으로 돌아와서 집사에게 자기 계획을 전하자, 집사는 지금까지 해 온 일들은 모두 어리석고 무익한 것이었다고 고백한 부분에서 노골적인 만족의 빛을 띠며 고개를 끄덕였다. 집사는 자기가 벌써 오래전부터 그렇게 이야기해 왔는데 아무도 귀를 기울이지 않았다고 했다. 그러나 레빈의 제안…… 농업활동 전반에 걸쳐 지주도 농민들과 함께 공동 출자자로서 관여하겠다는 제안에 대해선, 분명한 의견은 한마디도 말하지 않고 크게 의기소침해져서는, 내일이라도 호밀의 나머지 다발을 날라 버리고 두벌갈이에 사람을 보내야 한다고 지적했다. 그래서 레빈은 지금은 이런 이야기를 하고 있을 여유가 없음을 느꼈다.

농부들에게 이러한 계획을 알리고 새로운 조건 아래 토지를 대여한다는 제안을 하면서도, 그는 또 그들이 눈앞의 일에 쫓겨 그 계획의 이해득실을 따질 겨를이 없다는 큰 문제에 부딪혔다.

순박한 농부인 소 치는 머슴 이반은 그들 온 가족이 목장에서 나오는 이익 분배에 관여한다는 레빈의 제안을 충분히 이해하고 그 계획에 완전히 찬성했다. 그러나 레빈이 그에게 장래의 이익에 대해서 자세히 설명하기 시작하자, 이반 얼굴에 갑자기 불안한 빛과 면목이 없어서 끝까지 듣지 못하겠다는 표정이 나타났다. 그러더니 부랴부랴 마구간에서 건초를 내다버려야 한다든가 물을 주어야 한다든가, 두엄을 치워야 한다며 한시도 지체할 수 없는 일들을 생각해 냈다.

또 하나의 어려움은, 지주란 자고로 농민들에게서 될 수 있는 한 많이 뽑아내려는 생각밖에 없다는 농부들의 뿌리 깊은 불신이었다. 그들은 레빈의 진정한 목적이(그가 입으로는 무엇이라고 하든) 그가 그들에게 이야기하지 않는 것에 숨어 있을 것이라고 굳게 믿었다. 그래서 그들 자신도 여러 가지 의견을 이야기하기는 했지만 결코 자기들의 참된 속마음은 확실히 말하지 않았다. 그뿐만이 아니라(레빈은 예의 성마른 지주가 옳았다고 동감했다) 농부들은 어떤 계약을 맺을 때에도, 반드시 신식 경작법과 신형 기계의 사용을 강제하지 않는다는 것을 첫째 조건으로 내걸었다. 그들은 소와 말이 끄는 신형 쟁기가 사람이 직접 하는 것보다 더 잘 갈리며, 속경기(速耕器)가 훨씬 더 효율적이라는 것에도 찬성했다. 그러면서도 그 어떤 도구도 사용할 수 없다는 이유를 줄줄이 늘어놓는 것이었다. 레빈은 농업 수준을 끌어내려야만 한다는 것을 충분히 각오하고는 있었지만, 그토록 효과가 좋은 개량법을 스스로 단념하는 것이 몹시 서운했다. 이 같은 온갖 난관에도 그는 자기 의견을 수행하여 초가을에는 새로운 사업이 시작되었다. 아니 적어도 그는 그렇게 생각했다.

처음에 레빈은 새로운 조합 조직 밑에 모든 사업을 현재대로 농부와 노동자와 집사에게 양도하려고 생각하고 있었다. 그러나 이내 그 불가능함을 확신하고 경영을 분할하기로 했다. 가축장, 정원, 남새밭, 풀밭, 여럿으로 구획된 밭들이 저마다 다른 부문으로 구분되었다. 이 일을 누구보다도 잘 이해한다고 레빈이 여겼던 순박한 소 치는 머슴 이반은, 자기 가족을 중심으로 조합원을 구성하여 가축장을 인수했다. 영리한 목수 표도르 레주노프의 주선으로 8년 동안 묵정밭으로서 내던져져 있던 먼 밭은 여섯 농가가 새로운 조합을 구성하여 맡기로 했고, 농부 쉬우라예프도 같은 조건으로 남새밭 전부를 임차했다. 나머지 땅은 종전대로였으나, 이 세 조합은 새로운 사업의 첫걸음으로서 레빈은 이 일만으로도 힘에 벅찼다.

지금으로서는 가축장 일이 이전보다 개선된 것도 없었다. 이반은 소를 추운 곳에 두면 먹이도 덜 들고 사워크림으로 버터를 만드는 게 더 이득이라고 주장하며, 외양간에 난방하는 것과 생크림으로 버터를 만드는 것에 극구 반대했다. 급료도 예전처럼 달라고 요구하며, 자기가 받는 돈이 급료가 아니고 장래 이익의 선급금이라고 말해도 전혀 흥미를 느끼지 않았다.

표도르 레주노프 그룹도 시간이 부족했다는 핑계를 대며 계약대로 파종 전에 두벌갈이하지 않았다. 이 조합 농부들은 이 일을 새로운 기초에 따라 참가하겠다고 계약했으면서도 그 땅을 동아리 공유물로 보지 못하고 뭇갈림으로 지주에게서 빌린 것으로 생각했다. 조합 농부들은 물론 레주노프까지도 여러 차례 레빈한테 이처럼 말했다. "차라리 나리께서 지대를 받고 땅을 팔아 주신다면 나리께서도 편하시고 저희도 한결 뱃속이 편할 텐데 말씀이에요." 더구나 그들은 갖가지 핑계를 대며 이 땅에 축사와 곳간을 짓기로 한 애초의 약속을 등한히 하고 결국 겨울까지 질질 끌었다.

쉬우라예프는 자기가 도급한 남새밭을 조각조각 나누어 농부들에게 팔려고까지 했다. 그는 그에게 그 땅을 맡긴 조건을 완전히 왜곡해서 해석하고 있었던 것이다.

레빈은 자주 농민들과 이야기를 나누고 그들에게 새로운 사업의 이익에 대하여 설명할 때에도, 농부들이 그저 그의 말을 목소리 울림으로만 들을 뿐 뭐라고 이야기하든 자기들은 결코 그런 속임수에 넘어가지 않겠다고 다짐하는 느낌을 받았다. 특히 그는 농부들 가운데 가장 영리한 레주노프와 이야기할 때 그것을 느꼈다. 레빈은 그의 눈 속에서 자기에 대한 비웃음과 더불어, 설사 속는 녀석이 있다 하더라도 그것은 결코 이 레주노프는 아니라는 굳은 신념을 보았다.

그러나 이러한 온갖 문제에도 불구하고 레빈은 사업이 순조롭게 진행되고 있다고 생각했다. 그가 앞으로 계산을 엄중히 하고 조리 있게 꾸려나가기만 하면 언젠가 그들에게 이 방식의 유리함을 입증해 보일 수 있으며, 그러면 틀림없이 일은 자연히 진척돼 나아갈 것으로 생각했다.

레빈은 이 일과 그의 수중에 남은 그 밖의 농사일들, 또 저술이라는 서재에서의 일로 한여름 내내 바빴으므로 레빈은 거의 사냥도 나가지 못할 정도였다. 8월도 다 갈 무렵에 그는 안장을 돌려주러 온 심부름꾼한테서 오블론스끼네가 모스끄바로 돌아갔다는 것을 들었다. 그는 돌리의 편지에 답장도 보내지 않았고, 지금 생각해도 부끄러움으로 얼굴을 붉히지 않을 수 없는 실례를 함으로써 말하자면 건너갈 배를 불태워 버렸기 때문에, 이제는 두 번 다시 그 사람들을 찾아갈 수 없을 것 같았다. 그는 작별인사도 없이 떠나 버림으로써 스비야쥐스끼에게도 똑같은 무례를 범했다. 그러나 그들한테도 이제는 영원히 찾아갈 일이 없으리라. 지금 그에겐 그런 것은 아무래도 상관없었다. 자기 농업의 새로운 구조를 만드는 일이, 세상 그 어떤 일보다도 그의 마음을 차지하고 있었다. 그는 스비야쥐스끼가 준 책을 되풀이 읽고 부족한 것은 주문까지 해가며 그 노동문제에 관한 경제나 사회주의 관련 책들을 읽었지만, 예상대로 그가 일으킨 사업과 관련된 내용은 아무것도 발견하지 못했다. 경제학에서 이를테면 그가 처음에 굉장한 열의를 가졌고 지금도 자신의 문제에 대한 해답을 찾아낼 수 있을지도 모른다는 희망을 걸면서 연구한 밀의 책에는, 유럽의 농업에서 도출된 법칙뿐이었다. 그는 러시아에 적용되지 않는 이 법칙을 어째서 일반적으로 받아들여야 하는지 도무지 알 수 없었다.

사회주의 서적도 마찬가지였다. 거기에는 그가 아직 학생시절에 흥미를 느꼈던 아름답기는 하나 실현 불가능한 공상 또는 유럽이 처한 상황의 개정 및 수보에 그칠 뿐 러시아 농업과는 아무런 공통점도 없는 것만 있었다. 경제학은 유럽의 부(富)를 발전시켰고 또 지금도 발전시키고 있는 법칙이야말로 보편적이고 불변적인 법칙이라고 주장했다. 한편 사회주의 서적은 그러한 법칙에 따른 발달은 멸망의 직접적인 원인이라고 했다. 그러나 그 중 무엇도 레빈을 비롯한 모든 러시아 농민과 지주들에게 '그들이 몇백만의 일손과 땅을 가지고 공동 번영을 위하여 가장 생산적으로 일하려면 어떻게 해야 할 것인가?' 하는 의문에 대한 해답은커녕 최소한의 암시마저도 주지 않았다.

한 번 일에 착수하면, 그는 열심히 자기가 매달린 주제에 관한 문헌들을 독파했다. 그리고 이 사업을 현지에 가서 연구하기 위해 가을에는 외국으로 가려고 계획했다. 지금까지 잡다한 문제에 부딪쳐서 자주 맛보았던 곤란을 이 사업에서는 미리 방지하기 위함이었다. 여태까지만 해도 으레 그는 겨우 상대의 사상을 이해하고 자기 의견을 늘어놓기 시작하자마자 느닷없이 이런 얘기를 듣기 일쑤였다. "그러나 카우프만은, 존스는, 뒤부아는, 미첼리는? 당신은 그들 책을 읽지 않으셨군요. 한 번 읽어 보세요, 그들이 이 문제의 전문가니까요."

그는 이제 카우프만이며 미첼리가 자기에게 아무것도 가르쳐 줄 것이 없음을 분명히 알았다. 그는 자기가 바라는 것을 알고 있었다. 그는 러시아에 훌륭한 땅과 뛰어난 노동자들이 있다는 것을 알고 있다. 때로는 길가다 들른 농부네처럼 노동과 땅의 힘으로 많은 금액의 산출을 내기도 하지만, 오히려 유럽식으로 자금이 공급되는 대부분은 생산성이 낮다. 그것은 소작인들이 자기들 방식으로 일하고 싶어 하고 또 그쪽이 산출이 높기 때문이다. 그리고 이 외국 것에 대한 반작용은 개별적인 것이 아니라 국민성에 근거한 일반적인 현상이다. 그는 사람 체취가 이르지 아니한 광막한 들판에 터를 잡고 개척해야 할 운명을 지닌 러시아 농민들은 온 국토를 개간하기 전에는 의식적으로 개척에 필요한 방법을 고수하리라 생각했다. 그리고 이 방법은 통상적으로 사람들이 생각하는 만큼 열등한 것이 아니다. 그는 이론적으로는 자기 책을 통해서, 실제로는 자기 농업을 통해서 그것을 증명해 보이고 싶었다.

30

9월 말에는 조합에 분담된 토지에 축사를 짓기 위한 목재가 운반됐고, 우유로 만든 버터가 팔려 그 이익이 분배됐다. 사업은 실제로 지극히 순조롭게 진척됐다. 최소한 레빈에겐 그랬다. 남은 일은 자기 공상대로 농정 경제학을 뒤

흔들 뿐만 아니라 경제학 자체를 완전히 뒤옆고 농민과 토지의 관계에 대한 새로운 과학의 기초를 수립할 예의 그 저서를 완성하여 이론적으로 모든 문제를 설명하기 위해, 외국으로 나가서 현지 실상을 자세히 시찰하고 그 모든 게 불필요하다는 확증을 붙잡기만 하면 되었다. 레빈은 돈을 마련하여 외국으로 가기 위해서 밀 정리만을 기다리고 있었다. 그러나 공교롭게도 들에 남은 곡류며 감자를 거둬들일 수 없을 만큼 연일 비가 내리기 시작하여, 들일은 물론 밀 정리까지 중단되어 버렸다. 길에는 걸어 다닐 수 없을 만큼 진창이 생겼고 홍수로 무자위 두 개가 떠내려갈 정도로 날씨는 더욱더 험악해졌다.

이윽고 9월 30일에는 아침부터 해가 보였다. 날씨가 돌아서리라고 여긴 레빈은 확고한 마음가짐으로 출발 준비를 하기 시작했다. 그는 밀을 담아 놓으라고 일러 놓고, 돈을 조달하러 집사를 상인한테로 보냈다. 그리고 자신은 출발 전에 마지막 지시를 해 두기 위해서 말을 타고 농장을 한 바퀴 뻉 돌아보았다. 그럭저럭 해야 할 일을 다 마친 레빈은, 가죽 외투 안쪽을 따라 목덜미며 장화 속으로 강처럼 흘러들어오는 빗물에 흠뻑 젖으면서도, 무척 긴장되고 흥분된 기분으로 저녁 무렵에야 집으로 돌아왔다. 날씨는 저녁부터 더한층 험악해졌다. 온몸이 젖어 귀와 머리빡을 달달 떨고 있던 불쌍한 말은 우박이 가차없이 떨어져 옆으로 몸을 비틀면서 걸었다. 그러나 레빈은 머리 덮개를 쓰고 있어서 아무렇지도 않았으므로 기분 좋게 순찰하고 있었다. 그는 수레바퀴 자국을 따라 흐르는 흙탕물을, 잎이 다 떨어진 앙상한 나뭇가지마다 매달려 있는 물방울을, 다리 위에 녹지 않고 남아 있는 하얀 우박을, 발가벗은 느릅나무 주위로 두텁게 층을 이루며 떨어져 수북하게 쌓여 있는 싱싱하고 두터운 낙엽을 흥겹게 바라보았다. 주변 경치가 음침했지만 그는 자기가 이상하게 흥분해 있음을 느꼈다. 먼 마을 농부들과 이야기를 나누고 그들이 그 새로운 관계에 차츰 익숙해지고 있음을 알았다. 도중에 옷을 말리러 들른 집의 늙은 문지기는 분명히 레빈의 계획에 찬성을 표하고 자기도 가축을 사서 조합에 들고 싶다고 했다.

'그저 목적을 향해서 매진하기만 하면 난 틀림없이 성공한다.' 레빈은 생각했다. '더구나 그만한 가치가 있는 일이다. 나 한 사람의 사업이 아니라 만인의 행복이 걸려 있는 문제니까. 농업도 그렇지만 무엇보다 농민 생활이 근본적으로 개혁되어야 한다. 빈곤 대신 만인의 부와 만족, 반목 대신 이해(利害)의 조화와 일치가 필요하다. 한마디로 피를 흘리지 않는 혁명이다. 처음 시작은 우리 지방의 자그마한 구역에 지나지 않지만, 나아가 현에 미치고 러시아에 퍼지며 온 세계에 미칠 대혁명이다. 왜냐하면 정당한 사상은 반드시 성과를 낳기 때문이다. 그렇다, 이것이야말로 고생할 값어치가 있는 목적이다. 그리고 그것을 행하는 내가, 검은 넥타이를 매고 무도회에 나갔다가 쉬체르바스끼가의 끼찌한테 거절당한, 내 보기에도 한심하고 하찮은 인간이라는 것은 여기서 아무런 의미도 없다. 프랭클린도 역시 자신을 돌이켜보면 마찬가지로 자기라는 사람이 정말 하찮게 생각되어서 자신감을 갖지 못했을 것이다. 그런 것은 아무 의미도 없다. 그리고 그의 곁에도 틀림없이 자기 계획을 말할 상대, 아가피야 미하일로브나가 있었을 것이다.'

레빈은 이런 생각을 하면서 날이 어두워져서야 집에 도착했다.

상인한테 갔던 집사도 밀 값 일부를 가지고 돌아왔다. 문지기와의 계약도 이루어졌다. 그리고 집사가 오는 길에 곡식이 들판 여기저기에 남아 있는 걸 보았는데, 아직 거두지 못한 레빈네 160더미는 다른 곳과 비교하면 문제도 되지 않는다고 보고했다.

식사를 마치고 나자 레빈은 언제나처럼 책을 들고 안락의자에 앉아 읽으면서, 저술 준비를 위해 계획한 여행에 대해 생각했다. 이날 밤 그의 사업의 온 의미가 유달리 또렷하게 머리에 떠오르고, 그의 사상의 요점이 저절로 그의 두뇌 속에서 긴 문장이 되어 갔다. '이건 적어 두어야겠군.' 그는 생각했다. '이것으로 간략한 머리말이 완성되었어. 전에는 서문 따위 필요 없다고 생각했는데.' 그가 사무용 탁자 쪽으로 가려고 일어서자 그의 발치에 누워 있던 라스까도 기지개를 켜면서 덩달아 몸을 일으키고는 마치 어디에 가느냐고 묻는 것처럼 그를 쳐다보았다. 그러나 그는 생각을 적고 있을 틈이 없었다. 조합의 조장격인 농부들이 줄줄이 명령을 들으러 찾아왔기 때문이다. 그는 그들을 만나러 응접실로 가야 했다.

명령, 즉 분야별로 내일 일을 지시하고 볼일이 있어서 찾아온 농부들까지 모두 만나고 나서, 레빈은 서재로 돌아와 일에 착수했다. 라스까는 탁자 밑에 누웠다. 아가피야는 짜고 있던 양말을 들고 자기 자리에 앉았다.

잠시 쓰고 있는 사이에 레빈은 갑자기 여느 때와는 달리 생생하게 끼찌를, 그녀의 거절과 마지막으로 만났을 때 일을 생각했다. 그는 일어서서 방 안을 거닐기 시작했다.

"뭐 하나도 우울해하실 것은 없어요." 아가피야가 말했다. "그래 어쨌다고 노상 집에서만 죽치고 계세요? 온천에라도 가시면 좋잖아요, 마침 때도 적당한데."

"그렇잖아도 모렌 갈 거야, 아가피야. 그러니 그 전에 일을 끝내야지."

"어머, 일이라니요! 안 그래도 나리께선 농부들한테 신경을 너무 쓰세요! 모두, 당신네 나리는 틀림없이 황제한테서 은총을 받으실 거라고 얘기한답니다. 그런데 어째서 그처럼 농부들을 걱정하시는 거예요?"

"난 그자들을 걱정하는 게 아니야. 모두 나 자신을 위해서 하는 거야."

아가피야는 레빈의 농사 계획을 세밀한 점까지 환히 알고 있었다. 레빈이 종종 자기 생각을 그녀한테 자세히 설명해 주었고 그녀와 번번이 입씨름을 하며 그녀 말에 반박하기도 했다. 그녀의 의견은 레빈으로서는 이해하기 힘들었던 것이다. 그러나 이 경우엔 그녀가 그의 말을 전혀 엉뚱한 의미로 받아들였다.

"자기 영혼에 대한 걱정은 물론 중요하죠." 그녀는 한숨을 내쉬며 말했다. "그 빠르펜 제니스이치는 읽고 쓸 줄도 몰랐지만 누구나 부러워할 법한 죽음을 맞이했어요." 그녀는 이즈막에 죽은 머슴에 대해서 말했다. "그래서 성찬식(聖餐式)도, 성유식(聖油式)도 받았죠."

"난 그런 얘길 하는 게 아니야." 그가 말했다. "난 말이야, 내가 나 자신의 이익을 위해서 일하고 있다 이거야. 농부들만 일을 잘해 준다면 그것이 곧 내 이익이 되는 셈이니까."

"하지만 나리가 아무리 노력하셔도 상대가 게으름뱅이라면 아무 소용이 없어요. 양심이 있는 사람이라면 일을 하겠지만 그게 없는 사람은 아무것도 하지 않을 테니까요."

"그렇지만 유모도 이반이 가축을 잘 보살피게 됐다고 얘기하지 않았나."

"난 그저 꼭 한마디만 여쭤 두겠어요." 아가피야는 분명 우연히 떠오른 게 아닌, 엄밀하게 숙려한 생각을 밝히듯이 대꾸했다. "나리께선 기필코 장가를 드셔야 해요. 이것이 무엇보다도 중대한 일이에요!"

지금 막 생각하고 있던 것을 아가피야가 따끔하게 쑤시자 그는 울컥했다. 레빈은 얼굴을 찌푸리고는 그녀에게 대꾸도 하지 않고 다시 책상 앞에 돌아앉아서, 자기 사업의 의의라고 생각한 것들을 다시 한 번 되짚어 보았다. 이따금 정적 속에서 울리는 아가피야의 뜨개바늘 소리에 귀를 기울이다가 또 불현듯 생각하고 싶지 않은 것을 떠올리며 다시 눈살을 찌푸렸다.

9시쯤, 작은 방울 소리와, 진창 속을 삐거덕거리며 달려오는 마차 소리가 들렸다.

"손님이 오신 모양이군요. 심심풀이가 되시겠어요." 아가피야가 자리에서 일어나 문 쪽으로 가면서 말했다. 그러나 레빈이 그녀를 앞질러 현관으로 나갔다. 더는 일에도 집중할 수 없었던 터라 그는 어떤 손님이든 대환영이었다.

31

층층대 중간까지 뛰어내려갔을 때, 레빈은 현관 쪽에서 귀에 익은 기침 소리를 들었다. 그러나 자기 발소리에 섞여 또렷이 들리지 않았기 때문에 그는 자기가 잘못 들었기를 바랐다. 다음 순간, 휘청휘청하고 앙상한 눈에 익은 모습이 더는 자기를 속일 수 없을 만큼 확연히 그의 눈에 들어왔으나, 그래도 그는 그게 자기 착각이고, 외투를 벗으면서 기침을 하는 이 키 큰 사내가 니꼴라이 형이 아니기를 바라고 있었다.

레빈은 형을 사랑했지만 그와 같이 있는 것은 언제나 고통이었다. 특히나 뭉게뭉게 떠오르는 상념이며 아가피야의 충고 때문에 기분이 모호하고 혼란스러운 이때, 눈앞에 닥친 형과의 상봉은 유달리 성가신 것으로 여겨졌다. 그가 은근히 바라던 쾌활하고 건강하고 그의 어지러운 기분도 한꺼번에 싹 날려 줄 만한 다른 손님 대신, 그는 이제 자신의 밑바닥까지 꿰뚫고 있으며 가장 숨기고 싶은 생각마저 11집어내어 모든 것을 토로하게 하는 형과 얼굴을 마주해야만 하는 것이다. 그는 그것이 못 견디게 싫었다.

이 수치스런 자신의 감정에 화를 내면서 레빈은 현관으로 뛰어내려갔다. 그러나 가까이에서 형을 본 순간, 그 방자한 환멸은 온데간데없이 사라지고 대신 측은한 마음이 들었다. 이전부터 니꼴라이 형은 지독하게 초췌했지만 지금은 더한층 마르고 쇠약해 있었다. 그것은 영락없이 해골에 살가죽만 덮어놓은 모습이었다.

그는 길쭉한 야윈 목을 달달 떨며 목도리를 벗으면서 현관에 서 있었고 기묘할 만큼 애처롭게 미소를 짓고 있었다. 이 얌전하고 겸손한 미소를 보자 레빈은 목구멍을 죄는 듯한 전율을 느꼈다.

"어때, 드디어 너한테 찾아왔어." 니꼴라이는 한시도 동생 얼굴에서 눈을 떼지 않고 우물거리며 말했다. "진작부터 한번 찾아오고는 싶었지만 당최 몸이 시원찮아서 말이야. 요즘에 와서 아주 좋아졌지." 그는 큼직하고 뼈만 남은 손바닥으로 턱수염을 쓰다듬으면서 말했다.

"아아, 그랬군요!" 레빈이 대꾸했다. 그는 입을 맞추면서 형 몸이 바짝 말랐음을 입술로 느끼고 가까이에서 그 큼직하고 야릇하게 빛나는 커다란 눈을 보자, 전보다도 더한층 무서워졌다.

며칠 전에 레빈은 형한테, 그와 형이 공유한 작은 구획을 매각했더니 형 몫으로서 약 2천 루블의 돈이 생겼다는 내용을 적어 편지를 보냈다.

니꼴라이는 그 돈을 받기 위해, 그리고 그보다도 자기 옛 보금자리에 잠시 묵으면서 싸움을 앞둔 용사들처럼 대지의 흙을 밟으며 앞으로의 활동에 대비해 힘을 축적할 목적으로 왔다고 말했다. 더 심하게 굽은 허리와 큰 키 때문에 더한층 눈에 띄게 초췌한데도 그의 몸짓은 변함없이 성급하고 발작적이었다. 레빈은 그를 서재로 안내했다.

형은 전과 다르게 유달리 꼼꼼하게 옷을 갈아입고 성겨진 꼿꼿한 머리를 빗은 뒤 싱글벙글하면서 2층으로 올라왔다.

그는 레빈이 어렸을 적에 자주 보았던, 지극히 상냥하고 즐거운 듯한 모습이었다. 그는 아버지가 다른 형 꼬즈느이쉐프에 대해서까지도 조금도 원망하는 빛 없이 이야기했다. 아가피야를 보자 그녀와 농담을 주고받기도 하고 옛날 하인들에 대해서 묻기도 했다. 빠르펜이 죽었다는 소식은 그에게 불쾌한 충격을 주었다. 그의 얼굴에 놀라움의 빛이 나타났지만 이내 기분을 돌이켰다.

"그자도 꽤 늙었으니까 말이지." 이렇게 말하고 그는 화제를 바꾸었다. "난 여기서 한두 달쯤 있다가 모스끄바로 돌아갈 생각이야. 마흐꼬프가 일자리를 마련해 주겠다기에 일하기로 했거든. 이번엔 나도 생활을 완전히 바꿔 볼 생각이야." 그는 계속했다. "그래서 실은 그 여자와도 헤어졌어."

"마리야 말씀이에요? 어째서, 왜요?"

"아니, 그녀는 더러운 계집이야! 나한테 엄청난 짓거릴 했어." 그러나 그는 어떤 일을 당했는지는 말하지 않았다. 그녀가 차를 끓이는 법이 서툴러서 내쫓았다고는 차마 이야기할 수 없었다. 가장 큰 이유는, 그녀에게서 병자 취급받는 것이 싫었기 때문이었다. "하여튼 앞으로는 내 생활을 완전히 바꿀 셈이야.

난 물론 다른 사람들처럼 어리석은 짓만 해왔지만 재산이니 하는 것은 맨 나중 문제야. 난 그런 것은 조금도 아깝지 않아. 몸이 튼튼하기만 하면 그것으로 그만이야. 요즘엔 덕분에 건강도 깨끗이 회복됐어."

레빈은 형의 이야기를 들으며 한참 생각하고 있었다. 그러나 뭐라고 대꾸해야 좋을지 알 수 없었다. 아마 니꼴라이도 똑같은 것을 느꼈으리라. 그는 아우한테 사업에 대해서 물었다. 그래서 레빈은 기쁜 마음으로 자기 일에 대한 이야기를 시작했다. 이것이라면 그는 속이지 않고 진심을 이야기할 수 있었기 때문이었다. 그는 형에게 자기 계획과 활동에 대해 들려주었다. 형은 가만히 귀기울여 들었지만 분명히 그것에는 흥미가 없었다.

어쨌든 이 두 사람은 서로 매우 정답고 가까운 사이였으므로 미세한 몸짓이며 목소리 음색만으로 말이 전할 수 있는 것보다 훨씬 많은 것을 주고받을 수 있었다.

지금 그들은 니꼴라이의 병과 머지않은 죽음이라는 똑같은 생각에 사로잡혀 있었다. 그것이 나머지 모든 사고를 짓눌러 버렸다. 그러나 둘 다 감히 그 화제를 꺼낼 용기는 없었으므로, 둘의 마음을 차지한 그 생각을 말하지 않는 한, 서로 무슨 말을 하든 모든 것이 공허한 거짓말이 돼 버리고 마는 것이었다. 레빈은 밤이 깊어서 잠자리에 들 시간이 온 것을 이때처럼 기쁘게 여긴 적이 없었다. 그 어떤 타인과 만날 때도, 또 그 어떤 형식적인 방문 중에도, 이때처럼 부자연스럽고 가식적이었던 적은 없었다. 그리고 이 부자연스러움에 대한 자각과 회한이 그를 더욱더 부자연스럽게 만들어 버렸다. 그는 죽어 가고 있는 사랑하는 형을 위해 울고 싶은 생각이 태산 같았다. 그런데도 이렇게 형의 앞으로의 생활이니 하는 문제에 귀를 기울이며 맞장구까지 쳐야 했다.

집 안이 대체로 축축한 데다 불을 넣는 방은 하나밖에 없었으므로 레빈은 자기 침실에 칸막이를 하여 건너편에 형을 재웠다.

자리에 누운 형은 잠이 들었는지 아닌지, 이따금 자못 병자답게 몸을 뒤척이며 기침을 했다. 도무지 기침이 멎지 않을 때는 무엇인가를 투덜투덜하고 중얼거렸다. 그리고 이따금 무거운 한숨을 추슬렀다가 말했다. "아아, 하느님!" 또 담으로 숨이 막힐 때면 "에이, 빌어먹을!" 하며 혀를 찼다. 레빈은 형의 기척에 귀를 기울이며 오랫동안 잠을 이루지 못했다. 그의 가슴속에서 용솟음치는 상념은 매우 잡다했으나 그 상념의 종점은 오직 하나, 죽음이었다.

죽음, 아무도 피할 수 없는 종결이 처음으로 불가항력을 가지고 그의 앞에 나타났다. 잠결에 아무런 의미도 없이 그저 습관적으로 하느님을 부르기도 하고 욕을 하기도 하면서 신음하고 있는 이 사랑하는 형의 몸속에 둥지를 튼 죽음은, 지금까지 그가 생각했던 것처럼 멀고 먼 존재가 결코 아니었다. 그것은 자신 안에도 있었다. 그는 그것을 실감했다. 오늘 아니면 내일, 내일 아니면 30년 뒤—결국은 마찬가지가 아닌가! 그러나 이 피할 수 없는 죽음이란 과연 무엇인가. 그는 그것을 단순히 몰랐을 뿐만 아니라, 아직 한 번도 생각해 본 일이 없었고 그럴 능력은커녕 용기도 없었던 것이다.

'난 일을 해서 무엇인가를 이루고 싶어 한다. 그러나 잊고 있었어. 모든 것에는 끝이 있고, 죽음이 있다는 것을.'

그는 어둠 속에서 침대 위에 일어나 앉아 허리를 꾸부려 무릎을 껴안고, 긴장된 머리로 숨을 죽이면서 생각했다. 그러나 골몰하면 할수록 그것이 의심할 나위 없는 사실임이 분명해질 뿐이었다. 실제로 그는 인생에 있어서 하나의 자그마한 사실—죽음이 오면 모든 것이 끝난다는 사실을 못 본 척 해왔다. 따라서 아무것도 시작할 값어치가 없으며, 그것은 어떻게 손을 쓸 수도 없는 문제였다. 그렇다, 분명 무섭지만 그것이 사실이다.

'그러나 난 아직 살아 있다. 그렇다면 난 어떻게 해야 하나, 무엇을 해야 한단 말인가?' 그는 절망에 빠져 외쳤다. 그는 초에 불을 켜고 살며시 일어나서 거울 앞으로 갔다. 그리고 자기 얼굴이며 머리를 비추어 보았다. 확실히 양옆 관자놀이엔 흰머리가 섞여 있었다. 입을 벌려 보았다. 어금니가 썩기 시작했다. 그는 근육과 뼈대가 건장한 팔뚝을 내밀어 보았다. 힘은 꽤 있어 보였다. 그러나 저기 누워 폐의 남은 부분만으로 숨을 쉬는 니꼴라이 형에게도 한때는 똑같이 건장한 육체가 있었다. 그러자 별안간 그들이 아직 어렸을 무렵 같이 잠자리에 누워서는 서로 베개를 던지며 깔깔거릴 심산으로 가정교사 표도르 보그다느이치가 방에서 나가기만을 기다리던 일이 떠올랐다. 선생님에 대한 두려움조차 억누를 수 없을 만큼, 용솟음치고 부글부글 끓어오르는 인생의 행복에 대한 의식이 너무나 강렬했던 것이다. '그렇던 것이 이제는 저렇게 가슴까지 뒤틀려 텅 비어 버렸으니…… 그리고 나 역시 왜 사는지, 앞으로 나에게 무슨 일이 일어날지 모른다……'

"콜록! 콜록! 에이, 빌어먹을! 어이, 넌 뭘 꾸물거리고 있나, 어째서 자지 않고?" 형이 그에게 말을 건넸다.

"그냥, 어쩐지 잠이 오질 않아서요."

"난 아주 잘 잤다. 이제 식은땀도 흘리지 않게 됐어. 봐, 셔츠를 만져 봐. 땀을 흘리지 않았지?"

레빈은 셔츠를 만져 보고는 다시 칸막이 너머로 돌아와서 촛불을 껐다. 그러나 역시 오랫동안 잠을 이루지 못했다. 어떻게 살아야 할 것인가 하는 의문이 어느 정도 형태를 잡아가던 순간, 죽음이라는 새로운 불가해한 문제가 홀연히 나타난 것이다.

'아, 형은 죽어 가고 있다. 아마 내년 봄까지는 살지 못할 것이다. 그러나 어떻게 해야 도울 수 있단 말인가? 내가 형한테 무슨 말을 해줄 수 있을까? 이 문제에 대해 내가 무엇을 알고 있단 말인가? 난 죽음이 존재한다는 것조차도 잊고 있던 인간이 아닌가.'

32

레빈은 오래전부터, 사람이 지나치게 겸손하고 온순하여 오히려 거북할 때는 머지않아 갑자기 까다롭고 뚱한 사람이 되어 두 손 들게 되는 일이 흔하다는 관념을 지니고 있었다. 그는 형에게도 이런 현상이 일어날 것이라고 예상하고 있었다. 그리고 실제로 니꼴라이 형의 유순함은 오래가지 않았다. 그는 이튿날 아침부터 이미 잔뜩 성이 나서 무조건 동생에게 트집을 잡아 대들고 그의 가장 아픈 데를 가차없이 찔러 댔다.

레빈은 자기가 나쁘다고 느끼면서도 그것을 풀어낼 수 없었다. 그는 만약 자기들 두 사람이 감정을 속이지 않고 이른바 진심으로 털어놓고 서로 이야기한다면, 즉 자기들이 생각하고 느끼는 것을 있는 그대로 토로한다면, 둘은 다만 서로 눈을 마주 보면서 이렇게 말하리란 것을 직감했다. 그는 그저 '형은 죽어 가고 있다, 형은 죽어 가고 있다. 형은 죽어 가고 있다!'고만 말하고, 형은 그저 '나도 죽는 것은 알고 있다, 그러나 두렵다, 두렵다. 두렵다!'고만 대답하리라. 솔직하게 이야기한다면 그 이상 아무것도 할 말이 없을 것이다. 그러나 그렇게 지낼 수는 없었다. 그래서 레빈은 그가 지금까지 쭉 하려고 애썼지만 할 수 없었던 것, 그가 본 바로는 많은 사람이 아주 훌륭히 해내고 있으며 그것 없이는 살지 못하는 것을 다시 한 번 노력해 보려 했다. 말하자면 그는 생각한 것과 다른 말을 하려고 애썼다. 그러나 그 결과 자기 말이 거짓말처럼 느껴졌고, 또 형도 그것을 눈치채고 그 때문에 더욱 화내는 것 같았다.

도착해서 사흘째 되던 날, 니꼴라이는 동생을 불러 농업 계획을 다시 한 번 듣고, 그것을 비난했을 뿐 아니라 일부러 공산주의와 결부시켜 웃어 댔다.

"넌 그저 남의 사상을 빌린 것에 지나지 않아. 게다가 그걸 왜곡해서 전혀 엉뚱한 곳에 응용하려고 하고 있을 뿐이야."

"아니, 내 계획은 공산주의와는 아무런 관계도 없습니다. 그들은 재산·자본·유산의 정당성을 부인하지만 난 이런 주요한 자극물(레빈은 외래어 사용을 좋아하지 않았으나 예의 저술을 시작하고부터는 어느 틈에 차츰 이런 말을 자주 쓰게 되었다)을 부정하지 않습니다. 난 그저 노동을 조정하고 싶을 뿐이에요."

"거봐, 넌 남의 사상을 빌려서 그 사상에서 주안점은 잘라내 버리고, 그 나머지로 무엇인가 새로운 것을 발명한 양 떠들어대는 거야." 니꼴라이는 넥타이를 맨 목을 갑갑한 듯이 움찔거리며 말했다.

"그러니까 내 사상은 그것과는 아무런 관계도 없다고요……."

"공산주의엔." 심술궂게 눈을 반짝이고 빈정대는 미소를 띠면서 니꼴라이가 말을 잘랐다. "거기엔 적어도, 이른바 기하학적인 명쾌함이라든가 정확함이라든가 하는 아름다움이 있어. 아마도 이상향이겠지만. 그러나 가령 모든 과거를 백지상태(tabula rasa)로 돌려 무재산, 무가족이라는 것을 창조할 수만 있다면 노동도 정리될 테지. 그러나 네 가설에는 아무것도 있을 것 같지가 않는구나……."

"어째서 형님께선 그것을 혼동하시는 겁니까? 난 한 번도 공산주의자였던 적이 없습니다."

"난 있어. 확실히 때가 이르긴 했지만 합리적이고 장래성도 있는 운동이야. 마치 초창기 기독교처럼 말이지."

"내가 주장하는 것은, 그저 노동력은 자연과학 견지에서 검토해야 한다는 것뿐입니다. 즉 노동력을 연구해서 그 특질을 알고 그리고……."

"아니, 그것은 전혀 쓸데없는 짓이야. 노동력은 발달 정도에 따라서 스스로 그에 맞는 활동 형식을 찾아내니까. 처음에는 곳곳마다 노예가 있었지만 나중에는 소작인이 탄생했어. 우리나라에도 뭇갈림법이 있는가 하면 대지법(貸地法)도 있고 날품법도 있잖느냐 말이야. 그런데 네가 하고자 하는 것은 도대체 뭐냐?"

레빈은 형 말에 갑자기 발끈 화를 냈다. 마음속으로 그것이 진실일지도 모른다고 두려웠기 때문이다. 자기가 공산주의와 다른 어떤 형식들을 절충하려하고 있고, 그것이 도저히 실현될 성싶지 않다는 것이 진실일지 모른다.

"난 나와 노동자가 생산적으로 일할 수 있는 수단을 찾고 있습니다. 내가 확립하고 싶은 것은······." 그는 정색하며 대답했다.

"넌 아무것도 확립하려는 마음은 없어. 넌 다만 지금까지 그래온 것처럼 독창성을 자랑하고 싶은 것뿐이야. 네가 그저 단순히 농부들을 착취하는 게 아니라 이상을 가지고 일하는 것이라고 남들한테 보이고 싶을 뿐이야."

"형님이 그렇게 생각하신다면 그렇다고 해 둡시다." 레빈은 억누를 수 없이 왼쪽 뺨의 근육이 경련을 일으키고 있음을 느끼면서 대답했다.

"너에겐 이전부터 신념이라는 것이 없었어, 지금도 있질 않아. 넌 그저 네 자존심을 만족하게 하고자 할 뿐이야."

"됐어요, 괜찮으니까 내버려 두세요!"

"아, 내버려 두고말고! 진작 그랬어야 했는데. 제기랄, 애초에 이런 델 찾아온 것부터가 잘못이었어!"

그러고는 레빈이 아무리 달래려고 애써도 니꼴라이는 들은 체도 하지 않고, 자기들은 따로 사는 게 좋다는 말만 일관했다. 레빈은 형이 이제 산다는 것이 견딜 수 없어진 것이라고 여겼다.

형이 벌써 떠날 준비를 마쳤을 때 레빈은 또다시 그를 찾아가서 만약 뭔가 화나는 일이 있었다면 제발 용서해 달라고 멋쩍게 용서를 구했다.

"오, 너그러우시군그래!" 니꼴라이가 히죽 웃었다. "네가 스스로 옳다고 생각하고 싶다면 너한테 그 만족을 양보하지. 네가 옳아. 그러나 난 역시 가야겠다!"

정말로 떠나기 직전에 형은 동생에게 입을 맞추고 나서는 갑자기 이상스러울 만큼 진지하게 동생 얼굴을 찬찬히 들여다보았다.

"하지만 언짢게 여기지는 말아다오, 응? 꼬스쨔!" 이렇게 말하는 형의 목소리는 떨리고 있었다.

이것은 그가 했던 말 중에서 유일하게 진심이 담긴 말이었다. 레빈은 그 말에 '넌 내 건강이 좋지 않은 것을 봐서 알겠지. 아마 우리에겐 더 만날 기회가 없을 게야'하는 의미가 들어 있다는 것을 알아챘다. 그러자 그의 두 눈에서 눈물이 쏟아졌다. 그는 다시 한 번 형에게 키스했으나 한마디도 할 수 없었다. 뭐라 이야기해야 좋을지도 몰랐다.

형이 떠난 지 사흘째 되는 날 레빈도 외국으로 떠났다. 우연히 기차에서 만난 끼찌의 사촌 오빠인 니꼴라이 쉬체르바스끼는 레빈의 너무도 침울한 얼굴빛에 몹시 놀랐다.

"자네 무슨 일이 있나?" 쉬체르바스끼가 물었다.

"아니, 별로. 세상에는 즐거운 일이 적으니까."

"어째서 적다는 거야? 그럼 나하고 같이 파리로 가세. 뮐하우젠이니 하는 데는 그만두고. 그럼 즐거운 것을 얼마든지 보게 될 테니까!"

"아냐, 난 됐어. 나도 이제 살 만큼 살았고."

"아니, 정말 별소릴 다 듣네!" 쉬체르바스끼가 웃으면서 말했다. "난 이제 겨우 인생을 시작할 준비를 하였는데."

"나도 얼마 전까지는 그렇게 생각하고 있었지. 그런데 이즈막에 와서야 겨우 알았어, 나도 머지않아 죽으리라는 것을."

레빈은 자기가 요즈음 진지하게 생각하는 것을 얘기했을 뿐이었다. 그는 무엇을 보아도 그 속에서 그저 죽음이나 죽음의 접근만을 보았다. 그러나 그런만큼 그가 꾀한 계획이 마음에 걸렸다. 죽음이 찾아올 때까지는 어떻게든 삶에서 이루어야 할 일을 완수하고 싶었다. 그에게는 모든 것이 암흑으로 뒤덮여 있었다. 따라서 이 어둠 속에서 자기 사업만이 유일한 길잡이임을 느끼며 젖먹던 힘을 다해 그것을 붙들고 매달렸던 것이다.

제4편

1

까레닌 부부는 여전히 한집에서 살면서 날마다 얼굴을 맞대고는 있었지만 완전히 남남이나 마찬가지였다. 까레닌은 하인들한테 이상한 억측의 빌미를 제공하지 않기 위해 날마다 아내와 만나는 것을 규칙으로 삼고 있었다. 그러나 집에서의 식사는 피했다. 브론스끼가 이 집에 드나드는 일은 없었지만, 안나는 다른 곳에서 그를 만났고 남편도 그것을 알고 있었다.

이런 상태는 세 사람 모두에게 괴로운 것이었다. 이 상황은 곧 바뀌겠지, 결국에는 지나가 버릴 일시적인 슬픈 고난일 뿐이겠지 하고 기대하지 않으면, 그들은 단 하루도 견뎌낼 수 없었을 것이다. 까레닌은 모든 일에 끝이 있듯이 아내의 외도도 언젠가는 끝날 것이고, 너 나 할 것 없이 모두 이 문제를 잊고 자기 이름도 더럽혀지지 않은 채 끝나리라 기대했다. 안나는 이 문제를 일으킨 당사자이고 그 때문에 가장 괴로워하면서도, 머잖아 모든 매듭이 풀려 말끔히 해결되기를 기대했을 뿐만 아니라 굳게 믿었기 때문에 이 상황을 꾹 참고 있었다. 무엇이 이 상황을 해결해 줄 것인지 그녀는 전혀 알 수 없었지만 지금 당장에라도 그 무엇인가가 일어나리라는 확신이 있었다. 그래서 브론스끼도 본의 아니게 그녀의 영향을 받아 역시 자기 손을 넘어선 무엇인가가 일어나서 모든 문제를 해결해 주리라 기대하고 있었다.

이 겨울에 브론스끼는 몹시 지루한 한 주를 보냈다. 그는 뻬쩨르부르그를 찾아온 어떤 외국 황태자를 영접하는 역할을 지명받아 그에게 뻬쩨르부르그의 명소와 명물을 보여 주고 다녀야 했다. 브론스끼는 풍채가 훌륭했을 뿐만 아니라 기품 있게 처신하는 재주를 지녔고 이런 귀빈을 상대하는 데 익숙했으므로 그 일을 맡게 된 것이다. 그러나 이 임무는 그에게 매우 괴로웠다. 황태자는 러시아에서 무엇을 보고 왔느냐고 귀국 뒤에 질문받을 것 같은 이름난 곳은 하나도 놓치지 않으려고 마음먹고 있었다. 게다가 또 그도 이번 기회에 러시아 향락을 만끽해보자는 심산이었다. 그래서 브론스끼는 여기저기로 그를 안내해야만 했다. 그들은 날마다 아침나절에는 마차를 몰아 명승고적을 구경했고 밤에는 러시아 환락의 세계에 얼굴을 내밀었다. 이 황태자는 황족들 사이에서도 보기 드물게 건강한 사람이었다. 그는 체조와 세심한 건강법을 통해서 비상한 체력을 비축하고 있었으므로 무절제한 향락에 빠져 아무리 정력을 소비해도 푸르고 윤이 나는 네덜란드산(産) 오이처럼 싱싱함을 유지했다. 또한 대단한 여행가로, 요사이 교통이 편리해져서 생긴 주요한 이익 하나가 여러 나라의 고유한 쾌락을 맛볼 수 있는 것이라고 여겼다. 그가 에스파냐에 갔을 때는 거기에서 세레나데의 밤을 개최하여 만돌린을 타는 에스파냐 여자와 친해졌다. 스위스에서는 영양을 사냥했다. 영국에서는 빨간 연미복을 입고 말에 올라 장애물 경주를 했고, 내기 사냥에서 200마리의 꿩을 쏘아 떨어뜨리기도 했다. 터키에서는 하렘(後宮)을 찾았고 인도에서는 코끼리를 탔으며, 지금 여기 러시아에서는 온갖 러시아 특유의 환락을 모조리 맛보려고 했다.

이른바 황태자의 전례관(典禮官)인 브론스끼는, 수많은 사람이 이 빈객에게 제공하는 온갖 러시아식 향락을 알맞게 배치하는 것이 여간 힘들지 않았다. 러시아에는 경마도 있는가 하면 블린*¹도 있고, 곰 사냥이며 삼두마차, 집시며 러시아식으로 그릇을 깨뜨려 부수는 잔치도 있었다. 황태자는 매우 쉽게 러시아 기질을 소화하여 그릇이 놓여 있던 쟁반까지 두드려 깨고 집시 여자를 무릎 위에 올리기도 했다. 그의 얼굴은 마치 '러시아 기질이라는 것은 이밖에 또 어떤 것이 있는가? 아니면 고작 이것으로 끝인가?' 하고 묻는 것처럼 보였다.

온갖 러시아 환락 가운데 가장 황태자의 마음에 든 것은 프랑스 여배우들과 무희와 하얀 라벨의 샴페인이었다. 브론스끼는 황족들 접대에는 익숙했으나 그 자신이 요즈음 변했기 때문인지 아니면 이 황태자와 지나치게 많이 어울렸기 때문인지, 하여튼 이 일주일 동안 굉장히 괴로웠다. 그는 꼬박 일주일 내내 끊임없이, 위험한 미치광이의 바라지를 맡은 사람이 그 미치광이를 무서워함과 동시에 그와 어울림으로써 자기 이성까지 어떻게 되지 않을까 걱정하는 것 같은 느낌을 경험했다. 브론스끼는 자기가 경멸을 당하지 않으려면 엄

---

*1 얇은 핫케이크.

격하고 의례적이며 공손한 태도를 한시도 느슨히 해서는 안 된다고 마음속으로 느끼고 있었다. 러시아 유흥을 황족에게 제공하기 위해서 브론스끼가 어이를 잃을 정도로 갖은 애를 다 쓰며 노력하는 사람들에 대한 황태자의 태도는 상당히 모욕적이었다. 그가 관심을 두었던 러시아 여인에 대한 비평도 번번이 브론스끼로 하여금 분개한 나머지 얼굴을 달아오르게 할 정도였다. 그러나 브론스끼가 황태자를 유달리 못 견디게 여겼던 주된 이유는, 그가 이 황태자에게서 무심결에 자기 자신을 발견했기 때문이었다. 그리고 그가 이 거울 속에서 본 것은 그의 자존심을 만족하게 하지 않았다. 그것은 지극히 어리석고 지극히 자만심이 강하며, 너무나 건강하고 너무나 청결한 사람이었다. 그러나 그 이외의 아무것도 아니었다. 확실히 그는 신사였다. 브론스끼도 그것은 부정할 수 없었다. 그는 지체 높은 사람에는 대등한 태도로 대하며 아부하지 않았다. 동년배에게는 자유롭고 솔직했다. 그리고 신분이 낮은 사람에게는 자못 깔보는 듯한 친절을 베풀었다. 브론스끼 자신도 마찬가지였다. 그는 이제껏 그것을 크나큰 미덕으로 여기고 있었다. 그러나 이 황족보다 신분이 낮은 그는, 이렇게 상대를 내려다보는 친절을 받게 되자 화가 머리끝까지 치솟았다.

'쇠고기같이 어리석은 녀석! 나도 혹시 저렇지 않을까?' 그는 생각했다.

하여튼 이레째에 모스끄바로 떠나는 황족에게 인사를 하고 감사의 말을 들었을 때, 그는 이 거북스러운 상황과 불쾌한 거울로부터 드디어 빠져나오게 되어 안도의 한숨을 내쉬었다. 그는 하룻밤 내내 러시아식 용맹의 표시를 같이한 곰 사냥에서 돌아오는 도중 정거장에서 그 황족과 헤어졌다.

2

브론스끼가 집으로 돌아와 보니 안나에게서 편지가 와 있었다. 그녀는 이렇게 썼다. '나는 몸이 아프고 쓸쓸합니다. 외출할 수도 없지만 더는 당신을 뵙지 않고 견딜 수 없어요. 오늘 밤에 와 주세요. 남편은 7시에 회의에 나가서 10시까지는 돌아오지 않으니까요.' 그를 집으로 들이지 말라는 남편의 요구가 있었음에도 그녀가 집으로 부른 것이 조금 이상하다고 생각은 했지만, 아무튼 그는 가기로 했다.

브론스끼는 이번 겨울에 대령으로 승진했으므로 연대를 나와서 혼자 살고 있었다. 점심을 끝내자마자 그는 곧 소파 위에 누웠다. 그리고 한 5분간, 요 며칠 동안 그가 목격한 온갖 추악한 광경의 회상이 안나의 모습과 곰 사냥에서 중요한 역할을 한 몰이꾼의 모습과 한데 뒤얽혀 하나로 묶여 버렸다. 그러는 사이에 그는 깊은 잠에 빠졌다. 그는 어두워져서야 두려움에 몸을 떨면서 잠을 깼다. 그리고 얼른 초에 불을 붙였다. '그게 뭘까? 꿈에서 본 그 무시무시한 것은 뭘까? 그래, 맞아. 분명히 그 몰이꾼이었어. 수염이 텁수룩하고 자그마한 험상궂은 농부가 웅크리고 무엇인가 하고 있다가 갑자기 프랑스어로 어떤 이상야릇한 말을 뇌까리기 시작했어. 그렇다. 꿈에 나온 건 그게 전부였어.' 그는 자신에게 말했다. '그런데 그게 어째서 그처럼 무서웠을까?' 그는 또다시 농부와 그 농부가 뇌까린 뜻 모를 프랑스어를 떠올리자, 찬물을 쭉 끼얹은 듯한 오싹한 두려움이 등골을 내달렸다.

'이런 어리석은 일이 다 있담!' 브론스끼는 생각했다. 그리고 손목시계를 들여다보았다.

벌써 8시 반이었다. 그는 벨을 눌러 하인을 부르고는 부랴부랴 옷을 갈아입고 나서, 꿈 따위 까맣게 잊고 약속 시간에 늦은 것만을 걱정하며 입구 층층대로 나갔다. 까레닌가의 현관에 다가가면서 다시 시계를 보니 9시 10분 전이었다. 한 쌍의 잿빛 말을 채운, 높이가 높고 폭이 좁은 마차가 현관 앞에 서 있었다. 그는 그것이 안나의 마차임을 알았다. '아아, 나한테 오려는 거로군.' 브론스끼는 생각했다. '그래 주는 편이 더 좋았을 것을. 나로선 어쩐지 이 집에 들어가는 것이 유쾌하지 않으니까. 그러나 아무려면 어때, 어차피 숨을 수는 없다.' 그는 이렇게 중얼거리고는 어렸을 때부터 몸에 익힌, 예의 아무것도 부끄러워할 것 없다는 사람의 태도로 썰매에서 내려 문 쪽으로 다가갔다. 때마침 현관문이 열리고 한 손에 담요를 든 문지기가 마차를 불렀다. 브론스끼는 본디 자질구레한 것에는 주의하지 않는 성격이었으나, 이때만은 문지기가 그를 힐끔 쳐다보았을 때 깜짝 놀란 표정을 알아챘다. 바로 문간에서 브론스끼는 하마터면 까레닌과 부딪칠 뻔했다. 가스등 불빛이 검은 모자 밑의 핏기 없이 해쓱한 얼굴과 수달피 외투 안에서 반짝이는 하얀 넥타이를 똑바로 비추고 있었다. 미동도 없는 흐리멍덩한 까레닌 눈이 느닷없이 브론스끼 얼굴에 멎었다. 브론스끼는 인사를 했다. 그러자 까레닌은 어금니를 물고 한 손으로 모자를 잡고 나서 그냥 지나쳐 버렸다. 브론스끼는 그가 돌아다보지도 않고 마차에 오르더니 창문으로 담요와 오페라글라스를 받고 몸을 숨겨 버리는 것을 보았다. 브론스끼는 현관으로 들어갔다. 미간에는 주름이 잡히고 눈에는 독기가 서린 오만한 빛이 번쩍이고 있었다.

'이거 입장이 딱해졌군!' 그는 생각했다. '만약 저자가 싸워서 자기 명예를 지키려고 한다면, 나도 그에 맞서 내 감정을 표현할 수 있으련만. 저런 나약함과 비열함으로는 어쩔 수도 없다…… 저자는 날 사기꾼으로 만들려는 속셈이지만 난 그런 취급은 본디부터 딱 질색이야.'

브레제 부인의 뜰에서 안나와 이야기를 주고받고 난 이래로 브론스끼의 생각은 크게 바뀌었다. 그에게 온몸을 다 바치고, 앞으로 무슨 일이 있어도 받아들일 각오로 자기 운명을 그의 결정에 맡긴 안나의 가냘픔에, 그는 자신도 모르게 영향받았다. 그래서 이 관계가 그때 자기가 생각했던 것처럼 결말이 날 수 있으리라고는 벌써 오래전부터 생각하지 않게 되었다. 그의 야심만만한 계획은 다시 뒤쪽으로 물러나 버렸다. 그는 모든 것이 확실하게 정해져 있는 활동권 밖으로 벗어나 완전히 감각에 의지하여 나아가고자 하는 자신을 느꼈다. 그리고 이런 느낌은 더욱더 강하게 그를 그녀와 연결해 주었다.

아직 현관에 있던 그는 그녀의 멀어져 가는 발소리를 들었다. 분명 그가 오기를 기다리며 귀를 기울이던 그녀가 지금 객실로 돌아가려는 것이다.

"이젠 싫어요!" 그녀는 그를 보자 외쳤다. 그리고 그 첫마디와 동시에 그녀 눈에서는 눈물이 흘러내렸다. "싫단 말이에요, 이런 상태가 계속되다간, 정말이지 훨씬 일찍, 훨씬 일찍 그 일이 일어나 버릴 거예요!"

"뭐가요?"

"뭐냐고요? 난 괴로운 심정으로 당신을 기다리고 있었어요, 한 시간, 두 시간…… 아녜요, 그만둘래요!……당신과 입씨름을 할 수는 없어요. 틀림없이 빨리 오지 못한 이유가 있었을 거예요. 그러니까 이제 아무 말도 하지 않겠어요!"

그녀는 두 손을 그의 어깨에 얹었다. 그리고 오래오래 환희에 넘치는, 동시에 시험하는 듯한 깊숙한 눈동자로 그를 찬찬히 바라보았다. 그녀는 그를 만나지 못하는 동인에도 그의 얼굴을 하나하나 마음속에 그리고 있었다. 그리고 그를 만나면 언제나 그러하듯이, 실제 그의 모습과 상상 속에서 그리던 모습(현실에는 도저히 있을 수 없을 만큼 실제보다 훨씬 훌륭한 모습이었다)을 하나로 합치는 것이었다.

3

"당신, 그분을 만나셨죠?" 그녀는 그들이 램프를 밝힌 탁자 옆에 자리를 잡았을 때 물었다. "늦게 오신 벌이에요."

"그래요, 그런데 어떻게 된 일입니까? 그는 회의에 갔어야 하는 거 아닙니까?"

"갔다가 돌아온 거예요, 그리고 또 어딘가로 나가는 길이었어요. 그러나 아무래도 좋아요. 이런 얘긴 그만두기로 해요. 그런데 당신이야말로 어디에 계셨죠? 내내 그 황족하고 같이 계셨어요?"

안나는 브론스끼의 그 어떤 작은 일이라도 다 알고 있었다. 그는 어젯밤 한 잠도 못 잤기 때문에 깜빡 잠이 들어 버렸노라고 얘기하려 했으나, 그녀의 상기된 행복한 얼굴을 보고 있자니 어쩐지 쑥스러워졌다. 그래서 그는 황족의 출발 보고를 해야 했기 때문에 늦었다고 말했다.

"그러면 이제 끝난 거죠? 그분은 떠나셨죠?"

"다행히도 겨우 끝났어요. 그것이 얼마만큼 괴로운 일이었는지 당신은 좀처럼 믿지 못하실 겁니다."

"어머나, 왜요? 그것은 당신네 젊은 남자들의 일상생활이잖아요." 그녀는 눈살을 찌푸리며 말했다. 그러고는 탁자에 놓여 있던 뜨개질감을 들더니 브론스끼 쪽은 보지 않고, 그 안에서 뜨개바늘을 빼내기 시작했다.

"난 그런 생활은 벌써 오래전에 그만뒀어요." 그는 그녀 표정이 변한 것에 놀라 그 의미를 간파하려고 애쓰면서 말했다. "하나 더 고백하자면 말입니다." 그는 자잘하게 쪽 고른 하얀 이를 드러내 보이면서 웃었다. "난 이 일주일 동안 그런 생활을 관찰하면서, 마치 거울에 비친 내 모습을 보는 기분이었습니다. 나에게는 그것이 불쾌해서 견딜 수가 없었죠."

그녀는 뜨개질감을 손에 들고 있으면서도 뜨려고는 하지 않고, 야릇한 빛을 띤 경계하는 눈동자로 그를 찬찬히 바라보고 있었다.

"오늘 아침 리자가 집에 들렀어요. 그들은 리지야 백작부인은 아랑곳하지 않고 지금도 예사로 나한테 찾아와 주시고 있어요." 그녀가 말했다. "그리고 당신네가 보낸 난잡한 밤에 관해 죄다 얘기해 주셨지 뭐예요. 정말, 어쩌면 그런!"

"아니, 내가 하려던 말은……." 그녀는 그를 가로막았다.

"상대인 테레제는 그전부터 잘 알고 지내던 사이죠?"

"그러니까 내 말은……"

"정말, 당신네 남자들은 어쩌면 그렇게도 지저분한지 모르겠어요! 당신넨 상상도 못하시겠죠. 여자는 여간해선 그런 것을 잊을 수 없다는 것을." 그녀는 더욱더 흥분하여 그렇게 함으로써 자기 분노의 원인을 그에게 털어놓으면서 말했다. "특히 당신네 생활을 전혀 알 수 없는 처지에 있는 여자는 더욱 그래요. 내가 무엇을 알아요? 내가 무엇을 알아왔죠? 당신이 얘기해 주시는 것뿐이잖아요. 하지만 당신이 진실을 말하고 있는지 아닌지 내가 어떻게 알겠어요……"

"안나! 당신은 날 모욕하고 있군요. 그럼 당신은 정말 날 믿지 않는다는 겁니까? 내겐 당신에게 숨기고 싶은 것 따위는 전혀 없다고 전에도 말하지 않았습니까!"

"네, 그래요, 그랬어요." 그녀는 질투의 상념을 내쫓으려고 애쓰면서 말했다. "하지만 내가 얼마나 괴로운지 당신이 알아주신다면! 그래요, 난 당신을 믿어요, 당신을 믿고 있어요…… 그런데 당신이 말하려던 것은 무엇이었나요?"

그러나 그는 자기가 하려던 말을 얼른 생각해 낼 수 없었다. 요즈음 더욱더 자주 일어나게 된 그녀의 이런 질투의 발작은 그를 두렵게 했고, 그녀에 대한 사랑도 점점 식게 하였다. 그는 질투의 원인이 자기에 대한 사랑임을 알고 있었고 그런 태도를 겉으로 드러내지 않으려고 무척 애도 썼지만 어쩔 수 없었다. 대체 몇 차례나 그는 그녀의 사랑이 곧 행복이라고 생각해 왔던가. 그리고 실제로 그녀는, 인생의 어떤 행복보다도 사랑을 가장 중시하는 여자의 방식으로 그를 사랑하고 있다. 그러나 그녀의 뒤를 따라서 모스끄바를 떠났던 무렵과 비교한다면, 그는 그러한 행복에서는 훨씬 멀어져 있었다. 그때 그는 자기가 불행하다고 여기고 있었지만 어쨌든 앞날의 행복을 응시하고 있었다. 그러나 지금에 와서 그는 최상의 행복이 이미 지나가 버렸다는 생각이 자꾸 들었다. 그녀는 그가 처음 보았을 무렵과는 완전히 달라졌다. 정신적으로도 육체적으로도 그녀는 나쁜 쪽으로 변해 있었다. 온몸은 옆으로 턱 퍼졌고, 조금 전 여배우에 대해 이야기를 했을 때는 온 얼굴이 일그러질 정도로 심술궂은 표정을 짓고 있었다. 그는 꽃의 아름다움을 사랑한 끝에 그것을 꺾어 버리고 나서야 자기 손안에서 시들어 버려 더는 그 아름다움을 찾을 수 없는 꽃을 바라보는 사람처럼 그녀를 바라보았다. 그러나 한때 자기 사랑이 훨씬 강렬했던 무렵에는 굳이 바란다면 자기 심장에서 그 사랑을 뽑아낼 수도 있을 것 같았는데,

그녀에게 조금도 사랑을 느끼지 않는 것 같은 지금은 오히려 그녀와의 관계를 도저히 부술 수 없음을 깨달았다.

"그래서 당신이 황족에 관한 일로 얘기하려던 건 무엇이었나요? 괜찮아요, 악마는 이미 멀리 내쫓아 버렸어요." 그녀는 덧붙였다. 그들은 질투를 악마라고 부르고 있었다. "그러니 어서, 아까 황족에 대해서 무엇을 말씀하시려고 했어요? 어째서 그것이 그렇게 괴로우셨나요?"

"아니! 정말 참을 수 없었어!" 그는 잃었던 생각의 실마리를 붙잡으려고 애쓰면서 말했다. "그 사람은 가깝게 사귀면 사귈수록 빛을 잃는 부류예요. 한마디로 정의 내린다면, 품평회에서 1등 상패를 받을 만큼 잘 먹고 잘 자란 가축일 뿐 그 이상은 아무것도 아녜요." 그가 열통적으로 말하자 안나는 호기심을 보였다.

"어머나, 어째서요?" 그녀가 되물었다. "그분은 견문이 넓고 교양 있는 분이잖아요?"

"그런데 그건 전혀 다른 교양입니다. 그 사람들이 말하는 교양이니까요. 그들은 그저 교양을 경멸할 권리를 얻기 위해서만 교양을 쌓는 거죠. 그런 사람들은 동물적인 쾌락 이외의 것은 모두 경멸하고 있어요."

"그렇지만 당신네 남자들은 모두 그런 동물적인 쾌락을 좋아하시잖아요." 그녀가 말했다. 브론스끼는 거기에서 또다시 그를 피하는 그녀의 어두운 눈동자를 보았다.

"어째서 당신은 그처럼 그 사람을 변호하는 겁니까?" 그는 살며시 미소를 지으면서 말했다.

"난 아무도 변호하고 있지 않아요. 나와는 아무래도 상관없는 일이에요. 그러나 스스로 그런 쾌락을 좋아하지 않으시다면 거절하실 수도 있었으리라고 생각해요. 하지만 당신도 이브의 모습을 한 테레제를 보고 즐거워하셨겠지요……."

"또, 또 악마가 왔군요!" 브론스끼는 탁자 위에 놓인 그녀 손을 잡고 입을 맞추면서 말했다.

"그래요, 하지만 그렇게 생각하지 않을 수 없는 걸요! 당신은 내가 당신을 기다리면서 얼마나 외로운지 몰라요! 난 내가 결코 샘을 잘 내는 여자는 아니라고 생각해요. 질투는커녕 당신이 이렇게 내 곁에 계시는 동안은 난 당신을 완전히 믿어요. 그렇지만 당신이 혼자 어디선가 내가 모르는 생활을 한다고 생각하면……."

그녀는 그의 곁에서 떨어져 마침내 뜨개질감에서 뜨개바늘을 꺼냈다. 그러자 집게손가락의 도움으로 램프 불빛 밑에서 반짝이는 하얀 털실 고리가 연이어 재빨리 생겨났고, 자수가 놓인 옷소매 속 가느다란 손목이 날쌔게 신경질적으로 춤추기 시작했다.

"그래서 어떻게 됐어요? 남편과는 어디서 만나셨어요?" 갑자기 그녀의 목소리가 부자연스럽게 울렸다.

"문간에서 딱 부딪쳤습니다."

"그분은 당신에게 이렇게 인사했죠?"

그녀는 턱을 잡아당기며 눈을 반쯤 감고 얼른 표정을 바꾸며 팔짱을 껴 보았다. 그러자 브론스끼는 돌연 그녀의 아름다운 얼굴에서, 까레닌이 그에게 인사했을 때 그것과 똑같은 표정을 보았다. 그는 빙그레 웃었다. 그러자 그녀는 자기의 주요한 매력 중 하나인 가슴에서 울려 나오는 것 같은 귀여운 웃음으로 명랑하게 웃었다.

"난 그를 도무지 이해하지 못하겠습니다." 브론스끼가 말했다. "별장에서 당신의 고백을 듣고 당신과 헤어지기라도 했다면, 아니면 나에게 결투를 청하기라도 했다면…… 그것도 아니고, 정말 속을 모르겠습니다. 정말 그 사람은 어떻게 이런 상황을 참고 견딜 수 있을까요? 그도 괴로워하고 있습니다. 그것은 확실한데."

"그 사람이?" 그녀는 냉소를 띠고 말했다. "그는 완전히 만족하고 있어요."

"하려고만 하면 어떻게든 상황이 훨씬 좋아질 수도 있으련만, 어째서 왜 우린 다 같이 이처럼 괴로워하고만 있을까요?"

"아뇨, 그 사람만은 그렇지 않아요. 내가 그의 온몸에 배어 있는 허위를 모르겠어요? 그가 조금이라도 사람다운 감정이 있으면, 지금 나하고 사는 것과 같은 생활을 계속해 나갈 수 있을까요? 그는 아무것도 몰라요. 아무것도 느끼지 않아요. 조금이라도 무엇인가를 느낄 줄 아는 사람이 어떻게 부정한 아내와 한집에서 살 수 있겠어요? 그 여자를 당신이니 하고 부를 수가 있겠어요?"

그녀는 또다시 무심코 남편 흉내를 냈다.

"당신, 이거 봐, 당신, 안나! 그는 남자도 사람도 아니에요, 그는 인형이에요.

아무도 모르지만 난 잘 알고 있어요. 아아! 내가 만약 그 사람이었다면, 난 정말 나 같은 아내는 벌써 죽여 버리고 말았을 거예요. 갈기갈기 찢어 버렸을 거라고요. 그리고 절대로 '이거 봐, 안나' 하면서 부르지 않을 거예요. 그는 인간이 아녜요, 관료란 이름의 기계죠. 그 사람은 내가 당신의 아내라는 것, 자기가 남이며 방해꾼이라는 것을 모르고 있어요…… 그러나 이제 그만두죠, 이제 그만 해요, 그런 얘긴!"

"그렇게 생각하지 마요, 안나." 브론스끼는 그녀 마음을 가라앉히려고 애쓰면서 말했다. "그러나 어쨌든 그 사람 얘긴 이제 그만둡시다. 그보다도 요즘 내내 당신이 무엇을 하고 계셨는지나 말씀해 주십시오. 도대체 무슨 일이 있었습니까, 병이라니요, 의사는 뭐라고 했습니까?"

그녀는 익살스러운 기쁨을 눈에 담아 그를 바라보고 있었다. 아무래도 남편의 우스꽝스럽고 유별난 면을 더 발견하고, 그걸 입 밖에 내놓을 기회를 기다리고 있는 표정이었다.

그러나 브론스끼는 이야기를 계속했다.

"그것은 병이 아니라 뱃속 아기 때문 아닙니까? 그런데 예정은 언제쯤이죠?"

그녀 눈에서 익살스러운 광채는 사라졌지만 또 다른 미소(그가 모르는 무언가를 알고 있다는 의식과 조용한 슬픔의 미소)가 그 표정을 대신했다.

"곧이요, 곧이에요. 당신은 우리의 이런 상황이 괴로우니까 빨리 끝장을 내야 한다고 말씀하셨지요. 그렇지만 나도 그 때문에 얼마나 괴로운지 살펴 주셨으면 해요. 그리고 자유롭고 대담하게 당신을 사랑할 수만 있다면 어떤 희생이라도 치를 수 있어요! 그럼 나도 더는 괴롭지 않고 질투로 당신을 괴롭히는 일도 없겠죠…… 하지만 그 일은 우리가 생각하는 것처럼 금방은 되지 않을 거예요."

그것이 어떻게 일어날지 생각하니, 그녀는 자기 자신이 몹시 가엾게 여겨져서 눈물이 쏟아져 나와 다음 말을 계속할 수 없었다. 그녀는 램프 불빛에 반짝이는 반지를 낀 하얀 손을 가만히 그의 옷소매에 얹었다.

"그것은 우리가 생각하는 대로 되지 않을 거예요. 이런 식으로 당신에게 말씀드리고 싶지는 않았지만, 당신께서 이렇게 만드셨어요. 곧, 곧 모든 것이 끝날 거예요. 그러면 우린 모두, 모두 마음을 가라앉히고 다시는 괴로워하는 일도 없을 거예요."

"난 도무지 모르겠습니다." 그는 잘 알면서도 이렇게 말했다.

"당신은 언제쯤이냐고 물었죠? 곧이에요. 그리고 난 그것을 무사하게 넘기지 못할 거예요. 아니, 계속 얘기하게 해 주세요!" 그녀는 얼른 말을 계속했다. "난 알고 있어요, 정확하게 알고 있어요. 난 죽을 거예요. 그리고 죽어서 나와 당신을 구한다는 것이 정말 기뻐요."

그녀의 두 눈에서 눈물이 흘러내렸다. 그는 그녀 손 위로 몸을 구부리고 입을 맞추면서 어떻게든 자기의 동요를 숨기려고 노력했다. 그는 그 동요가 아무런 근거도 없음을 알고는 있었지만, 도저히 그것을 억누를 수 없었다.

"그래요, 그게 가장 나아요." 그녀는 그의 손을 꼭 쥐면서 말했다. "그것만이, 우리에게 남은 단 하나의 방법이에요."

그는 정신을 차리고 고개를 들었다.

"쓸데없는 소리! 무슨 쓸데없고 어리석은 소릴 다 하십니까!"

"아녜요, 이것은 진실이에요."

"무엇이, 무엇이 진실입니까?"

"내가 죽는다는 것 말이에요. 난 꿈을 꿨어요."

"꿈?" 브론스끼는 이렇게 되풀이한 순간, 꿈속에서 본 농부가 떠올랐다.

"네, 꿈을." 그녀가 말했다. "벌써 오래전부터 그런 꿈을 꾸고 있어요. 꿈속에서, 난 무엇인가를 가지러, 확인할 게 있어서 내 방으로 뛰어들어가요. 당신도 알겠지만 꿈에서는 이런 일이 흔히 있잖아요?" 그녀는 두려움으로 눈을 둥그렇게 뜨면서 말했다. "그러면 침실 한쪽 구석에 무언가가 서 있어요."

"아아, 어쩌면 그런 어리석은 소릴 다! 어떻게 그런 것을 믿을 수 있습니까……."

그러나 그녀는 그가 자기 말을 가로막게 내버려 두지 않았다. 지금 이야기하는 것은 그녀에게는 너무나 중요한 것이었다.

"그런데 그 무언가가 이쪽을 홱 돌아보는 거예요. 그것은 수염이 텁수룩하고 자그마한, 무섭게 생긴 농부예요. 난 도망치려고 하는데 그가 자루 위로 몸을 구부리곤 두 손으로 한창 무엇인지를 뒤적뒤적 찾는 거예요……."

그녀는 그 사내가 자루 속을 뒤적거리는 모습을 흉내내 보였다. 그녀 얼굴에는 두려움이 서려 있었다. 그러자 브론스끼도 자기 꿈을 떠올리며 똑같은 공포가 마음을 침식해 가는 것을 느꼈다.

"그는 무언가를 찾으면서 아주 잽싸게 프랑스어로 지껄여요. '쇠를 두드려 부수고 반죽해야 돼……' 난 어찌나 무서운지 얼른 잠을 깨야겠다 싶어서 눈을 떠요…… 그런데 눈을 떠도 여전히 꿈속이죠. 그래서 이게 도대체 무슨 의미일까 하고 자신에게 물어보면 꼬르네이가 나에게 '당신은 산고(産苦)로 돌아가실 거예요, 산고로, 마님……' 이렇게 말하는 거예요. 그리고 거기에서 정말로 잠에서 깨요……"

"무슨 쓸데없는, 어찌 그리 어리석은 소릴 합니까!" 브론스끼는 이렇게 말했으나 그 역시 자신의 목소리에 아무런 확신도 없음을 느꼈다.

"하지만, 이런 얘긴 그만둬요. 그보다 벨을 눌러 주세요. 차를 들여오도록 할 테니. 아, 잠깐만요, 나도 이제 얼마 남지 않았으니……"

그러나 갑자기 그녀는 움직임을 멈추었다. 그녀 표정이 순간적으로 바뀌었다. 공포와 흥분이 사라지고 갑자기 귀를 기울이고 있는 듯한 조용하고 엄숙한, 행복한 표정이 떠올랐다. 그는 그 변화의 의미를 이해할 수 없었다. 그녀는 자기 안에서 새로운 생명이 움직이는 것을 감지한 것이다.

4

까레닌은 자기 집 입구 층층대에서 브론스끼와 마주치고서 예정대로 이탈리아 가극장으로 말을 몰았다. 그는 거기에서 2막이 끝날 때까지 있으면서 만나야 할 사람들은 다 만났다. 집으로 돌아온 그는 주의 깊게 옷걸이를 살폈고 거기에 군인 외투가 걸려 있지 않은 것을 보고 언제나처럼 곧장 자기 방으로 갔다. 그러나 평소와는 달리 바로 잠자리에 들지 않고 새벽 3시까지 방 안을 서성거렸다.

체면을 지키려고도 하지 않고 집에 애인을 끌어들여서는 안 된다는 오직 한 가지 조건마저도 무시해 버린 아내에 대한 분노로 그는 안정을 찾을 수 없었던 것이다. 그녀는 그의 요구를 이행하지 않았다. 그러므로 그는 미리 일러둔 대로 그녀를 벌하기 위해, 이혼을 요구해서 아들을 빼앗아 버려야 했다. 그는 그것이 좀처럼 손쉬운 일이 아니라는 것을 알고 있었지만 그리하겠다고 언명한 이상, 지금이야말로 그 위협을 실행해야 할 판국이다. 리지야 백작부인도 그의 상황을 타개하기에는 그것이 가장 좋은 방법이라고 몇 차례나 암시했고, 또 최근에는 이혼이 늘어나 이런 경우를 다루는 절차가 완벽하게 이루어져 있으므로 까레닌 자신도 형식상 곤란을 극복할 수 있으리라고 보았다. 더욱이 불행은 한꺼번에 일어난다는 말처럼, 이민족 대우 문제와 자라이스크 현 토지 관개 문제 탓에 공무상 말썽이 끊이지 않았으므로, 그는 요즈음 쭉 극도로 열이 오른 상태였던 것이다.

그는 밤새 한숨도 자지 못했다. 그리고 부풀어 오를 대로 부푼 그의 분노가 아침 무렵에는 극에 이르렀다. 그는 얼른 옷을 갈아입고 마치 분노가 가득 찬 그릇을 나르면서 한 방울도 엎지르지 않겠다는 태도로, 동시에 그 분노와 함께 아내와 담판을 짓기 위해 필요한 힘을 잃지 않겠다고 굳게 다짐한 듯한 태도로, 아내가 일어났다는 것을 알자마자 그녀 방으로 들어갔다.

안나는 평소 남편에 대해서는 속속들이 다 안다고 여기고 있었으나, 그가 자기 방에 들어왔을 때 얼굴빛에는 매우 놀랐다. 이마는 일그러져 있고, 눈은 그녀의 시선을 피하며 음울하게 앞을 바라보고, 입은 경멸하고 얕잡는 듯이 굳게 닫혀 있었다. 걸음걸이에도 몸짓에도 목소리에도, 아내가 아직 한 번도 본 적 없는 결연함과 단호함이 깃들어 있었다. 그는 방으로 들어오더니 그녀에게는 인사도 하지 않고 곧장 그녀 책상 쪽으로 가서 열쇠로 서랍을 열었다.

"뭘 찾는 거죠?" 그녀가 외쳤다.

"당신 애인의 편지." 그는 말했다.

"그런 건 여기 없어요." 그녀는 서랍을 닫으면서 말했다. 하지만 그는 그녀의 이 태도로 보아 자기 짐작이 틀림없음을 눈치챘다. 그는 사납게 그녀의 손을 밀치고, 그녀가 가장 중요한 서류를 넣어 두는 것을 알고 있던 종이끼우개를 얼른 붙잡았다. 그녀는 서류철을 빼앗으려고 했지만, 그가 그녀를 밀어제쳤다.

"앉아! 당신한테 할 얘기가 있어." 그는 서류철을 겨드랑이 밑에 끼고 어깻죽지가 쳐들릴 만큼 단단히 팔꿈치로 누르면서 말했다.

그녀는 소스라치게 놀라 아무 말도 못하고 그를 바라보았다.

"난 당신한테 정부를 집에 끌어들여선 안 된다고 미리 얘기해 두었어."

"그 사람을 만나야만 할 일이 있었기 때문이에요, 그것은……."

그녀는 아무 구실도 찾아내지 못하고 궁지에 빠졌다.

"여편네가 정부를 만나는 이유 같은 걸 끄덕끄덕 듣고 있을 생각은 없어."

"그 이유는, 난 그저……." 그녀가 핏대를 올려 말했다. 그의 사나운 태도에 대한 분노가 그녀에게 용기를 주었다. "도대체 당신은 날 손쉽게 모욕할 수 있는 위치에 있다는 것을 모르는 모양이로군요?" 그녀는 말했다.

"바른 남자와 바른 여자 사이라면 모욕이 성립할 수도 있지만, 도둑놈을 보고 도둑놈이라고 하는 것은 단순한 '사실 확인'에 지나지 않아."

"당신에게 이런 잔인한 면이 있는 줄은 미처 몰랐어요."

"남편이 아내에게 체면만 지켜달라는 조건으로, 훌륭하게 명예를 보호해 주면서 자유까지 주는데 당신은 잔인하다고 하는군. 이것이 잔인한 건가?"

"그것은 잔인보다도 더 나빠요. 원하신다면 말씀드리죠. 그건 비열하다고 하는 거예요!"

안나는 증오심을 폭발시켜 이렇게 소리치고는 일어서서 그 길로 나가려고 했다.

"틀려!" 그는 특유의 날카로운 목소리를 어느 때보다도 더한층 높여 외쳤다. 그리고 큼직한 손가락으로 팔찌 자국이 새빨갛게 남을 만큼 그녀 팔을 세차게 붙들어 강제로 그녀를 자리에 앉혔다. "비열? 당신이 그런 말을 쓰고 싶다면 얼마든지 가르쳐 주지. 애인 때문에 남편과 아들을 버리고도 예사로 남편의 빵을 먹는 걸 바로 비열하다고 하는 거야!"

그녀는 고개를 떨어뜨렸다. 전날 밤 애인에게 그가 그녀의 진짜 남편이고 지금의 남편은 방해꾼이라고 이야기한 것은, 입 밖에 내지도 않았을뿐더러 생각조차 하지 않았다. 그녀는 그의 말이 어디까지나 옳다고 느껴졌으므로 그저 조용조용히 이렇게 말했다.

"내 비루한 처지는 당신께서 뭐라고 말씀하시든, 나 스스로 가장 잘 알고 있어요. 그런데 도대체 무엇 때문에 굳이 그런 말씀을 하시는 거죠?"

"무엇 때문에 그런 말을 하느냐고? 무엇 때문이냐고?" 그는 여전히 화가 난 투로 말을 계속했다. "체면을 지키라는 내 뜻을 당신이 무시했으니까, 나도 이 상황을 끝내기 위한 수단을 취하겠다는 것을 당신에게 알려 주기 위해서요."

"이대로 놔둬도 곧, 곧 끝이 날 거예요." 그녀는 말했다. 그리고 지금에 와서는 소원이 되다시피 한 죽음에 생각이 미치자 그녀 눈에 다시 눈물이 핑 돌았다.

"당신이 정부와 둘이서 꾸미는 것보다 빨리 끝장이 나겠지! 당신들에게 필요한 건 동물적인 욕정을 만족시키는 것이니까……."

"까레닌! 이제 와서 당신이 냉정하다고는 말씀드리지 않겠지만, 너무 점잖지 못하군요. 이미 쓰러진 사람을 발로 차다니.”

“그래, 당신은 그렇게 언제나 자기만 생각하고 당신 남편이었던 인간의 고뇌 따위는 조금도 아랑곳하지 않아. 당신에겐 남편 인생이 망그러지든, 그가 얼마나 초…… 초…… 초체해지든, ……전혀 상관없겠지.”

까레닌은 너무 빨리 말하다가 혀가 꼬여 도저히 이 ‘초췌’라는 말을 발음할 수 없었다. 그래서 결국 ‘초체’로 발음하고 말았다. 그것이 그녀는 우스웠지만, 곧 이런 순간에 무언가를 우습게 느낄 수 있다는 점이 부끄러웠다. 그리고 처음으로 한순간 그의 마음을 헤아리고 그의 입장에 서서 그를 동정했다. 그러나 그녀가 무슨 말을 하고 무엇을 해 줄 수 있겠는가? 그녀는 그저 고개를 떨어뜨리고 잠자코 있었다. 그도 잠시 침묵을 지켰다. 그러나 이내 이번에는 쨍쨍거리지 않는 싸늘한 목소리로 특별한 의미도 없이 대충 선택한 말을 하나하나 힘을 주면서 이야기하기 시작했다.

“내가 당신에게 얘기하려는 것은…….” 그가 말했다.

그녀는 그를 올려다보았다. ‘아냐, 그것은 내 착각이었을 뿐이야.’ 그녀는 그가 ‘초췌’라는 단어에 혀가 꼬였을 때 표정을 떠올리면서 생각했다. ‘아냐, 이런 흐릿한 눈을 하고 자기만족에 겨워 있는 인간이 정말 무언가를 느낄 수나 있을까?’

“난 아무것도 바꿀 수 없어요.” 그녀가 중얼거렸다.

“난 내일 모스끄바로 떠나겠소. 그리고 이 집에는 두 번 다시 돌아오지 않겠어. 당신은 이혼 변호사한테서 내 결정에 대한 통보를 듣게 될 거야. 난 당신한테 이 말만을 하러 왔소. 그리고 아들은 누님한테 맡기겠소.” 까레닌은 아들에 대해 이야기하고 싶었던 것을 가까스로 생각해 내면서 말했다.

“당신은 날 괴롭히기 위해 세료쥐아를 원하는 거군요.” 그녀는 눈을 치켜뜨고 남편을 노려보면서 말했다. “그 애를 사랑하지도 않으면서…… 세료쥐아는 놔두고 가세요!”

“그래, 난 아들에 대한 사랑마저 잃었어. 그것은 당신에 대한 혐오감이 그 아이에게로 옮아갔기 때문이야. 그러나 어쨌든 그 애는 내가 데리고 가겠어, 그럼 이만!” 이렇게 말하고 그는 나가려 했다. 그러나 이번에는 그녀가 그를 붙들었다.

“까레닌, 세료쥐아는 놔두세요!” 그녀는 다시 한 번 속삭였다. “그것 말고는 아무것도 바라지 않아요. 그저 세료쥐아를, 세료쥐아만은 놔두고 가 주세요…… 난 곧 아길 낳게 돼요. 그 애는 놔두고 가세요!"

까레닌은 발끈하여 그녀가 잡는 손을 뿌리치고 말없이 방에서 나가 버렸다.

5

유명한 뻬쩨르부르그의 변호사 응접실은 까레닌이 들어갔을 때 사람으로 가득 차 있었다. 손님인 세 부인―노파와 젊은 여자와 상인의 아내―과 세 신사―반지를 낀 독일인 은행가, 수염을 기른 상인, 문관 제복을 입고 목에 십자가를 건 초조한 얼굴의 관리―는 벌써 꽤 오랫동안 기다린 성싶었다. 두 조수는 펜 소리를 삭삭 내면서 책상 앞에 앉아 서류를 쓰고 있었다. 까레닌은 문방구에 상당한 취미를 갖고 있었는데, 여기 있는 것들은 특히 뛰어난 고급품들뿐으로 그것에 눈길을 주지 않을 수 없었다. 조수 하나가 일어나지도 않고 눈살을 잔뜩 찌푸린 채 못마땅하다는 듯이 까레닌 쪽으로 얼굴을 돌렸다.

"무슨 일이십니까!"

"변호사 선생을 좀 뵙고 싶소."

"선생님께선 지금 바쁘십니다." 조수는 펜으로 기다리는 사람들을 가리키면서 딱딱하게 대답하고는 서류 작성을 계속했다.

"잠깐 틈을 내 주실 수 없으실는지요?" 까레닌은 물었다.

"선생님께선 한가한 시간이라곤 없으십니다. 언제나 바쁘시니까요. 저쪽에서 기다려 주십시오."

"그럼 미안하오만 내 명함을 선생께 좀 전해 주시겠소?" 까레닌은 더 이상 신분을 숨겨서는 안 되겠다는 것을 깨닫고 위엄 있게 말했다.

조수는 명함을 받아들고는 척 보기에도 거기 씌어 있는 내용이 맘에 들지 않는다는 기색으로 문을 열고 들어갔다.

까레닌은 원칙적으로 공개재판에 찬성했다. 그러나 그것을 러시아에 적용하는 방식에 있어서는, 자기가 정통해 있는 높은 공무상의 견지에 따라 전적으로 공감하지는 않았다. 그리고 적어도 황제가 허락한 무언가를 비난할 수 있는 한도 내에서 그걸 비난하고 있었다. 일생을 관직에 몸담아 온 그는 무엇인가에 찬성할 수 없을 때마다, 무슨 일에건 잘못은 있게 마련이고 어떤 잘못이라도 수정될 수 있다고 생각하며 불만을 누그러뜨려 왔다. 새로운 재판법에서 그는 변호사 역할에 그다지 찬성하지 않았다. 그러나 그는 오늘날까지 변호사에게 볼일이 없었으므로 그 불만도 그저 이론적일 뿐이었다. 그런데 이렇게 변호사 응접실에서 불쾌한 인상을 받음으로써 더한층 강화된 것이다.

"곧 나오실 겁니다." 조수가 말했다. 그리고 아니나 다를까 한 2분쯤 지나서, 변호사와 협의하고 있던 노(老) 법률가의 후리후리한 모습과 변호사 자신이 문간에 나타났다.

변호사는 암갈색 턱수염에 금색의 긴 눈썹과 툭 불거진 이마, 몸집이 작고 땅딸막하며 머리가 훌렁 벗겨진 사내였다. 그는 넥타이며 시계의 겹사슬과 에나멜 가죽 반장화에 이르기까지 마치 새신랑처럼 차려입었다. 얼굴은 영악한 시골뜨기 같았으나 옷차림은 유달리 사치스럽고 저속했다.

"들어오십시오." 변호사는 침울한 얼굴로 까레닌을 들어오게 하고선 문을 닫았다.

"자아, 좀 앉으실까요?" 그는 갖가지 서류가 너저분하게 놓여 있는 사무 탁자 옆 안락의자를 가리켰다. 그리고 자기는 중앙에 앉아서 뭉툭한 손가락에 하얀 잔털이 촘촘하게 덮인 자그마한 손을 문지르면서 고개를 옆으로 기울였다. 그런데 그가 그런 자세를 잡자마자 탁자 위로 벌레가 한 마리 날아왔다. 변호사는 그 몸에서는 상상도 할 수 없을 정도로 민첩하게 손을 들어 벌레를 잡고는 다시 이전 자세로 돌아갔다.

"용건을 얘기하기 전에." 깜짝 놀라 변호사의 날랜 몸짓을 눈으로 좇던 까레닌이 말했다. "지금부터 말하는 내용에 대해서는 절대로 비밀을 지켜 주신다는 확인을 받고 싶습니다."

간신히 보일 정도의 미소가 변호사의 축 늘어진 붉은 콧수염을 움직였다.

"의뢰받은 일의 비밀을 지키지 못한대서야 어디 변호사랄 수 있겠습니까. 그러나 혹여 확약이 필요하시다면⋯⋯."

까레닌이 쳐다보자 변호사의 총기 있는 잿빛 눈이 마치 모든 것을 다 알고 있다는 투로 웃고 있었다.

"내 이름은 알고 계십니까?" 까레닌이 계속해서 말했다.

"알고 있습죠, 그리고 당신께서." 변호사는 또다시 벌레를 잡았다. "훌륭한 활동을 하고 계시다는 것도 러시아 사람이면 누구나 알고 있습니다." 그가 고개를 숙이고 말했다.

까레닌은 기력을 모으면서 후유 하고 크게 한숨을 내쉬었다. 그러나 한 번 마음을 정하자, 더는 머뭇거리지도 않고 더듬는 일도 없이 예의 날카로운 목소리로 특정한 단어를 강조하면서 이야기를 계속했다.

"불행히도 나는." 까레닌이 말을 꺼냈다. "아내에게 배신당했습니다. 그래서 법률적으로 아내와의 관계를 끊어야겠다, 말하자면 이혼을 해야겠다고 생각하는데 다만 아들을 어미 손에 건네고 싶지 않습니다."

변호사의 잿빛 눈은 웃음을 꾹 참으면서 억누를 수 없는 기쁨으로 날뛰고 있었다. 까레닌은 거기서 그저 돈 되는 주문을 받은 사람의 기쁨만이 아니라 승리와 환희를, 그가 언젠가 아내 눈 속에서 보았던 불길한 광채와 흡사한 반짝임을 보았다.

"그럼 당신은 이혼 성립을 위해 내 힘을 빌리고 싶다는 말씀이죠?"

"그렇습니다. 그러나 미리 말씀드려 둘 것은, 내가 당신 수고를 물거품으로 만들지도 모른다는 겁니다. 오늘 찾아온 것은 그저 미리 당신에게 상의해야겠다고 생각했기 때문입니다. 난 이혼을 원합니다. 그러나 나에게 중요한 것은 그것을 수행하는 형식입니다. 그러니까 만약 그 형식이 내 요구와 일치하지 않는다면, 난 법률 절차를 밟는 것을 단념할지도 모릅니다."

"아아, 그것은 어느 경우나 다 그렇습니다." 변호사가 말했다. "그 점은 언제나 의뢰인 뜻에 따라 결정되니까요."

변호사는 지나치게 기뻐하는 얼굴을 드러냈다가는 의뢰인을 모욕하게 될지도 모른다고 느끼면서, 시선을 까레닌 발부리에 떨어뜨렸다. 그는 자기 코끝을 날고 있는 모기를 보자 막 손을 내밀어 잡으려다가 까레닌 처지를 고려하여 단념했다.

"이 문제에 대한 법률상의 규정은 나도 대체로 알고는 있습니다만." 까레닌은 말을 계속했다. "실제로 이런 종류의 문제가 어떻게 처리되는지 그 형식을 조금 알고 싶습니다."

"그러니까 당신이 바라시는 것은." 변호사는 눈을 내리깐 채, 조금 우쭐하면서 의뢰인의 말투를 받으면서 대답했다. "제가 당신의 희망을 실현할 방법을 설명해 드리면 된다는 그 말씀이시지요?"

까레닌이 고개를 끄덕이자, 그는 이따금 까레닌의 붉은 반점이 있는 얼굴을 흘끔흘끔 쳐다보면서 말을 계속했다.

"우리나라 법률에 따르면, 이혼은 말이죠." 그는 러시아 법률에 대한 가벼운 비난의 뉘앙스를 풍기며 말했다. "당신도 잘 알고 계신 바처럼 이런 경우에만 가능하게 돼 있습니다…… 잠깐만 기다려!" 그는 문으로 고개를 디민 조수에게 대놓고 버럭 소리 질렀지만 그래도 역시 일어나 두서너 마디 이야기하고서 다시 자리에 앉았다. "이혼이 가능한 경우는, 부부 중 누군가에게 신체적 결함이 있을 때, 그리고 5년 이상의 실종." 그는 잔털이 촘촘하게 덮인 짤막한 손가락을 꼽으면서 말했다. "그리고 간통(그는 이 말을 매우 만족스럽다는 듯이 발음했다). 이것을 더 세분하자면 말씀이에요(그는 굵은 손가락을 계속해서 꼽았다. 물론 이 세 경우와 세분한 내용을 같은 범주에 놓고 셀 수 없었지만), 육체적인 결함이 남편에게 있을 때와 아내에게 있을 때, 그리고 남편이 간통했을 때와 아내가 간통했을 때로 나뉩니다." 다섯 손가락을 모두 써 버리자 그는 다시 그것을 펼치며 말을 계속했다. "이것이 이론적인 견해입니다. 그러나 당신은 지금 그것이 실제로 적용되는 경우를 알기 위해서 일부러 여기까지 어려운 걸음을 하셨겠지요. 그러니 지금까지의 판례에 따라 말씀드리면, 실제 이혼은 모두 다음 같은 경우에 성립합니다. 먼저 육체적인 결함 문젠데, 이건 적용되지 않으시죠? 실종도 상관없으실 테고요……."

까레닌은 긍정하며 고개를 끄덕였다.

"그렇다면 다음 같은 경우에 한하겠습니다. 즉 배우자 가운데 어느 한 쪽이 간통했을 때 그 죄가 상호 동의에 따라 입증될 때, 그리고 그러한 동의 없이 강제로 죄증 명시를 했을 때. 그러나 후자의 경우는 실제로는 거의 볼 수 없다고 말씀드려야겠군요." 이렇게 말한 변호사는 까레닌 얼굴을 흘끔 쳐다보고 입을 다물었다. 마치 권총을 파는 사람이 여러 가지 무기의 성능을 실컷 설명하고 나서 고객의 선택을 기다릴 때처럼. 그러나 까레닌이 잠자코 있자 변호사는 계속했다. "가장 흔하고 단순한, 그리고 합리적인 방법은 쌍방 합의에 따른 간통 증명입니다. 물론 저도 고루한 사람하고 얘기할 때에는 이런 노골적인 표현은 피하지만 말입니다." 변호사가 말했다. "그러나 당신께선 충분히 이해하실 줄 압니다."

하지만 까레닌은 머릿속이 너무나 혼란스러운 상태였으므로 쌍방 합의에 따른 간통 증명이 합리적이라는 논리를 얼른 이해할 수 없었다. 그 의혹이 눈에 나타나자 변호사가 곧 그를 도왔다.

"그렇게 되면 부부는 더는 같이 살 수 없습니다. 그것은 사실입니다. 그리고 만약 쌍방이 그 점에서 합의하기만 한다면, 그 뒤 여러 가지 자질구레한 것이며 형식적인 문제는 아무것도 아니게 됩니다. 이게 가장 단순하고 가장 확실한 방법입니다."

이번에는 까레닌도 충분히 이해했다. 그러나 종교상의 이유로 그 방법을 선택하는 것이 꺼려졌다.

"그것은 내 경우에는 논외군요." 그가 말했다. "그러므로 나에게 가능한 방법은 오직 한 가지, 내 손안에 있는 몇 통의 편지를 증거로 강제로 입증하는 것뿐이오."

변호사는 편지라는 말에 입술을 꽉 다물었다. 그리고 가느다랗게 동정과 경멸이 뒤섞인 듯한 소리를 냈다.

"그러나 말씀이에요." 그가 설명을 시작했다. "이런 종류의 사건은 잘 아시다시피 종교국(宗教局) 담당이니까요. 그런 고위성직자분들은 이런 문제에는 지극히 상세한 점까지 꼼꼼하게 파고드시니 말입니다." 그는 고위성직자의 취미에 동감한다는 미소를 띠면서 말을 계속했다. "물론 편지도 어느 정도 증거는 될 수 있습니다. 그러나 증거는 직접적인 방법, 즉 증인을 통해서 입수해야만 합니다. 어쨌든, 만약 당신께서 나를 신용해 주신다면, 적용할 수단의 선택도 모두 나에게 맡겨 주시지 않겠습니까? 호랑이를 잡으려면 호랑이굴에 들어가야 하는 법이니까요."

"그렇다면⋯⋯." 갑자기 파리해진 까레닌이 말을 하려는데 그때 변호사가 일어나 또다시 문으로 얼굴을 내밀고, 이야기를 가로막은 조수에게 갔다.

"그 부인한테 얘기해 줘, 우린 시시한 사건은 취급하지 않는다고!" 그는 이렇게 말하고 까레닌한테 돌아왔다. 자리로 돌아오면서 그는 눈에 띄지 않게 또 한 마리 벌레를 잡았다. '이러다가는 내 비단 가구도 여름을 못 넘기겠군!' 그는 미간을 찌푸리면서 생각했다.

"그래서 당신 말씀인즉⋯⋯." 그가 말했다.

"아니, 내 결심은 문서로 알려 드리겠습니다." 까레닌은 일어서면서 이렇게 말하고 탁자 끝을 붙잡았다. 그리고 잠시 우두커니 서 있다가 입을 열었다. "당신 말씀대로면, 아무튼 이혼은 가능하다고 결론지을 수 있겠군요. 그럼 당신 조건도 알려 주십시오."

"무엇이든 할 수 있습니다. 당신께서 내게 완전한 행동의 자유만 주신다면 요." 변호사가 물음에는 대답하지도 않고 말했다. "그런데 그 통지는 대충 언제 쯤 받을 수 있는지요?" 변호사는 문 쪽으로 걸으면서 물었다. 눈과 에나멜 가 죽 반장화가 반짝거렸다.

"일주일 뒤에. 그러니 그쪽에서도 이 사건을 맡아 주실 수 있는지, 그리고 어 떤 조건으로 맡아 주실지 답장을 해 주십시오."

"잘 알았습니다."

변호사는 공손하게 인사를 하고 손님을 문밖으로 배웅했다. 드디어 혼자 남 게 되자 넘치는 기쁨에 몸을 맡겼다. 그는 아주 기분이 좋은 나머지 평소 규칙 을 깨고 수수료를 깎아 달라는 그 부인의 부탁까지 들어주었다. 그리고 오는 겨울까지 동업에 종사하는 시고닌네처럼 가구를 모두 우단으로 씌워야겠다고 결심하고, 벌레를 잡는 것도 그만둬 버렸다.

6

까레닌은 8월 17일 위원회 회의에서 빛나는 승리를 거뒀으나, 그 승리 결과 에 오히려 발목을 잡히고 말았다. 이민족 생활 실태를 여러 각도에서 연구하기 위한 새로운 위원회는 까레닌의 제안으로 순식간에 조직되어 현지에 파견되 었다. 3개월 뒤 보고서가 제출되었다. 이민족의 생활상은 정치, 경제, 인종, 물 질, 종교적 견지에서 연구되었다. 온갖 문제에 대해 훌륭한 해답이 제출되었고, 그 해답은 조금도 의심할 여지가 없다. 그것은 모두, 언제나 오류에 빠지기 쉬 운 사상의 산물이 아니고 공무에 의한 조사 활동의 소산이었기 때문이다. 해 답들은 어느 것이나 모두 면사무소며 목사의 보고를 토대로 한 군수와 교구장 의 보고, 또 그 보고를 토대로 한 지사와 주교의 보고에 입각한 공식적인 자료 였으므로 도저히 의심할 여지가 없었다. 예를 들면, 왜 흉작이 있는가, 왜 이민 족은 자기들의 신앙을 고집하는가 하는 등등, 공공기관의 편의가 없이는 도저 히 해결되지 않고 또 영구히 해결될 가망이 없는 문제에 대해서, 명료하고 의 심할 바 없는 해결이 얻어진 것이었다. 그리고 그 해결은 모두 까레닌 의견에 유리했다.

그러나 스뜨레모프는 지난번 회의 때 한 방 먹었다고 느끼고 있었으므로 위원회 보고가 있었던 회의에서, 까레닌이 예상도 못 한 술책을 폈다. 스뜨레모프는 몇몇 다른 위원들을 끌어들여서 갑자기 까레닌 편으로 돌아섰고, 까레닌이 제출한 법안의 실행을 열심히 옹호했을 뿐만 아니라, 취지는 똑같지만 더한층 극단적인 법안까지 내놓았다. 까레닌의 원안보다 더 과격한 이러한 법안들은 채택되고 나서야 비로소 스뜨레모프의 술책이었음이 드러났다. 너무나 극단으로 흐르던 일련의 방법들이 돌연 그 우열함을 드러냈고, 정부 당국도 여론도, 총명한 부인들도 신문도 모두 일제히 이 법안을 공격하며 법안의 본디 제안자인 까레닌을 향해 저마다 분노를 터뜨렸다. 스뜨레모프는, 자기는 그저 맹목적으로 까레닌의 계획에 따랐을 뿐이고, 지금에 와서는 자기도 이렇게 된 것에 놀라 분개하고 있다고 말하며 발뺌을 해 버렸다. 이 일로 까레닌은 적잖은 상처를 입었다. 하지만 까레닌은 건강이 차차 나빠지고 가정에 큰 불행이 있었음에도 좀처럼 굴복하지 않았다. 위원회는 둘로 분열되었다. 스뜨레모프를 필두로 한 위원들은, 애초에 까레닌이 이끄는 조사위원회 보고를 그대로 믿은 게 잘못이었다고 변명했다. 그 위원회의 보고는 순 엉터리이고 그저 낙서로 가득 찬 휴지 조각에 불과하다고 말했다. 까레닌을 비롯한 다른 위원들은 보고 서류에 대한 이 같은 반발적인 태도의 위험을 직시하고, 조사위원회가 작성한 자료를 계속 지지했다. 그 결과 정계는 물론 일반사회에서도 모든 견해가 뒤엉켜 버렸다. 모두 이 문제에 깊은 관심을 품고 있었는데도, 참으로 이 민족이 빈곤과 멸망의 위기에 이르렀는지, 그렇지 않으면 번영해 나가고 있는지를 아는 사람이 아무도 없었다. 까레닌의 입장은 그 때문에, 그리고 일부는 아내의 부정 탓에 자기한테 쏟아진 악평 때문에 몹시 불안정해졌다. 이런 상황에서 그는 중대한 결심을 했다. 그가 몸소 사정을 조사하기 위해서 그 지방으로 출장 허가를 받을 것이라는 발표는 위원회를 깜짝 놀라게 했다. 마침내 허가를 받자 까레닌은 먼 지방에 있는 현들을 향해 출발했다.

까레닌의 출발은 대단한 반향을 불러일으켰다. 더욱이 그가 출발할 무렵, 목적지까지 여비로서 지급된 역마 열두 필 값을 서면과 함께 공식적으로 되돌려 보냈기 때문에 인기는 한층 더 끓어올랐다.

"정말 잘하신 일이라고 생각해요." 이 일에 대해 베뜨시 부인은 먀흐까야 공작부인과 이야기했다. "지금은 어디든지 철길이 나 있다는 것을 모르는 사람이 없는데, 뭣 때문에 역마 비용 같은 걸 지급할까요?"

그러나 먀흐까야 공작부인은 동의하지 않았다. 베뜨시의 의견은 그녀를 화나게 하기까지 했다.

"당신은 그렇게 말씀하실 수 있겠지요." 그녀가 말했다. "당신이야 아무튼 몇 백만이라는, 나 같은 사람한테 짐작도 가지 않을 만큼 재산을 가진 부자이시 니까. 그렇지만 난 남편이 하기(夏期) 순시로 출장을 떠나는 것이 굉장한 즐거 움이에요. 그분에게는 여행 자체가 건강에도 좋은 유쾌한 일이고, 뒤에 남은 나는 나대로 그 출장비를 집의 마차와 마부비용으로 돌려쓰니까요."

멀리 떨어진 현으로 향하는 도중에 까레닌은 사흘 동안 모스끄바에서 묵 었다.

모스끄바에 도착한 이튿날 그는 총독을 방문하러 나섰다. 그러자 언제나 자가용 마차와 삯마차가 득실거리는 가제뜨느이 골목 네거리에서 그는 돌연 저도 모르게 돌아다보지 않을 수 없었을 만큼 유쾌하고 커다란 목소리로 부 르는 자기 이름을 들었다. 보도 모퉁이에서, 유행하는 짧은 외투를 입고, 마찬 가지로 유행하는 중절모자를 엇비스듬히 쓴 오블론스끼가 붉은 입술 사이로 하얀 이를 빛내면서 어딘지 쾌활하고 젊어 보이는 생생한 모습으로 서 있었다. 그는 확고한 목소리로 집요하게 이쪽을 부르며 마차를 세우려고 했다. 그리고 길모퉁이에 멈추어 있는 마차 창문 밖으로 우단 모자를 쓴 부인과 두 어린아 이의 머리가 튀어나왔다. 그 부인도 선량한 미소를 띠고 마찬가지로 까레닌을 향해 손을 흔들고 있었다. 그녀는 아이들을 데리고 있는 돌리였다.

까레닌은 모스끄바에서 누구도 만나고 싶지 않았다. 더구나 아내의 오라버 니만큼은 절대 만나고 싶지 않았다. 그는 살짝 모자를 들어 보이고는 그냥 지 나쳐 버리려고 했으나, 오블론스끼가 마부에게 마차를 세우라고 명령하고 눈 길을 가로질러 뛰어왔다.

"소식도 없이 오다니 너무하잖아! 언제 왔나? 어제 듀쏘 호텔에 갔다가 '까 레닌'이라는 이름을 보긴 했지만, 설마 자네라고는 꿈에도 생각 못했지!"

오블론스끼는 마차 창문으로 머리를 들이밀면서 말했다. "자네인 줄 알았으 면 방으로 찾아갔을 텐데 말이야. 하여튼 자넬 만나 정말 반가워!" 그는 눈을 털기 위해 발과 발을 맞부딪치면서 말했다. "아무튼 알리지도 않다니 정말 너 무하군!" 그는 또 되풀이했다.

"시간이 없었어요, 굉장히 바빠서 말입니다." 까레닌은 무뚝뚝하게 대답했다.

"하여간 집사람 있는 데까지 가세, 자네를 굉장히 만나고 싶어 하니까."

까레닌은 추위에 민감한 다리를 싸고 있던 담요를 걷어 젖히고 마차에서 내려 눈 속을 걸어 돌리한테 갔다.

"아니, 어떻게 된 일이에요, 까레닌? 어째서 그렇게 우릴 보고 달아나려 하시죠?" 돌리가 방긋이 웃으면서 말했다.

"아니, 굉장히 바빠서 말씀이에요. 뵙게 돼서 정말 반갑습니다." 그는 정말 만나고 싶지 않았다는 느낌이 확연히 드러나는 어조로 말했다. "건강은 어떠십니까?"

"그보다도, 우리 귀여운 안나는 잘 있나요?"

까레닌은 무엇인가를 중얼거리고는 그냥 가 버리려고 했다. 그러나 오블론스끼가 그를 붙들었다.

"그럼 이렇게 하기로 하지. 돌리, 이 사람을 내일 만찬에 초대해요! 그리고 꼬즈느이쉐프와 뻬쏘프도 부릅시다. 모스끄바 지식인들을 모아서 이 사람을 환영하는 거야."

"좋죠, 꼭 와 주세요." 돌리가 말했다. "5시에 기다리고 있겠어요. 형편이 여의치 않으시면 6시도 좋아요. 참, 안나는 요즘 어떻죠? 하도 오랫동안⋯⋯."

"그녀는 잘 있습니다." 까레닌은 잔뜩 눈살을 찌푸리면서 웅얼거리듯이 말했다. "만나서 반가웠습니다!" 그는 이렇게 말하고 자기 마차 쪽으로 걸어갔다.

"꼭 와 주시겠죠?" 돌리가 외쳤다. 까레닌은 뭐라고 웅얼거렸지만 오가는 마차들 소음에 휩싸여 돌리 귀에는 닿지 않았다.

"내일 찾아갈게!" 오블론스끼가 소리쳤다. 까레닌은 마차에 올라타 아무도 보지 않고, 아무에게도 보이지 않도록 마차 안 깊숙이 몸을 묻었다.

"이상한 사람이군!" 오블론스끼는 아내에게 말했다. 그리고 시계를 꺼내 보고 나서, 아내와 아이들에게 애정을 담은 몸짓으로 얼굴 앞에서 손을 흔들고는 보도 위를 기운차게 걸어갔다.

"스찌바! 스찌바!" 돌리가 얼굴을 붉히며 불렀다.

그는 돌아다보았다.

"그리쉬아하고 따냐에게 외투를 사줘야 해요. 돈 좀 주세요!"

"괜찮아, 나중에 내가 준다고 일러둬." 그는 때마침 마차로 지나가던 친지에게 쾌활하게 인사를 하고는 그대로 모습을 감추었다.

7

이튿날은 일요일이었다. 오블론스끼는 도중에 볼쇼이 극장의 발레 연습에 들러, 그의 주선으로 입단하게 된 아름다운 무희 마쉬아 치비소바에게 전날 밤 약속했던 산호 목걸이를 주었다. 그리고 대낮에도 캄캄한 극장 무대 뒤에서 선물을 받고 기뻐하는 아름다운 그녀 얼굴에 가까스로 입을 맞출 수 있었다. 산호 목걸이를 선물하는 것 외에도, 그는 춤이 끝난 뒤 그녀와 만날 약속을 할 필요가 있었다. 그는 발레가 시작될 때까지 도저히 올 수 없는 까닭을 그녀에게 변명하고, 마지막 막에는 반드시 와서 그녀와 함께 식사하러 가기로 약속했다. 극장을 나온 오블론스끼는 오호뜨느이 거리 식료품점에 들러 손수 만찬에 쓸 생선과 아스파라거스를 골랐고, 12시에는 벌써 듀쏘 호텔에 도착했다. 다행히도 그 호텔에는 그가 만나야 할 세 사람이 모두 묵고 있었다. 이즈막에 외국에서 돌아와 이곳에 머무는 레빈과 또 최근 들어 갓 그의 소속관청에 장관으로 취임하여 모스끄바를 시찰 중인 거물, 그리고 반드시 만찬에 데려가야 할 매제인 까레닌, 이 세 사람이었다.

오블론스끼는 만찬에 얼굴 내밀기를 좋아했다. 그러나 가장 좋아하는 것은 먹을 것도 마실 것도 손님도 엄선한 소규모 연회를 자택에서 여는 것이었다. 오늘 만찬 메뉴는 매우 그의 마음에 들었다. 신선한 농어와 아스파라거스, '주된 요리'로는 맛있고도 깔끔한 로스트비프, 그리고 그에 어울리는 술이 나올 것이다. 이상이 오늘 먹을 것과 마실 것이다. 손님으로는 끼찌와 레빈이 오는데 그 둘이 눈에 띄지 않도록 사촌 누이 한 분과 젊은 쉬체르바스끼를 초대했다. 손님 중에서 '주된 요리'가 될 사람으로는 꼬즈느이쉐프와 까레닌이 올 것이다. 꼬즈느이쉐프는 모스끄바 사람으로 철학자였고, 까레닌은 빼쩨르부르그 사람으로 실무가였다. 그리고 또 유명한 기인(奇人)이자 정열가, 자유사상가이며 요설가, 음악가요 역사가인, 쉰 살인데도 귀여운 청년 같아서 꼬즈느이쉐프와 까레닌에게 좋은 양념이 될 뻬쏘프도 초대할 작정이었다. 이 사람이라면 틀림없이 그들을 흥분시키고 덧들여 줄 터였다.

예의 상인에게서 숲에 대한 두 번째 지급금이 들어와 아직 다 쓰지 않고 손안에 남아 있었다. 그리고 돌리도 요즈음은 아주 기분이 좋고 정다웠다. 그래서 이 만찬은 모든 면에서 매우 유쾌할 것이라는 기대가 그를 기쁘게 했다. 다만 약간 마음에 걸리는 두 가지 사정이 있긴 했지만 그것도 그의 마음속에서

출렁거리는 선량한 즐거움의 바닷속에 가라앉아 버렸다. 그 두 근심 가운데 첫째는, 어제 길에서 까레닌을 만났을 때 그가 자기에게 어쩐지 열없고 딱딱했다는 것이다. 그때 그의 얼굴빛과 모스끄바에 와 있으면서도 자기 집에 찾아오기는커녕 기별조차 알려 주지 않았다는 점, 그리고 이미 풍문으로 들은 안나와 브론스끼의 관계를 결부시켜본 결과, 그들 부부 사이에 무엇인가 좋지 않은 사정이 있으리라고 추측되었다.

또 하나의 걱정거리는, 새로운 장관이 모든 신임 장관이 다 그렇듯이 아침 6시에 일어나 말처럼 일하고 부하에게도 똑같이 일하기를 요구하는 무서운 인간이라는 평판이 자자하다는 점이었다. 그뿐만이 아니었다. 이 신임 장관은 태도가 거친 곰 같다는 평도 받았다. 게다가 들리는 말에 따르면, 그는 전임 장관이 소속되어 있었을 뿐만 아니라 오블론스끼 자신이 여전히 소속되어 있는 일파와는 정반대 파에 속한 사람이라는 것이다. 어제 오블론스끼는 제복을 착용하고 출근하여 인사를 하러 들렀다. 그러자 신임 장관은 아주 친절했고, 마치 오랜 친지라도 대하는 듯한 태도로 말을 걸었다. 그래서 오블론스끼는 오늘은 프록코트 차림으로 그를 방문하는 것을 의무라고 생각한 것이다. 이 신임 장관이 이상야릇한 태도로 그를 맞지나 않을까 하는 생각이, 또 하나의 근심거리였다. 그러나 그는 본능적으로 모든 것이 말끔히 수습되리라고 느꼈다. '누구든 인간은 모두 우리와 마찬가지로 죄인들이다. 그렇다면 무엇 때문에 화내고 싸울 필요가 있을까?' 그는 호텔로 들어가면서 이렇게 생각했다.

"오오, 바실리." 그는 모자를 삐뚜름하게 쓰고 복도를 지나면서 낯익은 보이에게 말을 걸었다. "구레나룻을 길렀군? 레빈은 7호실이었지, 응? 좀 안내해주겠나? 그리고 아니치낀 백작(그가 신임 장관이었다)께서 방문을 허락해 주실지 한 번 물어봐 주지 않겠나?"

"알았습니다." 바실리는 웃는 얼굴로 대답했다. "정말 오랜만에 들르셨군요."

"어제도 왔어. 다른 현관으로 들어왔을 뿐이야. 여기가 7호실인가?"

오블론스끼가 들어갔을 때, 레빈은 방 한가운데에 서서 뜨베리의 농부와 함께 갓 잡은 곰 가죽을 자로 재고 있었다.

"야, 자네들이 잡았나?" 오블론스끼가 외쳤다. "훌륭한 가죽이군! 암곰이야? 여어, 아르히쁘!"

그는 농부와 악수하고 나서 외투도 모자도 벗지 않고 의자에 앉았다.

"일단, 모자부터 벗고 편히 있게!" 레빈이 그의 모자를 벗겨 주면서 말했다.

"아냐, 그럴 시간이 없어. 그저 1분만 있다 갈 생각으로 들렀어." 오블론스끼가 대답했다. 일단 외투 단추를 끌렀으나 이내 벗어 버리고, 레빈과 사냥이며 친밀하고 진솔한 이야기를 나누면서 꼬박 한 시간이나 앉아 있었다.

"자, 얘기나 좀 해 봐. 외국에선 뭘 하고 왔나? 어디에 갔었나?" 농부가 나가자 오블론스끼가 물었다.

"독일, 프러시아, 프랑스, 영국에도 갔었어. 그러나 수도는 가지 않고 공업도시에 있었어. 새로운 것을 몽땅 보고 왔지. 하여간 가보길 잘했다고 생각해."

"음, 자네는 노동자 생활개선이라는 사상이 있었지."

"아니, 전혀 그렇잖아. 러시아엔 노동문제니 하는 것이 있을 수 없어. 러시아에서는 소작인과 토지의 관계 문제뿐이야. 이런 문제는 외국에도 있긴 하지만, 거기선 부서진 것을 수리하는 수준인 반면에, 우리나라에선……."

오블론스끼는 주의 깊게 레빈의 말을 듣다가 말했다.

"그래, 그렇지! 전적으로 자네 생각이 옳은지도 몰라. 그러나 난 자네가 건강한 것이 무엇보다도 기뻐. 곰 사냥을 하고 일을 하고 흥미를 갖고 몰두하는 것이 기뻐. 글쎄, 쉬체르바스끼가 이런 얘길 하더라고. 그가 만났을 때 자네가 어쩐지 몹시 침울해서 줄곧 죽음이라는 말만 입에 담더라고……."

"그래, 그래서 어떻다는 거야? 난 지금도 죽음에 대해서 생각하고 있어." 레빈은 말을 이었다. "슬슬 죽어도 좋다는 생각은 진심이야. 그리고 모든 게 다 부질없다는 것도. 말이 난 김에 솔직히 고백하자면, 나도 내 사상이며 일은 매우 소중히 여기고 있어. 그렇지만 본질을 따져보면 말이야, 한번 생각해 봐. 우리가 사는 이 세계라는 것부터가 작은 행성 표면에 핀 조그마한 곰팡이나 마찬가지야. 그런데도 우린 무엇인가 위대한 것, 사상이나 사업 같은 것을 할 수 있다고 생각하거든. 그러나 그런 것은 모두 모래알 같은 거야."

"이거 봐, 그런 건 이 세계처럼 낡은 생각이야!"

"그래, 분명히 낡았어. 그렇지만 그것을 똑똑히 알게 되면 어쩐지 모든 것이 쓸데없어진단 말이야. 오늘내일 사이에 자기가 죽고, 그 뒤엔 아무것도 남지 않을 거라는 사실을 알게 되면 모든 것이 다 정말 부질없어지는 거야! 그야 나도 내 사상을 매우 소중하게 생각하지만, 그것을 만약 실현했다 하더라도 어차피 언젠가는 이 암곰과 같은 운명을 맞이한다면 역시 의미가 없단 말이야.

그래서 사람은 그저 죽음이라는 것을 생각하지 않기 위해서 사냥이며 일로 기분 전환하며 일생을 보내는 거야.”

오블론스끼는 레빈의 이야기를 들으면서 엷고 부드럽게 미소를 지었다.

“음, 바로 그거야! 말하자면 이제 자네도 내 편으로 다가온 셈이로군. 자넨 내가 인생에서 쾌락만 찾고 있다고 한창 공격했잖아. 기억나? 그러니까 말이야, 도덕가 선생, 그처럼 무턱대고 딱딱한 소리만 하는 게 아니야!……”

“아냐, 역시 인생에는 더욱 아름다운 것이 있어. 그것은……” 레빈은 말이 막혔다. “하지만 난 잘 모르겠어. 내가 아는 건 그저 사람은 곧 죽는다는 것뿐이야.”

“어째서 곧이야?”

“알겠나, 죽음을 생각하면 인생의 매력은 줄어들지만 대신 마음은 한결 차분해져.”

“어디가? 끝이 보일수록 오히려 유쾌해지는 거야. 그건 그렇고 나는 이제 가 봐야 해.” 오블론스끼는 벌써 열 번째로 일어서면서 말했다.

“아니, 아니, 좀 더 있다 가게!” 레빈이 그를 붙잡으며 말했다. “다음에 또 언제 만날지 모르잖아? 난 내일 떠나는데.”

“이런, 나도 정말 꽤 멍청하군! 그 말을 하려고 일부러 왔으면서도…… 오늘 우리 집으로 꼭 저녁 먹으러 와 줘. 자네 형님도 오고, 내 매제도 올 거야.”

“그 사람이 여기에 와 있나?” 레빈은 말했다. 그는 끼찌에 대해서도 묻고 싶었다. 그녀가 초겨울에 외교관 부인인 뻬쩨르부르그의 언니에게 갔다는 소식을 들었지만, 돌아왔는지 어떤지는 몰랐다. 그러나 그는 그녀에 대해 물어보려던 생각을 접었다. ‘왔든 안 왔든 상관없어.’

“그럼, 올 거지?”

“암, 물론이야.”

“5시에, 프록코트 차림으로 오게.”

그리고 오블론스끼는 일어서서 아래층의 신임 장관에게 내려갔다. 직감은 그를 속이지 않았다. 무섭다고 소문이 났던 신임 장관은 지극히 온후한 사람이었다. 오블론스끼는 그와 점심을 같이하고 저도 모르게 눌러앉아 버려 3시 가까이 되어서야 겨우 까레닌에게 갔다.

8

까레닌은 예배를 보고 돌아온 뒤 오전 내내 숙소에서 시간을 보냈다. 그날 아침 그에게는 두 가지 일이 예정되어 있었다. 첫째는 뻬쩨르부르그로 가는 도중 모스끄바에 들른 이민족 대표단과 회견하고 적당한 지시를 내리는 일이 었고, 둘째는 예의 변호사에게 약속한 편지를 써 보내는 일이었다. 그 대표자들은 까레닌의 제안으로 수도로 소환되었으나 여러 가지 곤란과 위험 요소까지 내포하고 있었으므로, 그는 모스끄바에서 그들을 만나게 되어 매우 다행스럽게 생각했다. 대표자 무리는 자신들의 역할과 의무에 대해서 전혀 깨닫지 못하고 있었다. 그들은 그저 단순히 그들의 어려움과 실상을 진술해서 정부의 원조를 청원하는 것만이 자기들의 역할이라고 확신하고, 그들의 진정이며 요구가 오히려 반대당을 지지하게 되어 따라서 주요한 문제를 망쳐 버릴 수 있다는 것은 조금도 모르고 있었다. 까레닌은 오랫동안 그들과 상의하여 그들을 위해 행동 지침을 마련해 주고, 그들을 보내고 나서는 뻬쩨르부르그로 그들의 지도를 의뢰하는 편지를 썼다. 이런 문제에 대한 가장 유력한 원조자는 백작부인 리지야 이바노브나였다. 그녀는 대표단 업무에 있어서는 전문가였다. 누구도 그녀처럼 대표자들을 격려하고 적절히 이끌어 줄 수 있는 사람은 없었다. 이 일이 정리되자 까레닌은 변호사한테 보낼 편지를 썼다. 그는 조금의 주저도 없이 상대에게 독단적으로 행동할 자유를 주었다. 편지에는, 안나에게서 빼앗은 서류철 속에 있던 브론스끼의 편지 세 통도 넣었다.

두 번 다시 가족에게 돌아가지 않을 각오로 집을 나왔을 때부터, 그리고 변호사를 만나 비록 단 한 사람이지만 그에게 자기 계획을 말해 버린 때부터, 특히 이 인생의 문제를 서류상의 문제로 옮긴 뒤부터, 그는 점점 더 이 계획에 익숙해져서 지금에 와서는 명백히 그 실행 가능성을 보게 되었다.

그가 오블론스끼의 떠들썩한 목소리를 들은 것은, 마침 변호사에게 보낼 편지를 봉하고 있을 때였다. 오블론스끼는 까레닌의 하인과 입씨름을 하며, 자기가 온 것을 주인에게 알리라고 잔뜩 우기고 있었다. '아무래도 좋다.' 까레닌은 생각했다. '아니, 오히려 잘됐지. 당장 이 자리에서 저 사내의 누이에 대한 내 입장을 분명히 선언하고 왜 그의 집에서 식사할 수 없는지를 설명해 주리라.'

"들어오시게 해!" 그는 서류를 그러모아 압지를 댄 종이끼우개에 끼우면서 큰 소리로 말했다.

"거 봐, 이 거짓말쟁이 녀석, 방에 계시잖아!" 자기를 들여보내지 않으려던 하인에게 대꾸하고, 오블론스끼는 외투를 벗으며 방으로 들어왔다. "어, 만나서 정말 반가워! 그럼 자아……." 오블론스끼가 쾌활하게 말을 시작했다.

"난 갈 수 없습니다." 까레닌은 서 있는 손님을 앉히지도 않고 매정하게 말했다.

그는 지금 이혼 소송을 제기하려 하는 참에 아내의 오빠에게 맞는 냉정한 태도를 보이려고 생각했다. 그러나 그는 오블론스끼 마음속 바닷가에서 밀어닥치는 두터운 인정의 파도를 미처 계산에 넣지 못했다.

오블론스끼는 반짝이는 명랑한 눈을 휘둥그렇게 떴다.

"왜 그러나? 무슨 까닭이라도 있나?" 그는 어리둥절하며 프랑스어로 말했다. "그럼 안 되지. 이미 약속하지 않았나. 우리 모두 자네가 오는 것을 계산에 넣고 있단 말이야."

"그럼, 댁에 갈 수 없는 까닭을 말하죠. 그것은 우리 사이의 인척 관계가 조만간 끊어질 것이기 때문입니다."

"뭐라고? 그건 또 왜? 무엇 때문에?" 오블론스끼는 여전히 미소를 띠며 물었다.

"내가 당신 누이에게 이혼 소송을 제기할 생각이기 때문이죠. 부득이한 이유가 있어서……."

그러나 까레닌이 미처 이야기를 다 끝내기도 전에 오블론스끼가 전혀 뜻하지도 않았던 태도로 나왔다. 그는 "아아" 하고 외마디 소리를 지르고는 안락의자에 털썩 주저앉아 버렸다. "아니, 까레닌! 자네 무슨 소리야!" 그는 외쳤다. 그 얼굴에는 고뇌의 빛이 드러났다.

"사실입니다."

"미안하지만 나는 도무지, 도무지 자네 말을 믿을 수 없어……."

까레닌은 자기 말이 기대했던 효과를 발휘하지 못했고, 더 자세하게 설명해야 한다는 것, 그리고 어떻게 설명하든 자기와 이 처남과의 관계는 여전히 변치 않으리라는 것을 느끼면서 자리에 앉았다.

"그래요. 난 이혼을 요구할 수밖에 없는 괴로운 판국에 놓여 있습니다." 그가 말했다.

"한마디만 하지, 까레닌! 나는 자네가 훌륭하고 공명한 남자라는 걸 알고 있어. 하지만 안나에 대해서도 잘 알아. 미안하네! 난 그녀에 대한 내 생각을 바꿀 수는 없어. 그녀는 아름답고 훌륭한 여자야. 그래서 실례가 될지 모르지만, 도저히 그 말을 믿을 수 없다는 거야. 아무래도 무엇인가 오해가 있는 게 틀림없어." 오블론스끼가 말했다.

"아닙니다. 그것이 그저 오해이기만 하다면……."

"아니, 기다려보게. 자네 맘은 잘 알아." 오블론스끼는 말을 가로막았다. "그러나 당연한 이야기지만…… 한마디만, 서둘지 말게. 부탁이네, 응, 서둘지 말아 주게!"

"별로 서둔 것도 아닙니다." 까레닌은 냉랭하게 말했다. "하지만 이런 일을 가지고 누구와 상의할 수도 없는 노릇이라서요. 난 이미 마음을 굳혔습니다."

"그건 무서운 일이야." 오블론스끼는 무거운 한숨을 내뿜으며 말했다. "그래, 나 같으면 이렇게 하겠네, 까레닌. 부탁인데, 한 번만 내가 부탁하는 대로 해 주게!" 그가 말했다. "내가 보기에 소송은 아직 시작된 것 같지 않네, 그러니까 그 절차를 밟기 전에 한번 내 아내를 만나 봐. 그녀는 안나를 친동생처럼 사랑하고 또 자네도 사랑하고 있어. 그녀는 훌륭한 여자야. 제발, 그녀와 한번 얘기해 보게! 정말, 부탁이야, 우리 우정을 봐서라도 제발!"

까레닌은 잠시 생각에 잠겼다. 오블론스끼는 굳이 그의 침묵을 깨지 않고 동정의 눈길로 그를 지켜보고 있었다.

"아내를 만나 주겠지?"

"글쎄요, 어떻게 될지 모르겠군요. 여태껏 댁에 들르지 않은 것도 실은 그 때문이었으니까요. 난 우리 관계도 당연히 변해야 한다고 생각합니다."

"어째서? 난 모르겠군. 제멋에 겨운 착각일진 모르지만, 난 자네도 나에 대해 단순한 인척 관계가 아니라도, 내가 늘 자네에게 품고 있는 우정과…… 진심어린 존경을 비록 그 몇 분의 일이라도 가지고 있을 거라고 믿어." 그는 까레닌 손을 잡으면서 말했다. "그러니 만일 자네 그 최악의 상상대로 된다고 하더라도 난 결코 어느 한 쪽을 비난할 생각은 없어. 그리고 우리 관계가 바뀌어야만 하는 까닭도 모르겠어. 그러나 뭐, 하여간 지금은 내 말대로 해 주게. 아내를 만나 줘."

"우린 이 문제에 대해 견해가 전혀 다르군요." 까레닌이 싸늘하게 말했다. "어쨌든 이 이야기는 이제 그만하기로 하죠."

"아냐, 그것은 안 돼. 오늘 밤 잠깐 식사를 하러 오는 정도의 일이 무엇 때문에 안 된단 말인가? 집사람은 자네를 기다리고 있단 말이야. 정말이야, 꼭 와 줘. 그리고 그녀와 얘기를 나눠 봐. 그녀는 훌륭한 여자야. 정말 부탁이야. 무릎 꿇고 자네에게 빌게."

"당신께서 그렇게 바라신다면 가죠." 까레닌은 한숨을 쉬며 말했다.

그리고 화제를 바꿀 양으로 그는 두 사람의 공통 관심사, 즉 아직은 그럴 만한 연배도 아닌데 갑자기 그런 높은 지위에 임명된 신임 장관 아니치낀에 대해서 묻기 시작했다.

까레닌은 그전부터 아니치낀 백작을 좋아하지 않았다. 그와는 언제나 의견이 맞부딪쳤다. 특히 지금은 직무에서 크게 실패한 사람이, 지위가 올라간 사람에 대해 갖는 증오감, 정계에 몸담은 사람이라면 누구나 이해하는 증오감을 억누를 수 없었던 것이다.

"그럼, 그 사람과는 만나 보셨습니까?" 까레닌은 심술궂은 비웃음을 띠고 물었다.

"그럼, 물론 만나고말고. 어제 사무실로 찾아오셨으니까. 일도 꽤 잘 알고 대단한 활동가인 모양이지?"

"그건 그래요. 하지만 그 활동력을 무엇에 발휘하느냐가 문제죠." 까레닌이 말했다. "한바탕 일을 시작하려는 데 쓸지, 그렇잖으면 이미 해 놓은 일을 뜯어 고치는 데 쓸지. 우리 정부의 불행은 탁상행정인데, 그 사람은 그 훌륭한 대표자거든요."

"솔직히 난 그에 대해선 무엇을 비난해야 할지 잘 모르겠어. 사상 경향에 대해선 아직 모르지만 이것만은 말할 수 있어. 그는 무척 훌륭한 사람이야." 오블론스끼는 대꾸했다. "난 조금 전까지 그와 함께 있었는데, 정말로 훌륭한 남자야. 점심을 같이하면서 그 사람에게 오렌지를 넣은 포도주 만드는 법을 가르쳐 줬지. 자네도 알 거야, 그건 아주 세련된 음료지. 놀랍게도 그는 그것을 처음 본다는 거야. 아주 마음에 들었나 봐. 이야, 정말, 그는 좋은 사람이야."

오블론스끼는 시계를 꺼내어 보았다.

"아, 이거 큰일 났군, 벌써 4시가 넘었어. 돌고부쉬에게도 들러야 하는데! 그럼 꼭 식사하러 와 줘. 자네가 안 오면 나나 집사람이 얼마나 실망할지 몰라."

까레닌은 어느새 그를 맞았을 때와는 전혀 다른 태도로 처남을 배웅하고 있었다.

"약속한 이상 틀림없이 가죠." 그는 시무룩하게 대답했다.

"믿어 줘, 난 정말 감사하고 있어. 자네도 후회하지 않을 거야." 오블론스끼가 웃는 얼굴로 말했다.

그리고 그는 걸어가면서 외투를 입고 하인 머리를 가볍게 한 손으로 툭 치고는 껄껄 웃으면서 밖으로 나갔다.

"5시에, 프록코트 차림으로 오게, 꼭이야!" 그는 문 있는 데까지 되돌아와서 다시 한 번 이렇게 외쳤다.

9

5시가 지나서 주인이 돌아왔을 때에는 벌써 두서너 손님들이 와 있었다. 그는 현관 앞 차도에서 만난 꼬즈느이쉐프와 뻬쏘프와 같이 집으로 들어왔다. 이들은 오블론스끼 말에 따르면 모스끄바 지식계급의 양대 거장으로, 성격으로 보나 능력으로 보나 매우 존경스러운 인물이었다. 두 사람은 서로 존경하고 있었으나 거의 모든 문제에 관해 절망적일 만큼 의견을 달리하고 있었다. 그러나 그것은 두 사람이 서로 상반되는 사상을 가져서가 아니라 같은 당파에 속해 있으면서도 그 안에서 각자 특수한 색채를 지녔기 때문이었다(적들은 그 둘을 동일시할 정도였다). 그리고 반쯤 추상적인 문제에 대한 의견 차이처럼 타협할 수 없는 것도 없어서, 그들은 단순히 아직 한 번도 의견 일치를 본 적이 없었을 뿐만 아니라, 이미 오래전부터 화도 내지 않고 그저 상대의 어쩔 수 없는 오류를 그저 웃고 마는 것이 버릇이 돼 있었다.

오블론스끼가 그들을 따라잡은 것은 마침 그들이 날씨 이야기를 하면서 문으로 들어섰을 때였다. 객실에는 벌써 오블론스끼 장인인 쉬체르바스끼 공작과 그의 아들, 뚜로프쯔인, 끼찌와 까레닌이 앉아 있었다.

오블론스끼는 곧 그가 없었기 때문에 객실 분위기가 별로 안 좋다는 것을 알아챘다. 회색 명주 예복을 입은 돌리는 아이 방에서 따로 식사를 해야 할 아이들 단속이며 아직 돌아오지 않은 남편 때문에 신경 쓰느라, 혼자서 이 많은 사람을 잘 섞어 놓을 수 없었다. 손님들은 모두 마치 초대받은 중의 딸들처럼(이것은 노 공작의 표현이었다) 어쩌다 이런 자리에 왔는지 모르겠다는 얼굴로, 그저 침묵을 피하기 위해 열심히 말을 쥐어짜고 있었다. 사람 좋은 뚜로프쯔인은 분명히 자기가 어울리지 않는 세계에 와 있다고 느끼면서, 오블론스끼를 보자 두툼한 입술로 미소를 지었지만 그 표정은 이렇게 말하고 있었다. '어이, 여보게, 자넨 날 영특한 사람들 속에다 처박아 났군! Chateau des fleurs*²에서 한잔하는 경우라면 내 세상인데 말이지.' 노 공작은 빛나는 눈으로 까레닌을 곁눈질하면서 말없이 자리에 앉아 있었다. 오블론스끼는 그가 벌써, 손님을 모으기 위한 철갑상어이자 행정적 수완이 뛰어난 이 정치가를 형용할 멋진 비유를 생각해 냈음을 알았다. 끼찌는 레빈이 들어와도 얼굴을 붉히지 않으려고 온 힘을 모아 마음을 다잡으며 문 쪽을 지켜보고 있었다. 젊은 쉬체르바스끼는 아직 까레닌에게 소개받지 못했지만, 그런 것은 조금도 마음에 두지 않은 척하며 애썼다. 까레닌 자신은 여성들과 동석하는 연회석에서는 연미복에 흰 넥타이 차림으로 참석한다는 뻬쩨르부르그의 관습을 지키고 있었다. 오블론스끼는 그 얼굴빛을 보고 그가 약속을 지키기 위해서만 왔을 뿐이며, 이런 자리에 얼굴을 내미는 것을 괴로운 의무로 여기고 있음을 알았다. 바로 그가, 오블론스끼가 도착할 때까지 모든 손님을 꽁꽁 얼어붙게 만든 찬 공기의 주범이었던 것이다.

오블론스끼는 객실로 들어가면서 어떤 공작에게 붙들렸노라고 변명하며 사죄했다. 그는 어디에 늦을 때나 참석하지 못할 때면 언제나 그 공작에게 허물을 뒤집어씌웠다. 그는 곧 모두를 다시 소개하고 까레닌과 꼬즈느이쉐프를 붙여 주면서 그들이 폴란드의 러시아화(化)라는 문제에 대해 논하게 했다. 그러자 곧 뻬쏘프를 포함한 셋이서 그 문제에 매달렸다. 다음으로 그는 뚜로프쯔인 어깨를 치고 나서 귓가에 우스갯소리를 속삭이고는 그를 자기 아내와 공작 옆에 앉혔다. 그리고 이번에는 끼찌에게 오늘 밤 매우 아름답다고 말하고 이어 젊은 쉬체르바스끼를 까레닌에게 소개했다. 이렇게 눈 깜짝할 사이에 그는 솜씨 좋게 전원을 빵 반죽하듯 잘 이겨 냈으므로 객실 안 분위기는 금방 화기애애해지고 이야기 소리가 발랄하게 울리기 시작했다. 레빈만 아직 보이지 않았지만, 그것은 오히려 다행스러웠다. 오블론스끼가 식당에 들어가 보자 난처하게도 가져오게 한 포트 와인과 셰리 와인이 레베 것이 아니고 제쁘레 것이라는 사실을 알았기 때문이다. 그래서 그는 최대한 빨리 마부를 레베네

---

*2 꽃의 성(城)이란 뜻의 식당 이름.

가게로 보내도록 일러 놓고 다시 객실로 발을 돌렸다. 그 순간 식당에서 그는 레빈과 마주쳤다.

"내가 늦지 않았는지 몰라?"

"자네가 늦지 않을 턱이 있나!" 오블론스끼는 그의 팔을 잡고 말했다.

"손님이 많은 모양이지? 누구누구야?" 레빈은 저도 모르게 얼굴이 붉어져서 장갑으로 모자의 눈을 털면서 물었다.

"모두 아는 사람들이야. 끼찌도 왔어. 자, 가세. 까레닌에게 소개하지."

오블론스끼는 자유주의적 성향임에도, 까레닌 같은 거물과 교분을 갖는다는 것이 사람의 마음을 기쁘게 하지 않을 턱이 없다고 여기고 있었다. 그래서 자기 친한 친구들에게는 언제나 이것을 대접했다. 그러나 레빈은 그런 영광을 충분히 음미할 만한 심리상태가 아니었다. 그는 브론스끼를 만났던 그 잊히지 않는 밤 이래, 시골 한길에서 언뜻 보았던 것을 제외하면 한 번도 끼찌를 보지 못했다. 그는 마음속으로 은근히 오늘 밤 여기에서 그녀를 만나게 되리라는 것을 알고 있었다. 그러나 사고의 자유를 유지하기 위해, 그런 것은 모른다고 자신에게 이해시키려고 애쓰고 있었다. 그래서 지금 그녀가 여기에 와 있다는 말을 듣는 순간, 그는 불현듯 숨이 막히고 하려던 말도 못할 정도의 큰 환희와 공포를 동시에 느꼈다.

'그녀는 어떤 모습일까? 옛날 그대로일까, 아니면 그 마차 속에서 보았을 때 같을까? 만약 돌리의 말이 진실이었다면 어쩌지? 하지만 그것이 진실이 아니라는 이유도 없지 않은가?' 그의 머릿속은 이런 생각들로 가득했다.

"아아, 부디 까레닌을 소개해 줘." 그는 간신히 대답하고는 매우 확고한 걸음걸이로 객실에 들어갔다. 그리고 그녀를 보았다.

끼찌는 옛날 그대로도 아니고 또 마차 속에서 보았을 때 같지도 않았다. 그녀는 전혀 다른 모습이었다.

그녀는 깜짝 놀라 주저주저하며, 수줍어하는 듯한 모습을 보였다. 그리고 그 때문에 더한층 매혹적이었다. 끼찌는 레빈이 방으로 들어온 순간 그를 보았다. 그를 기다리고 있었던 것이다. 그녀는 기뻤으나 너무 큰 기쁨 때문에 어찌할 바를 몰랐다. 그가 안주인에게 곧장 다가가서 다시 그녀를 흘끗 쳐다보았을 때는 그녀에게도, 그에게도, 그리고 모든 것을 보고 있던 돌리에게도, 순간 그녀가 참지 못하고 금방이라도 울음을 터뜨릴 것만 같이 여겨졌을 정도였다. 그녀는 붉어졌다 파리해졌다 또 붉어져서는 입술을 파르르 떨면서 굳어진 채, 그가 옆으로 오기를 기다렸다. 그는 그녀에게 다가가서 인사를 하고 손을 내밀었다. 만약 입술의 가벼운 떨림과 눈을 더욱 반짝이게 하는 촉촉함이 없었다면 매우 차분해 보였을 미소를 지으며 그녀가 말했다.

"정말 오래간만이에요!" 이렇게 말하고 그녀는 확고한 태도로 자기의 싸늘한 손을 들어 그의 손을 쥐었다.

"당신은 모르셨겠지만 난 당신을 한 번 본 적이 있습니다." 레빈은 행복한 미소로 얼굴을 빛내면서 말했다. "역에서 마차를 타고 예르구쉬오보로 가시는 것을 보았죠."

"언젠데요?" 그녀는 깜짝 놀라 물었다.

"당신이 예르구쉬오보로 가셨을 땝니다." 레빈은 넘치는 행복감으로 목이 메는 것을 느끼면서 말했다. '대체 어떻게 난 이처럼 사랑스러운 사람에게 그 같은 올바르지 못한 생각을 결부시킬 수 있었을까? 그래, 돌리가 얘기한 것은 사실이었어.' 그는 생각했다.

오블론스끼가 그의 손을 잡고 까레닌에게 데려갔다.

"자아, 인사들 하지." 그는 두 사람에게 서로의 이름을 댔다.

"또다시 뵙게 돼서 정말 기쁩니다." 까레닌은 레빈 손을 쥐면서 차갑게 말했다.

"아니, 자네들 아는 사이던가?" 오블론스끼가 깜짝 놀라며 물었다.

"기차에서 한 세 시간쯤 함께한 적이 있어." 레빈이 빙그레 웃으면서 말했다. "그런데 내릴 때는 일이 마치 가면무도회에서처럼 얄궂게 되어 버려서 말이야, 여우에 홀린 기분이었어. 적어도 나는."

"아아, 그랬군! 그럼, 자아 여러분 이쪽으로." 오블론스끼는 식당 쪽을 가리키면서 말했다.

남자들이 식당으로 들어가 전채요리가 놓인 탁자로 다가갔다. 거기에는 여섯 가지 보드까와 마찬가지로 은제 나이프가 딸린 것과 그렇지 않은 여섯 가지 치즈, 캐비어, 청어, 각종 통조림, 얇게 자른 프랑스빵을 담은 접시들이 가지런히 놓여 있었다.

그들은 향기로운 보드까와 전채요리를 둘러싸듯이 섰다. 꼬즈느이쉐프와 까레닌과 뻬쏘프가 논의하던 폴란드의 러시아화라는 문제도 식사를 기다리는 동안 잠잠해져 버렸다.

꼬즈느이쉐프는 지극히 추상적이고 진지한 논쟁에 끝막음을 하기 위해서 느닷없이 아티카의 소금*³을 뿌려 상대방 기분을 아주 달라지게 하는 훌륭한 재주를 터득하고 있었는데, 지금도 그것을 사용한 것이었다.

까레닌은 폴란드의 러시아화가, 오직 러시아 정부가 제안할 최고 정책의 결과로써만 성취할 수 있다고 논증했다.

뻬쏘프는 한 국민이 다른 국민을 자기 나라에 동화시킬 수 있는 것은 인구 밀도 면에서 우세할 때에 한한다고 주장했다.

꼬즈느이쉐프는 양쪽 의견을 조건부로 시인했다. 그리고 그들이 객실에서 나왔을 때 꼬즈느이쉐프는 의논을 끝맺기 위해 미소를 띠면서 말했다.

"그러니까 이민족을 러시아화하는 수단은 오직 하나, 즉 될 수 있는 대로 자식을 많이 낳는 것이로군요. 그렇다면 나나 동생은 낙제점이란 말이죠. 그러나 여러분처럼 결혼하신 분들, 특히 오블론스끼, 당신은 진정한 애국자가 아니십니까. 당신 아이들이 몇 명인가요?" 그는 상냥하게 주인을 보고 웃어 보이면서 그에게 조그마한 컵을 내밀었다.

모두 껄껄 웃어 댔다. 그중에서도 오블론스끼가 유쾌한 듯이 웃어 댔다.

"그렇군요, 거 정말 좋은 방법이군요!" 그는 치즈를 씹으면서 꼬즈느이쉐프가 내민 컵에 특제 보드까를 따랐다. 토론은 사실 이 농담으로 완전히 그치고 말았다.

"이 치즈 제법 괜찮군요. 어떻습니까?" 주인이 손님들에게 권했다. "자네는 또 운동을 시작한 건가?" 그는 왼손으로 레빈의 근육을 만져 보며 말했다. 레빈은 씩 웃으면서 팔에다 힘을 주었다. 그러자 오블론스끼의 손가락이 닿은 엷은 모직 프록코트 밑에서 강철 같은 근육이 둥그런 치즈처럼 쑥 올라왔다.

"야, 이게 이두박근이란 건가! 삼손이 따로 없군!"

"곰 사냥에는 굉장한 힘이 필요하겠지요." 사냥에 대해서는 지극히 막연한 지식밖에 없는 까레닌이 거미집처럼 얄팍하게 저민 빵에 치즈를 바르려다가 부드러운 부분을 찢으면서 말했다. 레빈은 빙그레 웃었다.

"아니요, 전혀. 그러기는커녕 갓난아기라도 곰쯤은 죽일 수 있어요." 그는 안

---

*³ 점잖은 재담이란 뜻.

주인과 함께 전채요리 탁자 쪽으로 다가온 여성들에게 가볍게 고개를 숙이고 길을 비켜 주면서 말했다.

"곰을 잡으셨다고요? 사람들한테서 들었어요." 끼찌는 그 하얀 팔이 비치는 레이스 자락을 흔들며, 말을 듣지 않고 미끄러지는 버섯을 포크로 잡으려고 애쓰면서 말했다. "당신네 마을에는 곰들이 나오나요?" 그녀는 그 귀여운 얼굴을 그에게 살짝 돌리고 방긋이 웃으면서 덧붙였다.

그녀 이야기 속에는 별반 다른 것이라고는 조금도 없어 보였다. 그러나 그에게는, 그녀가 내뱉는 한 마디 한 마디의 울림 속에, 그 입술과 눈과 손의 움직임 하나하나에 말로 표현할 수 없는 깊은 의미가 담겨 있었다. 거기에는 용서를 구하는 마음도 있었고 그에 대한 신뢰와 부드럽고 수줍은 친밀감, 맹세, 희망, 그에 대한 사랑이 있었던 것이다. 그는 그 사랑을 믿지 않을 수 없었다. 그리고 그 행복감에 질식할 것만 같았다.

"아녜요, 난 뜨베리 현으로 갔어요. 그리고 돌아오는 기차 안에서 당신 형부, 아니 당신 형부의 매제를 만났죠." 그가 웃는 얼굴로 말했다. "그 만남은 정말 걸작이었죠." 그러더니 그는 쾌활하고 재미있게, 자기가 온밤을 한잠도 자지 않고 지새우다 사냥꾼처럼 보이는 반외투를 입은 채 까레닌이 타고 있던 찻간으로 뛰어들어갔을 때 일을 이야기했다.

"달려온 차장은 속담과 달리, 옷차림만 보고 날 밖으로 쫓아내려고 했어요. 그래서 나도 일부러 정색하고 한바탕 호통을 쳤죠. 그러자 당신께서도." 그는 그만 상대의 이름이 떠오르지 않자 까레닌에게 얼굴을 돌리면서 말했다. "처음엔 반외투를 보고 날 내쫓고 싶으신 모양이었는데 나중엔 내 편을 들어 주셨죠…… 덕분에 살았습니다."

"일반적으로 승객이 자리를 고르는 권리라는 것이 아주 모호하니까요." 까레닌은 손수건으로 손가락 끝을 닦으며 말했다.

"난 당신이 나에 대한 판단을 주저하고 계셨던 것을 잘 알고 있었죠." 레빈은 선량한 미소를 띠면서 말했다. "그래서 반외투의 인상을 지우기 위해 얼른 어려운 얘길 꺼냈던 겁니다."

꼬즈느이쉐프는 안주인과 이야기를 계속하며 한쪽 귀로 아우의 말을 듣고 있다가 갑자기 곁눈질로 힐끔 그를 쳐다보았다. '오늘은 도대체 어떻게 된 일일까? 저렇게 신이 나 있으니.' 그는 생각했다. 그는 레빈이 날개라도 돋아난 듯한 기분에 빠져 있다는 것을 모르고 있었다. 레빈은 그녀가 자기 말을 듣고 있고, 그것이 그녀에게 즐겁다는 것을 알고 있었다. 오직 이 한 가지 사실만이 온통 그를 사로잡았다. 이 방 안에서뿐만 아니라 온 세계에서 그에게 존재하는 것은, 그저 갑자기 크나큰 의미와 가치를 얻은 그 자신과 그녀뿐이었다. 마치 그는 어지러울 만큼 높은 곳에 있고, 이 선량하고 훌륭한 까레닌이나 오블론스끼 같은 사람들은 온 세계와 함께 어딘가 저 멀리 아래쪽에 있는 듯한 느낌이었다.

오블론스끼는 전혀 눈에 띄지 않게 두 사람 쪽은 보지도 않고, 다른 데는 이제 앉을 자리가 없다는 듯한 태도로 레빈과 끼찌를 나란히 앉혔다.

"어쩔 수 없군, 여기에라도 앉게." 그는 레빈에게 말했다.

식사는 오블론스끼가 공들여 모은 식기와 마찬가지로 상당히 훌륭했다. 마리 루이즈 식 수프는 기가 막혔고, 입에 넣으면 사르르 녹아 버리는 자잘한 피로시키도 나무랄 데 없었다. 하얀 넥타이를 맨 두 하인과 마뜨베이는 눈에 띄지 않도록 조용조용하면서도 날렵하게 요리와 마실 것을 나르며 제 역할을 다했다. 만찬은 물질적인 면에서도 대성공이었으나 다른 면에서도 그에 못지 않게 성공적이었다. 이야기는 때로는 전체적으로 때로는 개인적으로 오가면서 그칠 새가 없었고, 식사가 끝날쯤에는 더욱 활기를 띠었다. 그래서 남자들은 식탁에서 일어설 때까지도 이야기를 그치지 않았고, 까레닌마저도 한층 활기를 보일 정도였다.

10

뻬쏘프는 극한까지 논의하고 들어가기를 좋아했으므로, 아까 꼬즈느이쉐프의 재치있는 마무리에 만족하지 않았다. 더구나 자기 의견이 옳지 않음을 느꼈기 때문에 더욱 그랬다.

"난 결코 인구밀도만을 문제로 삼고 있는 게 아닙니다." 그는 수프를 떠먹으면서 까레닌에게 말했다. "그런 단순한 숫자 이론이 아니라, 그것이 성립될 기반이 중요하다는 겁니다."

"나에게는." 까레닌이 천천히 귀찮은 듯 대꾸했다. "그것은 결국 마찬가지라고 여겨지는데요. 내 생각에 다른 민족을 동화시킨다는 것은, 더욱 높은 문화를 영위하는 민족만이 할 수 있습니다. 그리고 그 민족은……."

"아니, 바로 그게 문제입니다." 뻬쏘프가 특유의 저음으로 말을 잘랐다. 그는 언제나 성급하게 의견을 내세우고, 그때마다 자기 의견에 온 힘을 다 기울이는 사람이었다. "보다 높은 문화라는 것을 대체 무슨 기준으로 정한단 말입니까? 영국인, 프랑스인, 독일인 가운데 누가 문화의 가장 높은 단계에 서 있습니까? 그 가운데 어느 국민이 다른 국민을 동화하게 될까요? 예컨대 라인 지방이 프랑스화 되고 있는 듯하다 해서 독일인 수준이 더 낮다고는 얘기할 수 없지 않습니까!" 그가 외쳤다. "그러니 거기에는 다른 법칙이 있다는 이야기가 됩니다!"

"나한테는 말입니다. 감화력이라는 것은 언제나 참다운 교양을 갖춘 쪽에 있다고 여겨집니다." 까레닌은 눈썹을 살짝 추켜올리면서 말했다.

"그러나 그 참다운 교양의 증거를 무엇에서 찾아내야 할까요?" 뻬쏘프가 반박했다.

"그게 무엇인지는 누구나 알고 있으리라고 보는데요." 까레닌이 말했다.

"글쎄요, 정말 다 알고 있다고 할 수 있을까요?" 꼬즈느이쉐프가 엷은 미소를 띠며 말참견을 했다. "참다운 교양은 순수히 고전적이어야 한다는 생각이 오늘날 널리 퍼져 있습니다만, 여기에는 찬반양론이 거세게 일고 있지요. 반대자 측에도 유력한 논거가 있다는 것을 부정할 순 없습니다."

"당신은 고전파이시군요, 꼬즈느이쉐프. 적포도주는 어떻습니까?" 오블론스끼가 찬물을 끼얹었다.

"난 어느 쪽 의견에도 찬반을 표할 생각은 없습니다." 꼬즈느이쉐프는 어린애를 대하는 듯한 너그러운 미소를 띠고 컵을 내밀면서 말했다. "내 말은 그저 어느 쪽이나 모두 유력한 논거를 갖고 있다는 것입니다." 그는 까레닌을 향해서 계속 말했다. "난 받은 교육으로 말하자면 고전파입니다만, 개인적으로는 이 논쟁에서 나의 입장을 찾아낼 수 없습니다. 나에겐 고전 학문이 실용 학문보다 우월하다고 보는 명확한 이유가 없으니까요."

"자연과학도 그에 못지않게 교육적이고 발전적인 영향력이 있어요." 뻬쏘프가 얼른 말을 받았다. "우선 천문학을 보십시오, 식물학, 동물학을 보아도 일반적 법칙 체계를 갖고 있지 않습니까!"

"난 그 설에는 전혀 동의할 수 없군요." 까레닌이 대꾸했다. "나는 언어 형식을 습득하는 과정 자체가 정신 발달에 특히 좋은 영향을 미친다고 생각합니다. 그뿐만 아니라 고전파 학자의 영향은 지극히 도덕적인 데 반해, 불행히도 자연과학의 교육 방법에는 현대 병폐를 형성하는 해롭고 잘못된 학문이 결부돼 있다는 사실도 부정할 수 없으니까요.”

꼬즈느이쉐프가 무엇인가를 얘기하려고 했지만 뻬쏘프가 육중한 저음으로 선수를 쳤다. 그는 열심히 까레닌의 의견이 옳지 않음을 논증하기 시작했다. 꼬즈느이쉐프는 필승의 반론을 준비해 놓고 침착하게 이야기가 끝나기만을 기다리고 있었다.

“그러나 말씀입니다,” 꼬즈느이쉐프는 의미심장하게 웃으면서 까레닌을 돌아보고 말했다. “고전 학문과 실용 학문 모두 이해득실을 똑같이 저울에 놓고 잰다는 것은 지극히 어려운 일인 점은 부정하지 못하실 겁니다. 그리고 또 어느 한 쪽을 중시하느냐 하는 문제도, 만약 당신께서 방금 말씀하셨던 것과 같은 도덕적인 영향, 굳이 말하자면 반(反)허무주의적 영향이 고전 교육 쪽에 없었다면, 그처럼 빠르게 결론을 내리지는 못했겠지요.”

“물론입니다.”

“만약 고전 학문에 이런 반허무주의적 영향이라는 이점이 없다면, 우리는 쌍방의 논거를 더 잘 비교하고 연구해 보겠죠.” 꼬즈느이쉐프는 여전히 의미심장한 미소를 머금고 말했다. “그리고 이 두 경향에 더욱 자유를 주고자 할 것입니다. 그런데 오늘날 우리는 고전 교육이라는 알약 속에 반허무주의라는 특효가 있다는 점을 압니다. 그래서 대담하게 그것을 환자에게 주는 셈입니다…… 그러나 그 특효가 없다면 어떻게 될까요?” 그는 예의 아티카의 소금을 뿌리면서 결론을 맺었다.

꼬즈느이쉐프의 알약설에는 모두 웃어 댔다. 특히 뚜로프쯔인은 토론에 귀를 기울이면서 그저 오로지 우스운 말이 튀어나오길 기다리고 있었으므로 누구보다도 목소리를 높여 즐겁게 껄껄거렸다.

오블론스끼가 뻬쏘프를 초대한 것은 탁월한 선택이었다. 뻬쏘프 덕으로 지적인 이야기는 한시도 그칠 때가 없었다. 꼬즈느이쉐프가 예의 그 익살로 논쟁에 끝을 맺자마자, 뻬쏘프는 때를 놓치지 않고 새로운 화제를 꺼냈다.

“난 말입니다.” 그가 말했다. “정부에 그런 목적이 있다는 주장에도 찬성할 수 없어요. 정부는 분명히 그들이 채택한 방침이 어떠한 영향을 미치는가에는 전혀 무관심한 채, 그저 막연한 생각에 이끌려 일을 처리하는 게 틀림없어요.

예를 들자면 말입니다. 여성 교육이니 하는 문제는 해롭다고 간주하여야 할 텐데도, 정부는 여성들을 위해 각종 학교와 대학까지도 개방하고 있거든요."

이렇게 해서 이야기는 곧 여성 교육이라는 새로운 주제로 옮겨갔다.

까레닌은 여성 교육 문제가 보통 여성 해방 문제와 혼동되고 있으며 단지 그 때문에 해로움이 있다고 생각될 수 있다는 의견을 피력했다.

"난 반대로 그 두 문제는 끊으려야 끊을 수 없는 관계로 밀접하다고 생각합니다." 뻬쏘프가 말했다. "일종의 악순환이지요. 여성에게 권리를 줄 수 없는 교육이 부족하기 때문이지만, 그 교육 부족은 권리가 없는데서 오는 것입니다. 여성의 속박이라는 것은 매우 오래된 뿌리 깊은 현상으로, 우리 남자는 걸핏하면 우리와 그 여성을 구별하는 심연(深淵)을 알려고도 하지 않는다는 점을 잊어선 안 됩니다." 그가 말했다.

"당신께선 권리라고 말씀하셨는데." 꼬즈느이쉐프가 뻬쏘프의 침묵을 기다렸다가 말했다. "그건 배심원이나 시의회 의원이 되거나, 장관을 지낼 권리, 관리나 국회의원이 될 권리 같은 것을 말하는 건가요?"

"물론입니다."

"그러나 만약 여성이 아주 드문 예외로 그런 지위를 차지할 수 있다고 해도, 나는 이 '권리'라는 말은 옳지 않다고 생각합니다. 오히려 '의무'라고 얘기해야 타당하지 않을까요? 배심원과 시의회 의원과 전보국 관리 등 직무를 수행하면서 우린 일종의 의무를 이행한다고 느끼니까요. 그러니까 정확히 말하면 여성들은 의무를 찾고 있는 것이다 이겁니다. 그것도 완전하게 합법적으로요. 정말이지 남자의 노고를 도와야겠다는 여성들의 이 희망에는 공감할 수밖에 없다니까요."

"그거 정말 옳은 말씀입니다." 까레닌은 찬성했다. "다만 한 가지 문제는, 여성에게 이런 의무를 수행할 능력이 있느냐 없느냐 하는 점입니다."

"그야 물론 충분한 능력을 발휘하겠죠." 오블론스끼가 참견했다. "그녀들에게 교육이 보급되면 말입니다, 벌써 그쪽으로 가고 있어요……."

"그런데 이런 속담이 있지요." 오랫동안 그들 논의에 귀를 기울이며 그 조그마한 빈정대는 듯한 눈을 반짝거리던 공작이 말했다. "뭐, 딸들 앞에서 말하긴 뭐하지만, 머리칼은 길지만 지혜는 별 볼일 없다……."

"노예 해방 전까지 흑인에 대해서도 꼭 그렇게 생각하고 있었지요!" 뻬쏘프는 성난 듯이 말했다.

"내가 신기한 건, 여성이 새로운 의무를 찾는 데 반해 유감스럽게도 우리 남자는 오로지 그런 의무에서 벗어나려고 한다는 점입니다." 꼬즈느이쉐프가 말했다.

"의무는 권리와 맺어져 있으니까요. 권력, 돈, 명예, 여성들이 찾는 것도 말하자면 이런 것들이지요." 뻬쏘프는 말했다.

"그러면 뭡니까, 내가 유모가 될 권리를 원하면서, 여성에게만 돈을 지급하고 나에겐 지급하지 않자 화내는 것이나 똑같군요." 노 공작이 말했다.

뚜로프쯔인은 와 하고 큰소리로 느닷없이 웃음을 터뜨렸다. 꼬즈느이쉐프는 그렇게 얘기한 사람이 자기가 아니었던 것을 서운하게 여겼다. 심지어 까레닌까지도 빙그레 웃었을 정도였다.

"그래요, 남자는 젖을 먹일 수가 없죠." 뻬쏘프는 말했다. "그렇지만 여성은……"

"아니, 영국인 중에는 배 위에서 자기 갓난아기를 훌륭하게 키운 남자가 있어요." 노 공작은 딸들 앞에서도 전혀 거리낌이 없어 보였다.

"그런 영국 남자의 수만큼 여성도 관직에 오르겠죠." 이번에는 꼬즈느이쉐프가 얼른 얘기를 했다.

"그럼 가족이 없는 처녀는 어떡해야 할까요?"

오블론스끼는 뻬쏘프에게 공감하고 그 주장에 동의하면서 물었다. 그는 줄곧 점찍어 둔 무희 치비소바를 문득 떠올렸다.

"그런 처녀의 과거를 잘 조사해 보면 언젠가 그녀가 여자로서 역할을 해야 했을 집을, 자기 집이라든가 언니나 동생 집을 버리고 왔다는 것을 발견하게 되리라고 생각해요." 잔뜩 토라진 말투로 돌리가 불쑥 이야기 속으로 뛰어들었다. 남편이 어떤 처녀를 염두에 두고 있는가를 짐작했기 때문임이 틀림없으리라.

"그러나 우린 원칙과 이상을 옹호해야 합니다!" 뻬쏘프가 낭랑한 저음으로 반박했다. "여성은 독립과 교육받을 권리를 원하고 있습니다. 그러나 그것이 불가능하다는 의식에 압도되고 굴복해 있는 겁니다."

"난 육아원에서 날 유모로 받아 주지 않는다는 것에 압도당하고 굴복하는 걸요." 또 노 공작이 이렇게 말했으므로, 뚜로프쯔인은 아주 좋아서 껄껄대다가 아스파라거스 굵은 끝쪽을 소스 속에 떨어뜨리고 말았다.

<h2 style="text-align:center">11</h2>

모두가 이야기에 끼어들고 있었으나 끼찌와 레빈만은 예외였다. 처음, 한 국민이 다른 국민에 미치는 감화에 대해 이야기할 때는 레빈 머리에도 이 주제에 대한 의견이 떠올라 있었다. 그러나 이전에는 그토록 지극히 중대했던 이러한 생각들이 지금은 꿈처럼 아물아물 하게 머리에 떠오를 뿐 그에게 어떠한 흥미도 일으키지 못했다. 오히려 그는 왜 무엇 때문에 그들이 저렇게 열을 올리며 아무 쓸모도 없는 문제를 논하고 있는지 이상하게까지 여겨질 정도였다. 끼찌도 마찬가지로, 여성 교육과 권리에 대한 이야기엔 흥미가 있어야 마땅했다. 그녀는 외국에 있는 친구 바레니까의 괴로운 예속 생활을 떠올릴 때마다 얼마나 이 문제에 대해서 생각해 왔는지 모른다. 또 만약 결혼을 하지 않는다면 어떻게 될 것인가 하고 얼마나 자신의 신상에 대해서 생각하고, 얼마나 언니에게 조언을 구했는지 모른다. 그런데도 지금은 이것이 조금도 그녀의 흥미를 끌지 않았다. 그녀는 레빈과 그들만의 애기를 하고 있었다. 아니, 그것은 대화라기보다는 어떤 신비로운 교감으로, 매 순간 차츰차츰 가깝게 둘을 맺어주었고, 이제부터 들어서려는 미지의 세계에 대한 즐거운 두려움을 두 사람 마음에 불러일으켰다.

처음에 레빈은 어떻게 그가 지난해 마차 속 자기를 볼 수 있었느냐는 끼찌의 물음에 대해서, 풀 베는 곳에서 길을 따라 걸어오다가 그녀를 본 일을 이야기했다.

"겨우 날이 밝기 시작한 이른 아침이었습니다. 당신은 틀림없이 막 잠을 깬 참이었겠죠. 어머님께선 구석에서 주무시고 계셨습니다. 정말 놀라운 여명이었습니다. 나는 걸어가면서 저 네 필 말이 끄는 훌륭한 마차에는 어떤 사람이 타고 있을까 하고 생각했습니다. 작은 방울을 잔뜩 단 훌륭한 사두마차였죠. 그 순간 언뜻 당신 모습이 눈에 들어왔습니다. 그래서 창문을 들여다보자, 당신은 두 손으로 이렇게 모자 끈을 잡고 골똘한 생각에 잠겨 계시더군요." 그는 빙그레 웃으면서 말했다. "그때 당신이 생각하고 있었던 것을 제가 얼마나 알고 싶어 했는지 모릅니다. 중대한 것이었겠죠?"

'그때 헝클어진 모습은 아니었는지 몰라?' 그녀는 생각해 봤다. 그러나 이처럼 자세하게 떠올리며 그가 황홀한 미소를 짓는 것으로 보아, 그녀는 자기가 준 인상이 오히려 지극히 좋았음을 알아차렸다. 그녀는 얼굴을 장밋빛으로 물들이고 즐거운 듯이 웃음을 터뜨렸다.

"정말 기억이 안 나요."

"그건 그렇고 뚜로프쯔인은 정말 잘도 웃는군요!" 레빈은 눈물까지 달고 온몸을 흔들며 웃는 그를 멀거니 바라보면서 말했다.

"전부터 저분을 알고 계세요?" 끼찌가 물었다.

"그를 모르는 사람이 있겠습니까."

"당신은 저분을 나쁜 사람이라고 여기고 계시죠?"

"나쁜 사람은 아닙니다. 별 볼일 없는 사람이죠."

"아녜요, 잘못된 생각이에요. 이제부터는 절대로 그렇게 생각하시면 안 돼요!" 끼찌가 말했다. "실은 나도 저분을 몹시 나쁘게 생각하고 있었어요. 그렇지만 실은, 저분은 정말 부드럽고 놀라울 만큼 착한 분이에요. 마음이 정말 황금 같으세요."

"어떻게 저분 마음을 아실 수 있었습니까?"

"저분하고는 아주 친한 친구예요. 저분에 대해선 잘 알고 있어요. 지난해 겨울, 저어…… 당신이 저희 집에 오셨던…… 그 직후에……." 그녀는 지극히 겸연쩍은 듯하면서도, 동시에 완전히 신뢰한다는 미소를 보냈다. "돌리 언니네 아이들이 모두 성홍열에 걸린 적이 있었어요. 그때 저분이 마침 언니 집에 오셨거든요. 그런데 어떻게 하신 줄 아세요?" 그녀는 귀엣말로 말했다. "저분은 언니를 몹시 안타깝게 여기셔서, 그대로 남아서 언니를 도와 아이들을 간호해 주셨어요. 3주나 계시면서 유모처럼 보살펴 주셨죠."

"난 지금 레빈에게 성홍열 때 뚜로프쯔인이 도와주신 얘길 들려주는 중이에요." 그녀가 언니 쪽으로 몸을 틀고 말했다.

"그래요, 그땐 얼마나 큰 도움을 받았는지, 정말 훌륭하신 분이세요!" 돌리는 자기가 화제에 올랐다는 걸 의식한 듯한 뚜로프쯔인을 돌아다보고 부드럽게 웃어 보이면서 말했다. 레빈도 한 번 더 뚜로프쯔인을 쳐다보았다. 어째서 자기가 지금까지 이 사람의 매력을 몰랐던 가에 새삼 놀랐다.

"죄송합니다. 앞으론 절대 남을 나쁘게 생각하지 않도록 조심하겠습니다!" 그는 자기가 지금 느낀 것을 진심으로 토로하면서 쾌활하게 말했다.

12

여성의 권리에 대한 이야기 가운데, 부부간의 권리 불평등이라는 문제, 여성들 앞에서 언급을 삼가야 할 문제가 있었다. 뻬쏘프는 식사하는 동안에도 몇 번이나 그 문제를 언급하려 했으나 꼬즈느이쉐프와 오블론스끼가 주의 깊게 그것을 피하고 있었다.

식사가 끝나고 여성들이 나가자, 뻬쏘프는 그 뒤를 따라가지 않고 까레닌을 향해서 그 불평등의 주요한 원인에 대해 토로하기 시작했다. 그의 의견으로는 부부간 불평등은 아내의 부정과 남편의 부정이 법률상으로도 사회 여론으로도 불평등하게 처벌되고 있다는 점에서 기원한다는 것이다.

당황한 오블론스끼는 얼른 까레닌 곁으로 가서 그에게 담배를 권했다.

"아니, 피우지 않겠습니다." 까레닌이 침착하게 대답했다. 그리고 자기가 그런 이야기를 두려워하지 않는다는 것을 일부러 보여주려는 듯이 차가운 미소를 띠고 뻬쏘프한테 얼굴을 돌렸다.

"난 그런 대우의 불평등은 애당초 남녀 차이에서 기원한다고 생각합니다." 그는 이렇게 말하고 객실로 가려고 했다. 그러나 그때 뚜로프쯔인이 느닷없이 그를 향해서 말을 걸었다.

"쁘랴츠니꼬프 얘긴 들으셨습니까?" 샴페인을 마셔서 활기가 넘치는 뚜로프쯔인은 아까부터 지긋지긋한 침묵을 깰 기회를 노리다가 이렇게 말했다. "바샤 쁘랴츠니꼬프 말씀이에요." 그는 촉촉한 붉은 입술에 사람 좋은 미소를 띠고 주빈인 까레닌을 보면서 말했다. "오늘 들었는데, 그가 뜨베리에서 끄브이뜨스끼와 결투해서 상대를 죽여 버렸다는군요."

어딘가에 부딪치면 마치 일부러 그런 것처럼 가장 아픈 곳만 부딪친다고 생각하게 되는데, 지금 오블론스끼도 오늘은 이야기가 번번이 까레닌의 아픈 데만 건드리는 것처럼 느껴졌다. 그는 다시 한 번 매제를 데리고 나가려고 생각했으나 까레닌은 호기심을 보이며 이렇게 물었다.

"쁘랴츠니꼬프는 무엇 때문에 결투했습니까?"

"부인 때문이지요, 사내다운 행동이죠! 상대를 불러내서는 쏴 죽여 버렸어요!"

"아!" 까레닌은 태연한 척 대답하고 눈썹을 찌푸리며 객실로 들어갔다.

"정말 잘 와 주셨어요." 돌리는 이 방 저 방으로 통할 수 있게 돼 있는 객실에서 그를 맞으면서 깜짝 놀란 듯한 미소를 띠고 말했다. "당신한테 애기할 게 좀 있어요, 여기 잠깐 앉으세요."

까레닌은 살짝 치켜세운 눈썹이 보여 주듯 무관심한 표정으로 돌리 곁에 앉아서 억지로 미소를 지었다.

"마침 잘됐군요." 그가 말했다. "그렇잖아도 막 당신에게 작별인사를 하려고 생각하던 참이었습니다. 내일 떠나야 해서 말입니다."

돌리는 안나의 결백을 굳게 믿고 있었으므로, 무고한 자기 친구를 이리도 간단히 파멸시키려 하는 이 냉혹하고 무감각한 사내에 대한 분노로 자기가 차츰 파리해져서 입술을 부르르 떨리는 것을 느꼈다.

"까레닌." 그녀는 몹시 확고한 태도로 그의 눈을 똑바로 응시했다. "난 당신한테 안나에 대해서 물었는데 당신은 어떻다고도 대답해 주시지 않았어요. 그녀는 어떻게 지내고 계세요?"

"잘 있을 겁니다. 다리야." 그는 그녀를 쳐다보지도 않고 대답했다.

"까레닌, 정말 미안합니다. 내게 그럴 권리는 없습니다만⋯⋯ 난 안나를 친동생처럼 여기며 사랑하고 존경하고 있어요. 그러니, 저, 둘 사이가 어떻게 된 건지 말씀해 주시지 않겠어요? 부탁이에요, 그녀가 무슨 나쁜 짓을 했다는 거죠?"

까레닌은 눈살을 찌푸렸고 거의 눈을 감다시피 고개를 떨어뜨렸다.

"무엇 때문에 내가 안나에 대한 지금까지의 관계를 바꿔야겠다고 결심했는지는 주인어른한테서 들으셨으리라고 생각하는데요." 그는 그녀 눈을 외면하고, 마침 객실을 지나가던 쉬체르바스끼 공작을 아니꼽게 쳐다보면서 말했다.

"난 믿지 않아요, 믿지 않아요, 그런 걸 믿을 순 없어요!"

돌리는 바싹 야윈 두 손을 가슴 앞에서 불끈 쥐면서 격렬한 몸짓으로 말했다. 그리고 재빨리 일어서서 한쪽 손을 까레닌 옷소매 위에 놓았다. "여긴 사람들이 방해돼요. 자아, 이리 오세요."

돌리의 흥분은 까레닌에게도 작용했다. 그는 일어나 얌전히 그녀를 따라 아이들 공부방으로 들어갔다. 그들은 여기저기 주머니칼로 쪼아 놓은 기름에 결은 무명이 덮인 탁자 머리에 앉았다.

"그럴 리 없어요, 난 그런 건 믿지 않아요!" 돌리는 자기를 피하는 그의 시선을 붙잡으려고 애쓰면서 말했다.

"사실을 믿지 않을 순 없어요, 다리야." 그는 사실이라는 말에 힘을 주면서 말했다.

"하지만 그녀가 무엇을, 어떤 짓을 하셨단 거지요?" 돌리가 물었다. "정말 무슨 짓을 했는데요?"

"그녀는 자신의 의무를 헌신짝처럼 버리고 남편을 배신했습니다. 그것이 그녀가 한 짓입니다." 그가 말했다.

"아녜요, 아녜요, 그럴 리 없어요! 그건, 틀림없이 당신 오해예요!" 돌리는 두 손으로 관자놀이를 누르고 눈을 감으면서 외쳤다.

까레닌은 그녀와 그 자신에게 자기 확신의 견고함을 나타낼 양으로 입술만 싸늘하게 웃었다. 그러나 돌리의 열렬한 변호는 그의 마음을 흔들지는 못했지만 그 상처를 자극한 것은 사실이었다. 그도 몹시 열띤 태도로 얘기를 시작했다.

"그 사실을 아내 스스로 남편에게 밝힌다면, 오해를 한다는 것도 지극히 어려운 일이죠. 그녀는 8년간의 결혼생활도 아들도 모두가 잘못이었다, 난 다시 한 번 처음부터 새로 시작하고 싶다, 이렇게 밝혔으니까 말씀입니다." 그는 거칠게 숨을 몰아쉬면서 노기를 띠고 말했다.

"안나와 부정이라니, 난 아무래도 그것을 하나로 묶어 생각할 수 없어요. 믿을 수가 없어요."

"다리야!" 이번에는 그가 흥분한 돌리의 선량한 얼굴을 똑바로 바라보며 어느 틈에 자기도 말수가 많아졌음을 느끼면서 말했다. "아직 의심할 여지라도 있다면 나도 얼마나 기쁘겠습니까. 의심하고 있었던 동안은 무척 괴로웠지만 그래도 지금보다는 편했습니다. 의심할 때는 그래도 희망이 있었으니까요. 그러나 지금은 이제 아무런 희망도 없습니다. 게다가 이제 나는 모든 것을 의심하고 있습니다. 모든 것을 의심한 나머지 아들까지 미워하게 되고, 때로는 그 아이가 내 아들이라는 것마저 믿을 수 없게 됩니다. 난 정말 불행합니다."

그는 자신의 불행을 얘기할 필요도 없었다. 돌리는 그가 자신의 얼굴을 쳐다본 순간 그것을 깨달았다. 그녀는 그를 동정했고, 친구의 결백을 믿었던 마음도 어느 틈에 흔들리고 있었다.

"아아! 정말 무서운, 끔찍한 일이에요. 그런데 당신이 이혼하기로 하셨다는 것이, 정말인가요?"

"난 최후의 수단을 결심한 것입니다. 그 이상 달리 어떡할 수 없으니까 말입니다."

"달리 어쩔 도리가 없다. 달리 어떡할 수가 없다니……." 그녀가 눈물을 글썽거리면서 말했다. "아녜요, 달리 어떡할 수 없는 것도 아녜요!" 그녀는 말했다.

"이런 종류의 불행이 괴로운 것은, 다른 상실이라든가 죽음이라든가 하는 불행과 달리 그저 참고 있을 수만은 없기 때문입니다. 어떻게든 무슨 수단을 써야 해요." 그는 그녀 마음을 짐작한 것 같은 태도로 말했다. "말하자면 자신이 놓인 굴욕적인 처지에서 탈출해야만 합니다. 셋이서 함께 살 수는 없으니까요."

"알았어요, 잘 알았어요." 돌리는 그렇게 말하고 고개를 떨어뜨렸다. 그녀는 자기 자신과 자기 가정의 불행에 대해 생각하면서 잠시 침묵을 지켰다. 그러다 갑자기 열정적으로 고개를 들고 애원하는 듯한 몸짓으로 두 손을 모았다. "하지만 조금만 기다려 주세요! 당신은 기독교인이잖아요! 그분에 대해서도 조금 생각해 주세요! 당신이 버린다면 그녀는 어떻게 되겠어요?"

"나도 생각해 봤습니다. 다리야, 많이 생각해 봤습니다." 까레닌은 말했다. 그의 얼굴이 군데군데 붉어지고 흐릿한 눈은 똑바로 그녀를 바라보고 있었다. 돌리는 이제 진심으로 그를 가엾게 여겼다.

"난 그녀 입을 통해 나의 굴욕이 확실해졌을 때부터 지금 당신이 말씀하신 대로 해보았습니다. 나는 모든 것을 본디 그대로 묻어 뒀습니다. 그녀에게 잘 못된 마음을 바로잡을 기회를 주고 그녀를 구하려고 노력했습니다. 그런데 결과는 어떻습니까? 그녀는 지극히 쉬운 요구, 체면을 지키라는 요구조차도 따라 주지 않았습니다." 그는 발끈 열을 올리면서 말했다. "스스로 파멸을 원하지 않는 사람이라면 구할 수도 있겠지만, 본성까지 완전히 썩고 타락해 버려서 파멸을 구원으로 여기는 인간에게 어떻게 손을 댈 수가 있겠습니까?"

"어떻게 하시든 당신 마음이지만, 이혼만은 안 돼요!" 돌리가 대답했다.

"내 마음이라면서 달리 뭐가 있습니까?"

"하지만 그건 무서운 일이에요. 그녀는 이제 누구의 아내도 아니게 되는 거예요, 그건 파멸이에요!"

"그렇지만 내가 어떻게 할 수 있다는 말씀입니까?" 까레닌은 어깨와 눈썹을 추켜세우고 말했다. 아내를 마지막으로 보았을 때의 위협적인 태도가 떠오르자 극도로 부아가 치밀었으므로 그는 또다시 아까와 같이 차디찬 얼굴로 되돌아가 버렸다. "당신의 동정에 대해선 대단히 감사하고 있습니다만 이제 돌아가 보겠습니다." 그가 일어서면서 말했다.

"아녜요, 기다려 주세요! 그녀를 파멸시키지 말아 주세요. 조금만 기다려 주세요. 당신께 내 얘길 해 드릴게요. 나도 결혼하고 나서 남편에게 배신당했습니다. 분노와 질투로 모든 것을 다 버리고 싶었죠. 내 목숨까지도…… 그러나 난 제정신으로 돌아왔습니다. 다름 아닌 안나가 날 구했어요. 그리고 난 이처럼 살고 있습니다. 아이들은 커가고, 남편도 집으로 돌아와 이전의 잘못을 깨닫고 전보다도 좋은 사람이 돼 주었어요. 그래서 나도 살아갈 수 있는 거예요…… 난 다 용서했습니다. 그러니까 당신도 용서해 주세요!"

까레닌은 가만히 귀를 기울이고 있었다. 그러나 그녀 말은 그에겐 이미 아무런 영향도 주지 않았다. 그의 마음속에는 또다시 그가 이혼을 결심했던 날의 미움이 그대로 머리를 쳐들고 일어났다. 그는 무언가 떨쳐 내려는 듯이 몸을 부르르 떨고는 날카롭고 큰 목소리로 외쳤다.

"용서할 수 없습니다. 용서하고 싶지도 않습니다. 용서하는 게 옳다고도 여기지 않습니다. 난 그 여자를 위해서 온갖 것을 다 했는데, 그녀는 그것을 진흙 속에서 굴리며 짓밟아 버렸습니다. 정말이지 그녀 본성에 꼭 맞는 방법이지요. 난 악한 인간은 아닙니다. 아직 한 번도 사람을 미워한 적이 없습니다. 그렇지만 그녀만은 진심으로 밉습니다. 용서조차 할 수 없습니다. 호되게 험한 꼴을 당해서 미움이 너무 커진 탓이겠지요!" 그는 증오가 차올라 울먹이는 목소리로 말했다.

"당신을 미워하는 자를 사랑하라는 말도 있잖아요……." 돌리가 부끄러운 듯이 중얼거렸다.

까레닌은 얕잡아 보듯이 차가운 웃음을 지었다. 그런 것쯤은 이미 잘 알고 있었지만 이 경우에는 맞지 않는 것이었다.

"나를 미워하는 자를 사랑할 수는 있지만 내가 미워하는 자를 사랑할 수는 없습니다. 아니, 쓸데없는 걱정을 끼쳐 죄송합니다. 누구나 자기 고민만으로도 힘에 겨운 법이거늘!" 이렇게 말하며 마음을 차분하게 가다듬고 나서 까레닌은 조용히 작별인사를 하고 떠났다.

13

모두 식탁에서 일어섰을 때, 레빈은 끼찌 뒤를 따라 객실로 가고 싶었다. 그러나 너무 노골적으로 따라다녀 그녀를 불쾌하게 만들지나 않을까 싶어 갑자기 두려워졌다. 그래서 그는 남자들 틈에 남아서 이야기에 끼어들었다. 끼찌쪽은 보지 않고도, 그녀의 동작이며 시선이며 객실 안에서 그녀가 앉은 자리를 똑똑히 느낄 수 있었다.

그는 이미 자기가 그녀에게 약속한 것, 언제나 모든 사람을 착한 마음으로 생각하고 사랑하는 것을 수월하게 실천하고 있었다. 화제는 뻬쏘프가 일종의 독특한 원리가 작용하고 있다며 '합창의 원리'라고 부르는, 자치 촌락에 대한 것으로 옮겨졌다. 레빈은 뻬쏘프에게도 동의하지 않았고, 또 러시아 자치 촌락의 의의를 반은 인정하고 반은 인정하지 않는 형의 독특한 주장에도 찬성하지 않았다. 그러나 그는 두 사람을 중재하고 두 사람의 의견대립을 완화하려고 애쓰면서 이야기하고 있었다. 그는 자기가 하는 말에는 조금도 흥미를 느끼지 않았다. 하물며 그들 이야기에는 더욱 말할 나위도 없었다. 그는 그저 모두가 즐겁고 재미있는 시간을 보내기만을 바라고 있었다. 지금 그에게는 오직 하나만 중요하다는 것을 알고 있었다. 그 하나가 처음에는 객실에 있었으나 이내 차츰 움직여서 지금은 이 방문 있는 데서 멈추었다. 돌아보지 않고도 자기를 향하는 눈동자와 미소를 느낀 그는 결국 그쪽으로 몸을 돌릴 수밖에 없었다. 그녀는 쉬체르바스끼와 함께 문가에 서서 그를 바라보고 있었다.

"난 또 당신이 피아노 쪽으로 가시는가 했죠." 그는 그녀에게 다가가면서 말했다. "음악이야말로 내가 시골에서 굶주리는 유일한 것입니다."

"아녜요, 저흰 그저 당신을 부르러 왔을 뿐이에요. 그리고 감사드려요." 그녀는 정말 감사의 선물 같은 미소를 그에게 보내면서 말했다. "이렇게 와 주셔서 정말 감사해요. 그런데 어쩌면 저렇게 토론을 좋아하실까요? 어차피 상대를 이해시킨다든가 하는 일은 절대 없으면서."

"그래요, 정말이에요." 레빈은 동의했다. "그저 상대가 이야기하고 싶어 하는 것이 아무래도 이해가 가지 않는다는 이유만으로 열을 내어 토론하는 경우가 대부분이죠."

가장 현명한 사람들의 논쟁을 들으며 레빈은 종종 다음과 같이 깨닫는다. 논쟁자들은 엄청난 노력과 거창한 논리적 기교와 말을 마구 늘어놓고서 마침

내 자기들이 오랜 시간을 들여 증명하고자 한 것은 벌써 오래전에 토론의 처음부터 쌍방 모두 알고 있던 것으로, 다만 서로 중시하는 견해가 달라서 상대에게 트집을 잡히지 않으려고 그 사실을 얘기하지 않았을 뿐이라는 것을 의식하게 되는 경우가 많다. 따라서 그는 이따금 한창 토론하다 자기도 모르게 상대가 중요하게 생각하는 것을 똑똑히 알게 되고 갑자기 자신도 그것이 좋아져서 얼른 상대에게 동의해 버리면, 지금까지의 논쟁이 모두 무용한 것이 되는 일을 곧잘 경험했다. 때로는 반대로 자기가 열심히 옹호하는 사상을 큰맘 먹고 꺼내서 그것을 훌륭하고 절실하게 표현하면, 상대가 갑자기 그것에 찬성하여 논쟁이 끝나 버리는 일도 있었다. 그는 바로 이것을 얘기하고 싶었다.

그녀는 이마를 찌푸리며 이해하려고 애썼다. 그러나 그가 설명을 시작하는 순간 그녀는 벌써 그것을 이해했다.

"알겠어요. 먼저 상대가 무엇 때문에 논쟁을 하는가, 좋아하는 것이 무엇인가를 알아야 한다. 그러면……."

그녀는 서투르게 표현된 그의 사상을 완벽하게 이해했다. 레빈은 기쁜 마음에 빙긋이 웃었다. 얽히고설켜 복잡하고 장황한 뻬소프와 형의 논쟁에서 대뜸 이다지도 명쾌하게 최소한의 단어로 지극히 복잡한 생각을 표현할 수 있다는 것이 그에게는 실로 놀라운 사건이었다.

쉬체르바스끼가 그들 곁에서 떠났고 끼찌는 근처에 있는 카드 테이블로 다가가 앉았다. 그리고 한 손으로 분필을 집어 들고 새 푸른빛 두꺼운 모직물 종이 위에 아무렇게나 동그라미를 그리기 시작했다.

그들은 식사하는 동안에 오갔던 화제, 여성의 자유와 직업에 대한 문제를 다시 이야기하기 시작했다. 레빈은 시집을 가지 않은 처녀도 가정에서 여자다운 일을 찾아야 한다는 돌리 의견에 찬성이었다. 그는 그 의견에 다음과 같은 이유를 들어 주장했다. 어느 가정이나 가사를 돕는 여자가 필요하며, 어려운 가정에도 부유한 가정에도, 고용된 사람이든 집안 사람이든 유모 노릇을 할 사람이 있고, 또 있어야 하는 것이다.

"아녜요." 끼찌는 얼굴을 붉히면서도 절대 두려워하지 않는 진실한 눈으로 그를 쳐다보면서 말했다. "여자란 존재는 그렇게 가족의 일원이 되는 것을 굴욕으로 느끼게 되어 있어요. 그보다 스스로……."

그는 그녀가 하려는 말을 이해했다.

"네, 그렇습니다!" 그가 말했다. "그렇습니다. 그럼요, 그렇고말고요. 당신 말이 옳습니다. 당신 말이 옳아요!"

그리고 그는 끼쩌 마음에서 처녀의 공포와 굴욕을 봄으로써 비로소 뻬쏘프가 식사하는 동안 논증했던 여성의 자유에 대한 문제를 이해할 수 있었다. 그것도 그는 그녀를 사랑하는 마음에서 그 공포와 굴욕에 동정하고 곧 자기 의견을 거두어 버렸다.

침묵이 찾아왔다. 그녀는 줄곧 분필로 탁자 위에다 선을 그리고 있었다. 그녀 눈이 조용히 빛나고 있었다. 그녀의 기분에 이끌려 그도 부풀어 오르는 행복감이 온몸으로 넘쳐흐르는 것을 느꼈다.

"어머! 내가 탁자에 온통 낙서를 해 놓고 말았군요!" 그녀는 분필을 놓고 일어나려고 하는 몸짓을 했다.

'이 사람이 가고 나면 나 혼자 어떻게 남아 있는담?' 그렇게 생각하면서 두려워진 레빈은 분필을 들었다. "조금만 기다려 주십시오." 그도 탁자 앞에 앉으면서 말했다. "난 진작부터 당신한테 꼭 한마디 물어보고 싶은 게 있었습니다."

그가 그녀의 부드러운, 그러나 깜짝 놀란 듯한 눈을 똑바로 들여다보았다.

"그럼, 말씀해 보세요."

"이런 겁니다." 그는 이렇게 말하고 분필로 머리글자만 써 보였다. "언, 당, 나, 그, 안, 된, 말, 그, 영, 의, 그, 않, 그, 의?"

그 뜻은 이런 것이었다.

'언젠가 당신이 나한테 그것은 안 된다고 말했는데, 그것은 영원하리라는 의미였습니까, 그렇지 않으면 그때만이라는 의미였습니까?' 그녀가 이 복잡한 문구를 해독할 수 있으리라고는 도무지 바랄 수 없었다. 하지만 그는 그녀가 이 말을 이해하느냐 못하느냐에 자기 온 목숨이 달렸다는 얼굴로, 가만히 그녀 얼굴을 지켜보았다.

그녀는 정색하고 그를 한번 쳐다보고는 이내 주름 잡힌 이마를 한 손으로 짚고 해독하기 시작했다. 가끔 그녀는 '이건 내가 생각한 그대로일까요?' 하고 묻는 눈동자로 그를 올려다보았다.

"알았어요." 그녀가 홍당무가 되어 말했다.

"그럼 이건 어떤 말이죠?" 그는 '영원히' 라는 뜻을 나타낸 '영' 자를 가리키면서 말했다.

"그건 '영원히' 라는 뜻이죠?" 그녀가 물었다. "그러나 그건 정말 아녜요!"

그는 얼른 자기가 쓴 글자를 지우고 그녀한테 분필을 건네주고 일어섰다. 그녀는 이렇게 썼다. '그, 나, 그, 대, 수, 없.'

이 둘의 모습을 본 돌리는 까레닌과 이야기하면서 느꼈던 슬픔이 말끔히 사라지는 것을 느꼈다. 끼찌는 분필을 양손으로 굴리면서 수줍은 듯한 행복한 미소를 지으며 레빈 얼굴을 올려다보았고, 탁자 위로 구부린 그 듬직한 몸을 바라보았다. 한편 레빈은 불타는 듯한 눈으로 탁자를 보다가 그녀를 보기도 했다. 순간 그의 얼굴이 갑자기 빛났다. 그는 알아차린 것이었다. 그것은 이런 의미였다. '그때 나는 그렇게밖에 대답할 수 없었어요.'

그는 의심쩍게 주저주저하며 그녀를 바라보았다.

"그럼 그때뿐이었군요?"

"네." 그녀의 미소가 대답했다.

"그럼…… 지금은?" 그는 물었다.

"이걸 읽어 주세요. 내가 바라는 것을 말씀드릴 테니깐요. 정말 진심으로 바라는 거예요!" 그녀가 머리글자를 썼다. '당, 그, 일, 잊, 용, 수, 있.' 그 의미는 이런 것이었다. '당신께서 그때 일을 잊고 용서해주실 수만 있다면.'

그는 긴장되어 떨리는 손가락으로 분필을 잡았다. 그리고 끝을 부러뜨려 가며 다음과 같은 의미의 머리글자를 썼다. '나한테는 무엇 하나 잊을 것도, 용서할 것도 없습니다. 난 예나 다름없이 당신을 사랑하고 있습니다.'

그녀는 망설임 없는 미소를 머금고 그를 바라보았다.

"알았어요." 그녀가 속삭이듯 말했다.

그는 앉아서 긴 문구를 썼다. 그녀는 이제 이 뜻이 맞습니까, 묻지도 않고 모든 것을 이해했다. 그리고 분필을 들고 곧 대답했다.

그는 오랫동안 그녀가 쓴 것을 이해할 수 없어서 몇 번이나 그녀 눈을 들여다보았다. 그의 머릿속은 행복으로 뽀얗게 아득해졌다. 도무지 그녀가 의미한 말을 알아맞힐 수 없었다. 그러나 그녀의 행복으로 빛나는 아름다운 눈 속에서, 그는 자기가 알아야 할 모든 것을 읽었다. 그래서 그는 세 개의 머리글자를 썼다. 그런데 그가 미처 다 쓰기도 전에 그녀는 벌써 그의 손놀림으로 그것을 읽어 버리고 그 뒤를 자기가 보충하고는 '네' 라고 대답까지 썼다.

"아니, 서기 흉내라도 내는 게냐?" 노 공작이 옆으로 와서 말했다. "그런데 늦지 않으려거든 이제 그만 극장으로 가야 해."

레빈은 일어나 끼찌를 문까지 배웅했다. 이런 정도의 이야기로 그들은 모든 대화를 마쳤다. 그녀가 그를 사랑하고 있다는 것도, 그가 내일 아침 끼찌네 집을 찾아가겠다는 것도, 그 소식을 그녀가 부모에게 전하겠다는 것도.

14

끼찌가 떠나고 혼자 남은 레빈은 그녀가 없다는 것이 불안해서 견딜 수 없었다. 다시 그녀를 만나 영원히 그녀와 결합하게 될 내일 아침이 한시라도 빨리, 일각이라도 빨리 오길 바라며 조급해진 그는, 앞으로 그녀 없이 지내야 할 열네 시간이 마치 죽음처럼 두렵게 느껴졌다. 그는 혼자 외톨이가 되지 않기 위해서, 또 어떻게든 시간을 넘기기 위해서 누구든 말벗을 찾을 필요가 있었다. 이럴 때는 오블론스끼가 가장 유쾌한 말벗이었다. 그러나 그는 미리 말해 둔 대로, 다른 야회에 간다는 핑계를 대고 실은 발레를 보러 가려는 중이었다. 레빈은 간신히 그를 붙잡고 자기는 행복하고, 자기는 그를 사랑하고 있으며, 자기를 위해서 그가 해 준 일을 결코 잊지 않겠다는 말만을 겨우 전할 수 있었다. 오블론스끼의 미소와 눈동자는 레빈에게 그 마음을 잘 알고 있다고 말해 주었다.

"어때, 아직 죽기에는 이르지?" 오블론스끼는 감동에 젖어 레빈의 손을 꼭 쥐면서 말했다.

"그럼!" 레빈이 대답했다.

돌리도 그와 작별인사를 나누면서 그를 축복하듯이 말했다.

"당신과 끼찌가 다시 만나게 되어서 난 정말 기뻐요. 오랜 우정은 소중히 간직해야죠."

그러나 레빈에겐 돌리의 말이 불쾌했다. 그녀는 이 일이 얼마나 높고 그녀로서는 얼마나 접근할 수 없는 고결한 것인지 모르고 있다. 이것은 그녀가 감히 입 밖에 내놓을 일이 아니다. 레빈은 그렇게 생각했다.

레빈은 그들과 헤어져서 밖으로 나왔으나 혼자 있고 싶지 않으므로 형한테 달라붙었다.

"형님은 어디 가십니까?"

"회의가 있어."

"그럼, 나도 같이 가겠습니다. 괜찮으시죠?"

"그야, 괜찮고말고. 같이 가자." 꼬즈느이쉐프가 빙긋이 웃으면서 말했다. "오늘 너 도대체 어떻게 된 거야?"

"나 말씀이에요? 행복한 일이 있었어요!" 레빈은 타고 있는 마차의 창문을 내리면서 말했다. "열어도 괜찮죠? 안 열면 후텁지근해서. 난 행복합니다! 그런데 어째서 형님께선 지금까지 결혼하지 않으셨습니까?"

꼬즈느이쉐프는 빙그레 웃었다.

"축하한다. 그 여잔 훌륭한 처……." 꼬즈느이쉐프가 말을 꺼내자 레빈이 서둘러 가로막았다.

"말씀하지 마세요, 말씀하지 마세요, 말씀하지 마세요!" 레빈은 두 손으로 형의 털외투 깃을 잡고 조이면서 외쳤다. '그 여자는 훌륭한 처녀다' 라는 말은 지금 그의 감정에 전혀 어울리지 않는, 지극히 평범하고 변변치 못한 표현이었기 때문이다.

꼬즈느이쉐프는 드물게도 아주 즐겁게 웃어 댔다.

"아니, 하지만 내가 아주 기뻐하고 있다고 얘기하는 정도는 괜찮잖아?"

"내일, 내일은 말해도 좋아요. 하지만 지금은 아무런 얘기도 하지 말아 주세요! 절대, 한 마디도, 잠자코 계셔 주세요!" 레빈은 이렇게 말하고 또 한 번 그의 옷깃을 조이면서 덧붙였다. "난 형님을 굉장히 사랑하고 있습니다! 그건 그렇고 내가 회의에 같이 가도 괜찮을까요?"

"암, 괜찮다마다."

"오늘은 무슨 회의입니까?" 레빈은 미소를 그치지 않고 물었다.

그들은 회장에 도착했다. 먼저 레빈은 비서관이 회의록을 떠듬떠듬 읽는 것을 들었다. 분명히 읽는 자신도 무슨 내용인지 잘 모르는 것 같았다. 그러나 레빈은 그 비서관 얼굴로 미루어 그 사내가 아주 상냥하고 착한 좋은 인물일 것으로 생각했다. 그가 회의록을 읽으면서 당황하여 어찌할 바를 모르는 태도에도 그 점이 드러났다. 이어서 연설이 시작됐다. 사람들은 무언가의 보조금 지출과 어떤 철관의 부설에 대해서 토론했다. 꼬즈느이쉐프는 두 의원을 매섭게 공격하고 우쭐대며 뭐라고 길게 늘어놓고 있었다. 또 다른 의원이 무엇인가를 종이 위에 적고 나서, 처음에는 머무적거리는 태도였으나 나중에는 아주 모지락스러운 말로 영리하게 답변했다. 다음에는 스비야쥐스끼(그도 거기에 출석하고 있었다) 역시 우아하고 점잖게 뭐라고 이야기했다. 그들 말을 경청하던 레빈은 그 보조금이나 철관이 하나도 대단찮은 것이고, 그들은 조금도 화가 나 있지 않고 또 모두 매우 착하고 좋은 사람들이며, 서로 아주 기분 좋고 화기애애하게 진행하고 있음을 똑똑히 알 것 같았다. 그들은 아무도 방해하지 않았고 모두 즐거운 것 같았다. 그중에서도 레빈에게 가장 놀라웠던 것은, 오늘은 그들 모두의 뱃속까지 들여다보이고, 이전에는 눈에 띄지 않았을 조그마한 징후로도 사람들 마음을 알 수가 있으며, 그들이 모두 선량한 인간임을 똑똑히 깨달았다는 것이다. 더구나 이날은 그들이 모두 유달리 레빈을 아껴 주었다. 그것은 그들의 말투며, 모르는 사람들까지도 모두 부드럽고 상냥하게 그를 바라보는 태도로 보아 분명했다.

"그래, 어때, 재미있었니?" 꼬즈느이쉐프가 그한테 물었다.

"네, 굉장히. 이렇게 재미있는 것이라고는 생각도 못했습니다! 정말 좋습니다, 훌륭해요!"

스비야쥐스끼가 다가와 자기 집으로 차를 마시러 오라고 청했다. 레빈은 자기가 지금까지 어째서 스비야쥐스끼에게 불만을 느끼고 있었는가, 그한테서 무엇을 찾고 있었는가 도무지 이해할 수 없었고 생각해 낼 수도 없었다. 그는 총명하고 놀라울 만큼 선량한 인간이었다.

"기꺼이." 레빈은 이렇게 대답하고, 그의 아내와 처제에 대해서 물었다. 그의 상상 속에서 스비야쥐스끼의 처제에 대한 생각은 결혼과 결부되어 있었으므로, 기묘한 연상작용이 발동하여 스비야쥐스끼의 아내와 처제 이상으로 자기 행복을 털어놓을 좋은 상대는 달리 없다고 여겨졌다. 그래서 그는 그들한테 가는 것이 몹시 기뻤다.

스비야쥐스끼는 언제나처럼 유럽에서 행해지지 않은 것이 여기서 될 턱이 없다는 선입관을 가지고, 레빈에게 시골에서 그의 일에 대해 물었다. 그러나 지금은 그것도 레빈에게 조금도 불쾌하지 않았다. 오히려 그는 스비야쥐스끼 말대로 시골 일은 모두 하찮은 것이라고 여겼다. 그리고 자기 의견이 옳다는 것을 군이 주장하지 않는 스비야쥐스끼 태도에서 감탄스러운 섬세함과 온화함을 보았을 정도였다. 스비야쥐스끼가(家) 부인들은 유난히 좋은 사람들이었다. 레빈은 그녀들이 벌써 다 알고 있고 그를 응원하지만 그저 삼가는 마음으로 입 밖에 내지 않는 것이라고 여겨졌다. 그는 한 시간, 두 시간, 세 시간이나 죽치고 앉아서 여러 가지 이야기를 했으나, 말끝마다 지금 그의 마음을 가득 채운 어떤 한 가지만을 넌지시 비추며, 자기가 그들을 엄청날 만큼 지루하게 한다는 사실과 벌써 오래전에 그들이 자야 할 시간이 지났다는 것도 전혀 알아채지 못했다. 스비야쥐스끼는 하품을 하고, 친구의 달라진 기색에 놀라면서, 겨우 돌아갈 마음이 든 그를 현관까지 배웅했다.

벌써 새벽 1시가 지나 있었다. 호텔로 돌아온 레빈은 이제 남은 열 시간을 바작바작 애태우며 혼자서 보내야 한다는 생각에 깜짝 놀랐다. 불침번을 서는 보이가 촛불을 켜주고 나가려고 하자 레빈이 그를 불러 세웠다. 예고르라는 그 보이에게 전에는 눈길조차 준 적 없었으나 얘기해보니 매우 영리하고 선량한 좋은 사내였다.

"어떤가 예고르, 잠을 못 잔다는 것은 괴로운가?"

"어쩔 수 없죠! 이것이 저희 직무니까요. 그야 나리들 댁에서 일하는 게 훨씬 편하지만 대신 수입은 여기가 더 많습죠."

예고르는 가족을 거느린 사람으로 사내애가 셋에 바느질을 하는 계집애가 하나 있는데, 그 딸을 마구(馬具) 가게 점원한테 시집보낼 생각인 모양이었다.

레빈은 그것을 기회 삼아 예고르한테, 결혼에서 가장 중대한 것은 사랑이다, 사랑만 있으면 사람은 언제나 행복하다, 왜냐하면 행복이란 오직 자기 마음먹기 나름이니까, 라며 자기 결혼관을 들려줬다.

예고르는 열심히 들으며 레빈의 의견을 잘 이해한 것 같았다. 그는 그 증거로 레빈에게는 전혀 뜻밖의 생각을 이야기했다. 그가 예전에 훌륭한 지주 저택에 있었을 때도 언제나 그 주인들에게 만족했고, 또 지금도 비록 주인은 프랑스인이긴 하지만 역시 마음으로부터 만족하고 있다는 것이다.

'놀라울 만큼 착한 인간이다.' 레빈은 생각했다.

"그런데, 예고르, 자넨 장가를 들었을 때 아내를 사랑했나?"

"어떻게 사랑하지 않을 수 있었겠습니까." 예고르가 대답했다. 레빈은 예고르 역시 마음이 기쁨으로 차 있고 그 즐겁고 소중한 감정을 실컷 토해 낼 작정이라는 것을 알았다.

"내 인생 또한 여간 놀라운 것이 아닙죠. 난 어릴 적부터⋯⋯." 그는 눈을 반짝이면서, 하품이 남한테 옮는 것처럼 레빈의 기쁨에 전염되어 지껄이기 시작했다.

그러나 그때 벨소리가 들렸다. 예고르는 가 버리고 레빈민 혼자 남았다. 그는 만찬에서 거의 아무것도 먹지 않았고 스비야쥐스끼네 집에서도 차와 저녁도 사양했다. 그런데도 야식에 대해 생각조차 떠오르지 않았다. 더구나 전날 밤 한숨도 자지 않았음에도 잠을 자야 한다는 생각도 못했다. 방 안 공기는 시원했지만 그는 더위로 숨이 턱턱 막혔다. 그는 통풍창문을 두 개나 열고 그 앞 탁자에 걸터앉았다. 눈 덮인 지붕 너머로 쇠사슬이 달린 무늬가 있는 십자가가 보이고, 또 그 위 하늘에는 누르스름한 빛을 내뿜는 카펠라성*4과 마차부자리의 세모꼴이 차츰 높아져 가고 있었다. 그는 십자가와 별을 번갈아 바라보았다. 그는 한결같이 방 안으로 흘러들어오는 신선한 찬 공기를 들이마시면서, 꿈속에서처럼 마음속에서 용솟음쳐 오르는 심상(心像)과 추억의 뒤를 더듬었다. 3시가 지나서 그는 복도에서 나는 발소리를 듣고 문틈으로 내다보았다. 친분이 있는 노름꾼 마스낀이 클럽에서 돌아온 것이었다. 그는 음울한 모습으로 얼굴을 잔뜩 찌푸리고 기침을 하면서 걷고 있었다. '불쌍한, 불행한 사내다!'라고 생각하자 그 사내에 대한 애정과 연민으로 눈에 눈물이 핑 돌았다. 잠깐 불러서 그를 위로하고 싶었으나 자기가 셔츠 바람이라는 것을 깨닫고 마음을 바꾸었다. 그는 다시 찬바람을 쐬면서, 말없이 그에게 깊은 의미를 주는 절묘한 형상의 십자가며 차츰 높이 올라가는 선명한 노란 별을 바라보기 위해 통풍창문 앞으로 가서 앉았다. 6시가 지나자 마루 청소부들이 수선거리기 시작하고 어딘가 교회에서 예배종이 울리기 시작했다. 그러자 레빈은 추위가 몸에 스며들어 옴을 느꼈다. 그는 통풍창문을 닫고, 얼굴을 씻고 옷을 갈아입고 한길로 나갔다.

15

한길은 아직 텅 비어 있었다. 레빈은 쉬체르바스끼 집 쪽으로 걸어갔다. 대문은 아직 잠겨 있고 집안은 조용히 잠들어 있었다. 그는 발길을 돌려 다시 호텔 자기 방으로 돌아가서 커피를 가져오게 했다. 낮 당번 보이(이제는 예고르가 아니었다)가 커피를 들고 왔다. 레빈은 그와 얘기나 하고 싶었으나 그때 마침 벨이 울렸으므로 그는 나가 버렸다. 레빈은 커피를 조금 마시고 빵을 입에

---

*4 마차부자리의 알파 별.

넣어 보았으나 그의 입은 빵을 어떻게 해야 좋을지 전혀 몰랐다. 레빈은 빵을 뱉어 내고 외투를 걸치고는 다시 밖으로 나갔다. 다시 쉬체르바스끼 집 입구 층층대까지 왔을 때는 9시가 지나 있었다. 집에서는 이제 막 잠에서 사람들이 깨어, 요리사가 식료품을 사러 나가는 참이었다. 아직 적어도 두 시간은 기다려야만 했다.

레빈은 전날 밤부터 아침까지 아무 의식 없이 지냈고, 자기가 물질생활의 온갖 조건에서 완전히 해방된 것처럼 느껴졌다. 그는 온종일 아무것도 입에 대지 않았고 이틀 밤을 뜬눈으로 새웠으며 셔츠 한 장만으로 몇 시간을 추위 속에서 보냈다. 그럼에도 그는 전에 없이 상쾌하고 건강한 기분을 느꼈을 뿐만 아니라, 자기가 육체를 완전히 초월한 듯한 느낌을 받았다. 그는 애써 근육의 힘을 빌리지 않고도 몸이 움직였고 무슨 일이든 뜻대로 할 수 있을 것 같았다. 필요하다면 하늘을 날 수도, 집 한 귀퉁이를 밀어젖힐 수도 있다고 자신했다. 그는 나머지 시간을 줄곧 시계를 꺼내 보고 사방을 둘러보면서 길을 돌아다니며 보냈다.

이때 그가 본 것은 이후 두 번 다시 볼 수 없었다. 그 가운데에서도 학교에 가는 어린아이들, 지붕에서 보도로 내려앉는 짙은 남빛 비둘기들, 누군가 보이지 않는 손이 진열대에 늘어놓은 밀가루가 뿌려진 빵, 이 모든 것이 그의 마음에 감동을 주었다. 그러한 흰 빵이며 비둘기며 두 사내아이는 이른바 땅 위에 존재가 아니었다. 게다가 그것들은 모두 동시에 나타났다. 한 소년은 비둘기 옆으로 뛰어가 싱글벙글하면서 갑자기 레빈을 바라보았다. 그러자 비둘기가 퍼드덕하고 날개를 치며, 공중에 아른거리는 눈가루 속으로 날아올라 태양빛에 몸을 반짝이면서 날아갔다. 그리고 창가에서는 갓 구워진 빵 냄새가 물씬 코를 찌르면서 흰 빵이 진열되었다. 모든 것이 너무나 좋았으므로 레빈은 저도 모르게 웃음을 터뜨렸고 기쁨에 겨워 목이 멜 정도였다. 가제뜨느이 골목에서 끼슬로프까 거리를 따라 멀리 돌아서 다시 호텔로 돌아온 그는 눈앞에 시계를 놓고 12시가 되기를 기다리면서 앉아 있었다. 옆방에서는 기계와 속임수가 어떻다느니 하는 얘기가 오갔고 막 잠에서 깬 기침 소리가 났다. 그들은 시곗바늘이 벌써 12시에 가까워 간다는 것을 모르고 있었다.

바늘이 12시를 가리켰다. 레빈은 입구 층층대로 나갔다. 마부들은 모든 것을 다 아는 성싶었다. 그들은 행복한 얼굴로 앞다투어 자기 마차를 권하면서 레빈을 둘러쌌다. 레빈은 다른 마부들이 마음을 싱하지 않도록 다음에 타겠노라고 약속하고, 그중 하나를 골라 쉬체르바스끼네로 가 달라고 일렀다. 얼굴빛이 좋은 마부는 빨갛고 튼튼한 목에 착 달라붙은 하얀 셔츠 깃이 외투 밑으로 내다보이는 품이 깔끔한 사내였다. 썰매도 좌석이 높직하고 경쾌한 것으로, 그 뒤 두 번 다시 타 본 적이 없었을 만큼 쾌적했다. 말도 좋았다. 아무리 빨리 달려도 움직이고 있다고 여겨지지 않을 정도였다. 마부는 쉬체르바스끼 집을 알고 있었다. 그는 승객에 대해 유난히 공손한 태도를 보이며 두 팔로 원을 그리듯 팔꿈치를 쳐들고 "워워" 하면서 현관 앞 차도에 썰매를 세웠다. 쉬체르바스끼네 문지기도 분명히 모든 것을 다 알고 있었다. 그것은 그의 눈에 어린 미소와 환영인사로 알 수 있었다.

"아니, 이거 정말 오랜만이십니다, 레빈 나리!"

그는 모든 것을 다 알 뿐만 아니라 분명히 들떠서 그 기쁨을 감추려고 애쓰는 것 같았다. 레빈은 그의 노인다운 온화한 눈을 보자 자신의 행복에 또 무엇인가가 새롭게 더해진 것 같은 기분을 느꼈다.

"모두 일어나셨나?"

"이쪽으로 오시죠! 아, 그건 그냥 여기에 두십시오." 그는 레빈이 모자를 가지러 돌아서려고 하자 싱글벙글하면서 말했다. 그것에도 무엇인가 의미가 있는 것 같았다.

"어느 분께 고할까요?" 하인이 물었다. 그 젊은 멋쟁이 하인은 새로 들어왔지만, 지극히 선량하고 좋은 사람으로 역시 모든 것을 다 알고 있었다.

"공작부인께…… 아니, 공작님께…… 아니, 아가씨께……." 레빈이 말했다.

그가 맨 처음에 만난 사람은 리농 양이었다. 그녀는 고수머리와 얼굴을 빛내면서 홀을 지나 다가왔다. 그녀와 막 한두 마디 이야기를 시작한 순간 문 저쪽에서 옷 스치는 소리가 들렸다. 그러자 리농 양의 모습이 레빈 시야에서 사라지고, 자기 행복이 다가오는 기쁜 공포가 짜릿짜릿하게 그의 온몸을 달렸다. 리농 양은 크게 허둥거리며 그를 남겨 놓고 다른 쪽으로 갔다. 그녀가 나가자마자, 종종걸음으로 마루를 밟는 날렵하고 재빠른 경쾌한 발소리가 들려왔다. 그의 행복, 그의 목숨, 그 자신, 아니 그 자신보다도 더 소중한, 이다지도 오랜 날을 두고 찾아 바라던 것이 그에게 다가왔다. 끼찌는 자기 발로 걸어온 것이 아니라 어떤 눈에 보이지 않는 힘이 그에게 옮겨온 것이었다.

그는 그저 그녀의 맑고 솔직한 눈, 그의 마음을 가득 채운 것과 똑같은 사랑의 기쁨으로 떨리는 눈을 바라보았다. 반짝반짝 빛나는 눈이 점점 다가오자 그는 그 사랑의 빛으로 눈이 멀 것만 같았다. 그녀는 그의 바로 옆으로 다가가 그에게 기대어 섰다. 그녀의 두 손이 올라가 그의 어깨 위에 내렸다.

그녀는 자기가 할 수 있는 한 모든 것을 다했다. 그의 옆으로 달려가 잔뜩 수줍어하면서, 환희에 불타면서 온몸을 그에게 맡긴 것이다. 그는 그녀를 끌어안고 그의 키스를 기다리고 있는 그 입술에 자기 입술을 갖다 댔다.

그녀도 마찬가지로 온밤을 뜬눈으로 새우며 아침부터 줄곧 그를 기다리고 있었던 것이다. 어머니와 아버지도 두말없이 동의하고 그녀의 행복을 기뻐해 주었다. 그녀는 그를 기다렸다. 그녀는 누구보다도 먼저 그한테 자기와 그의 행복을 직접 알리고 싶었다. 그녀는 혼자 그를 맞을 마음의 준비를 하면서, 그 생각에 기뻐하고 수줍어하고 부끄러워하면서 자기 스스로도 어떻게 해야 좋을지 몰랐다. 그의 발소리와 목소리를 듣고 문 뒤에 숨어 리농 양이 나가기만을 기다렸다. 리농 양이 나가자 그녀는 무엇을 어떻게 할 것인지 생각하지도 스스로 묻지도 않고, 다짜고짜 그의 곁으로 달려가 지금처럼 행동한 것이었다.

"어머님한테 가요!" 그녀가 그의 손을 잡고 말했다. 그는 한동안 아무 말도 할 수 없었다. 그것은 말로 자기의 숭고한 감정을 더럽히는 것이 두려웠기 때문이라기보다, 무엇인가를 얘기하려고 할 때마다 말 대신 행복의 눈물이 쏟아져 나올 것만 같았기 때문이다. 그는 그녀의 손을 잡고 입을 맞췄다.

"아아, 이게 정말 생시인가요?" 그는 목멘 목소리로 말했다. "믿을 수가 없어, 당신이 날 사랑해 주다니!"

그녀는 이 정다운 말의 가락과 그의 수줍어하는 눈빛에 방긋이 웃었다.

"그래요, 진짜예요!" 진실한 어조로 찬찬히 그녀가 말했다. "난 정말 행복해요!"

그녀는 그의 손을 잡은 채 객실로 들어갔다. 공작부인은 그들을 보자 갑자기 숨결이 가빠지며 금방 울음을 터뜨렸다가는 이내 다시 웃어 젖혔다. 그러고는 레빈이 생각지도 못했던 힘찬 걸음걸이로 뛰어와서 그의 머리를 끌어안아 입을 맞추고 뺨을 눈물로 적셨다.

"아아, 이제 모든 것이 다 잘됐어요! 난 기뻐. 저 앨 사랑해 줘요. 정말이지 기뻐서…… 끼찌!"

"정말 날쌔게들 해치웠군!" 노 공작은 평온을 잃지 않으려고 애쓰면서 말했다. 그러나 레빈은 자기한테 얼굴을 돌렸을 때 그의 눈이 촉촉하게 젖어 있음을 알아챘다.

"난 오래전부터 언제나 이렇게 되길 바라고 있었네!" 공작은 레빈 손을 붙잡고 그를 자기 쪽으로 끌어당기면서 말했다. "난 벌써 그 무렵부터, 이 변덕쟁이가 그따위 쓸데없는……."

"아버지!" 끼찌가 외치면서 손으로 그의 입을 막았다.

"그래, 더는 이야기하지 않으마!" 그가 말했다. "나는 정말 정말…… 기뻐…… 아아 이런! 이걸 잊었어……."

그는 끼찌를 끌어안고 그녀 얼굴과 손에, 그리고 다시 얼굴에 입을 맞추고 성호를 그어 축복해 주었다. 그리고 끼찌가 오래오래 부드럽게 아버지의 투실투실한 손에 입맞춤하는 것을 보자, 지금까지는 남이었던 이 노 공작에 대한 새로운 애정이 별안간 레빈 마음을 사로잡았다.

16

공작부인은 말없이 싱글벙글하면서 안락의자에 앉아 있었다. 공작은 그녀 옆에 앉았다. 끼찌는 여전히 아버지 손을 놓지 않은 채, 그 의자 옆에 서 있었다. 모두 잠자코 있었다.

맨 먼저 말문을 열고 온갖 생각과 감정을 현실 문제로 옮긴 것은 공작부인이었다. 그러자 처음에는 모두 그것이 이상하고 심지어 가슴 아프게까지 여겨졌다.

"그럼, 언제로 할까요? 축도식(祝禱式)과 고시식(告示式)을 올려야지요. 혼례는 언제가 좋을까요? 당신은 어떻게 생각하세요?"

"그건 이 사람에게 물어야지." 공작이 레빈을 가리키면서 말했다. "당사자가 주역이니까 말이야."

"날짜 말씀이십니까?" 레빈은 얼굴을 붉히며 말했다.

"내일로 하죠. 내 생각으로는 오늘 축도식을 끝내고 내일 혼례를 올리기로……."

"어머나, 이거 봐요, 농담도 참……."

"그럼, 일주일 뒤에."

"어머머, 이 사람이 정말 실성했나 봐."

"안 됩니까? 어째서죠?"

"글쎄 좀 생각해 봐요!" 부인은 이 성급함이 즐거운 듯이 미소 지으면서 말했다. "그럼 혼수는 어떻게 하고요?"

'혼수니 뭐니 하는 것이 과연 필요할까?' 이렇게 생각하자 레빈은 소름이 끼쳤다. '그러나 혼수니 축도식이니 하는 것들이 내 행복을 해칠 수나 있을까? 아니, 그럴 턱이 없다!' 그는 끼찌 얼굴을 흘끗 쳐다보고 혼수에 대한 생각이 그녀를 조금도 모욕하지 않는다는 사실을 깨달았다. '그렇다면 그건 역시 필요한 거로군.' 그는 생각했다.

"전 정말 아무것도 모릅니다. 그저 제 희망을 말씀드렸을 뿐입니다." 그는 사죄했다.

"그럼, 잘 상의해서 결정하기로 해요. 축도식과 고시식은 당장에라도 할 수야 있어요. 그건 그래요."

공작부인은 남편 옆으로 다가가서 그에게 입맞춤을 하고 나가려고 했다. 그러나 그는 그녀를 붙들어 끌어안고 젊은 새신랑처럼 부드럽게 싱글벙글하면서 몇 차례나 키스했다. 늙은이들도 어쩐지 순간 머리가 뒤범벅되어, 자기들이 다시 한 번 사랑에 빠진 것인지 그렇지 않으면 자기 딸만 그런 것인지 잘 모르는 모양이었다. 공작 부부가 나가자 레빈은 자기 약혼자 옆으로 다가가 손을 잡았다. 이제 그는 제정신이 들어 말을 할 수 있었다. 그는 그녀에게 이야기해야 할 것이 많았다. 그러나 그는 생각과는 전혀 다른 것만을 말하고 있었다.

"어쩐지 나는 일이 이렇게 되리라는 것을 미리 알고 있었습니다! 한 번도 희망을 품은 적은 없었지만, 마음속으로는 언제나 믿고 있었습니다." 그는 말했다. "난 이것이 미리 정해져 있던 일이라고 믿습니다."

"나도 그래요." 그녀가 말했다. "그때도……."

그녀는 말을 뚝 그쳤다가 예의 진실한 눈과 확고한 태도로 그를 바라보면서 다시 계속했다. "내가 스스로 행복을 밀어내 버렸던 그때조차 언제나 당신만을 사랑하고 있었어요. 다만 그때 난 무언가에 홀려 있었어요. 이것만큼은 꼭 말씀드려야겠어요, 당신은 그 일을 잊어 주실 수 있나요?"

"아니, 어쩌면 그 일이 있었던 게 더 좋았는지도 모릅니다. 나도 당신께서 용서해 주셔야 할 일이 많습니다. 내가 말씀드려야만 할 일은……."

그것은 그가 그녀에게 이야기해야겠다고 마음먹었던 것 중 하나였다. 애당초 그는 그녀에게 두 가지 사실을 털어놓기로 하고 있었다. 하나는, 그가 그녀처럼 순결하지 않다는 것이고, 또 하나는, 그가 신앙이 없다는 것이다. 이것은 괴로운 고백이었지만 그는 이 두 가지 사실을 밝혀야만 한다고 생각했다.

"아니, 지금은 말고 나중에 하죠!" 그가 말했다.

"좋아요, 나중에 해요. 그러나 꼭 이야기해 주셔야 해요, 나는 아무것도 두렵지 않아요. 무엇이든 알아야 하니까요. 이걸로 모두 결정됐어요."

그가 그 뒤를 받았다.

"결정됐다는 말은 이미 나를 선택하셨다는 말이죠? 설령 내가 어떤 사람이든 느닷없이 싫다고는 말씀하시지 않겠죠? 네?"

"네, 네."

둘의 대화는 리농 양 때문에 끊겼다. 그녀는 어색하긴 하지만 부드럽게 웃으면서 사랑하는 제자를 축하하기 위해 온 것이었다. 그녀가 미처 나가기도 전에 하인들이 축하의 말을 하러 왔다. 그러는 사이 이번에는 친척들이 모여들었다. 그리고 경사로운 소란이 시작되어 결국 레빈은 혼례 이튿날까지 그 속에서 빠져나갈 수 없었다. 그동안 레빈은 시종 겸연쩍고 거북했지만 팽팽한 행복감은 점점 커질 뿐이었다. 그는 줄곧 자기가 모르는 많은 것을 요구당하는 것 같아서 그저 시키는 대로 무엇이든 다 했다. 그러자 그것이 온통 그에게 행복을 안겨 주었다. 그는 자기 결혼이 남들의 흔해 빠진 것과는 전혀 달라야 하며, 그런 관습을 좇으면 자기의 특별한 행복을 해치게 될 거로 생각하고 있었다. 그러나 결국은 역시 그도 세상 사람들과 똑같은 짓을 하기에 이르렀다. 그의 행복은 그 때문에 오히려 점점 커져 재래의 어떤 결혼과도 비슷하지 않은 특별한 것이 되었다.

"그럼 봉봉이라도 먹을까요?" 리농 양이 말하자 레빈은 그 과자를 사러 썰매를 몰았다.

"여어, 축하하네." 스비야쥐스끼가 말했다. "꽃다발은 포민의 가게에서 사는 게 좋을 거야."

"아아, 그래?" 레빈은 포민의 가게로 썰매를 몰았다.

형은 그에게 다양한 지출이 들고 선물도 필요할 테니까 미리 돈을 준비해 두라고 말했다.

"아아, 선물도 필요한가요?" 이렇게 말하고 그는 풀리제 귀금속점으로 말을 몰았다.

과자점과 포민네 가게와 풀리제네 가게에서도 모든 사람이 그를 기쁘게 맞이하며 축복해 주었다. 이 며칠 동안 그가 만난 모든 사람이 그러했다. 더욱이 신기하게도 모든 사람이 그를 사랑해 주었을 뿐만 아니라 이전에는 냉담하고 무관심했던 사람들까지도 그를 칭찬하고 무슨 일이든 그의 뜻을 따르는가 하면, 그의 감정을 부드럽고 주의 깊게 배려하는 데다가, 그런 최고의 여자를 약혼녀로 둔 자기야말로 온 세상에서 가장 행복한 사람이라는 그의 의견에 동의해 주었다. 끼찌도 그와 똑같은 것을 느끼고 있었다. 한번은 노르드스똔 백작부인이 대담하게도 자기라면 더 좋은 사람을 택하겠다는 뜻을 넌지시 내비쳤다. 그러자 끼찌는 발끈 화를 내며 이 세상 어디에도 레빈보다 좋은 사람은 없다고 딱 잘라 말했다. 그래서 노르드스똔 백작부인도 그것을 시인하지 않을 수 없었고, 끼찌 앞에서는 오직 기쁨의 미소로 레빈을 맞아야 했다.

그가 약속했던 고백은 그 당시 단 하나의 괴로운 일거리였다. 그는 노 공작과 상의하고 허락을 맡아서, 자기 고뇌가 적힌 일기를 끼찌한테 건넸다. 그는 당시 이 일기를 미래의 아내를 염두에 두고 썼었다. 그를 괴롭히는 두 가지 일은 자기가 순결하지 않다는 것과 신앙이 없다는 것이었다. 신앙이 없다는 고백은 특별히 주의를 끌지 않았다. 그녀는 종교적인 여자로 아직 한 번도 종교의 진리를 의심한 적이 없었지만 표면적인 그의 무신앙은 조금도 그녀 마음에 걸리지 않았다. 그녀는 사랑의 힘으로 그의 온 정신을 속속들이 알았고 또 그 마음속에서 자기가 바라는 것을 이미 발견하고 있었으므로, 그런 정신 상태가 무신앙으로 불린다고 해도 그런 것은 아무 상관이 없었다. 그러나 또 하나의 고백은 그녀를 몹시 슬프게 했다.

레빈이 내적 갈등 없이 자기 일기를 그녀에게 건넨 것은 아니었다. 자기와 그녀 사이에 비밀은 있을 수 없으며, 있어서는 안 된다고 생각했으므로 그것을 보여 주기로 한 것이었다. 그러나 그는 그것이 그녀에게 어떤 영향을 줄지 제대로 알지 못했고 그녀 입장이 되어서 생각해 보지도 못했다. 그는 그날 저녁 극장에 가기 전에 그녀 집에 들러 그 방으로 들어서서 자기가 가져온 만회할 수 없는 슬픔 때문에 울어서 눈이 부은 가련하고 귀여운 그녀 얼굴을 보았을 때에야, 비로소 자기의 욕된 과거와 그녀의 비둘기 같은 순결을 갈라놓은 끝없는 심연을 이해하고 자기가 한 짓에 치를 떨었다.

"가져가세요, 이런 무서운 것은 가져가 주세요!" 그녀는 자기 앞 탁자에 놓인 노트를 밀어제치면서 말했다. "어쩌자고 이런 걸 나에게 보여 주셨죠?……아녜요, 그래도 역시 그러는 편이 좋았어요." 그녀는 그의 절망에 빠진 얼굴이 안쓰러워 이렇게 덧붙였다. "그래도 이것은 무서워요!"

그는 고개를 떨어뜨린 채 잠자코 있었다. 아무 말도 할 수가 없었다.

"당신은 나를 용서해 주지 않겠죠?" 그가 속삭이듯이 말했다.

"아녜요, 나는 용서했어요. 그렇지만 이것은 무서워요!" 그러나 그의 행복은 이 고백에도 파괴되지 않고 오히려 새로운 음영을 얻었을 만큼 위대한 것이었다. 그녀는 그를 용서해 주었다. 그러나 이후로 그는 그녀 앞에서 한층 더 자기를 하찮게 여기고 그녀에 대해서는 더욱더 도덕적으로 굴복했다. 그리고 자신의 분에 넘치는 행복을 더욱더 높게 평가하게 되었다.

17

만찬 뒤에 나누었던 이야기의 인상을 무의식중에 다시 생각하면서 저도 모르게 까레닌은 쓸쓸한 호텔 방으로 돌아왔다. 용서해 주라는 돌리의 말은 그의 마음에 그저 분노만 불러일으켰을 뿐이었다. 기독교 도덕률이 자기 경우에 적용된다 안 된다 하는 것은 너무나도 어려운 문제로, 그처럼 쉽사리 입에 올릴 수 있는 것이 아니다. 그리고 까레닌은 이미 오래전에 이 문제에 아니라는 답을 내린 상태였다. 그 자리에서 나왔던 여러 가지 말 가운데 가장 강하게 그의 마음을 자극한 것은 그 어리석고 마음씨 좋은 뚜로프쯔인의 말이었다. '부인 때문이지요, 사내다운 행동이죠! 상대를 불러내서는 쏴 죽여 버렸어요!' 예의를 차리느라 비록 아무도 입 밖에 내지는 않았지만 모두 분명히 그 말에 동감하고 있었다.

'그러나 그것도 이미 지난 일이니 생각할 필요는 없다.' 까레닌은 스스로에게 말했다. 그는 앞으로의 여행과 사찰 일만 생각하면서 자기 방으로 들어갔다. 따라온 문지기에게 자기 하인은 어디 있느냐고 물으니 막 나갔다고 했다. 까레닌은 차를 가져오라고 이르고 탁자 옆에 앉아 철도 안내서를 집어 들고 여정 경로를 검토하기 시작했다.

"전보가 두 통 와 있습니다." 돌아온 하인이 방으로 들어오면서 말했다. "용서해 주십시오, 각하. 잠시 외출했던 터라."

까레닌은 전보를 받아 봉을 뗐다. 첫 번째 전보는 까레닌이 기대를 걸고 있던 지위에 스뜨레모프가 임명되었다는 통지였다. 까레닌은 전보를 내팽개치고 얼굴을 붉히면서 일어서서는 방 안을 이리저리 거닐었다.

"신은 멸망시키고자 하는 자를 먼저 미치게 한다." 그는 '신'이라는 말에, 이 임명에 협력한 사람들을 빗대면서 말했다. 그는 자기가 임명되지 않은 것, 자기가 보기 좋게 따돌림을 당했다는 것이 유감스러운 게 아니었다. 수다쟁이이자 허풍선이인 스뜨레모프는 누구보다도 그 지위에 절대 어울리지 않는 인물임을 그들이 보지 못한다는 사실이 이해되지 않고 놀라웠던 것이다. 어째서 그들은 이 인사가 자신들의 '명성'을 깎아내리는 자살행위라는 사실을 모를까!

"이것도 또 그런 것이겠지." 그는 다음 전보를 펴면서 씁쓸하게 혼잣말을 했다. 그 전보는 아내에게서 온 것이었다. 푸른 연필로 쓰인 '안나' 라는 서명이 맨 먼저 눈에 띄었다. '죽어가고 있습니다. 돌아와 주세요. 용서해 주시면 마음 편히 갈 수 있겠습니다.' 내용을 보고 그는 업신여기듯 웃더니 전보를 집어던졌다. 거짓도 분수가 있지, 잔꾀가 틀림없다. 척 봐도 뻔했다. '그녀는 어떤 거짓말이든 망설이지 않고 할 테니까. 하지만 해산도 가까운 모양이니, 어쩌면 그쪽 병일지도 모른다. 그런데 그 둘은 도대체 어쩔 작정일까? 태어난 아이를 빌미로 나에게 창피를 주고 이혼을 방해하려는 속셈일까.' 그는 생각했다. '그런데 무엇인가 이상한 말이 적혀 있었지, 죽어가고 있습니다?……'. 그는 전보를 고쳐 읽었다. 그러자 거기에 씌어 있던 참뜻이 별안간 그를 놀라게 했다. "만약 이것이 정말이라면……." 그는 혼잣말을 했다. "만약 빈사의 고통 속에서 그녀가 진심으로 뉘우치고 있는데도 내가 그것을 거짓으로 받아들여 가기를 거부한다면? 그것은 잔혹한 짓이고, 사람들에게 욕을 얻어먹을뿐더러 나로서도 어리석은 짓이다."

"뾰뜨르, 마차를 불러라. 뻬쩨르부르그로 돌아가야겠다." 그는 하인에게 일렀다.

까레닌은 뻬쩨르부르그에 가서 아내를 만나기로 했다. 만약 그녀의 병이 꾀병이라면 아무 말 없이 나와 버리면 된다. 그러나 실제로 위독해서 죽기 전에 마지막으로 그를 보기를 원하고 있다면, 임종 전에 대면 그녀를 용서할 것이고 대지 못한다면 마지막 의무를 다할 것이다.

가는 내내 그는 자기가 해야 할 일 외에는 아무것도 생각하지 않았다.

기차 안에서 하룻밤을 지냈기 때문에 피로와 개운하지 않은 기분을 안고 까레닌은 뻬쩨르부르그 아침 안개를 뚫고 텅 빈 쓸쓸한 네브스끼 거리를 마차로 달리면서, 자기를 기다리는 것에 대해서는 생각하지 않고 그저 앞만 바라보고 있었다. 그는 그것을 생각할 수가 없었다. 왜냐하면 앞으로의 일을 상상하면, 그녀의 죽음이 그의 곤경을 단번에 해결해 주리라는 예상을 머리에서 내몰 수 없었기 때문이다. 빵집들과 닫혀 있는 가게들이며 밤 썰매 마부들과 보도를 쓰는 정원지기들이 그의 눈에 스쳐 갔다. 그는 자신을 기다리는 것, 바라서는 안 되지만 그럼에도 바라는 것에 대한 생각을 지우려 애쓰면서 그러한 풍경을 바라보았다. 이윽고 마차가 현관 층층대 앞에서 멈추었다. 곤히 잠들어 있는 마부가 탄 마차와 삯마차 한 대가 차도에 서 있었다. 현관으로 들어가면서 까레닌은 마치 뇌의 저 깊숙한 구석에서 메모를 끄집어내듯 자기 결심을 다시 한 번 확인해보았다. '만약 거짓이면 차갑게 경멸하고 돌아가 버릴 것, 정말이면 예의를 지킬 것'.

문지기는 까레닌이 벨을 울리기도 전에 문을 열었다. 문지기인 뻬뜨로프, 일명 까베뜨느이치는 낡아 빠진 프록코트에 넥타이도 매지 않고 슬리퍼를 신은 기묘한 모습을 하고 있었다.

"마님은 어떤가?"

"어제 순산하셨습니다."

까레닌은 순간 발을 멈췄다. 얼굴이 파랗게 질린 그는 자기가 얼마나 강하게 그녀의 죽음을 바라고 있었던가를 그때 비로소 똑똑히 알았다.

"몸 상태는?"

하인 꼬르네이가 마침 앞치마 바람으로 층층대를 뛰어내려왔다.

"몹시 좋지 않으십니다." 그가 대답했다. "어제는 의사 선생님들의 입회진료가 있었습니다. 지금도 한 분 와 계십니다."

"짐을 부탁하네." 까레닌은 그녀가 아직 죽을 가능성이 남아 있다는 소식에 약간 안도하며 현관으로 들어갔다. 옷걸이에는 군인 외투가 걸려 있었다. 까레닌은 그것을 보고 물었다.

"누구야, 와 있는 것은?"

"의사 선생님하고 산파, 브론스끼 백작입니다."

까레닌은 안쪽 방으로 들어갔다.

객실에는 아무도 없었다. 그의 발소리를 듣고 아내 방에서 라일락빛 리본이 달린 모자를 쓴 산파가 나왔다. 그녀는 까레닌한테 다가와 죽음에 입회한 사람 특유의 친밀함으로 그의 손을 잡아 침실 쪽으로 데려갔다.

"정말 잘 돌아와 주셨습니다! 마님은 그저 나리 얘기만을 하고 계세요." 그녀가 말했다.

"얼음을 빨리 주세요." 침실에서 의사가 명령하는 목소리가 들렸다.

까레닌은 일단 안나의 방으로 들어갔다. 그녀의 책상 옆 낮은 의자에 브론스끼가 옆으로 돌아앉아 두 손으로 얼굴을 가리고 울고 있었다. 그는 의사 목소리에 벌떡 자리를 차고 일어나 얼굴에서 손을 뗀 순간 까레닌을 보았다. 안나의 남편을 보자 그는 몹시 당황하여 쥐구멍으로 들어가기라도 하려는 듯 어깨 속에 고개를 움츠리고 주저앉아 버렸다. 그러나 그는 용기를 내어 일어나서 말했다.

"안나는 죽어가고 있습니다. 의사들은 절망적이라고 했습니다. 내 처지는 당신 마음에 달렸지만, 제발 여기 있는 것만은 용서해 주십시오. 그러나 난 당신이 시키는 대로 할 것입니다. 난……."

까레닌은 브론스끼 눈물을 보자, 남이 괴로워하는 모습을 볼 때마다 언제나 느끼는 정신적인 혼란이 마구 밀려옴을 느꼈다. 그래서 그는 얼굴을 획 돌리고는 그의 말을 끝까지 듣지도 않고 허둥지둥 문 쪽으로 갔다. 침실 안에서 뭐라고 중얼거리는 안나의 목소리가 새어나왔다. 그녀 목소리는 명랑했고 활기가 있었으며 억양 또한 굉장히 또렷했다. 까레닌은 침실로 들어가서 침대 옆으로 다가갔다. 그녀는 얼굴을 그가 있는 쪽으로 돌리고 누워 있었다. 볼은 불그레하고 눈은 반짝였으며 잠옷 옷소매 밖으로 나온 조그마한 하얀 손은 담요 귀를 말면서 만지작거리고 있었다. 그녀는 건강하고 생기 있었을뿐더러 아주 기분이 좋아 보였다. 그녀는 재빠르고 낭랑하게, 전에 없이 정확하고 감정이 풍부한 억양으로 말하고 있었다.

"왜냐하면 알렉세이는, 난 남편 알렉세이를 말하는 거예요. 참, 둘 다 알렉세이라니 정말 야릇한 운명이지 않아요? 알렉세이는 분명히 내가 얘기하는 것을 들어줄 거예요. 내가 잊으면 그분은 용서해 줄 거예요…… 그런데 어째서 그는 오시지 않을까요? 그이는 좋은 사람이에요. 자신이 좋은 사람이라는 걸 모르고 있을 뿐이에요, 아아! 정말, 정말 괴로워요, 아아, 빨리 물 좀 주세요! 그렇지만 그것은 그 애에게, 아기에게 나쁠 거예요! 아, 그렇군요. 그럼 아기에게는 유모를 붙여 주세요, 그래요, 알았어요. 그러는 것이 오히려 더 나아요. 그분이 와서 아기를 보면 괴로울 테니까요. 아기는 유모한테 맡기세요."

"안나, 나리께서 오셨어요. 자아, 보세요!" 산파는 안나의 주의를 까레닌 쪽으로 돌리려고 애쓰면서 말했다.

"아아, 거짓말 말아요!" 안나는 남편을 보지 못하고 계속했다. "그 애를, 내 딸을 이리 줘요! 그분께서 오시기 전에. 당신들은 그이를 모르니까 용서하지 않을 거라고 말하는 거예요. 그의 마음을 아는 사람은 아무도 없어요, 나밖에 없어요. 그 때문에 나는 힘들었어요. 그의 눈은 말이에요, 정말이지 세료쥐아 눈과 똑 닮았답니다. 그래서 난 도무지 그 눈을 볼 수가 없어요. 세료쥐아는 식사를 했나요? 내버려두면 모두 잊고 만다니까요, 그분이 있으면 잊지 않으실 텐데. 세료쥐아를 구석방으로 데려가서 마리에뜨에게 같이 자도록 일러 줘요."

별안간 그녀는 몸을 움츠러뜨리고 잠잠해졌다. 깜짝 놀란 표정으로 무엇인가 타격을 막는 것처럼 두 손을 얼굴로 올렸다. 남편을 알아본 것이다.

"아녜요, 아녜요." 그녀는 말을 시작했다. "나는 그분을 두려워하는 게 아녜요. 나는 죽음이 두려운 거예요. 알렉세이, 이리 와요. 내가 서두르는 건 시간이 없기 때문이에요. 난 이제 얼마 살지도 못하니까요. 곧 열이 나기 시작하면 이제 아무것도 모르게 되고 말아요. 지금은 잘 알아요. 무엇이든 알 수 있고, 눈도 똑똑히 보여요."

까레닌의 찌푸린 얼굴에 고뇌의 표정이 드러났다. 그는 그녀 손을 잡고 무엇인가를 이야기하려고 했으나 도저히 말이 나오지 않았다. 그의 아랫입술이 파르르 떨렸다. 그는 여전히 마음의 동요와 싸우며 그저 이따금 그녀 얼굴을 바라다볼 뿐이었다. 그럴 때마다 그는 지금까지 전혀 본 적이 없었던, 상냥하고 호소력 있는 부드러움을 가지고 자신을 바라보는 그녀 눈을 보았다.

"조금만 기다려요, 당신은 몰라요…… 부탁이에요, 조금만 있어 보아요." 그녀는 생각을 가다듬으려는 듯이 말을 멈췄다. "그래요." 그녀가 입을 뗐다. "그래요, 그래요, 내가 말하고 싶었던 것은 이런 거예요. 놀라지는 마세요, 난 지금도 역시 이전의 나예요…… 그러나 내 속에는 또 다른 여자가 도사리고 있어요. 나는 그 여자가 두려워요. 그 여자가 그 남자를 사랑해서 난 당신을 미워하려고 했어요. 하지만 난 역시 이전의 나를 잊을 수는 없었어요. 그 여자는 내가 아니에요. 지금의 내가 진실한 나, 완전한 나예요. 난 지금 죽어 가고 있어요. 내가 곧 죽는다는 걸 알고 있어요. 저 사람에게 물어봐요. 난 지금도 손이니 발이니 손가락에 무거운 추를 얹은 기분이에요. 손가락도 보세요, 이렇게 부어올랐어요! 그러나 모두 곧 끝날 거예요. 하지만 꼭 한 가지 필요한 게 있어요. 제발, 나를 용서해요, 깨끗이 용서해 주어요! 나는 무서운 여자예요, 그렇지만 옛날에 유모가 이야기해 준 적 있어요. 어떤 거룩한 여자 순교자는, 그 여자 이름이 뭐라더라? 그녀는 훨씬 나쁜 여자였던가 봐요. 그러니까 나도 로마로 가겠어요. 거기에는 수도원이 있으니까요. 그러면 난 이제 누구도 방해하지 않게 될 거예요. 다만 세료쥐아하고 아기만은 데리고 가겠어요…… 아녜요, 당신은 용서해 주시지 않겠죠! 그것이 좀처럼 용서될 수 없다는 건 나도 잘 알고 있어요! 아녜요, 아녜요, 가세요, 당신은 너무 착해요!" 그녀는 불덩어리 같은 한 손으로 그의 손을 잡고, 또 다른 손으로는 그를 떼밀고 있었다.

까레닌의 마음은 천 갈래 만 갈래로 흐트러져서 더는 수습할 수도 없을 지경이었으므로 이미 그것과 싸우기를 포기해 버렸다. 그러자 그는 별안간 자기가 마음의 동요라고만 여기고 있던 것이, 실은 반대로 지금까지 경험해 본 적 없는 새로운 행복이 주는 더없는 행복의 정신 상태임을 느꼈다. 한평생 따르고자 했던 기독교 교리가 자기에게 적을 용서하고 사랑하라고 명령한다는 실감은 없었지만, 하여간 적에 대한 사랑과 용서의 기쁜 감정이 그의 영혼을 가득 채웠다. 그는 무릎을 꿇었다. 잠옷 너머로도 불꽃 같은 뜨거움이 느껴지는 그녀 팔 안쪽으로 머리를 묻고 어린아이처럼 흐느껴 울었다. 그녀는 그의 벗어져 가는 머리를 끌어안고 그한테 몸을 다가붙더니, 도전하는 듯한 자랑스러운 표정으로 위쪽을 올려보았다.

"거봐요, 이렇게 될 줄 알았다니까요! 이걸로 이제, 영원한 이별이에요!…… 어마, 또 그들이 왔어요, 어째서 돌아가지 않을까요? 자아, 그럼 내 이 털외투를 벗겨 주어요!"

의사는 그녀의 손을 떼고 조심스럽게 베개 위에다 바로 누이고 어깨까지 담요를 덮어 주었다. 그녀는 얌전히 천장을 보고 누워 빛나는 눈으로 찬찬히 자기 앞을 보고 있었다.

"이것만 기억해 주세요. 나는 그저 한 가지, 용서만 받으면 그만이에요. 그 이상 아무것도 바라지 않아요…… 그런데 어째서 그 사람은 오지 않을까요?" 그녀는 브론스끼가 있는 문 쪽으로 고개를 돌리면서 말했다. "이리 와요, 가까이 오세요! 저분하고 악수해 주세요."

브론스끼는 침대 쪽으로 다가왔지만, 안나를 보자 다시 두 손으로 얼굴을 감싸 버렸다.

"손을 떼고 이분을 보세요. 이분은 성자(聖者)예요." 그녀가 말했다. "자아 손을 떼고, 손을 떼세요!" 그녀는 화난 듯이 말했다.

"여보, 저 사람 손을 좀 치워요! 나는 저 사람 얼굴이 보고 싶어요."

까레닌은, 고뇌와 수치의 표정으로 무섭게 일그러져 있는 브론스끼 얼굴에서 양손을 뗐다.

"그 사람에게 손을 내밀어 주세요. 그리고 용서해 주세요."

까레닌은 쏟아지는 눈물을 억누르려고도 하지 않고 브론스끼에게 손을 내밀었다.

"아아, 고마워요, 고마워요." 그녀가 말했다. "이걸로 다 끝났어요. 그저 다리나 조금 더 펴 주세요. 네, 그렇게, 그것으로 좋아요. 그나저나 이 꽃들은 어쩌면 이처럼 볼품없게 만들어졌담, 전혀 제비꽃 같지 않군요." 그녀는 벽지를 가리키면서 말했다. "오오, 하느님! 이것은 언제 끝나나요? 모르핀을 주세요, 선생님! 모르핀을 주세요. 오오, 하느님, 하느님!" 그녀는 침대 위에서 몸부림쳤다.

주치의도 다른 의사들도 이것은 산욕열로 백의 아흔아홉은 살지 못한다고 말했다. 온종일 열과 헛소리와 실신 상태가 계속되었다. 한밤중에는, 병자는 완전히 감각도 잃고 맥박도 거의 잡히지 않았다.

사람들은 일 초 일 초 마지막을 기다렸다. 브론스끼는 집으로 돌아갔지만 새벽녘에는 경과를 확인하러 왔다. 현관에서 그를 맞은 까레닌은 말했다.

"여기에 있어 주시오, 저 사람이 당신을 찾을 수도 있으니까요." 그는 몸소 브론스끼를 아내 방으로 데리고 갔다.

아침이 되자 안나는 다시 흥분과 활기를 되찾고 엄청난 속도로 두서없는 말을 지껄였으나, 또 다시 실신 상태에 빠져 버렸다. 사흘째도 마찬가지였지만 의사는 희망이 생겼다고 말했다. 그날 까레닌은 침실을 나와 브론스끼가 있는 아내 방으로 가서 문을 걸어 잠그고 그와 마주 앉았다.

"까레닌." 브론스끼는 변명할 때가 닥쳤음을 느끼고 말했다. "지금의 나는 말을 할 수도, 알아들을 수도 없습니다. 부디 나를 용서해 주십시오! 당신도 괴로우시겠지만, 난 더한층 괴롭습니다."

그는 일어서려고 했다. 그러나 까레닌이 그의 팔을 붙잡고 말했다.

"내 말을 끝까지 들어주시기 바랍니다, 꼭 그래야 할 필요가 있으니까요. 나는 지금까지 나를 이끌어 왔고 또 앞으로도 이끌어 가게 될 감정을 설명해야만 합니다. 그것은 당신이 나를 오해하지 않도록 하기 위해서입니다. 당신도 이미 잘 알다시피 나는 이혼을 결심했고 그 절차까지 시작했습니다. 숨김없이 말씀드리자면, 처음에는 나도 무척 망설이고 괴로워했습니다. 사실 난 당신과 아내에게 복수하고 싶은 욕구에 사로잡혀 있었습니다. 전보를 받았을 때도 나는 똑같은 감정을 품고 여기에 왔습니다. 아니 한 걸음 더 나아가서 얘기하자면, 난 그녀의 죽음을 바라고 있었습니다. 그러나……." 그는 상대에게 자기 감정을 털어놓을지 말지 망설이며 잠깐 침묵했다. "그러나 나는 그녀를 보자 용서했습니다. 그리고 용서한다는 행복감이 내 의무를 분명하게 해 주었습니다. 난 완전히 용서했습니다. 나는 다른 뺨도 내 줄 생각입니다. 웃옷을 빼앗으려고 하는 자에게 속옷도 벗어 주고 싶은 마음입니다. 그저 하느님께서 나의 용서하는 행복을 빼앗지 마시기만을 빌고 있습니다!" 눈물이 그의 눈에 글썽거렸다. 그 밝고 조용한 눈동자가 브론스끼 마음을 움직였다. "이것이 내 입장입니다. 당신이 나를 진흙탕 속에서 짓밟아도 좋습니다. 세상의 웃음거리가 된대도 좋습니다. 나는 그녀를 버리지 않을 것이며, 당신에게도 결코 비난을 퍼붓지 않겠습니다." 그는 말을 계속했다.

"내 의무는 나에겐 명백히 드러나 있습니다. 나는 그녀와 같이 있어야만 하며 또 그럴 생각입니다. 그녀가 당신을 만나고 싶어 하면 당신에게 알려 드리겠습니다. 그러나 지금은 조금 떨어져 계시는 편이 더 좋지 않을까 생각합니다."

그는 일어섰다. 그의 말은 통곡 속에서 멈추었다. 브론스끼도 따라 일어섰지만 허리가 다 펴지지 않아 꾸부정하고 엉거주춤한 자세로, 눈을 치켜뜨고 그를 올려보았다. 그는 까레닌의 감정이 이해되지 않았으나, 그것이 그의 세계관에 깃든, 자기 같은 사람은 도달할 수 없는 어떤 숭고함의 표출이라는 점만은 알 수 있었다.

18

까레닌과 이야기하고 나서 브론스끼는 그 집을 나와 입구 층계 위에서 문득 발을 멈췄다. 자신이 지금 어디에 있는지, 어디로 가야 하는지, 걸어갈 것인지, 무언가를 탈 것인지 도저히 생각나지 않았다. 그는 자기가 부끄러움을 당하고 업신여김을 받으면서 그 치욕을 씻을 가능성마저 빼앗긴 죄 많은 인간임을 느꼈다. 자기가 지금까지 그토록 자랑스럽고 경쾌하게 걸어온 인생 궤도에서 완전히 내팽개쳐진 기분이었다. 그렇게도 확고한 것으로 보이던 자기 생활의 온갖 관습과 규칙이 별안간 허망하고 타당하지 않은 것이 되어 버렸다. 지금까지는 우연히 그의 행복을 방해하는 약간 희극적인 장애물, 가여운 인간으로만 여겨지던 '배신당한 남편'이 돌연 그녀에게 부름을 받아 이쪽의 비열을 깨닫게 할 만큼 높은 곳까지 들어 올려졌다. 더구나 남편은 그 높은 데로 오르자 이제는 심술궂고 위선적인 우스꽝스러운 인간이 아니라 선량하고 관대하고 위대한 인물이 돼 버렸다. 브론스끼는 그것을 느끼지 않을 수 없었다. 두 사람 역할이 별안간 뒤바뀐 것이다. 브론스끼는 그의 고결과 자기의 비열을, 그의 올바름과 자기의 부정을 통감했다. 남편은 그 슬픔 속에서도 관대했는데 자기는 기만 속에 있으면서 저열하고 보잘것없었다. 그러나 그가 부당하게 업신여기던 사람에 대한 이 열등감은, 그저 그의 비애의 극히 작은 일부분일 뿐이었다. 그가 지금 자기를 말할 수 없이 불행한 인간이라고 통감한 까닭은, 요즈음 식어 버렸다고 느껴오던 그녀에 대한 정열이 이제 그녀를 영원히 잃었다고 깨달은 지금, 전에 없이 강렬하게 불타올랐기 때문이었다. 그는 그녀가 앓고 있는 동안 그녀 전부를 보았고 그녀 마음도 다 알았다. 그러자 지금까지는 조금도 그녀를 사랑하지 않았던 것처럼 여겨졌다. 더욱이 지금 그녀를 완전히 알고 그녀를 진정으로 사랑하게 된 순간, 그는 그녀 앞에서 창피한 모습을 보이고 그녀 마음속에 자기에 대한 부끄러운 기억만을 남긴 채 영원히 그녀를 잃고 만 것이다. 그 가운데서도 가장 견디기 어려운 것은, 까레닌이 부끄러움으로 뒤범벅된 자기 얼굴에서 손을 잡아뗐을 때 그 우스꽝스럽고 굴욕적인 자신의 모습이었다. 그는 까레닌네 집 입구 층층대에서 넋을 잃고 우두커니 서서 어떻게 해야 할지를 몰랐다.

"삯마차를 불러 드릴까요?" 문지기가 물었다.

"그래, 마차를 불러줘."

사흘 밤 동안 한잠 못 이루고 집으로 돌아온 브론스끼는 옷도 벗지 않고 깍지를 낀 두 손 위에 머리를 올리고 소파에 납작 엎드려 버렸다. 머리가 무거웠다. 지극히 기괴한 상상과 기억이며 상념이 아찔할 정도로 빠르고 선명하게 잇따라 떠올랐다. 자기가 병상에 누운 안나에게 약을 먹이려고 숟가락에 따르다가 엎지르던 모습, 산파의 하얀 팔, 침대 앞에 무릎을 꿇고 있던 까레닌의 엉거주춤한 자세 같은 것들이었다.

'자자! 잊어야 한다!' 그는 지쳤을 때 자려고 하면 곧 잠이 오는 건강한 사람다운 침착한 자신감을 가지고 스스로에게 말했다. 그리고 실제로 머릿속이 몽롱해진다고 느낀 순간 그는 깊은 잠의 심연으로 빠져들었다. 무의식 세계 바다 물결이 벌써 그의 머리 위에서 찰싹찰싹 밀려오기 시작했다. 그러자 돌연 마치 강력한 전기가 그의 몸을 통한 것처럼 소파 스프링 위에서 온몸이 튀어오를 정도로 세차게 몸을 떨더니, 두 손을 짚고 깜짝 놀라 무릎을 꿇으며 벌떡 일어났다. 그의 눈은 마치 조금도 자지 않은 것처럼 휘둥그레졌다. 1분 전까지 느끼던 머리의 무거움과 팔다리의 나른함도 별안간 사라져 버렸다.

'당신이 나를 진흙탕 속에서 짓밟아도 좋습니다.' 그는 까레닌의 말을 듣고 바로 눈앞에서 그 모습을 보았다. 그리고 화끈화끈하게 달아오른 빨간 얼굴과 반짝이는 눈에 부드러움과 사랑을 담아, 자기가 아닌 까레닌을 바라보던 안나 얼굴을 보았다. 그는 또 까레닌이 자기 얼굴에서 손을 잡아뗐을 때 자신의 한심하고 우스꽝스러운(이렇게 그는 생각했다) 모습을 보았다. 그는 다시 다리를 쭉 뻗고 먼저 자세로 소파에 몸을 던지고 눈을 감았다.

'자야 한다! 자야 한다!' 그는 속으로 되뇌었다. 그러나 눈을 감을수록, 경마가 있던 날 밤에 보았던 잊을 수 없는 안나 얼굴이 더한층 또렷하게 떠올랐다.

"이것은 이제 지난 일이고 앞으로도 없을 것이다. 그녀는 그것을 기억에서 지우고 싶을 것이다. 그러나 나는 그녀 없이는 살아갈 수 없다. 어떻게 해야 화해할 수 있을까? 어떻게 해야 화해가 될까?" 그는 소리 내어 이렇게 말하고, 무의식적으로 이 말을 되풀이하기 시작했다. 같은 말의 반복은 가슴속에 소용돌이치는 새로운 심상이며 기억의 분출을 억눌러 주었다. 그러나 이 말의 반복도 그의 상상을 그다지 오래 억누르지 못했다. 또다시 잇따라 가장 행복했던 순간과 조금 전 수치가 엄청난 속도로 머릿속을 헤집기 시작했다. '손을 떼어 주세요.' 안나의 목소리가 말한다. 그는 손을 떼고 부끄러워하는 바보스러운 자기 표정을 느낀다.

그는 절대 불가능하다고 느끼면서도 애써 잠을 자려고 계속 가만히 누워 있었다. 그리고 떠오른 우연한 말들을 쉴 새 없이 중얼거리며 새로운 심상이 끓어오르는 것을 억누르려고 노력했다. 문득 귀를 세우니 괴상하고 미친 듯한 속삭임이 같은 말을 되풀이하는 소리가 들렸다. "가치를 모르고 헛되이 낭비해 버렸다. 가치를 모르고 헛되이 낭비해 버렸다."

'이게 도대체 뭐야? 혹시 내가 미쳐 가는 건가?' 그는 자신에게 물었다. '그럴지도 모른다. 인간은 왜 미치는 걸까, 왜 자살하는 걸까!' 그는 스스로 묻고 답하면서 눈을 뜨고, 문득 형수인 바랴가 수놓아 만들어 준 베개를 보았다. 그는 베개 술을 만지작거리며 마지막으로 그녀를 만났을 때를 생각했다. 하지만 상관없는 다른 일을 생각하는 것은 고통이었다.

'아니야, 자야만 한다!' 그는 베개를 끌어당겨 머리를 묻었다. 그러나 눈을 감는 것조차 많은 힘을 들여야 했다. 그는 벌떡 일어나 앉았다. '나에게는 이제 다 끝나 버린 일이다.' 그는 스스로에게 말했다. '이제부터 무엇을 해야 할지 곰곰이 생각해야만 한다. 무엇이 남아 있을까?' 그는 냉큼 안나에 대한 사랑 이외의 자기 생활을 그려보았다.

'공명심? 세르뿌호프스꼬이? 사교계? 궁정?' 그는 그 어느 것에도 마음을 멈출 수 없었다. 그러한 것들이 전에는 모두 저마다 의미를 지니고 있었지만, 이제는 아무 의미도 없었다. 그는 소파에서 일어서서 겉옷을 벗고 가죽띠를 끌렀다. 그리고 호흡을 더 자유롭게 하기 위해 털이 덥수룩한 가슴을 풀어헤치고 방 안을 거닐었다. '그래, 인간은 이렇게 해서 미치는 거로군.' 그는 되뇌었다. '이래서 자살하는 거야…… 부끄러운 생각에서 도망가기 위해서.' 그는 천천히 덧붙였다.

그는 문으로 다가가서 문을 잠갔다. 그리고 멎어 버린 눈동자로 이를 잔뜩 악물고 탁자 옆으로 다가가 권총을 들어 한참 가만히 보다가는 장전을 하고 생각에 잠겼다. 한 2분쯤 그는 고개를 떨어뜨리고, 긴장된 심각한 표정으로 권총을 손에 든 채 꼼짝도 않고 서서 생각했다. '물론이다.' 그는 마치 논리적이고 연속성이 있는 명료한 사상의 걸음이 자기를 의심할 여지없는 결론으로 이

끌기라도 한 것처럼 중얼거렸다. 그러나 사실이 너무나도 확실한 '물론'이라는 답도, 그가 지난 한 시간 동안 벌써 수십 번이나 반복한 것과 아주 똑같은 회상과 상상을 되풀이한 결과에 지나지 않았다. 그 밑바닥에 있는 것은 마찬가지로 영원히 잃어버린 행복의 회상이었고, 장래의 일은 모두 무의미하다는 생각, 자기의 비열함에 대한 의식이었다. 그러한 상상이며 감정이 밟고 있는 순서도 완전히 똑같았다.

자기 생각이 세 번째로 회상과 사상의 반복을 시작하려고 할 때 그는 다시 '물론이다' 하고 되뇌었다. 그러고는 가슴 왼쪽에 권총을 대고 마치 갑자기 주먹을 쥐기라도 하려는 것처럼 온 손을 꽉 움켜쥐며 방아쇠를 잡아당겼다. 그는 발사음은 듣지 못했지만 가슴을 울리는 세찬 타격에 몸이 휘청했다. 그는 탁자 모서리를 붙들려고 하다가 권총을 떨어뜨렸고, 몇 발짝 비틀거리더니 바닥에 엉덩방아를 찧고 깜짝 놀란 것처럼 주위를 둘러보았다. 탁자의 구부러진 다리며 휴지통, 호랑이 가죽 깔개 등이 낮은 높이에서 눈에 들어오자 자기 방이라는 실감이 나지 않았다. 신발을 삐걱거리며 객실을 달려오는 하인의 날랜 발소리에 그는 갑자기 정신이 들었다. 그는 온 힘을 다하여 생각을 가다듬었다. 자기가 마룻바닥에 있다는 것을 알았고, 호랑이 가죽과 자기 손에 묻어 있는 피로 보아 자기가 권총 자살을 시도했음을 깨달았다.

'이런! 실패했군.' 그는 권총을 더듬더듬 찾으며 중얼거렸다. 권총은 바로 옆에 있었으나 그는 먼 데만 찾고 있었다. 권총을 찾으려고 반대쪽으로 몸을 뻗자, 그의 몸이 균형을 잃고 피를 쏟으면서 쓰러져 버렸다.

구레나룻을 기른 말쑥한 하인은 평소 친지들에게 자기의 약한 신경에 대해 투덜거렸는데, 마룻바닥에 쓰러져 있는 주인을 보자 기겁을 했다. 그는 피를 흘리는 주인을 그대로 놓아둔 채 도움을 청하러 뛰쳐나가 버렸다. 한 시간 뒤 형수인 바랴가 달려왔다. 그녀는 사방에서 불러온 세 의사의 도움을 받아 부상자를 침대로 옮겼고, 그대로 방에 남아 병구완을 계속했다.

19

까레닌의 잘못된 추측은, 즉 이번에 아내와 만나면서, 그녀의 뉘우침이 진실하고 그가 아내를 용서하고 그녀가 죽지 않는 경우를 염두에 두지 않았다는 것이었다. 그 잘못은 모스끄바에서 돌아와 두 달이 지나자 엄청난 실수였음이 여실히 드러났다. 그러나 그가 저지른 잘못은 그저 이런 경우를 고려하지 못했기 때문만이 아니라, 빈사의 아내를 만난 그날까지 그가 자기 마음을 몰랐던 탓이기도 했다. 이제껏 까레닌은 연민이라는 감정을 백해무익한 약점으로 치부하며 부끄러워했다. 그런데 그는 병을 앓는 아내 머리맡에서 난생처음으로, 남의 고뇌가 불러일으킨 감상적인 연민의 감정에 굴복하고만 것이었다. 그녀에 대한 연민, 그녀의 죽음을 바랐던 것에 대한 후회, 그리고 무엇보다도 남을 용서한다는 기쁨은 그의 고통을 별안간 누그러뜨렸을 뿐만 아니라 그가 아직 한 번도 경험한 적 없는 마음의 안정까지도 가져왔다. 갑작스럽게 자기 고뇌의 근원이었던 것이 정신적 환희의 원천이 되었으며, 비난과 질책과 증오로 대하는 동안에는 도저히 해결할 수 없을 것처럼 여겨지던 문제가, 용서하고 사랑하게 되고 나니 단순하고 명백한 것으로 변한 것이다.

그는 아내를 용서했고, 고뇌하고 후회하는 그녀를 애틋하게 여겼다. 그는 브론스끼를 용서했고 특히 그의 절망적인 행위에 대한 소문이 귀에 들어오고서는 더한층 그를 가련하게 여겼다. 그는 또 아들을 예전보다 더 가엾게 여기고, 여태까지 그 아이를 너무나 소홀히 했다는 이유로 자기를 꾸짖었다. 그런데 새로 태어난 어린 계집아이에 대해서는, 연민뿐만 아니라 부드러움이 섞인 일종의 유다른 감정을 경험했다. 처음에 그는 그저 단순히 동정하는 마음에서 이 새로 태어난 연약한 계집아이를 돌보기 시작했다. 자기 딸은 아니지만 어머니가 앓는 동안 내팽개쳐져 있었으므로 만약 그가 보살피지 않았던들 틀림없이 죽어 버렸을 것이기 때문이다. 그는 자기가 얼마나 그 애를 사랑하는지 조금도 알지 못했다. 그는 하루에도 몇 차례씩 아이 방으로 들어가서 오랫동안 거기에 앉아 있었다. 그래서 처음에는 그가 오면 서먹서먹해하던 유모와 보모도 이내 그에게 익숙해졌다. 때로 그는 반시간씩이나 말없이 앉아, 쌔근쌔근 잠자는 갓난아이의 사프란처럼 붉은 솜털이 덮인 쭈글쭈글하고 조그마한 얼굴을 바라보고, 찌푸린 이마가 움직이는 모양이며 손가락을 꽉 쥔 토실토실한 주먹의 손등으로 눈이며 콧등을 문지르는 모습을 지켜보기도 했다. 이런 때에 까레닌은 특히 자기가 완전히 평온하고 내적인 조화를 이룬 사람처럼 느껴졌고, 자신의 처지에서 아무런 이상한 점은 물론 바꿔야 할 점도 발견하지 못했다.

그러나 시간이 흐름에 따라서, 지금 자기에게 이 상황이 아무리 자연스럽다고 하더라도 언제까지나 이대로 가만히 놓아둘 수는 없음을 차츰 뚜렷이 알게 되었다. 그는 자신의 넋을 이끌고 있는 선한 정신적인 힘 외에 이제껏 그의 삶을 지배해온 또 하나의 사나운, 똑같은 정도거나 더한층 강력한 힘이 있으며, 그 힘이 자기가 바라는 겸허한 안정을 허락하지 않으리란 것을 느꼈다. 그는 또 모든 사람이 의심쩍은 놀라움으로 그를 보고 있으며, 그의 마음을 이해하지 못할 뿐만 아니라 당장에라도 무슨 일이 일어날 거라고 기대하는 것처럼 보였다. 특히 그는 자기와 아내의 관계가 무르고 부자연스러움을 느꼈다.

죽음의 접근이 그녀 마음에 빚은 유연한 마음이 사라져 버리자, 까레닌은 안나가 그를 두려워하고 꺼리고 똑바로 눈도 마주치지 못하는 것을 알아채게 되었다. 그녀는 마치 그에게 무엇인가 말하고 싶은 것이 있는데 차마 꺼내지 못하는 것 같았다. 그녀 또한 둘의 관계가 이대로 오래 계속될 수 없다는 것을 예감하고 그에게 무엇인가를 기대하는 것 같았다.

2월 말에 안나의 딸, 역시 안나라고 이름 지은 젖먹이가 병에 걸리는 사건이 일어났다. 까레닌은 아침 일찍 아이 방으로 가서 의사를 불러오도록 일러 놓고 마차를 타고 사무소로 갔다. 그는 일을 마치고 3시가 지나 집으로 돌아 왔다. 현관방으로 들어가면서, 그는 금몰 장식 제복에 곰 가죽 망토를 두른 미남 하인이 미국 개 가죽으로 만든 하얀 부인용 망토를 들고 서 있는 것을 보았다.

"누가 와 계시지?" 까레닌은 물었다.

"뜨베르스까야 공작부인입니다." 하인이 미소를 띠면서(까레닌에게는 그렇게 보였다) 대답했다.

이 괴롭고 쓰라린 기간 내내 까레닌은 사교계 지인들, 특히 여자들이 자기와 아내에게 특별한 관심을 보인다는 것을 알고 있었다. 그는 그러한 모든 친지가 숨길 수 없는 만족, 언젠가 그 변호사 눈에서 보았고 또 지금 하인 눈에서 읽은 것과 똑같은 만족을 느끼고 있음을 알고 있었다. 모두 마치 딸을 시집 보내기라도 하듯 들떠 있었다. 그러다 그를 만나면 가까스로 기쁨을 숨기면서 그녀의 건강을 묻는 것이었다.

뜨베르스까야 공작부인에 관해서는 좋은 기억도 없고 본디부터 맞지 않는 상대였으므로 같이 있는 것이 까레닌에게는 불쾌했다. 그래서 그는 곧바로 아이 방으로 들어가 버렸다. 첫 번째 아이 방에서는 세료쥐아가 탁자 위에 가슴을 대고 엎어져서 두 발을 의자 위에 올린 채 즐겁게 종알거리며 그림을 그리고 있었다. 안나의 병중에 프랑스인 여교사 대신 새로 들어온 영국인 여교사가, 목도리를 뜨면서 그 옆에 앉아 있다가는 허둥지둥 일어서서 인사를 하고 세료쥐아를 끌어당겼다.

까레닌은 한 손으로 아들 머리를 쓰다듬으면서 아내의 건강에 대한 여교사의 물음에 답하고는, 젖먹이의 상태에 대해서 의사가 뭐라고 했는지 물었다.

"의사 선생님은 조금도 위험은 없다고 말씀하시며 목욕을 시키라고 하셨어요."

"그러나 여전히 괴로워하고 있지 않소." 까레닌은 옆방에서 들려오는 아기 울음소리에 귀를 기울이면서 말했다.

"제 생각엔 아무래도 유모가 문제가 아닐까 싶어요." 영국인 여교사가 딱 잘라 말했다.

"어째서 그렇게 생각합니까?" 그는 걸음을 멈추고 물었다.

"뽈리 백작부인 댁에서도 꼭 이런 일이 있었어요. 갓난아이가 아파서 별별 약을 다 써 봤지만 알고 보니까 그 아기는 그저 젖배를 곯고 있었을 뿐이었어요. 유모에게서 젖이 나오지 않았던 거죠."

까레닌은 생각에 잠겨서 한동안 가만히 서 있다가 옆방으로 들어갔다. 젖먹이는 유모 손에 안겨 있으면서 고개를 뒤로 발딱 젖힌 채 몸부림을 치고 있었다. 유모의 불어 오른 젖을 가까이 대도 빨려고도 하지 않고, 그 위로 유모와 허리를 구부린 보모가 둘이서 아무리 얼러도 좀처럼 울음을 그치지 않았다.

"아직도 좋아지지를 않나?" 까레닌이 물었다.

"계속 보채기만 하시네요." 보모가 속삭이듯이 대답했다.

"에드워드 양은 어쩌면 유모에게 젖이 없는지도 모른다고 얘기하던데." 그가 말했다.

"저도 그렇게 생각합니다, 나리."

"그럼 어째서 그렇다고 얘기해 주지 않았소?"

"누구에게 말씀드려야 합니까? 마님은 줄곧 편찮으신데 말이에요." 보모가 퉁명스럽게 대답했다.

보모는 오래전부터 집에 있던 하인이었다. 그리고 그녀의 이 간단한 말 한마디에서도 까레닌은 자기 처지에 대한 풍자를 느꼈다.

젖먹이는 몸부림을 치고 목쉰 소리를 내면서 더한층 큰 소리로 울어 댔다.

보모는 할 수 없다는 듯이 손을 내젓고는 옆으로 다가가서, 유모의 품에서 아이를 받아들고 흔들면서 걷기 시작했다.

"의사에게 유모를 한번 검진해 달라고 해야겠군." 까레닌이 말했다.

겉보기엔 튼튼하고 말쑥한 유모는 자기가 해고될지도 모른다는 것에 깜짝 놀라 뭐라고 중얼중얼 혼잣말을 했다. 큼직한 젖가슴을 감추며 자기 젖에 대한 의혹을 얕잡듯 엷게 웃었다. 이 웃음 속에서도 까레닌은 자기 처지에 대한 조롱을 발견했다.

"불쌍한 아가야!" 보모가 젖먹이를 어르며 천천히 거닐었다.

까레닌은 의자에 앉아 괴로움을 이기지 못하는 침통한 얼굴을 하고, 왔다 갔다 하는 보모를 멍하니 바라보고 있었다.

겨우 울음을 그친 젖먹이를 폭신한 침대에 내려놓고 베개를 고쳐주고 난 뒤 보모가 나가자, 까레닌은 일어서서 발끝으로 살금살금 걸으며 젖먹이에게 다가갔다. 그는 1분 정도 말없이 변함없는 침통한 얼굴로 젖먹이를 내려다보았다. 그런데 갑자기 그의 머리카락과 이마의 살갗이 움직이며 미소가 얼굴에 번졌다. 그는 발소리를 죽이고 조용히 방을 나갔다.

그는 식당에서 벨을 울리고, 들어온 하인에게 다시 의사를 데리러 사람을 보내라고 일렀다. 그는 이 귀여운 젖먹이를 조금도 보살피지 않는 아내가 괘씸했다. 그리고 그 때문에 그녀한테 갈 마음이 내키지 않았다. 또 베뜨시 부인을 만나기도 싫었다. 그러나 아내는 그가 어째서 평소처럼 들르지 않는가 하고 이상스럽게 여길 것 같아서 꾹 참고 침실 쪽으로 발걸음을 돌렸다. 부드러운 융단 위를 걸어 문까지 갔을 때 그는 공교롭게도 듣고 싶지 않은 이야기를 들어 버렸다.

"만일 그 사람이 떠나 버리는 것만 아니라면 당신이 거절하는 것도, 그의 삼가는 마음도 이해가 가요. 그렇지만 이 댁 주인은 그런 것은 마음에도 두시지 않을 거 아녜요." 베뜨시가 말했다.

"난 남편을 위해서가 아니고 자신을 위해서 바라지 않아요. 그러니 그런 식으로 말씀하지 말아 주세요!" 흥분한 안나의 목소리가 대답했다.

"알겠어요, 하지만 당신께서도 설마 자기 때문에 자살까지 꾀했던 사람과 작별인사조차 하기 싫다고는······."

"그러니까 나는 더욱 싫다는 거예요."

까레닌은 소스라치게 놀라, 무엇인가 나쁜 짓이라도 저지른 것 같은 표정으로 발을 멈추고는 살짝 되돌아가려고 했다. 그러나 그럴 것까지는 없다고 고쳐 생각하고는 다시 발을 돌려 한바탕 기침을 하고 침실 쪽으로 걸었다. 이야기 소리는 뚝 그쳤다. 그는 방으로 들어갔다.

잿빛 자리옷을 입고 있는 안나는 짧게 자른 검은 머리카락을 동그란 머리 주변으로 촘촘한 솔처럼 가지런히 펼치고 침대에 앉아 있었다. 남편을 보면 언제나 그렇듯이 그녀 얼굴에서 발랄한 빛이 별안간 사라져 버렸다. 그녀는 고개를 떨어뜨리고 불안스럽게 베뜨시를 힐끔 쳐다보았다. 베뜨시는 최신 유행에 따라 전등갓처럼 머리 위로 높이 솟은 모자를 쓰고, 몸통과 치마 부분에 선명한 사선무늬가 각각 반대방향으로 그려진 비둘기색 옷을 입고, 납작하고 호리호리한 상체를 반듯이 편 자세로 안나와 나란히 앉아 있었다. 까레닌을 보자 고개를 살짝 숙이고 조롱하는 듯한 미소를 띠었다.

"어마!" 그녀는 깜짝 놀란 듯한 어조로 말했다. "정말 기뻐요, 당신께서 집에 계셔서. 요즘 들어 아무 데도 얼굴을 비추지 않으니까 안나가 앓아누운 뒤로는 어디 뵐 수가 있어야죠. 나는 다 들었어요, 당신의 상냥한 배려. 정말 당신은 훌륭한 남편이세요!" 그녀는 아내에 대한 그의 처신을 칭송하며 너그러움의 훈장을 주기라도 하려는 듯이 의미 있는 얼굴로 말했다.

까레닌은 차갑게 인사를 했다. 그리고 아내 손에 입을 맞춘 다음 그녀의 건강 상태를 물었다.

"조금 나아진 것 같아요." 그녀는 남편의 시선을 피하면서 말했다.

"어쩐지 아직은 열이 있는 것 같은 낯빛이군." 그는 '열'이라는 말에 힘을 주면서 말했다.

"틀림없이 이야기가 너무 많았던 탓이에요." 베뜨시가 말했다.

"미안해요, 내가 너무 내 생각만 한 것 같네요. 그럼 이만 실례하겠어요." 베뜨시가 일어섰다. 그러자 안나가 별안간 얼굴을 붉히고 그녀 손을 붙잡았다.

"아녜요, 조금만 더 있어 주세요, 당신께 이야기할 게⋯⋯ 아녜요, 당신한테예요." 그녀는 까레닌에게 얼굴을 돌렸다. 순간 그녀의 목부터 이마까지 새빨갛게 물들었다. "나는 당신에게 어떤 비밀도 지니고 싶지 않고, 또 그럴 수도 없어요." 그녀가 말했다.

까레닌은 손마디를 또닥또닥 꺾으며 고개를 숙였다.

"베뜨시 얘기로는, 브론스끼 백작이 이번에 따쉬껜뜨로 떠나시기 전에 저희 집으로 작별인사를 하러 왔으면 하는 모양이에요." 그녀의 눈은 남편을 피하고 있었지만, 분명히 아무리 괴로워도 끝까지 다 이야기해 버리려고 서두르는 눈치였다. "그래서 나는 만날 수 없다고 말씀드렸어요."

"어머나, 잠깐만, 당신은 남편 뜻에 달렸다고 말씀하셨잖아요." 베뜨시가 안나의 말을 정정했다.

"아뇨, 나는 그를 만날 수 없어요. 만나 보았자 아무 소용도 없고⋯⋯." 그녀는 갑자기 말을 멈추고 남편 얼굴을 살피듯이 힐끗 쳐다보았다(그는 그녀를 보고 있지 않았다). "하여튼 나는 뵙고 싶지 않아요⋯⋯."

까레닌은 한 걸음 다가가서 그녀의 손을 잡으려고 했다.

안나는 순간적으로 자기 쪽을 향해 뻗어 오는 남편의 굵은 핏줄이 부풀어 오른 축축한 손을 피하려고 했으나 곧 꾹 참고 그 손을 쥐었다.

"나를 믿어주는 것은 아주 고맙지만⋯⋯." 그는 자기 혼자라면 쉽고 명쾌하게 풀 수 있는 일이, 베뜨시 공작부인—사교계의 관점으로 그의 생활을 지도하고, 그가 사랑과 용서의 감정에 몸을 맡기는 것을 방해하는 어떤 사나운 힘의 화신처럼 여겨지는 존재—앞에서는 도무지 생각의 가닥이 잡히지 않는 것을 불안하고 노엽게 느끼면서 말했다. 그는 말을 중단하고 베뜨시 부인을 바라보았다.

"그럼, 나는 이만 실례하겠어요, 안나." 베뜨시가 일어서면서 말했다. 그녀는 안나에게 키스하고 나갔다. 까레닌이 그녀를 배웅했다.

"까레닌! 나는 당신이 진심으로 너그러운 분이시라는 것을 알고 있어요." 베뜨시는 작은 객실에서 발을 멈추고 다시 한 번 그의 손을 유난히 꽉 쥐면서 말했다. "난 아무 상관도 없는 사람이에요. 그러나 나는 진심으로 안나를 사랑하고 당신도 존경하기 때문에 감히 이런 말씀을 드리는 거예요. 부디 그 사람을 만나 주세요. 브론스끼는 정말 훌륭한 사람이에요. 그런 그가 지금 따쉬껜뜨로 떠나려 하고 있어요."

"부인, 당신의 동정과 충고는 정말 고맙게 생각합니다만, 아내가 누구를 만나거나 만나지 않는 문제는 그녀 자신이 결정할 일입니다."

그는 언제나처럼 위엄있게 눈썹을 추켜올리며 이렇게 말했으나 이내 무슨 말을 하든 지금 그의 처지에는 위엄이 나올 리 없다고 생각했다. 이 사실은,

그의 말이 끝나고 베뜨시 부인이 힐끔 그를 쳐다보면서 지은, 억누른 심술궂고 비웃는 듯한 미소로도 알 수 있었다.

20

까레닌은 홀에서 베뜨시에게 인사를 하고 아내한테 돌아갔다. 그녀는 누워 있었으나 그의 발소리를 듣자 얼른 아까처럼 몸을 일으켜 깜짝 놀란 듯 그를 쳐다보았다. 그는 그녀가 울고 있었음을 알았다.

"당신이 나를 믿어 줘서 나는 아주 기뻐." 그는 베뜨시가 있을 때 프랑스어로 했던 말을 다시 한 번 러시아어로 되풀이하고 그녀 옆 자리에 앉았다. 그가 러시아어로 말하고 또 심지어 '당신'이라고 부르자, 안나는 견딜 수 없이 짜증이 났다. "당신 결심에 대해서도 매우 감사하고 있어. 나 역시 브론스끼 백작이 어차피 떠날 바엔 굳이 인사하러 올 필요는 전혀 없다고 생각해. 그러나……."

"그건 아까 말씀드렸잖아요. 어째서 또 되씹는 거죠?" 안나는 별안간 마음을 누르지 못하고 그의 말을 가로챘다. '필요가 전혀 없다고?' 그녀는 생각했다. '한 남자가 사랑하는 여인, 그녀를 위해서는 몸을 망치는 것도 마다하지 않고 정말로 자살까지 시도하게 한 여인에게 작별인사를 하러 오겠다는데! 그리고 그 여자도 그 남자 없이는 살아갈 수 없는데, 그게 아무런 필요도 없다니!' 그녀는 입술을 지그시 깨물었다. 그리고 반짝이는 두 눈을, 천천히 마주 비비는 핏줄이 불거진 그의 손 위에 떨어뜨렸다.

"이런 이야기는 두 번 다시 하지 않기로 해요." 그녀는 약간 마음을 가라앉히고 덧붙였다.

"난 이 문제에 대한 결정을 당신에게 모두 다 맡겼어. 그리고 나는 대단히 기뻐, 당신의……." 까레닌이 말을 꺼냈다.

"내 희망이 당신 희망과 일치했으니까요." 그녀는 그의 느릿한 말투에 부아가 치밀어 얼른 앞질러 말해 버렸다. 그의 생각 따윈 말하지 않아도 뻔했다.

"그렇지." 그는 고개를 끄덕였다. "그건 그렇고 뜨베르스까야 공작부인은 지극히 민감한 집안일에 아주 주책없는 참견을 하는 사람이군. 특히 그 여자는……."

"그녀에 대해 세상이 뭐라고 하든 나는 조금도 믿지 않아요." 안나가 얼른 말했다. "나는 그분이 나를 진심으로 사랑해 주고 있음을 아니까."

까레닌은 한숨을 내뿜고는 입을 다물어 버렸다. 그녀는 그에 대한 참을 수 없는 생리적 혐오를 드러내 그를 쳐다보면서 초조하게 잠옷 술을 만지작거리고 있었다. 그녀는 이러한 감정에 자책하면서도 그것을 이겨 낼 수가 없었다. 그녀는 이제 오직 한 가지, 지긋지긋한 그 앞에서 빠져나가기만을 바라고 있었다.

"그나저나 좀 전에 의사를 데리러 보냈어." 까레닌이 말했다.

"나는 건강해요, 의사는 왜요?"

"아니, 아기가 울기만 해서. 아무래도 유모 젖이 모자란 모양이야."

"내가 그렇게 사정을 했는데도 어째서 당신은 내가 젖을 먹이도록 허락하지 않으셨죠? 사정이야 어떻든(까레닌은 이 '사정이야 어떻든'이라는 말의 의미를 잘 알고 있었다) 그 아인 아직 갓난아기예요. 이러다간 죽이고 말 거예요." 그녀는 벨을 눌러 젖먹이를 데려오라고 일렀다. "젖을 주게 해달라고 그렇게 부탁했는데 그때는 허락해 주지 않고, 이제 와서 꾸짖으시다니."

"나는 꾸짖는 게 아니야……."

"아녜요, 꾸짖으셨어요! 아아! 어째서 나는 죽지 않았담!" 그녀는 흐느끼기 시작했다. "용서해 주세요, 흥분해서 그래요. 해선 안 될 말이었어요." 그녀가 제정신을 차리고 말했다. "하지만 이제 좀 나가 주세요……."

'아니, 언제까지나 이런 짓을 하고 있을 순 없다.' 까레닌은 아내 방을 나오면서 결연한 어조로 자기에게 말했다.

사람들 눈에 비친 자신의 파탄, 그에 대한 아내의 혐오, 말하자면 그의 정신적인 경향과 상관없이 멋대로 그의 삶을 지도하고 아내와의 관계를 변경하도록 요구하는 그 신비롭고 사나운 힘의 위력이 오늘처럼 뚜렷하게 모습을 드러낸 적은 한 번도 없었다. 그는 온 세상과 아내가 자기에게 무엇인가를 요구하고 있음을 분명히 깨달았다. 그러나 그것이 무엇인지는 이해할 수 없었다. 그때문에 가슴속에서 나쁜 생각이 샘솟아 마음의 평온과 헌신의 미덕을 전부 파괴해 버리는 것을 느꼈다. 그는 안나를 위해서는 브론스끼와의 관계를 끊는 것이 제일이라고 여기고 있었다. 그러나 모두가 그것을 불가능하다고 말한다면, 그는 아이들을 욕되게 하거나 그들을 잃거나 자기 처지가 바뀌는 일이 없는 한, 두 사람 관계를 인정해도 좋다고까지 생각했다. 설사 그것이 아무리 끔찍하다고 할지라도, 그녀를 빠져나올 수 없는 오욕의 구렁텅이로 밀어 넣고 자신도 사랑하는 모든 것을 잃고 마는 이혼보다는 한결 나았다. 하지만 그는 마음속 깊이 자기를 무력하게 느꼈다. 그는 이미 모든 사람이 자기에게 반대하며, 그에게는 매우 자연스럽고 옳은 일처럼 여겨지는 것을 허락하지 않고, 나쁜 일이기는 하지만 그들이 필요하다고 여기는 것들을 시키려 할 것임을 알고 있었다.

21

베뜨시는 아직 홀에서 나오기 전에, 싱싱한 굴이 들어온 엘리세예프 식품점에 들렀다가 막 도착한 오블론스끼와 문간에서 딱 마주쳤다.

"아! 공작부인! 이런 우연도 다 있군요! 나는 댁에도 들렀다 오는 길이랍니다." 그가 말했다.

"그렇지만 나는 돌아가는 길이니까 이것으로 실례하겠어요." 베뜨시는 장갑을 끼면서 웃는 얼굴로 말했다.

"아니, 잠깐만요, 부인. 장갑을 끼는 것은 좀 기다려 주십시오. 그리고 그 손에 키스하게 해 주십시오. 손에 키스하는 옛 관습의 부활처럼 내가 고맙게 여기는 것은 없지요." 그는 베뜨시 손에 입을 맞추었다. "그럼 언제 뵐까요?"

"당신에게 그럴 자격은 없어요." 베뜨시가 싱글싱글 웃으면서 대답했다.

"아니죠, 엄청나게 있죠. 나는 지극히 성실한 인간이 되었는걸요. 내 집안일뿐만 아니라 남의 집안일까지 원만히 수습하려고 하고 있으니까요." 그가 의미심장한 표정으로 말했다.

"아아, 정말 반가운 얘기군요!" 베뜨시는 그가 안나 이야기를 하고 있음을 금방 깨닫고 대답했다. 그리고 다시 홀로 되돌아가 둘은 한쪽 구석으로 가서 섰다. "그분은 안나를 괴롭혀서 죽이고 말 거예요." 베뜨시가 의미심장하게 속삭였다. "정말 너무해요, 너무해요……."

"정말 기쁩니다, 당신께서 그렇게 생각해 주신다니." 오블론스끼가 정색을 하고 비통할 만큼 감상적인 표정을 짓고 머리를 흔들면서 말했다. "그래서 나도 일부러 뻬쩨르부르그까지 온 겁니다."

"온 도시가 이야기하고 있어요." 그녀가 말했다. "정말 참을 수 없는 경우예요. 안나는 날로 야위어가고 있어요. 그분은 그녀가 자기감정을 속일 수 없는 여자라는 것을 몰라요. 남은 길은 둘 중 하나예요. 그분이 그녀를 먼 곳으로 보내든가, 결단 있게 이혼을 하든가. 이대로는 그녀가 질식하고 말아요."

"그렇죠, 그렇죠…… 정말이지……." 오블론스끼는 한숨을 몰아쉬면서 말했다. "그래서 나도 온 거예요. 아니, 꼭 그 때문만은 아니지만요. 시종으로 임명돼서 그 인사도 겸해 오긴 했습니다만. 그러나 주된 목적은 이 문제를 수습하는 겁니다."

"그럼 하느님께서 당신을 도와주시길 빕니다!" 베뜨시가 말했다.

오블론스끼가 공작부인을 현관까지 배웅하면서 다시 한 번 그녀 손에, 장갑 위 맥이 뛰고 있는 언저리에 입을 맞추고 상스러운 농담까지 퍼붓는 바람에, 그녀는 화를 내야 할지 웃어야 할지 갈피를 잡을 수 없었다. 그가 누이 방으로 들어갔을 때 그녀는 눈물을 흘리고 있었다.

오블론스끼는 조금 전까지만 해도 기뻐 날뛸 만큼 즐거운 기분이었는데도 이내 자연스럽게 그녀의 심리상태에 어울리는 감상적이고 시적인 태도로 표변했다. 그는 그녀에게 건강과 오늘 아침의 기분에 대해서 물었다.

"나빠요, 아주 나빠요. 낮도, 아침도, 지금까지도 앞으로도 매일매일 똑같아요." 그녀가 말했다.

"어쩐지 넌 지나치게 슬픔에 빠져 있구나. 기운을 좀 내서 인생을 똑바로 바라보려무나. 물론 괴롭다는 것은 알지만……."

"여자는 사랑하는 사람의 결점도 사랑한다고들 말하지만." 안나가 불쑥 말을 꺼냈다. "난 그의 장점이 미워 못 견디겠어요. 난 그와 같이 살 수 없어요. 그를 보기만 해도 생리적으로 거부감이 들어 발끈 화가 치밀고 분별을 잃고 말아요. 정말 참을 수 없어요. 도대체 어떻게 해야 하죠? 그 고통스러웠던 시기에는 이 이상 불행하게 되는 일은 없으리라고 여겼었죠. 그렇지만 그때도 지금과 같은 끔찍한 상황은 상상도 못했어요. 오라버니, 난 그가 착하고 훌륭한 사람이라는 것, 나 같은 건 그의 손톱만도 못하다는 것을 알고 있으면서도 그가 미워서 견딜 수가 없어요. 나는 그의 너그러움이 미워요. 나에게는 이제 아무것도 남지 않았어요, 다만……."

그녀는 죽음을 언급하려 했지만 오블론스끼는 그녀가 끝까지 이야기하게 하지 않았다.

"너는 아파서 흥분해 있는 거야." 그가 말했다. "그리고 무슨 일을 그렇게 거창하게 생각하니. 그건 그렇게 심각한 문제가 아니야."

오블론스끼는 빙그레 웃었다. 다른 사람이라면 누구도 이런 상황에, 이런 절
망적인 사건을 앞에 두고 감히 미소를 띤다든가 하지는 못했을 것이다(예의가
없다고 여겨질 수 있으므로). 하지만 그의 미소에는 끝 모를 선량함과 거의 여
성적인 부드러움이 넘쳤기 때문에, 노여움을 사기는커녕 오히려 그것을 누그
러뜨리고 평온하게 해 주었다. 그의 조용하고 찬찬한 말투와 미소는 편도유(扁
桃油)처럼 위안과 안정을 가져다주었다. 그리고 안나도 곧 그것을 느꼈다.

"아녜요, 스찌바." 그녀가 말했다. "난 파멸해 버렸어요, 파멸해 버렸어요! 아
니 파멸한 것보다 더 나빠요. 난 아직 파멸하지 않았고 모든 게 다 끝장났다고
도 할 수 없어요. 아니, 오히려 거꾸로 끝나지 않았다는 것을 느끼고 있어요.
나는 마치 팽팽하게 당겨진 현(絃)처럼 언젠가 픽 하고 끊어질 거예요. 그렇지
만 아직은 끊어지지 않았어요…… 이러다가 참혹한 결말을 맞게 될 거예요."

"아니, 괜찮아. 그 현을 살짝 늦춰 주면 되는 거야. 어쩔 수 없는 경우란 없는
법이야."

"나도 생각하고 또 생각했어요, 단 하나의 출구는……."

또다시 그는 안나의 휘둥그레진 눈동자를 통해 그녀가 생각하는 단 하나
출구라는 것이 죽음임을 헤아리고, 중간에 그녀 말을 잘랐다.

"전혀 그렇지 않아." 그가 말했다. "글쎄 좀 들어 봐, 너는 나처럼 네 상황을
객관적으로 볼 수 없어. 그러니 내 솔직한 의견을 이야기하게 해 줘." 또다시 그
는 조심스럽게 예의 편도유 같은 미소를 지었다. "그럼 처음부터 쭉 정리해 보
자. 넌 너보다 스무 살이나 연상인 남자한테 시집을 왔어. 사랑이 없이, 또는
사랑이 뭔지 모르고 시집을 와 버린 거야. 이것이 잘못이었다고 가정해 보자."

"큰 잘못이에요!" 안나가 말했다.

"그러나 거듭 얘기해 두지만 말이지, 그것은 이미 지나간 일이야. 그리고 넌
불행하게도 남편이 아닌 다른 사람을 사랑했어. 이것은 불행이야. 하지만 이것
또한 이미 일어난 일이야. 그리고 네 남편은 그것을 이해하고 용서해 주었어."
그는 한 마디 한 마디 말을 끊으며 그녀의 반박을 기다렸으나, 그녀는 아무 대
답도 하지 않았다. "그러니깐 말이야, 여기서 이제 문제는 이거야. 네가 남편과
같이 계속 살아갈 수 있는가? 넌 그것을 원하는가? 그 사람은 그것을 바라
는가?"

"난 아무것도, 아무것도 모르겠어요."

"하지만 네가 스스로 말했지 않아. 그 사람을 견딜 수 없다고."

"아녜요, 나는 그런 말은 하지 않았어요. 했다면 취소하겠어요. 나는 아무것도 몰라요, 아무것도 알지 못해요."

"음, 그러나 말이야……"

"오라버니는 모르세요. 나는 낭떠러지 같은 데로 거꾸로 떨어지는 기분이에요, 그러나 난 구원받아서는 안 돼요. 또 받을 수도 없고요."

"괜찮아. 우리가 밑에 그물을 펴고 너를 받아 줄 거야. 네 마음은 잘 알고 있어, 네가 자기 희망이나 감정을 스스로 이야기할 수 없다는 것도."

"나는 아무것도, 아무것도 바라지 않아요. 다만 모든 게 끝장나 주었으면 하고 바랄 뿐이에요."

"걱정 말아라. 그 사람도 그것을 보고, 또 알고 있어. 그 사람도 이 문제로 너 못지않게 괴로움을 느끼고 있다는 걸 아니? 너도 이렇게 괴로워하고 있고 그 사람도 괴로워하지만. 그래서 도대체 뭐가 되겠니? 이혼만 해 버리면 거뜬히 해결될 걸 가지고." 오블론스끼는 아무렇지 않게 가장 요긴한 생각을 털어놓고 의미심장하게 그녀를 바라보았다.

안나는 대꾸하지 않고 부정적으로 짧게 자른 머리를 흔들었다. 그러나 별안간 이전의 빛나는 아름다움을 되찾은 그 표정을 통해서, 그는 그녀가 이혼을 바라지 않은 것은 다만 그것이 도저히 불가능한 행복처럼 여겨지기 때문이라는 사실을 알았다.

"나는 너희 부부가 정말 딱해서 견딜 수가 없다! 이 일이 해결만 된다면 난 들 얼마나 행복하겠니!" 오블론스끼는 아까 보다 더한층 대담하게 미소를 지으면서 말했다. "아니, 얘기하지 마, 아무 얘기도 하지 말아라! 어쨌든 하느님께서 내가 느끼는 것을 그냥 그대로 술술 얘기할 수 있도록 해 주신다면 좀 좋으련만. 그럼 난 지금부터 그 사람한테 다녀오마."

안나는 생각에 잠긴 듯한 반짝이는 눈으로 그를 말끄러미 바라보았지만, 아무 말도 하지 않았다.

22

오블론스끼는 자기 근무처 의장석에 앉을 때처럼 약간 엄숙한 얼굴로 까레닌의 서재로 들어갔다. 까레닌은 뒷짐을 지고 방 안을 이리저리 왔다 갔다 하면서, 오블론스끼가 안나와 이야기하던 것과 똑같은 문제에 대해 생각하고 있었다.

"방해하는 건 아닌가?" 오블론스끼는 매제 얼굴을 보자 갑자기 그답지 않게 곤혹스러움을 느끼면서 말했다. 그 당황의 빛을 감추기 위해서 그는 갓 산, 여는 방법이 새로운 담뱃갑을 꺼내 가죽 냄새를 맡고 나서 담배를 한 개비 뽑았다.

"아닙니다, 무슨 볼일이십니까?" 까레닌이 마지못해 대답했다.

"응, 실은 그…… 뭐 조금 볼일이…… 응, 조금 얘기할 게 있어서." 오블론스끼는 전에 없이 자신이 위축된 것에 놀라면서 말했다.

이 감정은 너무나도 뜻밖의 야릇한 것이었으므로, 그는 그것이 지금 자기가 하려는 일이 좋지 않은 짓이라고 알려 주는 양심의 목소리라고는 도저히 믿을 수가 없었다. 오블론스끼는 젖 먹던 힘을 다해서 엄습해 오는 위축감과 싸웠다.

"자네가 누이에 대한 내 사랑과, 자네에 대한 마음속 깊은 우정과 존경을 믿어 주리라 여기네." 그가 얼굴을 붉히면서 말했다. 까레닌은 발을 멈춘 채 어떻다고도 대답하지 않았다. 그러나 그 얼굴에 떠오른 유순한 희생자의 표정은 오블론스끼를 놀라게 했다.

"난 누이와 자네들 두 사람 일로 이야기하고 싶은 게 조금 있어서 말이야." 오블론스끼는 전에 없던 위축감과 계속 싸우면서 말했다.

까레닌은 침울한 웃음을 짓고 멀거니 처남을 바라보았다. 그리고 대답도 하지 않고 탁자 옆으로 가서, 쓰고 있던 편지를 집어 처남한테 건넸다.

"그것에 대해서는 나도 끊임없이 생각하고 있었습니다. 그래서 편지로 이야기하는 것이 더 나을 것 같고, 또 내가 직접 가면 그녀를 자극할 뿐인지라 그것을 쓰기 시작했는데 말입니다." 그가 편지를 건네면서 말했다.

오블론스끼는 편지를 받아들고 의아스러운 놀라움으로, 자기를 응시하는 흐리멍덩한 눈을 바라보고 나서 그것을 읽기 시작했다.

'나는 내 존재가 당신을 괴롭힌다는 것을 알고 있소. 인정하기란 무척 괴로운 일이지만 그것이 사실이며, 달리 생각할 길이 없는 것 같소. 나는 당신을 꾸짖지 않소. 나는 병상에 누운 당신을 보고, 마음속 깊이 이제까지의 모든 과거를 잊고 새로운 생활을 시작하려고 결심했소. 하느님이 나의 증인이오. 나는 내가 한 일을 후회하지 않고 또 앞으로도 절대 하지 않으리라고 여기오. 그러나 나는 오직 단 하나, 당신의 행복, 당신 영혼의 행복만을 바랐는데 지금에 와서야 그 희망이 이루어지지 않았다는 것을 알았소. 그러니 부디 당신이 나한테, 당신에게 참다운 행복을 주는 것과 당신의 영혼에 평화를 주는 것이 무엇인가를 가르쳐 주었으면 좋겠소. 나는 당신의 의지와 당신의 올바른 감정에 진심으로 따르겠소.'

오블론스끼는 편지를 도로 돌려주고, 도대체 뭐라고 이야기해야 할지를 몰라 아까와 같은 의아스러운 표정으로 매제 얼굴을 찬찬히 지켜보고만 있었다. 이러한 침묵은 두 사람 모두에게 매우 거북스러운 것이었다. 그 때문에 까레닌 얼굴에서 눈을 떼지 못하던 오블론스끼 입술에 결국 병적인 경련이 일어났다.

"그것이 바로 내가 그녀에게 이야기하고 싶었던 겁니다." 까레닌은 얼굴을 돌리며 말했다.

"그래, 그랬군⋯⋯." 오블론스끼는 복받치는 눈물로 목이 메어 제대로 대꾸할 수가 없었다. "그래, 그래. 자네 마음은 잘 알고 있어." 그는 간신히 이렇게 말했다.

"나는 아내가 바라는 것을 알고 싶습니다." 까레닌이 말했다.

"보아하니 동생은 자신의 처지를 잘 모르고 있어. 그녀에게 물어도 소용없을 거야." 오블론스끼는 자세를 가다듬으며 말했다. "그녀는 압도되어 있어, 자네의 너그러운 마음에 압도되어 있단 말이야. 만약 이 편지를 안나가 읽는다면, 그녀는 아무 말도 못하고 그저 더욱더 고개를 푹 숙일 수밖에 없겠지."

"그럼 어떡해야 하죠? 어떻게 이해해야⋯⋯ 어떻게 그녀의 희망을 알 수 있습니까?"

"내 생각을 이야기해도 된다면, 그럼 말하겠네. 이 상황에 종지부를 찍기 위해서 필요하다고 생각하는 수단을 자네 재량으로 분명히 지정하는 것이 좋을 듯싶네."

"그렇다면 역시 이런 상황을 끝내야 한다는 말씀이시군요?" 까레닌이 그의 말을 가로챘다. "그러나 어떻게 해야 한다는 거죠?" 그는 눈앞에 펼쳐든 두 손으로 전에 없던 손짓을 하면서 덧붙였다. "어떻게 해도 도무지 빠져나갈 방도가 보이지 않습니다."

"어떤 경우든 빠져나갈 길은 있지." 오블론스끼가 일어서서 갑자기 활기를 띠며 말했다. "언젠가 자네도 이혼을 생각한 적이 있었는데…… 만약 지금도 자네가 둘 다 서로 행복하게 해 줄 수 없다고 확신한다면……."

"행복이라는 건 해석하기 나름이죠. 하지만 내가 어떤 일이든 할 각오가 되어 있고 아무것도 원하지 않는다고 가정해 봅시다. 그러면 우리 상황에 어떤 출구가 있죠?"

"자네가 내 생각을 알고 싶다면 말이야." 오블론스끼는 안나와 이야기할 때와 마찬가지로 마음이 누그러지는 편도유 같은 부드러운 미소를 띠면서 말했다. 그 선량한 미소는 무척 효과가 있었다. 자기 약점을 느끼고 그것에 굴복하기 직전인 까레닌은 저도 모르게 오블론스끼가 하는 말을 믿고 싶어졌을 정도였다. "그녀는 결코 자기가 먼저 얘기하지는 않을 거야. 그러나 그녀가 바라는 것이라면 딱 하나밖에 없어." 오블론스끼는 말을 계속했다. "그것은 자네들의 부부관계와 그것에 관련된 온갖 기억을 끊어 버리는 거야. 내 생각에 두 사람에게 필요한 것은 서로 새로운 관계를 분명히 밝히는 일이야. 그리고 그 새로운 관계는 오직 쌍방의 자유를 바탕으로 성립될 수 있지."

"이혼 말인가요?" 까레닌은 불쾌한 듯 말을 가로챘다.

"그렇지, 나는 이혼이라고 생각해. 그래, 이혼이야." 오블론스끼가 얼굴을 붉히면서 되풀이했다. "자네들 같은 그런 관계에 있는 부부에게는 모든 점으로 미루어 보아 이혼이 가장 현명한 방법이야. 부부가 서로 같이 살 수 없다고 인정한 마당에 달리 무슨 수가 있겠나? 이런 일은 세상에 언제나 있을 수 있는 일이 아닌가."

까레닌은 무거운 한숨을 내쉬고는 눈을 감았다.

"이 경우에 딱 하나 생각해야 할 것은, 부부 한쪽이 다른 사람과의 재혼을 바라고 있는가 어떤가 하는 거야. 그것조차 없다면 이것은 지극히 간단한 문제야." 오블론스끼는 자신을 옥죄는 위축감에서 차츰차츰 해방되는 것을 느끼면서 말했다.

까레닌은 흥분 때문에 얼굴을 잔뜩 찌푸리고 무엇인지 혼잣말을 중얼거릴 뿐 아무런 대꾸도 하지 않았다. 오블론스끼에게는 지극히 간단하게 보인 이 모든 것을 까레닌은 벌써 수천수만 번도 더 생각해 본 것이었다. 그리고 그에게는 이것이 전혀 간단하지 않을 뿐만 아니라 거의 불가능한 것으로 여겨졌다. 이혼의 상세한 점까지 알게 된 지금 그에게는 그것이 도저히 불가능한 것으로 여겨졌다. 왜냐하면 자신의 품위를 생각하는 마음과 종교에 대한 경건한 마음이 하지도 않은 간통을 날조하여 죄를 뒤집어쓰는 것을 자기에게 허용하지 않았을뿐더러, 자기가 이미 용서했고 또 사랑하는 아내가 그 때문에 죄가 폭로되어 치욕을 당하게 되는 것 같은 짓은 더더구나 용납할 수 없었기 때문이었다.

　게다가 이혼은 그 이상으로 더 중대한 이유 때문에도 불가능한 것으로 여겨졌다. 만약 이혼한다면 아들은 어떻게 될 것인가. 그를 안나에게 맡기는 일은 도저히 불가능하다. 이혼한 어머니는 법률이 인정하지 않는 가정밖에 갖지 못하고, 그 가정에서 의붓아들의 처지며 교육이니 하는 것은 아무리 생각해 보아도 틀림없이 좋지 않을 것이다. 그럼 자기가 데리고 있는 것은? 하지만 그는 그것이 아내에 대한 일종의 복수로 받아들여진다는 것을 알고 있었다. 그는 그것을 바라지 않았다. 그러나 이러한 이유 이외에 까레닌이 이혼을 불가능한 것으로 여기는 최대 원인은, 무엇보다 그가 이혼에 동의하면 안나는 파멸할 것이기 때문이다. 그의 마음속에는 모스끄바에서 돌리가 했던 말, 즉 이혼을 결심할 수 있는 것은 자기만 생각하고 그로써 그녀를 돌이킬 수 없는 파멸로 몰아넣는다는 생각은 하지 않기 때문이라는 말이 깊숙이 박혀 있었다. 그래서 그는 지금 이 말과 자기의 용서나 아들에 대한 애착을 결부시켜 이혼에 대한 나름의 해석을 내린 것이었다. 요컨대 그의 생각에 이혼을 승낙하고 그녀에게 자유를 주는 것은 자기한테는 사랑하는 아이들과의 마지막 유대를 끊는 것이고, 또 그녀한테서는 선(善)에의 마지막 발판을 빼앗아 그녀를 파멸로 떨어뜨리는 것이었다. 만약 이혼하면 아내는 브론스끼와 결합하겠지만, 이 관계는 불법적이고 범죄적인 것이 될 터이다. 왜냐하면 교회법도(法度)에 따라 아내는 남편이 살아 있는 동안은 재혼할 수 없기 때문이다. 그녀는 그 사내와 결합하더라도 1, 2년 지나면 그가 그녀를 버리든가, 그녀가 새로운 관계를 맺든가 할 것이다. 까레닌은 이렇게 생각했다. '그러면 비합법적인 이혼을 승낙한 나도 그녀의 파멸의 하수인이 되는 것이다.' 그는 이러한 점들을 골백번도 더 생각한 나머지, 이혼이라는 것이 처남이 말하는 것처럼 그렇게 간단한 문제가 아닐뿐더러 전혀 불가능한 일이라고 굳게 믿게 된 것이었다. 따라서 그는 오블론스끼 말을 한마디도 믿지 않았고, 그 한 마디 한 마디에 몇천 가지의 반박을 하고 있었다. 그러면서도 그는 처남 말 속에 자기의 삶을 이끌고 있고 자기를 굴복시키려 하는 그 강대하고 사나운 힘이 나타나 있음을 느끼면서 그것에 귀를 기울였다.

"문제는 다만 자네가 어떤 조건으로 이혼을 승낙할 것인가 하는 거야. 그녀는 아무것도 바라지 않아. 감히 자네한테 무언가를 요구할 용기도 없어. 그녀는 만사를 자네의 관대한 마음에 맡길 생각이야."

'아아, 정말 이게 무슨 일이람! 어째서 이런 일이!' 까레닌은 남편 쪽이 죄를 뒤집어쓸 경우 이혼 절차의 자질구레한 것까지 떠올리고, 브론스끼가 얼굴 가렸을 때와 마찬가지로 부끄러움에 두 손으로 얼굴을 덮었다.

"자네가 동요하는 마음이야 나도 알지. 그러나 자네가 잘 생각해 본다면……."

'남이 너의 오른 뺨을 치거든 왼 뺨을 내줄지어다. 웃옷을 벗기려고 하는 자에게는 속옷도 줄지어다.' 까레닌은 생각했다.

"알았소, 알았소!" 그는 날카로운 목소리로 외쳤다. "치욕도 내가 떠안겠습니다, 아들도 넘겨주겠습니다. 하지만…… 역시 그런 짓은 하지 않는 게 좋지 않을까요? 어떡하든 좋을 대로 맡기겠습니다만……."

그는 처남에게 얼굴을 보이지 않을 양으로 빙글 돌아 창가 의자에 앉았다. 그는 마음이 아팠다. 부끄러웠다. 그러나 이 비통과 치욕과 동시에, 그는 자기 희생의 고고함에 대해서 환희와 감동도 경험하고 있었다.

오블론스끼는 감동하여 한동안 잠자코 있었다.

"까레닌, 안나도 자네의 관대함을 틀림없이 고맙게 여길 거야. 하지만 다 이것도 분명히 하늘의 뜻이겠지." 그는 덧붙였다. 그러나 그것이 너무나도 어리석은 말이었다는 것을 느끼고 자신의 어리석음에 대한 쓴웃음을 간신히 억눌렀다.

까레닌은 뭐라고 대답하고 싶었으나 눈물이 그를 막았다.

"이것은 말하자면 숙명적인 불행이야, 그건 받아들일 수밖에 없어. 나는 이 불행을 이미 일어나 버린 일로 인정하고 그녀에게도 자네에게도 도움이 되도록 힘쓰겠어."

오블론스끼는 매제의 방을 나왔을 때 아주 감동에 젖어 있었다. 그러나 이 문제를 훌륭히 해결했다는 만족을 저해할 만큼은 아니었다. 까레닌이 반드시 약속을 지킨다고 확신했기 때문이다. 게다가 이 만족에는, 문제가 잘 해결되면 아내며 가까운 친지들에게 다음과 같은 수수께끼를 내리라는 생각도 섞여 있었다. '나와 황제 폐하와의 차이는? 폐하가 라즈보드*5를 시키면 그 누구도 행복하지 않지만, 내가 라즈보드*6를 시키자 세 사람이 동시에 행복해졌다…… 그럼, 나와 황제 폐하의 공통점은? 그것은 ……뭐, 조금 더 궁리해 보기로 하자.' 그는 미소를 지으며 그런 생각을 하고 있었다.

23

브론스끼의 총상은 심장을 빗나가기는 했지만 꽤 위험했다. 그는 며칠 동안 생사의 갈림길에서 방황하고 있었다. 그가 처음으로 입을 움직일 수 있을 정도로 회복되었을 때는 형수인 바랴만이 그의 방에 있었다.

"바랴!" 그는 엄숙하게 그녀 얼굴을 바라보면서 말했다. "난 그저 실수로 자신을 쏘고 말았습니다. 그러니 제발 이 얘기는 무슨 일이 있어도 비밀로 해 주시고 다른 사람들에게도 입단속을 잘하라고 해 주십시오. 그렇지 않으면 너무 꼴사나워지니까요!"

바랴는 그 말에 대답하지 않고, 그의 위로 몸을 구부려 기쁨의 미소로 그의 얼굴을 찬찬히 들여다보았다. 그의 눈은 맑게 빛났고 열이 있는 것 같지도 않았다. 그러나 표정은 엄숙했다.

"어머, 정말 다행이에요!" 그녀가 말했다. "아프지는 않아요?"

"여기가 조금." 그는 가슴을 가리켰다.

"그럼 붕대를 갈아 드릴게요."

그녀가 붕대를 가는 동안, 그는 말없이 자신의 넓은 광대뼈를 죄며 그녀를 바라보고 있었다. 그녀가 다 감고 나자 그는 말했다.

"나는 진심입니다. 정말 일부러 자기를 쏘았다느니 하는 이야기가 나오지 않게끔 해 주십시오."

"아무도 그렇게 말하는 사람은 없어요. 당신도 이제 두 번 다시는 실수로 자

---

*5 군대의 이동.
*6 이혼.

기를 쏟다든가 하는 일은 없도록 하셔야 해요." 그녀가 미소를 머금고 말했다.

"물론, 그런 일은 없을 겁니다. 그러나 차라리 그래 버렸더라면······."

그는 침울한 미소를 지었다. 그러나 바랴를 몹시 두렵게 한 이러한 말이며 미소에도, 염증이 가라앉고 몸이 회복되기 시작하자 그는 자기가 슬픔의 어떤 부분에서 완전히 빠져나온 것처럼 느꼈다. 마치 그 행위를 통해 그때까지 맛보았던 수치와 굴욕을 자기 몸에서 씻어 버리기라도 한 것 같았다. 지금은 까레닌에 대해서도 냉정하게 생각할 수 있었다. 그는 전적으로 까레닌의 관대한 마음을 인정하면서도 더는 굴욕감을 느끼지 않았다. 그뿐만 아니라 생활도 다시 이전 궤도로 돌릴 수 있었다. 그는 부끄러움 없이 사람들의 눈을 똑바로 볼 수 있게 되었고 자기 습관에 따라서 생활할 수도 있게 되었다. 단 하나, 끊임없이 극복하고자 싸웠는데도 좀처럼 마음에서 뽑아 버릴 수 없었던 감정은, 그가 영원히 그녀를 잃어버렸다는 것에 대한 절망스러운 회한이었다. 그는 남편 앞에서 자기 죄를 씻어 버린 이상, 무슨 일이 있어도 깨끗이 그녀를 포기하고, 앞으로는 결코 이전의 잘못을 뉘우치는 그녀와 그 남편 사이에 서서는 안 된다고 굳게 결심했었다. 그러나 그는 마음에서 그녀의 사랑을 잃었다는 회한을 떨칠 수 없었다. 그녀와 더불어 맛본 그 행복한 순간들, 그때는 대수롭지 않게 생각했지만 지금은 더없는 매력을 발하며 그를 괴롭히는 그 순간들을 기억에서 지워 버릴 수 없었다.

세르뿌호프스꼬이가 그를 위해 따쉬껜뜨 파견근무를 준비해 주었으므로 브론스끼는 조금의 망설임도 없이 그 제안에 동의했다. 그러나 출발할 때가 조금씩 가까워 옴에 따라서, 자기가 의무로 여기고 감수하려던 희생이 점점 더 괴롭게 느껴졌다.

그의 상처는 아물었다. 그래서 따쉬껜뜨로 떠날 준비를 하느라 사방으로 돌아다녔다.

'그녀를 딱 한 번만 볼 수 있다면 세상을 버리고 혼자 죽으러 갈 수 있으련만.' 그는 이렇게 생각했고 작별인사를 하러 다니다가 베뜨시한테 이 생각을 털어놓았다. 베뜨시는 이런 사명을 띠고 안나한테 갔지만 안고 온 대답은 부정적이었다.

'오히려 잘됐어.' 그 소식을 들은 브론스끼는 생각했다. '언제까지고 미련에 사로잡혀 있다가는 내 마지막 힘까지 파괴하고 말 테니까.'

그런데 이튿날 아침 베뜨시가 직접 그에게 찾아와서, 까레닌이 이혼을 승낙했으니까 브론스끼는 안나를 만날 수 있다는 오블론스끼의 낭보를 전해 주었다. 그러자 그때까지의 결심이니 하는 것은 까맣게 잊고 언제 가는 게 좋은가, 남편은 어디에 있는가도 묻지 않고, 베뜨시를 배웅하는 일까지도 제쳐 놓은채, 브론스끼는 곧 까레닌 집으로 마차를 몰았다. 그는 누구에게도 어느 것에도 눈길을 주지 않고 층층대로 뛰어오르자, 저도 모르게 줄달음질칠 것만 같은 기분을 간신히 억누르면서 총총걸음으로 그녀의 방에 들어갔다. 방 안에 누가 있는지 없는지 하는 것은 생각하지도 확인하지도 않고, 그녀를 덥석 부둥켜안아 그 얼굴과 손과 목을 폭풍 같은 키스로 덮기 시작했다.

안나는 이런 만남에 미리 대비하고 있었고 그에게 이야기할 것도 생각해 두었으나 조금도 이야기할 겨를이 없었다. 그의 열정이 그녀를 완전히 삼켜 버렸기 때문이었다. 그녀는 그도 자기도 진정시키고 싶었지만 이미 때는 늦었다. 그의 열정이 어느 틈에 그녀에게 전염되어 버렸다. 입술이 세차게 떨려 그녀는 오랫동안 아무 말도 할 수가 없었다.

"아아, 당신이 나를 사로잡아 버렸어요. 나는 이제 당신 거예요." 그녀는 마침내 그의 손을 자기 가슴에 대고 누르면서 말했다.

"당연히 이렇게 되어야 했습니다!" 그가 말했다. "우리가 살아 있는 동안은 이렇게 되어야만 합니다. 나는 지금 그것을 알았습니다."

"정말 그래요." 그녀는 차츰 파리해지면서 그의 머리를 끌어안고 말했다. "하지만 그렇게 많은 일이 있은 다음에 이렇게 되다니 좀 무서워요."

"언젠가는 모든 것이 다 지나가 버릴 겁니다. 그리고 우리는 행복해질 겁니다! 만약 우리 사랑이 지금보다 더 강해진다면, 그건 그 속에 무엇인가 무서운 것이 있기 때문이 아닙니까." 그가 고개를 들고 그 야무진 이를 드러내 미소지으며 말했다.

그래서 그녀도 미소로 대답할 수밖에 없었다. 그의 말에 대해서가 아니고 그 사랑하는 눈에 대해서. 그녀는 그의 손을 잡고 자기의 싸늘하게 식은 볼이며 짤막하게 자른 머리를 쓰다듬게 했다.

"당신이 이처럼 머리를 짧게 하고 있어서 하마터면 잘 몰라볼 뻔했어요. 아주 예뻐요, 마치 사내아이처럼. 그런데 얼굴이 몹시 창백하군요!"

"네, 몸이 많이 약해져서요." 그녀는 생긋이 웃으면서 말했다. 그러자 입술이 또 떨리기 시작했다.

"우리 이탈리아로 갑시다, 그러면 당신도 좋아질 거예요." 그가 말했다.

"그렇지만 그것이 가능한 일일까요, 우리가 남편과 아내처럼 되어 둘이서 가정을 이룬다는 것이?" 그녀는 바짝 가까이서 그의 눈을 들여다보면서 말했다.

"난 오히려 지금까지 그러지 못했던 것이 얄궂게 여겨질 정도입니다."

"스찌바 이야기로는 그 사람이 무엇이든 받아들일 거라지만, 난 그의 너그러움에 기댈 수만은 없어요." 그녀는 수심에 잠긴 듯 브론스끼에게서 시선을 돌리고 말했다. "나는 이혼은 바라지 않아요. 나로서는 이제 뭐가 어찌 되든 마찬가지니까요. 다만 그이가 세료쥐아를 어떻게 할 작정인지, 그것만은 알 수가 없어요."

그는 그녀가 이렇게 모처럼 얼굴을 맞대고 있는 순간까지 아들과 이혼에 대해서 생각하고 떠올릴 수 있다는 것이 도무지 이해되지 않았다. 그것이야말로 어떻게 되든 상관없는 것이 아닌가?

"그런 얘긴 그만두십시오, 생각하지 마십시오." 그는 자기 손 안에 있는 그녀 손을 빙글빙글 돌리며 그녀의 주의를 자기에게 돌리려고 애쓰면서 말했다. 그러나 그녀는 도무지 그를 보려 하지 않았다.

"아아, 어째서 난 죽지 않았을까. 차라리 죽었으면 좋았을 것을!" 그녀가 말하자, 소리 없는 눈물이 그녀의 두 뺨을 적시며 흘러내렸다. 하지만 그녀는 그를 슬프게 하지 않으려고 억지로 미소를 지어 보였다.

따쉬껜뜨의 명예롭고 위험한 임명을 거절한다는 것은 브론스끼 종래의 해석으로는 수치스럽고 불가능한 일이었다. 그러나 지금은 1분도 생각하지 않고 그것을 물리쳐 버렸다. 그리고 상관들 사이에서 자기 행위에 대한 불만의 기색이 보이자 냉큼 퇴역해버렸다.

한 달 뒤, 까레닌은 아들하고 둘이서만 자기 집에 남게 되었다. 안나는 이혼을 받아들이지 않고 단호하게 물리치고 브론스끼와 함께 외국으로 떠나버렸다.

동양외국어학원 러시아어과 수학. 동국대학교 영문학부 졸업. 1955년 영남일보에 시 《그림자》로 등단. 안톤 체호프 《벚꽃동산》, 사뮈엘 베케트 《고도를 기다리며》 옮겨 연출. 지은책 시집 《인간이 아픔을 알 때》《꿈의 시》가 있으며, 옮긴책 솔제니친 《이반 데니소비치 하루》, 숄로호프 《고요한 돈강》, 똘스또이 《전쟁과 평화》, 똘스또이 《안나 까레니나》가 있다.

World Book 270
Лев Н. Толстой
АННА КАРЕНИНА
안나 까레니나 I
똘스또이/맹은빈 옮김
1판 1쇄 발행/1989. 10. 10
2판 1쇄 발행/2010. 3. 10
3판 1쇄 발행/2018. 1. 11
발행인 고정일
발행처 동서문화사
창업 1956. 12. 12. 등록 16−3799
서울 중구 다산로 12길 6(신당동 4층)
☎ 546−0331~6 Fax. 545−0331
www.dongsuhbook.com
＊
이 책의 출판권은 동서문화사가 소유합니다.
의장권 제호권 편집권은 저작권 법에 의해 보호를 받는 출판물이므로
무단전재와 무단복제를 금합니다.
사업자등록번호 211−87−75330
ISBN 978−89−497−1653−4 04080
ISBN 978−89−497−0382−4 (세트)